Oldenbourg
Geschichte
Lehrbuch

Oldenbourg
Geschichte
Lehrbuch

Neueste Zeit

herausgegeben von
Andreas Wirsching

2. Auflage

R. Oldenbourg Verlag
München 2009

Die Autorinnen und Autoren

Almut Bues, Christoph Conrad, Eckart Conze, Sabine Doering-Manteuffel,
Jürgen Eder, Philipp Gassert, Constantin Goschler, Bernhard Grau,
Stefan Grüner, Günter Hägele, Peter Helmberger, Thomas Hertfelder,
Gerhard Hetzer, Manfred Hildermeier, Johannes Hürter, Lutz Klinkhammer,
Hans-Christof Kraus, Günther Kronenbitter, Werner Lengger,
Marcus Llanque, Stefan Martens, Herfried Münkler, Merith Niehuss, Alexan-
der von Plato, Thomas Raithel, Cornelia Rauh-Kühne,
Andreas Rödder, Ralf Roth, Peer Schmidt, Günther Schulz,
Dirk Schumann, Willibald Steinmetz, Benedikt Stuchtey,
Silvia Serena Tschopp, Thomas Welskopp, Udo Wengst, Andreas Wirsching,
Jürgen Zarusky

Bibliografische Information der Deutschen Nationalbibliothek
Die Deutsche Nationalbibliothek verzeichnet diese Publikation in der
Deutschen Nationalbibliografie; detaillierte bibliografische Daten sind im
Internet über http://dnb.d-nb.de abrufbar.

© 2009 Oldenbourg Wissenschaftsverlag GmbH, München
Rosenheimer Straße 145, D-81671 München
Internet: oldenbourg.de

Gedruckt auf säurefreiem, alterungsbeständigen Papier
(chlorfrei gebleicht).

Umschlaggestaltung: Daniel von Johnson, Hamburg
Layout: Thomas Rein, München
Satz und Repro: MedienTeam Berger, Ellwangen
Druck und Bindung: m. appl GmbH, Wemding

ISBN 978-3-486-58830-9

Inhaltsverzeichnis

Zu diesem Buch

Wer heute mit dem Studium der Geschichte der Neueren und Neuesten Zeit beginnt, hat es leichter und schwerer zugleich als jene, deren Texte er auf den folgenden Seiten – hoffentlich – lesen wird: leichter, weil der heutige Geschichtsstudent in jeder Phase seines Studiums über ein viel breiteres Angebot an Einführungen, Studienbüchern und Überblicksdarstellungen verfügt und sich damit – zumindest vordergründig – rascher orientieren kann; schwerer, weil sich auch die Flut der einschlägigen Informationen – zumindest vordergründig – ernorm erweitert hat. Im Rahmen eines allgemeinen Trends der jüngsten Wissenschaftsentwicklung hat sich auch das Teilfach Neuere und Neueste Geschichte in den vergangenen Jahrzehnten dynamisch ausdifferenziert, und das gilt in gleich dreifacher Hinsicht:

Erstens erweitert sich sein *Gegenstand* im Gleichschritt mit der voranschreitenden Zeit. Als die hier vertretene Autorengeneration studierte, bestand zum Beispiel die Zeitgeschichte aus der „Epoche der Mitlebenden" und ihrer wissenschaftlichen Erforschung [ROTHFELS, 2]. Ihr Beginn wurde mit guten Gründen auf das Jahr 1917 datiert, als die Russische Revolution und der Eintritt der USA in den Ersten Weltkrieg ein neues Zeitalter einläuteten. Seitdem sind nicht nur neue Epochen, etwa die Geschichte der sechziger und siebziger Jahre, sondern auch neue Themen wie die Geschichte der Europäischen Integration, globale Veränderungen im postkolonialen Zeitalter und anderes mehr in den Gesichtskreis der Geschichtswissenschaft getreten. Überdies vollzog sich mit den Jahren 1989–1991 eine echte weltpolitische Zäsur. Sie hat der Forschung nicht nur neue Großgegenstände wie die Geschichte der kommunistischen Staaten und der Transformations-

prozesse nach ihrem Zusammenbruch aufgetragen, sondern die Perspektive auf die Geschichte des „kurzen" 20. Jahrhunderts insgesamt grundlegend verändert.

Die jüngere und jüngste Vergangenheit als fluider Gegenstand historischer Forschung unterliegt mithin dem beständigen Wandel und verweist umso klarer auf deren Zeitgebundenheit. Dem entspricht es, dass sich die Zeitgeschichte als eigene Subdisziplin etabliert hat. Sie weist inzwischen selbst ihre eigenen Periodisierungsdebatten auf und hat sich bereits in „ältere" und „jüngere" Epochen aufgefächert. Mit der Zeitgeschichte beschäftigen sich Universitätsinstitute und spezialisierte Forschungseinrichtungen, und es liegen mehrere problemorientierte Einführungen vor [zuletzt: METZLER; MÖLLER/WENGST; HOCKERTS].

▷ S. 443–464 Forschungseinrichtungen

Erweitert sich also der Gegenstand der Neuesten Geschichte, so gilt dies zweitens auch für ihre *Fragestellungen*. Eine Vielzahl neuer Problemhorizonte wurde in den letzten Jahrzehnten von der Geschichtswissenschaft und ihren Teildisziplinen entfaltet. Dies betrifft nicht nur die deutsche Geschichtswissenschaft, die sich seit den sechziger Jahren von ihrer früheren, bisweilen einseitigen Bezogenheit auf den Nationalstaat gründlich abgewandt hat. Dies gilt vielmehr für die internationale Geschichtsschreibung im Allgemeinen, in der sich neue Forschungsinteressen etabliert haben wie die Geschichte der Geschlechter und des Alltags, der Medien und des Konsums, des gesellschaftlichen Gedächtnisses und der symbolischen Kommunikation, der ethnischen Identitäten und der außereuropäischen Kulturen. Nicht zuletzt unter dem Einfluss einer „neuen" Kulturgeschichte [MAURER; DANIEL] vermehrten sich die an die Vergan-

▷ S. 233 ff. Geschichte der Gesellschaft/ „Neue Kulturgeschichte"

genheit gestellten Fragen mit einer Dynamik, die vormals unbekannt war. Parallel hierzu vervielfachte sich freilich auch die Zahl der „Sehepunkte", wie der Historiker Johann Martin Chladenius (1710–1759) einst die gegenwartsverhaftete Standortgebundenheit des erkennenden Subjekts bezeichnete [Ko-SELLECK, 26f.].

Drittens schließlich, und mit den neuen Fragestellungen zusammenhängend, erweitern sich die *Methoden* der Geschichtswissenschaft. Vorüber sind jene Zeiten, in denen es so scheinen konnte, als sei Ge-schichte allein auf der Basis traditions-gewisser Quellenkritik und philologischer Expertise zu schreiben. Zwar geht es auch heute nicht ohne die gründliche Kenntnis dieses methodischen Rüstzeugs. Aber zum einen ist das Bewusstsein dafür gewachsen, dass jede Quelle eine schon gedeutete Wirklichkeit wiedergibt und daher zunächst einmal im Geflecht ihrer unterschiedlichen Bedeutungen interpretiert werden muss. Begriffe und historiographische Vorstellun-gen wie „Objektivität" und „Authentizität" verlieren in dem Maße an Überzeugungskraft, in dem die Dechiffrierung solcher Bedeu-tungsnetze in den Mittelpunkt tritt. Zum anderen hat sich der Kanon verwendeter oder potenziell verwendbarer Quellen massiv erweitert. Neben die klas-sischen Überlie-ferungsformen sind Medien aller Art ins Blickfeld getreten. Und an die Seite der nach wie vor dominierenden schriftlichen Quellen sind bildliche, gegenständliche und – in der Zeitgeschichte – auch mündliche Überliefe-rungen (oral history) getreten. Hinzu kommen neue Methoden der wissen-schaftlichen Erkenntnis wie der Vergleich oder die Analyse transnationaler beziehungsweise transkultureller Prozesse.

▷ S. 365 ff.
Gattungen der
Quellen

▷ S. 336 f.
Oral History

▷ S. 321 ff. / 329 f.
Vergleich
und Trans-
nationalität

Wer (Neuere und Neueste) Geschichte studiert, steht also vor keiner leichten Aufgabe. Muss es ihm nicht ähnlich ergehen wie dem General Stumm von Bordwehr in Robert Musils Roman *Der Mann ohne Eigenschaften*? Um sich für praktische Zwecke zu bilden, unternimmt der General einen wohlgemuten Ausflug in die Kaiserliche Hofbibliothek zu Wien. Als er aber unter der fachkundigen Anleitung des Bibliothekars feststellen muss, dass er rund 10 000 Jahre bräuchte, um den „kolossalen Bücherschatz" durchzulesen – vorausgesetzt er lese ein Buch pro Tag –, fällt sein Bildungshunger jäh in sich zusammen. Die Welt erscheint ihm nun „wie ein einziger Schwindel [...]: da stimmt etwas ganz grundlegend nicht!" Die Situation wird noch prekärer, als der Bibliothekar wissen will, „mit welcher Frage oder welchem Autor" sich sein Besucher beschäftigt, denn der General weiß hierauf keine Antwort. Und als er in das „Allerheiligste der Bibliothek", nämlich in den Katalograum, geführt und ihm hier eine „Bibliographie der Bibliographien" vorgelegt wird, erscheint ihm alles bloß noch als ein „Tollhaus" [MUSIL, 460–462].

Im Unterschied zu Musils General muss sich der Studierende allerdings im Verlauf seines Studiums tatsächliche empirische Kenntnisse aneignen und lernen, wie man eine Fragestellung entwickelt. Beides wird er nur erreichen, wenn er nicht – wie der General – kapituliert, sondern sich die erforderlichen Schlüsselkompetenzen aneignet: in der Flut der Einzelinformationen Orientierung zu gewinnen, zur kritischen Auswahl fähig zu werden und sich mit der Geschichte in Form eines *kreativen* Prozesses auseinanderzusetzen. Die Spannung zwischen Informationsflut und kritischer Gestaltung zu gewinnen *und* zu ertragen, mithin der historischen Welt nicht einfach geistig ausgeliefert zu sein oder sie für bloßen „Schwindel" halten zu müssen, gehört nach wie vor zu den entscheidenden Zielen des Geschichtsstudiums und macht seinen eigentlichen Reiz aus.

Musils Episode deutet aber auch an, dass dieses Studienziel in dem Maße verfehlt wird, in dem das bloß Rezeptive des historischen Arbeitens in den Mittelpunkt rückt. Tatsächlich gehört eine naive Tatsachengläubigkeit zu den größten Feinden der Geschichte als universitäres – und übrigens auch gymnasiales – Lehrfach. Sie verführt zu der falschen Vorstellung, man könne das Fach „lernen" wie eine Formelsammlung oder einen Vokabelthesaurus.

Freilich sind die hier lauernden Gefahren immer wieder benannt worden: Schon Friedrich Nietzsche (1844–1900), der scharfzüngigste Kritiker etablierter Universitätswissenschaft, höhnte über „das Auf-dem-Bauch-Liegen vor jeder kleinen Thatsache", das er als Teil eines trügerischen Objektivitätsbegriffs verstand [NIETZSCHE 1889, 109]. Zwar ist Nietzsche mit seiner teilweise überzogenen Kritik am zeitgenössischen Historismus und der von ihm produzierten historischen Wissensfülle – die er gelegentlich als „lärmende Afterbildung" abtat –, nicht in jeder Hinsicht ein unverdächtiger Zeuge [NIETZSCHE 1874, 295]. Aber die Problematik der „historischen Tatsache" ist eine viel diskutierte, erkenntnistheoretische Herausforderung, der sich gerade auch Studienanfänger stellen sollten.

Unabhängig von den Auffassungsunterschieden im Einzelnen herrscht doch Konsens darüber, dass es eine umfassende, quasi-exakte Feststellung und Kanonisierung aller Tatsachen nicht geben kann. Sie bleibt die positivistische Illusion des 19. Jahrhunderts.

▷ S. 310

„Die objektiven Tatsachen liegen in ihrer Realität unserer Forschung gar nicht vor." [DROYSEN, 133; vgl. CARR, 7–30; FABER, 63–65; DANIEL, 385f.] Demgegenüber gilt es, die Abhängigkeit historischer Forschung und Erkenntnis von den Fragestellungen der Gegenwart zu betonen, und daraus ergibt sich zweierlei: Erstens lassen sich „Tatsachen" und „Deutung" weitaus weniger leicht trennen, als gerade der Anfänger häufig zu glauben geneigt ist; zweitens ist die Beschäftigung mit der Geschichte nicht passiv-rezeptiv, sondern aktiv-schöpferisch.

Umso dringlicher stellt sich die Frage, ob unsere gegenwärtige Zeit nicht auf ihre Art und Weise neue Formen steriler Tatsachengläubigkeit hervorzubringen droht: eine Tatsachengläubigkeit, die überdies das individuelle schöpferische Arbeiten durch die Illusion der Standardisierbarkeit ersetzen will – durch „Module" und neue Studiengänge, „workload" und „credit points". Demgegenüber muss die eigentliche Funktion des geisteswissenschaftlichen Studiums in Erinnerung gerufen werden – mit Wendungen, die vor hundert Jahren ebenso Gültigkeit besaßen wie heute: „Was die Methode des Studiums betrifft, so muss der Student danach streben, aus der bloßen Rezeptivität des Hörens und Nachschreibens möglichst bald zur Selbsttätigkeit zu gelangen; sonst schwellen seine Hefte [oder, so wäre hinzuzufügen, seine Fotokopien, AW] an, ohne dass ein wirkliches Eindringen in die Wissenschaft erfolgt" [FONCK, 31].

Damit die hier angedeutete Spannung produktiv wirken kann, muss sie vom Studierenden im wahrsten Sinne des Wortes erst einmal erarbeitet, ja geradezu „erlebt" werden. Durch Hand- und Studienbücher allein lässt sie sich ebenso wenig erzeugen wie durch die bloße

9

Vermehrung von Pflichtveranstaltungen. Unerbittlich bleibt die er-forderliche kognitive Leistung das Ergebnis einer individuellen Anstrengung. Eben diese Anstrengung zu fördern und zu leiten ist das Ziel des vorliegenden Buches; ja im Grunde sind seine einzelnen Kapitel selbst die Ergeb-nisse solcher Anstrengung. Das *Oldenbourg Geschichte Lehrbuch: Neueste Zeit* möchte dazu beitragen, dem studierenden Leser den unerschöpflichen Reichtum der Neuesten Geschichte nahezubringen, ohne ihn zu entmutigen; ihm einige grundlegende Kenntnisse zu vermitteln, ohne ihn in der Flut der Einzelinformationen untergehen zu lassen; ihm die Pluralität möglicher Fragen und Ansätze vorzuführen, ohne der Beliebigkeit zu verfallen; ihm übergreifende Probleme und Zusammenhänge aufzuzeigen, ohne das exemplarische Detail zu vergessen; ihm schließlich einfach Lust auf Geschichte zu machen, ohne ihn mit der Bürde (beruflicher) Zweckhaftigkeit zu beschweren.

Dabei ist es unvermeidlich, dass manchem das eine Thema oder das andere Problem zu kurz kommt. So enthalten zwar die Beiträge des ersten, chronologischen Teils Zeittafeln und der Umfang der mitgeteilten Information ist beträchtlich. Einige für die Epoche zentral wichtige Themen und Erkenntnisinteressen, wie etwa die Geschichte des Holocaust oder die Fragestellungen der Gender History werden nicht isoliert, gleichsam in Form einzelner Einträge, behandelt, sondern begegnen immer wieder in verschiedenen Kontexten und in ihren jeweiligen Zusammenhängen. Einen irgendwie gearteten enzyklopädischen Anspruch erhebt das Buch aber nicht, könnte es auch vor dem Hintergrund des oben Gesagten gar nicht erheben.

In ihrer zeitlichen Ausdehnung erstrecken sich die Beiträge auf die Zeit vom ausgehenden 18. Jahrhundert bis zur Schwelle zur Gegenwart. Indem sie sich auf diese „Neueste Zeit" in ihrer Gesamtheit beziehen, wollen sie zwar nicht die Epoche als „Einheit" konstituieren; ein solches Konzept wäre in dem Maße irreführend, in dem es die ungezählten Widersprüche, Gegenläufigkeiten und Ungleichzeitigkeiten der Neuesten Geschichte unterschlagen würde. Gerade sie werden auf den folgenden Seiten immer wieder thematisiert werden. Aber der Band will die übergreifenden Gesamtzusammenhänge innerhalb einer Epoche herausarbeiten, die wir als die „Moderne" kennen und die eben keineswegs auf das 20. Jahrhundert zu beschränken ist. Moderne wird dabei nicht als „große Erzählung" im Sinne einer linearen Entwicklungsgeschichte begriffen, sondern in ihrer ebenso fundamentalen wie unentrinnbaren Mehrdeutigkeit ernst genommen.

▷ S. 161 ff Rückblick Epochenbildung

▷ S. 275 „Moderne und „Postmoderne"

Dem entspricht es, wenn der erste Teil, der über die Neueste Geschichte als Epoche informiert, Aufbruch und Krise der grundlegenden Entwicklungen des 19. und 20. Jahrhunderts aufeinander bezieht. Unter dem Stichwort „Entfaltung" sind die wesentlichen Prozesse des „langen" 19. Jahrhunderts zusammengefasst; unter dem Stichwort „Krise und Ambivalenz der Moderne" wird die Dramatik des „kurzen" 20. Jahrhunderts seit dem Ersten Weltkrieg beleuchtet. Zeitliche Überlappungen zwischen beiden Teilen ergeben sich aus der Sache.

Das Buch bekennt sich zu einer Konzentration auf die Geschichte des europäisch-atlantischen „Westens". Zwar mag der eine oder andere darin eine Fokussierung sehen, über deren Legitimität allererst zu diskutieren wäre. Aber für sie sprechen zum einen inhaltliche Gründe, entsprang doch der aufklärerisch-liberalen Idee des Westens eine weltgeschichtliche Epoche sowie die Quelle weltweiter Wirkungen und Veränderungen [OSTERHAMMEL]. Zum anderen folgt eine solche Entscheidung pragmatischen Erwägungen. Denn der größte Teil der (deutschsprachigen) akademischen Lehre in der Neueren und Neuesten Geschichte bezieht sich auf Europa und Nordamerika. Ein für die Belange der Studierenden konzipiertes Lehrbuch der „Neuesten Zeit" muss diesem Umstand Rechnung tragen, ohne freilich die aktuellen Aspekte einer „neuen" Weltgeschichte auszublenden.

Innerhalb dieser Rahmenentscheidungen wird großer Wert auf die Pluralität möglicher historiographischer Gegenstände, Methoden und Interessen gelegt. Autoren, Themen und Problemstellungen dieses Bandes bieten ein hinreichend repräsentatives Spektrum dessen, was die gegenwärtige Geschichtswissenschaft der Neuesten Zeit leistet. Mögliche Zugänge zur Neuesten Zeit und Vorgehensweisen der Forschung werden in den Teilen II und III diskutiert. Dabei geht die Konzeption des Buches von einer grundsätzlichen Akzeptanz der Vielfalt aus und hält unterschiedliche Herangehensweisen für legitim. Denn wie jede andere ist auch die Geschichte eine hoch arbeitsteilige Wissenschaft. Der Wert eines gewählten Zugangs hängt nicht von a priori eingeführten, möglicherweise sogar außerwissenschaftlich aufgestellten Maßstäben ab, sondern vom jeweiligen Gegenstand und der Fragestellung. Seine Güte erweist sich in den erzielten Ergebnissen. In diesem Sinne informiert das *OGL Neueste Zeit* über ältere einflussreiche, teilweise selbst schon historisch gewordene und neuere Tendenzen und Me-

thoden der Geschichtsschreibung, aber es vermittelt keine fertigen Rezepte. Mit seinen zahlreichen Beigaben – Abbildungen, Kurzbiographien, Detailskizzen und Forschungsstimmen – folgt der Band einem „interaktiven" Modus. Aber die Anstrengung, seinen eigenen Weg zu suchen, zu finden und zu beschreiten, nimmt er dem Leser nicht ab.

Hierzu gehört auch und gerade eine mehr als nur kursorische Bemerkung zu den Quellen der Neuesten Zeit. Ein modernes Lehrbuch der Geschichtswissenschaft stellt in Rechnung, dass sich Wirklichkeit stets nur als gedeutete Wirklichkeit fassen lässt. In dem Maße, in dem es zur eigenständig-schöpferischen Arbeit ermuntern will, wird es der Darlegung von Quellen und Forschungsinstitutionen einen gebührenden Platz einräumen. In den Teilen III und IV werden unter anderem Quellengattungen sowie die Grundformen und neueren Tendenzen der archivalischen und bibliothekarischen Überlieferung in konzentriert-gebündelter Form vorgestellt.

Die einzelnen Kapitel dieses Buches sind zwar Teile eines größeren Ganzen; zugleich aber sind sie so konzipiert, dass sie in sich abgeschlossene Gedankengänge bilden und daher auch separat gelesen werden können. Insofern eignen sie sich in besonderer Weise zur problemorientierten Lektüre in thematisch oder methodisch ausgerichteten Seminaren. Die jeweils gegebenen, in aller Regel sparsamen Literaturhinweise erlauben eine rasche Vertiefung des Gegenstandes.

Am Ende ist es dem Herausgeber ein Bedürfnis, Dank abzustatten. Dieser Dank gilt zunächst dem R. Oldenbourg Verlag und seinem Cheflektor Christian Kreuzer für die Initiative zu diesem Band sowie zu der Reihe, in der er erscheint. Anette Völker-Rasor als Leiterin des Gesamtprojekts und Julia

S. 259 ff.
niversal-
chichte /
Welt-
eschichte

Schreiner vom Verlag haben das Wachsen des Buches, von der ersten Konzeption, über das allmähliche Einlaufen der Manuskripte bis zur letzten Redaktion, immer mit größter Aufmerksamkeit und nie erlahmender Einsatzfreude begleitet. Ohne ihre stets freundschaftliche Mitarbeit und konstruktive Kritik wäre das Buch nicht zum Abschluss gekommen. An meinem Augsburger Lehrstuhl, den „das OGL" über mehrere Jahre hinweg begleitet hat, haben mich Jürgen Finger, Stefan Grüner, Heike Veh und Erna Rabuser mit großem Engagement unterstützt. Sie haben damit den Fortgang des Projekts neben den universitären Alltagsgeschäften überhaupt erst ermöglicht.

Ein besonderes Dankeschön gilt schließlich den Autorinnen und Autoren. Sie alle haben es auf sich genommen, die Darstellung der jeweils höchst komplexen und detailreichen Einzelprobleme den notwendig engen Vorgaben in Bezug auf Umfang und Bearbeitungszeit zu unterwerfen. Nach der Überzeugung des Herausgebers ist dabei manch ein Kabinettstück herausgekommen. Und dank des Engagements der hier versammelten Autor(inn)en konnte ein Lehrbuch gestaltet werden, das die Erfahrungen einer ganzen Generation überwiegend „jüngerer" Historiker widerspiegelt.

Andreas Wirsching

Literatur

E.H. Carr, Was ist Geschichte?, 6. Aufl. Stuttgart u.a. 1981 [engl. 1961].

U. Daniel, Kompendium der Kulturgeschichte. Theorien, Praxis, Schlüsselwörter, Frankfurt/M. 2001.

J.G. Droysen, Historik. Vorlesungen über Enzyklopädie und Methodologie der Geschichte, hrsg. v. R. Hübner, München/Wien 8. Aufl. 1977 [zuerst 1937].

K.G. Faber, Theorie der Geschichtswissenschaft, München 1971.

L. Fonck, Wissenschaftliches Arbeiten. Beiträge zur Methodik und Praxis des akademischen Studiums, Innsbruck 2. Aufl. 1916.

H.G. Hockerts, Zugänge zur Zeitgeschichte: Primärerfahrung, Erinnerungskultur, Geschichtswissenschaft, in: Aus Politik und Zeitgeschichte, 6. Juli 2001, 15–31.

R. Koselleck, Standortbindung und Zeitlichkeit. Ein Beitrag zur historiographischen Erschließung der geschichtlichen Welt, in: Ders./W. Mommsen/J. Rüsen (Hrsg.), Objektivität und Parteilichkeit in der Geschichte, München 1977, 17–46.

M. Maurer, Alte Kulturgeschichte – Neue Kulturgeschichte?, in: HZ 280, 2005, 281–304.

G. Metzler, Einführung in das Studium der Zeitgeschichte, Paderborn 2004.

H. Möller/U. Wengst (Hrsg.), Einführung in die Zeitgeschichte, München 2003.

R. Musil, Der Mann ohne Eigenschaften [1953], hrsg. v. A. Frisé, Reinbek 1981.

F. Nietzsche, Unzeitgemäße Betrachtungen, zweites Stück: Vom Nutzen und Nachtheil der Historie für das Leben [1874], in: Ders., Sämtliche Werke hrsg. v. G. Colli/M. Montinari, Bd. 1, ND München 1980, 243–334.

Ders., Götzen-Dämmerung oder Wie man mit dem Hammer philosophirt [1889], in: Ders., Sämtliche Werke, Bd. 6, 57–153.

J. Osterhammel, Liberalismus als kulturelle Revolution. Die widersprüchliche Weltwirkung einer europäischen Idee, Stuttgart 2004.

H. Rothfels, Zeitgeschichte als Aufgabe, in: VfZ 1, 1953, 1–8.

Einführung. Aus den einführenden Bemerkungen zu diesem Buch ist deutlich geworden, dass auf den folgenden Seiten kein enzyklopädischer Überblick über die Neueste Geschichte erwartet werden kann. Das Stichwort „Entfaltung" weist indes auf einige zentrale Entwicklungslinien hin, die zwar im Kern gemeineuropäisch waren und die Geschichte des „langen" 19. Jahrhunderts gestalteten, dabei aber sehr ungleich verliefen und durchaus widersprüchliche Wirkungen hervorbrachten. Dies gilt zunächst für den epochalen Übergang von der ständischen zur bürgerlichen Gesellschaft [WEIS]. So hatte sich in England bereits seit dem späten 17. Jahrhundert die neuartige Form einer „commercial society" herausgebildet, in der es nur noch Relikte ständischer Privilegien gab und in der dem Markt und seinen Akteuren immer größere Bedeutung zukam. Kein Zufall ist es daher, dass England zum Land der ersten Industriellen Revolution wurde, die eine neue Lebenswelt erschuf, zugleich aber eine Vielzahl vertrauter, über Jahrhunderte gewachsener Welten verloren gehen ließ.

▷ S. 17 ff.
rchbruch
r bürger-
n Gesell-
schaft

▷ S. 162
ückblick:
Epochen-
bildung

▷ S. 33 f.
dustriali-
rung und
verlorene
Welten

Dagegen stemmte sich auf dem Kontinent dem französischen Versuch, eine neue Gesellschaft auf revolutionärem Wege zu schaffen, das Prinzip der Reform entgegen; es suchte den gewaltsamen Rechtsbruch zu vermeiden und setzte stattdessen auf den organischen Wandel von Gesellschaft und Staat. Bis tief ins 19. Jahrhundert hinein blieben Revolution und Reform somit zwei gegensätzliche, dabei aber eng aufeinander bezogene Prinzipien [KOSELLECK], die das politische Denken und die politischen Strömungen langfristig prägten.

▷ S. 63
olitisches
Denken /
che Strö-
mungen

Universalistische Visionen, wie sie der Aufklärung und der Französischen Revolution, dem frühen Liberalismus und Sozialismus, aber auch dem Erkenntnisideal der Wissenschaften innewohnten, konkurrierten je länger desto mehr mit der Deutungskategorie der Nation, die sich im Verlauf des 19. Jahrhunderts ideologisch verengte und überwiegend nur noch im nationalen Eigenen das historisch Wertvolle anerkennen wollte.

▷ S. 57
Nation
als Deutungs-
kategorie

In der nationalistischen Engführung, der Verunsicherung infolge der Herausforderun-gen durch die industrielle Massen- (und Klassen-)Gesellschaft und in der problematischen Verwendung einer rein instrumentell verstandenen Vernunft liegen wichtige Gründe für die krisenhafte Zuspitzung der Geschichte des 20. Jahrhunderts [BRACHER; HOBSBAWM]. Demokratie und Diktatur, Versuche sozialer Befriedung und Eskalationen politischer Gewalt, schließlich die Erfahrung von totalem Krieg, Vernichtung und Völkermord begründeten ein ebenso brüchiges wie ambivalentes Bild der Moderne. Gleiches gilt für das Verhältnis von Kultur, Wissenschaft und Technik. Der die Menschen des 19. Jahrhunderts antreibende, scheinbar grenzenlose Optimismus und das Vertrauen in den durch Forschung erreichten Fortschritt wichen dem Erschrecken vor den möglichen Folgen menschlicher Erfindungsgabe. Dies betraf die beispiellose Zerstörungskraft der zunehmend technisierten Kriegführung, die Risiken der Kernenergie, aber auch die ökologischen Folgen eines ungezügelten industriellen Wachstums.

▷ S. 103 ff.
Industrielle
Massen-
gesellschaft

▷ S. 118 ff.
Totaler Krieg
und Massen-
vernichtung

▷ S. 75
Revolution der
Wissenschaften

Andererseits erfuhr die westliche Hemisphäre während der zweiten Hälfte des 20. Jahrhunderts, im Windschatten des Ost-West-Gegensatzes einen nie zuvor gekannten materiellen Wohlstand. Steigende Reallöhne bei insgesamt sinkender Arbeitszeit

▷ S. 135 ff.
Atomzeitalter /
Bipolarität der
Welt

15

erhöhten den Anteil der Freizeit wie des Konsums an den Zeit- und Geldbudgets der privaten Haushalte. Begleitet von einem expandierenden Sozialstaat, entfalteten sich seit dem späten 19. Jahrhundert, besonders aber seit den 1950er Jahren neue Formen der Massenkultur. Sie ließen zugleich neue Formen der Individualität zu, welche die moderne Massengesellschaft zur Voraussetzung haben. Überwiegend auf Freizeit und Konsum beruhend, erfolgt eine neue Identitätsbildung zunehmend jenseits der traditionellen Bindungen durch Familie und Geschlecht, Schicht und Klasse, Konfession und Bildungsniveau.

▷ S. 96 f.
Lebenswelten
in der Moderne

▷ S. 147 ff.
Konsum-
gesellschaft,
Sozialstaat,
„Wertewandel"

So stellt sich die Frage, ob die westliche Welt seit dem Zweiten Weltkrieg so etwas wie ein spezifisches Modell entwickelt hat, das sich nach 1990 anschickte, auch den östlichen Teil Europas zu erobern und darüber hinaus seine globale Anziehungskraft auch in Zeiten neuer Herausforderungen nicht verloren hat. Dieses Modell ließe sich durch drei konstitutive Elemente kennzeichnen: erstens durch eine durchaus fortbestehende soziale Ungleichheit; zweitens durch das Kriterium der (massen-)kulturellen Nivellierung und drittens durch eine langfristige, demokratisch legitimierte politische Stabilität. Inwieweit dieses Modell unter Begriffen wie „Amerikanisierung", „Verwestlichung" oder „Westernisierung" subsumierbar ist, sei an dieser Stelle dahingestellt [DOERING-MANTEUFFEL]. Zugleich wäre es inadäquat aus dem Erfolg dieses Modells das „Ende der Geschichte" abzuleiten [FUKUYAMA]. Dies gilt nicht nur in Bezug auf neue Herausforderungen zu Zeiten eines „Kampfes der Kulturen" [HUNTINGTON] und des weltweit agierenden Terrorismus. Wichtiger noch scheint die Frage zu sein, wie es um die historischen Voraussetzungen des Modells

beschaffen ist. Denn offenkundig ist deren historische Dauerhaftigkeit keineswegs ausgemacht. Unsicher ist vor allem, wie sich die postindustriellen „Erlebnisgesellschaften" [SCHULZE] der Gegenwart ohne wirtschaftliches Wachstum und bei möglicherweise sinkender Prosperität entwickeln mögen. Die Kapitel dieses ersten Teils machen die Moderne mit ihrer historischen Dynamik, ihrem Veränderungspotenzial und ihrer Krisenhaftigkeit begreifbar und leisten so einen wichtigen Beitrag zur historischen Orientierung und zum Verständnis unserer Gegenwart.

▷ S. 165 f.
Rückblick:
Epochen-
bildung

Literatur

K. D. BRACHER, Die Krise Europas 1917-1975 (Propyläen Geschichte Europas, Bd. 6), Frankfurt/M. 1976.

A. DOERING-MANTEUFFEL, Wie westlich sind die Deutschen? Amerikanisierung und Westernisierung im 20. Jahrhundert, Göttingen 1999.

F. FUKUYAMA, Das Ende der Geschichte: Wo stehen wir?, München 1992 [zuerst engl. 1992].

E. J. HOBSBAWM, Das Zeitalter der Extreme: Weltgeschichte des 20. Jahrhunderts München 1995 [engl. 1994].

S. P. HUNTINGTON, Kampf der Kulturen. Die Neugestaltung der Weltpolitik im 21. Jahrhundert, München 1996 [engl. 1993].

R. KOSELLECK, Preußen zwischen Reform und Revolution. Allgemeines Landrecht, Verwaltung und soziale Bewegung von 1791 bis 1848, Stuttgart 1967.

G. SCHULZE, Die Erlebnisgesellschaft. Kultursoziologie der Gegenwart, Frankfurt/M./ New York 2. Aufl. 1992.

E. WEIS, Der Durchbruch des Bürgertums: 1776-1847 (Propyläen Geschichte Europas, Bd. 4), Berlin 1981.

Der Durchbruch der bürgerlichen Gesellschaft

Zeittafel

Das Bürgertum in der ständischen Welt. Der Begriff der „bürgerlichen Gesellschaft" hat zwar eine lange historische Tradition, die bis in die Antike zurückreicht, doch als konkrete Bürgergemeinde konstituierte sich die Lebensgemeinschaft der Bürger erst in der mittelalterlichen und frühneuzeitlichen Stadt. Der Begriff bezieht sich bis ins 18. Jahrhundert hinein auf eine rechtlich geordnete Gemeinschaft von gleichberechtigten und sich selbst bestimmenden Bürgern („civitas sive societas civilis sive res publica") [RIEDEL; HALTERN; GALL 1987]. Das Bürgertum in den damaligen Städten gehörte zur ständischen Welt, die von Geburtsstand, Beruf und Korporationszugehörigkeit geprägt war. Die ständische Gesellschaft gilt als eine festgefügte Ordnung, die dem Einzelnen seinen Platz in der sozialen Hierarchie zuwies. Das schloss sowohl die Familie als auch die kirchlichen und die politischen Gremien ein und äußerte sich ebenfalls in festgelegten Verhaltensweisen. Als augenfälliges Charakteristikum der hierarchischen Struktur der Ständegesellschaft gelten Kleiderordnungen und Ständebücher.

▷ S. 62
Politisches Denken/ Politische Strömungen

Der Begriff „ständische Gesellschaft" wird oftmals als Synonym für die vormoderne Gesellschaft verwendet, deren Auflösung im 18. Jahrhundert zur modernen, der bürgerlichen Gesellschaft führte. Idealtypischerweise wurde der ständischen Gesellschaft bis in jüngster Zeit ein dreigliedriges Modell zugrundegelegt, das zwischen Adel, Bürgern und Bauern unterschied [SCHULZE, 1f.; v. DÜLMEN 1981, 5f.]. Die neuere Geschichtsschreibung unterscheidet jedoch vier Stände und wertet Beamte und Eximierte (d.h. jene, die nicht unter die Jurisdiktion der jeweiligen Stadt fielen) als gesonderte Gruppe. Die dominante Gesellschaftsschicht in der

▷ S. 162
Rückblick: Epochenbildung

17

Der Advocat

Schweigt weil des Erden Mist nicht werth des
Zanckens ist.

Adler seynd sie, dann gleichwie dieser Vogel von
dem höchsten Gipfel eines Bergs das aller-
mindeste sicht, was im tiefften Thal ist,
so tieffsinnig und tieffsichtig seynd auch die
Advocaten, daß sie auch das kleineste Punctum
in ihren Legibus und Satzungen in Obacht
nehmen.

ständischen Gesellschaft vor 1800 bildete der
Adel, der mit rund 50 000 Familien im Alten
Reich etwa ein Prozent der Gesamtbevölkerung stellte. Zu seinen Privilegien zählte vor
allem der bevorrechtigte Zugang zu den höheren Verwaltungs-, Militär- und Kirchenäm-
tern [SAALFELD]. Neben den Bauern und unter
den Beamten standen die Bürger der deutschen Städte. Sie leiteten die Entwicklung hin
zur bürgerlichen Gesellschaft ein. Ein Bürger
zeichnete sich vor allen anderen Gruppen in
der Stadt durch den Besitz des städtischen
Bürgerrechts aus. Um es zu erhalten, musste
er eine „gesicherte Nahrung" nachweisen.
Das hieß, Bewerber hatten einen selbstständigen, existenzsichernden Beruf auszuüben
und über ein Minimum an Besitz zu verfügen.
Die Gesellschaft des städtischen Bürgertums
wies eine deutliche Hierarchie auf, die allerdings nicht in erster Linie von Besitz und Einkommen bestimmt war, sondern vor allem
durch den ausgeübten Beruf, die Konfession
und der Stellung in den städtischen Selbstverwaltungsgremien.

Die durch Geburt erworbene Zugehörigkeit zu einem Stand lässt die ständische Ge-
sellschaftsstruktur als prinzipiell statisch erscheinen [KUNISCH, 41]. Sowohl in ein anderes
soziales Milieu der Stände als auch zwischen
den Hierarchien in jedem Stand zu wechseln,
galt als schwierig. Dennoch kam es vor. Darüber, wie ausgeprägt diese Wechsel waren,
existieren unterschiedliche Auffassungen. Die
Verfechter einer statischen Gesellschaftsordnung verweisen auf die starken Einschränkungen der sozialen Mobilität zwischen den
Ständegruppen, die nur durch Bildung und
Heirat oder durch Besitz und Einkommen
überwunden werden konnte [SAALFELD, 464].
Andere sprechen dagegen von einer Umwandlung der relativ mobilen, offenen ständi-

Die Ständische Gliederung des Bürgertums

Bürger war nicht gleich Bürger. Zum einen gab es
ständische Unterschiede und zwischen den Ständen wieder ein fein abgestuftes System von Privilegien. Nach der Frankfurter Polizeiordnung von
1671, auf die sich alle nachfolgenden Ordnungen
bezogen, wurde in der Kleiderordnung zwischen
fünf Ständen unterschieden. Der erste Stand bestand aus dem Schultheiß, den Schöffen, Regi-
mentspersonen, Doktoren, Syndici und dem
Stadtadel, der zweite aus Senatoren, nicht näher
spezifizierten vornehmen Bürgern und Kaufleuten
„so nicht mit der Ellen und Lot, sondern ins Große
handeln und Wechsel machen". Der dritte Stand
setzte sich aus den Ratsherren der Dritten Bank,

Der Kauffmann.
Denckt an den Wechsel offt, auff dan die Seele hofft.

I Durch die Kauffmannschafft wird das Reisen befördert,
unzehliche Menschen ernehret, Magazienen mit gebührendem Vorrath versehen, die Policey befördert, der Müßiggang gemindert, die Tugenden fortgepflantzet und mannigfaltiger Seegen, als durch ein reiches Füllhorn, von
der Hand des Himmels auf das menschliche
Geschlecht ausgeschüttet.

Der Schlosser.
Der klugen Lippen Schloß, ligt in deß Geistes Schos:

C ... dero Fleiß und Wissenschafft der Welt sehr wohl anständig, dann in der gantzen Welt keine Behaußung ist,
auch nicht die mindeste Bauern-Hütten, wo der
Schlosser Arbeit nicht anzutreffen.

Der Kauff- und Handelsmann

Denckt an den Wechsel offt, auff den die Seele hofft.

Durch die Kauffmannschaft wird das Reisen befördert, unzehliche Menschen ernehret, Magzienen mit gebührendem Vorrath versehen, die Policey befürdert, Müßiggang gemindert, die Tugenden fortgepflantzet und mannigfaltiger Seegen, als durch ein reiches Füllhorn, von der Hand des Himmels auf das menschliche Geschlecht ausgeschüttet.

Der Schlosser

Der klugen Lippen Schloß, ligt in des Geistes Schos:

... dero Fleiß und Wissenschaft der Welt sehr wohl anständig, dann in der ganzen Welt keine Behausung ist, auch nicht die mindeste Bauern-Hütten, wo der Schlosser Arbeit nicht anzutreffen.

Notaren, Prokuratoren, Künstlern, Krämern und „so ungefähr dieß Standes sind", zusammen. Die „gemeinen, schlechten" Krämer, Handelsdiener und Handwerksleute folgten erst im vierten Stand, und den Abschluss der Ständepyramide bildeten alle übrigen Einwohner, insbesondere Kutscher, Fuhrleute, Tagelöhner und Dienstboten. Immerhin gehörten sie noch zur ständischen Gesellschaft, wenn auch die überwiegende Mehrheit der Mitglieder des fünften Standes nicht mehr in den Genuss der Bürgerrechte kam, während Bettler, Vaganten oder so genanntes „fahrendes Volk" weder zur Bürgergemeinde noch zur ständischen Gesellschaft zählten. Einen eigenen Stand, unabhängig von Besitz und Einkommen, bildeten die Juden. An dieser Einteilung änderte sich bis 1731, dem Jahr,

aus dem die letzte Kleiderordnung stammt, nicht allzu viel. Die Senatoren stiegen in den ersten Stand auf und die Ratsherren in den zweiten. Kaufleute, die zum zweiten Stand gerechnet werden wollten, mussten ein Vermögen von 20 000 Gulden nachweisen.

Bilder: C. WEIGEL, Christoff Weigels Ständebuch, 1698, ND München 1936, 11, 53 u. 112.

Literatur: H. GREUNER, Rangverhältnisse im städtischen Bürgertum der Barockzeit unter besonderer Berücksichtigung der Freien Reichsstadt Frankfurt am Main, o. O. u. J. [1957]; J.A. MORITZ, Versuch einer Einleitung in die Staatsverfassung derer Oberrheinischen Reichsstädte, 2 Bde., Frankfurt/M. 1785/86.

schen Gesellschaft des späten Mittelalters und der beginnenden Frühen Neuzeit in eine geschlossene Ordnung mit einer starren Ständestruktur im 18. Jahrhundert. Als Ursache betrachten sie das Bestreben des Adels, seine soziale Vorrangstellung durch Abschließung zu sichern [v. DÜLMEN 1981, 20f.]. Diese Abschließungstendenz konnte allerdings die Aushöhlung der ständischen Gesellschaft nicht aufhalten. Es waren gleich mehrere Entwicklungen, die diesen Trend auf allen Ebenen der Gesellschaft beschleunigten. Zu nennen sind die Fortschritte in der rationalen Welterkennung, die mit einem wirtschaftlichen Wandel in der Landwirtschaft und in der gewerblichen Wirtschaft sowie im Handel korrespondierten. Dazu kam die Aufklärung mit ihrer idealistischen Zielsetzung. Auf gesellschaftlicher und politischer Ebene standen die Reformen des Aufgeklärten Absolutismus im Mittelpunkt, die vielfach als Revolution von oben bezeichnet werden, sowie die Französische Revolution [GALL 1993, 12f.].

▷ S. 62
Rückblick:
Epochenbildung

Wandel der Rahmenbedingungen vor 1800. Lange Zeit galt die Französische Revolution mit dem gewaltsamen Sturz des Ancien Régime als maßgeblicher Faktor, der den Wandel von der vormodernen zur bürgerlichen Gesellschaft in Deutschland einleitete. Die ausführlich diskutierte Frage, warum es in Deutschland nicht zu einer vergleichbaren Revolution gekommen ist, findet ihre Erklärung in den strukturellen Unterschieden zwischen dem vorrevolutionären Frankreich und dem Alten Reich [REICHARDT]. Dazu gehören die Zersplitterung der Territorien, der unterschiedliche Charakter des Absolutismus und die Finanzsituation in Frankreich und in den deutschen Territorialstaaten [MÖLLER; WEHLER 1987; v. ARETIN/HÄRTER, 11]. An die Stelle

der Frage nach der fehlenden Revolution trat die Untersuchung vielfältiger Wechselwirkungen zwischen der Revolution in Frankreich und den sozialen Konflikten wie Gesellschaftsreformen in Deutschland [BERDING 1988, 71]. Deutlich nahm die Zahl der Unruhen im letzten Jahrzehnt des 18. Jahrhunderts zu. Allerdings hatten die Konflikte oft lokale Ursachen [ROTH, Stadt, 148–157; v. ARETIN/HÄRTER, 95–104]. Die Bedeutung der Französischen Revolution für die Herausbildung einer modernen bürgerlichen Gesellschaft in Deutschland bestand darin, die Prozesse des Wandels beschleunigt zu haben. Direkt beeinflusst hat sie die deutschen Jakobiner, die jedoch insgesamt aus dem Stadium kleiner Zirkel nicht herauskamen. Der Versuch eines Exports der Revolution im Verlauf der Revolutionskriege von 1792 und 1793 fand wenig Widerhall. „Man hatte die Ideen der Franzosen gelobt, viele gebilligt", klagte Peter Adolf Winkopp nach Custines Eroberungen einiger deutscher Städte, „aber da sie sich zu Lehrmeistern eines selbständigen glücklichen Volks aufwarfen, da sie ihm eine andere Verfassung aufdringen wollten, von der man die Probe noch nicht hatte, ob sie beglückend sey, da verschwand alle Anhänglichkeit an das neue System und nur schwärmerische Köpfe bekannten sich zur neuen Fahne, nur solche, denen nirgendwo wohl ist" [WINKOPP, T. 1, 94].

Statt der Sympathie für die Revolution nahm der Patriotismus für die Reichsstädte zu, und in diesem Vorgang spiegelten sich die Auseinandersetzungen der nächsten zwanzig Jahre. In den meisten deutschen Städte übernahmen die Bürger in der Regel nicht einfach das französische Gesellschaftsmodell, sondern überführten in einem längeren Prozess die ständischen Privilegien in die liberalen

Freiheiten der modernen bürgerlichen Gesellschaft [ROTH, Stadt, 148]. Unter dem Einfluss der Französischen Revolution kam es zwar zu einer Öffnung der Städte und zur Formierung eines neuen Bürgertums, wobei jedoch ein langanhaltender und zäher Widerstand gegen eine allzu direkte Übernahme der französischen Reformen geleistet wurde.

Bedeutender als die Revolution selbst war der Einfluss, der von der imperialen Politik Napoleons (1769–1821) ausging. Das galt insbesondere für die annektierten deutschen Staaten, für die unter seiner Regie neu formierten Rheinbundstaaten und für die deutschen Verbündeten Frankreichs, also für Staaten wie Preußen. Das Gesellschaftsmodell Frankreichs gewann so direkt oder indirekt Einfluss auf den Staatsaufbau, die Verwaltung, die Finanzen und das Militärwesen vieler deutscher Staaten und beförderten die Entwicklung hin zum bürokratisch-zentralistischen Anstaltsstaat, die in den preußischen wie in den so genannten Rheinbundreformen gipfelte [BERDING 1973; FEHRENBACH; WEIS]. Zu diesen mittlerweile auf breiter Grundlage erforschten Reformen gehörten: 1. die territoriale Gebietsvereinheitlichung und die zentralistische Verwaltungsreform, 2. die Teilentmachtung des Adels durch Mediatisierung und Entprivilegierung, 3. die Finanz- und Steuerreformen mit ihrer egalisierenden Steuergesetzgebung, 4. die Gemeindereformen, die eine soziale Dynamisierung der städtischen Bürgergemeinden bewirkten, und 5. Reformen, die einen Strukturwandel der Wirtschaft einleiteten. Als Kern galten dabei die Agrarreformen, denn gerade sie schufen grundlegende Voraussetzungen für die Entfaltung der kapitalistischen Produktionsweise [REIF; ULLMANN; PIERENKEMPER].

Bei allen Reformen wurden allerdings die Unterschiede in der ständischen Gesellschaft nur in einem eng begrenzten Rahmen beseitigt, weil der Adel zum Teil bewusst geschont wurde, um ihn als soziales Fundament der Monarchie zu erhalten [WEHLER 1987; NIPPERDEY 1983]. Außerdem endete die Reformbereitschaft mit den Karlsbader Beschlüssen von 1819 wenige Jahre nach den erfolgreichen Befreiungskriegen und dem Wiener Kongress, auf dem die Mächtebalance der europäischen Staaten neu geordnet worden war. Danach existierten grundlegend veränderte Rahmenbedingungen für das aufstrebende Bürgertum. Schrittweise wurde die Reformbürokratie entmachtet, die mit ihr sympathisierenden Fraktionen in Adel und Bürgertum wurden zurückgedrängt sowie die „Rearistokratisierung" der obersten Staatsverwaltung und des Militärs begünstigt. Die Folge war, dass die bürgerliche Bewegung in Deutschland, die aus der ständischen Gesellschaft herausdrängte, in eine Frontstellung gegen die Aristokratie geriet [GALL 1993, 35].

Die neue bürgerliche Kultur. Über die Entstehung des modernen Bürgertums als Inaugurator der bürgerlichen Gesellschaft in Deutschland ist in den letzten Jahrzehnten intensiv geforscht worden. H.-U. Wehler deutet den Vorgang als Emanzipationsakt vom ständischen Stadtbürger zum modernen Staatsbürger. Die neuen bürgerlichen Kräfte gingen mit dem Staat ein Modernisierungsbündnis ein [WEHLER 1991, 205]. Unter Rückgriff auf Max Webers (1864–1920) Konzept der ständischen Vergesellschaftung suchte die Forschung nach konstituierenden Elementen für die divergierenden bürgerlichen Interessengruppen und fand sie in der Homogenität kultureller Selbstentwürfe. Ende der achtziger Jahre verdichtete Jürgen

▷ S. 197
Geschichte der Staaten/ Geschichte der Gesellschaft

Kocka die These von der besonderen Bedeutung der Kultur für die Sozialformation des Bürgertums zum Konzept der „Bürgerlichkeit". Diese habe als universale Leitkategorie die sozialen Umgangsformen und das geistige Klima ganzer Gesellschaften geprägt. Daraus folgte die Grundentscheidung, das Bürgertum nicht mehr als soziale Formation, sondern als Ensemble habitueller Praxen und Wertesysteme zu erforschen [KOCKA 1988, Bd. 1, 27f.; DERS. 1993, 107–121]. Die „Bürgerlichkeitsthese" diente bald als Modellbegriff für die Gesamtheit bürgerlicher Kulturmuster und -formen. In Umkehrung sozialgeschichtlicher Interpretationspraktiken schien es einem großen Teil der Bürgertumsforschung plausibel, dass ein spezifisches Selbstverständnis aufgrund besonderer Werthaltungen und Lebensstile ausschlaggebend für die Zugehörigkeit zur Schicht des Bürgertums gewesen sei. Als typische Werte, die das Bürgertum von anderen sozialen Schichten unterschieden habe, benannte die Forschung vor allen anderen Charaktermerkmalen die besondere Hochschätzung von individueller Leistung, die Betonung von regelmäßiger Arbeit, eine rationale Lebensführung, zu der insbesondere die Werte „Pünktlichkeit", „Sparsamkeit" und „Solidität" zählten sowie das Streben nach selbstständiger Gestaltung individueller und gemeinschaftlicher Aufgaben, die besondere Bedeutung von Bildung und Erkenntnis, die Achtung der Kunst und Kultur sowie ein spezifisch bürgerliches Familienideal. Diesem Kanon ließen sich dann weitere Wertmuster und Tugenden zuordnen wie Autoritätsskepsis, Toleranz, Kompromissfähigkeit und Freiheitsliebe [BAUSINGER, 121f.; NIPPERDEY 1990/1992, Bd. 1, 382–395; R. HABERMAS, 10].

▷ S. 93f.
Lebenswelten
in der Moderne

22 Teile der Bürgertumsforschung beschritten

jedoch einen anderen Weg, indem sie den Forschungsfokus auf die Städte als kulturellen Referenzraum des Bürgertums richteten. Den Ausgangspunkt bildete die Beobachtung, dass sich moderne Verhaltensweisen und Mentalitäten zuerst in den Städten durchsetzten. Hier entstanden neue Unterhaltungs- und Geselligkeitsformen und nur in der Stadt eröffnete sich die Option für eine unabhängige Lebensführung. Ausgehend von dem Stadtbürgertum der traditionalen Gesellschaft konnten mit dem aufstrebenden Handelsbürgertum und Teilen des Bildungsbürgertums bestimmte Sozialformationen identifiziert werden, die sich sukzessive von der ständisch-korporativen Bürgergesellschaft absetzten. Gerade das Handelsbürgertum erlebte eine Zeit der Expansion und des gesellschaftlichen Aufstiegs. Sein geographischer Spielraum weitete sich aus, seine ökonomischen Gewinne stiegen steil an und auch sein politisches Gewicht in der jeweiligen Stadt nahm zu. Eine ähnliche Tendenz lässt sich bei den freien Berufen nachweisen, für die sich der entsprechende Markt während des 18. Jahrhunderts laufend erweitert hatte. Hier entstand schrittweise aus der städtischen Gesellschaft heraus ein neues Bürgertum [GALL 1993, 13f.]. Dieses neue Bürgertum initiierte in den Städten eine umfassende Kulturrevolution, die den Ausgangspunkt für den Umbau von Staat und Gesellschaft bildete.

Das neue Bürgertum in den Städten.
Die Kulturrevolution des deutschen Bürgertums vollzog sich unter dem Schlagwort der Bildung. „Bildung" ist im deutschen Sprachgebrauch ein schillernder Begriff. Er hat etwas zu tun mit Bild, Abbild und Ebenbild oder auch der Nachbildung und Nachahmung.

Entfaltungsprozesse
Der Durchbruch
der bürgerlichen
Gesellschaft

Standen ursprünglich religiöse Vorstellungen wie die vom Menschen als Bild Gottes („Imago-Dei-Lehre") im Vordergrund, so setzte im Laufe der Jahrhunderte über mehrere Zwischenstufen eine Verweltlichung der verschiedenen Bildungsbedeutungen ein [SCHAARSCHMIDT, 30ff.]. In vielen Städten entstand eine Bewegung, die sich gegen die Geburtsprivilegien des Adels aussprach, die Aufhebung der Standesgrenzen forderte und sich gegen obrigkeitsstaatliche Unterdrückung auflehnte. Die Bildungsbewegung verband sich zudem mit der von der Aufklärung intendierten Umwertung der Werte. Mentalität wie Organisationsstruktur des ständischen Bürgertyps genügten diesen neuen Bedürfnissen nicht mehr. An seine Stelle trat der „Stand der Gebildeten", für den Fragen der Literatur, Kunst und Wissenschaft an Bedeutung gewannen. Man kann wie Michael Maurer die „Entgrenzung" der ständischen Vorstellungswelt als fortschreitende Kompetenzaneignung von Sprache, Literatur und Bildung durch eine im städtischen Milieu sich assoziierende soziale Bewegung der Gebildeten deuten [MAURER, 61ff.]. Wichtiger erscheint jedoch ein damit eng verbundener Aspekt, die systematische Ausweitung des Bildungsbegriffs in Richtung auf die eigenständige Ausformung der inneren Werte und Fähigkeiten der Menschen. Ausgehend von der deutschen Klassik, von Johann Gottfried Herder (1744–1803), Johann Wolfgang von Goethe (1749–1832) und Friedrich Schiller (1759–1805) theoretisch entwickelt und mit neuem Inhalt gefüllt, blieb dieser Bildungsbegriff nicht nur Idee, sondern wurde auch praktisch und organisatorisch umgesetzt und das hatte weitreichende Konsequenzen.

Im Zeichen dieser Entwicklung erfuhr zuerst das Stiftungswesen eine wesentliche Erweiterung. Die Motivationen für Stiftungen verwoben sich mit aufklärerischen Gedanken und wurden spätestens im letzten Drittel des 18. Jahrhunderts Teil des bürgerlichen Aufbruchs. Das Stiftungswesen als bürgerliche Kulturpraxis und als ein äußerst flexibles Instrument bürgerlichen Handelns wird seit einigen Jahren intensiv von der Bürgertumsforschung untersucht. Dabei wird unter anderem die gesellschaftliche Dynamik, die von den Bürgerstiftungen ausging, betont [HEIN 1997; KOCKA/FREY 1998]. Die Verhaltensmuster mäzenatischen Handelns auf kommunaler Ebene liefern tiefe Einblicke in die individuellen Lebensentwürfe und gemeinbürgerlichen Absichten des neuen Bürgertums [HANSERT; GAEHTGENS].

Parallel zu den Stiftungen erfuhr der Bildungsgedanke in den Freimaurerlogen, Lesegesellschaften und Geheimbünden eine weitere praktische Umsetzung. Seit 1770 nahm das Interesse, sich durch Lektüre von Büchern und geselliger Unterredung zu bilden, sprunghaft zu. Die Lesegesellschaften verbreiteten sich rasch über Deutschland und wurden fast zeitgleich in zahlreichen Städten gegründet [v. DÜLMEN 1986; AGETHEN]. Je nach dem Charakter der Stadt wurden sie von Bildungsbürgern und Beamten wie etwa in Karlsruhe und Göttingen initiiert oder wie in Köln und Frankfurt von Handelsbürgern, Verlegern oder Buchhändlern. Wenn auch in den angemieteten Räumlichkeiten dieser frühen Vereine spezielle Lese- und Bibliotheksräume existierten, so bezog sich der Ausdruck „gebildet" doch nicht in erster Linie auf die aus Literatur gezogene Gelehrsamkeit, sondern diente vor allem als allgemeine Umschreibung für die der neuen Zeit aufgeschlossen gegenüberstehenden Bürger.

23

In Frankfurt am Main leitete kurz nach 1800 die **Frankfurter Casinogesellschaft** die Zeit der großen Vereinsgründungen ein. Ziel der Initiatoren war es, eine Gesellschaft aufzubauen, „die zu jeder Stunde des Tages, sowohl von den Mitgliedern derselben, als auch von denen durch sie eingeführten Fremden besucht, und wo zugleich die neuesten und nützlichsten Zeitschriften gelesen werden" konnten. Dies geschah in der Absicht, „den vielen durchreisenden und verweilenden Fremden den Aufenthalt angenehm zu machen [...], wobei Genuss gesellschaftlicher Unterhaltung und erlaubter Vergnügungen, desgleichen Erwerbung und Mitteilung gemeinnütziger Kenntnisse durch Vereinigung der verschiedenen gebildeten Stände bezweckt werden sollte". Bürgerinnen konnten keine Mitgliedschaft erwerben, dennoch war der Zutritt von Frauen ausdrücklich erwünscht, wie in einem besonderen Passus hervorgehoben wurde. Ihre Teilnahme an den geselligen Veranstaltungen, Festen und Bällen ermöglichte die Funktion als Heiratsbörse für die gehobene Gesellschaft. Der große Wert, der auf den kulinarischen Genuss, auf die durchgängige Restauration von der „besten Qualität", gelegt wurde, rundet das Bild von einer exklusiven Vereinigung ab. Die soziale Spannbreite reichte von den Kaufleuten bis zu den Inhabern akademischer Berufe, wobei die Schwerpunkte eindeutig verteilt waren. In der Mitgliederliste aus der Zeit um 1805 gehörten von den 212 aufgeführten Mitgliedern nicht weniger als 75 % zu den angesehensten Handelsmännern, Bankiers und Verlegern der Stadt. Dazu kamen 30 Patrizier und Adelige, 21 Juristen, die zumeist in der städtischen Verwaltung tätig waren, und nur fünf akademisch Gebildete. Wie sehr die Mitglieder des Casinos zur Elite der Stadt gerechnet werden müssen, demonstriert der Tatbestand, dass nur zwölf der hier Verzeichneten nicht in der Höchstbesteuertenliste von 1810 eingetragen waren, über die Hälfte in den folgenden Jahren ein politisches Mandat einnahm oder bereits innehatte und aus ihren Reihen nicht weniger als 29 Ratsmitglieder hervorgingen. Außerdem gehörten 60 Mitglieder der späteren Gesetzgebenden Versammlung an.

Bild: Haus der Frankfurter Casinogesellschaft im Zentrum Frankfurts am Roßmarkt 10, Historisches Museum Frankfurt/M. (Repro-Fotografin: Ursula Seitz-Gray).

Literatur: Gesetze und Anordnungen nebst den dazu gehörigen Berichtigungen und Zusätzen für die Casino-Gesellschaft in Frankfurt am Main, errichtet im Jahre 1802, Frankfurt/M. 1843; Liste der 212 Mitglieder des Casino, Frankfurt/M. o. J. [vor 1810]; R. ROTH, Stadt und Bürgertum in Frankfurt am Main. Ein besonderer Weg von der ständischen zur modernen Bürgergesellschaft 1760 bis 1914, München 1996.

Kurz nach den Lesegesellschaften sammelte sich das neue Bürgertum in allgemeinen geselligen Vereinen: „Casino", „Museum", „Harmonie" oder „Tivoli". „Wer immer hier verkehrte, dem mußte das Selbstverständnis, der städtischen Elite anzugehören, zur lebendigen Erfahrung werden" [MAENTEL, 298]. Sie entstanden um 1800 und stellten vielfach die Verbindung zwischen den früheren Kollegien, Logen und Lesegesellschaften auf der einen Seite und dem später entwickelten und ausdifferenzierten Vereinswesen auf der anderen dar. In allen großen und mittleren Städten wurden Vereine dieses Typs, der eng mit den städtischen Eliten verbunden war, im Abstand von nur wenigen Jahren gegründet. Nicht Standesnormen, sondern selbstgesetzte Regeln prägten die Umgangsformen in den bürgerlichen Elitevereinen. Dazu kamen ein freies Auswahlverfahren der Mitglieder und die selbstbestimmten Vereinszwecke in den Statuten. Die neuen Organisationen bemühten sich um ein attraktives Bildungsangebot und vielfältige Geselligkeitsformen. Großen Wert legten sie auf spezifische Kenntnisse und individuelle Begabungen, Gelehrsamkeit und Bildung, aber auch auf künstlerisches Talent.

Vereine. Nach den Anfängen in den ersten Jahrzehnten des 19. Jahrhunderts breitete sich das Vereinswesen ungeheuer aus, wurde populär und erfaßte über das Bürgertum und Teile des aufgeklärten Adels hinaus auch Teile der unterbürgerlichen Schichten. Das Vereinswesen stellte der städtischen Gesellschaft ein neues organisatorisches Gehäuse zur Verfügung und bildete in dieser Hinsicht ein variables „Strukturelement" für die sich ausformende moderne bürgerliche Gesellschaft. Beständig wurden neue Vereine zu den unterschiedlichsten Zwecken und Bildungsabsich-

ten gegründet. Trotz dieser Zentralstellung bei der Formierung der modernen Bürgergesellschaft kam die wissenschaftliche Erforschung der Vereine erst relativ spät in Gang. Nach Max Weber beschäftigte sich vor allem Jürgen Habermas eingehender mit den Vereinen [J. HABERMAS]. Den eigentlichen Durchbruch erzielte jedoch der Aufsatz von Thomas Nipperdey *Verein als soziale Struktur in Deutschland* [NIPPERDEY 1972]. Die Charaktermerkmale zusammenfassend kam Nipperdey zu dem prägnanten Schluss: „Der Verein ist das entscheidende Medium zur Formung der bürgerlichen Gesellschaft" [NIPPERDEY 1983, 268]. Diese These gilt als Schlüssel zur Untersuchung des fundamentalen Prozesses der Vereinsbildung und -ausbreitung [LANGEWIESCHE, Liberalismus und Bürgertum; HARDTWIG].

Vereine entstanden zu den unterschiedlichsten Zwecken und schufen zahlreiche Einrichtungen wie Versammlungs-, Lehr- und Forschungsstätten, Spezialschulen und Bibliotheken sowie Museen und Konzerthallen. Sie schufen Raum für eine nichtkorporative stadtbürgerliche Gesellschaft, in der ein neuer Typ des Bürgers heranwuchs, der die Werte und Intentionen der säkularisierten und politisierten Bildungsvorstellung der deutschen Aufklärung und Klassik in die Tat umsetzte. Hinter der Vereinsbewegung stand zudem die utopische Vision einer bürgerlichen Gesellschaft, in die sukzessive alle Haushaltsvorstände einer Stadt integriert werden sollten. Wenn auch die Partizipationsmöglichkeiten an der sich rasch ausbreitenden Vereinswelt anfangs sozial und zum Teil konfessionell begrenzt waren und mangelnde Bildung viele ausschloss, so waren die Vereine und Stiftungen doch zentrale Bestandteile eines städtischen Bildungssystems, das sich dynamisch

entwickelte und prinzipiell offen für emanzipatorische Integrationsprozesse war [Roth,
Wilhelm Meister, 131ff.; Schulz, 10].

Die Integration verschiedener bürgerlicher Sozial- und Minderheitsgruppen erfolgte
schrittweise. Anders als den christlichen Minderheiten war der jüdischen Kaufmannschaft
der Zutritt zu den bürgerlichen Vereinen noch
bis weit in die 1820er Jahre hinein verwehrt.
Aber spätestens in den 1830er Jahren zeichnete sich ein Stimmungsumschwung ab und
die Vereine entwickelten sich zu Vorreitern
der durch Aufklärung und Reformgesetz-
gebung in Gang gesetzten Judenemanzipa-
tion. Sie leisteten damit nicht selten Jahrzehnte vor der politischen Gleichberechtigung einen nicht zu unterschätzenden Beitrag
im Emanzipationsprozess dieser benachteiligten Gruppe. Auch die Handwerker drängten in den 1840er Jahren verstärkt in die Vereine und weiteten das soziale Spektrum des
Vereinswesens in vielen Städten und Gemeinden aus [Lipp, 276ff.]. Allerdings hatte sich der
Bildungsgedanke mitsamt der davon abgelei-
teten Vorstellung von der Gemeinschaft der
Gebildeten bei den Handwerkern bereits ab-
geschwächt. Noch mehr verlor er in Bezug auf
die Bürgerinnen an Durchschlagskraft. Dennoch spielte das Vereinswesen nach 1850 auch
hier eine nicht unbedeutende Rolle. So waren
es gerade die Frauenvereine, die die ersten
höheren Mädchenschulen und Einrichtungen
zur gewerblichen Ausbildung von Frauen
schufen. Die Dynamik der Bildungsbewegung endete bei dem Versuch, die städtischen
Bildungssysteme auf die nichtbürgerlichen
Schichten auszudehnen. Mit den Volks- oder
Arbeiterbildungsvereinen entstand ein Ver-
einstyp, in dessen Rahmen nach und nach die
verschiedenen nichtbürgerlichen Gruppen
integriert werden sollten.

Die Pauperismusdiskussion der dreißiger
Jahre und der Weberaufstand Mitte der vierziger führten in vielen Städten zur Gründung
von Arbeiterbildungsvereinen. Während der
Revolution von 1848 erfuhr diese Bewegung
eine weitere sprunghafte Ausweitung. Die
Vereine bemühten sich in erster Linie um eine
berufliche Fortbildung und um eine Verbesserung der unzureichenden Schulbildung. Mit
diesem Programm gelang es der liberalen Bewegung tatsächlich, einen bestimmenden Einfluss auf die Arbeiterbewegung auszuüben
[Birker; Biefang]. Im Vereins- wie im Stiftungswesen konkretisierte sich der praktische
Wille zur Selbstorganisation. Partikularinter-
essen und Gemeinwohl mussten keinen
Gegensatz bilden, gesellschaftliche Problemlagen konnten durch individuelles Engagement wie kollektives Handeln wenn nicht
überwunden, so doch gemildert werden, und
das trug entscheidend zur Vergesellschaftung
des neuen Bürgertums bei.

Der politische Aufstieg. Mit den Vereinen verknüpften sich vielfältige personelle
Verbindungen zu einem funktionierenden
Netzwerk bürgerlicher Selbstorganisation.
Was im kulturellen Bereich zu beeindrucken-
den Leistungen führte, wurde auch für die
Kommunalpolitik genutzt. An den sozialkulturellen Knotenpunkten der stadtbürger-
lichen Gesellschaft ballten sich Macht und
Einfluss. Hier wurden Wirtschaftsbeziehun-
gen angebahnt, Aufträge abgewickelt, die
nachrückende Generation gesellschaftlich
eingeführt und der soziale Status jedes Einzelnen festgelegt. Die Vereine und Stiftungen
lagerten sich als engmaschige Honoratioren-
Netzwerke um die Ämter der städtischen
Selbstverwaltung, deren Exponenten die

Kommune als lokale Machtbasis und Experimentierfeld bürgerlicher Politik nutzten. Diese politischen Gremien der Städte gewährten dem Bürgertum weitgehende Mitspracherechte bei seinen eigenen Angelegenheiten [SCHULZ, 17; GALL 1991, 21]. Sie erfuhren mit den Gemeinde- und Städtereformen der dreißiger Jahre einen grundlegenden Wandel.

Die Partizipationsstruktur bekam eine moderne Gestalt, wobei sich allerdings der Kreis der privilegierten Bürger vielfach stark einengte. Im Einzelnen wirkte sich das von Stadt zu Stadt verschieden aus. In vielen Staaten hatte es bereits in der Frühen Neuzeit weitreichende Eingriffe der territorialstaatlichen Verwaltungen in das Selbstbestimmungsrecht der Gemeinden gegeben. In den linksrheinischen Gebieten, aber eben auch nur dort, wurde bereits in der napoleonischen Ära das Bürgerrecht auf einen formlosen Eintrag in die Bürgerregister reduziert und das aktive Wahlrecht an alle männlichen Selbstständigen vergeben, während das passive Wahlrecht allein den Notabeln mit einem Mindestjahreseinkommen in unterschiedlicher Höhe vorbehalten blieb. In den übrigen Landesteilen Preußens nahm die Entwicklung einen anderen Verlauf. Hier musste mit der Steinschen Städteordnung ein Bürgerrecht erst wieder eingeführt werden. Bereits im Vormärz kam es zu drastischen Einschränkungen der Wahlrechte und der anfangs moderate Wahlzensus wurde in einer zweiten Welle von Gemeinde- und Städteordnungen erhöht [REULECKE, 133; LENGER, 114ff.]. In den ehemaligen Rheinbundstaaten dagegen öffneten die Reformen in der napoleonischen Zeit dagegen vorsichtig das Bürgerrecht für minderprivilegierte Bürgergruppen und bauten die rechtlichen Unterschiede (und die damit verbundenen Privilegien) zwischen Kaufleuten und Handwerkern, Bürgern und Beisassen oder Schutzverwandten und den Konfessionen Zug um Zug ab [SCHMUHL, 186]. In anderen süddeutschen Staaten – etwa Württemberg und Baden – wurden die sowieso moderaten Zensuswahlrechte sogar noch abgemildert und mit 50 bis 60 % blieb der Anteil der Bürger unter den männlichen Erwachsenen in den Gemeinden über das ganze Jahrhundert relativ konstant [HEIN 1990, 81f.]. Insgesamt war das Bürgerrecht im 19. Jahrhundert großen Veränderungen ausgesetzt. Einerseits zeichnete sich mit der Lockerung der Niederlassungs- und Heiratsbestimmungen und der Einführung der Gewerbefreiheit ein Trend zur Aufhebung der wirtschaftlichen Privilegien ab. Andererseits wurden die politischen Rechte in Zensus- und Dreiklassenwahlrechte transformiert, was vielfach eine Eingrenzung, nicht Ausweitung des Kreises der Bürger und damit der politischen Partizipation mit sich brachte. Der allgemeine Trend zu einer Homogenisierung der rechtlichen und politischen Rahmenbedingungen für die kommunalen Bürgergesellschaften kann nicht verbergen, wie uneinheitlich der Prozess in seinen verschiedenen Stadien verlief und wie regional differenziert und lokal fragmentiert das deutsche Bürgertum in politischer Hinsicht noch lange Zeit blieb.

Eine auffallende Gemeinsamkeit bestand jedoch im Wechselspiel zwischen Vereinsleben und Politik. So erfolgte der Aufstieg in den Rat oder Senat der jeweiligen Stadt oftmals vom Netzwerk der Vereine aus. Ein solches, bestehend aus oppositionell eingestellten Logen und Vereinen, brachte zum Beispiel den Bremer Kaufmann Arnold Duckwitz (1802–1881) in herausgehobene politische Positionen. Als Mitglied des Bremer Convents nahm er an Verhandlungsdelegationen teil 27 und wurde später in den Senat gewählt. Damit endete wie er selbst schreibt seine Opposition: „Ich war unschädlich gemacht, und nunmehr auf bestimmte Gegenstände meines Wirkens angewiesen" [DUCKWITZ, 97]. Die Larmoyanz täuscht nicht darüber hinweg, dass die Senatswahl den größten Tag in seinem Leben darstellte. Von den Städten aus stiegen bürgerliche Repräsentanten dann in die Provinzial- und Landtage auf, und ebenfalls von den Städten aus entwickelte sich auch die liberale Bewegung.

Die Zentralforderung des deutschen Frühliberalismus zielte auf ein Repräsentativsystem auf gesamtstaatlicher Ebene. Die einzelnen Fraktionen unterschieden sich allerdings in der theoretischen Begründung und hinsichtlich der Kompetenzen dieser Parlamente. In den Abweichungen voneinander spiegelte sich der Formenreichtum der deutschen Landtage wider, die von altständischen Traditionen bis hin zum neuständischen Prinzip der Vertretung von „Besitz und Bildung" reichten [EHRLE].

▷ S. 64
Politisches Denken/ Politische Strömungen

Statt eine umfassende Repräsentation des Volkes in den Landtagen zu fordern, richtete sich die Aufmerksamkeit der Frühliberalen auf die gewählten Abgeordnetenkammern, und man hoffte, über sie an der Gesetzgebung mitwirken zu können. Als geeignetes Instrument erschien den Liberalen das Steuerbewilligungsrecht. Ein eigenständiges Recht zur Gesetzesinitiative wurde erstmals in der kurhessischen Verfassung von 1831 zugestanden. Sie galt damals als die liberalste im vormärzlichen Deutschland. Eine Beteiligung der Abgeordneten an der Regierung stellte kein Ziel des deutschen Frühliberalismus dar. „Die Kammern sollen mitgesetzgebend, gesetzwahrend, aber eben darum nicht mitregierend, nicht mitverwaltend sein", erklärte der

Historiker und Politiker Friedrich Christoph Dahlmann (1785–1860) [DAHLMANN, 200].

Diese strikte Rollenteilung löste sich bis zur Revolution 1848 schrittweise auf. Unter dem Einfluss der französischen Julirevolution von 1830 spaltete sich der Kammerliberalismus in einen prinzipientreuen Flügel, der eine Vermischung von Regierung und Abgeordnetenhaus ablehnte, und eine sich radikalisierende Opposition, die eine weitreichende Parlamentarisierung der politischen Strukturen anstrebte. Ohne den dahinterstehenden Lernprozess wäre die schnelle Praktizierung der parlamentarischen Regierungsweise in der Frankfurter Nationalversammlung von 1848/ 1849 nicht möglich gewesen [LANGEWIESCHE, Liberalismus, 27].

Neben der politischen Praxis in den Landtagen setzte in den dreißiger Jahren trotz des Verbots die Politisierung der Vereinswelt ein. Einen Durchbruch bedeutete der im Januar 1832 gegründete „Deutsche Preß- und Vaterlandsverein". Er gewann mehr als 5 000 Mitglieder, verbreitete in großem Umfang liberale Schriften und organisierte das Hambacher Fest [FOERSTER]. In den 1840er Jahren zehrte der Frühliberalismus von der nationalen Erregung der deutsch-französischen Krise und von dem breiten sozialen Fundament, das die deutsche Nationalbewegung in den Städten errang. Dazu trug die voranschreitende wirtschaftliche Integration der deutschen Staaten und die verbesserte Kommunikation durch die Eisenbahnen bei, weil nun die Kontakte der Liberalen über die einzelstaatlichen Grenzen hinweg dichter und dauerhafter wurden.

▷ S. 55
Nation a
Deutung
kategorie

▷ S. 39
Industria
lisierung
und verl
Welten

Ende der 1840er Jahre vollzog sich im Vorfeld der Revolution von 1848 die Trennung in Liberale und Demokraten, die mit der Heppenheimer Versammlung der gemäßigten

Liberalen am 10. Oktober 1847 und der Offenburger Versammlung der Demokraten am 12. September ihren Abschluss fand. „Die bürgerlichen Parteien der Revolutionsjahre waren damit vorgeformt" [LANGEWIESCHE, Liberalismus, 37]. Mit der Radikalisierung der liberalen und demokratischen Bewegung begann der Aufstieg der Turn- und Gesangsvereine zu einer Massenbewegung mit bis zu hunderttausend Mitgliedern und einer breiten sozialen Verankerung in den bürgerlichen Milieus der deutschen Städte.

Der Liberalismus bildete das Fundament für die bürgerliche Bewegung in der Revolution von 1848. Der Konflikt kündigte sich in der wachsenden Kritik am bürokratischen Obrigkeitsstaat an. Insbesondere das rheinische Bürgertum in den westlichen Provinzen Preußens fühlte sich in seiner forcierten Industrialisierungspolitik von den Beamten in Berlin behindert [BOCH, 153–166]. Als Reaktion auf den Reformstau regten sich erste Stimmen im Lager des Bürgertums, die erklärten, man müsse seine politischen Hauptziele aus eigener Kraft durchsetzen. Die Auseinandersetzung spitzte sich zu, als die preußische Regierung im März 1847 eine Vorlage für den für Juni geplanten Vereinigten Landtag vorstellte, die unter anderem die Verabschiedung einer Staatsanleihe enthielt, mit der der Eisenbahnbau im agrarischen Osten des Landes finanziert werden sollte. Der Versuch, den unrentablen Bau zu erzwingen, ließ die Widersprüche zwischen der Wirtschaftselite im Westen und der preußischen Regierung eskalieren. Auf dem Vereinigten Landtag wuchs sich das Problem zu einem Kampf um politische Rechte aus, weil der preußische Staat sich festgelegt hatte, die Staatsschulden nicht über 180 Millionen Thaler anwachsen zu lassen und eine andere Regelung nur mit Zustimmung einer gesamtstaatlichen Versammlung vorzunehmen. Genau das aber war der Vereinigte Landtag nicht.

Die Erklärungsnöte des Staates nutzte die Opposition, der die beiden rheinischen Bankiers und Eisenbahnunternehmer Ludolf Camphausen (1803–1890) und David Hansemann (1790–1864) angehörten, geschickt für eine Interessenpolitik des Rheinlandes aus. Insbesondere Hansemann rechnete mit den zunehmend als drückend empfundenen politischen Zuständen in Preußen ab. „Gibt es ein erhabeneres Schauspiel", führte er aus, „als das, dessen Zeuge wir jetzt sind? Ein Land, das der Kommunikationsmittel bedürftig ist, ein Land, welches fühlt, dass seine Entwicklung durch den Mangel derselben leidet, will nicht diesen Mangel ersetzen durch das Opfer von Rechtsprinzipien, will nicht die Eisenbahn um den Preis des Rechts erkaufen", und weiter fuhr er fort, „bei Geldfragen hört die Gemütlichkeit auf" [BLAICH, T. 1, 1506].

Danach spitzte sich die Diskussion immer mehr auf die Frage zu, ob der Vereinigte Landtag überhaupt befugt sei, die gewünschte Staatsanleihe zu bewilligen. Die eigentliche Brisanz der Debatte war allerdings, dass eine politische Pattsituation entstand, die Freiraum zur systematischen Entfaltung des vormärzlichen Reformprogramms und einer grundsätzlichen Verknüpfung der wirtschaftlichen und politischen Forderungen mit der Verfassungsfrage bot. Die Revolution von 1848/49 legte schließlich die neue Situation offen. Die eigentliche Ursache aber hatte die Revolution weder geschaffen noch verändert. Sie bestand in einem grundlegenden Wandel der Struktur der Gesellschaft, dem Durchbruch zur bürgerlichen Gesellschaft [GALL 1993, 41].

Literatur

M. Agethen, Geheimbund und Utopie, München 1984.

K.O. v. Aretin/K. Härter (Hrsg.), Revolution und konservatives Beharren. Das Alte Reich und die Französische Revolution, Mainz 1990.

H. Bausinger, Bürgerlichkeit und Kultur, in: J. Kocka (Hrsg.), Bürger und Bürgerlichkeit im 19. Jahrhundert, Göttingen 1987, 121–142.

H. Berding, Napoleonische Herrschafts- und Gesellschaftspolitik im Königreich Westfalen 1807–1813, Göttingen 1973.

Ders. (Hrsg.), Soziale Unruhen in Deutschland während der Französischen Revolution, Göttingen 1988.

A. Biefang, Politisches Bürgertum in Deutschland 1857–1868. Nationale Organisation und Eliten, Düsseldorf 1994.

K. Birker, Die deutschen Arbeiterbildungsvereine 1840–1870, Berlin 1973.

E. Blaich (Hrsg.), Der erste Vereinigte Landtag in Berlin 1847, 3. Tle., Berlin 1847.

R. Boch, Grenzenloses Wachstum? Das rheinische Wirtschaftsbürgertum und seine Industrialisierungsdebatte 1814–1857, Göttingen 1991.

F.C. Dahlmann, Die Politik auf den Grund und das Maß der gegebenen Zustände zurückgeführt, Berlin 1924 [Erstdruck 1835].

A. Duckwitz, Fragmente meines Lebens, o.O. [Bremen] 1842.

R. v. Dülmen, Formierung der europäischen Gesellschaft in der frühen Neuzeit, in: GG 7, 1981, 5–41.

Ders., Gesellschaft der Aufklärer. Zur bürgerlichen Emanzipation und aufklärerischen Kultur in Deutschland, Frankfurt/M. 1986.

P. M. Ehrle, Volksvertretungen im Vormärz, 2 Bde., Frankfurt/M. 1979.

E. Fehrenbach, Traditionale Gesellschaft und revolutionäres Recht, Göttingen 3. Aufl. 1983.

C. Foerster, Der Preß- und Vaterlandsverein von 1832/33. Sozialstruktur und Organisationsformen der bürgerlichen Bewegung in der Zeit des Hambacher Festes, Trier 1982.

T. Gaehtgens, Der Bürger als Mäzen, Opladen 1998.

L. Gall, „… ich wünschte ein Bürger zu sein". Zum Selbstverständnis des deutschen Bürgertums im 19. Jahrhundert, in: HZ 245, 1987, 601–623.

Ders., Das liberale Milieu. Die Bedeutung der Gemeinde für den deutschen Liberalismus, in: Liberalismus und Gemeinde, Sankt Augustin 1991, 17–34.

Ders., Von der ständischen zur bürgerlichen Gesellschaft, München 1993.

J. Habermas, Strukturwandel der Öffentlichkeit. Untersuchungen zu einer Kategorie der bürgerlichen Gesellschaft, Frankfurt/M. 1962.

R. Habermas, Frauen und Männer des Bürgertums. Eine Familiengeschichte (1750–1850), Göttingen 2000.

U. Haltern, Entwicklungsprobleme der bürgerlichen Gesellschaft, in: GG 5, 1979, 274–292.

A. Hansert, Bürgerkultur und Kulturpolitik in Frankfurt am Main. Eine historisch-soziologische Rekonstruktion, Frankfurt/M. 1992.

W. Hardtwig, Strukturmerkmale und Entwicklungstendenzen des Vereinswesens in Deutschland 1789–1848, in: O. Dann (Hrsg.), Vereinswesen und bürgerliche Gesellschaft in Deutschland, München 1984, 11–50.

D. Hein, Badisches Bürgertum. Soziale Struktur und kommunalpolitische Ziele im 19. Jahrhundert, in: L. Gall (Hrsg.), Stadt und Bürgertum im 19. Jahrhundert, München 1990, 65–96.

Ders., Das Stiftungswesen als Instrument bürgerlichen Handelns im 19. Jahrhundert, in:

Entfaltungsprozesse
Der Durchbruch
der bürgerlichen
Gesellschaft

B. Kirchgässner/H.-P. Becht (Hrsg.), Stadt und Mäzenatentum, Sigmaringen 1997, 75–93.

J. Kocka, Bürgertum und bürgerliche Gesellschaft im 19. Jahrhundert. Europäische Entwicklungen und deutsche Eigenarten, in: Ders. (Hrsg.), Bürgertum im 19. Jahrhundert. Deutschland im europäischen Vergleich, 3 Bde., München 1988, Bd. 1, 11–76.

Ders., Obrigkeitsstaat und Bürgerlichkeit. Zur Geschichte des deutschen Bürgertums im 19. Jahrhundert, in: W. Hardtwig/H.-H. Brandt (Hrsg.), Deutschlands Weg in die Moderne. Politik, Gesellschaft und Kultur im 19. Jahrhundert, München 1993, 107–121.

Ders./M. Frey, Bürgertum und Mäzenatentum im 19. Jahrhundert, Berlin 1998.

J. Kunisch, Absolutismus, Göttingen 1976.

D. Langewiesche, Liberalismus und Bürgertum in Europa, in: J. Kocka (Hrsg.), Bürgertum im 19. Jahrhundert im europäischen Vergleich, 3 Bde., München 1988, Bd. 3, 360–394.

Ders., Liberalismus in Deutschland, Frankfurt/M. 1988.

F. Lenger, Bürgertum und Stadtverwaltung in rheinischen Großstädten des 19. Jahrhunderts. Zu einem vernachlässigten Aspekt bürgerlicher Herrschaft, in: L. Gall (Hrsg.), Stadt und Bürgertum im 19. Jahrhundert, München 1990, 97–169.

C. Lipp, Verein als politisches Handlungsmuster. Das Beispiel des württembergischen Vereinswesens von 1800 bis zur Revolution 1848–1849, in: É. François (Hrsg.), Sociabilité et société bourgeoise en France, en Allemagne et en Suisse, 1750–1850, Paris 1986, 275–296.

T. Maentel, Reputation und Einfluß – die gesellschaftlichen Führungsgruppen, in: L. Gall (Hrsg.), Stadt und Bürgertum im Übergang von der traditionalen zur modernen Gesellschaft, München 1993, 295–314.

M. Maurer, Die Biographie des Bürgers. Lebensformen und Denkweisen in der formativen Phase des deutschen Bürgertums (1660–1815), Göttingen 1996.

H. Möller, Fürstenstaat oder Bürgernation. Deutschland 1763–1815, Berlin 1989.

T. Nipperdey, Verein als soziale Struktur in Deutschland im späten 18. und frühen 19. Jahrhundert, in: H. Heimpel (Hrsg.), Geschichtswissenschaft und Vereinswesen im 19. Jahrhundert, Göttingen 1972, 1–44.

Ders., Deutsche Geschichte 1800–1866. Bürgerwelt und starker Staat, München 1983.

Ders., Deutsche Geschichte 1866–1918, 2 Bde., München 1990/1992.

T. Pierenkemper (Hrsg.), Landwirtschaft und industrielle Entwicklung. Zur ökonomischen Bedeutung von Bauernbefreiung, Agrarreform und Agrarrevolution, Stuttgart/Wiesbaden 1989.

R. Reichardt, Die Französische Revolution als Maßstab des deutschen Sonderwegs? in: J. Voss (Hrsg.), Deutschland und die Französische Revolution, München/Zürich 1983, 323–327.

H. Reif, Westfälischer Adel 1770–1860. Vom Herrschaftsstand zur regionalen Elite, Göttingen 1979.

J. Reulecke, Geschichte der Urbanisierung in Deutschland, Frankfurt/M. 1985.

M. Riedel, Bürgerliche Gesellschaft, in: O. Brunner/W. Conze/R. Kosselleck (Hrsg.), Geschichtliche Grundbegriffe, Bd. 2, Stuttgart 1975, 719–800.

R. Roth, Stadt und Bürgertum in Frankfurt am Main. Ein besonderer Weg von der ständischen zur modernen Bürgergesellschaft 1760 bis 1914, München 1996.

Ders., Von Wilhelm Meister zu Hans Castorp. Der Bildungsgedanke und das bürgerliche Assoziationswesen im 18. und 19. Jahrhun-

dert, in: D. Hein/A. Schulz (Hrsg.), Bürgerkultur im 19. Jahrhundert. Bildung, Kunst
und Lebenswelt, München 1996, 121–139.

D. Saalfeld, Die Ständische Gliederung der
Gesellschaft Deutschlands im Zeitalter des
Absolutismus. Ein Quantifizierungsversuch,
in: VSWG 67, 1980, 457–483.

I. Schaarschmidt, Der Bedeutungswandel
der Begriffe „Bildung" und „bilden" in der Li-
teraturepoche von Gottsched bis Herder, in:
F. Rauhut/Dies. (Hrsg.), Beiträge zur Geschichte des Bildungsbegriffs, Weinheim
1965, 24–87.

H.W. Schmuhl, Bürgerliche Eliten in städtischen Repräsentativorganen, in: J. Puhle
(Hrsg.), Bürger in der Gesellschaft der Neuzeit. Wirtschaft – Politik – Kultur, Göttingen
1991, 178–198.

A. Schulz, Lebenswelt und Kultur des Bürgertums im 19. und 20. Jahrhundert (= Enzyklopädie deutscher Geschichte, Bd. 75), München 2005.

W. Schulze (Hrsg.), Ständische Gesellschaft
und soziale Mobilität, München 1988.

H.-P. Ullmann, Staatsschulden und Reformpolitik. Die Entstehung moderner öffentlicher
Schulden in Bayern und Baden 1780–1820,
2 Bde., Göttingen 1986.

H.-U. Wehler, Deutsche Gesellschaftsgeschichte, Bd. 1: Vom Feudalismus des Alten
Reiches bis zur Defensiven Modernisierung
der Reformära 1700–1815, München 1987.

Ders., Die Geburtsstunde des deutschen
Kleinbürgertums, in: H.-J. Puhle (Hrsg.),
Bürger in der Gesellschaft der Neuzeit. Wirtschaft – Politik – Kultur, Göttingen 1991,
199–209.

E. Weis, Montgelas 1759–1799. Zwischen Reformen und Revolution, München 1971.

P.A. Winkopp, Geschichte der französischen
Eroberungen und Revolution am Rhein-
strome vorzüglich in Hinsicht auf die Stadt
Mainz, 2 Tle., Frankfurt/M. 1794.

Industrialisierung und verlorene Welten

1768	Spinnmaschine „Spinning Jenny" (James Hargreaves).
1769	Verbesserte Dampfmaschine (James Watt).
1785	Mechanischer Webstuhl (Edmund Cartwright).
1807	Dampfschiff (Seitenraddampfer; Robert Fulton).
1812	Schnelldruckpresse (Friedrich Koenig).
1814	Lokomotive (George Stephenson).
1834	Elektromotor (Moritz Hermann von Jacobi).
1837/44	Elektrischer Telegraph (Samuel Finley Breese Morse).
1841	Kunstdünger (Justus von Liebig).
1847	Desinfektion; Bekämpfung des Kindbettfiebers (Ignaz Philipp Semmelweiß).
1855	Konverter zur Stahlerzeugung (Henry Bessemer).
1861	Fernsprecher (Johann Philip Reis; 1876 Patent Alexander Graham Bell).
ab 1862	Pasteurisation (Louis Pasteur).
1866	Dynamomaschine (Werner von Siemens).
1867	Dynamit (Alfred Nobel).
1876	Viertaktmotor mit Verdichtung (Nikolaus August Otto).
1879	Elektrische Glühlampe (Thomas Alva Edison).
1880	Lochkartenmaschine (Hermann Hollerith).
1880	Typhus-Erreger (Robert Koch).
1882/90	Tuberkelbazillus/Tuberkulin (Robert Koch).
1883	Cholera-Erreger (Robert Koch).
1883/85	Benzinmotor/Kraftwagen (Carl Benz, Gottlieb Daimler, Wilhelm Maybach).
1884/94	Diphtherie-Erreger (Friedrich A. J. Loeffler) Diphtherieserum (Emil von Behring).
1885	Aseptische Chirurgie (Ernst von Bergmann).
1894	Pestbazillus (Shibasaburo Kitasato und Alexandre Yersin).
1895	Röntgenstrahlen (Wilhelm Conrad Röntgen).
1896/98	Radioaktivität (Antoine Henri Becquerel, Marie und Pierre Curie).
1897	Diesel-Motor (Rudolf Diesel).
1899	Aspirin (Felix Hoffmann).

Industrialisierung: Kennzeichen, Bedeutung, Grundzüge. „Industrialisierung"/„Industrielle Revolution" bezeichnet den Übergang bzw. Umbruch von der traditionellen, agrarisch-handwerklichen zur modernen, von der gewerblichen Gütererzeugung geprägten Orientierung der Wirtschaft und Gesellschaft. Die wichtigste Voraussetzung waren technische Neuerungen, insbesondere die Dampfmaschine von James Watt (1763–1819). Kombiniert mit der Spinnmaschine von James Hargreaves (1721–1778) bzw. Richard Arkwright (1732–1792) sowie später dem mechanischen Webstuhl von Edmund Cartwright (1743–1823), revolutionierte sie das Textilgewerbe, eine der wichtigsten Branchen der Zeit. In der Baumwollspinnerei vollzog sich der Durchbruch zur mechanisierten Massenproduktion zuerst [KIESEWETTER].

In Verbindung mit neuer Förder- und Verhüttungstechnik und Innovationen wie dem Drahtseil veränderte die Dampfmaschine die Erz- und Kohleförderung und damit die Produktion von Eisen und Stahl grundlegend. Diese Veränderung war in einem wechselseitigen Prozess mit der Entwicklung der Eisenbahn verbunden. War die Eisenbahn gewissermaßen die Dampfmaschine auf Rädern, so war das Stahlschiff die Kombination von Dampfmaschine und Schaufelrad bzw. Schiffsschraube. Beides revolutionierte das Verkehrswesen.

Die Industrialisierung setzte sich aufgrund günstiger Voraussetzungen zwischen 1760 und 1800 zuerst in Großbritannien durch. Die dortige Entwicklung wurde zum Vorbild für Deutschland, zum Teil vermittelt durch Belgien, Frankreich und die Schweiz.

Die Industrialisierung war keineswegs nur ein „technisches" Phänomen, auch wenn tech- 33 nische Neuerungen im Zentrum standen. Zwar machte die Dampfmaschine den Menschen von den relativ schwachen und wechselhaften Kräften der Natur – dem Antrieb durch Wasser und Wind, Tier und Mensch – weitgehend unabhängig. Doch ohne entsprechende materielle, mentale und institutionelle Voraussetzungen hätten sich die Innovationen nicht durchsetzen können, ebenso wenig ohne hinreichendes Kapital, unternehmerisches Know-how und gewerblich geprägte Arbeitskräfte. Ferner bedurfte es ordnungspolitischer Weichenstellungen. Sie kamen insbesondere im Wirtschaftsliberalismus zum Ausdruck. Schließlich gründete die Industrialisierung auf einer günstigen, über Jahrhunderte hinweg entwickelten Infrastruktur hinsichtlich der Handelsrouten, Marktkenntnisse und Geschäftsverbindungen [Kriedte u.a.].

▷ S. 26
Durchbruch
der bürgerlichen
Gesellschaft

▷ S. 66
Politisches
Denken/
Politische
Strömungen

Auch hinsichtlich der Folgen beschränkte sich die Industrialisierung keineswegs auf den engen Bereich der Technik, sondern sie betraf den Arbeitsprozess, ja Wirtschaft, Gesellschaft und Politik insgesamt. Dem unbestreitbaren Fortschritt entsprach über lange Zeit hinweg der Eindruck, ganze Lebenswelten verloren zu haben [Laslett]. Mit den Maschinen setzten sich zentralisierte, arbeitsteilige, maschinenorientierte Prozesse und damit das industrielle Fabriksystem durch. An die Stelle der gesellschaftlichen Gliederung nach Ständen trat diejenige nach Erwerbsklassen. Die Akkumulation großer Vermögen und damit von wirtschaftlicher, gesellschaftlicher und politischer Macht schritt voran. Der gesamtwirtschaftliche Reichtum wuchs stärker und schneller als je zuvor. Es wurden neue und höhere Qualifikationen erforderlich, und die räumliche Mobilität nahm zu, die Wanderung zu den neu entstehenden Arbeitsplätzen überwand selbst weite Entfernungen. Gewerbe und Industrie wurden zur Erwerbsquelle für immer mehr Menschen, der gewerbliche Sektor überrundete allmählich den landwirtschaftlichen hinsichtlich Beschäftigung und Wertschöpfung.

▷ S. 343
Interdisziplinäre
Perspektiven:
Volkskunde

34

▷ S. 89 f.
Lebensw•
in der
Moderne

Immer mehr Menschen lebten in gewerblichen Ballungsräumen. Die Industrialisierung ermöglichte und erforderte Urbanisierungsprozesse, d. h. Vergroßstädterung. Dies brachte neue Milieus, Mentalitäten, soziale und politische Orientierungen hervor. Die überkommenen agrarischen Zyklen von Mangel und Überfluss, Missernte und überreicher Ernte wurden von den industriellen Konjunkturen abgelöst – den Schwankungen von Angebot an bzw. Nachfrage nach gewerblichen Gütern, des Zinses, des Ausbaus und der Auslastung der Kapazitäten. Traditionelle Orientierungen, „alte Welten" gingen verloren, neue bildeten sich in langwierigen, schmerzlichen, oft Kontroversen provozierenden Prozessen heraus [Kaschuba].

Der Begriff „Industrielle Revolution" entstand schon im frühen 19. Jahrhundert. Er zielt auf das Ergebnis der dramatischen Veränderungen: Er betont das Elementare, Einschneidende. Tatsächlich aber handelt es sich um einen Prozess, nicht um einen (punktuellen) Umsturz, sondern um einen jahrzehntelangen Vorgang. Dem graduellen, prozesshaften Charakter des Übergangs trägt hingegen der Begriff „Industrialisierung" Rechnung.

Die wissenschaftliche Diskussion widmete lange den technisch-wissenschaftlichen Faktoren die größte Aufmerksamkeit. Dies drückt sich insbesondere im Bild eines Take-off aus, das Walt W. Rostow für die Industrialisierung benutzte [Rostow]. Es bringt zum Ausdruck, dass das wirtschaftliche Wachstum, mit einer hohen Investitionsquote, sich so stark beschleunigte, dass es – ähnlich dem Start eines Flugzeugs – abhob und sich fortan selbst trug. Rostow datierte den Take-off in England auf etwa 1783/1802 und in Deutschland auf etwa 1850/73.

Im späten 20. Jahrhundert vollzog die Wirtschaftsgeschichte einen Paradigmawechsel, insbesondere aufgrund der Arbeiten von Douglass C. North und Robert P. Thomas [NORTH/THOMAS]. Der Wirtschaftshistoriker North, Nobelpreisträger für Ökonomie 1993, und weitere Vertreter der so genannten neoinstitutionalistischen Schule ergänzten die Vorstellung der technischen Revolution durch diejenige einer „zweiten wirtschaftlichen Revolution". Deren wichtigste Kennzeichen sahen sie in der Ausprägung des institutionellen Gefüges als Voraussetzung dafür, die Produktionsfaktoren und das Wissen auf den Märkten, in den Unternehmen und in der Gesamtwirtschaft effizient anzuwenden bzw. auszugestalten. Insofern wurde nun die Vorstellung, die industrielle Revolution sei vornehmlich auf Technik, Erfindungen und neue Energiequellen – gewissermaßen auf die Schwerindustrie – gegründet, durch die Erkenntnis ergänzt, dass es zur Umsetzung solcher Faktoren eines Rahmens von Institutionen und Verhaltensweisen bedarf.

In Deutschland spielten in diesem Zusammenhang die Reformen des frühen 19. Jahrhunderts eine wichtige Rolle, insbesondere Gewerbefreiheit, Bauernbefreiung und die Humboldtsche Bildungsreform. Wichtige institutionelle Weichenstellungen waren ferner die Schaffung großer Märkte – Deutscher Zollverein 1834, Norddeutscher Bund 1867, Deutsches Reich 1871 – und einheitlicher wirtschaftlicher Rahmenbedingun-

▷ S. 21
Bruch der
bürgerlichen
Gesellschaft

gen wie der Allgemeinen Deutschen Wechselordnung 1848 und des Allgemeinen Deutschen Handelsgesetzbuchs 1861, der Gewerbeordnung für den Norddeutschen Bund 1869, einheitlicher Maße, Gewichte und Währung 1872/73, schließlich der Übergang zur Schutzzollpolitik 1879 [HORNBOGEN]. Von großer institutioneller Bedeutung waren insbesondere die Entstehung der Gewerkschaften (sozialistisch, liberal bzw. christlich) sowie der Verbände der Arbeitgeber und wirtschaftlicher Interessengruppen, darunter der Centralverband Deutscher Industrieller zur Beförderung und Wahrung nationaler Arbeit (1876), der Allgemeine Deutsche Handwerkerbund (1883), der Bund der Landwirte (1893) und der Reichsverband der Deutschen Industrie (1919) [ULLMANN].

Landwirtschaft: von der Subsistenzwirtschaft zum Wachstumssektor. Die Landwirtschaft prägte in der vorindustriellen Zeit das Leben, Arbeiten und Denken der weitaus meisten Menschen. Um 1800 arbeiteten in Deutschland im primären Sektor 62 % der Erwerbstätigen, 1907 waren es nur noch 35 %. In absoluten Werten allerdings nahm die Beschäftigung in der Landwirtschaft im selben Zeitraum von 6,5 auf 10,6 Mio. zu, da die Bevölkerung und damit die Gesamtbeschäftigung stark wuchs (von 10,5 auf 31,3 Mio. Menschen) [ACHILLES]. Doch schon bald nach 1870 arbeitete nur noch jeder zweite Erwerbstätige in der Landwirtschaft; noch im ausgehenden 19. Jahrhundert verlor sie den Spitzenplatz bei der Beschäftigung an den sekundären Sektor.

Die überkommene bäuerliche Wirtschaft war in das System der Grundherrschaft eingebunden: im Osten Deutschlands in der rigiden Form der Gutsherrschaft, im Westen meist in der „leichteren" Form der Rentengrundherrschaft. Die Grundherrschaft umfasste personenrechtliche Abhängigkeitsverhältnisse des Bauern vom Grundherrn wie die Erbuntertänigkeit, ferner grundherrliche Rechte wie das eingeschränkte Nutzungsrecht des Bauern an dem Land, das er vom Grundherrn erhalten hatte, z. B. durch Beschränkung des Erbrechts, schließlich hoheitliche Rechte, insbesondere Polizeigewalt und Patrimonialgerichtsbarkeit [RÖSENER].

In Deutschland, insbesondere in Preußen, verbanden sich die neuen Anschauungen des Liberalismus von der Rolle des Staates und der Freisetzung der Kräfte des Individuums mit dem Wunsch, durch grundlegende Reformen Staat, Gesellschaft und Wirtschaft nach den Niederlagen gegen Napoleon zu erneuern und zu kräftigen. In der Landwirtschaft hatte es bereits im ausgehenden 18. Jahrhundert Reformen gegeben – in Frankreich hatte die Bauernbefreiung schon im 18. Jahrhundert stattgefunden. In Deutschland ging Preußen voran, die anderen Staaten folgten bis etwa Mitte des 19. Jahrhunderts, in Einzelfällen später.

▷ S. 63
Politisches
Denken/
Politische
Strömungen

Einschneidend waren in Preußen die Stein-Hardenbergschen Reformen: 1807 hob das Oktoberedikt die Beschränkung der persönlichen Freiheit auf, 1811 wandelte das Regulierungsedikt den ausgegebenen Boden in Eigentum der Bauern um; die Abgaben und Dienste, die diese bislang für die Überlassung des Landes hatten leisten müssen, wurden nun durch Abtretung eines Teils des Bodens oder entsprechende Zahlungen abgelöst. In einem Prozess, der sich bis Mitte des 19. Jahrhunderts hinzog, in manchen Gebieten noch länger, wurde die Patrimonialgerichtsbarkeit als Standesvorrecht des Adels beseitigt. Ferner wurden durch Gemeinheitsteilungen die Allmenden aufgelöst, die die Bauern gemeinschaftlich als Weide, zur Beschaffung von Holz oder zum Fischen hatten nutzen können. Auch die Gemengelage der bäuerlichen Grundstücke, die u. a. den Flurzwang erforderlich gemacht hatte, wurde vielerorts durch Separationen bereinigt [ACHILLES].

Der Begriff „Bauernbefreiung" wurde durch Georg Friedrich Knapp (1842–1926) eingeführt und setzte sich erst seit 1887 durch. Die Zeitgenossen sprachen von Ablösung oder Regulierung der grundherrlich-bäuerlichen Lasten oder Abhängigkeiten. Die Reform gab dem Bauern die persönliche Freiheit, setzte ihn aber zugleich den Risiken des Marktes aus. Mit der Abhängigkeit vom Grundherrn endete zugleich der grundherrliche Schutz. Spitzt man es zu, so wurde in einem langandauernden Prozess Fronarbeit zu Lohnarbeit. Die Gemeinheitsteilungen schufen zum einen Voraussetzungen für mehr Leistungsfähigkeit und schmälerten zum anderen die wirtschaftliche Basis gerade auch der Kleinstbauern. Die Landabgaben bzw. Ablösezahlungen trieben viele in den Ruin, zumal die Agrarpreise durch sehr gute Ernten in den frühen zwanziger Jahren verfielen. Zahlreiche Inhaber kleiner, unrentabler Höfe wurden „freigesetzt". Sie wanderten in die Gewerbezentren oder in Agrargebiete im Ausland ab. Insgesamt wuchs die Effizienz der Landwirtschaft. Im Übrigen kräftigten die Reformen die Staatlichkeit, indem sie die grundherrlichen Zwischeninstanzen beseitigten bzw. zu Trägern staatlicher Aufgaben umformten und der Gutsuntertan zum Staatsuntertan wurde.

Die landwirtschaftliche Produktionsfläche stieg in Deutschland zwischen 1800 und 1850 von 13 auf fast 25 Mio. ha, u. a. durch Auflösung der Allmende und Kultivierung von

Ödland. Zunehmend ging man von der einfachen Dreifelderwirtschaft – Wechsel von Sommer-, Winterfrucht und Brache – zur verbesserten Dreifelderwirtschaft über, indem man die Brache mit Klee, Mais oder Kartoffeln bebaute. Auch wurde die Dreifelderwirtschaft zunehmend von der ergiebigeren Fruchtwechselwirtschaft – jährlicher Wechsel von Getreide und Blattfrucht – abgelöst [ACHILLES].

Zur Erhöhung des Ernteertrags trug des Weiteren eine Fülle von Neuerungen bei – Verbesserung der Pflugtiefe, Ersatz der Sichel durch die Sense, Einsatz von Dreschmaschinen. Dagegen wurde die Dampftechnik (Dampfpflug) noch selten eingesetzt, vor allem wenn Kapital fehlte oder die Flächen zu klein waren. Eine überaus wichtige Neuerung – basierend insbesondere auf den Forschungen Justus von Liebigs (1803–1873) – war der Kunstdünger (Kalium, Kalzium, Phosphor und Stickstoff). Er erlaubte es, die Erträge angesichts der stark wachsenden Bevölkerung nachhaltig zu steigern. Zunächst erlangte der aus Peru importierte Guano (Stickstoff) Bedeutung. Nach 1870 wurde das in Mitteldeutschland, im Elsass und hannoverschen Raum gewonnene Kali eingesetzt [WENGENROTH].

Das wichtigste Nahrungsmittel war bis etwa 1770 Getreide. Bevölkerungszunahme und Preissteigerungen führten dazu, dass als Ergänzung bzw. Ersatz der frische und gesäuerte Weißkohl Bedeutung gewann, ferner die Kartoffel. Diese erlangte bis 1850 einen Anteil von fast 30 % am Gesamtkalorienverzehr. Aufgrund von Züchtungserfolgen konnte sich auch die Zuckerrübe als neues Produkt etablieren.

Die bäuerliche Bevölkerung gliederte sich anfangs nach Rechtsstellung und Grundbesitz grob in Hofbauern, Halbhufner/Halbmaier, Kleinstellenbesitzer, Landlose und freies sowie unfreies Gesinde. Die ländliche Bevölkerung wuchs stark, insbesondere nahmen die unterbäuerlichen Schichten in Gestalt von Gesinde und Tagelöhnern zu. Die Agrarreformen mit der Aufhebung der Heiratsbeschränkungen und Schaffung neuer Freizügigkeit hatten an dem Wachstum wenig Anteil, sie waren eher ein Ventil. Auch führten sie insgesamt nur begrenzt zu Besitzwechsel landwirtschaftlicher Flächen, so dass die herkömmlichen Strukturen weitgehend erhalten blieben. Gleichwohl verschoben die Agrarreformen die Interessenkonflikte. Statt zwischen dörflicher Gemeinde und Grund- oder Gutsherrn verliefen Konfliktlinien nun eher zwischen größeren und mittleren Bauern einerseits sowie Landlosen und Kleinstellenbesitzern andererseits.

An der herausragenden politischen und rechtlichen Stellung des adeligen Großgrundbesitzers, insbesondere des Rittergutsbesitzers, änderte sich in der Praxis wenig. Zwar hatte er Polizeigewalt, erstinstanzliche Gerichtsbarkeit und Patronatsrecht als geburtsständisches Vorrecht verloren, doch hielt er es vielerorts als Funktion des lokalen Großgrundbesitzers weiter in Händen. Obwohl auch Bürgerliche in Preußen seit 1807 Rittergüter erwerben konnten, blieb der adelige Gutsbesitzer auf dem Lande dominant und vorbildgebend. Das Gut diente ihm in der Regel als Grundlage standesgemäßer Lebensführung, nicht als erwerbswirtschaftliches Objekt. Nur selten wandelte er sich zum landwirtschaftlichen Unternehmer.

Gewerbe: vom Handbetrieb zur arbeitsteiligen Industrie. Rauchende Schlote waren der zeitgenössische Ausdruck

▷ S. 84
ution der
schaften

der Industrialisierung. Sie standen für technischen Fortschritt und wirtschaftlichen Aufschwung. Viele Unternehmen druckten sie stolz auf ihrem Briefkopf ab. Doch noch lange bestimmten nicht die industrielle Fabrik, sondern Handwerk, Verlag und Manufaktur Arbeit und Lebensgefühl der Zeitgenossen.

Das Handwerk, meist kleinbetrieblich strukturiert, in Zünften organisiert, produzierte in der Regel für den Grund- und örtlichen Bedarf. Es beschäftigte in Deutschland um 1800 die Hälfte der gewerblich Erwerbstätigen. Im Verlagswesen waren es etwa 43 %; dort produzierten die Arbeitskräfte meist mit eigenem Werkzeug in der eigenen Werkstatt für einen Verleger; dieser beschaffte in der Regel die Vorprodukte und vertrieb die fertige Ware. Einen arbeitsteiligen Großbetrieb bildete die Manufaktur, in der 1800 etwa 7 % der gewerblichen Arbeitskräfte beschäftigt waren. Sie produzierte manuell, oft mit mechanischen Hilfsmitteln, aber ohne Maschinen. Der Manufakturunternehmer koordinierte die Produktion, beschaffte die Rohstoffe und sorgte für den Absatz der Massenprodukte, meist im Fernhandel. Typische Produkte waren teils Massen-, teils Luxusgüter (Textilien bzw. Porzellan, Gläser und Tabak). Zusammengenommen arbeiteten 1800 21 % der Erwerbstätigen im sekundären Sektor, 1907 waren es 40 % [FISCHER U.A.; HOHORST U.A.].

An der Wende vom 18. zum 19. Jahrhundert war das Gewerbe in Deutschland in einer schwierigen Lage: die Zünfte besitzstandswahrend, fortschrittshemmend und übersetzt, viele Gesellen ohne Aussicht auf auskömmliche Selbstständigkeit, das Land durch Zollgrenzen zerteilt und wachsender frühindustrieller Konkurrenz ausgesetzt. Zwar gab es, wie neuere Forschungen zeigen, genügend Kapital, doch es fehlte an unterneh-

merischer Risikobereitschaft [CAMERON]. Wie im Agrarsektor suchte der Staat auch im Gewerbe einen Neuanfang. Preußen hatte bereits 1807 mit dem Oktoberedikt die ständischen Schranken der Berufswahl beseitigt. 1810/11 führte es die Gewerbefreiheit ein. Später folgten Sachsen und die süddeutschen Länder, die meisten erst in den 1860er Jahren. Zwangs-, Bann- und Monopolrechte wurden aufgehoben, darunter auch der Zunftzwang. Nun konnte jeder, der einen Gewerbeschein löste und Gewerbesteuer zahlte, ohne Befähigungsnachweis und behördliche Konzession einen Gewerbebetrieb gründen – mit Ausnahme einiger Berufe, die konzessioniert blieben, etwa aus Gründen der Gesundheit (Ärzte und Apotheker) oder der öffentlichen Ordnung (Buchhändler, Gastwirte).

Der Prozess der Industrialisierung wird – selbst wenn man nur auf Deutschland schaut – unterschiedlich periodisiert. Meist wird die Zeit von 1780/1800 bis 1835 als vor- oder frühindustrielle Phase oder auch als „Aufbruch zur Industrialisierung" bezeichnet, die Jahre 1835 bis 1873 als erste Phase der Industrialisierung und der Zeitraum von 1873 bis 1914 als zweite Phase oder Hochindustrialisierung.

Die Industrialisierung in Deutschland setzte, nach angelsächsischen, belgischen und anderen Vorläufern, im Montan- und Textilbereich ein. Rostow hat das Modell der Führungssektoren entwickelt, die als erste einen Wachstums- und Modernisierungsprozess durchlaufen und dann in anhaltendes Wachstum übergehen. Mit der Zeit verlieren sie ihre „Schubkraft" und werden im günstigsten Fall von anderen Sektoren abgelöst. Kriterien für einen Führungssektor sind überdurchschnittliches Wachstum, zunehmendes gesamtwirtschaftliches Gewicht, überdurchschnittlicher Anstieg der Produktivität aufgrund techni-

Johann Friedrich August Borsig (1804–1854)
wurde als Sohn eines Zimmermanns in Breslau
geboren. Während er das Handwerk seines
Vaters erlernte, ging er auf die Kunst- und Bau-
handwerkschule in Breslau. Anschließend
besuchte er das Königliche Gewerbeinstitut in
Berlin. Das dortige Studium brach er nach
anderthalb Jahren ab und arbeitete bis 1836 –
zuletzt als Betriebsleiter – bei der Berliner
Maschinenbauanstalt und Eisengießerei F.A.
Egells. Bereits zu dieser Zeit galt Borsig als
Fachmann auf dem Gebiet des Dampf-
maschinenbaus.

1837 gründete Borsig sein erstes Unternehmen, eine Eisengießerei und Maschinenbau-
anstalt in Berlin. Dieser Betrieb konnte sich besonders im Bereich der Lokomotivherstellung
seit 1841 gegen die starke englische Konkurrenz behaupten. Erfolg beim Export trug zum
Aufschwung bei. Borsigs Unternehmen war
schließlich die größte Lokomotiv-Fabrik auf
dem europäischen Kontinent. Nach Borsigs
Tod im Juli 1854 übernahm sein Sohn Albert
die Leitung des Großunternehmens.

Der Gründungsunternehmer August Borsig
machte sich nicht zuletzt durch neue Ansätze
in der Fabrikorganisation und fortschrittliche
Formen betrieblicher Sozialleistungen einen
Namen. Als „Lokomotivkönig" verkörperte er
das neue Selbstbewusstsein des im 19. Jahrhundert aufstrebenden Wirtschaftsbürgertums.

Bild: Johann Friedrich August Borsig, Gemälde
von Franz Krüger.

Literatur: U. GALM, August Borsig, Berlin 1987;
M. PFANNSTIEL, Der Locomotivkönig. Berliner
Bilder aus der Zeit August Borsigs, Berlin 1987.

schen Fortschritts, sinkende Preise bzw. steigende Qualität der Produkte und starke
„spreadeffects" für andere Sektoren. Rostow
hat insbesondere die Textil- sowie die Eisen-
und Stahlindustrie als Leitsektoren der Industrialisierung identifiziert [ROSTOW]. Sein Modell besitzt aber nicht universale Geltung.
Es trifft für England eher zu als für Deutschland, wo insbesondere die Baumwollindu-
strie, bedingt durch andere Produktions- und
Absatzbedingungen, keine so herausragende
Position hatte wie auf den britischen Inseln.
Nach der Jahrhundertmitte wurde die Eisenbahn in Deutschland zur Schlüsselindustrie.
Ein Beispiel ist die „Maschinenbau-Anstalt"
von Borsig.

Die Montanindustrie expandierte stark,
nicht zuletzt aufgrund von Fortschritten bei
der Verhüttung, angefangen beim Puddel-
über das Bessemer- und Siemens-Martin- bis
zum Thomas-Gilchrist-Verfahren. Mitte der
1840er Jahre kam es zu einer ersten Wachs-
tumsphase in der deutschen Wirtschaft, die
vornehmlich von Eisenbahnbau, Schwerindustrie, Handel und Kreditsektor getragen
wurde, doch angesichts ungünstiger Agrar-
konjunktur nur schwach ausfiel. Nach Sto-
ckungen folgte in den 1850er Jahren ein kräf-
tiger Aufschwung, der sich ab 1866 verstärkte
und bis 1873 anhielt. Seither stagnierte die
Industrieproduktion in der so genannten
„Gründerkrise". 1895 setzte ein nachhaltiger
Aufschwung ein und hielt bis 1914 an. Löhne,
Preise, Gewinne und Zinsen stiegen während
dieser Phase. Gegen Ende des 19. Jahrhunderts expandierten Chemie- und Elektroin-
dustrie besonders stark. Dies wird gelegentlich als „Zweite Industrielle Revolution"
bezeichnet, doch auch die ursprünglichen
Führungssektoren hatten weiterhin große gesamtwirtschaftliche Bedeutung [HAHN]. 39

Die Konkurrenz von Hand- und Maschinenarbeit war zeitlich, sektoral und produktmäßig außerordentlich verschieden. Vor der Hochindustrialisierung, als die Industrie noch nicht genügend Potenzial hatte, um die Beschäftigten der absterbenden Produktionszweige aufzunehmen, war die gesamtwirtschaftliche Umstrukturierung besonders schmerzlich. Am bekanntesten ist der Aufstand der schlesischen Weber von Peterswaldau und Langenbielau. Sie fertigten Leinen im Handbetrieb und waren der Konkurrenz der industrialisierten Baumwollproduktion hoffnungslos unterlegen. Proteste gegen die Innovationen reichten bis zur „Maschinenstürmerei", der Zerstörung von Maschinen.

Oft zielten Klagen der Zeitgenossen darauf, den Status quo beizubehalten. Viele sahen die Ursache von Elend und Massenarmut im Aufkommen der Industrie, obwohl schon zeitgenössische Wissenschaftler darauf hinwiesen, dass nicht die Industrialisierung die Ursache des Pauperismus war, sondern langanhaltendes Bevölkerungswachstum, angesichts dessen die Wirtschaft in ihrer traditionellen Form nicht mehr genügend Erwerbsmöglichkeiten bot. Erst die Hochindustrialisierung schuf hinreichend Arbeitsplätze. Von 1873 bis 1914 gab es keine nennenswerte Arbeitslosigkeit.

Viele Handwerker fürchteten, von der Großindustrie verdrängt zu werden. Tatsächlich gingen einige Berufszweige durch die industrielle Konkurrenz unter, andere orientierten sich um, wieder andere expandierten. Zudem entstand neues Handwerk neben der Industrie, z. B. das Installations- und das Elektrohandwerk.

Aus Handwerksbetrieben entwickelten sich durch technische Innovationen und verbesserte Produktions- und Arbeitsmethoden nicht selten Fabriken. Gegen Ende des 19. Jahrhunderts stammten 26 % der Unternehmer aus den Reihen der selbstständigen Handwerker, Händler, Landwirte oder Pächter. Besonders im Bereich des Maschinenbaus war der technisch qualifizierte Handwerker als Unternehmer vertreten.

Die Einkommen der Handwerker waren nach Branche und Region unterschiedlich. Im Nahrungsmittel- und Bauhandwerk wurde in der Regel mehr verdient als im Leder- und Textilhandwerk. Um sich gegen die Konkurrenz der Industrie zu schützen, organisierte sich das Handwerk und konnte Ende des 19. Jahrhunderts staatliche Konzessionen durchsetzen, wie die Errichtung von Handwerkskammern 1897. Handwerkerverbände wie der Allgemeine Deutsche Handwerkerbund dienten demselben Ziel.

In der Hochindustrialisierung nahm der Anteil der Kleinbetriebe an der gewerblichen Produktion ab, derjenige der Großunternehmen mit mehr als 1 000 Beschäftigten stieg. Im Kaiserreich wuchs die Zahl der Großbetriebe ungefähr um das Dreifache. Zur besseren Kapitalbeschaffung wandelten sich viele Großunternehmen in Aktiengesellschaften um. Voraussetzung war die Aufhebung der staatlichen Genehmigungspflicht für Aktiengesellschaften 1870. Die Funktionen des Kapitaleigners, Unternehmers und Managers rückten in den neuen Großbetrieben auseinander. Gleichwohl waren einige Großbetriebe wie Krupp und Siemens weiterhin in Familienbesitz. Die Unternehmensverwaltung wurde rationalisiert und bürokratisiert, die Zahl der Angestellten wuchs [SCHULZ].

▷ S. 78
Revoluti-
der Wiss
schaften

Gegen Ende des 19. Jahrhunderts gingen viele Unternehmen dazu über, Rohstoffbeschaffung, Weiterverarbeitung und Absatz selbst zu übernehmen und damit die vertikale

Konzentration voranzutreiben. Auch gründeten Unternehmen Kartelle, um ruinösen Wettbewerb zu verhindern – allein zwischen 1879 und 1886 etwa 90. Das langfristig bedeutsamste Kartell war das 1893 errichtete Rheinisch-Westfälische Kohlensyndikat.

Neue Mobilität von Menschen, Gütern, Kapital.

Das 19. Jahrhundert war das Jahrhundert einer Kommunikationsrevolution [BORCHARDT]. Die Transportkosten hatten der Überwindung des Raums stets enge Grenzen gesetzt. Reisen war teuer, vor der industriellen Revolution hatten nur wenige Menschen – z. B. wandernde Handwerker, Fernhändler, Soldaten und anderes „fahrendes Volk" – im Laufe ihres Lebens jemals ihre Geburtsgemeinde verlassen. 1907 hingegen lebte fast jeder zweite Deutsche (48 %) außerhalb seines Geburtsorts [HUBERT]. Der (Fern-)Transport von Gütern, der sich vor der Industrialisierung nur für sehr hochwertige Waren gelohnt hatte, nahm nun gewaltig zu, die Märkte erweiterten sich [KIESEWETTER].

Die Straßenverhältnisse in Deutschland waren bis zum 19. Jahrhundert rückständig, gemessen an denen in Großbritannien und Frankreich; der Straßenbau war durch die territoriale Zersplitterung gehemmt. Erst in und nach der napoleonischen Besetzung gewann der Bau von befestigten, geschotterten, mit Straßengräben ausgestatteten und damit wetterunempfindlichen Chausseen an Bedeutung. Preußen verfünffachte im ersten Drittel des Jahrhunderts die Länge der Chausseen und baute sie auch nach dem Siegeszug der Eisenbahn weiter aus: von 12 888 auf fast 83 000 Kilometer von 1837 bis 1895.

Für den Transport vor allem von Massengütern waren Flüsse, Kanäle und das Meer geeigneter als der Landweg. Seit den 1830er Jahren verdrängte das Dampfschiff aus Stahl in Deutschland Segelschiff und hölzernes Frachtfloß, das mit menschlicher oder tierischer Kraft den Fluss hinauf gezogen wurde. Das Dampfschiff erlaubte, erheblich mehr Güter zu transportieren. Das Binnenschifffahrtsnetz wurde im zweiten Drittel des Jahrhunderts von ca. 3 000 km Kanälen und kanalisierten Flussstrecken auf 4 500 km erweitert. Seit Mitte der 1850er Jahre überstiegen allerdings die Transportkapazitäten der Eisenbahn, die vielfach parallel zu Flussläufen gebaut wurde und damit unmittelbar Konkurrenz war, die der Binnenschifffahrt; diese wuchs trotzdem weiter, da der Massengütertransport auf dem Wasserweg günstiger blieb. Viele große Kanäle, wie der Dortmund-Ems-Kanal (1886–1900) und der Nord-Ostsee-Kanal (1887–1895) wurden erst im Kaiserreich gebaut. 1914 gab es rund 6 600 km Kanäle und kanalisierte Flüsse sowie 6 800 km beschiffbare natürliche Flussläufe. Der Auf- und Ausbau der Wasserwege und des Straßen- und Schienennetzes intensivierten die Kommunikation [HENNING 1995; KIESEWETTER].

Nachrichten konnten „zeitnah" übermittelt werden: durch optische und, seit Ende der 1840er Jahre, elektrische Telegraphie und ab etwa 1880 durch das Telefon. Der Ausbau des Verkehrs- und Nachrichtenwesens und die Entwicklung der Schnellpresse in den 1820er Jahren förderten den Austausch politischer, gesellschaftlicher und technischer Ideen und die Expansion des Bücher- und Zeitschriftenmarktes.

Orientierung an der Freihandelslehre und Abbau der Zollgrenzen waren wichtige Voraussetzungen für den Aufschwung des Handels und damit für gesamtwirtschaftliche Arbeitsteilung und Wohlstand. Preußen hob 1818 Binnenzölle auf, verbot lokale Abgaben und

Detailskizze

Die **Eisenbahn** veränderte die Mobilität von Menschen und Gütern nachhaltig. Die aus England stammende Dampfverkehrstechnologie kam in Deutschland ab 1835 erstmals auf der Strecke Nürnberg-Fürth zum Einsatz. Es folgten weitere Teilstrecken, zunächst zwischen eng benachbarten Städten wie Leipzig und Dresden, München und Augsburg. Um die Jahrhundertmitte wurde die Bahn durch Verknüpfung der regionalen Teilstrecken zum Hauptverkehrsträger im Fernverkehr. Staat und private Gesellschaften bauten ein Netz auf, das 1840 knapp 500 km, 1870 fast 20 000 km und 1910 59 000 km Schienen umfasste.

Der Eisenbahnbau erforderte viel Kapital, was die Gründung von Aktiengesellschaften vorantrieb, ließ die Zulieferindustrien stark wachsen und verbilligte den Transport zu Lande um bis zu 80 %. Da die Frachttarife stark sanken, konnten die Produzenten ihre Absatzmärkte bedeutend erweitern, was besonders der Schwerindustrie und dem Maschinenbau Wachstumsimpulse brachte. Gleichzeitig profitierte die Steinkohleförderung von der wachsenden Nachfrage der Eisenindustrie. Der Maschinenbau in Deutschland hatte durch die Produktion von Lokomotiven, die zuvor aus England importiert worden waren, Anteil am Wachstum. Die Eisenbahn schuf sich also durch den für ihren Bau notwendigen Bedarf selbst die Grundlage für die Entwicklung zum erfolgreichen Verkehrsmittel.

Da die Transportkosten sanken und Entfernungen relativ an Bedeutung verloren, trug die Eisenbahn dazu bei, die früher großen Preisdisparitäten aufzuheben, regionale Unterschiede auszugleichen, und sie beeinflusste die Standortwahl. Mangel an Rohstoffen war nun kein unüberwindliches Hindernis mehr für die Ansiedlung von Gewerbe. Die Menschen hatten leichteren Zugang zu den Arbeitsmärkten. Der Bedarf der sich entwickelnden Gewerbe und Industrien an zuverlässigem und preiswertem Transport löste einen Boom aus. Die Eisenbahn wurde seit der Jahrhundertmitte ein Hauptträger der Industrialisierung in Deutschland.

Literatur: R. FREMDLING, Eisenbahnen und deutsches Wirtschaftswachstum 1840–1879. Ein Beitrag zur Entwicklungstheorie und zur Theorie der Infrastruktur, Dortmund 1975; L. GALL/M. POHL (Hrsg.), Die Eisenbahn in Deutschland. Von den Anfängen bis zur Gegenwart, München 1999.

führte einen einheitlichen Außenzoll ein. Damit war es die Keimzelle für den Deutschen Zollverein, der einen wichtigen Schritt zu einem großen gemeinsamen Wirtschaftsraum darstellte [KIESEWETTER]. Mit dem Übergang zum Freihandel in den 1860er Jahren kam es zu zahlreichen internationalen Handelsverträgen. Der Zollabbau erleichterte die sprunghafte Expansion des Außenhandels. Die für Deutschland typische Außenhandelsstruktur – Import von Rohstoffen und Vorprodukten, Export von Fertigwaren – bildete sich allmählich aus. Der Export wurde für Deutschland ab 1865 zu einer wichtigen Stütze der wirtschaftlichen Entwicklung.

Die Erleichterung des Warenaustauschs beflügelte auch den Binnenhandel. Der Großhandel für Industriewaren baute ein Bezugs- und Liefernetz auf – häufig unter Rückgriff auf jahrhundertealte Strukturen. Mit der Urbanisierung und der damit zunehmenden Versorgung über den Markt differenzierte sich das örtliche Angebot aus. Der Wochenmarkt mit den Agrar- und Gewerbeprodukten der Umgebung verlor an Bedeutung. Kolonialwarenhandel, Konsumvereine und Genossenschaften traten hinzu. Ab Mitte des Jahrhunderts entstand der Magazinhandel; aus dem Gemischtwarenhandel in den Städten entwickelte sich der Branchenhandel, der nur bestimmte Waren im Sortiment hat. Um 1880 entstanden Waren- und Kaufhäuser.

Die Industrialisierung war eng mit der Entwicklung der Kreditwirtschaft verflochten. Vor allem der Bau von Chausseen und Wasserwegen, Eisenbahnen und Industrieanlagen erforderte viel Kapital. Auch wenn die Eigenfinanzierung der Wirtschaft über Gewinne, Privatdarlehen und Beteiligungen verbreitet blieb, stieg der Kapitalbedarf während der Gründungswelle der 1850er Jahren so stark, dass die Ausstattung der Banken mit Aktienkapital und die Gründung von Aktiengesellschaften zunahm, 1848 beginnend mit dem A. Schaaffhausen'schen Bankverein in Köln, ab 1870 durch das Aktienrecht erleichtert. Industrie- bzw. Gewerbefinanzierung wurde zur wichtigen Aufgabe privater Bankhäuser, der ursprünglich dominierende Handel mit Staatspapieren verlor an Bedeutung. Der industrielle Aufschwung begünstigte die Entstehung des Universalbankensystems und ließ die Großbanken wachsen, von denen viele eng mit Großunternehmen zusammenarbeiteten.

Neben den Banken entwickelten sich die Sparkassen sowie die Volks- und Raiffeisenbanken. Sie ermöglichten Beziehern geringer Einkommen, Gewerbetreibenden und Bauern etc., kleine Sparbeiträge sicher und verzinslich anzulegen und erleichterten die Kreditversorgung. Um die Jahrhundertwende gab es rund 2 685 Sparkassen im Deutschen Reich. Insgesamt wuchs der Anteil der Erwerbstätigen im tertiären Sektor 1800 bis 1907 von 17 auf 25 % [FISCHER U.A.; HOHORST U.A.].

Bevölkerung, Urbanisierung, Lebensverhältnisse.

Die Industrialisierung war die Zeit starken Bevölkerungswachstums. 1816 lebten ca. 23,5 Mio. Einwohner auf dem Gebiet des späteren Deutschen Reiches, 1871 waren es 41,1 und 1900 56,4 Mio. Die Bevölkerungsdichte wuchs von 45 auf 120 Menschen je Quadratkilometer (von 1817 bis 1910) [EHMER].

Bis weit in die zweite Hälfte des 19. Jahrhunderts hinein war die Bevölkerungsstruktur agrarisch geprägt. Gebürtigkeit und Sterblichkeit waren bis zu den 1870er Jahren hoch, schwankten allerdings aufgrund von Agrar- und Ernährungskrisen. Zwischen etwa 1880 und den 1920er Jahren sank zunächst die Sterblichkeit stark ab. Die Ursachen waren bessere Ernährung, Hygiene und medizinische Versorgung. Die Gebürtigkeit blieb bis etwa zur Jahrhundertwende hoch, so dass die Bevölkerung in diesen Jahren stark wuchs. Seit etwa 1900 sank auch die Gebürtigkeit, so dass der Geborenenüberschuss zurückging und sich das Bevölkerungswachstum verlangsamte. Seit den 1920er Jahren pendelten sich Gebürtigkeit und Sterblichkeit wieder relativ stabil ein. Insgesamt sind die Jahrzehnte von etwa 1880 bis 1920 durch den Übergang von hohen Sterbe- und Geburtenraten zu niedrigen Sterbe- und Geburtenraten gekennzeichnet; man spricht vom „demographischen Übergang".

▷ S. 94
Lebenswelten in
der Moderne

Die Auswanderung aus Deutschland verlief in drei Wellen. Die erste (1845–1858) war vorwiegend sozioökonomisch, vor allem durch den Druck der Überbevölkerung motiviert; mehr als 1,3 Mio. Menschen verließen Deutschland. Die zweite Welle (1864–1873, 1,04 Mio. Auswanderer) wurde durch den „Push-Effekt", die wirtschaftliche Not sowie den „Pull-Effekt, die Attraktivität Amerikas, bedingt. Mit der dritten Welle (1871–1900, 2,4 Mio. Auswanderer) endete die deutsche überseeische Massenauswanderung. Nun sog die Industrie das Arbeitskräftepotenzial auf. Seit 1895 wanderten ausländische Arbeitskräfte aus Ostmitteleuropa und Italien zu den industriellen Zentren Deutschlands [EHMER].

Für die Binnenwanderung waren die Ansiedlungsregeln der deutschen Staaten bedeutsam. Bis in die 1880er Jahre dominierte die Nahwanderung vom Land in die Stadt. Ab den 1890er Jahren wurde die Fernwanderung wichtiger; überwiegend junge Männer aus Ostdeutschland zogen in die industriellen Zentren Mittel- und Westdeutschlands. Da- 43 durch veränderte sich die Bevölkerungsstruktur in den Abwanderungs- und Zuwanderungsbieten und die Urbanisierung wurde verstärkt.

Der Begriff „Urbanisierung" bezeichnet den Prozess der Ver(groß)städterung. In der Industrialisierung wuchsen besonders die Großstädte (über 100 000 Einwohner), weniger die Mittelstädte (20 000–100 000 Einwohner) und die Klein- und Landstädte.

Das Wachstum resultierte vornehmlich aus Zuwanderung vom Land. Es schritt in Deutschland 1815 bis 1870 langsam voran und beschleunigte sich anschließend. 1870 bis 1910 stieg der Bevölkerungsanteil der Städte bis 20 000 Einwohner von 12,5 auf 35 % und der Großstädte von knapp 5 auf 21 %: die Großstädte wuchsen am schnellsten. Die Zahl der Städte mit mehr als 10 000 Einwohnern stieg von 271 im Jahr 1875 auf 576 1910 [HUBERT].

Die Urbanisierung wurde vornehmlich durch die Konzentration von Gewerbe und Dienstleistungen verursacht. Anfangs konnte der Bevölkerungszuwachs noch durch Bebauung freier Flächen innerhalb der Stadt und den Bau größerer Häuser aufgefangen werden; ab Mitte des Jahrhunderts bedurfte es einer geeigneten Stadtplanung, um das Umland zu erschließen. Außerdem mussten Stadtplaner und Kommunalverwaltung Fragen wie die Wasser- und Energieversorgung sowie Wasser- und Abfallentsorgung lösen. Die Wohnverhältnisse wurden besonders für die einkommensschwachen Gruppen schwierig: Die Wohnungskosten stiegen an; man musste entweder einen größeren Teil des Einkommens für die Mietausgaben verwenden oder schlechtere Wohnverhältnisse in Kauf nehmen. Es entstanden Mietskasernen und Hinterhofviertel.

Die Arbeitskräfte entwickelten sich unter den Bedingungen des freien Marktes aus unterständischen Gruppen der Standesgesellschaft zu freien Lohnarbeitern, zu Angehörigen der „Arbeiterklasse", deren gemeinsames Merkmal – über alle Unterschiede von Herkunft, Religion und Qualifizierung hinweg – darin bestand, dass sie ihre Arbeitskraft auf dem Markt anboten. Sie umfassten das Gesinde und die Gesellen, die Land-, Heim-, Eisenbahn-, Bau- und Fabrikarbeiter. Letztere waren ab 1875 die größte Gruppe.

Die Fabrikarbeit orientierte sich nicht am Rhythmus von Tages-, Jahreszeit und Wetter, sondern, um die teuren Anlagen optimal auszulasten, an der Uhr, an Gleichförmigkeit und Regelhaftigkeit. Die Unterordnung unter „die Fabrik" löste die Unterordnung unter „die Natur" ab. Die Arbeitsbedingungen waren in den ersten Jahrzehnten der Industrialisierung im Allgemeinen schlecht, die Arbeitszeit lang; erst nach 1860 nahm sie etwas ab. Noch lange fehlten Unfallschutzbestimmungen. Es gab kaum Unterstützung bei Krankheit und Invalidität. Kinderarbeit war verbreitet, ihre Dauer wurde in Preußen erst 1839/53 eingeschränkt.

▷ S. 166
Rückblick
Epochenbildung

Vor und in den ersten Jahrzehnten der Industrialisierung waren die Realeinkommen niedrig und die Wohn- und Ernährungsverhältnisse schlecht, zumal ab 1827 die Agrarpreise stiegen. Die soziale Lage von immer mehr Menschen verschlechterte sich. Die Löhne waren so niedrig, dass viele ihren Konsum auf elementare Ausgaben wie Miete, Nahrung und Kleidung beschränken mussten. Die Reallöhne waren im zweiten Drittel des 19. Jahrhunderts höher als zu Beginn des Jahrhunderts, jedoch blieb die Einkommenslage breiter Bevölkerungsschichten weiterhin prekär. Die durchschnittliche Arbeitszeit betrug etwa 90 Stunden pro Woche, die Arbeitsbedingungen setzten den Arbeiter dem Risiko von Krankheit und Arbeitsunfähigkeit aus. Deshalb gründeten Gesellen und Arbeiter Unterstützungskassen. Viele Unternehmer versuchten, sich durch preiswerte Werkswohnungen und andere betriebliche Sozialleistungen einen Stamm von Facharbeitern zu sichern. Das Krankenversicherungsgesetz von 1883 führte freie medizinische Versorgung und Krankengeld ab dem 3. Krankheitstag ein.

Ab 1883 stiegen die Reallöhne stark an, vor allem deshalb, weil die Preise für Getreide gering waren und für gewerbliche Produkte zurückgingen. In der Urbanisierung stiegen aber auch die Ausgaben für Heizung, Wohnung und Licht. Ferner war der Anteil der Bevölkerung mit Landnutzung weiter zurückgegangen, man musste die Nahrungsmittel nun hauptsächlich über den Markt erwerben, da man nicht mehr selbst schlachtete, Brot buk oder Gemüse anbaute. Ähnlich war es bei der Kleidung.

Die Fabrikarbeiterschaft war keineswegs homogen. Die unterste Schicht bildeten die ungelernten Kräfte, Hilfsarbeiter und Tagelöhner. Der Bedarf der Industrie an höherqualifizierten Arbeitskräften war groß. Er wurde oft durch ehemalige Handwerker gedeckt. Schmiede und Schlosser, Eisengießer und Metallbearbeiter, Drechsler, Setzer und Drucker bildeten den Stamm der Facharbeiter, die sich aufgrund ihres Könnens meist auch in Krisen unentbehrlich machten.

Überbesetzung des Handwerks und die Aussicht auf höhere Löhne veranlassten viele Gesellen, in die Fabrik zu wechseln. Der Übergang zur Massenproduktion nach 1850 beschleunigte dies. Die Hierarchie innerhalb der Fabrik spiegelte sich in der Lohnhöhe. Der Lohn des Facharbeiters war etwa acht- bis zwölfmal so hoch wie der des Handlangers im selben Unternehmen. Dies erlaubte es vielen Facharbeitern, sich kleinbürgerlichen Lebensverhältnissen anzunähern. Den weitaus meisten Fabrikarbeitern war der soziale Aufstieg aufgrund fehlenden Kapitals und unzureichender Ausbildung jedoch versperrt. Nur 10 bis 20 % der Arbeitersöhne schafften den sozialen Aufstieg und wurden Vorarbeiter, Fabrikmeister, Handwerker oder Angestellte. Der Aufstieg von Arbeitern endete in der Regel bei der Position des Meisters.

Günther Schulz

Literatur

W. ACHILLES, Deutsche Agrargeschichte im Zeitalter der Reformen und der Industrialisierung, Stuttgart 1993.

G. AMBROSIUS/D. PETZINA/W. PLUMPE (Hrsg.), Moderne Wirtschaftsgeschichte. Eine Einführung für Historiker und Ökonomen, München 1996.

H. AUBIN/W. ZORN, Handbuch der deutschen Wirtschafts- und Sozialgeschichte, Bd. 2: Das 19. und 20. Jahrhundert, Stuttgart 1976.

K. BORCHARDT, Grundriß der deutschen Wirtschaftsgeschichte, Göttingen 2. Aufl. 1985.

C. BUCHHEIM, Industrielle Revolutionen. Langfristige Wirtschaftsentwicklung in Großbritannien, Europa und in Übersee, München 1994.

R. CAMERON (Hrsg.), Financing Industrialization, Bd. 1, Aldershot 1992.

J. EHMER, Bevölkerungsgeschichte und historische Demographie 1800–2000 (= Enzyklopädie deutscher Geschichte, Bd. 71), München 2004.

W. FISCHER (Hrsg.), Handbuch der europäischen Wirtschafts- und Sozialgeschichte,

Bd. 4: Europäische Wirtschafts- und Sozialge-
schichte von der Mitte des 17. Jahrhunderts bis
zur Mitte des 19. Jahrhunderts, Bd. 5: Europäische Wirtschafts- und Sozialgeschichte
von der Mitte des 19. Jahrhunderts bis zum
Ersten Weltkrieg, Stuttgart 1993/1985.
DERS./J. KRENGEL/J. WIETOG, Sozialge-
schichtliches Arbeitsbuch I. Materialien zur
Statistik des Deutschen Bundes 1815–1870,
München 1982.
H.-W. HAHN, Die Industrielle Revolution in
Deutschland, (= Enzyklopädie deutscher Geschichte, Bd. 49) München 2. Aufl. 2005.
F.-W. HENNING, Handbuch der Wirtschafts-
und Sozialgeschichte, Bd. 2: Deutsche Wirt-
schafts- und Sozialgeschichte im 19. Jahrhun-
dert, Paderborn u.a. 1996.
DERS., Die Industrialisierung in Deutschland
1800 bis 1914, Paderborn u.a. 9. Aufl. 1995.
G. HOHORST/J. KOCKA/G.A. RITTER, Sozial-
geschichtliches Arbeitsbuch II. Materialien
zur Statistik des Kaiserreichs 1870–1914, München 2. Aufl. 1978.
J.-P. HORNBOGEN, Travail national – Nationale
Arbeit. Die handelspolitische Gesetzgebung
in Frankreich und Deutschland vor dem Hintergrund der Debatte über Freihandel und
Schutzzoll 1818–1892, Berlin 2002.
M. HUBERT, Deutschland im Wandel. Ge-
schichte der deutschen Bevölkerung seit 1815,
Stuttgart 1998.
W. KASCHUBA, Lebenswelt und Kultur der
unterbürgerlichen Schichten im 19. und 20.
Jahrhundert (= Enzyklopädie deutscher Ge-
schichte, Bd. 5), München 1990.
H. KIESEWETTER, Industrielle Revolution in
Deutschland. 1815–1914, Frankfurt/M. 2. Aufl.
1991.
P. KRIEDTE/H. MEDICK/J. SCHLUMBOHM, In-
dustrialisierung vor der Industrialisierung,
Göttingen 1978.

P. LASLETT, Verlorene Welten. Geschichte der
vorindustriellen Gesellschaft, Wien u.a. 1988
[engl. 1966].
T. NIPPERDEY, Deutsche Geschichte 1800–1918,
München Sonderausgabe 1998.
C. NORTH/P. THOMAS, The rise of the western
world. A new economic history, Cambridge
1973.
T. PIERENKEMPER, Gewerbe und Industrie im
19. und 20. Jahrhundert (= Enzyklopädie deutscher Geschichte, Bd. 29), München 1994.
W. RÖSENER, Einführung in die Agrargeschichte, Darmstadt 1997.
W. W. ROSTOW, Stadien wirtschaftlichen
Wachstums. Eine Alternative zur marxistischen Wachstumstheorie, Göttingen 2. Aufl.
1967 [engl. 1960].
G. SCHULZ, Die Angestellten seit dem 19. Jahrhundert (= Enzyklopädie deutscher Geschichte, Bd. 54), München 2000.
DERS. U.A. (Hrsg.), Sozial- und Wirtschafts-
geschichte. Arbeitsgebiete – Probleme – Per-
spektiven, Wiesbaden 2005.
W. TROSSBACH/C. ZIMMERMANN (Hrsg.),
Agrargeschichte. Positionen und Perspektiven, Stuttgart 1998.
H.-P. ULLMANN, Interessenverbände in
Deutschland, Frankfurt/M. 1988.
R. WALTER, Wirtschaftsgeschichte. Vom Mer-
kantilismus bis zur Gegenwart, Köln u.a. 4.
Aufl. 2003.
H.-U. WEHLER, Deutsche Gesellschaftsgeschichte 1700–1990, 4 Bde., München
1987–2003.
U. WENGENROTH, Technik und Kultur, Bd. 8:
Technik und Wirtschaft, Düsseldorf 1993.
D. ZIEGLER, Das Zeitalter der Industrialisie-
rung. 1815–1914, in: M. NORTH (Hrsg.), Deut-
sche Wirtschaftsgeschichte. Ein Jahrtausend
im Überblick, München 2000, 192–281.

Die Entstehung der Nation als Deutungskategorie

Definitorische Annäherungen. So offenkundig die Wirkungsmacht des Denk- und politischen Ordnungsmodells „Nation" innerhalb der europäischen Geschichte war und ist, so wenig besteht Konsens darüber, wie dessen Eigenart begrifflich zu fassen sei [KOSELLECK U.A.]. Konnte der Begriff „Nation" in der Frühen Neuzeit noch eine kulturelle Gemeinschaft ohne klar definierte geographische Ausdehnung und politische Form bezeichnen, verbindet sich mit ihm seit dem späten 18. Jahrhundert die Vorstellung einer staatlichen Einheit, die durch ein begrenztes Territorium sowie spezifische politische und ökonomische Strukturen garantiert wird. Dass sich Nationen allerdings nicht auf ihre historisch manifesten Erscheinungsformen reduzieren lassen, wurde in der Forschung bereits früh betont. Nation, so beispielsweise Anthony D. Smith, konstituiere sich nicht nur aus einem gemeinsamen Territorium, einer gemeinsamen Rechtsgrundlage sowie einer gemeinsamen Ökonomie, sondern auch aus gemeinsamen Mythen sowie aus einer gemeinsamen, breite Teile der Bevölkerung umfassenden, kulturellen Praxis [SMITH, 8–15]. Gegen ein verkürztes Verständnis, das Nation ausschließlich als konkrete politische Struktur definiert, aber auch gegen eine essentialistische Auffassung von Nation, die von einem transhistorischen, meist ethnisch-kulturell bestimmten Kern als Fundament nationaler Legitimation ausgeht, haben sich in der Folge insbesondere die Verfechter eines konstruktivistischen Ansatzes gewandt: „Nation" bestimmen sie primär als gedachte Ordnung, als „imaginierte Gemeinschaft" [ANDERSON]. Zwar lassen sich mit Blick auf moderne europäische Nationalstaaten eine Reihe von Merkmalen benennen, welche den nationalen Zusammenhalt begründen und gewährleisten: So verfügt ein 47

Forschungsstimme

Unter denjenigen Autoren, die den Konstrukt-charakter von Nation betonen, hat **Benedict Anderson** die größte Aufmerksamkeit erfahren. Seine berühmt gewordene Definition der Nationen als „imagined communities" lautet:

„In einem solchermaßen anthropologischen Sinne schlage ich folgende Definition von Nation vor: Sie ist eine vorgestellte politische Gemeinschaft – vorgestellt als begrenzt und souverän.

Vorgestellt ist sie deswegen, weil die Mitglieder selbst der kleinsten Nation die meisten anderen niemals kennen, ihnen begegnen oder auch nur von ihnen hören werden, aber im Kopf eines jeden die Vorstellung ihrer Gemeinschaft existiert. […]

Die Nation wird als *begrenzt* vorgestellt, weil selbst die größte von ihnen mit vielleicht einer Milliarde Menschen in genau bestimmten, wenn auch variablen Grenzen lebt, jenseits derer andere Nationen liegen. Keine Nation setzt sich mit der Menschheit gleich. Selbst die glühendsten Nationalisten träumen nicht von dem Tag, da alle Mitglieder der menschlichen Rasse ihrer Nation angehören werden […].

Die Nation wird als *souverän* vorgestellt, weil ihr Begriff in einer Zeit geboren wurde, als Aufklärung und Revolution die Legitimität der als von Gottes Gnaden gedachten hierarchisch-dynastischen Reiche zerstörten. Dieser Begriff erlangte seine Reife in einem historischen Moment, als selbst die frommsten Anhänger jeglicher Universalreligion mit dem lebendigen *Pluralismus* solcher Religionen und dem Auseinandertreten von ontologischen Ansprüchen jeden Glaubens und seiner territorialen Ausdehnung konfrontiert waren. Deshalb träumen Nationen davon, frei zu sein und dies unmittelbar – wenn auch unter Gott. Maßstab und Symbol dieser Freiheit ist der souveräne Staat.

Schließlich wird die Nation als *Gemeinschaft* vorgestellt, weil sie, unabhängig von realer Ungleichheit und Ausbeutung, als ‚kameradschaftlicher' Verbund von Gleichen verstanden wird. Es war diese Brüderlichkeit, die es in den letzten zwei Jahrhunderten möglich gemacht hat, dass Millionen von Menschen für so begrenzte Vorstellungen weniger getötet haben als vielmehr bereitwillig gestorben sind."

Literatur: B. ANDERSON, Die Erfindung der Nation. Zur Karriere eines folgenreichen Konzepts, Frankfurt/M./New York erw. Neuausg. 1996, 15–17 [engl. 1983/1991; jetzt auch als: 2., um ein Nachwort von T. MERGEL erg. Aufl. 2005].

national organisierter Staat in der Regel über politische Institutionen wie Herrscherhaus oder Parlament, über eine nationale Armee, über eine nationale Ökonomie, die durch den Abbau von Handelsschranken im Innern, durch eine gemeinsame Währung sowie durch ein das gesamte Territorium erschließendes Kommunikationsnetz charakterisiert ist. Hinzu treten ein nationales Rechtssystem, ein nationales Bildungswesen und bisweilen auch eine nationale Kirche. Dennoch konstituierten sich Nationen nicht nur und nicht einmal primär aus den genannten „objektiven" Gegebenheiten, ebenso wenig wie sie auf einer spezifischen Staatsform beruhen müssen: Nationen haben sich gleichermaßen als konstitutionelle bzw. parlamentarische Monarchien (England) oder als Demokratien (Schweiz) formiert; sie entwickelten zentralistische Strukturen wie im Falle Frankreichs oder föderative wie im Falle Deutschlands. Die Nation ist auch und vor allem ein geistiges Prinzip; sie verdankt sich einer handlungsleitenden Vorstellung, die es den Angehörigen einer Nation überhaupt erst ermöglicht, sich als politische und kulturelle Gemeinschaft zu erleben und die eigenen Werthaltungen und Verhaltensmodi an eben dieser Gemeinschaft auszurichten. Diese den nationalen Zusammenhalt begründende Idee ist historischem Wandel unterworfen und muss deshalb immer neu beschworen und mittels einer ritualisierten politischen Erinnerungskultur lebendig gehalten werden.

(Europäischer) Staatenbildungsprozess. Staatenbildungsprozess und Nationenbildungsprozess analytisch zu trennen, wie dies kürzlich Hans-Ulrich Wehler vorgeschlagen hat [WEHLER, 25], scheint insofern sinnvoll, als Staat und Nation seit dem späten

18. Jahrhundert zwar zunehmend konvergieren – die Herausbildung neuzeitlicher europäischer Staaten und die Nationenbildung, verstanden als jener Prozess, der auf eine Verankerung der Idee der Nation im Bewusstsein und in der historischen Lebenswelt von Individuen und Kollektiven zielt, jedoch keinesfalls deckungsgleich sein müssen. Die Veränderung der politischen Landschaft des modernen Europas vollzieht sich im Zeichen der Nation. Im 19. Jahrhundert erfolgte Staatsgründungen wie diejenige Italiens (1860) oder Deutschlands (1871) sind ebenso das Ergebnis nationaler Bestrebungen wie eine Reihe nach dem Ersten Weltkrieg aus dem Zusammenbruch europäischer Monarchien (Russland, Österreich-Ungarn, Deutsches Reich, Osmanisches Reich) hervorgegangener Staaten (Polen, Ungarn, Tschechoslowakei, Finnland, Litauen, Estland, Lettland). Die politischen Leitvorstellungen orientieren sich seit Beginn des 19. Jahrhunderts nicht mehr am Konzept eines multinationalen Staatengebildes; sie zielen vielmehr auf politisch zusammenhängende und kulturell homogene Nationen, die besonders geeignet scheinen, die sich seit dem 18. Jahrhundert abzeichnenden ökonomischen und demographischen Entwicklungen zu integrieren [GELLNER].

▷ S. 33 ff.
.strialisie-
; und ver-
ne Welten

Die „Nationalisierung" Europas führte zu einer fundamentalen Veränderung politischer Ordnungen; sie darf allerdings weder als kontinuierlicher noch als einheitlicher Prozess verstanden werden. Theodor Schieder hat denn auch vorgeschlagen, innerhalb des neuzeitlichen Staatenbildungsprozesses drei Phasen zu unterscheiden: In der ersten Phase, die in die Frühe Neuzeit zurückreicht, bildet sich der moderne, „integrierende" Nationalstaat durch eine innerstaatliche Revolution, die eine bereits bestehende politische Struktur im Sinne

naturrechtlich fundierter Prinzipien umgestaltet (Frankreich, England). In einer zweiten Phase entstehen die „unifizierenden" Nationalstaaten durch die politische Vereinigung bislang getrennter Gebiete, die, so das Postulat der nationalen Einheitsbewegungen, aufgrund ihrer geographischen, historischen und kulturellen Verbundenheit schon immer eine in sich konsistente Entität gebildet hätten (Italien, Deutschland). In der dritten Phase schließlich dominieren „sezessionistische" Nationalstaaten, die nicht durch den Zusammenschluss getrennter Teile, sondern durch Abspaltung entstehen. Sie gehen aus dem Zusammenbruch europäischer Großreiche hervor, von denen sie sich im späten 19. und frühen 20. Jahrhundert unabhängig erklären [SCHIEDER]. Schieders erhellender typologischer Ansatz ist nicht unumstritten, er erlaubt es jedoch, die vielgestaltigen und komplexen Prozesse, die seit dem 17. und dann vor allem im 19. und 20. Jahrhundert die Konstituierung des modernen europäischen Staatensystems begründeten, zu bündeln und prägnanter zu beschreiben.

Die Idee der Nation. Die Nation ist keine Erfindung der Moderne [STAUBER]. Auch jene Historiker, die mit Blick auf die Geschichte des Nationengedankens eine scharfe Zäsur im späten 18. Jahrhundert erkennen [LANGEWIESCHE, 14–34], verweisen auf einen weit in die Frühe Neuzeit reichenden „Protonationalismus". Dem humanistischen Patria-Gedanken verdanken wir im 15. und 16. Jahrhundert in lateinischer Sprache verfasste Landestopographien, ferner historische Werke, welche die Geschichte der eigenen „Nation" rekonstruieren, schließlich eine intensive Auseinandersetzung um den Wert der Volkssprachen. Er findet im 17. Jahrhundert seine Fortsetzung in einem von den gelehrten Eliten postulierten „Kulturpatriotismus", der in den europäischen Sprach- und Dichtergesellschaften und den von diesen geförderten nationalen Literaturen seinen überzeugendsten Ausdruck findet. Einen weiteren Kulminationspunkt erleben die frühneuzeitlichen patriotischen Bestrebungen in der Aufklärung, in der sich neue Konzepte ausbilden. Sie fundieren jene Konvergenz von Staat und Nation, die für das moderne europäische Nationenverständnis seit der Französischen Revolution konstitutiv werden sollte. Der Verfassungspatriotismus des Juristen und Staatsmanns Friedrich Carl von Moser (1723–1798) beispielsweise zielt darauf, die für Deutschland charakteristische politische Zersplitterung zu überwinden und eine einheitliche staatliche Ordnung zu etablieren, die gleichermaßen die Autorität der Regierenden und die Wohlfahrt der Bürger garantiert (*Von dem Deutschen Nationalgeist*, 1766). Meint der Begriff „Nation" noch bis ins 18. Jahrhundert vor allem sprachliche und kulturelle Inhalte, so verschiebt er sich im Laufe des 18. Jahrhunderts zunehmend in Richtung einer politischen Auffassung von Nation. Kennzeichnend für den aufgeklärten Patriotismus ist allerdings nicht nur das Beharren auf der Notwendigkeit, Nation politisch zu realisieren, sondern darüber hinaus ein eudämonistisches, dem Glück der Einzelnen verpflichtetes Staatsverständnis sowie ein bisweilen dezidierter Kosmopolitismus. In seiner 1758 erstmals veröffentlichten Abhandlung *Vom Nationalstolz. Über die Herkunft der Vorurteile gegenüber anderen Menschen und anderen Völkern* erkennt der Schweizer Arzt Johann Georg Zimmermann (1728–1795) zwar die Legitimität nationalen Selbstbewusstseins an, kritisiert jedoch in aller Schärfe einen Nationalstolz, der nur das eigene Vaterland gelten lässt.

Was im patriotischen Diskurs der Aufklärer bereits anklingt, wird um die Wende vom 18. zum 19. Jahrhundert in den nationalen Bestrebungen republikanisch gesinnter Autoren zum Programm: Nation bedeutet nun nicht in erster Linie ein durch kulturelle Gemeinsamkeiten begründetes Kollektiv, sie steht vielmehr für einen freiheitlich organisierten Staat, zu dem sich die Bürger aus freiem Willen bekennen. Dieses Konzept der Nation ist als voluntaristisch bezeichnet worden. Es wurzelt in naturrechtlichen Auffassungen und verbindet sich mit dem Prinzip der Volkssouveränität. Nation wird konzipiert als Vereinigung grundsätzlich gleichberechtigter Individuen, die in ihrer Gesamtheit jenen Gemeinwillen („volonté générale") verkörpern, der den Staat und dessen Institutionen begründet. Es ist dieses, durch Jean Jacques Rousseaus (1712–1778) *Du Contrat social ou Principes du droit politique* (1762) vorbereitetes und im Kontext der Französischen Revolution popularisiertes Verständnis der Nation, das in der Folge in Europa bemerkenswerte Resonanz findet und den sich im frühen 19. Jahrhundert bildenden nationalen Bewegungen als ideelles Fundament dient. Auch in den Grundsätzen der deutschen Burschenschaft von 1817, in den publizistischen Äußerungen im Kontext des Hambacher Fests von 1832 oder in den Reden der Abgeordneten des Frankfurter Parlaments, um nur einige Beispiele zu nennen, spiegelt sich das bereits von den französischen Revolutionären propagierte Modell einer geeinten, die Souveränität ihrer Bürger gewährleistenden (deutschen) Nation [DANN; HARDTWIG; ECHTERNKAMP].

Das Ideal einer durch den Willen ihrer Bürger legitimierten Staatsnation gerät allerdings bereits während der Napoleonischen Kriege ins Wanken. Gerade in Deutschland machen die Reaktionen auf die französische Expan-

QU'EST-CE QUE

LE

TIERS-ÉTAT?

SECONDE ÉDITION, CORRIGÉE.

» Tant que le Philofophe n'excède point les limites de
la vérité, ne l'accufez pas d'aller trop loin. Sa fonction
eft de marquer le but; il faut donc qu'il y foit arrivé.
Si reftant en chemin, il ofoit y élever fon enfeigne, elle
pourroit être trompeufe. Le devoir de l'Adminiftrateur,
au contraire, eft de *graduer* fa marche, fuivant la nature
des difficultés. . . . . Si le Philofophe n'eft au but, il ne
fait où il eft. Si l'Adminiftrateur ne voit le but, il ne
fait où il va. »

1 7 8 9.

Die 1789 zunächst anonym erschienene Kampfschrift des französischen Geistlichen und Revolutionärs
Emmanuel Joseph Sieyès (1748–1836) stellt ein wichtiges Dokument zur **modernen Theorie der
Nation** dar. Indem Sieyès den Dritten Stand als „Nation" bezeichnet, formuliert er – in scharfem
Widerspruch zum bis dahin in Frankreich geltenden absolutistischen Staatsverständnis – eine Auf-
fassung von Nation, die politische Selbstorganisation nicht als Privileg der Funktionseliten, sondern als
Recht der gesamten, die nationale Gemeinschaft konstituierenden Bevölkerung bestimmt. Im Rückgriff
auf Jean-Jacques Rousseaus naturrechtlich begründetes Postulat einer politisches Handeln legitimie-
renden „volonté générale" entwirft Sieyès das Modell einer repräsentativen Demokratie, in der die
Gesamtheit der Bürger kraft ihres gemeinschaftlichen Willens als Souverän im Staat waltet und dessen
Institutionen (z. B. Verfassung oder Parlament) kontrolliert.

Abbildung: Titelbild, Emmanuel-Joseph Sieyès, Qu'est-ce que le Tiers-État?, Paris 1768; Porträt
Emmanuel-Joseph Sieyès, Aquatinta und Radierung von Louis-Jean Allais, 1789, Westfälisches
Landesmuseum für Kunst und Kulturgeschichte Münster/Porträtarchiv Diepenbroick.

Literatur: O. DANN, Einleitung, in: DERS. (Hrsg.), E.J. SIEYÈS, Was ist der Dritte Stand? Essen 1988, 1–27.

51

sionspolitik deutlich, dass die Vorstellung, nationale Kohäsion (Zusammenhalt) resultiere aus einem politischen Willensakt, das Konzept einer auch und wesentlich durch kulturelle Bindungen hervorgebrachten nationalen Zusammengehörigkeit nicht endgültig zu verdrängen vermochte. Der im Umfeld der Befreiungskriege sich manifestierende Nationalismus rechtfertigt nationale Feindschaft und antizipiert das die Interessen des eigenen Staates absolut setzende Nationsverständnis. Symptomatisch hierfür ist beispielsweise Ernst Moritz Arndts (1769–1860) 1813 verfasste Schrift *Über den Volkshaß und über den Gebrauch einer fremden Sprache*. Seit der zweiten Hälfte des 19. Jahrhunderts dominiert diese Form des verengten Verständnisses von Nation in Europa [JEISMANN].

So komplex und bisweilen widersprüchlich sich die Auseinandersetzung mit Nation im Übergang vom 18. zum 19. Jahrhundert gestaltete, so offenkundig ist die Bedeutung, die dem kollektiven Bekenntnis zum Staat zukommt. Seit der Mitte des 19. Jahrhunderts setzt nun allerdings ein Prozess ein, den man als „Ethnisierung" des Nationenkonzepts bezeichnen kann. Das Postulat der Willensnation wird durch die Überzeugung verdrängt, nationales Bewusstsein und damit verbunden nationale Kohäsion wurzle weniger in einer freiheitlich gedachten staatlichen Struktur als vielmehr in kulturellen und ethnischen Gegebenheiten. Im teilweise verfremdenden Rückgriff auf Johann Gottfried Herders (1744–1803) Volksbegriff und in Einklang mit zeitgenössischen rassentheoretischen Positionen wird nun das Modell eines ethnisch homogenen Nationalstaats propagiert. Geschichte, Sprache, Konfession und Rasse werden zu Konstituenten nationalen Zusammenhalts und dienen in zunehmendem Maße

dazu, die behauptete Überlegenheit und den Hegemonieanspruch national verfasster Staaten zu legitimieren. Die auf Integration zielenden Leitideen nationaler Programmatik treten zurück zugunsten einer Argumentation, die Feindbilder dazu nutzt, die imperialistische Politik der europäischen Großmächte zu rechtfertigen. In letzter Konsequenz mündet die hier angedeutete Entwicklung in den „totalen Nationalstaat" [SCHULZE, 278], wie er sich in der ersten Hälfte des 20. Jahrhundert in Francos Spanien, im faschistischen Italien oder im nationalsozialistischen Deutschland realisiert.

▷ S. 114 Industrie Massengesellscha

Bedingungen nationaler Identität.

Friedrich Meineckes nachhaltig wirkende Unterscheidung zwischen der kulturell inhomogenen, politisch fundierten Staatsnation und der durch sprachlich-kulturelle Einheit charakterisierten, politisch aber nicht notwendigerweise konstituierten Kulturnation [MEINECKE] sollte nicht vergessen lassen, dass jede Nation überzeugender Begründungsmuster nationalen Zusammenhalts und nationaler Identität bedarf. Neben jenen Argumentationen, welche die territorialen Grenzen und die staatliche Verfasstheit als Basis nationalen Bewusstseins sehen, begegnen im Kontext nationaler Selbstvergewisserung vor allem der Bezug auf die eigene, „vaterländische" Geschichte, die Beschwörung einer gemeinsamen Sprache sowie das Postulat einer einheitlichen Rasse.

In Anbetracht der Tatsache, dass das 19. Jahrhundert nicht nur als das „Jahrhundert der Nation", sondern mit gleichem Recht auch als das „Jahrhundert der Geschichte" bezeichnet werden kann, erscheint es wenig überraschend, dass der Geschichte in Zusammenhang mit der Fundierung nationaler Identität eine entscheidende Legitimationskraft zukommt. Vor allem die in der Formierungsphase befindlichen Nationen, die sich weder auf eine topographisch noch eine kulturell vorgeprägte Homogenität berufen können, erkennen im Konstrukt einer auf das Ziel des Nationalstaates hin organisierten vaterländischen Historie die Möglichkeit, auch jenseits einer geschichtlich konkret realisierten, staatlichen Ordnung nationale Kohäsion und Kontinuität zu postulieren. Die akademische Institutionalisierung und in deren Folge der enorme Aufschwung der Geschichtswissenschaft seit dem frühen 19. Jahrhundert ist so gesehen keineswegs zufällig. Die sich modernisierende historische Forschung stellt sich, wie die Historiographie der kleindeutschen Schule beispielhaft zeigt, entschieden in den Dienst nationaler Interessen. Die Signifikanz, die Geschichte im 19. Jahrhundert gewinnt, manifestiert sich nicht nur im Bereich der (Geistes-)Wissenschaften, sondern auch im Bereich der Künste. Der Rückgriff auf historische Baustile in der Architektur, die Renaissance älterer Musiktraditionen, die Historienmalerei und vor allem der Siegeszug der historischen Dichtung müssen im Kontext nationaler Entwicklungen gesehen werden. Große Bedeutung erlangen mythisch gedachte, um heroische Figuren und Ereignisse zentrierte Geschichtenentwürfe und Geschichtserzählungen. Beispiele sind der Cheruskerfürst Hermann, der Sieger der Schlacht im Teutoburger Wald, der Schweizer Freiheitsheld Wilhelm Tell oder der gallische Stammesführer Vercingetorix. Durch ihre Popularisierung im Rahmen nationaler Kulturpolitik wird an jene historisch fundierte, politische, soziale, ökonomische und religiöse Differenzen integrierende Gemeinschaft erinnert, deren Verwirk-

▷ S. 177 ff.
Staaten,
Nationen,
nationale
iehungen

▷ S. 321
leich und
ansnatio-
nalität

▷ S. 244
nichte der
ellschaft/
le Kultur-
schichte"

lichung und Konsolidierung als die zentrale Aufgabe der Gegenwart erscheint.

Nicht nur dem mythischen Geschichtsentwurf einer vaterländischen Historie, auch der Sprache kommt im Zusammenhang mit der Legitimation nationaler Zugehörigkeit bis in unsere Gegenwart eine wichtige Rolle zu. Lassen bereits die sprachpflegerischen Bemühungen der humanistischen Gelehrten und in deren Nachfolge der Dichterakademien eine patriotische Stoßrichtung erkennen, gilt dies noch mehr für die sich seit dem 19. Jahrhundert in verschiedenen europäischen Ländern manifestierenden Bemühungen um ein von fremden Einflüssen gereinigtes nationales Idiom. So bestimmt der 1886 gegründete Allgemeine Deutsche Sprachverein den Kampf um eine reine, die nationale Eigenart der Deutschen zum Ausdruck bringende Sprache als sein vordringliches Ziel [GARDT]. Das Postulat eines einheitlichen nationalen Idioms, ist allerdings nicht nur ideologisch, sondern auch pragmatisch zu begründen. Der Wegfall sprachlicher Barrieren verbessert die Funktionsfähigkeit staatlicher Institutionen wie Behörden, Schulen und Universitäten oder der Armee. Letztere wiederum wirken als Katalysatoren einer Nationalisierung der Kommunikation in dem Sinne, dass sie die Einübung einer überregional verordneten Sprachpraxis zugleich ermöglichen und erzwingen.

Eine dritte, seit der Mitte des 19. Jahrhunderts vor allem in Deutschland an Bedeutung gewinnende Konstituente nationaler Identität ist die im Begriff „Rasse" gefasste ethnische Zugehörigkeit. Bereits der in der ersten Hälfte des 19. Jahrhunderts dominierende Terminus „Volk" enthält nicht nur politische Implikationen, sondern bezeichnet zugleich eine durch kulturelle Homogenität charakterisierte Abstammungsgemeinschaft. Seit der Mitte des

53

Detailskizze

Im Zuge der „Ethnisierung" des Nationendiskurses seit der zweiten Hälfte des 19. Jahrhunderts gewinnt die **Kategorie „Rasse"** an Bedeutung. Im Rekurs auf „moderne" Erkenntnisse der Rassenanthropologie und Rassenhygiene kann nun die biologische Determiniertheit gesellschaftlichen Handelns auch und gerade mit Blick auf die Nation behauptet und die Forderung nach einer Nation, in der territoriale und ethnisch-kulturelle Grenzen zur Deckung gelangen, wissenschaftlich legitimiert werden. Ein erster wichtiger Impuls ging von Joseph Arthur de Gobineaus (1816–1882) zwischen 1853 und 1855 verfasstem vierbändigem *Essai sur l'inégalité des races humaines* aus. Der französische Graf vertritt in seinem umfangreichen Werk die These einer prinzipiellen, anthropologisch begründeten Verschiedenheit der menschlichen Rassen und postuliert im selben Zusammenhang die Überlegenheit der weißen und insbesondere der arischen Rasse. Damit stellte er ein Denk- und Argumentationsmodell zur Verfügung, das in der Folge wiederholt dazu diente, nationale Homogenitätsbestrebungen zu rechtfertigen. Die – semantisch durchaus vieldeutige – Kategorie „Rasse" ermöglicht es, jede Form von Alterität (Andersartigkeit) zu stigmatisieren und deren Sanktionierung als legitime Aufgabe des Staates zu postulieren. Im Innern der Nation richtet sie sich nicht nur gegen ethnische Minoritäten, beispielsweise Juden, sondern auch gegen Behinderte und sozial Randständige; nach außen dient sie als Legitimationsbasis für eine imperialistische Politik. Die im national imprägnierten modernen Rassendiskurs zum Ausdruck gelangende Utopie einer homogenen „Volksgemeinschaft" führt in letzter Konsequenz zur nationalsozialistischen Politik der gewaltsamen Ausmerzung all jener „Elemente", von denen behauptet wird, sie seien der Gesundheit des „Volkskörpers" abträglich.

Literatur: P.E. BECKER, Wege ins Dritte Reich, Teil 2: Sozialdarwinismus, Rassismus, Antisemitismus und völkischer Gedanke, Stuttgart 1990, 102–123 und 176–228; P. WALKENHORST, Der „Daseinskampf des Deutschen Volkes": Nationalismus, Sozialdarwinismus und Imperialismus im wilhelminischen Deutschland, in: J. ECHTERNKAMP/S.O. MÜLLER (Hrsg.), Die Politik der Nation. Deutscher Nationalismus in Krieg und Krisen 1760–1960, München 2002, 131–148.

19. Jahrhunderts erfährt das Verständnis von „Volk" eine signifikante Veränderung und gerät in den Bann zeitgenössischer Rassentheorien. Im Zuge der Okkupierung des ursprünglich von liberalen Intellektuellen dominierten Nationendiskurses durch politisch Konservative und Völkische entwickelt sich „Rasse" zu einem Zentralbegriff nationaler Legitimation. Er bezeichnet ein Prinzip ethnischer Loyalität, mit dem sich nicht nur die kulturelle Homogenität, sondern auch die kulturelle Superiorität der eigenen Nation postulieren lässt. In noch höherem Maße als „Geschichte" und „Sprache" erfüllt „Rasse" neben einschließenden auch ausgrenzende Funktionen. Nicht zufällig begründen totalitäre Nationalstaaten im frühen 20. Jahrhundert die gewaltsame Entfernung ethnisch angeblich ungleichwertiger Minderheiten aus dem „Volkskörper" im Rekurs auf den Begriff der „Rasse" [BERGHOFF].

▷ S. 125
Totaler K..
und Mass..
vernichtu..

Strategien nationaler Identitätsstiftung. Die in jüngerer Zeit wiederholt formulierte These, die Nation fungiere nicht als Katalysator von Nationalismus, sondern sei vielmehr dessen Ergebnis [WEHLER, 13], ist zwar nicht grundsätzlich falsch, bedarf allerdings einer Relativierung. Nationales Bewusstsein bildet nicht nur eine zentrale Voraussetzung für die Genese von Nationalstaaten, sondern auch für deren Konsolidierung. Kennzeichnend für die sich seit dem 19. Jahrhundert bildenden modernen Nationen ist denn auch, dass sie sich mit Blick auf ihre Bürger systematisch um die „innere" Nationenbildung, um die Förderung einer kollektiven Identität bemühen. Sie tun dies erstens durch die Schaffung von Institutionen, welche den nationalen Zusammenhalt begünstigen, zweitens durch eine auf die gesamte Bevölkerung zielende

Das am 27. Mai 1832 begangene **Hambacher Fest**, zu dem sich über 20 000 Teilnehmer aus dem gesamten Gebiet des Deutschen Bundes, aus Frankreich, England und Polen einfanden, gehört zu den frühen Manifestationen eines seit der Französischen Revolution auch in Deutschland immer deutlicher artikulierten Wunsches nach einer republikanisch organisierten, geeinten Nation. Das „Nationalfest der Deutschen" wurde in der Folge in zahlreichen Publikationen gewürdigt und auf Bildern festgehalten. Der Aufmarsch des Festzugs auf den Hambacher Schlossberg beispielsweise ist gleich in mehreren Darstellungen überliefert, aus denen deutlich wird, welche Bedeutung der schwarz-rot-goldenen Fahne, dem „stolzen Panner unseres Vaterlandes", wie es in einer zeitgenössischen Festbeschreibung heißt, zukommt. Schwarz-rot-goldene Fahnen, Symbole einer freien deutschen Nation, sind auch auf dem vorliegenden Stich gleich mehrfach zu erkennen; die auf dem höchsten Turm der Hambacher Schlossruine gehisste deutsche Fahne trug die Aufschrift „Deutschlands Wiedergeburt".

Bild: Zug auf das Hambacher Schloss, kolorierter Stahlstich eines unbekannten Künstlers, Historisches Museum der Pfalz Speyer, Inv. Nr. BS 690.

Literatur: Hambacher Fest 1832. Freiheit und Einheit. Deutschland und Europa. Eine Ausstellung des Landes Rheinland-Pfalz zur Geschichte des Hambacher Festes. Katalog zur Dauerausstellung, Neustadt an der Weinstraße 4. Aufl. 1988.

nationale Kulturpolitik und drittens durch die Propagierung nationaler Symbole.

Der Schule kommt im Zusammenhang mit nationaler Identitätsstiftung besondere Bedeutung zu. Mit der Modernisierung und Professionalisierung des Bildungswesens antworten die europäischen Nationalstaaten nicht nur auf die Bedürfnisse einer schnell expandierenden Wirtschaft, die auf qualifizierte Arbeitskräfte angewiesen ist, sondern auch auf den politischen Ruf nach einer alle Bürger umfassenden Erziehung, welche nationalen Interessen verpflichtet bleibt. In dem Maße, in dem es dem Staat gelingt, die Kontrolle über das Schulwesen zu gewinnen, entwickeln sich die Bildungsinstitutionen zu Garanten nationalen Zusammenhalts. Die Lehrer, vom Staat ausgebildet und bezahlt, fungieren als Multiplikatoren des jeweiligen nationalen Selbstverständnisses, die zu vermittelnden Inhalte werden „nationalisiert" (vaterländische Geschichte; nationalsprachlicher Unterricht; Heimatkunde), die Lehrmittel ideologisch geformt. Neben der Schule spielen vor allem die Armee und die Kirche eine zentrale Rolle für die innere Nationenbildung. Tragen die nationalen (Miliz-)Armeen dazu bei, regionale Identitäten zugunsten eines gesamtstaatlichen Bewusstseins zurücktreten zu lassen, so kommt den politisch integrierten „nationalen" Kirchen die Aufgabe zu, patriotische Befindlichkeiten und Handlungsmuster religiös zu legitimieren.

▷ S. 26 Durchbruch der bürgerlichen Gesellschaft

Auch die Kultur gerät ins Visier der sich formierenden modernen Nationalstaaten. Im Vordergrund einer vom Staat gelenkten Kulturpolitik steht das Bemühen, nationale Anliegen ästhetisch neu zu formulieren und ihnen damit zusätzliche Dignität und Durchschlagskraft zu verleihen. In Anbetracht der Tatsache, dass die kulturelle Praxis alle Schichten der Bevölkerung integrieren soll, vertreten die Exponenten staatlicher Kulturpolitik ein Kunstideal, das die Begriffe „schön" und „vaterländisch" synthetisiert. Die Bemühungen um eine nationale Bühnenkunst und eine nationale Literatur, die Förderung von Künstlern, deren bisweilen monumentale Gemälde und Skulpturen als Denkmäler den öffentlichen Raum in nationalem Sinne gestalten [SCHLIE], oder die Unterstützung der vor allem in Gesangsvereinen gepflegten „vaterländischen" Vokalmusik machen deutlich, dass Kultur kein Privileg einer Elite darstellt, sondern als eine wirkungsmächtige Möglichkeit gesehen wird, nationale Vorstellungen zu popularisieren. Am eindrücklichsten manifestiert sich nationale Kulturpolitik in den seit der Mitte des 19. Jahrhunderts zunehmend beliebten nationalen Feiern [MOSSE]. Performative (Festspiel, historisch-allegorische Umzüge), musikalische (patriotische Lieder und Kantaten), literarische (vaterländische Dramen und Gedichte) und künstlerische (Gemälde, Kostüme, ephemere Festarchitektur) Manifestationen verbinden sich zu einem Gesamtkunstwerk, das die Nation für die Anwesenden als Emotionsgemeinschaft erlebbar machen will.

Nicht nur durch nationale Institutionen wie Schule, Armee oder Kirche und eine nationale Kulturpolitik sollen die Bürger ihre Zugehörigkeit zum Staat erfahren, sondern auch mittels nationaler Zeichen, die neben pragmatischen vor allem symbolische Funktionen erfüllen. Zu nennen wären hier die Nationalflaggen, allegorische Figurationen der Nation wie die Marianne in Frankreich, die Germania in Deutschland, die Helvetia in der Schweiz, aber auch die Gestaltung der Geldscheine und Münzen oder Briefmarken. Von Belang sind in diesem Zusammenhang außerdem die Festlegung auf eine Nationalhymne oder die Einführung von Nationalfeiertagen. All diese nationalen Symbole bzw. Symbolhandlungen sind Bestandteil einer politischen und kulturellen Praxis, die darauf zielt, Nation im Rahmen eines umfassenden gesellschaftlichen Kommunikationsprozesses nicht nur im intellektuellen, sondern auch im affektiven Nachvollzug als Realität erfahrbar werden zu lassen.

Nationalismus – Imperialismus – Supranationalismus. Seit der Französischen Revolution fungiert in Europa „Nation" als Leitbegriff für politische Selbstorganisation. Die Nation ist Ziel und oberstes Legitimitätsprinzip politischen Handelns, ihr wird jene Integrationskraft zugesprochen, welcher die Massengesellschaften der modernen Staaten in besonderem Maße bedürfen. Es wäre nun allerdings zu einseitig, die Idee der Nation ausschließlich unter dem Aspekt ihrer „Teilhabeverheißung" [LANGEWIESCHE/SCHMIDT, 7] zu betrachten. Zwar trifft es zu, dass sich mit der Nation die Hoffnung auf Überwindung politischer, sozialer, geschlechtsbedingter [PLANERT] oder konfessioneller [HAUPT/ LANGEWIESCHE] Grenzen verbinden konnte, „Nation" hat jedoch, das machen die auf das genannte Konzept rekurrierenden diskursgeschichtlichen Positionen und realhistorischen Entwicklungen deutlich, immer auch eine exkludierende Dimension. Es ist diese „strukturelle Gleichzeitigkeit von partizipationsverheißenden und ausgrenzenden Elementen" [ECHTERNKAMP/MÜLLER, 7], die auch und gerade die Ausformungen des modernen Nationalismus prägt und dessen bemerkenswerte Anziehungskraft begründet. Offenkundig wird der ausgrenzende Charakter nationaler Ideologeme insbesondere seit der zweiten Hälfte des 19. Jahrhunderts, in der die

zunehmend imperialistische Politik europäischer Mächte auf eine immer konsequentere Realisierung nationaler Interessen zielt. Dabei bedienen sich die meisten Staaten einer doppelten Strategie: im Innern gehen sie systematisch gegen Bevölkerungsgruppen vor, die sich aus politischen oder ethnischen Gründen einer Assimilation widersetzen; nach außen betreiben sie eine offensive Machtpolitik, welche die Suprematie der eigenen Nation sichern soll [SCHMIDT; SCHÖLLGEN]. Im Verbund mit rassentheoretischen Ansätzen und sozialdarwinistischen Positionen dient ein ins Extreme gesteigerter Nationalismus nun in erster Linie dazu, den Imperialismus der europäischen Mächte zu rechtfertigen. Stützt die These der Überlegenheit der weißen Rasse die Vorstellung einer welthistorischen Aufgabe Europas, so dienen sozialdarwinistische Begründungsmuster dazu, den mit technologischer Innovation einhergehenden rasanten ökonomischen Aufschwung als Rechtfertigung für eine auch politische Hegemonie einzelner europäischer Staaten zu interpretieren, die deren „Überleben" garantieren soll. Die Kolonialisierung außereuropäischer Gebiete zielt demnach nicht nur auf die Erschließung neuer ökonomischer Ressourcen und der angesichts des markanten Bevölkerungswachstums in Europa geforderten Eroberung neuer Siedlungsräume; sie ist auch als Niederschlag eines mit immer aggressiveren Mitteln geführten Wettkampfes zwischen den Nationen zu begreifen. Die meisten europäischen Staaten verbinden mit kolonialer Expansion das Bestreben, im „Konzert" der Nationen eine politische, wirtschaftliche und kulturelle Führungsrolle zu übernehmen. Dabei nehmen sie es in Kauf, mit anderen Staaten in (militärischen) Konflikt zu geraten. Die seit

▷ S. 70 Politisches Denken/Politische Strömungen
▷ S. 85 ff. Revolution der Wissenschaften
▷ S. 254 Universalgeschichte/Weltgeschichte

57

Kurze Beschreibung der in Europa Befindlichen Völckern Und Ihren Eigenschafften.

Namen	Spanier	Frankhoß	Wälisch	Teutscher	Engerländer	Schwöd	Boläck	Unger	Muskawith	Türk oder Griech
Sitten	Hochmütig	Leichtsinig	Hinderhaltig	Offenherzig	Wohl Gestalt	Starck und Groß	Bäurisch	Untreu	boßhafft	Wie die Übriwöter
Natur Und Eigenschaft	Wunderbarlich	Und gesprächig	Eifersichtig	Gantz Gut	Lieb-reich	Graus-fam	Kochwilder	Aller Grausambl	Gut Ungerisch	Zum Lung Teüfel
Verstand	Klug un Weiß	Fürsichtig	Scharffsinnig	Wizig	Anmuthig	Hartnäbig	Gering Ächtent	Nochweniger	Gar Nichts	Oben Hluß
Neigung deren Eigenschaften	Mänlich	Kindisch	Wie iederwill	Über Allmit	Weiblich	Unerkendlich	Mittlmäßig	Bluthbegirig	Unentlichrob	Zärt-lich
Wissenschaft	schriftgelehrt	In Kriegssachen	Geistlichen Rechte	Weltlichen Rechte	Well-Weis	Freyen Künsten	In Unterschidlichensprachen	Lateinischersprach	Kriechischersprache	In solcher Bolliticus
Tracht Der Kleidung	Ehrbaar	Unbeständig	Ehrsam	Macht allesNach	Frantzösischeart	Von Löder	Lang Röckig	Viel Färbig	Mit böltzen	Weiber Art
Untugent	Hoffärtig	Betrügerisch	Geilsüchtig	Verschwenderisch	Unruhig	Über Ylauberisch	Braller	Veräther	Gar Verätherisch	Noch Veräterischer
Lieben	Ehrlob und Rüm	Den Krieg	Das Gold	Den Trunck	Die Wohllust	Köstlicheweilen	Den Adl	Die Aufruhe	Den Brügl	Selbsteigne Lieb
Krankheiten	Verstopfung	An Ligner	In böser seüch	An bodogrä	Verschwindsucht	Der Wassersucht	Dendurchbruch	An der freis	An Reichen	An Schwachheit
Ihr Land	Ist fruchtbaar	Wohlgearbeith	Und Wohllistig	Gut	Fruchtbaar	Bergig	Waldig	Und gut Reich	Voller Eiß	Ein Liebreiches
Kriegs Tugenie	Groß Müthig	Arg listig	Fürsichtig	Unüberwindlich	Ein See Held	Dauerzadt	In Gestimi	Aufrirerisch	Müesamb	Gar faul
Gottesdienst	Der aller beste	Gut	Etwas besser	Noch Andächtiger	Wie der Mond	Eifriginglauben	Glaubt Allerley	Unmüeßig	Ein Abtriniger	Weneinsolchen
Erkennen für Ihren Herrn	Einen Monarchen	Eine König	Einen Bäterärch	Einen Käiser	bald denbalt jene	Freye Herrschaft	Einen Erwolten	Einenallbeliebigen	Einen Freimiligen	Ein Thiran
Haben überfluß	In Früchten	An Waren	An Wein	An Geträid	An sich-Weid	An Ürtz Kruben	An Böltzwerch	In Allen	An Immen	In weichensachen
Die Zeit Vertreiben	Mit Spillen	Mit betrügen	Mit schwätzen	Mit Trincken	Mit Arbeiten	Mit Essen	Mit zanden	Mit Müessiggehn	Mit schlaffen	Mit Kräncken
Vergleichung Mit denen Thieren	Ein Elösanthen	Ein Fuchsen	Einen Luchsen	Einen Löben	Einen Pferd	Einen Ochsen	Einen Bern	Einen Wollffen	Ein Esel	Einer Katz
Ihr Leben Ende	In Böth	In Krieg	In Kloster	In Wein	In Wasser	Auf der Erd	Im Stall	beym säwel	In schnee	In betrug

Die Frage, durch welche Merkmale sich die europäischen Nationen voneinander unterscheiden, hat bereits die gelehrten Autoren der Frühen Neuzeit beschäftigt, die das jeweilige „Naturell" eines Volkes mittels stereotyper Eigenschaftszuweisungen zu bestimmen versuchten. Ein besonders reizvolles und erhellendes Dokument derartiger Bemühungen bilden die nur in wenigen Exemplaren überlieferten so genannten Völkertafeln, in denen die **„Nationalcharaktere"** europäischer Völker systematisch beschrieben werden. Dem aufmerksamen Betrachter bleibt der wertende Gestus der Darstellung nicht verborgen: Die Angehörigen der mittel- und osteuropäischen „Nationen" sowie des Osmanischen Reiches erscheinen als in besonderem Maße zu lasterhaftem Verhalten neigend und werden allein schon durch ihre Kleidung nicht nur als fremdartig, sondern auch als tendenziell barbarisch denunziert. Auffällig ist außerdem, dass eine Reihe von nationalen Stereotypen, die im 19. und 20. Jahrhundert dazu dienen, xenophobes Verhalten zu begründen, offenkundig bereits in der Frühen Neuzeit verbreitet waren.

Bild: Ölgemälde eines anonymen Künstlers, ca. 1720/30 in der Steiermark entstanden, Österreichisches Museum für Volkskunde Wien.

Literatur: F.K. STANZEL, Europäer. Ein imagologischer Essay, Heidelberg 2. Aufl. 1998.

den 1870er Jahren intensivierte überseeische Expansion westlicher Staaten bringt denn auch eine Reihe von kriegerischen Auseinandersetzungen hervor. Im Spanisch-Amerikanischen Krieg (1898), im Burenkrieg (1899–1902), im Chinesisch-Japanischen Krieg (1894/95) oder im Russisch-Japanischen Krieg (1904/05) wird die Rivalität der imperialistischen Mächte zunächst noch außerhalb Europas ausgetragen, bevor sie im ersten Weltkrieg auf europäischem Territorium kulminiert.

S. 104 ff.
Industrielle
Massen-
gesellschaft

Die Erfahrungen des Ersten Weltkriegs haben eine skeptischere Wahrnehmung der Nation begünstigt und den Wunsch befördert, alternative Konzepte politischer Organisation zu entwickeln. Die Gründung des Völkerbunds kann als ein erster Versuch gesehen werden, den weiterhin tonangebenden Nationen das Modell einer supranationalen Struktur entgegenzusetzen. Es ist jedoch erst die nach dem Zweiten Weltkrieg initiierte europäische Einigung, welche die Nation als politisches Prinzip in Bedrängnis gebracht hat. Die mit zunehmender Intensität geführte Kontroverse darüber, ob das im europäischen Kontext entstandene und erst relativ spät „exportierte" Ordnungsmodell Nation angesichts der politischen Entwicklungen zumindest in Europa obsolet geworden sei, hält weiter an. Plädieren beispielsweise Eric Hobsbawm [Hobsbawm, 193–221] oder Hans-Ulrich Wehler [Wehler, 104–115] für die endgültige Verabschiedung einer Idee, deren verheerende Wirkungen das späte 19. und vor allem das 20. Jahrhundert vor Augen geführt habe, so betont Peter Alter [Alter, 123–128] deren auch in einem zunehmend vereinigten Europa anhaltende Geltung.

Silvia Serena Tschopp

Literatur

P. Alter, Nationalismus, Frankfurt/M. 1985.

B. Anderson, Die Erfindung der Nation. Zur Karriere eines folgenreichen Konzepts, Frankfurt/M./New York erw. Neuausg. 1996 [engl. 1983/1991; jetzt auch als 2., um ein Nachwort von T. Mergel erg. Aufl. 2005].

P. Berghoff, „Der Jude" als Todesmetapher des „politischen Körpers" und der Kampf gegen die Zersetzung des nationalen „Über-Lebens", in: P. Alter/C.E. Bärsch/P. Berghoff (Hrsg.), Die Konstruktion der Nation gegen die Juden, München 1999, 159–172.

O. Dann, Nation und Nationalismus in Deutschland. 1770–1990, München 1993.

J. Echternkamp, Der Aufstieg des deutschen Nationalismus (1770–1840), Frankfurt/M./New York 1998.

J. Echternkamp/S.O. Müller (Hrsg.), Die Politik der Nation. Deutscher Nationalismus in Krieg und Krisen 1760–1960, München 2002.

A. Gardt, Sprachnationalismus zwischen 1850 und 1945, in: Ders. (Hrsg.), Nation und Sprache. Die Diskussion ihres Verhältnisses in Geschichte und Gegenwart, Berlin/New York 2000, 247–271.

E. Gellner, Nations and Nationalism, Oxford 1983.

W. Hardtwig, Nationalismus und Bürgerkultur in Deutschland 1500–1914, Göttingen/Zürich 1994.

H.-G. Haupt/D. Langewiesche (Hrsg.), Nation und Religion in der deutschen Geschichte, Frankfurt/M./New York 2001.

E.J. Hobsbawm, Nationen und Nationalismus. Mythos und Realität seit 1780, Frankfurt/M. 3. Aufl. 2005 [engl. 1990].

M. Jeismann, Das Vaterland der Feinde. Studien zum nationalen Feindbegriff und Selbstverständnis in Deutschland und Frankreich 1792–1918, Stuttgart 1992.

R. Koselleck/F. Gschnitzer/K.F. Werner/ B. Schönemann, Volk, Nation, Nationalismus, Masse, in: O. Brunner/W. Conze/R. Koselleck (Hrsg.), Geschichtliche Grundbegriffe. Historisches Lexikon zur politisch-sozialen Sprache in Deutschland, Bd. 7, Stuttgart 1992, 141–431.

D. Langewiesche, Nation, Nationalismus, Nationalstaat in Deutschland und Europa, München 2000.

D. Langewiesche/G. Schmidt (Hrsg.), Föderative Nation. Deutschlandkonzepte von der Reformation bis zum Ersten Weltkrieg, München 2000.

F. Meinecke, Weltbürgertum und Nationalstaat. Studien zur Genesis des deutschen Nationalstaats, München/Berlin 1908, 1–19.

G.L. Mosse, Die Nationalisierung der Massen. Politische Symbolik und Massenbewegungen in Deutschland von den Napoleonischen Kriegen bis zum Dritten Reich, Berlin 1976.

U. Planert (Hrsg.), Nation, Politik und Geschlecht. Frauenbewegungen und Nationalismus in der Moderne, Frankfurt/M./New York 2000.

T. Schieder, Typologie und Erscheinungsformen des Nationalstaats in Europa/Probleme der Nationalismus-Forschung, in: O. Dann/H.-U. Wehler (Hrsg.), Nationalismus und Nationalstaat. Studien zum nationalen Problem im modernen Europa, Göttingen 1991, 65–86, 102–112.

U. Schlie, Die Nation erinnert sich. Die Denkmäler der Deutschen, München 2002.

G. Schmidt, Der europäische Imperialismus, München 1985.

G. Schöllgen, Das Zeitalter des Imperialismus (= Oldenbourg Grundriss der Geschichte, Bd. 15), München 4. Aufl. 2000.

H. Schulze, Staat und Nation in der europäischen Geschichte, München 2. Aufl. 2004.

A.D. Smith, National Identity, London/New York 1991.

R. Stauber, Nationalismus vor dem Nationalismus? Eine Bestandsaufnahme der Forschung zu „Nation" und „Nationalismus" in der Frühen Neuzeit, in: GWU 47, 1996, 139–165.

H.-U. Wehler, Nationalismus. Geschichte – Formen – Folgen, München 2. Aufl. 2004.

Politisches Denken und politische Strömungen

1800	J G. Fichte: *Der geschlossne Handelsstaat.*
1909	A. Müller: *Die Elemente der Staatskunst.*
1814	B. Constant: *De l'esprit de conquête et de l'usurpation.*
	F. C. v. Savigny: *Vom Beruf unsrer Zeit für Gesetzgebung und Rechtswissenschaft.*
1817	D. Ricardo: *Principles of Political Economy and Taxation.*
1817–34	C. L. v. Haller: *Restauration der Staats-Wissenschaft.*
1819	J. de Maistre: *Du Pape.*
1820–22	C. H. de Saint-Simon: *Du système industriel.*
1821	G. W.F. Hegel: *Grundlinien der Philosophie des Rechts.*
1830	J. Bentham: *Constitutional Code.*
1831	G. Mazzini: *Della Giovine Italia.*
1834	F. de Lamennais: *Paroles d'un Croyant.*
1835	B. Disraeli: *Vindication of the English Constitution in a Letter to a Noble and Learned Lord.*
	F. C. Dahlmann: *Die Politik.*
	F. X. v. Baader: *Über das dermalige Mißverhältnis der Vermögenslosen oder Proletairs zu den Vermögen besitzenden Klassen der Sozietät.*
1835–40	A. de Tocqueville: *De la Démocratie en Amérique.*
1839	Th. Carlyle: *Chartism.*
1841	F. List: *Das nationale System der politischen Ökonomie.*
1845	F. J. Stahl: *Das Monarchische Princip.*
	M. Stirner: *Der Einzige und sein Eigentum.*
1848	K. Marx/F. Engels: *Das Manifest der kommunistischen Partei.*
1851	J. Donoso Cortés: *Ensayo sobre el catolicismo, el Liberalismo y el Socialismo.*
1853–55	A. de Gobineau: *Essai sur l'inégalité des races humaines.*
1858	J. St. Mill: *On Liberty.*
1859	Ch. Darwin: *On the Origin of Species by Means of Natural Selection.*
1862	F. Lassalle: *Über Verfassungswesen.*
1867	W. Bagehot: *The English Constitution.*
1867–93	K. Marx: *Das Kapital.*
1874	M. Bakunin: *L'étatisme et l'anarchie.*
1882	E. Renan: *Qu'est-ce qu'une nation?*
1889	G. B. Shaw/S. Webb/B. Webb: *Fabian Essays on Socialism.*
1895	G. Le Bon: *Psychologie des foules.*
	G. Mosca: *Elementi di scienza politica.*
1897	H. v. Treitschke: *Politik.*
1899	E. Bernstein: *Die Voraussetzungen des Socialismus und die Aufgaben der Socialdemokratie.*

Voraussetzungen. Die Geschichte politischer Strömungen und Ideen ist nicht allein das Betätigungsfeld der Geschichtswissenschaft. Auch die Philosophie und die Politologie erforschen sie, jedoch unter anderen Gesichtspunkten. Während es der Philosophie darum geht, die Gedanken der wenigen „Klassiker" des politischen Denkens zu rekonstruieren und sie auf ihren Traditionszusammenhang wie auch auf ihre logische Richtigkeit hin zu überprüfen, ist es das Anliegen der Politologie, die Geschichte der politischen Ideen auf „Vorläufer" der Gegenwart hin abzusuchen bzw. die Wege nachzuzeichnen, die vom politischen Denken von der Antike zum modernen, liberalen Verfassungsstaat führen. Die Geschichtswissenschaft hingegen richtet ihr Augenmerk vor allem auf die Entstehungszusammenhänge und auf die Wirkungen politischen Denkens, und sie interessiert sich nicht nur für die großen „Klassiker", sondern ebenfalls für die auf den ersten Blick weniger bedeutenden, dafür manchmal aber historisch viel wirksameren „mittleren" Figuren, für politische Publizisten und Schriftsteller, die oftmals ohne besonderen theoretischen oder gar philosophischen Anspruch schrieben, sondern zuerst politisch wirken wollten. Die Wechselwirkungen zwischen historisch konkreten Lagen und Ereignissen einerseits und dem politischen Denken ihrer Zeit andererseits sind seit langem ein wichtiger Untersuchungsgegenstand der Geschichtswissenschaft. Im Gegensatz zu einer eher traditionell orientierten politischen „Ideengeschichte", sollte man heute eher mit Heinz Gollwitzer von „Bewußtseinsgeschichte" sprechen, die den „politische[n] und gesellschaftliche[n] Kontext" politischen Denkens stets einbezieht und mitdenkt [GOLLWITZER, Bd. 2, 13].

61

Erbe Alteuropas und demokratische Revolution. Das politische Denken des 19. Jahrhunderts ist bestimmt von der Grunderfahrung der langsamen Auflösung der einst festgefügten Ständegesellschaft Alteuropas und damit vom Verlust einer sozial streng gegliederten Lebenswelt, in der jedem Einzelnen der ihm bestimmte Platz zukam. Soziale und ökonomische Veränderungen – sowohl der starke Bevölkerungsanstieg seit Ende des 18. Jahrhunderts wie auch der Beginn der technisch-industriellen Revolution – trugen dazu ebenso bei wie das Denken der Aufklärung, das den Anspruch der menschlichen Vernunft in den Mittelpunkt rückte und die unreflektierte Berufung auf Herkommen und Tradition, auch auf Religion und Glauben, prinzipiell in Frage stellte. Die vielfältigen politischen, geistigen und wirtschaftlich-sozialen Veränderungsprozesse besonders der zweiten Hälfte des 18. Jahrhunderts hatten dazu geführt, dass „Staat" und „Gesellschaft" auseinanderzurücken begannen [ANGERMANN], dass also die traditionelle, auf die Antike zurückgehende Einheit zwischen den „Bürgern" und der politischen Organisation ihres „Gemeinwesens" zerfiel: Es traten nun auf der einen Seite der „Staat" als bürokratischer Herrschafts-, Verwaltungs- und auch Überwachungsapparat und auf der anderen Seite die „Gesellschaft" der zumeist von oben regierten „Untertanen" einander gegenüber. Letztere begannen angesichts dieser Lage immer vernehmlicher ihren Anspruch auf Mitwirkung an der politischen Entscheidungsfindung einzufordern. Dies führte bald dazu, dass über bestehende politische Ordnungen, besonders die Monarchie in ihren verschiedenen Formen, eine grundsätzliche Diskussion entstand. Während sie die einen konsequent hinter-

▷ S. 17 f.
Durchbruch der
bürgerlichen
Gesellschaft

▷ S. 33 ff.
Industrialisierung und
verlorene Welten

fragten, verteidigten sie die anderen ebenso vehement. Diese kontroverse Debatte macht einen der Hauptinhalte des politischen Denkens seit Ende des 18. Jahrhunderts aus.

Die Ära zwischen dem Beginn des amerikanischen Unabhängigkeitskampfes und dem Ende der napoleonischen Herrschaft über Europa ist als das „Zeitalter der demokratischen Revolution" [PALMER] und bereits früher als die Epoche der „Freiheitskriege" [DROYSEN] bezeichnet worden. Tatsächlich haben die mit den Jahreszahlen 1776 (Amerikanische Revolution), 1789 (Französische Revolution) und 1813 (Befreiungskriege gegen Napoleon) bezeichneten historischen Großereignisse stärkste Wirkung auf das politische Denken der Folgezeit ausgeübt. Die erfolgreiche nordamerikanische Unabhängigkeitsbewegung erwies, dass eine auf den Prinzipien der Freiheit, der Gleichheit und der machtbegrenzenden Gewaltenteilung gründende demokratische Republik realisierbar war. Die Französische Revolution zeigte, dass es möglich war, eine abgewirtschaftete absolute Monarchie traditionellen Stils unter Berufung auf das Prinzip der Volkssouveränität zu überwinden und ein prinzipiell neues Staatswesen zu etablieren. Und die Befreiungskriege gegen die Vorherrschaft des napoleonischen Kaiserreichs belegten, dass – wie schon nach 1776 in Nordamerika und nach 1792 in Frankreich – zur Behauptung der eigenen politischen Freiheit zugleich die Bereitschaft und die Fähigkeit gehören muss, sich gegen drohende oder bereits bestehende Fremdherrschaft, falls nötig mit Gewalt, zu verteidigen. Freiheitssichernde Institutionen im Inneren und die Bereitschaft zur Selbstbehauptung nach außen sind die beiden Kennzeichen des modernen Nationalstaats, an denen sich zur Zeit seiner Etablierung um 1800 auch das politische

▷ S. 48 ff.
Nation als
Deutungskategorie

Denken orientierte. Dies konnte sich in der Form grundsätzlicher Zustimmung und der Entwicklung weitergehender Zukunftsperspektiven äußern, aber umgekehrt auch als grundsätzlicher Widerspruch, etwa unter Berufung auf den Wert bedrohter traditioneller Lebens- und Ordnungswelten.

Liberalismus/Konservatismus. In einem vorpolitischen Sinne existierten Vorformen der späteren politischen Begriffe „liberal" (freiheitlich) und „konservativ" (bewahrend) bereits im 18. Jahrhundert. Doch zu Bezeichnungen großer politischer Strömungen bzw. Parteien wurden Liberalismus („liberalism", „libéralisme") und Konservatismus („conservatism", „conservatisme") erst nach 1815 [VIERHAUS; LEONHARD]. In Frankreich hatte der Begriff „libéral" schon während der Revolution eine bedeutende Rolle gespielt; den Gegenbegriff hatte die von François Réné de Chateaubriand (1768–1848) nach der Restauration herausgegebene Zeitschrift *Le conservateur* (1818–20) etabliert. Und in Großbritannien erfolgte in den späten 1820er Jahren die Umbenennung der traditionellen Parteien „Whigs" und „Tories" in „Liberals" und „Conservatives". Im deutschen Sprach- und Kulturbereich wurden die Begriffe schon in den frühen 1830er Jahren – teils aus dem Französischen, teils aus dem Englischen – übernommen und auf die eigenen inneren Verhältnisse angewandt. Konservatismus und Liberalismus bezeichneten die beiden politischen Grundhaltungen, die gegenüber der geschichtlichen Bewegung seit 1776 bzw. 1789 eingenommen werden konnten.

Der Liberalismus ist dabei nicht grundsätzlich eine revolutionäre Bewegung gewesen; die Erfahrungen in Frankreich zwischen 1789 und 1814/15 zeigten das ungemein zerstöre-

▷ S. 162
Rückblick:
Epochen-
bildung

rische Potenzial, das jede politische Umwälzung enthalten konnte. Der frühe deutsche Liberalismus zog allerdings noch die Schlussfolgerung, „daß am Anfang aller künftigen Reformen die politische Emanzipation der Gesellschaft, sprich die Sicherung ihrer verantwortlichen politischen Mitwirkung und Mitentscheidung in einem entsprechend neu zu gestaltenden Staatswesen, und zwar auf allen Ebenen, angefangen von der als besonders wichtig empfundenen Gemeinde bis hin zum Gesamtstaat, stehen müsse" [GALL, 336]. Die Liberalen verstanden sich hier in erster Linie als Reformbewegung, die um die Gewährung und um den Ausbau verfassungsmäßiger politischer Ordnungen kämpfte. Bürgerliche Freiheitsrechte im Sinne einer begrenzten politischen Mitwirkung auf lokaler wie auf überregionaler Ebene und nicht zuletzt auch als rechtlich abgesicherte Freiheit der Meinungsäußerung standen im Vordergrund ihrer Bemühungen. Es ging ihnen also – um einem späteren Missverständnis vorzubeugen – nicht nur darum, die „Grenzen des Staates" und seiner Eingriffsmöglichkeiten in die Rechte des Individuums möglichst eng zu fassen, sondern auch und vor allem um Mitwirkung *im* Staat – und also darum, Veränderungen herbeizuführen. Das politische Zukunftsmodell deutscher Liberaler war um 1820/30 noch geprägt von der Idee einer „klassenlosen Bürgergesellschaft ‚mittlerer Existenzen'" [GALL, 353].

Daneben stand besonders das Parlament im Vordergrund des politischen Interesses und der Betätigung liberaler Politiker. In Frankreich wie auch in Großbritannien ging es nach 1815 darum, die äußerst restriktiven Wahlgesetze zu verändern, um möglichst breiten bürgerlichen Schichten das aktive wie auch das passive Wahlrecht zu ermöglichen. In England 63

Für das politische Denken des Liberalismus stand das **Parlament** im Mittelpunkt der Konzeption einer neuen, die Freiheits- und die politischen Mitwirkungsrechte des einzelnen Bürgers garantierenden Verfassungsordnung. Das britische Parlament stellt gewissermaßen die „Mutter der Parlamente" dar, denn die hier seit Ende des 17. Jahrhunderts entwickelten Formen der parlamentarischen Auseinandersetzung, später auch die auf Parlamentsmehrheiten sich stützende Regierungsbildung, haben als solche Vorbildcharakter für die Verfassungsideen des Liberalismus in ganz Europa besessen. In Westminster ist zuerst ein politisches Zweiparteiensystem entstanden („Whigs" und „Tories"); hier hat sich zuerst der parlamentarische Dualismus von Regierung und Opposition herausgebildet, hier gab es zuerst so etwas wie eine parlamentarische Regierung.

Nach 1815 hat man innerhalb des Deutschen Bundes zuerst versucht, „landständische" Vertretungen einzuführen, also nach Ständen – Adel, Bürger, Bauern – gegliederte Landesversammlungen zu etablieren, um einen modernen, auf *allgemeiner* Repräsentation des gesamten Wahlvolkes beruhenden Parlamentarismus zu verhindern. Diesen Bestrebungen war indes nur ein sehr mäßiger Erfolg beschieden; so ist etwa der Plan König Friedrich Wilhelms IV. von Preußen, noch 1847 in Berlin einen nach unterschiedlichen „Kurien" (Ritterschaft, Stadtbürger, Bauern) gegliederten „Vereinigten Landtag" als Parlamentsersatz zu etablieren, kläglich gescheitert.

Die liberale Hauptforderung nach einem gesamtstaatlichen, von allen wahlberechtigten Bürgern gleichberechtigt gewählten Parlament stand auch deshalb im Vordergrund, weil nur auf diesem Wege eine geregelte Mitwirkung des Volkes an den politischen Entscheidungen möglich wurde. Darüber hinaus stellte man sich das Parlament vor als einen Ort des rechtlich geordneten Ausgleichs unterschiedlicher gesellschaftlicher Interessen, als einen Platz des vernünftigen Austauschs von Argumenten und der gemeinsamen Suche nach der „richtigen", dem Wohl des ganzen Gemeinwesens dienenden politischen Entscheidung. Und nicht zuletzt sah man im Parlament einen Ort für den Aufstieg politischer Talente, eine Plattform für politisch begabte Persönlichkeiten, die hier Erfahrungen sammeln, sich im parlamentarischen Alltagsgeschäft bewähren und sich auf diese Weise für höhere politische Funktionen qualifizieren konnten.

Bild: The House of Commons in 1808, in: K. Mackenzie, The English Parliament, Harmondsworth 1950, unpag. Bildteil.

Literatur: K. Kluxen, Geschichte und Problematik des Parlamentarismus, Frankfurt/M. 1983.

sollte so den bisher im Unterhaus überhaupt nicht vertretenen, in der Folge der wirtschaftlich-technischen Entwicklung aber stark angewachsenen Industriestädten ein Abgeordnetensitz verschafft werden. Die französische Julirevolution von 1830 mit der Errichtung des Bürgerkönigtums und die 1832 in Großbritannien gegen entschiedene Widerstände der restaurativen Kräfte durchgeführte große Wahlrechtsreform waren nicht zuletzt Erfolge der liberalen politischen Bestrebungen in beiden Ländern. In Deutschland, wo die Liberalen seit der Restaurationszeit nur in den Parlamenten mancher kleinerer und mittlerer Staaten vertreten waren, wurden erst im Zuge der Revolution von 1848 die beiden größten Mitgliedsländer des Deutschen Bundes, Preußen und Österreich, zu Verfassungsstaaten. Besonders in Preußen haben die Liberalen in den folgenden Jahrzehnten um die Rechte des Parlaments heftig gekämpft – so etwa im preußischen Verfassungskonflikt der Jahre 1862 bis 1866.

Wie der Liberalismus, so ist auch der Konservatismus eine gesamteuropäische Bewegung gewesen, wenn auch in vielen jeweils national und regional geprägten Schattierungen [WEISS; KONDYLIS]. Stärker als jener aber wurzelt der Konservatismus in älteren, vormodernen Ordnungsvorstellungen. Besonders entschieden wendet er sich gegen die moderne, auch begriffliche Trennung von „Staat" und „Gesellschaft". Für das konservative politische Denken ist es im frühen 19. Jahrhundert immer noch selbstverständlich, das Gemeinwesen als Einheit von Regierenden und Regierten, als *societas civilis* im traditionellen Sinne also, zu denken, wobei das Regieren nach dieser Auffassung selbstverständlich nur einer kleinen, vor allem adelig geprägten Führungsschicht zukommt [KONDYLIS]. Die Monarchie wird von den Konservativen verteidigt, nicht nur

Forschungsstimme

Der griechische Philosoph und Historiker **Panajotis Kondylis** (1943–1998) hat erstmals überzeugend die vormodern-alteuropäischen ideenpolitischen Grundlagen des europäischen Konservatismus herausgearbeitet:

„Die grundsätzliche Einordnung des Konservativismus als sozialpolitisches und ideologisches Phänomen ins Gesamtspektrum der Neuzeit bedeutet zweierlei: erstens, daß er keine historische oder gar anthropologische Konstante, sondern eine konkrete geschichtliche, also an eine bestimmte Epoche und an einen bestimmten Ort gebundene Erscheinung ist, die mit dieser Epoche oder noch selbst vor deren Ende dahinschwindet, und zweitens, daß er nicht erst von der Feindschaft gegen die französische Revolution her, sondern am besten in seiner Auseinandersetzung mit bestimmten spezifischen, aus konservativer Sicht freilich revolutionären Zügen der Neuzeit überhaupt verstanden werden kann. [...]"

Die sachgemäße Erfassung des konservativen Phänomens erfordert aber auch die Beseitigung eines anderen schwerwiegenden und verbreiteten Fehlurteils [...]. Es handelt sich um die Auffassung, Konservative würden Denkstrukturen als solche verabscheuen und erst im Widerstand gegen theoretisierende Gegner selbst zur Theorie greifen. Diese Auffassung [...] läßt [...] den falschen Eindruck entstehen, der vorrevolutionären societas civilis wären Ideen und Ideologien – als systematische Denkkonstruktionen sowie als Waffen – fremd. Das konnte sie sich aber schon deswegen nicht leisten, weil die Herrschaft in ihr, wie jede andere Herrschaft spätestens seit der Zeit der Hochkulturen auch, legitimationsbedürftig war, und darüber hinaus, weil jeder Konflikt zwischen Gruppen der herrschenden Oberschicht eine besondere ideologische Rechtfertigung suchte und fand [...].
Die bei solchen Konflikten und Legitimierungsbestrebungen im Mittelalter entworfenen theologischen, aber auch politischen Denksysteme stehen weder hinsichtlich der intellektuellen Raffinesse noch hinsichtlich der systematischen Allseitigkeit und des allgemeinen Geltungsanspruches hinter den analogen neuzeitlichen Konstruktionen zurück. Der weltanschauliche Kern, aber auch sehr viele zentrale Ideen der Herrschafts- und Legitimationsideologie der societas civilis haben sich in die konservative Theorie, die als Antwort auf die Aufklärung und die Revolution vorgetragen wurde, hinübergerettet, und zwar nicht am Rande, sondern in der Funktion der ideellen Achse, um die sich nunmehr das konservative Denken drehte."

Literatur: P. KONDYLIS, Konservativismus. Geschichtlicher Gehalt und Untergang, Stuttgart 1986, 11, 16–17.

mit traditionell religiösen Argumenten – also dem Bezug auf das „Königtum von Gottes Gnaden" –, sondern auch vor dem Hintergrund der Erfahrungen des „Zeitalters der demokratischen Revolution". Hieraus resultiert ihre Forderung nach einer starken, nicht durch umfangreiche bürgerliche Mitwirkungsrechte gefährdeten politischen Führung.

Allerdings haben die Konservativen nicht starr am Gegebenen oder an der Vergangenheit festgehalten, sondern – nicht weniger als ihr liberaler Gegenpart – ihre politischen Ideen durchaus fortentwickelt und den Entwicklungen der Zeit angepasst. In der Ära der Restauration nach 1815 herrschte noch die Lehre von der Notwendigkeit vor, zu einer patriarchalisch aufgefassten Monarchie – verstanden auch auf der untersten gesellschaftlichen Ebene als Erhalt traditioneller Adels- und Gutsherrschaft – zurückzukehren und den Anspruch des Bürgertums auf politische Mitwirkung abzuwehren oder ihn bestenfalls auf die kommunale Ebene zu beschränken. Das änderte sich allerdings im Verlauf der Revolution von 1848/49, denn die meisten Konservativen akzeptierten die als Folge der Revolution eingeführte Verfassung wie auch das Parlament: eben weil der Verfassungsstaat ihnen als politische Partei jetzt stärkere Einflussmöglichkeiten sicherte als das vorrevolutionäre System. In Großbritannien etablierten sich die Konservativen, nachdem sie in den 1840er Jahren ihren Kampf für die agrarischen Interessen „Alt-Englands" verloren hatten und zeitweilig in die politische Bedeutungslosigkeit versunken waren, seit den 1860er Jahren erneut als die zweite politisch-parlamentarische Kraft des Landes [KONDYLIS; SCHRENCK-NOTZING].

Aufstieg radikaler Bewegungen. Politische Ideen sind stets untrennbar verbunden mit Vorstellungen über eine angemessene Gestaltung der Wirtschaftsordnung. Liberale Auffassungen haben sich in der ersten Hälfte des 19. Jahrhunderts in Großbritannien, Frankreich, aber auch in Teilen Deutschlands in der Praxis weitgehend durchgesetzt; ihre Grundidee besteht in einer vom Staat möglichst unbehinderten, freien Wirtschaftstätigkeit, wobei die Freiheit des einzelnen Unternehmers ebenso gemeint ist wie die Freiheit eines durch Zölle möglichst unbehinderten Handels. Ein zentrales Problem, das in der Folge des zeitweilig rasanten ökonomischen Wachstums sichtbar zu werden begann, vermochte der Liberalismus aber nicht zu lösen: die soziale Frage, die sich angesichts massenhafter Verarmung und Verelendung breiter Bevölkerungsschichten immer drängender stellte. Hinzu kam etwas zweites: die zuerst von Alexis de Tocqueville (1805–1859) in seinem Buch *Über die Demokratie in Amerika* (1835–1840) am Beispiel der noch jungen, aber zukunftsträchtigen USA namhaft gemachte, auch in Europa bereits festzustellende allgemeine Entwicklung einer langsamen Einebnung traditioneller Standesunterschiede; diese führte hin zu einer künftigen Gesellschaft allgemeiner politischer, aber nicht wirtschaftlicher Gleichheit [TOCQUEVILLE, 827 ff.], die der liberale französische Schriftsteller und Politiker gleichermaßen als Gefahr wie als Chance begriff.

▷ S. 40 Industrialisierung u verlorene Welten

▷ S. 318 Vergleich und Transnationali

Auf der Ebene des politischen Denkens beförderte diese Entwicklung einen Radikalismus, der sich vielfach auf philosophische Prinzipien berief: In Großbritannien war es die auf einem konsequenten Nützlichkeitsdenken – Ziel ist „das größte Glück der größten Zahl" – beruhende Denkschule des Utilitarismus [FETSCHER/MÜNKLER, Bd. 4, 325 ff.], in Deutschland dagegen dominierten die Wirkungen des deutschen Idealismus und die radikal-republikanischen Ideen der linken Schüler Georg Wilhelm Friedrich Hegels (1770–1831) [WENDE]. Die philosophischen und politischen „Radikalen", wie sie sich bald selbst nannten, zeigten sich als Anhänger einer revolutionären politischen Umwälzung oder, wie in Großbritannien, möglichst „radikaler", an die Wurzel gehender innerer Reformen, also einer umfassenden Neuordnung von Gesellschaft und Staat mit dem Ziel eines als Republik organisierten Gemeinwesens der Freien und Gleichen. In Frankreich wiederum war die Erinnerung an die „Große Revolution" von 1789 immer lebendig; von ihr vor allem zehrten die französischen Radikalen [v. ALBERTINI].

Vom politischen Radikalismus jedoch müssen die frühen Formen des Anarchismus und des Sozialismus unterschieden werden, die, anfänglich eng miteinander verbunden, jeweils auf ihre Weise auf die sozialen Probleme der Epoche zu antworten versuchten. Die Anarchisten sahen nicht nur in der Standes- und Klassengesellschaft sowie den damit einhergehenden Besitzunterschieden das Hauptübel der damaligen menschlichen Existenz, sondern vorrangig im Bestehen einer staatlichen Ordnung überhaupt. Die Abschaffung des Staates und damit in letzter Konsequenz auch jeder Art von „Herrschaft" sollte zugleich zur Aufhebung aller sozialen Unterschiede führen [DIEFENBACHER].

Sozialisten und Kommunisten dagegen begannen früh damit, eigene neue wirtschaftliche Ordnungsmodelle in der Tradition früherer Utopien zu entwickeln; diese Tendenz kennzeichnet besonders die französischen Frühsozialisten [MEYER], die Entwürfe für au-

tarke Lebens- und Arbeitskollektive skizzierten, in denen eine vollständige Gleichheit der Rechte und des Besitzes herrschen sollte. Doch diese Ideen und auch die teils stark religiös, teils utopisch verbrämten Ansätze des deutschen Frühsozialismus wurden bald überholt durch die von Karl Marx (1818–1883) und Friedrich Engels (1820–1895) entwickelte Theorie des „wissenschaftlichen Sozialismus". Die damit verbundene Geschichtsphilosophie deutete die Weltgeschichte als eine Abfolge bestimmter ökonomisch-sozialer Entwicklungsstadien, die, ausgehend von der „Urgesellschaft" über die Stadien der Sklavenhalter-, der Feudal- und der bürgerlich-kapitalistischen Gesellschaft bis zur sozialistischen und schließlich kommunistischen (d. h. staats- und herrschaftsfreien) Gesellschaft der Zukunft verlaufen sollte. Die aktuelle Aufgabe der sozialistischen Bewegung sahen ihre Vertreter darin, die proletarische Revolution gegen das bürgerlich-kapitalistische System voranzutreiben. Die Lehren von Marx und Engels haben sich nach anfänglichen Widerständen gegen alle zeitweiligen Konkurrenten innerhalb der sozialistischen Bewegungen der meisten Länder Europas seit dem letzten Drittel des 19. Jahrhunderts durchgesetzt [HOFMANN; VRANICKI].

Alle vier der bisher skizzierten politischen Strömungen lassen sich hinsichtlich ihrer Stellung zum politischen Wandel des Bestehenden charakterisieren: Es gibt erstens die Idee nicht nur einer radikalen und vollständigen Überwindung sämtlicher bestehenden politischen Institutionen und sozialen Ordnungen, sondern das Ziel der Abschaffung jeder Form von Staat und Herrschaft überhaupt: *Anarchismus, Sozialismus/Kommunismus*; es gibt zweitens die Idee einer radikalen – auch durch Revolution zu verwirklichenden Umgestaltung und Neuordnung aller bestehenden Verhältnisse, ohne jedoch den Staat, ohne die Herrschaft als solche grundsätzlich in Frage zu stellen: *Radikalismus*; es gibt drittens die Idee, auf dem Wege eines evolutionären Übergangs vom Alten zum Neuen, also durch gründliche, aber nicht umstürzende Reformen die Etablierung neuer politischer Institutionen zu bewerkstelligen und die älteren wenigstens teilweise zu erhalten, indem sie den neuen Erfordernissen angepasst werden: *Liberalismus*; und es gibt viertens schließlich die Idee, von den althergebrachten politischen und gesellschaftlichen Einrichtungen so viel wie möglich zu erhalten, unumgänglich notwendige Reformen aber in der Weise eines geordneten, maßvollen politischen und sozialen Wandels zuzulassen: *Konservatismus*.

▷ S. 26 ff. **Zenit des bürgerlichen Zeitalters.**
Durchbruch der
bürgerlichen Der Zenit des bürgerlichen Zeitalters
Gesellschaft zeichnete sich weniger durch eine allgemeine Vorherrschaft des in dieser Zeit zweifellos besonders einflussreichen liberalen Denkens und Handelns aus, als vielmehr durch eine immer stärkere Ausdifferenzierung der politischen Strömungen und Parteien. Das gilt zuerst für die Konservativen, von denen die Altkonservativen an einem übernational-christlichen Ordnungsdenken festhielten, während die neukonservativen Parteien immer stärker in nationalistisches Fahrwasser gerieten [SCHILDT; SCHRENCK-NOTZING]. Das gilt aber auch für die Anarchisten, Sozialisten und Kommunisten, die ihre inneren Richtungskämpfe ausfochten [HOFMANN], und das gilt schließlich für die Liberalen selbst, die sich in verschiedene rechts- wie linksliberale Richtungen und Parteien zu spalten begannen, von denen der rechte Liberalismus – nicht nur in Deutschland, auch in Großbritannien und

Frankreich – in zunehmendem Maße dazu neigte, sich mit den bestehenden politisch-sozialen Verhältnissen weitestgehend zu arrangieren [SHEEHAN; LANGEWIESCHE]. Der im frühen 19. Jahrhundert überwiegend freiheitlich und an der Grundidee eines „Weltbürgertums" orientierte liberale Nationalgedanke [MEINECKE] begann sich nun überall in Europa zu einem zunehmend die eigenen Belange konsequent absolut setzenden Nationalismus zu wandeln.

▷ S. 57
Nation
Deutun
kategor:

Zur inneren Ausdifferenzierung des Systems der politischen Strömungen und Richtungen gehörte seit etwa Mitte des 19. Jahrhunderts ebenfalls der politische Konfessionalismus, der sich im Wesentlichen als politischer Katholizismus formierte, und zwar neben Deutschland vor allem in Frankreich und Italien [LÖNNE]. Die Entstehungsursachen und -bedingungen waren unterschiedlich: Während in Deutschland die Katholiken nach dem Untergang des Alten Reiches und nach dem damit verbundenen Verlust ihrer vorherigen starken politisch-kulturellen Position daran gingen, sich – unter den Bedingungen einer immer stärker werdenden protestantischen Dominanz – zur Wahrung eigener Interessen politisch zu organisieren, reagierten die französischen und italienischen Katholiken in erster Linie auf die aufsteigenden, z.T. offen kirchenfeindlich orientierten liberalen und radikalen politischen Kräfte innerhalb ihrer Länder. In Italien kämpfte überdies der päpstliche Kirchenstaat um sein Überleben als selbstständige politische Einheit.

Der politische Katholizismus hatte, vor allem im frühen 19. Jahrhundert, fraglos stark konservative Züge, er ist jedoch keineswegs als Ganzes der konservativen Bewegung zuzuordnen. Denn zum einen machte er sich innerhalb des Staates nachdrücklich für die

Freiheiten und die Rechte der Kirche stark, was zuweilen zu ausgeprägt oppositionell-staatskritischen Positionen führte; zudem kämpfte er, jedenfalls in Deutschland, für seine „Eingliederung in den nationalen Staat" [MAIER, 276]. Und zum anderen bildeten sich bereits recht früh gemäßigt liberale, demokratische, auch stark sozialkritische Strömungen innerhalb des politischen Katholizismus heraus, die man mit dem Sammelbegriff der „christlichen Demokratie" [MAIER] umschrieben hat. Ähnlich wie einzelne Vertreter des Konservatismus haben sich Teile des politischen Katholizismus bereits sehr früh, seit den 1830er Jahren, der in dieser Zeit akut werdenden sozialen Frage zugewandt [HEIDENREICH, 605 ff.]. Dahinter stand nicht nur die Furcht vor einer neuen Revolution, also nicht nur die Erfahrung der in ihrer radikalen Phase seit 1793 stark antikirchlich und antichristlich agierenden Französischen Revolution, sondern auch die als religiöse Pflicht empfundene Aufgabe, die soziale Not breiter Bevölkerungsmassen nicht nur zu lindern, sondern aufzuheben. Einzelne Vertreter des politischen Katholizismus sahen hierin sogar die Möglichkeit einer sich „nunmehr in der Kirche selbst" vollziehenden „Vollendung und Überwindung der Revolution" [MAIER, 279].

Zur Ausdifferenzierung der politischen Richtungen und Parteien im Zeichen sich zuspitzender sozialer Gegensätze gehört aber ebenfalls der Aufstieg einer breiten bürgerlichen Sozialreformbewegung, die jenseits von sozialistisch-kommunistischen Vorstellungen oder „manchester-liberalen" kapitalistischen Ideen einen wirtschafts- und sozialpolitischen „Mittelweg" propagierte, zu dem auch eine vom Staat durchgesetzte und organisierte Sozialpolitik gehörte. Ihr Ziel bestand jedoch keineswegs nur darin, die Lebensbedingungen

Als alter Mann hat **Joseph Görres (1776–1848)** einmal von sich gesagt, er habe – wie eine Katze – sieben Leben gelebt. In der Tat hat er einen so interessanten, wechselreichen Lebenslauf aufzuweisen wie nur wenige seiner deutschen Zeitgenossen. Dabei hat er gewissermaßen das gesamte politische Spektrum seiner Zeit abgeschritten; er ist im Laufe der Jahrzehnte von der radikalen und revolutionären Linken zur äußersten konservativen Rechten gelangt. Als junger Gymnasiast in Koblenz schloss er sich bereits 1793 dem dortigen Jakobinerclub an. Eine Reise nach Paris (1799/1800) desillusionierte Görres jedoch tief; für eine Reihe von Jahren zog er sich aus der Politik zurück. Von 1806–1808 hielt er Vorlesungen an der Universität Heidelberg, wo er einen starken Einfluss auf die dort studierenden jungen Romantiker ausübte. Die Befreiungskriege führten ihn in die Politik zurück; mit seinem *Rheinischen Merkur* (1814–1816) avancierte Görres zum zeitweilig meistgelesenen Publizisten Deutschlands. Nach dem endgültigen Sieg über Napoleon wurde seine Zeitung verboten, doch Görres kämpfte weiter für die Gewährung politischer Grundfreiheiten, für Verfassungen und Parlamente. Nachdem er 1819 seine Schrift *Teutschland und die Revolution* publiziert hatte, fiel er in Preußen in Ungnade; er musste zeitweilig emigrieren. Nun fand Görres zum katholischen Glauben zurück; mit der von ihm von 1824–1827 in Straßburg redigierten Zeitschrift *Der Katholik* wurde er zu einem der Begründer des politischen Katholizismus in Deutschland. Von 1828 bis zu seinem Tode 1848 lehrte er an der Universität München als Professor für Geschichte. Der Kölner Kirchenstreit von 1837 zwischen dem Erzbischof und dem preußischen Staat führte Görres noch einmal in die politische Arena zurück; mit seiner Kampfschrift *Athanasius* (1838) avancierte er jetzt zur führenden Persönlichkeit des politischen Katholizismus in Deutschland, den er bis über seinen Tod hinaus nachhaltig prägte.

Bild: Josef Görres, Porträt von Josef Settegast, 1838, Bildarchiv preußischer Kulturbesitz, Berlin.

Literatur: H. RAAB, Joseph Görres. Ein Leben für Freiheit und Recht, Paderborn 1978.

69

der verarmten Unterschichten zu verbessern. Gleichzeitig sollte vielmehr einer drohenden sozialen Revolution vorgebeugt und die Arbeiterschaft möglichst umfassend in den nationalen Staat eingebunden werden. In Deutschland bezeichnete man die vorwiegend akademischen Ideengeber einer solchen Politik allgemein als „Kathedersozialisten" [v. BRUCH].

Daneben gab es aber auch auf der radikalen Linken zunehmend politische Bestrebungen, die sich vom Ziel einer alle bestehenden Verhältnisse umstürzenden politischen und sozialen Revolution abzuwenden begannen und stattdessen nun einen evolutionären Wandel durch konsequente politisch-soziale Reformen und letztlich durch aktive Mitarbeit der Sozialisten innerhalb der bestehenden Ordnungen und politischen Institutionen propagierten. Diese Bestrebungen entwickelten sich zuerst in Großbritannien im Umkreis einiger sozialistischer Intellektueller, die sich 1884 in der „Fabian-Society" zusammengeschlossen hatten [WEBER], etwas später auch in Deutschland, wo sich seit den späten 1890er Jahren innerhalb der Sozialdemokratie der „Reformismus" oder „Revisionismus" als eine von der Mehrheit freilich heftig angefochtene innerparteiliche Opposition zu artikulieren begann [HOFMANN, 174 ff.]. Dieser Konflikt führte später, während und nach dem Ersten Weltkrieg, in ganz Europa zur Spaltung der sozialistischen Bewegung in die sich heftig befehdenden sozialdemokratisch-sozialistischen und kommunistischen Parteien.

Imperialismus, Krise und Krieg. Im späten 19. Jahrhundert geriet der Liberalismus politisch und sozial immer stärker in die Defensive; einige Beobachter erkannten darin bereits das eigentliche Ende des liberalen Zeitalters. Das Aufkommen der radikalen politi-

schen Massenbewegungen von rechts und links, auch der wirtschaftlich-sozialen „pressure groups" und politischen Agitationsvereine führte zudem zu ganz neuen Formen der politischen Organisation und Aktion. Der Aufstieg der modernen Naturwissenschaften veränderte ebenfalls das politische Denken, denn nun wurde im Zeichen eines auf die Entwicklung des Tierreichs bezogenen Gedankens von Charles Darwin (1809–1882) die These des „survival of the fittest", die Idee der „natürlichen Auslese" unter allen Lebewesen, auf die Politik übertragen. Dieser „Sozialdarwinismus" [KOCH] prägte das Denken aller politischen Richtungen der Folgezeit; weder konservative, noch liberale oder sozialistische Richtungen blieben von seinem direkten oder indirekten Einfluss vollständig verschont. Verbunden mit einem „integralen", d. h. ausschließlich auf die *eigene* Nation bezogenen, extremen Nationalismus sollte der Sozialdarwinismus bald gefährliche Wirkungen zeitigen.

▷ S. 85 ff.
Revolutio
der Wisse
schaften

▷ S. 57 ff.
Nation al
Deutungs
kategorie

Als weiteres zentrales Moment dieser Epoche von ebenfalls bedeutendem Einfluss auf kommende Wandlungen des politischen Denkens ist schließlich der Imperialismus zu nennen. Seit etwa 1880 ging der Wettlauf um die endgültige Verteilung der letzten noch „freien" Gebiete der Welt zu Ende; Frankreich und Großbritannien hatten sich dabei den Löwenanteil gesichert. Besonders die Eroberung und Inbesitznahme des schwarzen Kontinents führte in Europa zur verstärkten Ausbildung eines in Rudimenten bereits früher vorhandenen rassisch orientierten politischen Denkens, das den vorgeblich unterlegenen „Naturvölkern" ihre Gleichberechtigung im Zeichen der Menschenwürde grundsätzlich absprach und sie allgemein als mehr oder weniger „minderwertig" charakte-

▷ S. 254
Universa
geschicht
Weltgesc

Spätere Frage an die Idealisten.

Wo war't Ihr denn, als man die Welt sich theilte?

In den Jahren nach 1880 vollzog sich innerhalb des politischen Denkens nicht nur in Deutschland, sondern auch in den benachbarten Nationen ein grundsätzlicher Wandel von einem primär „ideologisch" bestimmten politischen Denken hin zu einer „Realpolitik" in globaler Perspektive. Hehre politische Ideale und große moralische Ziele verschwanden nun zwar nicht vollständig, traten aber in den Hintergrund; Politik wurde – auch unter dem Einfluss des Sozialdarwinismus – in stärkerem Maße als „Weltpolitik" aufgefasst, d.h. als Machtkampf zwischen den großen Nationen um den Anspruch, eine „Weltmacht" zu sein oder zu werden. Ziel war nicht zuletzt, in der Auseinandersetzung um die endgültige Aufteilung und die zukünftige politische Gestaltung der Welt ein gewichtiges Wort mitreden zu können. 1884 trat auch Deutschland mit dem Erwerb seiner afrikanischen „Schutzgebiete" in die Reihe der europäischen Kolonialmächte ein; das **Zeitalter des Imperialismus**, der kolonialen Weltreiche, hatte begonnen.

Die Karikatur aus dem Berliner *Kladderadatsch*, dem bekanntesten politischen Witzblatt im Deutschland jener Zeit, übt indirekt Kritik an den parteipolitisch-parlamentarischen Gegnern der Bismarckschen Kolonialpolitik. Es sind zu sehen (von links): der katholische Zentrumsführer Ludwig Windthorst, der Sozialdemokrat Wilhelm Liebknecht und der führende Parlamentarier der Linksliberalen, Eugen Richter. Die Frage des „Engels": „Wo wart ihr denn, als man die Welt sich teilte?" erhebt gegen die vermeintlich kleinkarierten deutschen Kirchturmspolitiker den hier indirekt formulierten Vorwurf, an ihren 1884 längst veralteten, einer vergangenen Zeit angehörigen politischen Idealen festzuhalten, ohne erkennen zu können, dass die Zeit einer Fundamentalopposition gegen „die Obrigkeit" vorbei ist und dass es nun darauf ankommt, die Reichsregierung im internationalen Machtkampf um Deutschlands Weltgeltung auch und gerade im Parlament zu unterstützen.

Bild: Die politischen „Idealisten" und der Imperialismus, Karikatur, Kladderadatsch, 20.7.1884.

Literatur: T. SCHIEDER, Staatensystem als Vormacht der Welt 1848–1918 (Propyläen Geschichte Europas, Bd. 5), Frankfurt/M. u.a. 1975.

risierte [ARENDT, 307 ff.]. Verbunden mit sozialdarwinistischen Vorstellungen und den Leitsätzen des extremen Nationalismus sollte das hieraus entstehende Ideengemisch, das

▷ S. 127 ff.
Totaler Krieg und Massen-vernichtung

nicht zuletzt rasch eine stark antisemitische Komponente entwickelte, im 20. Jahrhundert verheerende Folgen nach sich ziehen.

Seit etwa 1890 setzte an den beiden Rändern des politischen Spektrums, zwar erst nur langsam, aber doch bereits früh erkennbar, eine konsequente, auch von utopisch-endzeitlichen („eschatologischen") Vorstellungen geprägte Radikalisierung ein [HÖLSCHER]. Auf der äußersten politischen Linken manifestierte sich diese als ein immer härter werdender Abwehrkampf der im eigentlichen Sinne kommunistischen Anhänger einer radikalen Revolution gegen die „Revisionisten" aller Spielarten. Auf der radikalen Rechten dagegen entstand seit dieser Zeit in Deutschland die so genannte „völkische Bewegung", die radikal nationalistische, biologistische und auch rassistische Züge in sich vereinigte [PUSCHNER U.A.; BREUER]. Der Überhöhung nicht etwa nur des Deutschen, sondern auch einer unhistorisch verstandenen „germanischen Wesensart" innerhalb dieser – sich bald auch politisch artikulierenden – Bewegung entsprach auf französischer und italienischer Seite die Verklärung der „Romanität" oder „Latinität" zum eigentlichen Kulturträger Europas [GOLLWITZER, Bd. 2, 212 ff.; STERNHELL]. In Großbritannien wiederum proklamierten extrem nationalistische Gruppen die „angelsächsische Rasse" zur geborenen Führungselite der Welt und forderten ein angelsächsisches Weltreich durch „Wiedervereinigung" der USA mit dem einstigen Mutterland [GOLLWITZER, Bd. 2, 83 ff.; BAUERKÄMPER].

72 Andere – ideologisch weniger aufgeladene –

politische Ideen versuchten, anders auf die Probleme der Gegenwart zu reagieren. So hatte etwa im Zeichen des Hochimperialismus die „Weltreichslehre" zeitweilig hohe Konjunktur; sie besagte, dass sich in absehbarer Zeit eine begrenzte Zahl von drei oder vier „Weltreichen", neben dem britischen Empire ein amerikanisches, ein französisches, eventuell auch ein deutsches, herausbilden würde, und dass die Politik der jeweiligen Groß- und Weltmächte für die Folgen einer beginnenden wirtschaftlichen Abschottung dieser für sich autarken Großräume gerüstet sein müsse [NEITZEL].

Dies alles zeigt, dass die traditionellen politischen Ideen, die in der Folge der „demokratischen Revolution" des ausgehenden 18. Jahrhunderts entstanden waren, ein Jahrhundert später stark an Bedeutung verloren hatten. Sie waren aus dem Horizont der Zeitgenossen zwar nicht vollständig verschwunden, hatten jedoch angesichts einer konsequent „weltpolitischen" Ausdehnung der europäischen Politik ihr einstiges Gewicht eingebüßt.

Wenn man auch in manchen Strängen des politischen Denkens im ausgehenden 19. und frühen 20. Jahrhundert bereits deutlich den Vorschein kommenden Unheils erkennen kann, des Faschismus und des Nationalsozialismus [ARENDT; NOLTE; STERNHELL] auf der einen Seite ebenso wie des Bolschewismus und des Stalinismus [HOFMANN; VRANICKI] auf der anderen Seite, so ist damit doch nicht gesagt, dass jene älteren politischen Ideen historisch „überholt" oder gewissermaßen endgültig ad acta gelegt worden seien. Im Gegenteil: Es ist geradezu erstaunlich, in welch bedeutendem Maße nach den säkularen Katastrophen des 20. Jahrhunderts immer wieder auf bestimmte politische Ideen des 19. Jahrhunderts zurückgegriffen worden ist. Das gilt sowohl für einzelne konservative Gedanken als auch für bestimmte liberale Glaubenssätze, für die sozialen Ideen des politischen Katholizismus und der „christlichen Demokratie" ebenso wie für die Sozialreformgedanken der sozialdemokratischen Revisionisten.

Gerade hierin liegt vielleicht eine der interessantesten Lehren, die man aus der politischen Ideen- und Bewusstseinsgeschichte der vergangenen zweihundert Jahre ziehen kann: Dass keine politische Idee, die einmal gedacht worden ist, dem historisch-kulturellen Gedächtnis der Menschen verloren geht, dass sie zuweilen für lange Zeit verstummen und verschwinden, aber doch später immer wieder einmal auftauchen und unter völlig veränderten historischen Umständen zu neuer Bedeutung gelangen kann. Eben dieser Tatbestand macht für den Historiker nicht zuletzt den besonderen Reiz aus, der in seiner Beschäftigung mit diesem Gegenstand liegt.

Hans-Christof Kraus

Literatur

R. v. ALBERTINI, Freiheit und Demokratie in Frankreich. Die Diskussion von der Restauration bis zur Résistance, Freiburg/Br./München 1957.

E. ANGERMANN, Das „Auseinandertreten von Staat und Gesellschaft" im Denken des 18. Jahrhunderts, in: ZfP 10, 1963, 89–101.

H. ARENDT, Elemente und Ursprünge totaler Herrschaft [1951], München/Zürich 1986.

A. BAUERKÄMPER, Die „radikale Rechte" in Großbritannien. Nationalistische, antisemitische und faschistische Bewegungen vom späten 19. Jahrhundert bis 1945, Göttingen 1991.

S. BREUER, Ordnungen der Ungleichheit. Die deutsche Rechte im Widerstreit ihrer Ideen 1871–1945, Darmstadt 2001.

R. v. BRUCH (Hrsg.), Weder Kommunismus noch Kapitalismus. Bürgerliche Sozialreform in Deutschland vom Vormärz bis zur Ära Adenauer, München 1985.

H. DIEFENBACHER (Hrsg.), Anarchismus. Zur Geschichte und Idee der herrschaftsfreien Gesellschaft, Darmstadt 1996.

J.G. DROYSEN, Vorlesungen über die Freiheitskriege, Bde. 1–2, Kiel 1846.

I. FETSCHER/H. MÜNKLER (Hrsg.), Pipers Handbuch der politischen Ideen, Bde. 4–5, München/Zürich 1986/87.

L. GALL, Liberalismus und „bürgerliche Gesellschaft". Zu Charakter und Entwicklung der liberalen Bewegung in Deutschland, in: HZ 220, 1975, 324–356.

H. GOLLWITZER, Geschichte des weltpolitischen Denkens, Bde. 1–2, Göttingen 1972–1982.

B. HEIDENREICH (Hrsg.), Politische Theorien des 19. Jahrhunderts. Konservatismus – Liberalismus – Sozialismus, Berlin 2. Aufl. 2002.

W. HOFMANN, Ideengeschichte der sozialen Bewegung des 19. und 20. Jahrhunderts. Unter Mitwirkung v. W. ABENDROTH/I. FETSCHER, Berlin/New York 6. Aufl. 1979.

L. HÖLSCHER, Weltgericht oder Revolution. Protestantische und sozialistische Zukunftsvorstellungen im deutschen Kaiserreich, Stuttgart 1989.

H.W. KOCH, Der Sozialdarwinismus. Seine Genese und sein Einfluß auf das imperialistische Denken, München 1973.

P. KONDYLIS, Konservativismus. Geschichtlicher Gehalt und Untergang, Stuttgart 1986.

D. LANGEWIESCHE (Hrsg.), Liberalismus im 19. Jahrhundert. Deutschland im europäischen Vergleich, Göttingen 1988.

J. LEONHARD, Liberalismus. Zur historischen Semantik eines europäischen Deutungsmusters, München 2001.

K.-E. LÖNNE, Politischer Katholizismus im 19. und 20. Jahrhundert, Frankfurt/M. 1986.

H. MAIER, Revolution und Kirche. Studien zur Frühgeschichte der christlichen Demokratie 1789–1901, Freiburg/Br. 2. Aufl. 1965.

F. MEINECKE, Weltbürgertum und Nationalstaat [1908], hrsg. von H. HERZFELD, München 9. Aufl. 1969.

A. MEYER, Frühsozialismus. Theorien der sozialen Bewegung 1789–1848, Freiburg/Br./München 1977.

S. NEITZEL, Weltmacht oder Untergang. Die Weltreichslehre im Zeitalter des Imperialismus, Paderborn u.a. 2000.

E. NOLTE, Der Faschismus in seiner Epoche. Action française – Italienischer Faschismus – Nationalsozialismus, München/Zürich 5. Aufl. 1979.

R.R. PALMER, The Age of the Democratic Revolution. A Political History of Europe and America, 1760–1800, Bde. 1–2, Princeton 1959–1964.

U. PUSCHNER/W. SCHMITZ/J.H. ULBRICHT (Hrsg.), Handbuch zur „Völkischen Bewegung" 1871–1918, München u.a. 1996.

A. SCHILDT, Konservatismus in Deutschland. Von den Anfängen im 18. Jahrhundert bis zur Gegenwart, München 1998.

C. v. SCHRENCK-NOTZING (Hrsg.), Lexikon des Konservatismus, Graz/Stuttgart 1996.

J.J. SHEEHAN, Der deutsche Liberalismus. Von den Anfängen im 18. Jahrhundert bis zum Ersten Weltkrieg 1770–1914, München 1983.

Z. STERNHELL, La droite révolutionnaire 1885–1914. Les origines françaises du fascisme, Paris 2. Aufl. 1997.

A. DE TOCQUEVILLE, Über die Demokratie in Amerika [1835–1840], München 1976.

R. VIERHAUS, Art. „Konservativ, Konservatismus", in: O. BRUNNER/W. CONZE/R. KOSELLECK (Hrsg.), Geschichtliche Grundbegriffe. Historisches Lexikon zur politisch-sozialen Sprache in Deutschland, Bd. 3, Stuttgart 1982, 531–565.

P. VRANICKI, Geschichte des Marxismus, Bd. 1, Frankfurt/M. 1972.

M. WEBER, Die Webbs und G.B. Shaw, in: DERS. (Hrsg.), Der gebändigte Kapitalismus: Sozialisten und Konservative im Wohlfahrtsstaat, München 1974, 29–70.

J. WEISS, Conservatism in Europe 1770–1945. Traditionalism, Reaction and Counter-Revolution, London 1977.

P. WENDE, Radikalismus im Vormärz. Untersuchungen zur politischen Theorie der frühen deutschen Demokratie, Wiesbaden 1975.

Die Revolution der Wissenschaften

Zeittafel

1799	Alessandro Volta entdeckt das Prinzip der Elektrolyse.
1808	Joseph-Louis Gay-Lussac formuliert sein Gesetz über Gasvolumina.
1810	Gründung der Berliner Friedrich-Wilhelms-Universität.
1820	Michael Faraday, Hans Christian Ørsted, Pierre-François Arago und André Marie Ampère untersuchen das Verhältnis von Elektrizität und Magnetismus.
1827/28	Alexander von Humboldt hält seine *Kosmos*-Vorlesungen an der Singakademie in Berlin.
1830	Charles Lyells *Principles of Geology* zeigt, dass die Erde einige hundert Millionen Jahre alt sein muss.
1831	Robert Brown beschreibt den Zellkern.
1842	Julius Robert Mayer und James Prescott Joule formulieren das Prinzip der Energieerhaltung (1. Hauptsatz der Thermodynamik).
1850	Rudolf Clausius stellt den 2. Hauptsatz der Thermodynamik auf und prägt den Begriff „Entropie".
1859	Charles Darwin formuliert in seinem Werk *On the Origin of Species* das Prinzip der natürlichen Auslese und der Evolution neuer Arten.
1866	Zulassung von Frauen zum Medizinstudium an der Universität Zürich.
1869	Dmitirij Mendeleev stellt das Periodensystem der Elemente auf.
1875	Walter Flemming entdeckt die Chromosomen.
1878	Louis Pasteur veröffentlicht in seinem Werk *Les microbes* eine Theorie der Keime.
1887	Gründung der Physikalisch-Technischen Reichsanstalt.
1887	Heinrich Hertz erzeugt experimentell elektromagnetische Wellen.
1894	Zulassung von Frauen als Hörerinnen an preußischen Universitäten.
1895	Wilhelm Conrad Röntgen entdeckt die X-Strahlen.
1896	Henri Becquerel beobachtet die (natürliche) Radioaktivität des Urans.
1909	Gründung der Kaiser-Wilhelm-Gesellschaft.
1916	Albert Einstein formuliert seine Allgemeine Relativitätstheorie.
1919	Ernest Rutherford gelingt die erste künstliche Atomspaltung.

Revolutionen im „langen" 19. Jahrhundert. Wenn von der Revolution der Wissenschaften im „langen" 19. Jahrhundert die Rede ist, können zwei sehr unterschiedliche Zusammenhänge gemeint sein. Zum einen kam es in dieser Epoche zu einer solchen umwälzenden Neuordnung des wissenschaftlichen Weltbildes, wie sie von Thomas Kuhn als wesentliches Strukturmerkmal wissenschaftlicher Revolutionen bezeichnet wurde [KUHN]. Schon der Begriff der „Revolution" erhielt erst in dieser Zeit seinen modernen Sinn: War er bis dahin in einem zyklischen Weltbild verankert, so erfuhr er in der Umbruchszeit vom 18. zum 20. Jahrhundert jene Wendung zum linearen Fortschrittsdenken, die auch die modernen Wissenschaften nahmen. Der in der Aufklärung verwurzelte allgegenwärtige Glaube an „Fortschritt" und „Entwicklung" verband sich ab den 1830er Jahren mit einem neuen Realismus, der „Beobachtung" und „Experiment", also empirische Methoden in den Mittelpunkt stellte. Das darauf gegründete Ideal der „positiven" Wissenschaften war zugleich oftmals mit einer scharfen rhetorischen Abgrenzung von „Idealismus" und „Spekulation" verbunden.

▷ S. 165 Rückblick: Epochenbildung

Gegen Ende des 19. Jahrhunderts wurden jedoch jene Gewissheiten, auf denen sich das auf Empirismus und Positivismus gestützte wissenschaftliche Weltbild bis dahin gegründet hatte, erneut grundlegend erschüttert: Die Vorstellung von Fortschritt und Entwicklung geriet in Zweifel. Allerdings betraf diese Erschütterung verschiedene wissenschaftliche Disziplinen in unterschiedlicher Weise: So fand sich ein Nebeneinander von stetigem Fortschritt und radikalem Wandel „zwischen alten Wissenschaften, die revolutioniert wurden, und Wissenschaften, die an sich schon etwas Neues darstellten (…), zwischen wissenschaftlichen Theorien, die dazu bestimmt waren, zur Grundlage eines neuen Konsensus oder einer Orthodoxie zu werden, und anderen, die an den Rändern ihrer Disziplin bleiben sollten" [HOBSBAWM, 305f.].

Zum anderen zielt die Rede von der Revolution der Wissenschaften auf die Verknüpfung mit zwei anderen das „lange" 19. Jahrhundert prägenden Revolutionen: die politische und die industrielle Revolution, die am Anfang dieser Epoche standen. In dem Ensemble dieser drei Revolutionen spielten die modernen Wissenschaften – worunter im 19. Jahrhundert in der Regel allein die Naturwissenschaften verstanden wurden – eine Schlüsselrolle bei der Entfaltung der westlichen Moderne. Vor allem in Europa und in den USA erfuhren sie einen starken Aufschwung und wurden zu einem wesentlichen Träger des medizinischen und technischen „Fortschritts" sowie zu einer Hauptstütze bürgerlichen Selbstbewusstseins. Mehr noch: Im Zuge der kolonialen Expansion wurden sie auch zu einem zentralen Instrument der Erfassung und Beherrschung der außereuropäischen Welt.

▷ S. 20 f.
Durchbruch der bürgerlichen Gesellschaft

▷ S. 33
Industrialisierung und verlorene Welten

Im Ersten Weltkrieg schließlich wurden die Wissenschaften überdies zu einem Instrument der Zerstörung der „alten Welt": Die Verwissenschaftlichung des Krieges, die aus der für das 20. Jahrhundert charakteristischen Allianz von Wissenschaft, Industrie und Militär hervorging, erweiterte die militärische Zerstörungskraft weit über das bis dahin Vorstellbare hinaus. Zusammen mit dem im 19. Jahrhundert vorherrschenden Glauben an den wissenschaftlichen Fortschritt zerbrach auch der Glaube an den gesetzmäßigen Fortschritt der Menschheit. Zwar war auch dem wissenschaftsgläubigen

▷ S. 120 ff.
Totaler Krieg und Massenvernichtung

19. Jahrhundert bereits ein Gefühl dafür eigen gewesen, dass der „Fortschritt" über Leichen ging. Doch verschärfte der Erste Weltkrieg das Bewusstsein für die Rolle der modernen Wissenschaften im Hinblick auf die Ambivalenzen der Moderne.

▷ S. 269
„Moderne" und „Po derne"

▷ S. 165
Rückbli Epocher bildung

Auch die Wissenschaftsgeschichte selbst war zunächst ein Kind des 19. Jahrhunderts, und so trug sie lange das Wissenschaftsverständnis jener Zeit mit sich fort. Dazu gehört in erster Linie die Vorstellung von Wissenschaft als einem Prozess des kumulativen und prinzipiell unendlichen Wissenszuwachses. So wurde die Geschichte der Wissenschaften bis weit in das 20. Jahrhundert hinein bevorzugt als eine von männlichen, heroischen Akteuren getragene Fortschrittsgeschichte geschrieben.

An dieser Stelle kann kein vollständiger Überblick über die Entwicklung und Veränderungen der Wissenschaftsgeschichte in den vergangenen Jahrzehnten geliefert werden. Doch sei wenigstens darauf hingewiesen, dass sich ihr Interesse zuletzt zunehmend auf eine Kulturgeschichte der Wissenschaft verlagert hat: Wissenschaft „wird vergleichbar mit anderen Aktivitäten und Praktiken, mit anderen kulturellen Formationen und Diskursen" [HAGNER, 23; DASTON; SERRES]. Im Rahmen einer solchen Betrachtungsweise verlieren Begriffe wie „Objektivität", „Rationalität" und „Theorie" ihren einstigen Status als scheinbar unhintergehbare Bestimmungsgrößen von Wissenschaft und werden stattdessen zu historisierbaren kulturellen Artefakten. Über die Reichweite einer solchen Auffassung sind heftige Auseinandersetzungen entbrannt, die im so genannten „science war" kulminierten: Seit einigen Jahren kämpfen vor allem in den USA „zwei welt-

▷ S. 235
Geschich der Gese schaft/ „Neue Kulturgeschich

▷ S. 276
„Moderne"
„Postmo-
derne"

anschauliche Lager, nämlich ‚Moderne'
und ‚Postmoderne', für die Rettung bzw.
[...] die Abschaffung der (naturwissenschaftlichen) ‚Tatsachen'" [DANIEL, 361].

Ausweitung und Abgrenzung. Was also meint die Wissenschaftsgeschichte, wenn
sie von „Wissenschaft" spricht? Zunächst einmal begrenzt sie gewöhnlich ihren Gegenstand im Sinne des englischen Begriffes
„science", der lediglich die Naturwissenschaften umfasst. Die ihm zugrunde liegende
Unterteilung in Naturwissenschaften, Geis-
tes- bzw. Kulturwissenschaften sowie Sozialwissenschaften ist freilich selbst ein Produkt
des 19. Jahrhunderts. Die Differenzierung war
Folge der zu dieser Zeit getroffenen Abgrenzung von „Natur" und „Kultur" [OEXLE]. So
spaltete sich an deutschen Universitäten die
Naturwissenschaftliche Fakultät in den
1860er Jahren von der Philosophischen Fakultät ab, die bis dahin zusammen mit der Medizinischen, der Theologischen und der Juristischen Fakultät den klassischen disziplinären
Kanon gebildet hatte.

Versteht man Wissenschaft als institutionalisierte Form der Gewinnung von anerkann-
tem Wissen, so richtet sich das Interesse besonders auf die mit dem Status als Wissenschaft verbundenen Anerkennungskämpfe
und Abgrenzungsprozesse. Der Blick gilt damit den Grenzen zwischen dem, was als Wissenschaft anerkannt war, und dem, was diesen Anspruch nicht geltend machen konnte,
sowie den Grenzen zwischen einzelnen Disziplinen. Im 19. Jahrhundert kam es auf beiden
Ebenen zu dramatischen Veränderungen.

Zum einen bildete sich eine scharfe Trennung zwischen Geistes- und Naturwissenschaften aus, die gleichermaßen durch die
Wahl der Gegenstände wie durch die der

Methoden gerechtfertigt wurde. Ähnlich wie
in Frankreich, wo Auguste Comte (1798–1857)
den Siegeszug des Positivismus proklamierte,
nahm auch in Deutschland der Trennungspro-
zess zwischen Natur- und Geistes- bzw. Kulturwissenschaften eine besonders triumpha-
listische Form an: Behauptet wurde nichts weniger als ein „neues Zeitalter der Menschheit,
welches wir berechtigt sind, das naturwissenschaftliche Zeitalter zu nennen" – so Werner
von Siemens (1816–1892) im Jahr 1886.

Zum anderen kam es zu zahlreichen Auseinandersetzungen mit nicht-legitimen Formen der Wissenschaft bzw. des Wissens: Diese
äußerten sich erstens als zäher Kampf gegen
„Quacksalberei" und „Pseudo-Wissenschaft".
Beide Bezeichnungen drückten freilich bereits
die Abwertung der damit verbundenen Formen des Wissens durch die etablierten Wissenschaften aus. Eine zweite Front bildete die
Religion, gegen die meist unter der Fahne des
Kampfes der „Aufklärung" gegen den „Obs-
kurantismus" vorgegangen wurde. Der Berliner Physiologe Emil Du-Bois Reymond
(1818–1896) benannte in seiner berühmten
Ignorabimus-Rede zwar verschiedene „letzte"
Fragen, die für die Naturwissenschaft nicht zu
beantworten seien, darunter etwa die nach
dem Ursprung des Lebens. Doch war dies
weniger eine Demutsgeste, als vielmehr Ausdruck des gönnerhaften Selbstbewusstseins
jener Gruppe, die sich der Lösung der „Welträtsel" (Ernst Haeckel, 1834–1919) allen Schwierigkeiten zum Trotz am nächsten glaubte.

Solche Siegesgesänge gingen jedoch oftmals mit Klageliedern über den „Verlust der
Einheit der Wissenschaft" und die Folgen der
wissenschaftlichen Spezialisierung einher.
Letztere beendete endgültig die Ära des „Uni-
versalgenies" zugunsten des „Spezialisten".
Auch Alexander von Humboldt (1769–1859)

Detailskizze

Werner von Siemens (1816–1892) war ein Pionier der Elektrotechnik und führte die Ergebnisse seiner Forschungen vielfach in praktische Erfindungen über. Dazu gehört unter anderem auch die erste elektrische Eisenbahn der Welt, die 1881 in Berlin in Betrieb genommen wurde. 1886 sprach Siemens in Berlin auf der 59. Versammlung der Deutschen Naturforscher und Ärzte, dem repräsentativen Organ der deutschen Naturwissenschaftler. In seiner Rede verkündete er das neue, das **naturwissenschaftliche** Zeitalter:

„Die […] beschleunigt fortschreitende Entwicklung wird […], falls nicht der Mensch in seinem Wahn sie selbst zerstört, so lange fortdauern, als die Naturwissenschaft selbst zu höheren Erkenntnisstufen fortschreitet. Je tieferen Einblick wir aber in das geheimnisvolle Walten der Naturkräfte gewinnen, desto mehr überzeugen wir uns, daß wir erst im ersten Vorhof der Wissenschaft stehen, daß noch ein ganz unermeßliches Arbeitsfeld vor uns liegt, und daß es wenigstens sehr fraglich erscheint, ob die Menschheit jemals zur vollen Erkenntnis der Natur gelangen wird. […]

Die [..] sich progressiv steigernde Leichtigkeit der Gewinnung der materiellen Existenzmittel wird dem Menschen wegen der kürzeren Arbeitszeit, die er darauf zu verwenden hat, den nötigen Überschuß an Zeit zu seiner besseren geistigen Ausbildung und zu geistigen Lebensgenüssen gewähren; die mit der Erkenntnis der Wirkungen der Naturkräfte wachsende Erkenntnis der Bedingungen für das körperliche Wohlbefinden wird zur gesünderen Entwicklung der künftigen Menschengeschlechter an Körper und Geist führen; die immer vollkommener und leichter herzustellenden mechanischen Reproduktionen künstlerischer Schöpfungen werden diesen auch Eingang in die Hütten verschaffen und die das Leben verschönernden und die Gesittung hebende Kunst der ganzen Menschheit, anstatt wie bisher nur den bevorzugten Klassen derselben zugänglich zu machen!"

Quelle: W. v. SIEMENS, Das naturwissenschaftliche Zeitalter [1886], in: Von der Naturforschung zur Naturwissenschaft. Vorträge, gehalten auf Versammlungen der Gesellschaft Deutscher Naturforscher und Ärzte (1822-1958), hrsg. v. H. AUTRUM, Berlin u.a. 1987.

Literatur: W. FELDENKIRCHEN, Werner von Siemens. Erfinder und internationaler Unternehmer, München u.a. 1996, 143–155.

scheiterte konzeptionell am Versuch der „großen Synthese", selbst wenn dies dem großen Publikumserfolg seiner 1827/28 in Berlin gehaltenen *Kosmos*-Vorlesungen keinen Abbruch tat. Die zunehmende Spezialisierung gefährdete jedoch langfristig die kulturelle Autorität der Naturwissenschaft, die ein zumindest allgemeines Verständnis der „Gebildeten" für ihre Gegenstände voraussetzte.

Hintergrund dieser Entwicklung war das exponentielle Wachstum der wissenschaftlichen Produktion im 19. Jahrhundert. Einen Indikator dafür bieten die wissenschaftlichen Fachzeitschriften: 1750 gab es auf der ganzen Welt etwa zehn wissenschaftliche Fachzeitschriften. Seither hat sich die Zahl der Publikationen alle 50 Jahre verzehnfacht, so dass wir es um 1800 mit ca. 100, um 1850 mit ca. 1000 und 1900 mit ca. 10000 wissenschaftlichen Zeitschriften zu tun haben [PRICE]. Zu einem wichtigen Motor dieser quantitativen Entwicklung wurde vor allem der sich in der ersten Hälfte des 19. Jahrhunderts allgemein durchsetzende Forschungsimperativ. Dieser brachte das Gebot der Publikation neuer Forschungsergebnisse mit sich und trieb damit die Entstehung eines Marktes der wissenschaftlichen Publikationen voran. Ähnlich rasant wuchs auch die Zahl der Wissenschaftler. Dies ging einher mit dem starken Wachstum der Studentenzahlen im 19. Jahrhundert: In Deutschland beispielsweise bewegte sich die Zahl der Studenten in der ersten Hälfte des 19. Jahrhunderts meist um Werte von etwa 12000. Ab den 1860er Jahren stieg dieser Wert jedoch immer steiler an und erreichte am Vorabend des Ersten Weltkrieges etwa 60000 [JARAUSCH].

Die Expansion der Wissenschaften war mit einer starken Vermehrung wissenschaftlicher Teildisziplinen verbunden. Oftmals entstanden neue Disziplinen durch Teilung älterer Disziplinen, wie es insbesondere im Bereich der Medizin infolge zunehmender Spezialisierung der Fall war. Aber auch ganz neue Disziplinen wie die Eugenik oder die Genetik entstanden zu Beginn des 20. Jahrhunderts. Und während einigen alten Kandidaten wie etwa der Anthropologie schließlich der Aufstieg zur anerkannten akademischen Disziplin glückte, wurden etwa die Phrenologie, der Mesmerismus und andere okkulte Wissenschaften im Zuge von Abgrenzungsprozessen marginalisiert und zu Pseudo-Wissenschaften erklärt.

Räume der Wissenschaft. Wo hatte Wissenschaft ihren Ort? Mit Beginn des 19. Jahrhunderts endete die Vorherrschaft der universalwissenschaftlich ausgerichteten Akademien und wissenschaftlichen Gesellschaften, die nunmehr durch die moderne Universität und spezialisierte Forschungsinstitute abgelöst wurden. Dieser Prozess ging zunächst vor allem von Deutschland aus, wo als einflussreiches Modell mit großer internationaler Ausstrahlung die so genannte Humboldt-Universität entstand. Deren auf der Verbindung von Forschung und Lehre gestützter Prototyp wurde 1810 in Berlin gegründet. Auch international wandelten sich die Universitäten im 19. Jahrhundert nach deutschem Vorbild vermehrt zu Stätten, an denen nicht nur bereits bekanntes Wissen vermittelt, sondern auch neues Wissen gewonnen wurde. Doch spielten etwa in Frankreich und Großbritannien auch die Akademien weiterhin eine bedeutende Rolle als Orte wissenschaftlicher Forschung [FELT U.A.; SCHNÄDELBACH].

Ab der zweiten Hälfte des 19. Jahrhunderts wurden außeruniversitäre staatliche und industrielle Forschungsinstitute immer wichtiger, die sich vom Prinzip der Einheit von Forschung und Lehre verabschiedeten. Dafür stehen in Deutschland etwa die Gründung der Physikalisch-Technischen Reichsanstalt 1887, die unter anderem zum Modell für den Aufbau des National Physics Laboratory in England 1899, des National Bureau of Standards in Washington 1901 sowie auch eines entsprechenden japanischen Instituts für physikalische und chemische Forschung wurde. Nach dem Vorbild großer außeruniversitärer Forschungseinrichtungen, die seit dem Ende des 19. Jahrhunderts vor allem in den USA, in Großbritannien, Frankreich und Schweden entstanden, wurde 1909 wiederum in Deutschland die Kaiser-Wilhelm-Gesellschaft, die heutige Max-Planck-Gesellschaft, gegründet. Solche Forschungseinrichtungen markierten zugleich den langfristigen Trend von der „little science" zur „big science". Dieser kam freilich erst in den 1920er und 1930er Jahren in den USA zum vollen Durchbruch. Damals begannen einige amerikanische Universitäten zur Lösung von Großaufgaben strategische Partnerschaften mit der Industrie einzugehen. So ergibt sich die Neuartigkeit der sich seit dem späten 19. Jahrhundert entwickelnden „Großforschung" nicht allein aus den quantitativen Dimensionen, sondern vor allem aus dem sich dabei etablierenden engen Zusammenspiel von Wissenschaft, Wirtschaft und Staat [PRICE; RITTER].

Indem das Experiment zum Signum der modernen Naturwissenschaft aufstieg, wurde zugleich das Labor zu ihrem exemplarischen Ort – und im Zuge der „praxeologischen Wende" der Wissenschaftsgeschichte jüngst auch zu einem bevorzugten Untersuchungsgegenstand. Bis zum frühen 19. Jahrhundert war das Labor vielfach noch Privatbesitz eines Forschers, der Übergang zu handwerklichen

79

Das Bild zeigt den französischen Chemiker und Biologen **Louis Pasteur** (1822–1895) in seinem Labor dabei, wie er durch ein Mikroskop schaut. In der Mitte des Labortischs steht eine so genannte Schwanenhalsflasche. Diese war so eingerichtet, dass zwar die Umgebungsluft, nicht aber die darin enthaltenen Keime eindringen konnten. Auf diese Weise konnte er die Flasche unbegrenzt keimfrei halten und erst nach Zutritt keimhaltiger Umgebungsluft waren Mikroorganismen nachweisbar. Mit diesem Experiment konnte Pasteur zeigen, dass Mikroben von gleichartigen Elternorganismen abstammen und nicht spontan entstehen können. Damit gelang es ihm, seine Zeitgenossen davon zu überzeugen, dass Mikroorganismen stets Folge einer „Ansteckung" sind. Sein zunächst von ihm mit Bier und Wein erprobtes Verfahren, durch Erhitzung die nicht hitzebeständigen Bakterien abzutöten und somit die bakterielle Zersetzung von Lebensmitteln zu unterbinden, wurde später „Pasteurisierung" genannt. Seine Forschungen führten überdies zu dem Ergebnis, dass auch manche Krankheiten durch Bakterien hervorgerufen würden. Dabei konnte Pasteur nicht nur einige Krankheitserreger identifizieren, sondern mit der Entwicklung eines Impfstoffes gegen die Tollwut 1885 auch das Zeitalter der „aktiven Immunisierung" einläuten.

Bild: Pasteur in his laboratory, Zeichnung, The Graphik, 21. Nov. 1885, 561.

Literatur: Pasteur, Louis, in: W.U. ECKART/C. GRADMANN, Ärzte-Lexikon. Von der Antike bis zur Gegenwart, Berlin u.a. 2. Aufl. 2001, 277f.; B. LATOUR, The Pasteurization of France, Cambridge/Mass. 1993.

Traditionen war dabei oftmals fließend. Erst mit dem Einzug experimenteller Forschung in die Lehre, der oft erst seit den 1840er Jahren stattfand, wurden auch an den Universitäten vermehrt Labore eingerichtet. Mit dem erwähnten Bedeutungszuwachs außeruniversitärer Großforschungseinrichtungen ging dabei nicht nur eine Vergrößerung der Laboratorien, sondern auch eine qualitative Veränderung der Forschungsprozesse innerhalb dieser einher: Forschung wurde immer mehr zu einem arbeitsteilig ausdifferenzierten Prozess, während zugleich ihre Abhängigkeit von extern bereitgestellten Forschungsressourcen stieg [FELT U.A.].

Wissenschaft im 19. Jahrhundert fand jedoch nicht nur in Akademien und Universitäten, in Instituten und Laboratorien statt, sondern auch auf Tagungen, Exkursionen, Versammlungen und in Vereinen sowie in Museen, in zoologischen und botanischen Gärten und gelegentlich etwa auch in volkstümlichen Panoptiken. So gehörte zur Wissenschaft nicht nur das Forschen, sondern in vielen Fällen zunächst einmal das Sammeln und das Versammeln. Vor allem im Rahmen solcher Institutionen gewann Wissenschaft ihren für dieses Säkulum charakteristischen „bürgerlichen" Charakter. Dabei besaßen diese Orte ein unterschiedlich hohes Maß an Exklusivität – teils waren nur anerkannte Wissenschaftler zugelassen, teils vermengten sich Wissenschaftler mit Nicht-Wissenschaftlern.

Zwischen Berufung und Beruf. Wer also betrieb Wissenschaft? Im 18. Jahrhundert war Wissenschaft vielfach noch Angelegenheit wohlhabender Privatleute – Adeliger wie Bürger –, aber auch einer Reihe von Handwerkern gewesen, die gewissermaßen nur nebenbei wissenschaftliche Forschung betrieben. Im 19. Jahrhundert änderte sich das Bild in Europa und den USA allmählich: Wissenschaftliche Forschung begann zu einer regulären, akademischen Tätigkeit zu werden, die in erster Linie von Universitätsprofessoren oder sonstigen Staatsbediensteten, aber auch von Industrieleuten betrieben wurde. 1833 prägte William Whewell (1794–1866) den Begriff „scientist", der ein gemeinsames Selbstverständnis der Erforscher der materiellen Welt zum Ausdruck brachte. Ihr wachsendes Selbstbewusstsein demonstrierten die Naturwissenschaftler aber auch mit der Gründung nationaler wissenschaftlicher Gesellschaften, so etwa in der Schweiz (1815), in Deutschland (1822), in Großbritannien (1831), in Italien (1839) oder in den Vereinigten Staaten (1848) [MORELL].

Forschung konnte im 19. Jahrhundert an den Universitäten auch „gelernt" werden, da diese zunehmend auf jenem neuen Selbstverständnis der Einheit von Forschung und Lehre gründeten. Durch Professionalisierung und Akademisierung wurde Wissenschaft so zu einem „Beruf", dem zugleich ein spezifisches Berufsethos entsprach. Diese Entwicklung zeigte auch erhebliche Auswirkungen auf das Verhältnis zwischen professionellen Wissenschaftlern, wissenschaftlichen Amateuren und Laien. Gerade in der Entstehungsphase neuer Disziplinen war die Trennung zwischen diesen Gruppen noch nicht streng vollzogen, und oftmals spielten Amateure eine wichtige Rolle für die Etablierung einer neuen Wissenschaft. Doch war mit der Abschließung und Professionalisierung einer neuen Disziplin meist auch der Ausschluss der bis dahin partizipierenden Amateure verbunden. Da es insgesamt aufgrund der zunehmenden Spezialisierung der Wissenschaft im 19. Jahrhundert für Laien immer schwieriger wurde, an der aktuellen Entwicklung der Forschung teilzu-haben, entstand eine neue Zwischenschicht, deren Aufgabe die Vermittlung der Forschung war [DAUM]. Die Wissenschaftspopularisie-rung trug zudem in erheblichem Maße dazu bei, dass Wissenschaft zu einem konstituie-renden Bestandteil von Bürgerlichkeit im 19. Jahrhundert wurde.

Ebenso wie wissenschaftliche Laien und Amateure zunehmend ausgrenzt wurden, so verschloss sich die Wissenschaft mehr und mehr auch den Frauen. In der Frühphase der modernen Wissenschaft im 17. und 18. Jahr-hundert, in der diese oft noch „handwerklich" organisiert gewesen war, hatten zumindest vereinzelt wissenschaftliche Betätigungsmög-lichkeiten für Frauen bestanden: Frauen oder Töchter wissenschaftlich experimentierender Handwerker oder Laborwissenschaftler ar-beiteten gelegentlich mit ihren Verwandten zusammen und führten die wissenschaft-lichen Arbeiten sogar manchmal nach deren Tod selbstständig fort. Der Zugang zu Akade-mien und Universitäten blieb ihnen jedoch verwehrt und damit auch die Möglichkeit zu einem geregelten Wissenszugang oder gar zu einer Bezahlung für ihre Tätigkeit. Mit der stärkeren Formalisierung des Universitätszu-gangs seit Beginn des 19. Jahrhunderts wur-den die Hürden weiter erhöht. Dazu trug auch bei, dass die männliche Exklusivität wissen-schaftlicher Gesellschaften teilweise ver-schärft wurde. Und schließlich wurden Frauen auch aus Wissensbereichen vertrieben, die lange Zeit eine weibliche Domäne darge-stellt hatten, wie etwa Geburten: Mitte des 19. Jahrhunderts war der Prozess der Verwissen-schaftlichung der Schwangerschaft und der Geburt abgeschlossen, womit zugleich der Ausschluss von Frauen aus der neuen Diszi-plin Geburtshilfe verbunden war.

Hinzu kam, dass die Durchsetzung eines stark polarisierten Geschlechtermodells in der bürgerlichen Welt Frauen immer mehr zu Objekten, statt zu Subjekten der Wissenschaft machte. Dabei teilten sie sich diesen Platz oft-mals mit Angehörigen der europäischen Un-terschichten sowie indigenen Völkern der von Europa eroberten Welt. So setzte ein Prozess des Unsichtbarmachens von Frauen in der Wissenschaft ein, der noch bis weit ins 20. Jahrhundert hinein ausstrahlte [FELT U.A.]. In dieser polarisierten Geschlechterordnung spielten Frauen in der Wissenschaft in der Regel nur noch eine Rolle als subjektiver Pol gegenüber den der „Objektivierung" unter-worfenen männlichen Wissenschaftlern: Während sich Männer in der Öffentlichkeit der Wissenschaft bewährten, kümmerten sich ihre Frauen als „treue Helferinnen" um deren Privatleben. Als alternative Rolle zur Hausfrau blieb ihnen allenfalls, einen „Salon" zu pflegen, der eine gewisse intel-lektuelle Beteiligung von Frauen zuließ.

▷ S. 26
Durchbru[..]
der bürge[..]
lichen
Gesellsch[..]

Auch vom Universitätsstudium waren Frauen im 19. Jahrhundert generell ausge-schlossen, erst am Ende des Jahrhunderts änderte sich das Bild allmählich. Eine Vorrei-terrolle spielte die Universität in Zürich, wo seit 1866 erstmals auch Studentinnen zum Me-dizinstudium zugelassen wurden. Deshalb mussten Frauen lange Zeit nach Frankreich oder in die Schweiz ausweichen, bevor ihnen auch in anderen Ländern schrittweise die Hochschulen geöffnet wurden. So erfolgte in Preußen erst 1894 die Zulassung von Frauen als Hörer und 1908 zum regulären Studium. 1914 studierten in Deutschland schließlich 4 056 Studentinnen, d. h. 6,7 % der Gesamtzahl der Studierenden [JARAUSCH].

Die österreichische Physikerin **Lise Meitner** (1878–1968) kam 1907 nach Berlin, wo sie sich in Radio-
physik fortbildete. Dort begann sie ihre Zusammenarbeit mit dem Chemiker **Otto Hahn** (1879–1968).
Gemeinsam unternahmen sie eine Anzahl entscheidender Experimente auf dem Gebiet der Radio-
aktivität. 1918 entdeckten Meitner und Hahn gemeinsam das Element Nr. 91 (Protactinium), das den
Schlüssel zur Klärung der Zerfallserscheinungen radioaktiver Elemente darstellt.

Meitner erhielt 1912 als erste Frau eine Stelle als Universitätsassistentin bei Max Planck in Berlin.
Nachdem sie 1918 die Leitung der radiophysikalischen Abteilung am Kaiser-Wilhelm-Institut übernommen hatte, konnte sie erst in der Weimarer Republik habilitieren, da Frauen zuvor nicht zu einer
Hochschullehrerlaufbahn zugelassen waren. 1922 erreichte sie als erste Frau ihre Habilitation in Physik.
1926 wurde sie außerordentliche Professorin in Berlin, doch entzogen ihr die Nationalsozialisten 1933
die Lehrerlaubnis. Als Betroffene der Nürnberger Rassegesetze emigrierte sie 1938 nach Schweden,
wo sie eine bescheidene Stelle am Nobel-Institut für Physik erlangte. Hahn, der 1910 Professor für
Chemie in Berlin war, amtierte dagegen von 1928 bis 1945 als Direktor des Kaiser-Wilhelm-Instituts und
von 1948 bis 1960 als Präsident der Nachfolgerorganisation, der Max-Planck-Gesellschaft zur Förderung
der Wissenschaften.

Bild: Lise Meitner und Otto Hahn in der „Holzwerkstatt" im chemischen Institut der Berliner Universität,
Fotografie 1909, aus: O. Hahn, Mein Leben, München 1968, o.S.

Literatur: W. Stolz, Otto Hahn, Lise Meitner, Leipzig 2. Aufl. 1989.

„Wissen ist Macht." Im 19. Jahrhundert stieg Wissenschaft als Grundlagenforschung wie als Technologie selbst zu einer Produktivkraft auf und prägte auf diese Weise entscheidend das Gesicht der entstehenden modernen Welt. „Die sozialen und kulturellen Auswirkungen dieses Vorgangs kann man als Verwissenschaftlichung der Lebenswelt bezeichnen." [SCHNÄDELBACH, 90] Wissenschaftliche Handlungs- und Orientierungsmuster ersetzten dabei zunehmend vorindustrielle lebensweltliche Traditionen [SCHNÄDELBACH]. So ermöglichte es die Chemie, das bis dahin als unumstößlich geltende „Malthus'sche Gesetz" zu brechen, wonach sich die Menschen schneller vermehrten als zusätzlicher Boden fruchtbar gemacht werden konnte. Der Chemiker Justus von Liebig (1803–1873) suchte einen Ausweg durch künstliche Düngung. Diese setzte sich seit Ende des 19. Jahrhunderts zunehmend durch, ermöglichte damit eine erhebliche Steigerung der Anbauerträge und begünstigte auch die Abwanderung der Bevölkerung vom agrarisch bestimmten Land in die industriell geprägten Städte. Auch dort durchdrang Wissenschaft zunehmend den öffentlichen Raum, wie etwa die seit der zweiten Jahrhunderthälfte betriebene „Sanierung" der europäischen Großstädte mit Hilfe wissenschaftlich fundierter Infrastruktur wie Kanalisation, Elektrizität, moderner Verkehrstechnik usw. zeigt. Wissenschaft rückte aber auch immer mehr in die private Sphäre vor. Dies belegen Veränderungen im Bereich der Hygiene und der Kindererziehung ebenso wie die Sigmund Freud zu verdankende „Entdeckung des Unterbewusstseins" am Ende des Jahrhunderts.

Neben den dramatischen Veränderungen der materiellen Umwelt wurde Wissenschaft außerdem zu einem wichtigen Faktor der

Der **Elektrizitätspalast** bildete den Höhepunkt der **Weltausstellung in Paris 1900**, die von 50 Millionen Zuschauern besucht wurde. Das im Zuckerbäckerstil errichtete Gebäude besaß eine Länge von 420 Metern und wurde von innen und außen mit 5 000 blauen und grünen Glühlampen und 12 Bogenlampen beleuchtet, die besonders nachts einen überwältigenden Anblick boten. Auf der Spitze des Gebäudes prangte ein vielzackiger Stern aus Licht mit einer allegorischen Frauenfigur, der „Fee des Lichts". Im Inneren befanden sich Galerien, auf denen die hervorragenden Leistungen der modernen Elektrotechnik ausgestellt waren und von denen aus man einen Überblick über ein Maschinenhaus, die damals größte elektrische Zentralstation der Welt, besaß. Der Elektrizitätspalast verwandelte so ein

unsichtbares Medium – Elektrizität – in ein sichtbares Medium – Licht – und stellte es durch assoziative Bezüge der Urgewalt des Wassers gleich. Zugleich ästhetisierte er die Bändigung dieser Gewalt und wurde damit zu einer eindrucksvollen Apotheose des wissenschaftlichen und technischen Fortschritts am Fin de Siècle.

Bild: Paris, Weltausstellung 1900, Der Elektrizitätspalast. Farbholzstich, zeitgenössisch, nach Zeichnung von Ewald Thiel, in akg-images Berlin.

Literatur: W. SCHIVELBUSCH, Licht, Schein und Wahn. Auftritte der elektrischen Beleuchtung im 20. Jahrhundert, Berlin 1992; E. FUCHS (Hrsg.), Weltausstellungen im 19. Jahrhundert, Leipzig 2000.

Weltanschauung. Nicht nur, dass „Wissenschaftlichkeit" an sich zu einem wichtigen Wert wurde, vielmehr beeinflussten wissenschaftliche „Lehren" auch in vielerlei Weise die Auffassungen der Zeitgenossen. Als vermutlich wirkungsmächtigste wissenschaftliche Theorie des 19. Jahrhunderts erwies sich dabei der Darwinismus. Ausgehend von den Thesen des englischen Naturforschers Charles Darwin (1809–1882) über die natürliche Selektion der Arten entstand mit Hilfe von Wissenschaftspopularisierern wie Thomas H. Huxley (1825–1895) in England oder Ernst Haeckel (1834–1919) in Deutschland ein wirkungsmächtiges Konzept, das die Auffassungen der Zeitgenossen im 19. Jahrhundert über Herkunft, Weg und Ziel der Menschheit entscheidend beeinflusste. So handelte es sich beim Darwinismus genaugenommen um das Produkt eines Vermittlungsprozesses, das in verschiedenen Ländern unterschiedliche Ausprägungen annahm und dabei die ursprünglichen Thesen Darwins teilweise erheblich radikalisierte.

Wissenschaft und Technologie veränderten mithin im „langen" 19. Jahrhundert nicht nur die materielle Gestalt der Welt, sondern wurden zugleich zur Grundlage einer mächtigen Weltanschauung, die als globaler Szientismus auftrat, d. h. als quasi-natürlicher Glaube „an die Allmacht und an die normative Form der Wissenschaft in ihrer modernen Form" [SCHNÄDELBACH]. So erwies sich Wissenschaft nicht allein als ein Motor der „neuzeitlichen Rationalisierung" (Max Weber) und Säkularisierung , sondern wurde oftmals selbst zu einer Art von Religion. Freilich ist der Gegensatz zwischen Wissenschaft und Religion kein natürlicher. Vielmehr ist dieser selbst bereits Teil einer im 19. Jahrhundert entstandenen Deutung, die auf die heraus-

▷ S. 167
Rückblick:
Epochen-
bildung

85

Charles Darwin (1809–1882) studierte Medizin und Theologie in Edinburgh und Cambridge. Nach seinem Examen trat er 1831 eine fünfjährige Weltreise auf dem Forschungsschiff „Beagle" an. Nach seiner Rückkehr nach England begann Darwin, seine auf dieser Reise gewonnenen Beobachtungen über die Wandelbarkeit der Arten und die natürliche Auslese auszuarbeiten. 1859 formulierte er in seinem Hauptwerk *On the Origin of Species* eine Theorie der Evolution durch natürliche Selektion, die er Zeit seines Lebens weiter ausarbeitete. Die dadurch ausgelöste Diskussion wurde aber vor allem durch die Adaption seiner Theorie durch selbsternannte Darwinisten bestimmt. In England war dies vor allem Thomas Henry Huxley (1825–1895), der sich selbst den Beinamen „Darwins Bulldogge" beilegte und auch den Begriff „Darwinismus" prägte. Er führte in diese Theorie unter anderem eine zielgerichtete Evolution, die von „niederen" zu „höheren" Entwicklungsstufen führte, und zudem auch die Frage nach der Abstammung des Menschen ein. Damit wurde es schließlich auch möglich, den „Darwinismus" als Rechtfertigungsideologie für Rassismus und Kolonialismus zu verwenden.

Bild: Karl Bauer, Die wichtigsten Denker der Evolution aus Haeckels Sicht in Idealbildnissen: Charles Darwin, Jena 1909.

Literatur: B.-M. Baumunk/J. Riess (Hrsg.), Darwin und der Darwinismus. Eine Ausstellung zur Kultur- und Naturgeschichte, Berlin 1994.

Ernst Haeckel (1834–1919) begann nach seinem Medizinstudium in Süditalien mit Forschungen zur Meeresfauna und begründete damit seine Laufbahn als Biologe. Seit 1862 Professor in Jena, traf er 1866 in England mit Charles Darwin zusammen, dessen Evolutionstheorie ihn stark beeinflusste. Er wurde zu einem Hauptverfechter der Thesen Darwins in Deutschland, wobei er diesen allerdings eine teleologische Färbung verlieh und sie unmittelbar auf die menschliche Gesellschaft übertrug. Aus einem eng begrenzten biologischen Erklärungsmodell wurde so eine neue kosmologische Weltordnung. Haeckel gab seiner um die Evolution und die modernen Naturwissenschaften bereicherten neuen Naturphilosophie die Bezeichnung „Monismus". Er bestritt nicht nur die Trennung von Geist und Materie, sondern bezog auch den Menschen in den evolutionären Entwicklungsgang ein und behauptete dessen Abstammung von affenähnlichen Primaten. In seinem 1899 veröffentlichten Buch *Die Welträtsel* propagierte er seinen plakativen Materialismus mit großer Breitenwirkung als naturwissenschaftliche Weltanschauung und griff dabei offen kirchliche Dogmen an.

Bild: Karl Bauer, Die wichtigsten Denker der Evolution aus Haeckels Sicht in Idealbildnissen: Ernst Haeckel, Jena 1909.

Literatur: Haeckel, Ernst Heinrich Philipp August, in: W.U. Eckart/C. Gradmann, Ärzte-Lexikon. Von der Antike bis zur Gegenwart, Berlin u.a. 2. Aufl. 2001, 167f.; A. Kelly, The Descent of Darwin. The Popularization of Darwinism in Germany, Chapell Hill 1981.

ragende Rolle der Naturwissenschaft sowohl für die praktische Gestaltung der Welt, als auch für deren Interpretation abzielte. Wie ein Leitmotiv durchzieht so die Festreden von Naturwissenschaftlern die Behauptung „Wissen ist Macht", die der englische Naturforscher Francis Bacon (1561–1626) im 17. Jahrhundert aufgestellt hatte. Darin verschmolzen materielle und kulturelle Bedeutung der Naturwissenschaft zu einem Anspruch, der im 19. Jahrhundert seinen Höhepunkt erreichte.

Wissenschaft wurde dabei in zunehmendem Maße auch zu einem Element der nationalen Konkurrenz, die schließlich im Ersten Weltkrieg kulminierte. Hatte so am Anfang des „langen" 19. Jahrhunderts im Rahmen der napoleonischen Kriege und der nachfolgenden „Befreiungskriege" die Mobilisierung der Wissenschaft zur Entfesselung der Produktivkräfte geführt, so schloss die Epoche mit der totalen Mobilmachung der Wissenschaft, die ihrerseits den Krieg revolutionierte: Luftkrieg, Gaskrieg und U-Boot-Krieg wurden zu Chiffren der Verwissenschaftlichung des Krieges, welche die vorangegangenen Erwartungen einer Humanisierung des Schlachtfeldes durch die Segnungen der Wissenschaft Lügen strafte.

Constantin Goschler

S. 104 ff.
Industrielle
Massengesellschaft

S. 120 ff.
der Krieg
Massenvernichtung

Literatur

U. DANIEL, Kompendium Kulturgeschichte. Theorien, Praxis, Schlüsselwörter, Frankfurt/M. 2001.

L. DASTON, Wunder, Beweise und Tatsachen. Zur Geschichte der Rationalität, Frankfurt/M. 2001.

Ein wichtiges Medium der **Popularisierung des Darwinismus** waren Karikaturen. Ein beliebtes Motiv bildete insbesondere das von Thomas Henry Huxley eingeführte „Missing link", d.h. hypothetische Zwischenschritte zwischen den Großgruppen einer Typenreihe, etwa zwischen Reptil und Säuger. Diese wurden im 19. Jahrhundert Brennpunkte der Auseinandersetzung um die Entwicklung und den „Fortschritt" der Menschheit. Bevorzugt wurden deshalb auch Missing links zwischen Menschen und Affen thematisiert, die ein besonders suggestives Motiv darstellten. Auch in Panoptiken und populären Ausstellungen wurden menschliche Anomalien gerne als solche Missing links präsentiert. Doch diskutierten auch Anthropologen und Paläanthropologen über die mögliche Existenz solcher Übergangsformen. Hierher gehört etwa die Auseinandersetzung um den 1856 von Hermann Schaaffhausen entdeckten Neanderthaler oder den in den 1890ern von Eugene Dubois präsentierten so genannten Java-Menschen. Während ihre Entdecker diese Funde als Missing links zwischen Affen und Menschen präsentierten, bestritten jedoch andere Fachkollegen, wie etwa Rudolf Virchow (1821–1902), diese Deutung.

Bild: „A little Lecture by Professor D-n on the Development of the Horse", Fun, 22. Juli 1871.

Literatur: B.-M. BAUMUNK/J. RIESS (Hrsg.), Darwin und Darwinismus. Eine Ausstellung zur Kultur- und Naturgeschichte. Deutsches Hygiene-Museum Dresden, Berlin 1994.

THE ORIGIN OF SPECIES DEDICATED BY NATURAL SELECTION TO DR. CHARLES DARWIN

87

A. DAUM, Wissenschaftspopularisierung im
19. Jahrhundert. Bürgerliche Kultur, naturwissenschaftliche Bildung und die deutsche
Öffentlichkeit 1848–1914, München 2. ergänzte Aufl. 2002.

U. FELT/H. NOWOTNY/K. TASCHWER, Wissen-
schaftsforschung. Eine Einführung, Frank-
furt/M. u. New York 1995.

M. HAGNER, Ansichten der Wissenschaftsgeschichte, Frankfurt/M. 2001.

A. TE HEESEN/E. C. SPARY (Hrsg.), Sammeln
als Wissen. Das Sammeln und seine wissenschaftsgeschichtliche Bedeutung, Göttingen
2001.

E. J. HOBSBAWM, Das imperiale Zeitalter
1875–1914, Frankfurt/M. 1989 [engl. 1987].

K. JARAUSCH, Deutsche Studenten, 1800–1970,
Frankfurt/M. 1984.

T. S. KUHN, Die Struktur wissenschaftlicher
Revolutionen, Frankfurt/M. 2., revid. u. um
das Postscriptum von 1969 ergänzte Aufl.
1976.

J. B. MORELL, Professionalisation, in: R. C.
OLBY u.a. (Hrsg.), Companion to the History
of Modern Science, London/New York 1990,
980–989.

O. G. OEXLE (Hrsg.), Naturwissenschaft, Geisteswissenschaft, Kulturwissenschaft: Einheit
– Gegensatz – Komplementarität, Göttingen
1998.

D. J. DE S. PRICE, Little Science, Big Science.
Von der Studierstube zur Großforschung,
Frankfurt/M. 1974 [engl. 1963].

G. A. RITTER, Großforschung und Staat in
Deutschland. Ein historischer Überblick,
München 1992.

H. SCHNÄDELBACH, Philosophie in Deutschland, 1831–1931, Frankfurt/M. 5. Aufl. 1994.

M. SERRES (Hrsg.), Elemente einer Geschichte
der Wissenschaften, Frankfurt/M. 2. Aufl.
2002 [franz. 1997].

Lebenswelten in der Moderne

Gesellschaftlicher Strukturwandel.

Das 20. Jahrhundert ist durch einen raschen und grundlegenden Wandel gekennzeichnet, der die Gesellschaften Deutschlands und Europas nachhaltig veränderte. Politische Revolutionen, der Übergang vom Kaiserreich zur Republik, die Machtergreifung und das diktatorische Regime der Nationalsozialisten, zwei zerstörerische Welkriege, mehrere Wirtschaftskrisen, schließlich der Wiederaufbau der zerstörten Städte und der über Jahrzehnte anhaltende Wirtschaftsaufschwung seit Mitte der 1950er Jahre stehen in Deutschland für die politischen und wirtschaftlich-strukturellen Umbrüche. Sie bilden die Folie, den Hintergrund, für den Wandel auf der Mikro-Ebene, wie ihn Männer und Frauen im Beruf und in der Familie erlebt haben. Der folgende Abschnitt beleuchtet diesen gesellschaftlichen Strukturwandel anhand von vier Topoi.

Beruf.

Der Beruf bestimmt mehr noch als die Höhe des Einkommens die soziale Stellung der Familien in den Schichten- und Klassengesellschaften europäischer Staaten des 20. Jahrhunderts [HRADIL]. Die Verteilung der Erwerbspersonen auf die einzelnen Wirtschaftsbereiche verschob sich in einschneidender Weise, wobei die Veränderungen in Nord- und Westeuropa einem ähnlichen Muster folgten. Die Zahl kleiner und mittelgroßer bäuerlicher Anwesen nimmt dramatisch ab: Noch zu Beginn des Jahrhunderts waren etwa 40 % der Erwerbstätigen in Frankreich und Deutschland in der Landwirtschaft beschäftigt; um 1980 waren es nur mehr 8 bzw. 4 % [KAELBLE 1987], ein Anteil, den Großbritannien als einziger europäischer Staat aufgrund seines frühen Übergangs zur Industriegesellschaft schon um 1900 erreicht hatte. Entsprechend nahmen

▷ S. 152/157
Konsumgesellschaft, Sozialstaat, „Wertewandel"

▷ S. 35 f.
Industrialisierung und verlorene Welten

89

die Beschäftigtenzahlen in der Industrie und im tertiären Sektor zu; nach 1960 hatte der Dienstleistungssektor die Industrie eingeholt und stellte seitdem, gemessen an den Beschäftigtenzahlen, den größten Einkommensbereich der Europäer im 20. Jahrhundert dar [AMBROSIUS/HUBBARD].

Dieser strukturelle Wandel zog eine erhebliche Veränderung der Lebenswelten nach sich. Die sich in der Phase der Industrialisierung im 19. Jahrhundert vollziehende Trennung von Beruf und Arbeitsplatz wurde im 20. Jahrhundert zur Norm. Die Migration in die städtischen und industriellen Ballungsgebiete ließ große strukturschwache Regionen entstehen – in England und Frankreich mehr als im föderalen Deutschland. Auch die Abhängigkeit von den Konjunkturen, die dem sekundären und tertiären Sektor stärker als dem primären anhaftet, nahm damit zu. Mit zwei Weltkriegen, den problematischen Nachkriegswirtschaften um 1919/20 und 1945/47 und einer Weltwirtschaftskrise 1929/32 erlebten etliche Generationen ihr Berufsleben als Aneinanderreihung von krisenhaften Erscheinungen. Die europäischen Staaten versuchten dem mit zunehmendem Ausbau ihrer sozialen Sicherungssysteme entgegenzuwirken, konnten aber vor allem das Phänomen der Massenarbeitslosigkeit kaum wirksam eindämmen [EVANS/GEARY]. In Großbritannien folgte auf die Arbeitslosigkeit nach dem Ersten Weltkrieg („the slump") 1925/26 ein Generalstreik, der die Fronten der Klassengesellschaft noch mehr verhärtete. In Deutschland hinterließ die Inflation 1922/23 große Teile der Mittelschichten völlig verarmt, da deren Ersparnisse, zurückgelegt für das Alter und die Ausbildung der Söhne, vernichtet worden waren

▷ S. 33 ff.
Industrialisierung und verlorene Welten

▷ S. 153 f.
Konsumgesellschaft, Sozialstaat, „Wertewandel"

[HOLTFRERICH]. Die Weltwirtschaftskrise nur wenige Jahre später traf mit ihrer Massenarbeitslosigkeit nicht nur die Arbeiterschichten, sondern erneut diese Mittelschicht der Angestellten und Selbstständigen. Verarmt oder vom sozialen Abstieg unmittelbar bedroht und vom politischen System der Weimarer Republik enttäuscht, bildeten diese Schichten den Nährboden für den Erfolg der Nationalsozialisten. Abgesicherte Berufe, wie vor allem in Deutschland der des Beamten, gewannen gleichzeitig noch mehr Ansehen.

▷ S. 113
Industrie
Massengesellsch

Gesellschaftlicher Aufstieg erfolgte zumeist durch die Ausbildung der Söhne, die einmal „etwas Besseres" werden sollten, was die Schichtenstruktur der Gesellschaft nunmehr zuließ; aber auch der schulischen Ausbildung der Mädchen widmeten die Eltern zunehmend Aufmerksamkeit. Seit Beginn des 20. Jahrhunderts wurden Frauen in den meisten europäischen Ländern zum Studium an den Universitäten zugelassen. Als Ärztinnen und Juristinnen, als Gymnasiallehrerinnen und in Angestellten- und Beamtenpositionen erreichten sie in der Zwischenkriegszeit bisweilen erfolgreiche Stellungen [HUERKAMP]. Während diese emanzipativen Bestrebungen vor allem in Großbritannien und Frankreich vorankamen [BOCK 2000], erfuhr die weibliche außerhäusliche Berufstätigkeit in Deutschland durch die Machtübernahme der Nationalsozialisten jähe Einbrüche. Staatliche prohibitive wie fördernde Maßnahmen versuchten, Frauen in ihrer Mutterrolle zu bestärken und sie von den Arbeitsplätzen fernzuhalten. Der „Beruf Mutter" sollte fortan der einzig denkbare für jede Frau sein [CZARNOWSKI].

Noch während des Zweiten Weltkrieges und vor allem in der unmittelbaren Nachkriegszeit füllten Frauen jedoch die beruf-

Krise und Ambivalenz der Moderne
Lebenswelten in der
Moderne

lichen Positionen der abwesenden Männer weitgehend aus und ernährten vor allem in den Notjahren nach 1945 oftmals ihre Familien ohne Hilfe eines männlichen Hauptverdieners. Dies stärkte zunächst ihre Rolle in der deutschen Nachkriegsgesellschaft [RUHL]. Mit der Rückkehr der Männer aus dem Krieg verloren sie ihre Arbeitsplätze und ihre Funktionen als Haushaltsvorstände. Die heimkehrenden Männer versuchten in jenen Jahren beruflich das aufzuholen, was sie in den langen Kriegsjahren versäumt hatten: ihre Lehre, ihr Studium, ihren Berufseinstieg. Die durcheinandergerüttelte deutsche Nachkriegsgesellschaft musste in vielerlei Hinsicht von vorne beginnen. Millionen Flüchtlinge und Vertriebene begannen sich Berufe und Existenzen außerhalb ihres angestammten bäuerlichen Milieus aufzubauen und trugen durch diese Bereitschaft zum beruflichen Wechsel und durch die Energie, die sie vor allem für die Ausbildung ihrer Kinder aufwandten, erheblich zur Modernisierung und zum Aufschwung der westdeutschen Nachkriegsgesellschaft bei [BADE].

In den 1950er Jahren setzte in Westdeutschland, schwächer in Frankreich und England, ein wirtschaftlicher Aufstieg ein, bedingt durch die gelungene Währungsreform 1948, eine Anschubfinanzierung durch den Marshallplan der USA und durch die vergleichsweise noch intakte Industriestruktur [ABELSHAUSER]. In Frankreich sorgte vor allem das Steuersystem für ein weiterhin ungleiches Wachstum der Löhne und Gehälter zwischen 1956 und 1964, so dass die Klassenunterschiede zwischen Facharbeitern, Angestellten und dem einflussreichen Großbürgertum noch zunahmen [LOTH].

In der ostdeutschen Besatzungszone und späteren DDR hatte der Staat nicht primär mit Zuwanderung zu kämpfen, sondern mit Ab-

Forschungsstimme

In ihrer Dissertation *Teilzeitarbeit und die Lust am Zuverdienen. Geschlechterpolitik und gesellschaftlicher Wandel in Westdeutschland 1948–1969* beschäftigt sich **Christine von Oertzen** u.a. mit dem rechtlichen Aspekt der Teilzeitarbeit von Ehefrauen. Im Jahr 1958 hatte das Bundesverfassungsgericht den Streit über die Besteuerung zweier erwerbstätiger Ehepartner geregelt, so dass nun eine besondere Steuerklasse für diese Ehegatten eingeführt wurde. Für Ehemänner bedeutete dies, dass sie von der alten Steuerklasse II, der „Haupternährer-Kategorie", zusammen mit ihren Ehefrauen in die Steuerklasse IV wechseln mussten. Als Folge stellten von einem Tag auf den anderen Frauen ihre Halbtags-Erwerbstätigkeit ein. Wie etliche Eingaben an den Bundesfinanzminister belegen, fanden die Ehemänner es unerträglich, ihren Status als „Haupternährer" aufzugeben, weil „der Chef es falsch verstehen" oder „der kleine Angestellte darüber reden könnte". Die steuerliche Gleichstellung erwerbstätiger Ehepaare war damit in Westdeutschland nicht durchsetzbar. Wegen der verheerenden Auswirkungen auf den Arbeitsmarkt, dem die billigen weiblichen Teilzeitkräfte wegbrachen, führte das Finanzministerium 1960 eine Lohnsteuerkarte „F" für „Frauen" ein. Sie zahlten in Zukunft einen erhöhten Steuersatz auf ihr ohnehin niedriges Einkommen, das nun wie ein zweites Einkommen des Ehemannes behandelt wurde. Aber der häusliche Frieden war wiederhergestellt und die Frauen strömten an ihre Arbeitsplätze zurück. Seit 1965 wurde die „F"-Karte als Steuerklasse V in das allgemeine Lohnsteuersystem integriert. 1962 erst beendete das Bundessozialgericht jahrelange erbitterte Auseinandersetzungen darüber, ob Frauen, die einen eigenen Haushalt zu versorgen hätten, überhaupt als eigenständige Arbeitnehmer auf dem Arbeitsmarkt gelten und Versicherungsleistungen für sich in Anspruch nehmen könnten, mit einer eindeutigen Zusage. Von nun an berechtigte eine Teilzeitarbeit von mindestens 25 Std. in der Woche zum Bezug von Arbeitslosenversicherung. 1969 billigte der Bundestag die Halbtagsbeschäftigung von Beamtinnen.

Literatur: C. VON OERTZEN, Teilzeitarbeit und die Lust am Zuverdienen. Geschlechterpolitik und gesellschaftlicher Wandel in Westdeutschland 1948–1969, Göttingen 1999; A. WILLMS-HERGET, Frauenarbeit. Zur Integration der Frauen in den Arbeitsmarkt, Frankfurt/M./New York 1985.

wanderung. Vor allem junge Männer und junge Familien, später zunehmend die gut ausgebildeten jungen Männer und damit auch ein Gutteil des innovativen und protestbereiten Potenzials in der Bevölkerung, verließen das Land und suchten in der Bundesrepublik einen Neuanfang. Der Staat reagierte darauf nicht nur 1961 mit dem Mauerbau, sondern mit einer konsequenten Familien- und Frauenpolitik. Junge Mädchen wurden gezielt ausgebildet und gefördert und im völligen Gegensatz zur bundesrepublikanischen Familienpolitik geradezu in die außerhäusliche Berufsarbeit gezwungen. Im Lauf der Jahre baute der Staat in hinreichender Zahl Krippen- und Kindergartenplätze und erreichte schließlich in den 1970er Jahren, dass es für jede Frau in der DDR völlig selbstverständlich war, Beruf und Familie miteinander vereinen zu können – sofern sie sich dem politischen System nicht widersetzte. Anders als in der Bundesrepublik und den anderen westeuropäischen Staaten prägte hier der Beruf nicht im gleichen Ausmaß die soziale Stellung, da die Zulassung zu den Ausbildungsplätzen – Lehre wie Studium – weitgehend staatlich reglementiert wurde [GERHARD]. Es gab durch die planwirtschaftliche Organisation praktisch keine offene Arbeitslosigkeit und die Einkommensunterschiede waren gering – Unterschiede definierten sich mehr über politische Vorteilsnahme. Es darf dabei allerdings nicht übersehen werden, dass Frauen in den sozialistischen Ländern ähnlich selten in Führungspositionen zu sehen waren wie in den kapitalistischen.

Als die DDR 1990 der Bundesrepublik Deutschland beitrat, zeigte sich die unterschiedliche Erwerbsbiographie der Frauen: Die DDR-Rentnerinnen wiesen nahezu dieselbe Zahl an Arbeitsjahren nach wie die Männer und stellten entsprechende Rentenanträge [RITTER]. Die Erwerbsbiographie einer westdeutschen Rentnerin sah dagegen auch im Jahr 1990 durchschnittlich noch sehr lückenhaft aus. Da Frauen im Durchschnitt länger lebten als Männer, bedeutete ihre deutlich schlechtere Rentenversorgung sehr häufig nach dem Tod des Ehemannes den Absturz in die Altersarmut. Dieses Bild zeigt sich in Ländern, die keine leistungsbezogene Rente, sondern eine Grundversorgungsaltersrente haben, wie z.B. Großbritannien, nicht in dieser Deutlichkeit.

Die Bundesrepublik hat, vor allem in der Zeit des Kalten Krieges und in bewusstem Gegensatz zur DDR-Familienpolitik, immer wieder die außerhäusliche Erwerbstätigkeit der Mütter zu verhindern versucht und staatlicherseits sehr wenig getan, um eine organisierte Kinderbetreuung zu ermöglichen. Das Hochhalten der klassischen familiären Arbeitsteilung zwischen dem verdienenden Ehemann und der Kinder und Haushalt betreuenden Mutter hat in all den Jahren unterschiedlicher konjunktureller Entwicklung seit 1950 verkannt, dass Frauen immer weniger zu dieser Rollenverteilung bereit waren [NIEHUSS]. Sie reagierten mit der Übernahme von Halbtagsarbeit und Minijobs und vor allem mit abnehmender Bereitschaft, Kinder zu bekommen, wenn sie berufsorientiert interessiert waren. Versuchten sie dennoch, beides zu verbinden, blieben sie oft unzufrieden, da sie als Mütter allzu häufig ihre erlernten Berufe aus mangelnder Koordinationsmöglichkeit mit den familiären Pflichten nicht ausüben konnten und dann in Ersatzberufen unter ihrem Ausbildungsniveau und ihren Karriereerwartungen arbeiten mussten und müssen.

▷ S. 151
Konsumgesellschaft, Sozialstaat, „Wertewandel"

Krise und Ambivalenz der Moderne
Lebenswelten in der
Moderne

In Frankreich und Großbritannien versuchte die staatliche Familienpolitik ebenfalls, Frauen nach der Geburt von Kindern von der Erwerbstätigkeit abzuhalten und durch finanzielle Zuwendungen an das Haus zu binden. Das Ganztagsschulsystem in beiden Staaten – in Frankreich auch die Ganztagskindergärten und ein großes Angebot an Krippenplätzen – setzte aber die Mütter tagsüber weitgehend frei, wenngleich es sie auch nicht von ihren hausfraulichen Pflichten entlastete. Die Vereinbarkeit von Familie und Beruf wurde hierdurch überhaupt erst möglich. Mütter mussten sich vor der Gesellschaft nämlich nicht dafür rechtfertigen, dass sie der Kinderbetreuung während eines Großteils des Tages enthoben waren. Sie konnten einem Beruf nachgehen, ohne, wie es in Deutschland kolportiert wurde, „Rabenmütter" zu sein. Die Entscheidung für ein Kind fiel ihnen folglich leichter, weil es nicht zugleich eine Entscheidung gegen die Berufstätigkeit war. In Frankreich wie in Großbritannien werden heute sehr viel mehr Kinder geboren als in Deutschland oder Italien. Hier wird das traditionelle Familienbild mit der Mutter als Nur-Hausfrau zementiert durch die gesellschaftlich bewusst nicht gewollte und vom Sozialstaat auch nicht angebotene professionelle Ganztagsbetreuung von Kindern. Frauen müssen sich auch heute noch vor allem in Deutschland zwischen Kindern und Karriere entscheiden. Dementsprechend weniger Frauen stehen auf dem Arbeitsmarkt zur Verfügung und dementsprechend weniger Frauen prägen auch die unterschiedlichen Berufsbilder. Das führt in der Konsequenz dann auch dazu, dass weit weniger Frauen als in Frankreich oder Großbritannien in vor allem gehobene Berufe vordringen können.

Während die Berufstätigkeit von Männern den Status der Familie bestimmte, war die Berufstätigkeit der Frauen auch im 20. Jahrhundert in allen europäischen Ländern eine Variable der Konstante „Beruf des Familienoberhaupts". Dies wird am deutschen Beispiel besonders deutlich. Wo eine Mitarbeit der Frau im familiären Betrieb „üblich" war, war sie gesetzlich auch dazu verpflichtet (etwa im bäuerlichen Betrieb, im Handwerksbetrieb, in Ladengeschäften). Jegliche andere außerhäusliche Tätigkeit der Frau unterstand dem Einverständnis des Ehemannes (bis 1957) und war auch gesetzlich nur möglich, wenn eine Versorgung der Kinder und des Haushaltes gegeben war. In manchen Berufen regelte der Staat die Arbeitserlaubnis: So galt die Zölibatsregelung für Lehrerinnen noch bis in die 1950er Jahre. Das Einkommen der Frauen lag dabei – und dies gilt wieder für alle europäischen Staaten – teils erheblich unter dem der Männer [BOCK 2000].

Familie. Die Familie galt und gilt nach wie vor als die Keimzelle der Gesellschaft. Obwohl in der westlichen Welt die Kernfamilie – Vater, Mutter, Kinder – längst nicht mehr die alleinige Familienform ist, bleibt sie die Idealvorstellung einer adäquaten kindlichen Sozialisation in unseren europäischen Gesellschaften. Als Lebenswelt erfüllt sie allerdings für beide Elternteile unterschiedliche Funktionen: während sie für die Hausfrau und Mutter (immer noch die häufigste Frauenrolle in der Familie) Arbeitsplatz ist, in dem sich allerdings Beruf und Freizeit kaum voneinander trennen lassen, stellt sie für den Ehemann zumeist einen Teil seines Feierabends dar.

Die Familie unterlag im 20. Jahrhundert einem grundlegenden Wandel [GESTRICH U.A.]. Sinkende Kinderzahlen in den Familien zeig- 93

Krise und Ambivalenz der Moderne
Lebenswelten in der
Moderne

ten sich in Frankreich bereits als Phänomen eines weitgehend laizistischen Staates und einer verbreiteten neo-malthusianischen Einstellung der Bevölkerung im 19. Jahrhundert (letztere ging davon aus, dass ein zu starkes Bevölkerungswachstum nur durch die Anwendung schwangerschaftsverhütender Mittel und eine bedingte Zulassung des Schwangerschaftsabbruchs zu verhindern sei). In Deutschland wie in anderen westeuropäischen Ländern setzte dieser Trend zu Beginn des 20. Jahrhunderts ein. Begleitet und verstärkt wurde er durch die abnehmende Zahl bäuerlicher Familien mit traditionell großer Kinderzahl. In Frankreich bemühte sich der Staat schon im 19. Jahrhundert durch die betriebsnah organisierten „allocations familiales", jungen Familien mit zunehmend größeren Unterstützungssummen unter die Arme zu greifen, um die Kinderzahlen in den Familien zu erhöhen [KAELBLE 1991]. Der bevölkerungspolitische Aspekt stand dabei im Vordergrund: Frankreich bangte um seine Rekrutenzahlen für die großen Kriege des 19. und 20. Jahrhunderts. Seit 1940 schließlich stiegen in Frankreich die Geburtenzahlen.

Deutschland machte sich erst am Ende des 19. Jahrhunderts Gedanken um seine Familien, allerdings stand hier die eugenische Diskussion im Vordergrund, zur „Verbesserung" der Volkssubstanz, die noch deutlichen Vorrang vor einer rein zahlenmäßigen Geburtenerhöhung hatte. Die Bevölkerungspolitik der Nationalsozialisten führte die eugenische Debatte seit 1933 bis zum Exzess, zum „Gesetz zur Verhütung erbkranken Nachwuchses", das unzählige körperlich und geistig behinderte Kinder um ihr Leben brachte und unzählige Frauen und Männer zur Zwangssterilisierung verurteilte [BOCK 1986]. Auf der anderen Seite stand der Versuch, Geburten dort zu fördern, wo der Staat sie wünschte, bei „erbgesunden", nicht-jüdischen Ehepaaren, mittels Ehestandsdarlehen und Mutterkreuzen. Diese Maßnahmen eines verbrecherischen Systems haben in Deutschland nachhaltig jegliche Ansätze zu einer aktiven Bevölkerungspolitik verhindert. Die im Großen und Ganzen als konzeptionslos zu bezeichnende westdeutsche Nachkriegs-Familienpolitik ist dafür ein Beleg.

Die Nachkriegszeit brachte in Deutschland zunächst einen Babyboom in die beginnende Wohlstandsphase hinein, der dann aber um 1965 abrupt in einen steilen Abfall der Geburtenraten mündete, den so genannten zweiten Geburtenrückgang, fälschlich auch als „Pillenknick" bezeichnet [LINDE]. Dieser Rückgang rührt von einer Änderung des Gebärverhaltens der jüngeren Generation Frauen her, die im Durchschnitt statt vormals drei nunmehr zwei, statt vormals zwei, nunmehr nur noch ein Kind bekamen. Bei diesen geringen Kinderzahlen ist es in Westdeutschland geblieben, und die jungen Frauen aus der ehemaligen DDR glichen 1990 in der wiedervereinigten Bundesrepublik ihr Gebärverhalten rasch den gesellschaftlichen Bedingungen an, während einige andere europäische Länder mit einer anderen Familienpolitik (neben England und Frankreich vor allem die Skandinavischen Länder) steigende Geburtenraten aufweisen.

▷ S. 324 f
Vergleich
und Tran
nationali

Die schwindende Kinderzahl in den Familien ging in Westeuropa einher mit einer wachsenden Anerkennung der kindlichen Bedürfnisse und mit einer zunehmenden Betonung der Qualität der Ausbildung. Lange Zeit standen uneheliche Kinder indes noch im Schatten dieses Fortschritts. Um ihnen jeden Anspruch auf das väterliche Erbe zu nehmen, sorgte beispielsweise das deutsche bürger-

Anzahl der Kinder auf tausend verheiratete Frauen nach Ende der Fertilisation (ca. 19,5 Ehejahren).

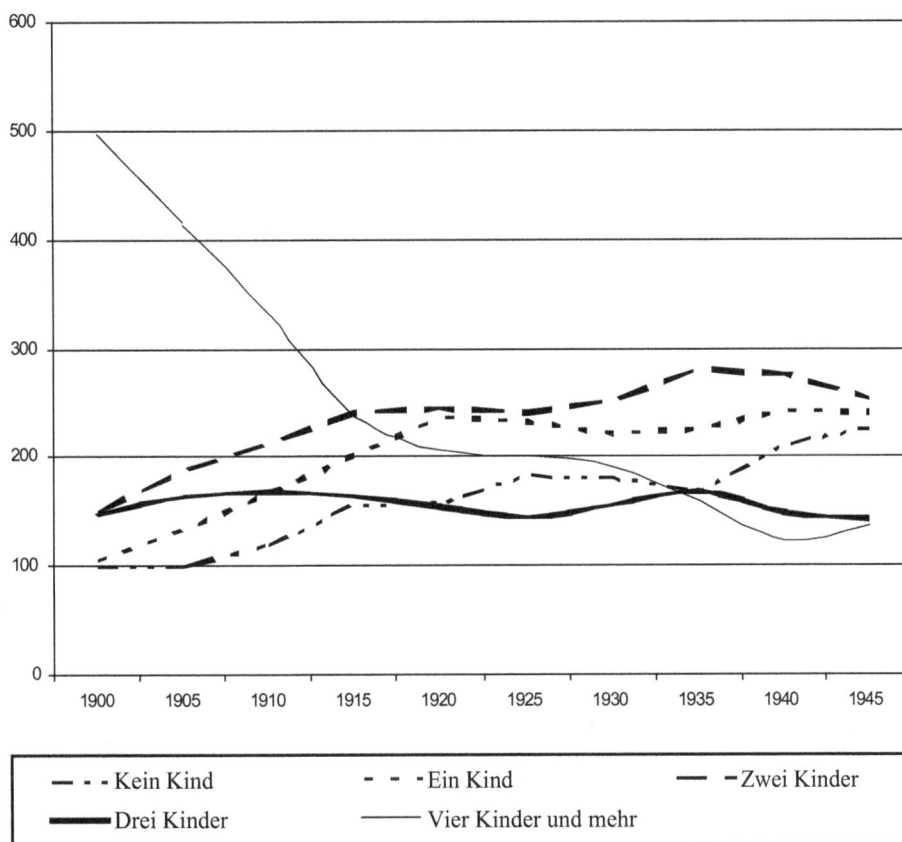

Die Graphik ist folgendermaßen zu lesen:

Die Jareszahlen auf der Abszisse geben die Eheschließungsjahre an, während die zugeordneten Punkte auf der Graphik die Zahl der Kinder nach 20 Ehejahren angeben. Im Jahr 1920 hatten fünfhundert von tausend verheirateten Frauen, die 1900 geheiratet hatten, also nach zwanzig Ehejahren, vier und mehr Kinder geboren. Im Jahr 1965, dem Entstehungsjahr dieser Statistik, wiesen nur noch einhundertvierzig von tausend verheirateten Frauen, die 1945 geheiratet hatten, vier und mehr Kinder auf.

Die Graphik macht deutlich, dass diese großen Familien zwischen 1900 und dem Beginn des 1. Weltkrieges erheblich an Zahl abgenommen haben. Ehen, die im Jahr 1945 gegründet wurden, hatten auch nach zwanzig Ehejahren, wie die Graphik ausweist, am häufigsten zwei Kinder, ein Kind oder auch nach dieser langen Ehedauer kein Kind, während die Zahl von Familien mit drei, vier und mehr Kindern deutlich niedriger liegt.

Diese sehr speziellen Daten zur **Familienstatistik** sind nach 1965/70 nicht mehr erhoben worden. Das liegt zum einen am schwindenden Interesse der Politiker, zum anderen an einer zunehmend negativen Einstellung zur amtlichen Datenerhebung (Stichwort Datenschutz). Allerdings lässt die heutige diversifizierte Familienstruktur mit ihrer hohen Zahl an Wiederverheiratungen, allein erziehenden Müttern usw. diese Aussagen auch nicht mehr zu. Auch steht nicht zu erwarten, nach allem was wir über die Validität von Umfrageergebnissen wissen, dass Frauen, die Kinder aus verschiedenen Beziehungen haben, dies in einer amtlichen Erhebung immer korrekt angeben würden.

Literatur: M. Niehuss, Familie, Frau und Gesellschaft. Studien zur Strukturgeschichte der Familie in Westdeutschland, Göttingen 2001 (Graphik: 353).

liche Gesetzbuch von 1900 dafür, dass der Vater als nicht mit ihnen verwandt galt, dass die Mutter andererseits kein Sorgerecht erhielt und die Kinder so automatisch unter amtlicher Vormundschaft standen. Letzteres wurde erst seit den 1970er Jahren sukzessive geändert [Bock 2000].

Auch die Rolle der Frau in der ehelichen Gemeinschaft wurde aufgewertet. Manches von dem, was in der westdeutschen familiären Praxis schon üblich war, wurde im Verlauf der rechtlichen Umsetzungen des im Bonner Grundgesetz verankerten Gleichberechtigungsparagraphen seit Ende der 1950er Jahre allmählich kodifiziert: Eine Ehefrau erhielt nun Zugang zu ihrem eigenen Vermögen; ihre Arbeitsstelle durfte nicht mehr von ihrem Ehemann gekündigt werden; sie wurde erziehungsberechtigt gegenüber ihren Kindern; sie erhielt – zumindest formell – den gleichen Lohn für gleiche Arbeit. Jedoch blieb ihr in der Praxis des familiären Alltags die alleinige Zuständigkeit für die Kinderbetreuung und den Haushalt, auch wenn sie zusätzlich berufstätig war. Diese Einstellung vor allem der Ehemänner zur familiären Aufgabenteilung ändert sich in Deutschland und in den meisten europäischen Ländern nur langsam – einzig die skandinavischen Staaten haben hier eine Vorreiterrolle [Kolbe].

Obwohl sich die einander stetig annähernden Bildungsvoraussetzungen von Männern und Frauen durch die weiterhin in Deutschland relativ einseitige familiäre Rollenzuweisung noch nicht zu gleichmäßigen Berufschancen und Karrieremustern entwickelt haben, zeigte sich doch seit den 1970er Jahren eine zunehmende auch berufliche Unabhängigkeit von Ehefrauen und Müttern. Mehr als einmal wurden dabei die berufliche Chancengleichheit und die Einkommensannäherung

durch die Intervention des Europäischen Gerichtshofes gefördert. Die finanzielle und gesellschaftliche Abhängigkeit vom Ehemann nahm ab und führte gemeinsam mit einem wachsenden Wunsch der Frauen, eigene Lebensperspektiven zu verwirklichen, und mit einem abnehmenden Einfluss der Kirchen zu beständig steigenden Trennungszahlen in den Ehen. Mehr als ein Drittel aller Ehen wird heute in Deutschland geschieden und eine Vielzahl neuer Lebensgemeinschaften entsteht: Alleinerziehende, Wiederverheiratete mit Kindern aus unterschiedlichen Beziehungen, unverheiratete Paare mit und ohne Kinder sowie je nach der Gesetzeslage auch homosexuelle Paare ohne und mit Kindern [Beck-Gernsheim]. Die neue Familie wird zu einem Bestandteil der „Risikogesellschaft" [Beck]. ▷ S. 159 Konsum gesellsch Sozialsta „Werte-wandel"

Freizeit. Freizeit ist ein Phänomen des 20. Jahrhunderts und hat sich zur entscheidenden Variable schichtenspezifisch unterschiedlicher europäischer Lebensstile entwickelt [Georg]. Freie Zeit nicht mit zusätzlicher Lohnarbeit verbringen zu müssen, setzt eine grundlegende sozialgesetzliche Absicherung voraus, wie eine Kranken- und eine Rentenversicherung, die die Menschen vor den wichtigsten Daseinsrisiken schützt, eine regulierte und tariflich festgelegte Arbeitszeit, die einen Freiraum erst ermöglicht, und ein Einkommen, das mehr als den existenziellen Bedarf decken kann. Im 19. Jahrhundert und in der ersten Hälfte des 20. Jahrhunderts kann man für den weitaus überwiegenden Teil der Europäer lediglich von „Feierabend" sprechen: der Kneipenbesuch am Abend, der sonntägliche Ausflug ins Grüne, Tätigkeiten in Sportvereinen oder der Kirchengemeinde, in der Zwischenkriegszeit zunehmend der Kinobesuch

Krise und Ambivalenz der Moderne
Lebenswelten in der
Moderne

oder das abendliche Radiohören sind Beschäftigungen für wenige Stunden, zumeist – wie etwa der arbeitsfreie Sonntag – der Regeneration der Arbeitskraft dienend.

Freizeit ist somit ein Phänomen des Wirtschaftsaufschwunges, der in den europäischen Staaten nach dem Zweiten Weltkrieg einsetzte und den Menschen wohl erstmals in der Geschichte schichtenübergreifend zu einem gewissen Wohlstand verhalf. Äußeres Zeichen sind zunächst die steigenden Realeinkommen, die das Konsumverhalten der Familien veränderten. Nach 1945 mussten die Menschen vor allem im zerstörten Deutschland ihre Einkommen vollständig in den Wiederaufbau ihrer Wohnungen und Haushalte investieren und konnten erst danach durch den Erwerb der neuen technischen Geräte die Hausarbeit erleichtern (Kühlschrank, Waschmaschine, Küchengeräte) und zunehmend in ihren häuslichen Feierabend investieren (Fernsehgerät, Plattenspieler). Vor allem das Fernsehgerät sorgte weitgehend für einen Rückzug der Familien in die Häuslichkeit. Die aus dem Boden schießenden Neubaugebiete ohne Infrastruktur verhärteten dieses Bild, wogegen in Frankreich zunächst, wie schon in der Zwischenkriegszeit, das Kino und eine rege Spielfilmproduktion die Menschen außer Haus lockte. Auch die DDR verzeichnete einen Wirtschaftsaufschwung, wenngleich bescheidener und mit geringerer arbeitsfreier Zeit für die Bevölkerung. Freizeit blieb hier, ähnlich wie in der Zwischenkriegszeit, Feierabend, der sich mehr als in Westdeutschland am Betrieb orientierte, auf den Sonntag konzentrierte und der auch bisweilen mehr oder weniger freiwillige politische oder betriebliche Aktivitäten verlangte.

▷ S. 147 Konsumgesellschaft, Sozialstaat, „Wertewandel"

In ganz Europa waren Urlaubstage in der Zwischenkriegszeit rar, sie lagen zwischen 3 und 6 Tagen pro Jahr. Erst in den 1960er Jahren konnten westdeutsche Erwerbstätige im Durchschnitt drei Wochen Urlaub nehmen (in der DDR wurde dies erst 1979 erreicht [IRMSCHER]). Gleichzeitig setzte ein Zugewinn an Freizeit durch die gewerkschaftlich erstrittene 40-Stunden-Woche und den freien Sonnabend ein. Früher und intensiver als in vergleichbaren anderen europäischen Staaten entwickelte sich in der Bundesrepublik eine Freizeitkultur, die ihren deutlichen Ausdruck im aufkommenden Massentourismus fand, der den Lebensstil der Nachkriegsgesellschaften wesentlich prägen sollte. Briten und vor allem Franzosen verbrachten ihren Urlaub überwiegend im Land, die Westdeutschen hingegen schon während der 1960er Jahre zunehmend im Ausland [SPODE]. Im Verlauf der 1980er und 1990er Jahre nahm der Grad der Erlebnisdichte zu – die heutige „Erlebnisgesellschaft" [SCHULZE] verlangt nach beständiger Innovation und Abwechslung. Die Freizeit ist zur Gegenwelt der Arbeitszeit geworden und nimmt heute bei vielen Menschen einen bedeutenden Platz in ihren Lebensentwürfen ein.

Die Entdeckung des Körpers. Große Veränderungen brachte die Entwicklung des 20. Jahrhunderts in Europa auch im ganz privaten Bereich, in den Paarbeziehungen und der Ausdrucksform von Sexualität.

Das 19. Jahrhundert kannte den nackten Körper ausschließlich in künstlerischer Interpretation: als engelsgleiche Kinderunschuld oder den erwachsenen Körper in mythologisierter, in allegorisierter, in historisierter, in exotisierter Verpackung – letzteres als lebendes Exponat z. B. auf „Völkerschauen"

Krise und Ambivalenz der Moderne
Lebenswelten in der
Moderne

Rosy

Stamsen

Romy Schneider

Angela Neuke-Widmann

Wir habe[n]

374 deutsche Frauen halten den § 218 f[...]

Helga Anders

Veruschka von Lehndorff

Renate Schlerka

Vera Tschechowa

[SCHENK]. Diese Körperdarstellungen ließen eine sinnliche und sexuelle Wahrnehmung des Betrachters nicht zu – Sexualität fand öffentlich nicht statt. Der Geschlechtsakt war ausschließlich reproduktiv begründet und jegliches Gespräch hierüber gesellschaftlich in hohem Maße tabuisiert. Im Frankreich des 19. Jahrhunderts hingegen, anders als im übrigen Europa, hatte der weitverbreitete Neo-Malthusianismus in Verbindung mit dem schwindenden Einfluss der katholischen Kirche bereits früher als in anderen Staaten die Kenntnis über Verhütungsmittel und -methoden befördert. Nicht wenigen galt Frankreich daher um 1900 geradezu als „Sündenpfuhl" und als Zentrum des Lasters.

Verhütungsmittel waren bis weit in das 20. Jahrhundert hinein vor allem unbekannt, aber auch weitgehend unwirksam. Sexuelle Aufklärung wurde in Europa keinesfalls als Aufgabe der Schule oder der Kirche empfunden und fand auch in den meisten Fällen in der Familie nicht statt. Frauen allein trugen die Folgen einer ungewollten Schwangerschaft innerhalb oder außerhalb der Ehe. Je nach gesellschaftlicher Schichtzugehörigkeit fanden Abtreibungen in Deutschland in schmutzigen Hinterhofzimmern statt oder, wenn man es bezahlen konnte, im Ausland (Schweiz, Niederlande) unter hygienisch besseren Verhältnissen. Im Angesicht des Standes der Medizin stellte eine Geburt an sich bereits ein hohes Gesundheitsrisiko für Mutter und Kind dar; nach der Geburt waren auch Kindstötungen häufig [LABOUVIE]. Für Frauen war ein Geschlechtsakt insofern, anders als für Männer, vielmals angstbesetzt. Das Verhältnis zwischen jungen Männern und Frauen war – zumindest in den bürgerlichen Kreisen – angespannt und immer auf eine mögliche eheliche Bindung ausgerichtet.

In Deutschland war, in der Zwischenkriegszeit wie in der Nachkriegszeit, der **Schwangerschaftsabbruch** strafgesetzlich nach § 218 verboten. Auch in Frankreich galt seit 1920 ein verschärftes Verbot von Abtreibungen (Art. 317) und zugleich – im Sinne einer pronatalistischen Politik – war dort auch die Werbung und der Verkauf empfängnisverhütender Mittel untersagt. Diese Kriminalisierung führte zu einer hohen Dunkelziffer an Abtreibungen (man schätzt etwa in Höhe der Geburtenrate), verbunden mit einem erhöhten Gesundheitsrisiko für die Frauen. Betroffene Frauen der gehobenen Schichten ließen Abtreibungen immer schon legal im Ausland (v.a. in der Schweiz) vornehmen. Die neue Frauenbewegung der 60er Jahre organisierte zunächst in Frankreich große Protestveranstaltungen mit dem Erfolg, dass 1967 der Erwerb von Verhütungsmitteln legalisiert wurde und 1975 schließlich ein neues Gesetz den Schwangerschaftsabbruch bis zur 10. Woche legalisierte. Hierzu hatte das Selbstbekenntnis von 343 Frauen, abgetrieben zu haben, erheblich beigetragen. In Deutschland organisierte Alice Schwarzer daraufhin eine ähnliche Aktion in der Zeitschrift Stern; die massiven Proteste der Frauen sorgten schließlich auch hier zunächst für eine Freigabe des Schwangerschaftsabbruchs 1974 (Fristenlösung), die jedoch vom Bundesverfassungsgericht aufgehoben wurde. Seit 1976 gilt in Deutschland die Indikationenlösung, die eine straffreie Abtreibung bei medizinischer, sozialer oder ethischer Indikation vorsieht. In der DDR war der Schwangerschaftsabbruch seit 1970 bis zum dritten Monat straffrei. Nach heftigen Debatten wurde die Gesetzeslage der neuen Bundesländer 1993 der der alten angeglichen.

Bild: Stern, 6. Juni 1971, 24. Jahrgang, Heft 24, Titelseite.

Literatur: K. Schulz, Der lange Atem der Provokation. Die Frauenbewegung in der Bundesrepublik und in Frankreich 1969–1976, Frankfurt/M./New York 2002.

Erst die lebensreformerische Bewegung zum Ende des 19. Jahrhunderts versuchte, dem verkrampften Verhältnis zwischen den jungen Leuten neue Natürlichkeit zu vermitteln. Vor allem die Wandervogelbewegung riss die Jugendlichen aus ihren engen familiären Kreisen und ermöglichte ungezwungene Begegnungen, die in dieser Bewegung ausschließlich kameradschaftlich ausgerichtet waren und jeglichen sexuellen Kontakt unterbanden. Die Nationalsozialisten bauten später auf dieser Grundlage ihre Jugendverbände HJ und BDM auf. Die Lebensreformer verbanden damals mit Natürlichkeit vor allem Gesundheit und immer auch verklärend die Schönheit des nackten Körpers. Diese Darstellungen waren aber in erster Linie asexuell gemeint, richteten sich vielmehr auf eine „Zuchtauswahl" der Menschen germanischer „Rasse" – auch dies wurde später zu einem Baustein der nationalsozialistischen Kunst und Ideologie.

In der kurzen Phase der Weimarer Republik sorgte eine fortschrittliche Sozialpolitik, vor allem durch Mütter- und Sexualberatungsstellen, für mehr Aufklärung, Kontrazeption und Hilfe für Frauen und Mütter. Die Diskussion um den § 218 flammte hoch auf, das Delikt der Abtreibung konnte aber in jenen Jahren noch nicht entkriminalisiert werden [USBORNE]. Das Bild der „Neuen Frau" entstand und meinte mehr Selbstständigkeit und größere Freiräume nicht nur in der Ausbildungs- und Berufswahl, sondern auch bei der Partnerwahl. Auch die männliche wie weibliche Homosexualität wurde in jenen Jahren offener diskutiert, wenngleich ebenfalls noch nicht entkriminalisiert.

Die Zeit des Nationalsozialismus und die Aufbauzeit der 1950er Jahre brachten keine Modernisierung der seit 1933 wieder starren Moralvorstellungen in der deutschen Gesellschaft. Erst die neue Frauenbewegung, die sich in der Folge der Studentenbewegung der 1968er Zeit in vielen Staaten Europas herausbildete, griff die Thematik von Sexualität und Schwangerschaft auf – gänzlich ohne Vorbilder in der Geschichte, dafür verbreitet in der gesamten westlichen Welt [SCHULZ]. Die damals viel belächelte Rede vom Selbstbestimmungsrecht der Frau ermunterte die jungen Frauen nicht nur erneut, eigene (Berufs-)Wege zu gehen, sondern auch erstmals, ihre eigene Sexualität zu leben, eine andere als die männliche (Alice Schwarzer: *Der kleine Unterschied*). Das Recht auf wechselseitige Lust und Befriedigung setzte sich seit den 1980er Jahren weitgehend durch. Erneut flammte die Diskussion um den Abtreibungsparagraphen auf, diesmal als Forderung der Frauen in Deutschland und Frankreich, über Empfängnis und Schwangerschaft allein entscheiden zu dürfen („Mein Bauch gehört mir"). Diese moderne Einstellung der Frauen wie auch die Fortschritte in den Methoden zur Kontrazeption (u.a. die Pille) ermöglichten es nun erstmals, Sexualität und Fortpflanzung zu entkoppeln [SCHENK]. Seit den 1990er Jahren ist nun auch eine Empfängnis ohne Geschlechtsverkehr nicht mehr ungewöhnlich; homosexuelle Paare fordern das Recht auf eine Eheschließung und das Großziehen von Kindern.

Dieser grundlegende Mentalitätswandel hat die Paarbeziehungen nicht einfacher gemacht. Durch Ausbildung und Beruf, durch ihre Gleichberechtigung in der Ehe und ihren Anspruch auf Selbstverwirklichung hat die Frau ihre einseitige Bindung an den Mann verloren. Die Ehe ist partnerschaftlicher geworden, aber auch anspruchsvoller, wie die hohen Scheidungszahlen in der westlichen Welt belegen. Alles deutet darauf hin, dass das Großziehen von Kindern nur mehr einen Abschnitt

Krise und Ambivalenz der Moderne
Lebenswelten in der
Moderne

im Leben von Paaren darstellt, das man danach nicht mehr gemeinsam weiterführen muss.

Merith Niehuss

Literatur

W. Abelshauser, Die langen fünfziger Jahre. Wirtschaft und Gesellschaft der Bundesrepublik Deutschland 1949–1966, Düsseldorf 1987.

G. Ambrosius/W.H. Hubbard, Sozial- und Wirtschaftsgeschichte Europas im 20. Jahrhundert, München 1986.

K. J. Bade, Neue Heimat im Westen. Vertriebene, Flüchtlinge, Aussiedler, Münster 1990.

U. Beck, Risikogesellschaft. Auf dem Weg in eine andere Moderne, Frankfurt/M. 1986.

E. Beck-Gernsheim, Vom Geburtenrückgang zur Neuen Mütterlichkeit? Über private und politische Interessen am Kind, Frankfurt/M. 1984.

G. Bock, Zwangssterilisation im Nationalsozialismus, Opladen 1986.

Dies., Frauen in der europäischen Geschichte. Vom Mittelalter bis zur Gegenwart, München 2000.

G. Czarnowski, Das kontrollierte Paar. Ehe- und Sexualpolitik im Nationalsozialismus, Weinheim 1991.

R. J. Evans/D. Geary (Hrsg.), The German Unemployed. Experiences and Consequences of Mass Unemployment from the Weimar Republic to the Third Reich, London/Sydney 1987.

W. Georg, Soziale Lage und Lebensstil. Eine Typologie, Opladen 1998.

U. Gerhard, Die Staatlich institutionalisierte „Lösung" der Frauenfrage. Zur Geschichte der Geschlechterverhältnisse in der DDR, in: H. Kaelble / J. Kocka / H. Zwahr (Hrsg.), Sozialgeschichte der DDR, Stuttgart 1994, 383–403.

A. Gestrich/J.-U. Krause/M. Mitterauer, Geschichte der Familie, Stuttgart 2003.

I. Gilcher-Holtey, Die 68er Bewegung. Deutschland – Westeuropa – USA, München 2001.

C.-L. Holtfrerich, Die deutsche Inflation 1914–1923. Ursachen und Folgen in internationaler Perspektive, Berlin/New York 1980.

S. Hradil, Sozialstrukturanalyse in einer fortgeschrittenen Gesellschaft. Von Klassen und Schichten zu Lagen und Milieus, Opladen 1987.

C. Huerkamp, Bildungsbürgerinnen: Frauen im Studium und in akademischen Berufen 1900–1944, Göttingen 1996.

G. Irmscher, Freizeitleben. Muße, Feierabend, Freizeit, in: E. Badstübner (Hrsg.), Befremdlich anders. Leben in der DDR, Berlin 2000, 350–373.

H. Kaelble, Nachbarn am Rhein. Entfremdung und Annäherung der französischen und deutschen Gesellschaft seit 1880, München 1991.

Ders., Auf dem Weg zu einer europäischen Gesellschaft. Eine Sozialgeschichte Westeuropas 1880–1980, München 1987.

W. Kolbe, Elternschaft im Wohlfahrtsstaat. Schweden und die Bundesrepublik im Vergleich 1945–2000, Frankfurt/M./New York 2002.

E. Labouvie, Andere Umstände. Eine Kulturgeschichte der Geburt, Köln u.a. 1998.

H. Linde, Theorie der säkularen Nachwuchsbeschränkung 1800 bis 2000, Frankfurt/M./New York 1984.

W. Loth, Geschichte Frankreichs im 20. Jahrhundert, Stuttgart u.a. 1987.

M. Niehuss, Familie, Frau und Gesellschaft. Studien zur Strukturgeschichte der Familie in Westdeutschland 1945–1960, Göttingen 2001.

G. A. Ritter, Über Deutschland. Die Bundesrepublik in der deutschen Geschichte, München 1998.

K.-J. Ruhl, Verordnete Unterordnung. Berufstätige Frauen zwischen Wirtschaftswachstum und konservativer Ideologie in der Nachkriegszeit (1945–1963), München 1994.

H. Schenk, Freie Liebe, wilde Ehe. Über die allmähliche Auflösung der Ehe durch die Liebe, München 1987.

K. Schulz, Der lange Atem der Provokation. Die Frauenbewegung in der Bundesrepublik und in Frankreich 1968–1976, Frankfurt/M./New York 2002.

G. Schulze, Die Erlebnisgesellschaft. Kultursoziologie der Gegenwart, Frankfurt/M./New York 1992.

H. Spode (Hrsg.), Goldstrand und Teutonengrill. Kultur- und Sozialgeschichte des Tourismus in Deutschland 1945 bis 1989, Berlin 1996.

C. Usborne, Frauenkörper – Volkskörper. Geburtenkontrolle und Bevölkerungspolitik in der Weimarer Republik, Münster 1994 [engl. 1992].

Industrielle Massengesellschaft zwischen Demokratie und Diktatur

Zeittafel

1890	Nach Entlassung Bismarcks und Auslaufen des Sozialistengesetzes ungehinderte politische Aktivität für SPD.
1912	SPD in Reichstagswahl stärkste Partei.
1914	Ermordung des österreichisch-ungarischen Thronfolgers und seiner Gattin in Sarajewo. Nach russischer Generalmobilmachung deutsche Kriegserklärung an Russland und Frankreich. Nach deutschem Einmarsch ins neutrale Belgien Kriegseintritt Großbritanniens. Ende des deutschen Vormarschs an der Marne. Deutscher Sieg im Osten bei Tannenberg.
1915	Beginn der Lebensmittelrationierung in Deutschland.
1916	3. OHL unter Hindenburg und Ludendorff, „Hilfsdienstgesetz".
1917	März- und Oktoberrevolution in Russland.
1918	Revolution in Deutschland und Österreich-Ungarn und Waffenstillstand an allen Fronten.
1919	Wahl zur deutschen Nationalversammlung, Einsatz der „Freikorps" gegen Proteste und Aufstände, Weimarer Reichsverfassung und Versailler Vertrag.
1923	Höhepunkt und Ende der Inflation, gescheiterte Umsturzversuche der Kommunisten und Nationalsozialisten.
1925	Hindenburg zum Reichspräsidenten gewählt.
1929	Beginn der Weltwirtschaftskrise.
1930	Erstes Präsidialkabinett unter Heinrich Brüning. Wahlerfolg der NSDAP.
1932	Zunahme der politischen Gewalt. NSDAP stärkste Partei. Wiederwahl Hindenburgs.
1933	Ernennung Hitlers zum Reichskanzler. Terror und Aufhebung von Grundrechten, erste antisemitische Maßnahmen.
1934	Mordaktion des „Röhm-Putsches" gegen politische Gegner. Tod Hindenburgs und Übernahme seines Amtes durch Hitler.

Anfänge der Massengesellschaft. Um 1900 stand Europa im Zeichen wachsender Prosperität und optimistischer Zukunftsprognosen. Ein langanhaltender Wirtschaftsaufschwung machte Deutschland und Frankreich endgültig zu Industriestaaten, in denen nach Produktionswert und Beschäftigtenzahlen die Landwirtschaft hinter Industrie und Handwerk zurücktrat. Deutschland überholte zudem Großbritannien und etablierte sich als führende Wirtschaftsmacht Europas, wurde aber noch kurz vor dem Ersten Weltkrieg von den USA weltweit auf den zweiten Platz verwiesen. Während die Reallöhne stiegen – in Deutschland zwischen 1895 und 1913 um ein Viertel –, lebten immer mehr Menschen in Mittel- und Großstädten. Hatte deren Anteil an der Gesamtbevölkerung in Deutschland 1871 erst ein Achtel betragen, lag er 1907 bei einem Drittel. Damit begann sich die moderne Massenkultur zu entwickeln, als deren erste Medien sich der Groschenroman und das frühe Kino herausbildeten [MAASE].

▷ S. 33 ff.
Industrialisierung und verlorene Welten

Jetzt traten die „Massen" dauerhaft in die Geschichte ein. Die Beteiligung an den Wahlen zum deutschen Reichstag stieg von 55 % in den siebziger Jahren des 19. Jahrhunderts auf 84 % im Jahr 1912. Seit den 1890er Jahren entstanden mitgliederstarke Organisationen wie der „Bund der Landwirte", der „Deutsche Flottenverein" oder der „Alldeutsche Verband", die Einfluss auf Parteien und politische Entscheidungen in einem dezidiert nationalistischen Sinn zu nehmen versuchten. Eigenes Gewicht gewann die Frauenbewegung. Der 1894 gegründete, linksliberal geführte „Bund Deutscher Frauenvereine" kämpfte, dem Leitbild weiblicher Eigenart folgend, für mehr Rechte und bessere Bildungs- und Berufschancen und konnte die Zulassung von Frauen zu Abitur und Hochschulstudium

▷ S. 90
Lebenswelten in der Moderne

als Erfolg feiern. Das Frauenstimmrecht forderte der Verband mit weniger Nachdruck als die zu großer Militanz bereiten, aber vor 1914 damit ebenfalls scheiternden englischen „Suffragetten". Eine deutsche Besonderheit war die Jugendbewegung, die sich im „Wandervogel" und einer Vielzahl anderer „Bünde" organisierte. Aus dem Bürgertum kommend, warf sie der bürgerlichen Welt vor, verkrustet und verlogen zu sein, blieb in ihrer Kapitalismuskritik, Großstadtfeindschaft und Naturromantik aber politisch höchst ambivalent. Besonders großen Zuwachs erfuhr, gerade in Deutschland, die sozialistische Arbeiterbewegung. Die Freien Gewerkschaften erreichten bis 1913 eine Mitgliederzahl von drei Millionen, erhielten jedoch keinen Zugang zu den schwerindustriellen Betrieben. Auch die SPD war im autoritären System des Kaiserreichs von jeglicher Regierungsbeteiligung ausgeschlossen, obwohl sie in der Wahl von 1912 mit 34,8 % sogar die stärkste Partei wurde. In Großbritannien dagegen knüpfte die Labour Party Verbindungen mit den regierenden Liberalen, während in Frankreich zwar 1899 erstmals ein Sozialist Minister wurde, die Gewerkschaften dort aber noch weniger Spielraum besaßen als in Deutschland. Aus dem ungeklärten Verhältnis von Arbeiterbewegung und Nation erwuchsen am Vorabend des Ersten Weltkriegs die größten innenpolitischen Spannungen in Europa und auch in den USA [ULLMANN; BERGHAHN].

Zwischen den europäischen Großmächten kam es unterdessen zu Konflikten über Kolonien und weltweite Interessenssphären. Nach 1900 formierten sich zwei entgegengesetzte Bündnissysteme: die Triple Entente aus Großbritannien, Frankreich und Russland sowie der Dreibund aus Deutschland, Österreich-Ungarn und dem locker angeschlossenen Ita-

lien. Ein durch die deutsch-englische Flottenrivalität angeheiztes Wettrüsten und mehrere internationale Krisen, zuletzt 1911 um Marokko, in denen sich die Bündnisse weiter verfestigten, ließen einen großen Krieg zwischen den Mächteblöcken in den Bereich des Möglichen rücken, jedoch nicht unausweichlich werden [BERGHAHN].

Krieg. Am 28. Juni 1914 wurden der österreichisch-ungarische Thronfolger und seine Gattin in Sarajewo von einem serbischen Nationalisten ermordet. Hinter den Kulissen ermunterte die Regierung in Berlin ihren Wiener Verbündeten zu einem harten Kurs gegen Serbien und das hinter ihm stehende Russland. Frankreich ließ in der letzten Juliwoche erkennen, dass es seinen Bündnisverpflichtungen Russland gegenüber nachkommen würde, während ein englischer Vermittlungsversuch im Sande verlief. ▷ S. 179 ╎
Staaten,
Natione┆
Internati┆
Beziehu┆ Erst jetzt wurde der breiten Öffentlichkeit bewusst, dass ein großer europäischer Krieg unmittelbar bevorstand. Massendemonstrationen der Arbeiterbewegung forderten, den Frieden zu erhalten. Als Deutschland aber die russische Generalmobilmachung am 1. August mit der Kriegserklärung beantwortete, konnte die Reichsregierung mit dem Einverständnis auch der Sozialdemokraten rechnen, denn diese fürchteten das autokratische Zarenregime noch mehr als den wilhelminischen Obrigkeitsstaat. Der deutschen Kriegserklärung an Frankreich folgte Deutschlands Einmarsch ins neutrale Belgien, was wiederum den Kriegseintritt Großbritanniens nach sich zog. So konnten die Regierungen jeder Seite die Öffentlichkeit davon überzeugen, dass man einen Verteidigungskrieg führe. Im Zeichen des „Burgfriedens", des Symbols der neuen nationalen Einheit, stellten sich SPD

Der Waliser **David Lloyd George** (1863–1945) legte die Grundlagen des britischen Wohlfahrtsstaats und führte als Premierminister sein Land zum Sieg im Ersten Weltkrieg. Nach dem frühen Tod des Vaters in bescheidenen Verhältnissen aufgewachsen, wurde er Rechtsanwalt und schloss sich der Liberalen Partei an. 1890 gewann der eloquente, energische und intrigante Lloyd George einen Sitz im Unterhaus. Zwischen 1909 und 1911 setzte er als Schatzkanzler zunächst das „People's Budget" gegen heftigen Widerstand durch, dessen drastische Steuererhöhungen den Flottenbau und neue Altersrenten finanzieren sollten, und führte danach eine Kranken- und Arbeitslosenversicherung ein. Im Frühjahr 1915 übernahm Lloyd George das Munitionsministerium, um eine bedrohliche Nachschubkrise zu lösen, 1916 wurde er Premierminister. Gegen den Oberbefehlshaber der britischen Truppen in Frankreich, Douglas Haig (1861–1928), dessen strategischen Fähigkeiten er misstraute, konnte er erst im April 1918 ein gemeinsames alliiertes Oberkommando unter französischer Führung durchsetzen. Der wiedergewählte Premierminister trug als britischer Verhandlungsführer maßgebliche Verantwortung für den Versailler Vertrag. Das brutale Vorgehen der Sicherheitskräfte im irischen Unabhängigkeitskrieg kostete ihn das Vertrauen der Liberalen, während Pläne für neue staatliche Sozialprogramme auf den Widerstand der Konservativen stießen. Korruptionsvorwürfe kamen hinzu. Mit Lloyd Georges Rücktritt 1922 war seine politische Karriere beendet.

Bild: David Lloyd George, 1929, SV Bilderdienst.

Literatur: J. GRIGG, Lloyd George, 4 Bde., London 1978–2003.

und Freie Gewerkschaften hinter Kaiser und Reichsregierung, verzichteten auf Streiks und wurden im Gegenzug als politische Partner grundsätzlich akzeptiert. Auch die „union sacrée" in Frankreich und der „strike truce" in Großbritannien waren mit einer Aufwertung der Arbeiterbewegung verbunden. Entschlossenheit und Besorgnis prägte die allgemeine Stimmung, nicht Begeisterung, die vornehmlich bei den Kriegsfreiwilligen aus dem Bürgertum zu finden war [CHICKERING; KRUSE].

Die Zeitgenossen erwarteten einen Krieg von nur wenigen Monaten Dauer. Doch der deutsche Vormarsch im Westen blieb Mitte September 1914 vor Paris an der Marne stecken. Nach blutigen Angriffen und Gegenangriffen bildete sich bis Jahresende eine stabile Frontlinie auf französischem Boden von der Nordsee bis in die Vogesen heraus, die sich bis 1918 nicht mehr verändern sollte. Ein reger, wenngleich zensierter Briefverkehr mit ihren Familien half den Soldaten, mit den Schrecken des Krieges umzugehen und über die Stimmung in der Heimat informiert zu bleiben [ZIEMANN]. Im Osten gelang es im August 1914, das russische Vordringen beim ostpreußischen Tannenberg zum Halten zu bringen. 1915 eroberten Truppen der Mittelmächte das gesamte russische Polen und Teile des Baltikums, was die Hoffnung auf einen deutschen Sieg schließlich auch im Westen aufrecht erhielt.

> S. 120 ff. Totaler Krieg und Massenvernichtung

Die zunehmende Dauer des Krieges und sein technisierter Charakter machten den Erfolg an der Front von der effizienten Mobilisierung aller wirtschaftlichen Ressourcen in der Heimat abhängig. Neue staatliche Behörden und Kontrollinstrumente sollten dies gewährleisten. Deutschland, das seit Kriegsbeginn durch eine englische Seeblockade von

wichtigen Importen abgeschnitten war, begann als erstes Land noch im Sommer 1914 mit der Lenkung der Rohstoffzufuhr für die Industrieproduktion. Die Rationierung und die Festsetzung von Höchstpreisen für Lebensmittel sollten die Versorgung der Bevölkerung sicherstellen. 1916 traten Paul von Hindenburg (1847–1934) und Erich Ludendorff (1865–1937), die Sieger von Tannenberg, an die Spitze der Obersten Heeresleitung und übernahmen de facto auch die politische Führung des Kaiserreichs. Im Zentrum ihres Versuchs, die deutsche Kriegsproduktion zu steigern, stand eine allgemeine Dienstpflicht für Männer. Sie sollte zusätzliche Arbeitskräfte mobilisieren und häufigen Arbeitsplatzwechsel eindämmen. Dem „Hilfsdienstgesetz" blieb der Erfolg weitgehend versagt, aber seine innenpolitische Bedeutung war groß: Auf Druck des langsam an Einfluss gewinnenden Reichstags musste den Gewerkschaften das Recht eingeräumt werden, über den Arbeitsplatzwechsel mitzubestimmen und in allen größeren Industriebetrieben Anhänger zu organisieren.

Mittlerweile war der Anteil der Frauen an der Industriearbeiterschaft in allen Ländern stark gewachsen. In Deutschland stieg er bis 1918 auf ein Drittel an, was einer Zahl von 2 Millionen entsprach. Die meisten Rüstungsarbeiterinnen hatten, dem Vorkriegstrend folgend, schlechter bezahlte Arbeitsplätze verlassen, vor allem den des Dienstmädchens. Frauen aus dem Bürgertum rückten in ein Netz neuer Fürsorgepositionen ein, um die arbeitenden Frauen und ihre Familien zu beraten und zu betreuen. Die hergebrachte Definition der Geschlechterrollen änderte sich damit zwar nicht grundlegend. Doch das gewachsene gesellschaftliche Gewicht der Frauen schlug sich politisch im Gewinn des

Als erster nahezu „Totaler Krieg" stellte der Erste Weltkrieg auch die visuellen Medien in nie gekannter Weise in seinen Dienst. Neben dem Film und der Bildpostkarte fielen besonders dem **Plakat** wichtige Funktionen zu. Es sollte die internationale Öffentlichkeit für die eigene Sache gewinnen, die Moral des Gegners schwächen, der zu diesem Zweck mit einem Flugblattregen bedacht wurde, und die Durchhaltebereitschaft der Heimat festigen. In England und Frankreich verbreitete schon seit Ende 1914 ein wirksamer Propagandaapparat das Feindbild vom barbarischen deutschen Angreifer, der im brutalen Umgang mit der Zivilbevölkerung Belgiens sein wahres Wesen gezeigt habe. Die französische Propaganda konnte darüber hinaus glaubwürdig betonen, dass man den Krieg nur führe, um die Invasoren wieder vom heimischen Boden zu vertreiben. In Deutschland fiel es dagegen viel schwerer, das Kriegsziel klar zu benennen. Auch deshalb setzte hier die intensive Bildpropaganda erst 1917 ein.

Die unterschiedlichen Ansätze traten gerade in der Werbung für Kriegsanleihen zutage, die ein wichtiges Instrument der Kriegsfinanzierung bildeten und nur bei hoher Zeichnungsbereitschaft der Bevölkerung erfolgreich sein konnten. Fritz Erlers (1868–1940) stilbildendes Plakat vom Frühjahr 1917 zeigt den deutschen Frontkämpfer mit den Symbolen des modernen Stellungskriegs, Gasmaske, Stahlhelm und Stacheldraht. Körperhaltung und Blick drücken

Entschlossenheit aus, doch findet sich darin auch ein Anflug von Sehnsucht nach dem Kriegsende und der Heimat. Im ebenfalls 1917 entstandenen französischen Gegenstück von Jean Droit signalisiert zwar das aufgepflanzte Bajonett des griffbereiten Gewehrs Kampfbereitschaft. Doch die in die Taschen gesteckten Hände und der zurückgeschobene Stahlhelm verleihen dem Frontsoldaten, der wohl eine Auszeichnung trägt, aber kein junger Mann mehr ist, zugleich deutliche Züge eines Zivilisten. Auch der Plakattext hat neben dem militärischen einen ausgeprägt zivilen Bezug: „Aufrecht im Schützengraben, den die Morgenröte erleuchtet, träumt der Soldat vom Sieg und seinem Heim. Damit er den einen erlangen und zum anderen zurückkehren kann, zeichnet die 3. Anleihe der Nationalen Verteidigung!" Die Kriegerdenkmäler der zwanziger Jahre sollten diese unterschiedliche Akzentsetzung – auf den Kämpfer in Deutschland und den Verteidiger in Frankreich – fortschreiben.

Bilder: Fritz Erler, Helft uns siegen!, Plakat (Lithographie), 1917, Deutsches Historisches Museum, Berlin; Jean Droit, Debout dans la tranchée ..., Plakat (Lithographie), 1917, Bibliothèque de documentation internationale contemporaine et Musée d'Histoire Contemporaine, Paris.

Literatur: R. ROTHER (Hrsg.), Die letzten Tage der Menschheit. Bilder des Ersten Weltkrieges. Ausstellungskatalog, Berlin 1994.

EBOUT DANS LA TRANCHÉE
JE L'AURORE ÉCLAIRE, LE SOLDAT
VE À LA VICTOIRE ET À SON FOYER.
UR QU'IL PUISSE ASSURER L'UNE
ET RETROUVER L'AUTRE.
SOUSCRIVEZ
3ᵉ EMPRUNT DE LA DÉFENSE NATIONALE

Krise und Ambivalenz der Moderne
Industrielle
Massengesellschaft
zwischen Demokratie
und Diktatur

Wahlrechts mit Ende des Krieges (Großbritannien) bzw. der Revolution in seinem Gefolge (Deutschland) nieder [DANIEL; GRAYZEL].

Im dritten Jahr des ersten nahezu „Totalen Krieges" waren die Leiden der Bevölkerung an der Heimatfront unübersehbar, gerade in Deutschland. Nahrungsmangel, unzureichende Kleidung, fehlendes Heizmaterial und die wachsende Preisinflation bereiteten den Boden für Proteste gegen eine als ungleich empfundene Verteilung der Lasten. Bauern, die Preiskontrollen umgingen, und Unternehmer, die durch Rüstungsaufträge reich wurden, verfielen als „Profiteure" öffentlicher Kritik [WINTER/ROBERT]. Frauen spielten bei Protestaktionen auf der Straße eine führende Rolle [DAVIS]. In den großen Rüstungsbetrieben verloren die Gewerkschaften gegenüber radikalen Belegschaftsvertretern an Einfluss und sahen sich seit dem Frühjahr 1917 mit Streiks konfrontiert, bei denen in Deutschland, Frankreich und England hunderttausende von Arbeiterinnen und Arbeitern in den Ausstand traten. Auftrieb erhielt die Protestbewegung von der Märzrevolution in Russland, in der das autoritärste der am Krieg beteiligten Regime unter dem Druck militärischer Misserfolge und sich zuspitzenden Versorgungsengpässen zusammengebrochen war.

Der deutsche Kaiser suchte der wachsenden Opposition mit dem Versprechen einer Demokratisierung des preußischen Wahlrechts – nach Kriegsende – zu begegnen. Doch zwei Tage nach seiner „Osterbotschaft" spaltete sich die „Unabhängige Sozialdemokratische Partei Deutschlands" von der SPD ab. Die USPD forderte einen Verständigungsfrieden mit allen Kriegsgegnern und kündigte den Burgfrieden auf. Im Sommer 1917 verließen die Sozialisten die französische Regierung

▷ S. 118
Totaler Krieg
und Massenvernichtung

und ein wichtiges Kabinettsmitglied der Labour Party die britische. Die Kriegsmüdigkeit der Bevölkerung beförderte überall eine politische Radikalisierung mit vorerst ungewissem Ausgang.

Revolution und Gegenrevolution.

Am 6. November 1917 (dem 25. Oktober des alten russischen Kalenders) stürzten die Bolschewiki unter Lenin (1870–1924) und Trotzki (1879–1940) die provisorische Regierung Russlands. In der „Oktoberrevolution" kam ein Regime an die Macht, das eine radikale, auch massive Gewalt nicht scheuende Umwälzung der Gesellschaft durchzusetzen versuchte und überall in Europa Anhänger aus dem linken Flügel der Arbeiterbewegung fand. Das europäische Bürgertum entwickelte unterschiedliche, von den jeweiligen nationalen Traditionen geleitete Antworten auf diese Drohung der politischen und sozialen Revolution.

Der Zusammenbruch des deutschen Kaiserreichs begann sich im Sommer 1918 anzukündigen, als eine groß angelegte Offensive an der Westfront scheiterte. Inzwischen war die USA auf Seiten Englands und Frankreichs in den Krieg eingetreten. Während Ludendorff Anfang August die Hoffnung auf einen Sieg aufgab, aber erst zwei Monate später den Kaiser zu einem Waffenstillstand drängte, zogen viele deutsche Soldaten aus der hoffnungslosen Lage die Konsequenz eines „verdeckten Militärstreiks" [DEIST]. In der Heimat, wo im Gegensatz etwa zu England militärische Stellen gegenüber den Zivilbehörden das letzte Wort hatten, blieben die sich verschärfenden Versorgungsprobleme ungelöst. So erodierte an der Front und in der Heimat das Vertrauen in die Monarchie. Die Propaganda der radi-

▷ S. 122
Totaler
Krieg und
Massen-
vernichtung

kalen Linken beschleunigte diesen Prozess, seine Ursache war sie nicht.

Zum Auslöser der deutschen Revolution wurden die Matrosen der Kriegsmarine, die sich einem am 29. Oktober 1918 befohlenen Angriff auf die englische Flotte verweigerten, den sie als sinnlosen Opfergang ansahen. Seit dem 3. November bildeten sich in vielen deutschen Städten Arbeiter- und Soldatenräte, am 7. November wurde der bayerische König als erster der deutschen Monarchen gestürzt. In dieser Situation drängte der SPD-Vorsitzende Friedrich Ebert (1871–1925) auf die Übergabe der Macht, um die anschwellende Massenbewegung in kontrollierbare Bahnen lenken zu können. Nach der Abdankung des Kaisers und der Ausrufung der Republik am 9. November bildete er aus Vertretern von SPD und USPD den „Rat der Volksbeauftragten" als provisorische Regierung. Chaotische Zustände wie in Russland, wo mittlerweile ein blutiger Bürgerkrieg ausgebrochen war, sollten unter allen Umständen verhindert werden. Zwei Tage später schloss eine Regierungsdelegation unter Führung des Zentrumspolitikers Matthias Erzberger (1875–1921) einen Waffenstillstand mit den Alliierten. Während die Hoffnung trog, Zivilisten könnten bessere Bedingungen aushandeln, konnten sich die abwesenden Militärs ihrer Verantwortung entziehen und die Legende vom „Dolchstoß" der Heimat in den Rücken der Armee in Umlauf setzen.

Die Angst vor „russischen Zuständen" hatte maßgeblichen Einfluss auf die Gründungskompromisse der neuen Republik. Noch am 10. November erhielt Ebert die Unterstützung der Obersten Heeresleitung, musste sich aber im Gegenzug verpflichten, die hergebrachte Befehlsstruktur des Militärs nicht anzutasten. Es ist offen, ob der Neuaufbau einer demokratietreuen Armee in einer Situation eine Chance gehabt hätte, in der die kriegsmüden Soldaten nur noch nach Hause wollten. So jedoch musste die Regierung bald auf Freiwilligenformationen von zweifelhafter demokratischer Loyalität – die „Freikorps" – zurückgreifen, um ihre Autorität gegenüber Erhebungen der radikalen Linken durchzusetzen. In einem weiteren Schlüsselkompromiss akzeptierten die Unternehmer die Gewerkschaften als Tarifpartner und gewährten den lange geforderten 8-Stunden-Tag. Im Gegenzug wollten die Gewerkschaften nicht auf die Verstaatlichung von Großunternehmen drängen. Außerdem gelang es Ebert, die rasche Wahl einer Nationalversammlung durchzusetzen. [KOLB; WEHLER].

Gegen diesen Kurs formierte sich im Frühjahr 1919 eine diffuse Protestbewegung. Sie artikulierte sich in großen Streiks der Arbeiterschaft im Ruhrgebiet und in Mitteldeutschland und isolierten Versuchen zur Ausrufung einer Räterepublik, unter anderem in München. Die Anhänger des russischen Modells, die sich zunächst im Spartakusbund und dann in der „Kommunistischen Partei Deutschlands" (KPD) organisierten, bildeten zu Beginn nur eine kleine Minderheit. Doch die unerhörte Brutalität, mit der die Freikorps gegen die Bewegung vorgingen, entfremdete auch viele andere Arbeiter auf Dauer der Republik.

Die neugewählte Nationalversammlung trat fern der politischen Unruhen in Weimar zusammen. Ihre drei Mehrheitsparteien, neben der SPD das katholische Zentrum und die linksliberale „Deutsche Demokratische Partei" (DDP), schufen eine Verfassung, die einen Katalog von Grundrechten enthielt und die neue Republik ausdrücklich als Sozialstaat definierte. Neben dem Parlament sah sie ei-

nen mit großer Macht ausgestatteten Reichspräsidenten als zweite direkt vom Volk gewählte Instanz vor. Diese Verfassung war ein weiterer, in verschiedene Richtungen deutbarer Gründungskompromiss der „Weimarer Republik".

Mit dem Versailler Friedensvertrag fiel der Republik im Sommer 1919 eine ihrer schwersten Hypotheken zu. Während die Gebietsverluste Deutschlands Rang als europäische Großmacht im Kern nicht antasteten, schienen die Reduzierung des Militärs auf 100 000 Mann und Reparationen von zunächst astronomischer Höhe seinen Status als besiegte Nation auf lange Zeit festzuschreiben. Dass Deutschland die (juristische) Alleinschuld am Krieg zugewiesen wurde, war angesichts der Leiden von Belgiern und Franzosen unter der deutschen Besatzung verständlich, aber politisch unklug [AUDOIN-ROUZEAU/BECKER]. Rechtsextreme Propaganda fand hier den idealen Ansatzpunkt, jegliche Verständigung mit den Kriegsgegnern zu attackieren und die Weimarer Republik insgesamt zu diskreditieren.

▷ S. 179 Staaten, Nationen, Internationale Beziehungen

Bis 1923 durchlief die Republik eine krisenhafte, sich am Ende dramatisch zuspitzende Entwicklung. Während die Kommunisten es nicht vermochten, ihre wachsende Anhängerschaft zu einer zweiten Revolution zu mobilisieren, stießen sie am rechten Rand des politischen Spektrums auf einen neuen Gegner, der den Einsatz von Gewalt nicht scheute [SCHUMANN]. Weder Umsturzversuche wie der „Kapp-Putsch" von 1920 noch politische Morde wie die an Matthias Erzberger 1921 und dem jüdischen Reichsaußenminister Walther Rathenau (1867–1922) erreichten jedoch das Ziel, mit dem Kommunismus zugleich die als undeutsch und unfähig denunzierte Demokratie zu beseitigen. Als im

109

Forschungsstimme

Der Verfall des Geldwerts war ein Problem aller am Ersten Weltkrieg beteiligten Länder. In Deutschland nahm er jedoch besonders dramatische Formen an. Nach Kriegsende wurde hier die noch relativ mäßige Inflation nicht gestoppt, weil sie die demobilisierten Soldaten in den Arbeitsmarkt integrieren half und die Zahlung der Reparationen erleichterte. Nach dem Mord an Außenminister Rathenau begann der Wert der deutschen Währung aber rasch zu sinken und verfiel vollends, als nach der Besetzung des Ruhrgebiets durch alliierte Truppen Anfang 1923 die deutsche Regierung den passiven Widerstand ausrief und über die Notenpresse finanzierte. Welch komplexe Folgen die Inflation nach sich zog, beschreibt **Martin H. Geyer**:

„Die Dramatik, die sich hinter der Geschichte der Geldentwertung und allemal der Hyperinflation verbirgt, beschränkt sich [...] nicht auf das mit der enormen Umschichtung des Volksvermögens verbundene Durcheinanderwirbeln sozialer Hierarchien, die verbreitete Existenzunsicherheit und die Proletarisierung einzelner sozialer Gruppen. [...] Mindestens ebenso wichtig ist die Tatsache, dass das Geld sukzessive seine Funktion als vermeintlich neutraler Maßstab [...] verlor. Vor diesem Hintergrund sind die in Variationen schon vor 1923 anzutreffenden Urteile der Zeitgenossen zu verstehen, dass sich die Werte ‚verkehrt' hätten: Überkommene Wertzuordnungen schienen unbrauchbar; Recht, Gesetze und Rechtsempfinden, ohnehin in permanenter Spannung, drifteten zunehmend auseinander. Die allenthalben anzutreffenden Debatten über ‚Gerechtigkeit' sind ein Zeichen dafür." [GEYER 1998, 384f.]

„Die Inflation bedeutete die radikalste Konfrontation mit dem Zerrbild eines Kapitalismus, der, wie viele seiner Kritiker mahnten, allein auf dem Geldnexus beruhte. [...] Der Typus des Spekulanten und Profiteurs war die Abstraktion reiner Geldzirkulation. Er repräsentierte [...] das höchstmögliche Maß von Individualismus und – weil in seinem Handeln nicht an Tradition gebunden – auch an Freiheit. Es mag wenig überraschen, dass er gleichermaßen mit dem ‚Juden', dem Typus der ‚neuen Frau', der Ausbreitung der großstädtischen Massenkultur, der Avantgarde, und [...] mit Berlin und der Weimarer Republik in Verbindung gebracht wurde." [GEYER 1998, 385f.]

Literatur: M. GEYER, Verkehrte Welt. Revolution, Inflation und Moderne: München 1914–1924, Göttingen 1998.

Herbst 1923 die Inflation völlig außer Kontrolle geriet [FELDMAN; GEYER 1998], die KPD den „Deutschen Oktober" proklamierte und von München aus ein noch unbekannter Agitator namens Adolf Hitler (1889–1945) mit seinem paramilitärischen Gefolge die Reichsregierung stürzen wollte, schien die Weimarer Republik am Ende zu sein. Doch Reichspräsident Ebert und sein Kanzler Gustav Stresemann (1878–1929) waren entschlossen, die Demokratie zu erhalten und konnten die politische wie die wirtschaftliche Lage beruhigen.

In Italien hingegen gelang es 1922 den „Faszisten" Benito Mussolinis (1883–1945), Streiks und Landbesetzungen mit Gewalt zu beenden und den schwachen bürgerlichen Staat durch ein autoritäres Regime zu ersetzen [REICHARDT]. Auch in Ungarn war die Gegenrevolution in einem blutigen Bürgerkrieg erfolgreich. In England hingegen vermochten die großen Streiks der Nachkriegszeit die Demokratie nicht wirklich zu beschädigen und in Frankreich wurden die scharfen politischen Gegensätze durch die republikanische Tradition gemildert [WIRSCHING/SCHUMANN; MOMMSEN]. Trotz aller Erschütterungen, die der Erste Weltkrieg ausgelöst hatte, war die Zukunft Europas zur Mitte der zwanziger Jahre noch relativ offen.

Umstrittene Moderne, unsichere Stabilität. Der Erste Weltkrieg hinterließ die ungeheure Zahl von ca. 9 Millionen Gefallenen und mehr als 15 Millionen verwundeten Soldaten. Hinter diesen dürren Zahlen verbargen sich nicht nur Abermillionen von Familien, die mit dem Verlust von Ehegatten, Vätern und Söhnen fertig werden mussten. Die Zahlen lassen auch erkennen, dass die Versorgung der Hinterbliebenen und Kriegsversehrten nicht mehr

▷ S. 122 Totaler Krieg und Massenvernichtu

den traditionellen Institutionen der Armen- und Krankenfürsorge allein überlassen bleiben konnte. In Deutschland verschärfte sich das Problem zusätzlich dadurch, dass in der Inflation viele Angehörige der Mittelschicht ihr in Wertpapieren angelegtes Vermögen verloren hatten.

Die Weimarer Republik gewährte diesen Gruppen seit 1920 besondere Leistungen und legte Fürsorgeleistungen überhaupt einen Rechtsanspruch zugrunde. Das Kernstück der ausgeweiteten Sozialpolitik war 1927 die Einführung der von Arbeitgebern und Arbeitnehmern paritätisch finanzierten, aber vom Staat garantierten Arbeitslosenversicherung, über die außer Deutschland nur Großbritannien verfügte. In den Städten führte die öffentliche Förderung des Wohnungsbaus zu einer nachhaltigen Verbesserung der Lebensqualität. Doch so sehr sich Deutschland an der Spitze des sozialpolitischen Fortschritts setzte: Hinter den umfassenden Versprechen der Verfassung blieben die tatsächlichen Leistungen zurück und waren in einer wirtschaftlichen Krise vom Abbau bedroht. Enttäuschte Erwartungen mussten die Folge sein [Geyer 1983].

▷ S. 324 Vergleich und Transnationalität

Auch kulturell erlebte Deutschland nach dem Ersten Weltkrieg einen Modernisierungsschub. Achtstundentag und Inflationsboom erlaubten nun jene Massenpartizipation an Konsum und Unterhaltung, die sich um die Jahrhundertwende erst angedeutet hatte. Sportveranstaltungen fanden ein großes Publikum, die Boulevardpresse und populären Zeitschriften verzeichneten rasch steigende Auflagen, und der Rundfunk entstand als neues Massenmedium [Maase]. Vor allem erlebte der Film eine kometenhafte Entwicklung. Er bot der künstlerischen Avantgarde Ausdrucksmöglichkeiten und transportierte

Rollenbilder für ein Massenpublikum. Eine eigenständige deutsche Filmindustrie entstand, die mit expressionistischen Visionen Weltgeltung erlangte. Nach der mit amerikanischer Hilfe herbeigeführten Wirtschaftsstabilisierung verlor sie zunächst Boden an Hollywood, holte aber seit der Einführung des Tonfilms 1929 wieder auf [Kaes].

Einflüsse aus Amerika wurden auch wirksam im Rollenmodell der Selbstständigkeit ebenso wie Attraktivität ausstrahlenden „Neuen Frau". Ihm entsprach jedoch allenfalls die Lebenswirklichkeit einer kleinen Minderheit, auch wenn Frauen auf dem Arbeitsmarkt vom Wachstum des Dienstleistungssektors und der Öffnung akademischer Berufe profitierten. Wie etwa die Wahlkampfrhetorik der Parteien und die heftige, aber ergebnislose Debatte über das Verbot der Abtreibung (§ 218) zeigten, blieb das Leitbild der Ehefrau und Mutter bestimmend, deren spezifische Tugenden die inneren Gegensätze der Nation überwinden helfen sollten [Sneeringer; Usborne].

▷ S. 99 Lebenswelten in der Moderne

Diese Gegensätze blieben auch in den relativ ruhigen mittleren Jahren der Weimarer Republik bestehen. Zwar konnten die drei Parteien der „Weimarer Koalition" bis 1932 Preußen erfolgreich regieren, doch im Reichstag hatten sie schon 1920 ihre Mehrheit verloren. Danach stützten sich, von 1923 abgesehen, die Reichskabinette auf instabile Koalitionen der bürgerlichen Parteien, bis 1928 eine Regierung der Großen Koalition unter Führung der SPD gebildet wurde. Sie sollte 1930, nicht zufällig, am Konflikt über die Arbeitslosenversicherung zerbrechen.

Vor allem die Schwerindustriellen rückten nach dem Ende der Inflation von den sozialpolitischen Gründungskompromissen der Revolutionszeit ab. Sie machten Front gegen die

111

„An apple, they say,/ Keeps the doctor away,/ While his pretty young wife,/ Has the time of her life, /With the butcher, the baker, the candlestickmaker. /Oh, what am I bid for my apple?", singt die verführerische Halbweltdame Amy Jolly in einem marokkanischen Nachtclub, bevor sie ihrem Verehrer von der Fremdenlegion – und vielen anderen Männern im Lokal – einen Apfel verkauft. Nicht weniger provokant hat ihr Auftritt begonnen: Im Frack und mit Zylinder tritt sie auf die Bühne, singt von der Flüchtigkeit der Liebe, lässt sich von einem der männlichen Gäste ein Glas Champagner reichen und küsst seine Begleiterin.

Morocco (1930) war Marlene Dietrichs (1901–1992) erster Hollywood-Film und ihr zweiter unter der Regie des österreich-amerikanischen Regisseurs Josef von Sternberg (1894–1969). Mit dem *Blauen Engel* (1930) hatte von Sternberg ihr in Deutschland zum Durchbruch verholfen; mit *Morocco* machte er sie zum großen Star, ebenso wie Gary Cooper (1901–1961), der den Fremdenlegionär Tom Brown spielt. In ihrer kühlen und androgynen Erotik nimmt Dietrich/Jolly Merkmale der „Neuen Frau" Weimars auf. Sie wahrt Distanz, um ihre Unabhängigkeit zu bewahren und sich vor Verletzungen zu schützen und sie lässt sich nicht auf Rollen und Partner festlegen, weder sexuell noch sozial. Dieser offen definierten Weiblichkeit steht eine nicht-patriarchalische Männlichkeit mit unverkennbar masochistischen Zügen gegenüber: Die dritte Hauptfigur des Films, der wohlhabende Monsieur La Bessière, hört nicht auf, um Jolly zu werben, obwohl sie ihre Zuneigung für Brown nicht verhehlt, La Bessière mehrmals zurückweist und öffentlich demütigt. Am Ende des Films folgt Jolly den in die Wüste hinausmarschierenden Fremdenlegionären, dem Geliebten nah, aber nicht mit ihm vereint.

Wie die weiteren Filme, die von Sternberg in den folgenden Jahren mit Marlene Dietrich in Hollywood drehte, galt *Morocco* wegen seiner Atmosphäre, die durch eine ausgefeilte Lichttechnik und Bühnenausstattung erzeugt wurde, in den USA als innovatives Werk. Die deutsche Filmkritik warf ihnen dagegen lebensferne Sentimentalität vor, auch wenn sie die künstlerischen Fähigkeiten des Regisseurs durchaus anerkannte. Der Einzug des Tonfilms 1929/30 hatte zwar den Marktanteil Hollywoods in Deutschland drastisch sinken lassen und der Angst vor einer Dominanz der amerikanischen Filmindustrie ein Ende gemacht. Doch mit der innenpolitischen Polarisierung seit 1930 verstärkten sich in der Filmkritik die nationalistischen Töne. Nach der Machtübernahme durch die Nationalsozialisten 1933 erlebte der deutsche Film einen beispiellosen Exodus. 2 000 Filmschaffende verließen das Land, die meisten gingen schließlich nach Hollywood.

Bild: Gary Cooper und Marlene Dietrich, Standfoto aus *Morocco*, USA 1930, Regie: Josef von Sternberg, SV-Bilderdienst/Scherl.

Literatur: J. BAXTER, The Cinema of Josef von Sternberg, London 1971; T.J. SAUNDERS, Hollywood in Berlin. American Cinema and Weimar Germany, Berkeley 1994.

Krise und Ambivalenz der Moderne
Industrielle
Massengesellschaft
zwischen Demokratie
und Diktatur

als zu hoch empfundenen Löhne und die Lasten der Sozialversicherungen, aber auch gegen die parlamentarische Demokratie überhaupt. Seit 1927/28 vertiefte eine schwere Agrarkrise die Gegnerschaft der Landwirte zur Weimarer Republik. Besonders die ostelbischen Gutsbesitzer waren gut organisiert und standen in direkter Verbindung mit dem 1925 gewählten Reichspräsidenten Paul von Hindenburg.

Seine Wahl machte deutlich, dass sich auf der rechten Seite des politischen Spektrums in Deutschland ein bürgerlich-nationalistisches Lager unter der Führung von entschiedenen Republikgegnern zu bilden begann. Auf der anderen Seite blieben die Gegensätze zwischen den Sozialdemokraten und den von Moskau gelenkten, ebenfalls dezidiert republikfeindlichen Kommunisten unüberbrückbar, auch wenn es gelegentlich zu punktueller Zusammenarbeit kam. Ihren deutlichsten Ausdruck fand die innere Spaltung in den „Wehrverbänden", die mit ihren Aufmärschen und ihrem Männlichkeitskult der politischen Kultur militärische Züge verliehen [SCHUMANN; WIRSCHING].

Die im Herbst 1929 ausbrechende Weltwirtschaftskrise ließ die Zahl der Arbeitslosen in Deutschland bis 1932 auf über 6 Millionen anschwellen und radikalisierte die innenpolitischen Auseinandersetzungen weiter. Hindenburg handelte im Einklang mit den Befürwortern einer autoritären Revision der Verfassung, als er im März 1930 mit Heinrich Brüning (1885–1970) einen Kanzler ernannte, der sich allein auf die Notverordnungsbefugnisse des Reichspräsidenten stützte, obwohl eine parlamentarische Mehrheitsbildung möglich gewesen wäre. Die Reichstagswahl vom folgenden September bescherte Hitlers neu formierter NSDAP einen gewaltigen

Mandatszuwachs. Mit intensiver Propaganda wandte sie sich an alle Bevölkerungsgruppen, während ihre SA („Sturmabteilung") die Gewaltbereitschaft der anderen Wehrverbände übertraf und sich zugleich als Ordnungsmacht gegen die Linke anbot. Brünings Nachfolger Franz von Papen (1879–1969) gelang es nicht, Hitler zur Tolerierung seines Präsidialkabinetts zu bewegen, auch nicht nachdem er die preußische Regierung, das letzte Bollwerk der Weimarer Demokratie, in einem staatsstreichartigen Vorgehen abgesetzt hatte. Die Reichstagswahl vom Juli 1932 machte die NSDAP mit 37,3 % der Stimmen zur stärksten Partei, doch scheiterte Hitlers Griff nach der Kanzlerschaft noch an Hindenburg, dem er wenige Monate zuvor bei der Reichspräsidentenwahl unterlegen war. In einer erneuten Reichstagswahl im November erlitt die NSDAP zwar empfindliche Einbußen, verfügte jedoch zusammen mit der auf 16,9 % angewachsenen KPD über eine Sperrmajorität, die jede Notverordnung Hindenburgs aufheben konnte. Papens Nachfolger General Kurt v. Schleicher (1882–1934), der schon zuvor im Hintergrund die Fäden gezogen hatte, scheiterte im Januar 1933 mit dem Versuch, durch ein Arbeitsbeschaffungsprogramm die Unterstützung der Gewerkschaften und von Teilen der NSDAP zu gewinnen. Hindenburg blieben jetzt nur noch zwei Optionen: den Reichstag aufzulösen und für unbestimmte Zeit, gestützt auf das Militär, ohne Parlament zu regieren, um nach Ende der Wirtschaftskrise zu einer eingeschränkt parlamentarischen Regierungsweise zurückzukehren, oder durch die Ernennung Hitlers zum Reichskanzler eine Regierung mit parlamentarischer Basis, jedoch extremistischer Ausrichtung zu bilden. Gedrängt von Vertretern der Großlandwirtschaft und der Führung der Deutsch- 113 nationalen Volkspartei entschied sich Hindenburg unter Papens Vermittlung für die zweite Option.

Aufstieg der Diktatur. Schon bald nach Hitlers Ernennung zum Kanzler am 30. Januar 1933 wurde deutlich, dass er sich nicht von Papen und dessen Gesinnungsfreunden „zähmen" lassen würde. Gegen deren Willen setzte er die Neuwahl des Reichstags Anfang März durch. Der Wahlkampf stand im Zeichen des Terrors gegen die politischen Gegner, vor allem Sozialdemokraten und Kommunisten. Den Brand des Reichstags am 27. Februar nutzte Hitler für eine Notverordnung, die wesentliche bürgerliche Freiheiten der Verfassung außer Kraft setzte. Damit war die Grundlage für die Diktatur der folgenden Jahr gelegt.

Doch trotz Einschüchterung und Gewalt errang die NSDAP wenige Tage später mit 43,9 % der Stimmen nicht die erhoffte absolute Mehrheit. Es bedurfte weiteren Drucks und falscher Versprechungen, um die anderen Parteien – mit Ausnahme der SPD – dazu zu bewegen, dem „Ermächtigungsgesetz" zuzustimmen, mit dem das Parlament sich selbst ausschaltete. Bald darauf brachte die NSDAP die Regierungen der Länder und die Gewerkschaften unter ihre Kontrolle und begann mit der Absetzung missliebiger Beamter. Der Boykott jüdischer Geschäfte am 1. April, dem noch im selben Monat ein Berufsverbot für jüdische Richter, Rechts- und Staatsanwälte folgte und ein Gesetz, das die Zwangssterilisation von Menschen mit schweren Erbkrankheiten verfügte, deuteten schon früh die Kombination von Diskriminierung und Gewalt der „Rassenpolitik" des Regimes an. Rasch kam es zur „Gleichschaltung" – und Selbstgleichschaltung – weiterer Organisatio-

nen und Institutionen. Als Anfang 1934 SA-Stabschef Ernst Röhm (1887–1934) größeren Einfluss für seinen Verband forderte und ihm die Reichswehr angliedern wollte, ging Hitler unter dem Vorwand, einen Staatsstreich zu verhindern, mit Unterstützung der Reichswehr gewaltsam gegen ihn vor. Kommandos von Gestapo und SS ermordeten Röhm, weitere SA-Führer und eine Reihe von Regimegegnern. Als Reichspräsident Hindenburg am 2. August 1934 starb, machte Hitler sich zum „Führer und Reichskanzler". Noch am selben Tag wurde die Reichswehr auf ihn als Person vereidigt. Damit hatte sich die nationalsozialistische Diktatur endgültig konsolidiert [HILDEBRAND; WEHLER].

Anfang 1934 hatte auch in Österreich ein autoritäres Regime die Macht ergriffen, das sich auf paramilitärische Verbände stützte und einen Aufstand der Wiener Arbeiter blutig niederwarf. In Polen, den baltischen Staaten, auf dem Balkan und in Griechenland, wo demokratische Traditionen nur schwach ausgebildet waren, etablierten sich zwischen Mitte der zwanziger und Mitte der dreißiger Jahre ebenfalls autoritäre Regime. Auch in Frankreich wuchsen die Spannungen zwischen rechts und links bedrohlich an. Fast überall in Europa war die Demokratie zu Beginn der dreißiger Jahre auf dem Rückzug. Nur der neugewählte US-Präsident Franklin D. Roosevelt verfügte mit dem „New Deal" über ein klares Konzept zur Überwindung der Wirtschaftskrise, das auf staatliche Maßnahmen im Rahmen einer demokratischen Ordnung setzte.

Dirk Schumann

Als dieses Bild aufgenommen wurde, gab es für Hitlers konservative Bundesgenossen schon nicht mehr viel Grund zur Freude. Nach einem peinlichen Auftritt auf internationalem Parkett hatte am 27. Juni 1933 Alfred Hugenberg (1865–1951) **Hitlers Kabinett** verlassen müssen. Hugenberg hatte als Vorsitzender der Deutschnationalen Volkspartei (DNVP) seit 1928 zu den nachdrücklichsten Verfechtern einer Zusammenarbeit von Rechtskonservativen und Nationalsozialisten gehört und gehofft, als neuer „Superminister" für Wirtschaft und Ernährung großen politischen Einfluss ausüben zu können. Die DNVP löste sich unmittelbar nach seinem Rücktritt auf, am 5. Juli gefolgt vom Zentrum als letzter neben der NSDAP verbliebenen Partei. Die „Zähmung" Hitlers war bereits ein halbes Jahr nach seiner Ernennung zum Reichskanzler auf der ganzen Linie gescheitert.

Der Machtanspruch der Nationalsozialisten wird schon in ihrer Kleidung sichtbar. Außer Hitler und Staatssekretär Walter Funk (1890–1960) tragen alle der NSDAP angehörenden Kabinettsmitglieder eine Parteiuniform und heben sich in ihrem militarisierten Erscheinungsbild deutlich von den bürgerlich-konservativ gekleideten Ministerkollegen ab. Eine wichtige Funktion kam dem Reichskabinett bald nicht mehr zu. Regelmäßige Kabinettssitzungen gab es nur in den ersten Monaten; seit Februar 1938 fanden sie überhaupt nicht mehr statt. Die nicht der NSDAP angehörenden Minister gerieten gegenüber dem wuchernden Geflecht von Parteiämtern und -institutionen ins Abseits und konnten allenfalls noch punktuellen Einfluss auf die Politik des Regimes nehmen.

Die Aufnahme zeigt von links nach rechts: Staatssekretär im Propagandaministerium Walter Funk, Staatssekretär in der Reichskanzlei Hans Heinrich Lammers (1879–1962), Reichsernährungsminister Walter Darré (1895–1953), Reichsarbeitsminister Franz Seldte (1882–1947), Reichsjustizminister Franz Gürtner (1881–1941), Reichspropagandaminister Dr. Joseph Goebbels (1897–1945), Reichspost- und -verkehrsminister Paul von Eltz-Rübenach (1875–1943), Hitler, Reichsluftfahrtminister und preußischer Ministerpräsident Hermann Göring (1893–1946), Reichswirtschaftsminister Dr. Kurt Schmitt (1886–1950), Reichswehrminister General Werner von Blomberg (1878–1946), Reichsinnenminister Dr. Wilhelm Frick (1877–1946), Reichsaußenminister Konstantin von Neurath (1873–1956), Reichsbankpräsident Dr. Hjalmar Schacht (1877–1970), Reichsfinanzminister Lutz Schwerin von Krosigk (1887–1977), preußischer Finanzminister Dr. Johannes Popitz (1884–1945), Vizekanzler Franz von Papen, Staatssekretär im Präsidialamt Otto Meissner (1880–1953).

Bild: Das Reichskabinett 1933, United States Holocaust Memorial Museum, Washington D.C., W/S 79487.

Literatur: I. Kershaw, Hitler, 1889–1936, Stuttgart 1998.

Literatur

St. Audoin-Rouzeau/A. Becker, 14–18. Understanding the Great War, New York 2002 [franz. 2000].

V. Berghahn, Sarajewo, 28. Juni 1914. Der Untergang des alten Europa, München 1997.

R. Chickering, Das Deutsche Reich und der Erste Weltkrieg, München 2002.

U. Daniel, Arbeiterfrauen in der Kriegsgesellschaft. Beruf, Familie und Politik im Ersten Weltkrieg, Göttingen 1989.

B. Davis, Homes Fires Burning. Food, Politics, and Everyday Life in World War I Berlin. Chapel Hill 2000.

W. Deist, Verdeckter Militärstreik im Kriegsjahr 1918?, in: W. Wette (Hrsg.), Der Krieg des Kleinen Mannes, München 1992, 146–167.

G. Feldman, The Great Disorder. Politics, Economics, and Society in the German Inflation, 1914–1924, New York 1993.

M. Geyer, Ein Vorbote des Wohlfahrtsstaates. Die Kriegsopferversorgung in Frankreich, Deutschland und Großbritannien nach dem Ersten Weltkrieg, in: GG 9, 1983, 230-277.

M. H. Geyer, Verkehrte Welt. Revolution, Inflation und Moderne: München 1914–1924, Göttingen 1998.

S. Grayzel, Women's Identities at War. Gender, Motherhood, and Politics in Britain and France During the First World War, Chapel Hill 1999.

K. Hildebrand, Das Dritte Reich (= Oldenbourg Grundriss der Geschichte, Bd. 17), München 6. Aufl. 2003.

A. Kaes, Film in der Weimarer Republik, in: W. Jacobsen/A. Kaes/H.H. Prinzler (Hrsg.), Geschichte des deutschen Films, Stuttgart 1993, 39–100.

E. Kolb, Die Weimarer Republik (= Oldenbourg Grundriss der Geschichte, Bd. 16), München 6 Aufl. 2002.

W. Kruse (Hg.), Eine Welt von Feinden. Der Große Krieg 1914–1918. Frankfurt/M. 1997.

K. Maase, Grenzenloses Vergnügen. Der Aufstieg der Massenkultur, 1850–1970, Frankfurt/M. 1997.

H. Mommsen (Hrsg.), Der Erste Weltkrieg und die europäische Nachkriegsordnung. Sozialer Wandel und Formveränderung der Politik, Köln 2000.

S. Reichardt, Faschistische Kampfbünde. Gewalt und Gemeinschaft im italienischen Squadrismus und in der deutschen SA, Köln 2002.

D. Schumann, Politische Gewalt in der Weimarer Republik. Kampf um die Straße und Furcht vor dem Bürgerkrieg, 1918–1933, Essen 2001.

J. Sneeringer, Winning Women's Votes. Propaganda and Politics in Weimar Germany, Chapel Hill 2002.

H-P. Ullmann, Das Deutsche Kaiserreich 1871–1918, Frankfurt 1995.

C. Usborne, The Politics of the Body in Weimar Germany. Women's Reproductive Rights and Duties, Ann Arbor 1992.

H-U. Wehler, Deutsche Gesellschaftsgeschichte, Bd. 4: Vom Beginn des Ersten Weltkriegs bis zur Gründung der beiden deutschen Staaten, 1914–1949, München 2003.

J. Winter/J.L. Robert (Hrsg.), Capital Cities at War: Paris, London, Berlin, 1914–1919, Cambridge 1997.

A. Wirsching, Vom Weltkrieg zum Bürgerkrieg? Politischer Extremismus in Deutschland und Frankreich 1918–1933/39. Berlin und Paris im Vergleich, München 1999.

Ders./D. Schumann (Hrsg.), Violence and Society after the First World War (= Journal of Modern European History H. 1), München 2003.

B. Ziemann, Front und Heimat. Ländliche Kriegserfahrungen im südlichen Bayern, Essen 1997.

Totaler Krieg und Massenvernichtung

Zeittafel

An der Schwelle eines Zeitalters der Gewalt (1861–1914). Kampf und Gewalt begleiten die Menschheit von Anfang an. Doch in keiner anderen Epoche der Weltgeschichte wurden in so kurzer Zeit so viele Menschen von Menschen getötet wie in nur drei Jahrzehnten des 20. Jahrhunderts. Das Zeitalter der Weltkriege, das 1914 begann und 1945 endete, war eine Ära der Massenkriege und Massenmorde bis dahin unbekannten Ausmaßes. Und zwischen den beiden großen Kriegen flackerten überall die Brandherde eines permanenten Bürgerkriegs. Das zigmillionenfache Sterben auf Schlachtfeldern, in zerbombten Städten und verwüsteten Dörfern, an Exekutionsgräben und in Gaskammern prägte ganz Europa und weite Teile der übrigen Welt. Die unselige Verbindung von Totalem Krieg und Völkermord legte sich wie ein Albdruck auf die moderne Geschichte – und bildet seither einen zentralen Gegenstand ihrer Erforschung. Das namenlose Opfer im Massengrab wurde zum Synonym dieser gewalttätigen Zeit, die man mit einigem Recht als „zweiten Dreißigjährigen Krieg" bezeichnen kann [WEHLER].

Um die Jahrhundertwende konnte man diese Entwicklung höchstens ahnen. Die Gefahr einer militärischen Auseinandersetzung zwischen den hochgerüsteten Mächten Europas wuchs zwar von Jahr zu Jahr, doch rechneten die meisten mit einem heftigen, aber kurzen Krieg. Außerdem gelang auf den Haager Konferenzen (1899–1907) die Kodifizierung eines international verbindlichen Kriegsvölkerrechts, das die Kombattanten, Kriegsgefangenen und Zivilisten vor Willkür und Plünderung, Mord und Quälerei schützen sollte. Die Haager Landkriegsordnung vom 18. Oktober 1907 sowie weitere Gesetze des Krieges zogen der Anwendung militärischer

Forschungsstimme

Der Begriff **Totaler Krieg** entwickelte sich in der internationalen Debatte der 20er und 30er Jahre über die Erfahrungen des Ersten Weltkriegs und die Gestalt zukünftiger Kriege zum Schlagwort, das dann im Zweiten Weltkrieg von nahezu allen beteiligten Nationen verwendet wurde. Die historische Forschung nahm diesen Begriff auf, um bestimmte Phänomene moderner Kriegführung zu beschreiben. Jüngst wurde auf einer Konferenzreihe über das „Zeitalter des Totalen Krieges 1861–1945" diskutiert, wann ein Krieg als „total" bezeichnet werden könne. Der Militärhistoriker **Stig Förster** fasst das Ergebnis zusammen und nennt die vier idealtypischen Elemente des Totalen Krieges:

1. *Totale Mobilisierung*: „Es handelt sich hierbei um die vollständige Inanspruchnahme aller gesellschaftlichen und materiellen Ressourcen eines Staates zum Zwecke der Kriegführung. [...] Im Idealfall verwandeln sich Gesellschaft und Wirtschaft in eine einzige Kriegsmaschine unter staatlicher Leitung."

2. *Totale Kriegsziele*: „Die totale Mobilisierung durch staatliche Zwangsmaßnahmen und mit Hilfe von Massenpropaganda lässt sich kaum um begrenzter Kriegsziele willen durchführen. Sie ist nur vor dem Hintergrund einer existentiellen Bedrohung von außen glaubhaft zu propagieren. [...] Totale Kriegsziele variieren dabei von der Forderung nach bedingungsloser Unterwerfung des Feindes bis hin zu dessen physischer Ausrottung."

3. *Totale Kriegsmethoden*: „Mit der Formulierung totaler Kriegsziele korrespondiert die Entgrenzung der Kriegsmittel. Die Regeln des Kriegsvölkerrechts werden zunehmend missachtet. [...] Besonders hervorstechend ist die zielbewusste und systematische Kriegführung gegen die feindliche Zivilbevölkerung. Auf diese Weise soll dem Widerstandswillen des Gegners das Rückgrat gebrochen werden."

4. *Totale Kontrolle*: „Unter den Bedingungen arbeitsteiliger Gesellschaften und moderner Industriestaaten lassen sich totale Kriegsanstrengungen nur unter vollständiger Kontrolle durch die politischen und militärischen Behörden durchführen, da sie einen enormen organisatorischen Aufwand verlangen und keine zivilistischen Nischen mehr gestattet werden sollen."

Literatur: S. FÖRSTER, Totaler Krieg, in: G. HIRSCHFELD/G. KRUMEICH/I. RENZ (Hrsg.), Enzyklopädie Erster Weltkrieg, Paderborn 2003, 924–926.

Gewalt deutliche, wenn auch nicht immer eindeutige Grenzen. Diese rechtliche Begrenzung von Gewalt geriet in den folgenden Jahrzehnten jedoch häufig in einen scharfen Kontrast zur Kriegswirklichkeit der Entgrenzung von Gewalt. Die geringe Wirkung des Völkerrechts wurde ebenfalls zu einem Signum der Zeit.

Die Bemühungen um humanitäre Regeln für die kriegführenden Parteien waren nicht ohne Grund gerade am Ende des 19. Jahrhunderts verstärkt worden. Unter dem Einfluss von industriellen, demographischen und wissenschaftlichen Veränderungen hatten in den zurückliegenden Jahrzehnten sowohl die Kriege als auch ihre Vorbereitung teilweise einen neuen Charakter angenommen, der alarmieren musste [FÖRSTER/NAGLER; BOEMEKE U.A.]. Außerdem waren die verheerenden Wirkungen einer ungezügelten Kriegführung nicht vergessen. Noch der Dreißigjährige Krieg war ein geradezu chaotischer Kampf religiöser, staatlicher und privater Interessen gewesen, in dem sich die verschiedenen Söldnerführer und Landsknechtshaufen kaum bändigen ließen. Diese Erfahrungen hatten gemeinsam mit der allgemeinen Verstaatlichung der politischen und gesellschaftlichen Ordnung sowie mit militärfachlichen Neuerungen seit Mitte des 17. Jahrhunderts zu Bemühungen geführt, das gesamte Kriegswesen durch den modernen Territorialstaat zu organisieren und zu monopolisieren [WOLFRUM].

Die Folge war eine völlige Neuordnung des Militärwesens. An Stelle des privaten „Kriegsunternehmers" und der buntscheckigen Landsknechte traten die stehenden Heere der Fürsten mit ihren gedrillten, disziplinierten, uniformierten und spezialisierten Soldaten. Mit diesem Truppenkörper waren offensivere

▷ S. 33 ff. Industrialisierung u verlorene Welten

▷ S. 76 Revolutio der Wisse schaften

und beweglichere Operationen möglich als zuvor, so dass sich auch die Strategie wandelte. Anstatt den Gegner zum Frieden zu zwingen, indem man sein Territorium verwüstete und seine Bevölkerung terrorisierte, wurde die schnelle Entscheidung auf dem Schlachtfeld gesucht. Darauf richtete sich nun die gesamte Konzentration der Militärs, während die Zivilbevölkerung immer seltener in die militärischen Aktionen einbezogen wurde. Der zwischenstaatliche Krieg wurde „symmetrisch", d. h. er wurde mit vergleichbaren Mitteln und Kräften zwischen regulären Truppen ausgetragen [MÜNKLER].

Dieser so genannte „Kabinettskrieg" blieb bis in das 20. Jahrhundert hinein die beherrschende Form militärischer Auseinandersetzungen. Allerdings kündigten sich seit der Französischen Revolution tiefgreifende Veränderungen an. Die Kriegführung der Revolutionäre sowie diejenige gegen den Usurpator Napoleon wurden mehr und mehr von einer staatlichen zu einer nationalen Angelegenheit. Massenrekrutierung und allgemeine Wehrpflicht vergrößerten die Heere, „Völkerschlachten" wurden geschlagen, die Disziplin lockerte sich. In Spanien, Russland und Deutschland zeitigte eine fanatisierte Kampfweise Exzesse, die man im aufgeklärten Zeitalter der „Kriegskunst" für überwunden gehalten hatte. Allein die technischen Möglichkeiten hinkten dieser Entwicklung noch hinterher, da die industrielle Revolution erst nach und nach auch die Kriegführung revolutionierte.

Die Politik der Restauration versuchte, auch die Nationalisierung und Demokratisierung des Kriegswesens wieder einzudämmen. Der Krimkrieg (1853–1856) war ebenso ein zeitlich, räumlich und materiell begrenzter „Kabinettskrieg" wie die italienischen und preu-ßisch-deutschen Einigungskriege. Jedoch zeigte sich in diesen Kriegen, welche erschreckenden Fortschritte die Kriegstechnik machte. Im Deutsch-Französischen Krieg (1870/71) wurden außerdem Ansätze eines – auch von Partisanen geführten – „Volkskrieges" sichtbar. Eine Sonderstellung nimmt der Amerikanische Sezessionskrieg ein, der 1861–1865 als unbarmherziger Bürgerkrieg bis zur vollständigen Niederlage des Südens ausgefochten wurde. Er war wohl der erste moderne Krieg, in dem alle materiellen und ideellen Ressourcen eingesetzt wurden, ein Krieg der Massen und der Massenfertigung, wie ihn erst die sozialen und industriellen Umwälzungen möglich gemacht hatten. Die beginnende Totalisierung des Krieges führte dazu, dass die Bevölkerung wieder stärker als zuvor in Mitleidenschaft gezogen wurde. Die systematische Verwüstung ganzer Landstriche durch die Uniontruppen zeugte davon.

Im Jahr 1890 prophezeite Generalstabschef Helmuth von Moltke (1848–1916) vor dem Reichstag, dass die Epoche der „Kabinettskriege" nunmehr von der Ära der „Volkskriege" abgelöst werde. In seiner Bilanz der Erfahrungen und Neuerungen des ausgehenden Jahrhunderts entwarf er ein Szenario großer Kriege zwischen vollständig mobilisierten Nationen mit entsprechend weitgesteckten Zielen. Zwei Ideen des 19. Jahrhunderts drohten diese Tendenz zusätzlich gefährlich zu machen: der Sozialdarwinismus und – verbunden mit einem übersteigerten Nationalismus – der Rassismus. Die Vorstellung, dass Menschen wie Nationen von unterschiedlichem Wert seien und die Stärkeren ein höheres Lebensrecht besäßen, fand um die Jahrhundertwende, in der Hochphase des Imperialismus, eine immer größere Verbreitung.

▷ S. 85 ff.
Revolution der
Wissenschaften

▷ S. 54/57 ff.
Nation als
Deutungs-
kategorie

Das machte sich militärisch zunächst außerhalb Europas bemerkbar. Nach der Jahrhunderte währenden spanischen und nordamerikanischen Ausrottungspolitik gegen die indigene Bevölkerung war es vor allem das rücksichtslose Vorgehen europäischer und US-amerikanischer Militärs gegen angeblich „minderwertige Völker" in den Kolonien, das den großen Tabubruch unserer Zeit einleitete: den Völkermord. Im Kolonialkrieg wurden die Regeln, die man sich für die Kriege zwischen den „zivilisierten" Staaten auferlegt hatte, bewusst außer Acht gelassen. So hatte der Krieg gegen die Herero und Nama in Deutsch-Südwestafrika (1904–1907) unbestreitbar genozidale Züge [ZIMMERER/ZELLER]. Das Auslöschen ganzer Bevölkerungsgruppen war dabei sowohl ideologisch als auch militärisch motiviert. Jedes Mittel schien erlaubt, um den Widerstand der Kolonialvölker zu unterdrücken, etwa im Kongo durch Belgien, auf den Philippinen durch die USA oder in Indien durch England. Die Verschränkung von Kriegführung und Massenmord wagte die westliche Kriegerkaste zunächst nur in fernen Erdteilen. Was aber, wenn die rassistischen Raster und brutalen Praktiken der Kolonialkriege auf die europäische Welt und ihre Konflikte übertragen würden?

Die außerordentliche Gewalt (1914–1918).

Der große Krieg, in den 1914 der Antagonismus der europäischen Bündnissysteme und die Dynamik des Wettrüstens mündeten, stellte die seit Mitte des 17. Jahrhunderts ausgebildete, aber bereits brüchig gewordene Ordnung einer gezügelten Kriegführung nachhaltig in Frage. Die militärischen Eliten, die ihre soziale Exklusivität und konservative Einstellung trotz der beschleunigten Schritte zur

▷ S. 104 ff.
Industrielle
Massen-
gesellschaft

▷ S. 177 f.
Staaten,
Nationen,
Internationale
Beziehungen

120

Detailskizze

Die deutsche Offensive gegen das französische Festungssystem von **Verdun**, die am 21. Februar 1916 begann und erst Ende Juli abgebrochen wurde, ist das berühmteste Beispiel einer „totalen" Schlacht und der Inbegriff des technisierten Abnutzungskriegs. Die deutsche Heeresleitung unter General von Falkenhayn wollte bei Verdun die Initiative an der Westfront zurückgewinnen und Frankreich zwingen, sich an diesem prestigeträchtigen Ort „weiß zu bluten". Tatsächlich warfen die Verteidiger unter General Pétain nach und nach den Großteil der französischen Armee in die Schlacht und erlitten entsetzliche Verluste. Doch das zynische Kalkül Falkenhayns ging nicht auf, da auch die deutschen Truppen ausbluteten und die Verlustzahlen nicht, wie erhofft, im Verhältnis von 1:3, sondern lediglich von 1:1,1 zu deutschen Gunsten standen. Die falsche Einschätzung dieser Relationen verhinderte den rechtzeitigen Abbruch des strategisch sinnlosen Angriffs. Erst die Somme-Schlacht führte zu einer Verlagerung des Schwerpunkts, bevor im Herbst 1916 eine französische Gegenoffensive vor Verdun nochmals hohe Opfer forderte. Ende des Jahres waren für einen unbedeutenden deutschen Geländegewinn von etwa fünf Kilometern über eine Dreiviertelmillion Soldaten beider Seiten getötet oder verwundet worden.

Die Schlacht von Verdun war von einem massiven Einsatz von Artillerie und Soldaten auf engstem Raum geprägt. Schlüsselstellungen wie die Forts Douaumont und Vaux oder die Höhe Toter Mann wurden zigfach durch Granaten umgepflügt. Dennoch kam die Infanterie kaum voran und wurde sowohl im Angriff als auch in der Verteidigung förmlich zermalmt. Im Gebeinhaus von Douaumont zeugen die Überreste von ca. 150 000 nicht identifizierten Opfern von der Härte dieses Kampfes, der beispielhaft für den Ermattungskrieg an der Westfront war. Verdun wurde bald zum Symbol, in Frankreich mit positiver Konnotation als Abwehrleistung der gesamten Nation, in Deutschland negativ als „Blutmühle" und sinnloses Massenopfer. Heute ist der unbekannte Soldat von Verdun ein Bezugspunkt der deutsch-französischen Aussöhnung.

Literatur: H. AFFLERBACH, Falkenhayn. Politisches Denken und Handeln im Kaiserreich, München 1996; G. WERTH, Verdun: Die Schlacht und der Mythos, Bergisch Gladbach 2. Aufl. 1986.

Industrie- und Massengesellschaft noch weitgehend bewahrt hatten, waren bei allen beteiligten Mächten einseitig auf die Doktrin eines kurzen und offensiven Krieges fixiert [STORZ]. Doch der idealisierte „Angriffsgeist" der Infanterie zerbrach schon in den ersten Monaten an der modernen Waffentechnik. Dem verlustreichen Bewegungskrieg folgte an der Westfront und dann auch im Osten und im Süden ein langwieriger technisch-industrieller Abnutzungskrieg, der neben ungezähltem Material viele Millionen von Menschenleben verschlang [CHICKERING; KEEGAN].

Der Kampf versank für Jahre in Gräben, Bombentrichtern und Schlamm. Das erbitterte Ringen um Verdun wurde zum bleibenden Symbol für diese Kriegführung, doch könnte man ebenso die Schlachtfelder in Flandern, an der Somme, in der Champagne, am Isonzo, bei Gallipoli oder in Galizien nennen. Die Massenheere wurden mit neuen Waffen ausgestattet, um sich gegenseitig massenhafte Verluste beizubringen. Schnellfeuerwaffen und das Trommelfeuer der hochentwickelten Artillerie sorgten für die meisten Opfer. Der Luftkrieg gewann zunehmend an Bedeutung, und schließlich konnte sogar die junge Panzerwaffe erste Erfolge erzielen. Die radikalste Neuerung war allerdings die Eröffnung des Gaskriegs durch deutsche Truppen bei Ypern am 22. April 1915, den man als „Geburtstag" moderner Massenvernichtungswaffen sehen kann. Zwar blieb dieses neue Kampfmittel insgesamt ohne die beabsichtigte Wirkung, doch zeigte sein Einsatz die Richtung, in die eine weitere Entgrenzung und Industrialisierung des Krieges führen konnte: in die unterschiedslose Vernichtung allen Lebens in den von feindlichen Truppen oder Produktionsmitteln belegten Räumen.

Diese Tendenz musste umso gefährlicher sein, als erstmals nahezu alle Teile der Gesellschaft in die Kriegsanstrengungen eingebunden wurden. Das verwischte die klaren Unterscheidungen zwischen Kämpfern und Zivilisten. Die Wirtschaft, die Finanzwelt und die Propaganda, überhaupt alle nationalen Ressourcen dienten der staatlichen Kriegsmaschinerie und erforderten den Masseneinsatz ziviler Arbeitskräfte, vor allem von Rüstungsarbeitern, unter ihnen zahllose Frauen und Jugendliche. Die Mobilisierung der gesamten Gesellschaft, wie sie in der zweiten Kriegshälfte besonders in Deutschland (Hindenburg-Programm), England und Frankreich angestrebt wurde, machte die „Heimatfront" zu einem Angriffsziel des Feindes und damit zum Kriegsschauplatz. Völkerrechtswidrige Maßnahmen wie die britische Seeblockade, die von der hochgerüsteten deutschen Flotte nicht verhindert werden konnte, oder der uneingeschränkte Krieg der deutschen U-Boot-Waffe sollten die feindliche Bevölkerung am Lebensnerv treffen, konnten sie aber auf keiner Seite demoralisieren. Fernartillerie- und Luftangriffe gegen Städte und zivile Einrichtungen kamen zwar über erste Ansätze noch nicht hinaus, zeigten aber bereits, welche schrecklichen Möglichkeiten sich zukünftig boten, den Krieg über die traditionelle Frontlinie hinaus in die Etappe und Heimat des Feindes zu tragen – besonders unter Verwendung von Massenvernichtungswaffen.

▷ S. 105 f.
Industrielle
Massen-
gesellschaft

Trotz aller Anzeichen für eine Totalisierung des Krieges sollte aber nicht übersehen werden, dass der Erste Weltkrieg noch nicht insgesamt ein Totaler Krieg war [CHICKERING/ FÖRSTER 2000]. Zwar deuteten, besonders in der zweiten Kriegshälfte, die weitgehende Mobilisierung der Ressourcen, die übersteIgerten Ziele, die teilweise bedenkenlosen Methoden sowie die diktatorischen Herrschaftspraktiken im Innern in diese Richtung, doch in vielen anderen Bereichen war dieser große Krieg ein nicht nur konventioneller, sondern weitgehend traditionell geführter Konflikt. Der Krieg der Waffen wurde noch fast ausschließlich von den regulären Armeen auf dem Schlachtfeld ausgetragen, während das Auftreten von Partisanen eine unbedeutende Randerscheinung blieb und sich die Bombardements des Hinterlands noch kaum auswirkten. Die Kriegsgefangenen wurden in der Regel weder misshandelt noch ermordet, sondern ausreichend versorgt. Die Besatzungsherrschaft respektierte trotz aller Härten das Lebensrecht der Bevölkerung, auch im Osten, wo rassistische Stereotypen das Verhältnis zwischen Besatzern und Einheimischen vergifteten [LIULEVICIUS]. Es lässt sich nur vermuten, wie sich der Krieg bei noch längerem Verlauf entwickelt hätte. Eine weitere Radikalisierung unterblieb vermutlich lediglich dadurch, dass die Mittelmächte im Herbst 1918 materiell wie personell völlig erschöpft waren und aufgeben mussten.

Das Ende des Ersten Weltkriegs zeigte nochmals, wie eng der Spielraum selbst befähigter militärischer Strategen und gut ausgebildeter Truppen geworden war. Letztlich gaben nicht traditionelle Faktoren wie operative Führungskunst oder die soldatische Tapferkeit den Ausschlag, sondern die Quantität von Mensch und Material. Der technisch-industrielle Krieg wurde nicht durch eine Schlacht entschieden, sondern durch die jahrelange Zermürbung des Gegners. Selbst der Teilerfolg im Osten nach dem Zusammenbruch des Zarenreiches nutzte den Mittelmächten nichts, da die Entente auch ohne Russland noch über eine deutlich höhere Bevölkerungs-

zahl und leistungsfähigere Industrie verfügte. Die Einsicht der deutschen Heeresführung bereits Ende 1914, dass der Krieg nach dem Scheitern des Schlieffen-Plans nicht mehr zu gewinnen sei, sollte sich bestätigen.

Das Massensterben traf freilich Sieger und Besiegte gleichermaßen. So schwerwiegend die Schäden und Kosten der Materialschlachten auch waren, das eigentliche Drama dieses Krieges drückt sich in den bis dahin beispiellosen Zahlen der getöteten Menschen aus. Nach neuesten Berechnungen [HIRSCHFELD U.A., 664f.] setzten die Kriegsparteien insgesamt 66 251 000 Soldaten ein (Entente: 41 851 000; Mittelmächte: 24 400 000), von denen 8 846 000 Soldaten fielen (Entente: 5 296 000; Mittelmächte: 3 550 000). Vermutlich mehr als doppelt so hoch war die Zahl von Verwundeten, von denen viele ihr Leben lang versehrt und gezeichnet blieben – von den seelischen Schäden ganz zu schweigen. Die Wunden des Krieges lasteten noch lange auf den kriegführenden Nationen und machten seine Verarbeitung zu einer gesellschaftlichen Herausforderung. Die Realität des Massensterbens und die traumatische Erinnerung daran verstärkten den Eindruck einer „radikalen Entwertung des Individuums" (Michael Geyer), der haften blieb.

▷ S. 109 f Industrie Massengesellsch

Der Krieg forderte neben den militärischen auch zahllose zivile Opfer, wenn auch weit weniger als der Zweite Weltkrieg, vermutlich an die sechs Millionen Menschen. Unter ihnen ragen die etwa 1,5 Millionen getöteten Armenier heraus, weil sie nicht an den Folgen von Versorgungsengpässen und Seuchen starben, sondern 1915/16 vom türkischen Staat systematisch ermordet wurden [GUST]. Die Geschichte dieses Völkermords zeigt, wie nationalistische und rassistische Unterdrückungs-

Der deutsche Maler und Graphiker **Otto Dix** (1891–1969) erlebte den Ersten Weltkrieg als Kriegsfreiwilliger und MG-Schütze von 1914 bis 1918 an der Front. Er verarbeitete seine Erfahrung des modernen Krieges bereits während der Kampfhandlungen in zahlreichen expressionistischen Zeichnungen und nach dem Krieg in eher realistischen Gemälden und Graphiken. Der große Radier-Zyklus *Der Krieg* von 1924, aus dem das abgebildete Blatt stammt, illustriert schonungslos die Schrecken des Krieges, wie sie der Künstler selbst beobachten konnte. Dabei steht die physische wie psychische Zerstörung des Menschen auf dem Schlachtfeld im Mittelpunkt, Thema ist aber auch die Bedrohung der Zivilbevölkerung durch die modernen Waffen. Die Darstellung eines Luftangriffs auf die nordfranzösische Stadt Lens zeigt eindringlich die Todesangst von Zivilisten aller Altersstufen und antizipierte den Terror des unterschiedslosen Bombenkriegs.

Der strategische Luftkrieg gegen das feindliche Hinterland konnte im Ersten Weltkrieg noch längst nicht seine volle Wirksamkeit entfalten, weil sowohl die großen Bomberflotten als auch viele technische Voraussetzungen fehlten. Immerhin tötete der Abwurf von insgesamt 300 Tonnen Bomben auf England durch deutsche Zeppeline und Großflugzeuge etwa 1400 Zivilisten. Auch die alliierten Luftstreitkräfte flogen Angriffe auf Städte an Rhein und Ruhr, die zahlreiche Opfer forderten. Der ehrgeizige Plan eines großen Bombardierungsprogramms gegen Deutschland, besonders gegen Berlin, wurde nicht mehr verwirklicht, bewies aber, dass die Militärs bereits über ihre begrenzten Möglichkeiten hinaus dachten und den Luftkrieg nicht allein gegen die feindlichen Truppen oder Rüstungsbetriebe, sondern verstärkt auch gegen die Zivilbevölkerung führen wollten. Die neue Waffe wurde schon sehr früh als Kampfmittel gegen die Moral und Kriegsbereitschaft der „Heimatfront" angesehen. Nach dem Krieg gab es kaum Zweifel daran, dass die rasante Entwicklung der Luftfahrt den Krieg der Zukunft bestimmen und entscheidend zu seiner Totalisierung beitragen würde. Fachbücher und Romane malten die Leiden der Zivilisten unter den Angriffen der Bomberflotten in düstersten Farben, der zivile Luftschutz wurde aufgebaut, und auch die Radierung von Otto Dix war nicht nur Rückblick, sondern auch Vorahnung.

Bild: Otto Dix, Lens wird mit Bomben belegt, Radierung, 1924. Kupferstich-Kabinett Dresden.

123

Literatur: L. Kennett, The First Air War 1914–1918, New York 1991; A. Jürgens-Kirchhoff, Schreckensbilder. Krieg und Kunst im 20. Jahrhundert, Berlin 1993; G. Werner, Otto Dix – Der Krieg, in: J. Duppler/ G.P. Gross (Hrsg.), Kriegsende 1918. Ereignis, Wirkung, Nachwirkung, München 1999, 299–314.

pläne gegen eine ethnische Minderheit im Krieg radikalisiert werden können. Je existentieller der Kampf gegen den äußeren Feind empfunden wurde, desto schärfer wurden auch die Maßnahmen gegen den vermeintlichen inneren Feind. Dem Totalen Krieg entsprach die ebenfalls totale Einteilung in Freund und Feind. Und wenn nicht nur politische Gruppen, sondern Völker ins Visier gerieten und der Vernichtungswille weder durch Recht noch Moral noch eine verbündete Macht eingedämmt wurde, dann drohte der Genozid. Nicht nur der Krieg, sondern auch die Vernichtung des wie auch immer definierten Feindes wurde „total".

Die schwelende Gewalt (1918–1939).

Der Erste Weltkrieg hinterließ nicht nur einen riesigen Friedhof voll mit Gefallenen, Verhungerten und Ermordeten, sondern auch ein gefährliches Potenzial an Entwurzelten und Traumatisierten: eine militante Nachkriegsgesellschaft. Der Werteverfall in diesem langen Krieg erhöhte die Bereitschaft zur Gewalttätigkeit – auch im Frieden. Besonders die Staaten, die zu den Verlierern gehörten oder die sich selbst zu den Benachteiligten zählten, vor allem Deutschland, Italien und die Sowjetunion sowie die neuen Staaten aus der Konkursmasse Österreich-Ungarns, kamen nicht mehr zur Ruhe. Sie wurden von Revolutionen und Bürgerkriegen erschüttert und schließlich gerieten sie nahezu alle früher oder später auf den Weg zu autoritären oder gar totalitären, zugleich immer auch militaristischen Regimen, die den Frieden in Europa gefährdeten. Dieser permanente Unruhezustand in weiten Teilen Europas – und in Ostasien durch das im Krieg ebenfalls enttäuschte Hegemonialstreben Japans – konnte auch durch die Pariser Friedensverträge nicht verhindert

werden, sondern wurde von ihnen eher noch geschürt.

Die deutsche Entwicklung ist ein gutes – und zugleich das folgenreichste – Beispiel für die gesellschaftliche, politische und schließlich auch wirtschaftliche Militanz als Erbe des Ersten Weltkriegs. Die meist leidvollen Erinnerungen der Kriegsteilnehmer wurden bald durch eine identitätsstiftende Erinnerungskultur überlagert, die durch Heldenkult und Heroisierung des Kriegstods gekennzeichnet war. Die nationale Depression verschaffte sich in Mythen und Geschichtsumdeutungen ein Ventil: „Langemarck", „Tannenberg", „Verdun", vor allem die „Dolchstoßlegende". Die Beschwörung einer angeblichen „Frontkämpfergemeinschaft" gab vielen einen ideellen Halt, trug aber ebenso den Keim der Ausgrenzung anderer in sich. Der Krieg wurde von einem Großteil der Gesellschaft nicht bewältigt, sondern ging in den Köpfen weiter [DUPPLER/ GROSS]. Zwar wuchs auch der Pazifismus zu einer Massenbewegung, doch die Szene wurde schon in der Weimarer Zeit eindeutig von den Uniformen und Aufmärschen der Veteranen-, Partei- und Wehrverbände beherrscht. Selbst viele Republikaner zeigten sich zunehmend nationalistisch, revisionistisch und militant. Ebenso charakteristisch war eine Gewaltbereitschaft in der innenpolitischen Auseinandersetzung, die teilweise bürgerkriegsähnliche Zustände provozierte [SCHUMANN]. Dieses Klima begünstigte den Aufstieg einer Partei, die sich extrem „national", „autoritär" und „soldatisch" gab: der NSDAP.

Der Staat und sein Militärstand hatten vor allem professionelle Schlüsse aus den Kriegserfahrungen zu ziehen. Weltweit entbrannte eine intensive Diskussion über den „Krieg der

▷ S. 108 Industrie Masseng schaft

Zukunft" [FÖRSTER]. Sie bestimmte die Militärpublizistik der Zwischenkriegszeit und kulminierte im Konzept eines Totalen Krieges. Der Erste Weltkrieg wurde allgemein als Krieg neuen Typs gesehen, in dem der Einsatz der gesamten Bevölkerung und aller Ressourcen im Massenheer und an der „Heimatfront" den Ausschlag gab. Die fachliche Analyse des Weltkriegs und des waffentechnischen Fortschritts wurde zu Szenarien von flächendeckender Vernichtung durch strategische Luftangriffe, durch Gas und Bakterien verdichtet. Dass der nächste große Krieg zu einem rücksichtslosen Kampf um „Sein oder Nichtsein" nicht nur gegen die feindlichen Streitkräfte, sondern auch gegen die Bevölkerung und Industrie zu werden drohte, war eine verbreitete Erkenntnis, sowohl in den Fachkreisen als auch im öffentlichen Bewusstsein.

Die Folge solcher Entwicklungen war die „Vergesellschaftung der Gewalt" (GEYER). Die Militärs drängten überall darauf, bereits im Frieden nicht nur die Armee, sondern die gesamte Gesellschaft und Industrie auf den wahrscheinlichen, für viele sogar zwangsläufigen nächsten Krieg einzustellen. Die zwei Jahrzehnte zwischen den Weltkriegen waren eine Ära der Militarisierung und Aufrüstung, nicht nur in totalitären Staaten. In Deutschland etwa wurde die Forderung nach einer „Wehrhaftmachung des Volkes" schon vor 1933 zur Richtschnur der Militärpolitik [HÜRTER]. Diese Rüstungspolitik war jedoch von Bemühungen um eine Integration der Reichswehr in den republikanischen Staat begleitet und stand unter dem Vorzeichen eines gemäßigten politischen Systems. Dagegen besaß die personelle, materielle und geistige Hochrüstung der NS-Diktatur von vornherein eine aggressive Tendenz. Von einem Unrechts-

system stand kaum zu erwarten, dass es sich im Kriegsfall an internationale Rechte und Gebräuche halten würde. Mit der Machtübernahme Hitlers war die Gefahr eines weiteren großen Schrittes zur Totalisierung des Krieges erheblich gestiegen. Und die Rassenpolitik gegen die jüdische Bevölkerung verbannte einen inneren „Feind" aus der „Volksgemeinschaft", der im Kriegsfall eine noch wesentlich brutalere Verfolgung befürchten musste. Auf einen „Burgfrieden", wie er in liberalen Rechtsstaaten in Zeiten äußerer Bedrohung üblich war, konnte diese Minderheit in der totalitären NS-Diktatur nicht rechnen.

Der nächste Krieg wurde nicht allein im Frieden vorbereitet. Die Militärs konnten die neuen Waffen und Methoden auch in der Praxis militärischer Konflikte erproben. Es ist auffällig, dass vor allem autoritäre und faschistische Staaten die Entgrenzung des Krieges vorantrieben. Japan besetzte 1931 die Mandschurei und führte ab 1937 einen grausamen Krieg gegen China, in dem die japanische Armee durch Flächenbombardierungen, Massentötungen von Kriegsgefangenen und Massaker an der Zivilbevölkerung den blanken Terror zum Mittel der Kriegführung machte. Italien schreckte bei der Eroberung Äthiopiens (1935/36) nicht vor dem Einsatz von Giftgas zurück. Die internationale Reaktion auf solche brutalen Verletzungen des Völkerrechts offenbarte außerdem, wie wirkungslos der Völkerbund und alle Bemühungen um eine Verhinderung des Krieges oder zumindest seiner weiteren Radikalisierung (Kriegsächtungspakt, Genfer Konventionen, Abrüstungskonferenzen) tatsächlich waren.

Die deutsche Wehrmacht erhielt im Spanischen Bürgerkrieg (1936–1939) die Gelegenheit, erstmals ihr neues Waffenarsenal zu tes-

Detailskizze

Der **Spanische Bürgerkrieg** nahm teilweise die Radikalisierung und Ideologisierung des Zweiten Weltkriegs vorweg. Er entwickelte sich in gewisser Hinsicht zu einem Stellvertreterkrieg zwischen den rechtsextremen und den kommunistischen Totalitarismen in Europa. Seinen Ursprung hatte er in der Auseinandersetzung zwischen der linken Volksfront und der rechten Nationalen Front um die notwendige Reform der jahrhundertealten politischen und sozialökonomischen Strukturen in Spanien. Dem Aufstand der Militärs gegen die Volksfrontregierung im Juli 1936 folgte ein jahrelanger Bürgerkrieg, der im März 1939 mit der Besetzung Madrids und der vollständigen Niederlage der Republik endete. Während dieser erbitterten Auseinandersetzung kamen in beiden Lagern die Extremisten zum Zuge. In der aufständischen Zone zwang General Franco (1892–1975) Faschisten und Monarchisten in eine Einheitspartei und betrieb eine restaurative Politik, während im republikanischen Gebiet die Kommunisten zum beherrschenden Faktor wurden. Diesen Frontlinien entsprach die Internationalisierung des Konflikts. Die Erfolge Francos waren wesentlich von der Militär- und Truppenhilfe Deutschlands („Legion Condor") und Italiens abhängig. Dagegen wurden die Republikaner von den Internationalen Brigaden unterstützt und von der Sowjetunion mit Waffen versorgt. Die Einmischung der großen totalitären Staaten war in strategischen Überlegungen und dem Wunsch, die eigenen Waffen zu erproben, aber auch in den ideologischen Gegensätzen begründet.

Der Zusammenstoß der Weltanschauungen hatte schon in Spanien verheerende Folgen. Die Verwüstung ganzer Landstriche und bestialische Grausamkeiten auf beiden Seiten schlugen bleibende materielle und seelische Wunden. Etwa eine halbe Million Menschen starb bei den Kampfhandlungen, in Lagern und Gefängnissen. Der Spanische Bürgerkrieg demonstrierte, wie sehr eine ideologisch aufgeheizte Auseinandersetzung bedenkenlose Gewalt freisetzen und die Totalisierung der Kriegführung beschleunigen konnte.

Literatur: W.L. BERNECKER, Krieg in Spanien 1936–1939, Darmstadt 1997.

ten. Die militärische Unterstützung der aufständischen Nationalisten durch Deutschland, Italien und Portugal auf der einen, der republikanischen Regierung durch die Sowjetunion und die Internationalen Brigaden auf der anderen Seite machten diesen Krieg über seine regionale Begrenzung hinaus zu einem Kampf der Ideologien in Europa, der entsprechend erbittert und kompromisslos geführt wurde. So nahmen in den 30er Jahren die Vorzeichen für eine große kriegerische Auseinandersetzung zu. Die aggressive Hegemonialpolitik Japans in Ostasien, Italiens im Mittelmeerraum und Deutschlands in Mittel- und Osteuropa drohte über kurz oder lang auf die Ordnungskonzeptionen der liberalen Demokratie und die antagonistische Weltanschauung des Kommunismus zu stoßen. Und dieser Aufeinanderprall trug von vornherein das Risiko eines globalen, eines Zweiten Weltkriegs in sich.

Die entgrenzte Gewalt (1939–1945).

Der große Krieg, auf den die Krise des internationalen Systems und die innere Struktur der totalitären Staaten – wenn auch keineswegs zwangsläufig – zusteuerten, begann allerdings nicht als totaler Weltenbrand, sondern als zunächst begrenzter europäischer Krieg. Auslöser war der unbedingte Kriegswille Hitlers, der sein radikales „Stufenprogramm" – Errichtung einer kontinentalen Vorherrschaft, Eroberung von Lebensraum im Osten, Griff nach der Weltmacht – nur mit Gewalt durchsetzen konnte [HILLGRUBER]. Sein Antrieb waren ein mörderisches Rassendogma und ein unmenschlicher Darwinismus, der nur das Recht des Stärkeren kannte und den Krieg als notwendigen Existenzkampf ansah. Es ist erschreckend, wie bereitwillig die alten

▷ S. 54
National
Deutungs
kategorie
▷ S. 86 f.
Revolutic
der Wisse
schaften

126

Eliten, besonders die militärische Führung, der nationalsozialistischen Ideologie trotz gewisser Zweifel in den Krieg folgten und letztlich alle Völkerrechts- und Zivilisationsbrüche mittrugen [DAS DEUTSCHE REICH].

Bereits der Polenfeldzug war mit Kriegsverbrechen und rassistischen Morden verbunden, während die deutsche Kriegführung und Besatzungspolitik in Nord- und Westeuropa zunächst noch weitgehend im herkömmlichen Rahmen blieb. Der Sieg über Frankreich gelang überraschend schnell. Der „Blitzkrieg" schien einen Ausweg aufzuzeigen, die eigene Bevölkerung nicht mit einem Totalen Krieg zu belasten. Solche Illusionen scheiterten jedoch am hartnäckigen Widerstand Großbritanniens. Noch bevor England „niedergeworfen" oder „zur Vernunft gebracht" war, wandte sich die deutsche Kriegsmaschinerie daher nach Osten. Der Feldzug gegen die Sowjetunion ab Juni 1941 war im Kern der Krieg Hitlers, doch ohne die willige Mitarbeit von Wehrmacht, Bürokratie, Polizei und Wirtschaft wäre seine Durchführung nicht möglich gewesen. Das Kalkül, durch die Ausschaltung von Englands „Festlanddegen" und den Gewinn einer neuen ökonomischen Basis die Hegemonie über Europa zu sichern, verband sich mit dem Dogma der Vernichtung des „jüdischen Bolschewismus" und der Eroberung neuen Lebensraums für die deutsche „Herrenrasse". So war der Krieg gegen die Sowjetunion von Anfang an keine gewöhnliche militärische Kampagne, sondern ein rassenideologischer Vernichtungskrieg und kolonialer Raubzug. Er ragt in seiner militärischen Bedeutung und einzigartigen Brutalität unter allen Teilkonflikten des Zweiten Weltkriegs heraus.

Anders als der Westfeldzug, in dem der schnelle deutsche Erfolg überraschend ein-

▷ S. 54
'ation als
eutungs-
kategorie

trat, war das „Unternehmen Barbarossa" als „Blitzkrieg" geplant, entwickelte sich aber bald zum langwierigen Totalen Krieg und mündete schließlich in eine totale Niederlage – eine beinahe logische Konsequenz aus dem Zusammenprall zweier totalitärer Unrechtsstaaten. Auf diesem Schauplatz wurden Kriegsverbrechen zum Alltag und der Massenmord zum Genozid. Die Wehrmacht ermordete die Kommissare der Roten Armee, war für das Massensterben der Kriegsgefangenen verantwortlich (etwa drei Millionen Tote), saugte die besetzten Gebiete aus und terrorisierte die völlig entrechtete Zivilbevölkerung, die millionenfach dem Hunger preisgegeben, zur Zwangsarbeit versklavt oder im Partisanenkrieg getötet wurde. Die Truppen Stalins antworteten mit Verbrechen an deutschen Soldaten und bei der Besetzung Deutschlands mit Morden, Massenvergewaltigungen und Plünderungen. Im Rücken der Front, aber mit Unterstützung der Wehrmacht, ermordeten die Einsatzgruppen der Sicherheitspolizei und des SD sowie andere Polizei- und SS-Formationen im ersten halben Jahr des Ostkriegs über eine halbe Million Juden und begannen damit den systematischen Völkermord an den europäischen Juden [LONGERICH; POHL].

Der radikale Antisemitismus der NS-Bewegung, der in einer langen Tradition europäischer Judenfeindschaft wurzelte, wurde mit der Machtübernahme von 1933 zur Staatsdoktrin des Deutschen Reiches und von den Besatzungsverwaltungen nach und nach auf alle von der Wehrmacht besetzten Länder übertragen. In Polen wurde die jüdische Bevölkerung bereits ab Herbst 1939 zusammengepfercht und teilweise ermordet. Zeitweise dachte die NS-Führung daran, die Juden in unwirtliche Reservate oder ferne Länder, etwa

Judenmord im „Unternehmen Barbarossa".

In Absprache mit der Wehrmacht wurden an der Ostfront unmittelbar hinter der kämpfenden Truppe vier Einsatzgruppen der Sicherheitspolizei und des SD (Sicherheitsdienstes) zur „Gegnerbekämpfung", d.h. zur Ausschaltung des „jüdischen Bolschewismus" eingesetzt. Ihre Mordtätigkeit durchlief mehrere Eskalationsstufen, ehe man von Mitte August bis Ende September 1941 dazu überging, alle Juden in der besetzten Sowjetunion umzubringen. Die Einsatzgruppen mit ihren etwa 3 000 Mann bildeten in dieser ersten Etappe des Holocaust die Kerntruppe des Massenmords, waren aber auf die tatkräftige Mitwirkung von Polizeibataillonen, Waffen-SS-Brigaden und einheimischen Milizen sowie auf die Kooperation mit der Wehrmacht angewiesen. Nur so waren solch unbeschreibliche Massaker wie das am 29./30. September 1941 in Kiew (Babij Jar, 33 771 Tote) möglich.

Das Foto zeigt die Erschießung von jüdischen Frauen und Kindern in Dubossary (Transnistrien) durch ein Teilkommando der Einsatzgruppe D, die der Wehrmacht und den rumänischen Truppen an der südlichen Flanke der Ostfront folgte. Diese Mordaktion war charakteristisch für das zielstrebige Vorgehen der Einsatzgruppen, das von den Schritten Erfassung, Konzentration, Ausraubung und Hinrichtung der Opfer geprägt war. Bereits eine Woche vor der Exekution wurde dem ukrainischen Gemeindevorsteher befohlen, Gruben ausheben zu lassen, angeblich zur Winterlagerung von Kartoffeln. Am 12. September 1941 wurden alle Bewohner des jüdischen Ghettos unter dem Vorwand, man werde sie in andere Städte „umsiedeln", in einer Tabakfabrik versammelt. Dann führte man zunächst die Männer zu jeweils zwanzig Personen an den Grubenrand und erschoss sie von hinten. Die Toten und Verletzten, die nicht von selbst in die Grube fielen, wurden mit Heugabeln hinab gestoßen. Als alle Männer tot waren, ermordete das Kommando die Frauen und Kinder auf dieselbe Weise, im „Fließbandsystem", wie sich ein Augenzeuge erinnerte. Am 14. September 1941 wurden auch die Juden der umliegenden Ortschaften in der Tabakfabrik zusammengetrieben und nach diesem Verfahren umgebracht. Zuvor hatten sie ihren Mördern, deutschen SS-Leuten und Polizisten, alle Wertsachen aushändigen müssen. In diesen zwei Tagen wurden in Dubossary mindestens 2 500, wahrscheinlich aber an die 4 000 Juden erschossen. Das jüdische Leben in der Region war damit ausgelöscht.

Bild: Erschießung von jüdischen Frauen und Kindern in Dubossary, 14. September 1941, Fotografie, Yad Vashem, Jerusalem, Film- und Fotoarchiv.

Literatur: A. ANGRICK, Besatzungspolitik und Massenmord. Die Einsatzgruppe D in der südlichen Sowjetunion 1941–1943, Hamburg 2003, 238–241; P. KLEIN (Hrsg.), Die Einsatzgruppen in der besetzten Sowjetunion 1941/42. Die Tätigkeits- und Lageberichte des Chefs der Sicherheitspolizei und des SD, Berlin 1997; H. KRAUSNICK/H.-H. WILHELM, Die Truppe des Weltanschauungskrieges. Die Einsatzgruppen der Sicherheitspolizei und des SD 1938–1942, Stuttgart 1981.

Madagaskar, zu deportieren. Doch bald nach dem Überfall auf die Sowjetunion erfolgte mit der Radikalisierung der Kriegs- und Expansionspolitik auch die Eskalation zum Genozid, wobei dynamische Prozesse vor Ort und Entscheidungen der Zentrale offenbar zusammenwirkten. Zunächst wurden in der besetzten Sowjetunion fast nur jüdische Männer ermordet, dann vermehrt auch Frauen und Kinder, schließlich grundsätzlich und restlos alle sowjetischen Juden, derer man habhaft wurde. Vermutlich im September oder Anfang Oktober 1941 erteilte Hitler dem SS- und Polizeiapparat die Ermächtigung, den systematischen Mord aller Juden im deutsch beherrschten Europa vorzubereiten und durchzuführen. Anstelle der zeitaufwändigen und nervenaufreibenden Massenerschießungen trat ab Sommer 1942 der nahezu entpersonalisierte Massenmord in Tötungsfabriken wie den Vernichtungslagern Chelmno (hier bereits ab Dezember 1941), Belzec, Sobibor, Treblinka, Majdanek und Auschwitz. Der Industrialisierung, Technisierung und schließlich Totalisierung des Krieges entsprachen vergleichbare Phänomene im totalen Völkermord. Giftgas, das Massenvernichtungsmittel des Ersten Weltkriegs, vernichtete nun Millionen wehrloser Zivilisten.

▷ S. 170 f.
Rückblick:
Epochen-
bildung

Das singuläre Mordprogramm gegen die europäischen Juden kostete mehr als 5,6 Millionen Menschen das Leben. So gut wie alle staatlichen Institutionen waren in dieses Massenverbrechen eingebunden, wobei der Duldung und Unterstützung des Holocaust durch die militärische Führung eine besondere Bedeutung zukam. Doch auch ausländische Staaten und Personen kooperierten mit den Mördern oder mordeten selbst; zu nennen ist vor allem Rumänien, das den Tod von 350 000 Juden zu verantworten hat. Neben den Juden

wurden auch Behinderte und Psychiatriepatienten, allein in Deutschland fast 190 000 Menschen, sowie mindestens 100 000 Sinti und Roma auf Befehl der NS-Führung ermordet.

Parallel zum Holocaust kam es zur Globalisierung des Krieges durch den Eintritt Japans und der USA im Dezember 1941 [WEINBERG]. Mit dieser Entwicklung und der gleichzeitigen Niederlage der Wehrmacht vor Moskau bestanden kaum mehr realistische Aussichten auf einen Erfolg der Achsenmächte. Obwohl in Deutschland und Japan sowie teilweise auch in ihren Einflussbereichen die gesamte Gesellschaft und Wirtschaft auf den Totalen Krieg eingeschworen und umgestellt wurden, mussten die beiden Aggressoren vor den weit überlegenen Ressourcen der Westalliierten und der Sowjetunion Schritt für Schritt zurückweichen. Dabei eskalierte auch auf den Kriegsschauplätzen Süd- und Westeuropas sowie Ostasiens immer mehr die Gewalt, ohne allerdings die Ausmaße der Geschehnisse auf dem sowjetischen Kriegsschauplatz zu erreichen. Von den 60 Millionen Toten, die der Zweite Weltkrieg durch Kampf, Kriegseinwirkung (Hunger, Seuchen etc.), Völkermord und Vertreibung forderte, kam der weitaus größte Teil in der zweiten Kriegshälfte um. Es spricht für die kriminelle Energie der in Deutschland und Japan herrschenden Systeme, dass sie ihre verbrecherische Politik desto ungehemmter vorantrieben, je mehr sie in die Defensive gedrängt wurden. Die Deutschen verstärkten ihre Bemühungen, den Judenmord zu vollenden, und die Japaner unterdrückten die ostasiatischen Völker mit ungeheurer Brutalität. Dieses mörderische Treiben ließ das totale Kriegsziel der gegnerischen Koalition – „unconditional surrender" – immer mehr als ein-

129

zige Möglichkeit erscheinen, die Welt vom Albdruck dieser in jeder Hinsicht entgrenzten Staaten zu befreien.

Doch auch die Bevölkerung in Deutschland und Japan erfuhr den Krieg immer mehr als Albtraum. Die Brandfackel von Tod und Vernichtung, die ihre Armeen über die Nachbarn gebracht hatten, fiel auf sie zurück. Nicht nur die Rote Armee, auch die britischen und amerikanischen Streitkräfte scheuten sich nicht, in diesem zunehmend Totalen Krieg zu völkerrechtswidrigen Kampfmethoden zu greifen. Die alliierten Bomberflotten verschärften mit der Dauer des Krieges den strategischen Luftkrieg gegen ihre Feinde. Im Deutschen Reich zerbombten sie bis zum Kriegsende fast sämtliche Mittel- und Großstädte und töteten mehrere Hunderttausend Zivilisten jeden Alters, Geschlechts und Berufs. Ihre radikalste Ausprägung erreichte die Totalisierung des Zweiten Weltkriegs mit dem Abwurf der Atombombe auf Hiroshima und Nagasaki im August 1945, der über 200 000 Menschen das Leben kostete. Während die Luftangriffe auf Deutschland den Widerstandswillen nicht brechen konnten und die Wehrmacht den verbrecherischen Utopien ihres „Führers" nahezu bis zur letzten Patrone diente, rang sich die nicht minder fanatische Führung Japans erst nach dieser Katastrophe durch, den ungleichen Kampf endlich aufzugeben.

▷ S. 139
Atomzeitalter/
Bipolarität
der Welt

Hiroshima markierte einen tiefen Einschnitt in der Gewaltgeschichte der Menschheit und beendete das Zeitalter der Weltkriege. Seit dieser Peripetie sind große Totale Kriege kaum mehr denkbar. Die Kriegstechnik hatte sich innerhalb weniger Jahrzehnte so entwickelt, dass sich der zwischenstaatliche Krieg der Mächte selbst ad absurdum führte, da er in seiner unterschiedslosen Massenver-

Detailskizze

Der Abwurf der Atombombe „Little Boy" durch den amerikanischen B-29-Bomber „Enola Gay" auf **Hiroshima** am 6. August und einer zweiten Atombombe („Fat Man") auf **Nagasaki** am 9. August 1945 bedeutete den Übergang vom konventionellen zum atomaren Krieg. Die neue Waffe tötete in Hiroshima sofort 80 000 von 350 000 Einwohnern und zerstörte 70 000 von 76 000 Gebäuden. Bis Ende 1945 erhöhte sich die Opferzahl auf 140 000 Tote. In Nagasaki kamen bis zu 70 000 Menschen um und wurden 18 400 Gebäude vernichtet. Zehntausende starben später an den Folgen der radioaktiven Verstrahlung. Der Schrecken der Atombombe wurde damit der ganzen Welt vor Augen geführt und hängt seither wie ein Damoklesschwert über der Menschheit.

Wie konnte es zum Einsatz dieser schrecklichsten aller Massenvernichtungswaffen kommen? Bald nach der Entdeckung der Uranspaltung durch Otto Hahn (1879–1968) und Fritz Straßmann (1902–1980) im Jahr 1938 begannen sowohl deutsche als auch amerikanische und britische Physiker an der militärischen Nutzung der Kernenergie zu arbeiten. Das Programm der Westmächte erhielt dabei bessere Rahmenbedingungen und gewann einen klaren zeitlichen Vorsprung. Am 16. Juli 1945 war ein erster Atomwaffentest in der Wüste von New Mexico erfolgreich. US-Präsident Truman entschied sich mit Einverständnis des britischen Premiers Churchill sofort, die Bombe gegen Japan einzusetzen. Sie bot die unerhoffte Möglichkeit, den alliierten Truppen eine verlustreiche Invasion des japanischen Mutterlands zu ersparen. Der Abwurf der Atombombe erschien als kleineres Übel. Neben diese militärischen Motive trat das außenpolitische Kalkül, die Sowjetunion einzuschüchtern und zu Konzessionen zu bewegen. Diese folgenreiche Entscheidung wurde zudem durch die Steigerung und Radikalisierung der Kriegsmittel seit dem Ersten Weltkrieg erleichtert. Die Kriegführung gegen die Zivilbevölkerung, etwa im strategischen Bombenkrieg, hatte die Hemmschwelle erheblich herabgesetzt. So war der Einsatz der Atombombe gleichermaßen Höhe- wie Endpunkt einer jahrzehntelangen Entwicklung zum Totalen Krieg.

Literatur: W. WAGNER, Das nukleare Inferno: Hiroshima und Nagasaki, in: M. SALEWSKI (Hrsg.), Das Zeitalter der Bombe. Die Geschichte der atomaren Bedrohung von Hiroshima bis heute, München 1995, 72–94.

nichtung von einem Völkermord nicht mehr zu unterscheiden war, ja das Auslöschen allen menschlichen Lebens auf der Erde riskierte. Die beiden Hauptgewinner des Zweiten Weltkriegs, die USA und die Sowjetunion, standen sich in einem Kalten Krieg gegenüber, der nicht heiß werden konnte, weil beide das gesamte Volk des Gegners durch die Drohung mit der Atombombe in eine Art Geiselhaft nahmen. Die Entwicklung der Bombe war die letzte Etappe in der Verlagerung der Lasten des Krieges von den Streitkräften auf die Bevölkerung und bildete den Schlussstein einer langen Entwicklung. Das bedeutete freilich nicht das Ende der Kriege und den ewigen Frieden. Die Nürnberger Kriegsverbrecherprozesse und Genfer Konventionen am Ausgang dieses gewalttätigen Halbjahrhunderts weckten ebenso falsche Hoffnungen wie die Haager Konferenzen an seinem Beginn. In der zweiten Hälfte des 20. Jahrhunderts erlitten vermutlich mehr Menschen durch kriegerische Konflikte und Massenmorde einen gewaltsamen Tod als in der ersten. Der große Krieg wurde durch Stellvertreterkriege in der so genannten Dritten Welt sowie durch „asymmetrische" Kriege wie in Afghanistan, Vietnam, im Irak oder gegen den internationalen Terrorismus abgelöst [MÜNKLER]. Es bleibt abzuwarten, ob mit diesen neuen Formen des Krieges der große Krieg endgültig aus der Weltgeschichte verbannt ist. Einen echten Fortschritt wird man dies ohnehin kaum nennen können, solange sich die Gewalttätigkeit des 20. Jahrhunderts auch im 21. Jahrhundert fortsetzt.

Johannes Hürter

▷ S. 139
Atomzeit-
alter /
Bipolarität
der Welt

Literatur

M. F. BOEMEKE/R. CHICKERING/S. FÖRSTER (Hrsg.), Anticipating Total War. The German and American Experiences, 1871–1914, Cambridge 1999.

R. CHICKERING, Das Deutsche Reich und der Erste Weltkrieg, München 2002 [engl. 1998].

DERS./S. FÖRSTER (Hrsg.), Great War, Total War. Combat and Mobilization on the Western Front, 1914–1918, Cambridge 2000.

DERS./S. FÖRSTER (Hrsg.), The Shadows of Total War. Europe, East Asia and the United States, 1919–1933, Cambridge 2003.

DERS./S. FÖRSTER/B. GREINER (Hrsg.), A World at Total War. Global Conflict and the Politics of Destruction, 1937–1945, Cambridge 2005.

Das Deutsche Reich und der Zweite Weltkrieg, hrsg. v. Militärgeschichtlichen Forschungsamt, (bisher) 8 Bde., Stuttgart 1979ff.

J. DUPPLER/G. P. GROSS (Hrsg.), Kriegsende 1918. Ereignis, Wirkung, Nachwirkung, München 1999.

S. FÖRSTER (Hrsg.), An der Schwelle zum Totalen Krieg. Die militärische Debatte über den Krieg der Zukunft 1919–1939, Paderborn 2002.

DERS./J. NAGLER (Hrsg.), On the Road to Total War. The American Civil War and the German Wars of Unification, 1861–1871, Cambridge 1997.

M. GEYER, Aufrüstung oder Sicherheit. Die Reichswehr in der Krise der Machtpolitik 1924–1936, Wiesbaden 1980.

W. GUST, Der Völkermord an den Armeniern, München 1993.

A. HILLGRUBER, Hitlers Strategie. Politik und Kriegführung 1940–1941, München 2. Aufl. 1982.

G. HIRSCHFELD/G. KRUMEICH/I. RENZ (Hrsg.), Enzyklopädie Erster Weltkrieg, Paderborn 2003.

131

J. Hürter, Wilhelm Groener. Reichswehrminister am Ende der Weimarer Republik (1928–1932), München 1993.

J. Keegan, Der Erste Weltkrieg. Eine europäische Tragödie, Reinbek 2000.

V.G. Liulevicius, Kriegsland im Osten. Eroberung, Kolonisierung und Militärherrschaft im Ersten Weltkrieg, Hamburg 2002 [engl. 2000].

P. Longerich, Politik der Vernichtung. Eine Gesamtdarstellung der nationalsozialistischen Judenverfolgung, München 1998.

H. Münkler, Die neuen Kriege, Hamburg 2002.

D. Pohl, Verfolgung und Massenmord in der NS-Zeit 1933–1945, Darmstadt 2003.

D. Schumann, Politische Gewalt in der Weimarer Republik 1918–1933. Kampf um die Straße und Furcht vor dem Bürgerkrieg, Essen 2001.

D. Storz, Kriegsbild und Rüstung vor 1914. Europäische Landstreitkräfte vor dem Ersten Weltkrieg, Herford/Berlin/Bonn 1992.

H.-U. Wehler, Deutsche Gesellschaftsgeschichte, Bd. 4: Vom Beginn des Ersten Weltkriegs bis zur Gründung der beiden deutschen Staaten 1914–1949, München 2003.

G.L. Weinberg, Eine Welt in Waffen. Die globale Geschichte des Zweiten Weltkriegs, Stuttgart 1995.

E. Wolfrum, Krieg und Frieden in der Neuzeit. Vom Westfälischen Frieden bis zum Zweiten Weltkrieg, Darmstadt 2003.

J. Zimmerer/J. Zeller (Hrsg.), Völkermord in Deutsch-Südwestafrika. Der Kolonialkrieg (1904–1908) in Namibia und seine Folgen, Berlin 2003.

Das Atomzeitalter und die Bipolarität der Welt

Entscheidungsjahr 1947. Der Kalte Krieg, die machtpolitische Auseinandersetzung zwischen den USA und der Sowjetunion, war bereits seit 1917 ideologisch angelegt. Während in Russland die Bolschewiki unter der Führung Lenins (1870–1924), die mit der Oktoberrevolution an die Macht gelangt waren, auf eine „Weltrevolution" hinarbeiteten, verkündete der amerikanische Präsident Woodrow Wilson (1856–1924) beim Eintritt der USA in den Ersten Weltkrieg im gleichen Jahr, Ziel der Vereinigten Staaten sei es, die Welt für die Demokratie sicher zu machen: „to make the world safe for democracy". Der ideologische Ost-West-Gegensatz führte jedoch zunächst nicht zu größeren machtpolitischen Konflikten zwischen den Vereinigten Staaten und der Sowjetunion. Im Gegenteil: Der Zweite Weltkrieg sah Washington und Moskau als Alliierte in der militärischen Auseinandersetzung mit dem nationalsozialistischen Deutschland. Die so genannte „Anti-Hitler-Koalition" war indes kein stabiles, zukunftsfähiges Bündnis, sondern sie wurde nur zusammengehalten durch die nationalsozialistische Bedrohung und Kriegführung. Mit der sich abzeichnenden Niederlage Deutschlands kam es daher auch zu vermehrten Spannungen in der „strange alliance", in der außer den ideologischen Positionen nun auch die konkreten politischen Zielsetzungen auseinander liefen. Nicht zuletzt an der Frage der Neuordnung Deutschlands und Europas entzündete sich schon in der letzten Kriegsphase, verstärkt aber seit 1945 der Konflikt. In den Staaten des Westens, vor allem jedoch in den USA, wertete man die brutale Moskauer Sowjetisierungspolitik in Ost- und Ostmitteleuropa und auch in der sowjetisch besetzten Zone Deutschlands als Beleg für die aggressiven und expansiven Absichten der UdSSR.

133

Vor diesem Hintergrund gaben die USA unter der Präsidentschaft von Harry Truman (1945–1953) sukzessive ihre Politik der Kooperation mit der Sowjetunion auf und ersetzten sie durch eine „Politik der Eindämmung". Den Übergang der US-Politik zu diesem „containment" markierte eine Rede, in der der amerikanische Präsident am 12. März 1947 vor beiden Häusern des Kongresses die so genannte „Truman-Doktrin" verkündete: Es werde fortan „die Politik der Vereinigten Staaten sein, die freien Völker zu unterstützen, die sich der Unterwerfung durch bewaffnete Minderheiten oder durch Druck von außen widersetzen". Die Rede Trumans, die mit großem rhetorischem Geschick die kommunistische Gefahr beschwor, diente auch dem Ziel, einen noch zögernden US-Kongress zur Bewilligung höherer Ausgaben für die militärische und ökonomische Stabilisierung (West-)Europas zu bewegen und damit eine Rückkehr zum amerikanischen politischen Isolationismus der Zwischenkriegszeit zu verhindern.

Dass dies gelang, demonstrierte nur wenige Wochen später der Marshall-Plan, das European Recovery Program (ERP), das US-Außenminister George C. Marshall (1880–1959) am 5. Juni 1947 der Weltöffentlichkeit präsentierte. Dieses Programm, auf dessen Basis bis 1952/53 rund 13 Milliarden Dollar nach Europa flossen, sollte zunächst die europäische wirtschaftliche Nachkriegsmisere überwinden helfen, die im Krisenwinter 1946/47 ihren Höhepunkt erreicht hatte. Doch auch längerfristig sollte es die westeuropäischen Staaten, die entstehende Bundesrepublik eingeschlossen, ökonomisch – und in der Folge auch politisch – stabilisieren und sie so gegen sowjetische Expansions- und Durchdringungsversuche immunisieren. Der Marshall-Plan zielte ferner darauf, Westeuropa in

das von den USA dominierte Welthandels- und Weltwährungssystem mit dem US-Dollar als Leitwährung zu integrieren. Zentrale Voraussetzung für den Erfolg des Programms aus amerikanischer Sicht war es, Westdeutschland umfassend in die Stabilisierungsmaßnahmen einzubeziehen, um so Westeuropa insgesamt zu stärken. Um freilich den deutschen Wiederaufbau für die ehemaligen Kriegsgegner, Frankreich vor allem, akzeptabel zu machen, band Washington die ERP-Hilfe an die Schaffung europäischer Marshall-Plan-Institutionen, allen voran die OEEC (Organisation for European Economic Cooperation), die die Verteilung der Mittel koordinieren und ihre Verwendung insbesondere in Deutschland kontrollieren sollten. Damit war der Marshall-Plan als Teil der Politik der „doppelten Eindämmung" [HANRIEDER] sowohl gegen die aktuelle sowjetische als auch gegen die latente deutsche Bedrohung gerichtet. Letztere sollte nicht allein durch die Stationierung amerikanischer Truppen in Europa, sondern auch durch die feste Einbindung der entstehenden Bundesrepublik in eine Gemeinschaft der westeuropäischen Staaten minimiert werden. Der europäische Zusammenschluss, von dessen Zustandekommen die US-Regierung die Marshall-Plan-Hilfe abhängig machte, sollte – als Teil einer Politik der Hegemonie durch Integration [CONZE 1995] – einerseits einen stabilen Absatzmarkt und Handelspartner für die amerikanische Wirtschaft schaffen, andererseits aber auch einen Rückfall in die von nationalstaatlichen Einzelinteressen geprägte und durch diese zerrüttete europäische (Un-)Ordnung der Zwischenkriegszeit verhindern.

Der Marshall-Plan verstärkte die Gegensätze zwischen USA und Sowjetunion und begünstigte deren machtpolitische Steigerung

Krise und Ambivalenz der Moderne
Das Atomzeitalter
und die Bipolarität
der Welt

zum Kalten Krieg. Mit einer scharfen Verurteilung des Marshall-Plans, dem Verbot für die Staaten Ost- und Ostmitteleuropas, sich an dem amerikanischen Programm zu beteiligen, und mit der Initiative zur Gründung eines „Kommunistischen Informationsbüros" (Kominform) zur Konsolidierung und Koordinierung der Kräfte des eigenen Lagers reagierte die sowjetische Führung auf Truman-Doktrin und ERP. Fortan galt die bei der Kominform-Gründungskonferenz von dem sowjetischen Delegationsleiter Shdanow verkündete so genannte „Zwei-Lager-Theorie" (Shdanow-Doktrin), die den Machtkonflikt zwischen dem „antiimperialistischen und demokratischen Lager" unter Führung der Sowjetunion und dem, so Shdanow, reaktionären und antidemokratischen „imperialistischen Lager" mit den USA als „Hauptkraft" ideologisch fixierte.

Ost-West-Konflikt und Internationale Politik.
Seit 1947 bestimmte nichts mehr die internationale Politik und die internationalen Beziehungen als der Ost-West-Konflikt. Daran änderte sich bis 1990 nichts. Angesichts seiner ideologischen Grundstruktur und der sich mit dem „Osten" und dem „Westen" verbindenden universalen Ordnungsvorstellungen war der Konflikt jedoch nicht nur ein außenpolitischer, sondern er reichte auch tief hinein in die Staaten und Gesellschaften und prägte soziopolitische, sozioökonomische und soziokulturelle Entwicklungen. In den viereinhalb Jahrzehnten nach dem Zweiten Weltkrieg durchlief er verschiedene Phasen, als deren spannungsreichste und brisanteste der Kalte Krieg zwischen 1945/47 und den frühen 1960er Jahren gelten kann. Gekennzeichnet war diese Phase insbesondere durch die Militarisierung der Beziehungen zwischen West und Ost wie auch durch die Entstehung der amerikanischen und sowjetischen Suprematie im internationalen System. Legt man diese Sichtweise zugrunde, so endete der Kalte Krieg mit der Entspannungspolitik, die in den späten 1950er Jahren einsetzte und in den 1960er und 1970er Jahren immer mehr Gestalt annahm. An die Stelle regressiv-konfrontativer Konfliktregulierung traten integrativ-kooperative Austragungsformen, die allerdings weder die grundsätzliche Abgrenzung außer Kraft setzten, noch restlos alle Strukturen des Kalten Kriegs aufhoben [LINK]. Ganz im Gegenteil: Sie gaben der UdSSR zum einen die Möglichkeit zur machtpolitisch-ideologischen Expansion in Bereiche, die zunächst vom Ost-West-Konflikt nicht oder nur am Rande erfasst worden waren, insbesondere in den Staaten der „Dritten Welt". Zum anderen wurden sie begleitet von Moskaus zunehmender ideologisch-propagandistischer Unterstützung pro-östlicher Interessengruppen (z.B. der kommunistischen Parteien) in den westlichen Gesellschaften. Davon abgesehen blieben insbesondere die im und durch den Kalten Krieg geprägten militarisierten Beziehungsstrukturen des Ost-West-Konflikts erhalten.

Die Lagerbildung seit 1945/47 mit ihren Krisen und Kriegen (Berlin-Blockade 1948/49, Korea-Krieg 1950–53) führte innerhalb der westlichen Welt zur Entstehung und Konsolidierung eines transatlantischen europäisch-nordamerikanischen Allianzsystems (NATO). Gleichzeitig bahnte sich die europäische Einigung an, die gerade in ihrer Frühphase nicht nur von der Erfahrung zweier europäischer Kriege mit Millionen von Opfern geleitet wurde, sondern auch von dem politischen Imperativ, Westeuropa – und damit den Westen insgesamt – angesichts der östlich-

▷ S. 117 ff.
Totaler Krieg
und Massenvernichtung

Krise und Ambivalenz der Moderne
Das Atomzeitalter
und die Bipolarität
der Welt

kommunistischen Bedrohung zu stabilisieren. Insbesondere die Integration der jungen Bundesrepublik in die atlantische Allianz und die frühen europäischen Organisationen verdankten sich der Angst vor der „kommunistischen Gefahr", die einen – wenn auch kontrollierten, deutschen Wiederaufstieg notwendig, ja unausweichlich erscheinen ließ. Für die 1949 gegründete Bundesrepublik lag in dieser Konstellation die Chance, Schritt für Schritt internationale Anerkennung und Gleichberechtigung zu erlangen. Keiner erkannte dies klarer als Bundeskanzler Konrad Adenauer (1876–1967). In den Organisationen des Westens konnte die Bundesrepublik zum einen durch konstruktives Engagement ihre Friedfertigkeit und ihren Willen zur Kooperation unter Beweis stellen. Zum anderen gewann sie mit Legitimität und internationalem Ansehen auch allmählich an politischer Souveränität. In jedem Fall wäre ohne das Bedrohungsszenario des Kalten Kriegs die Westintegration der Bundesrepublik, wenn überhaupt, erheblich schleppender verlaufen. Auch 1955 waren es die anhaltende sowjetische Bedrohung einerseits sowie der hegemoniale Druck der westlichen Führungsmacht USA andererseits, die zum NATO-Beitritt der Bundesrepublik führten. Damit und mit der Gründung des Warschauer Pakts, dem die DDR angehörte, kam Mitte der 50er Jahre der Blockbildungsprozess zum Abschluss.

Der in der Folge des Zweiten Weltkriegs in Europa entstandene territoriale und politische Status quo und damit die Teilung Deutschlands und Europas verfestigten sich. Der Bau der Berliner Mauer, die völlige Abriegelung der innerdeutschen Grenzen 1961 und die westliche Hinnahme dieser Maßnahmen führten dies drastisch vor Augen. Die Akzeptanz der nach 1945 in Europa entstandenen

Grenzen, 1975 durch die Konferenz für Sicherheit und Zusammenarbeit in Europa (KSZE) in Helsinki bestätigt, war allerdings die Voraussetzung für Entspannung im Ost-West-Verhältnis. Dies galt indes nur für Europa. In anderen Weltregionen trafen Ost und West weiterhin konflikthaft und zum Teil kriegerisch aufeinander, ja es gehört zu den wichtigen Entwicklungslinien des Ost-West-Gegensatzes, dass er sich seit den 1950er Jahren zunehmend zu einem globalen Konflikt ausweitete, der sich beispielsweise mit Prozessen der Dekolonialisierung, mit Spannungen zwischen einzelnen Staaten der „Dritten Welt" oder mit innerstaatlichen Konflikten (Bürgerkriegen) verband. In diesem Sinne gehört der Vietnam-Krieg (1965–1973/75) ebenso zur Phänomenologie des Ost-West-Konflikts wie zahllose so genannte „Stellvertreterkriege" vor allem in der südlichen Hemisphäre.

▷ S. 258
Universa
geschich
Weltgesc

Auch der arabisch-israelische Konflikt ist ohne den ihn überlagernden Ost-West-Gegensatz nicht zu verstehen.

Nach der sowjetischen Invasion in Afghanistan (1979) und dem Versuch der UdSSR, durch die Stationierung neuer Atomwaffen die militärische Balance zwischen Ost und West zu ihren Gunsten zu verändern, verschlechterten sich zu Beginn der 1980er Jahre die amerikanisch-sowjetischen und damit die Ost-West-Beziehungen insgesamt massiv. Ein „Zweiter Kalter Krieg" begann, der vor allem durch eine neue und brisante Spirale des Rüstungswettlaufs gekennzeichnet war. Mit seiner 1985 eingeleiteten Reformpolitik wollte Michail Gorbatschow (geb. 1931) zunächst die sowjetische Wirtschaft und hier nicht zuletzt die Rüstungsindustrie leistungsfähiger machen. Das war jedoch unter den Bedingungen der Zentralverwaltungswirtschaft (Planwirtschaft) nicht möglich ohne gleichzeitige politi-

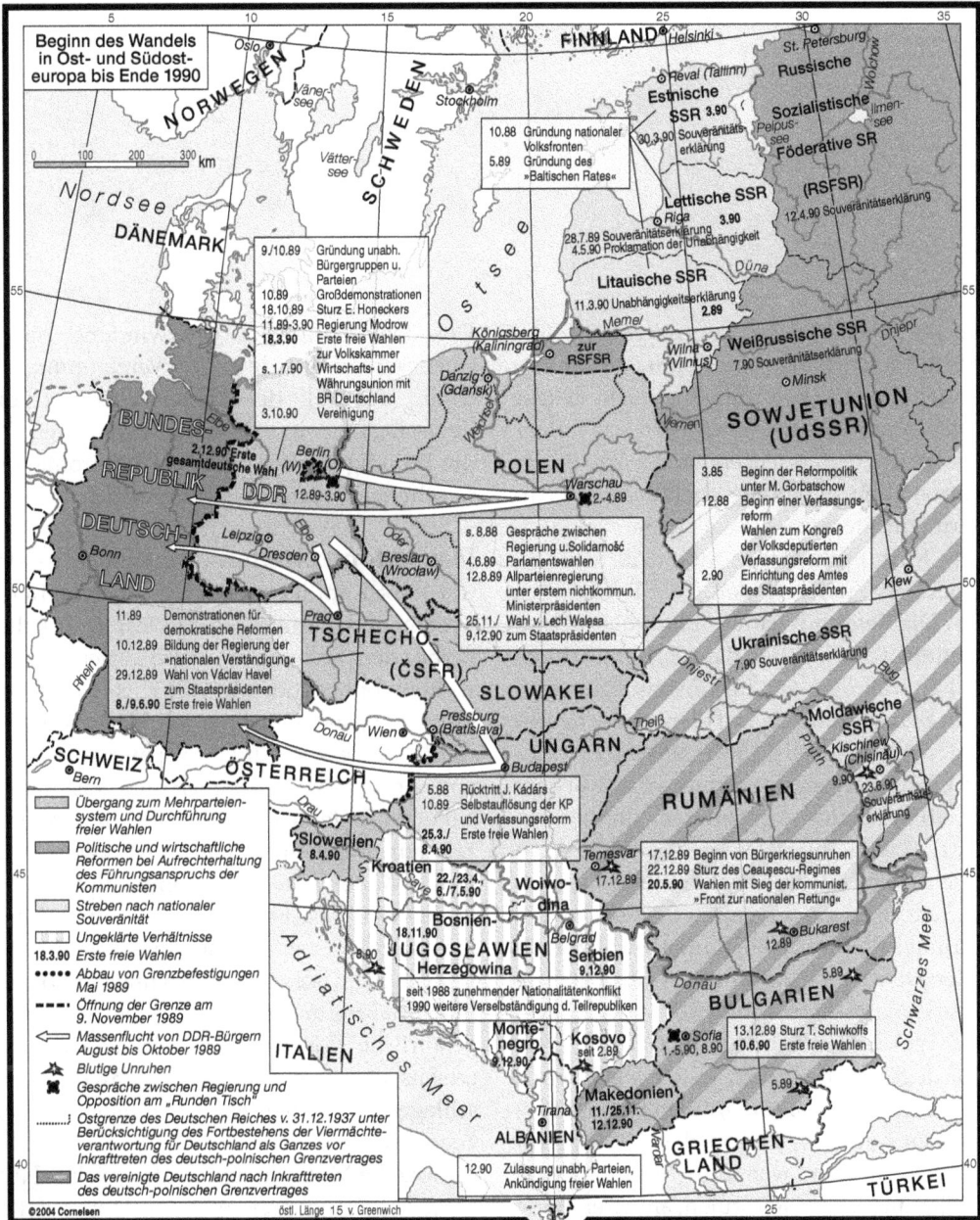

Beginn des Wandels in Ost- und Südosteuropa bis Ende 1990

0 100 200 300 km

Map labels and annotations:

NORWEGEN · Oslo · Väner-see · Stockholm · SCHWEDEN · Vätter-see · Nordsee · DÄNEMARK · FINNLAND · Helsinki · St. Petersburg · Reval (Tallinn) · Russische · Estnische SSR 3.90 · 30.3.90 Souveränitätserklärung · Sozialistische · Peipus-see · Ilmen-see · Föderative SR (RSFSR) · Wodga

10.88 Gründung nationaler Volksfronten
5.89 Gründung des »Baltischen Rates«

Lettische SSR · Riga · 3.90 · 28.7.89 Souveränitätserklärung · 4.5.90 Proklamation der Unabhängigkeit · 12.4.90 Souveränitätserklärung · Düna

9./10.89 Gründung unabh. Bürgergruppen u. Parteien
10.89 Großdemonstrationen
18.10.89 Sturz E. Honeckers
11.89–3.90 Regierung Modrow
18.3.90 Erste freie Wahlen zur Volkskammer
s. 1.7.90 Wirtschafts- und Währungsunion mit BR Deutschland
3.10.90 Vereinigung

Litauische SSR · 11.3.90 Unabhängigkeitserklärung · 2.89 · Memel

Königsberg (Kaliningrad) · zur RSFSR · Wilna (Vilnius) · Weißrussische SSR · 7.90 Souveränitätserklärung · Minsk · Dnjepr

Danzig (Gdansk) · Breslau (Wroclaw) · Oder · Weichsel · POLEN · Warschau · 2.–4.89

SOWJETUNION (UdSSR)

3.85 Beginn der Reformpolitik unter M. Gorbatschow
12.88 Beginn einer Verfassungsreform · Wahlen zum Kongreß der Volksdeputierten
2.90 Verfassungsreform mit Einrichtung des Amtes des Staatspräsidenten

BUNDES-REPUBLIK DEUTSCH-LAND · Bonn · Elbe · Rhein · Berlin (W) · Berlin (O) · DDR · 12.89–3.90 · 2.12.90 Erste gesamtdeutsche Wahl · Leipzig · Dresden · Prag

s. 8.88 Gespräche zwischen Regierung u.Solidarność
4.6.89 Parlamentswahlen
12.8.89 Allparteienregierung unter erstem nichtkommun. Ministerpräsidenten
25.11. Wahl v. Lech Walesa
9.12.90 zum Staatspräsidenten

Kiew · Ukrainische SSR · 7.90 Souveränitätserklärung · Dnjestr

11.89 Demonstrationen für demokratische Reformen
10.12.89 Bildung der Regierung der »nationalen Verständigung«
29.12.89 Wahl von Václav Havel zum Staatspräsidenten
8./9.6.90 Erste freie Wahlen

TSCHECHO-SLOWAKEI (ČSFR) · Donau · Preßburg (Bratislava) · Wien · UNGARN · Theiß · Moldawische SSR · Kischinew (Chisinau) · 9.90 · 23.6.90 Souveränitätserklärung · Pruth

SCHWEIZ · Bern · ÖSTERREICH · Budapest

5.88 Rücktritt J. Kádárs
10.89 Selbstauflösung der KP und Verfassungsreform
25.3./8.4.90 Erste freie Wahlen

RUMÄNIEN

Slowenien 8.4.90 · Kroatien · 22./23.4., 6./7.5.90 · Woiwodina · Temesvar · 17.12.89

17.12.89 Beginn von Bürgerkriegsunruhen
22.12.89 Sturz des Ceaușescu-Regimes
20.5.90 Wahlen mit Sieg der kommunist. »Front zur nationalen Rettung«

Drau · Save · Bosnien-Herzegowina · 18.11.90 · Belgrad · Serbien · 9.12.90 · Bukarest · 12.89 · Schwarzes Meer · Donau · 5.89

JUGOSLAWIEN

seit 1988 zunehmender Nationalitätenkonflikt
1990 weitere Verselbständigung d. Teilrepubliken

BULGARIEN · Sofia · 1.–5.90, 8.90 · 13.12.89 Sturz T. Schiwkoffs · 10.6.90 Erste freie Wahlen · 5.89

Adriatisches Meer · ITALIEN · Monte-negro 9.12.90 · Kosovo seit 2.89 · Makedonien 11./25.11. · 12.12.90 · Tirana · ALBANIEN · GRIECHEN-LAND · TÜRKEI

12.90 Zulassung unabh. Parteien, Ankündigung freier Wahlen

Legende:

- Übergang zum Mehrparteiensystem und Durchführung freier Wahlen
- Politische und wirtschaftliche Reformen bei Aufrechterhaltung des Führungsanspruchs der Kommunisten
- Streben nach nationaler Souveränität
- Ungeklärte Verhältnisse
- 18.3.90 Erste freie Wahlen
- •••• Abbau von Grenzbefestigungen Mai 1989
- – – – Öffnung der Grenze am 9. November 1989
- ⇐ Massenflucht von DDR-Bürgern August bis Oktober 1989
- Blutige Unruhen
- Gespräche zwischen Regierung und Opposition am „Runden Tisch"
- Ostgrenze des Deutschen Reiches v. 31.12.1937 unter Berücksichtigung des Fortbestehens der Viermächteverantwortung für Deutschland als Ganzes vor Inkrafttreten des deutsch-polnischen Grenzvertrages
- Das vereinigte Deutschland nach Inkrafttreten des deutsch-polnischen Grenzvertrages

©2004 Cornelsen · östl. Länge 15 v. Greenwich

Die politischen, ökonomischen und gesellschaftlichen Reformen in verschiedenen Staaten Ost- und Südosteuropas, die zum Teil schon vor 1989 begonnen hatten, führten nicht direkt zum **Zusammenbruch des Ostblocks.** Erst mit dem Wegfall des auf Truppenstationierung und Interventionsdrohung basierenden Dominanzanspruchs der Sowjetunion konnte jene Dynamik entstehen, die den östlichen Block und die kommunistischen Diktaturen in seinen Staaten innerhalb kürzester Zeit in ihren Grundfesten erschütterte. Der Wandel verlief zum Teil in friedlichen Bahnen (Ungarn, Polen, Tschechoslowakei), zum Teil gewaltsam (Rumänien). Die Auflösung der kommunistischen Regime verband sich mit nationalen Unabhängigkeitsbestrebungen (Baltikum) und Nationalitätenkonflikten (Jugoslawien, Tschechoslowakei). Insbesondere aus diesen entwickelten sich massive Krisen- und Konfliktpotenziale, die sich nicht zuletzt in den Balkankriegen blutig – und zum Teil genozidal – entluden. Anders als es manche politischen Publizisten 1989/90 euphorisch, ja triumphierend verkündeten, war also mit der Überwindung des Ost-West-Konflikts und dem Zusammenbruch des Ostblocks kein „Ende der Geschichte" (F. Fukuyama) erreicht.

Karte: Putzger. Atlas und Chronik zur Weltgeschichte, Berlin 2002, 259, bearbeitet von Peter Kast
© Cornelsen Verlag Berlin.

sche Reformen. Solche Reformdynamik förderte indes schon bald eine Politik, die die ostwestliche Systemkonfrontation nicht länger zu stabilisieren anstrebte, sondern sich immer stärker von den wachsenden Lasten dieser Konfrontation zu befreien suchte. Diese Wende ermöglichte zunächst eine Reihe spektakulärer Rüstungskontroll- und Abrüstungsabkommen zwischen der UdSSR und den USA. Die Reformdynamik führte aber ferner zu einer Lockerung der Blockkontrolle durch Moskau, die den ost- und ostmitteleuropäischen Staaten (vor allem Polen und Ungarn) ökonomische, soziale und politische Reform- und Liberalisierungsfreiräume schuf. Mit dem Wegfall der in der so genannten „Breschnew-Doktrin" von 1968 fixierten permanenten sowjetischen Interventionsdrohung gewannen jedoch auch in jenen Staaten, deren Führungen Reformen ablehnten, nicht zuletzt in der DDR, gesellschaftliche Kräfte an Gewicht, die immer lauter und immer wirkungsvoller gesellschaftliche und politische Veränderungen einforderten. In der DDR verlor in dieser Situation die SED, deren Herrschaftsanspruch seit 1946/49 von der Sowjetunion garantiert worden war, ihre Macht. Grenzöffnung und innere Reformen, an deren Ende 1990 die Vereinigung mit der Bundesrepublik stand, waren die Folge. Wenige Tage nach dem Fall der Mauer erklärten US-Präsident George H.W. Bush (geb. 1924) und der sowjetische Generalsekretär Gorbatschow auf dem Gipfel von Malta den Kalten Krieg für beendet. Der Zusammenhang zwischen Ost-West-Konflikt und deutscher Frage wurde hier noch einmal deutlich. Hatte nach 1945 der Gegensatz zwischen USA und Sowjetunion eine Einigung über Deutschland und damit die Wiederherstellung eines vereinten Deutschland verhindert, so ermöglichte vier

Dekaden später die Überwindung dieses Gegensatzes die deutsche Vereinigung. So wenig der Fall der Mauer 1989 und die deutsche Einheit 1990 ursächlich waren für die Beendigung der Ost-West-Konfrontation, so sehr symbolisierten sie diese doch.

Das Atomzeitalter. Untrennbar ist der Ost-West-Konflikt mit der Existenz von Kernwaffen und damit dem nuklearen Zeitalter verbunden. So wie das amerikanische Atomwaffenmonopol der Jahre 1945 bis 1949 zu den Entstehungsbedingungen des Machtkonflikts zählte, so verwies 40 Jahre später eine Reihe von Abrüstungsabkommen auf das herannahende Ende des Gegensatzes. In den Jahrzehnten zwischen 1945 und 1990 spielten nukleare Waffen eine höchst ambivalente Rolle in den Ost-West-Beziehungen. Während ihre Existenz einerseits die militante Rivalität insbesondere zwischen den USA und der Sowjetunion nährte und die Welt immer wieder in gefährliche Krisen stürzte, wirkten sie andererseits abschreckend genug, um das Umschlagen des Kalten Krieges in einen heißen zu verhindern.

Trotz der Möglichkeit einer friedlichen Nutzung der Kernenergie war das Atomzeitalter zunächst durch die militärische Anwendung der Kernspaltung, später auch der Kernfusion, geprägt. In den Jahren des Zweiten Weltkriegs arbeiteten große Forschergruppen sowohl in Deutschland (Kaiser-Wilhelm-Institut) als auch in der Sowjetunion und in den USA (Manhattan Project) fieberhaft an der Entwicklung einer auf dem Prinzip der Spaltung von Uran-Atomkernen beruhenden Bombe von großer Zerstörungskraft. Am 16. Juli 1945 kam es in der Wüste von Nevada (USA) zur ersten erfolgreichen Testexplosion einer Atombombe. Nur kurze Zeit später zeig-

Krise und Ambivalenz der Moderne
Das Atomzeitalter
und die Bipolarität
der Welt

ten die Amerikaner, dass sie auch vor dem Einsatz der neuen Waffe nicht zurückschreckten: Der Abwurf der Atombomben über Hiroshima und Nagasaki am 6. und 9. August 1945 mit unzähligen Opfern und Jahrzehnte während Folgen sollte die japanische Kapitulation erzwingen.

▷ S. 130
der Krieg
Massen-
nichtung

Pläne, die Kontrolle über die Atomenergie und damit auch über Atomwaffen zu internationalisieren, beispielsweise durch die Vereinten Nationen, scheiterten in den Jahren unmittelbar nach 1945 am weltpolitischen Klima des heraufziehenden Kalten Kriegs. Amerikanische Versuche, das Atomwaffenmonopol der USA für ihre Containment-Politik nutzbar zu machen, endeten zwangsläufig 1949, als die Sowjetunion ihre erste Atombombe zur Explosion brachte. Von nun an bestimmte die nukleare Rüstungsdynamik zwischen USA und Sowjetunion ganz maßgeblich die Entwicklung und die Austragung des Ost-West-Konflikts. Der Aufstieg Großbritanniens, Frankreichs und der Volksrepublik China zu Atommächten änderte an der strukturellen Dominanz der amerikanisch-sowjetischen Nuklearrivalität nur wenig. Schon rein quantitativ stellten die Kernwaffenarsenale der beiden Supermächte die Rüstungspotenziale der anderen Nuklearmächte bei weitem in den Schatten.

Je größer und je differenzierter die atomaren Waffenbestände der USA und der UdSSR wurden, desto komplizierter wurden die Nuklearstrategien der beiden Staaten und der von ihnen geführten Militärbündnisse. Dabei trat immer deutlicher zutage, dass Ost und West zwar danach strebten, in ihren Strategien glaubwürdige Szenarien für den Einsatz von Kernwaffen zu entwerfen, dass aber gerade diese Glaubwürdigkeit dem politischen Ziel dienen sollte, den Krieg und insbesondere den

Nuklearkrieg zu verhindern. Die Entwicklungen der Nuklearstrategie mögen in der Retrospektive absurd anmuten, aber in dieser Absurdität – den Atomkrieg bis ins kleinste Detail zu planen, Kernwaffenarsenale anzuhäufen, die die Erde mehrfach hätten zerstören können (Overkill), und allenthalben die Bereitschaft zum Einsatz dieser Arsenale zu betonen, mit dem Nuklearkrieg zu drohen, um ihn dadurch zu verhindern – in dieser Absurdität der „Mutual Assured Destruction" (MAD) lag der Kern nuklearer Abschreckung als Mittel der Kriegsverhinderung. Das System der Abschreckung beruhte dabei auf der wechselseitigen Annahme eines extrem rationalen Umgangs mit der Existenz nuklearer Waffen, in dessen Zentrum die klare Erkenntnis des Zusammenhangs zwischen dem eigenen Überleben und dem des Anderen stand. Vor allem hieraus speiste sich die strukturfestigende und systemstabilisierende Wirkung nuklearer Waffen, an die seit 1990 nicht Wenige fast wehmütig zurückdenken.

Die strukturelle Stabilität der Ost-West-Beziehungen war indes zu keinem Zeitpunkt gleichzusetzen mit einem Zustand des Friedens. Was der französische Philosoph Raymond Aron in die Formel kleidete: „Frieden unmöglich, Krieg unwahrscheinlich", spiegelte sich in den Jahrzehnten des Ost-West-Konflikts in einer Vielzahl brisanter Krisen, in deren Verlauf nukleare Waffen bzw. Fragen der nuklearen Rüstung immer wieder eine entscheidende Rolle spielten. Die gefährlichste dieser Krisen war die Kuba-Krise des Jahres 1962, als die Stationierung atomarer sowjetischer Mittelstreckenraketen auf der Insel Kuba die Welt an den Rand eines Atomkriegs führte. In der Lösung der Krise zeigte sich auf beiden Seiten der Primat rationalen Verhaltens angesichts der nuklearen Bedro-

Die massenhafte Existenz von Atomwaffen und ihr zerstörerisches Potenzial waren nicht nur ein Thema der internationalen Politik. Schon früh formierte sich in den Gesellschaften des Westens Protest gegen die nukleare Rüstung, der – von der Anti-Atomtod-Bewegung der 1950er bis hin zur Friedensbewegung der 1980er Jahre – bis zum Ende des Ost-West-Konflikts immer wieder aufflammte. Vor allem seit den 1970er Jahren verband sich der Kampf gegen die atomare Rüstung dabei strukturell mit dem Protest gegen die **zivile Nutzung der Kernenergie**. Nicht zuletzt der Aufstieg „grüner" Parteien in Westeuropa und vor allem in der Bundesrepublik verdankte sich der Verknüpfung der antinuklearen Friedensbewegung und der ebenso antinuklearen Umweltbewegung.

Die **Reaktorkatastrophe im ukrainischen Kernkraftwerk Tschernobyl 1986** offenbarte drastisch die Risiken atomarer Energiegewinnung. Der nukleare GAU in der UdSSR enthüllte allerdings zudem den desolaten Zustand der sowjetischen (Energie-)Wirtschaft sowie politische und administrative Kontrolldefizite und trieb damit die Reformpolitik Gorbatschows weiter voran. Aber auch im Westen, wo sich 1979 im amerikanischen Harrisburg ebenfalls ein Reaktorunfall ereignet hatte, wuchs die Skepsis gegenüber der Atomenergie, deren Möglichkeiten seit den 1950er Jahren geradezu enthusiastisch gepriesen worden waren. Angesichts der Endlichkeit fossiler Brennstoffe versprach Kernkraft die Lösung aller Energieprobleme der Menschheit und erschien damit auch als Garant permanenten Wirtschaftswachstums. Das spiegelte sich auch in der internationalen Politik, nicht zuletzt im Kontext der europäischen Integration wider. Die 1957 gegründete Europäische Atomgemeinschaft (Euratom) zielte ganz ausdrücklich auf die europäisch koordinierte Nutzbarmachung des Potenzials der zivilen Nuklearindustrie als Triebkraft einer „neuen industriellen Revolution". Pläne für eine weitergehende, auch die Ostblockstaaten einschließende internationale Kooperation im Bereich der friedlichen Nutzung der Kernenergie, beispielsweise das amerikanische „Atoms for Peace"-Programm der 1950er Jahre, scheiterten am Ost-West-Gegensatz.

Bild: Der zerstörte Kernreaktor in Tschernobyl, Ukraine, akg-images Berlin.

Literatur: F. BRÜGGEMEIER, Tschernobyl, 26. April 1986. Die ökologische Herausforderung, München 1998.

Krise und Ambivalenz der Moderne
Das Atomzeitalter
und die Bipolarität
der Welt

hung. Dennoch demonstrierte die Kuba-Krise, dass die Existenz nuklearer Waffen alleine noch keine Stabilitätsgarantie darstellte, sondern dass diese Stabilität durch politisches Handeln befestigt werden musste. Aus den Erfahrungen der Kuba-Krise führt daher ein direkter Weg zu der auch durch Rüstungskontrolle geprägten Politik der Entspannung der 1960er und 1970er Jahre. Entspannung (Détente) wurde möglich angesichts der klaren Erkenntnis der Brisanz des nuklearen Wettrüstens einerseits und nach der Akzeptanz des ost-westlichen Status quo insbesondere in Europa andererseits. Dass die Sowjetunion sich hierauf einließ, war auch der zunehmenden politisch-ideologischen Entfremdung zwischen den beiden kommunistischen Führungsmächten UdSSR und Volksrepublik China seit Beginn der 1960er Jahre zu verdanken. Die USA betrieben ihrerseits eine Politik der Annäherung an das China Maos (1893-1976), nicht zuletzt um den Entspannungsdruck auf Moskau zu erhöhen.

Die Rüstungskontrollpolitik der 1960er und 1970er Jahre zielte vor diesem Hintergrund keineswegs darauf, Kernwaffen abzuschaffen. Im Gegenteil führten etwa der SALT I-Vertrag (Strategic Arms Limitation Talks) von 1972 sowie der ABM-Vertrag (Anti Ballistic Missiles) aus dem selben Jahr zu kontrollierter Aufrüstung mit dem Ziel, dadurch ein feineres und differenzierteres nukleares Gleichgewicht zu schaffen. Da der ost-westliche Fundamentalgegensatz offenbar ohne das Risiko eines Atomkriegs nicht aufzulösen war, wurde er in dieser Phase vorwiegend auf der Ebene von Nuklear- und Rüstungspolitik ausgetragen: eine extreme Militarisierung von Politik und eine ebenso extreme Politisierung des Militärischen waren das Ergebnis. Die Einigung auf eine bestimmte zahlenmäßige Obergrenze für nukleare Gefechtsköpfe konnte unter diesen Bedingungen als grandioser politischer Erfolg gelten. Ost-westliche Gipfeltreffen beschäftigten sich so gut wie ausschließlich mit Rüstungsfragen, Politiker im Osten wie im Westen spielten „Raketenschach". Erst in den 1980er Jahren kam es zu Abrüstungsabkommen, die die Zahl nuklearer Waffen tatsächlich reduzierten, gipfelnd im INF-Vertrag (Intermediate-Range Nuclear Forces) von 1987, der amerikanische und sowjetische Mittelstreckenwaffen in Europa ganz abschaffte.

Die deutsche Frage. In der deutschen Teilung und der Entwicklung der so genannten „deutschen Frage" spiegelten sich zwischen 1945 und 1989/90 der Ost-West-Konflikt und seine Dynamik. Auf den alliierten Kriegskonferenzen von Teheran (1943), Jalta (1945) und Potsdam (1945) stand die Frage nach der Zukunft Deutschlands im Mittelpunkt der Beratungen [DÜLFFER 1998]. Während zunächst noch eine Aufteilung, ja Zerstückelung Deutschlands erwogen wurde, bestand seit 1944 Einigkeit darüber, Deutschland nur zu Zwecken der militärischen Besetzung aufzuteilen, es aber ansonsten als politische und ökonomische Einheit zu behandeln. Die bei Kriegsende vorgenommene Einteilung Deutschlands in Besatzungszonen und Berlins in Sektoren war also kein planvoller Schritt zur Bildung zweier deutscher Staaten. Demgegenüber entsprachen die Abtrennung der deutschen Ostgebiete und die Westverschiebung Polens bis an Oder und Neiße den alliierten Absichten, auch wenn diese territoriale Entscheidung und der künftige deutsche Grenzverlauf noch unter den Vorbehalt eines Friedensvertrags mit Deutschland gestellt wurden. Der heraufziehende Kalte Krieg 141 stand aber dem Abschluss eines Friedens ebenso im Wege wie dem Vorhaben, Deutschland als Ganzes zu behandeln. Gesamtdeutsche alliierte Institutionen, insbesondere der Alliierte Kontrollrat, verloren angesichts der Konflikte zwischen den Besatzungsmächten ihre Funktionsfähigkeit und ihre Bedeutung. Stattdessen betrieb jede einzelne Besatzungsmacht in ihrer Zone ihre Besatzungspolitik, organisierte die Besatzungsverwaltung, den Neubeginn des politischen Lebens und den wirtschaftlichen Wiederaufbau. Während in der sowjetischen Zone unter dem Druck Moskaus und ausgeführt von den deutschen Kommunisten eine zielstrebige Sowjetisierung einsetzte, entstanden in den westlichen Zonen Schritt für Schritt freiheitlich-demokratische Institutionen. Vor dem Hintergrund des eskalierenden Kalten Kriegs seit 1947 wurde eine ost-westliche Einigung über Deutschland illusorisch [GRAML]. Vielmehr trachteten nun Ost und West danach, „ihren" Teil Deutschlands jeweils in den eigenen Machtbereich zu integrieren, um damit auch das jeweils eigene Lager zu stärken. Diese Entwicklung führte zur doppelten Staatsgründung des Jahres 1949 und – im weiteren Verlauf – zur Integration von Bundesrepublik Deutschland und DDR in die politischen, militärischen und ökonomischen Strukturen des Westens bzw. Ostens.

In der Bundesrepublik löste die von Konrad Adenauer maßgeblich betriebene Politik der Westintegration große Kontroversen aus. Seine Gegner warfen dem ersten Bundeskanzler den Verzicht auf die deutsche Wiedervereinigung und die Zementierung der Zweistaatlichkeit vor. So richtig es ist, dass damals zugunsten der Gewinnung von Souveränität und Gleichberechtigung die Politik der Westintegration einer gesamtdeutschen Politik ein-

deutig übergeordnet war, so wenig bedeutete diese indes den endgültigen Verzicht auf die deutsche Einheit. Im Gegenteil: Adenauer war überzeugt, nur eine freie und fest in den Westen integrierte Bundesrepublik werde dereinst die Wiedervereinigung erreichen können. Adenauers Prioritätensetzung „Freiheit vor Einheit" führte noch bis Ende der 1950er Jahre zu heftigen politischen Auseinandersetzungen. Diese entbrannten am schärfsten im Umfeld der so genannten Stalin-Note vom März 1952: Damals winkte die sowjetische Führung mit der Möglichkeit eines vereinten Deutschland, um den Deutschland-Vertrag sowie den Bonner Beitritt zur Europäischen Verteidigungsgemeinschaft (EVG) und damit die Westintegration und die durch sie bewirkte Stärkung des Westens insgesamt zu verhindern.

Zwar verlor die Adenauersche Politik der Westbindung nie die deutsche Frage aus dem Auge. Aber die Verfestigung der Blöcke ab 1955 verringerte die Aussichten auf eine rasche Überwindung der Teilung. Die durch die Sowjetunion ausgelöste Berlin-Krise der Jahre 1958 bis 1961 führte der Welt, insbesondere aber den Deutschen, die Gefährlichkeit eines jeden Versuchs vor Augen, den Status quo in Deutschland und Europa zu verändern. Der Bau der Berliner Mauer 1961 zementierte – im wahrsten Sinne des Wortes – den Status quo der deutschen und europäischen Teilung für beinahe 30 Jahre. In den 1960er Jahren schlug das gemeinsame Entspannungsinteresse der beiden Supermächte auch auf die Deutschlandpolitik durch. Die weltpolitische Entspannung musste sich im deutsch-deutschen Verhältnis fortsetzen, ja gerade an der Frontlinie des Kalten Kriegs, in Berlin und Deutschland, mussten sich der Wert und die Tauglichkeit von Détente erweisen. Als gelehrigster Schü-

Krise und Ambivalenz der Moderne
Das Atomzeitalter
und die Bipolarität
der Welt

ler der USA erwies sich die westdeutsche Sozialdemokratie unter Willy Brandt (1913–1992). In Berlin, wo Brandt Regierender Bürgermeister war, erprobte man das entspannungspolitische Konzept des „Wandels durch Annäherung" (Egon Bahr). Das meinte nichts anderes, als langfristig den Status quo zu überwinden, indem man ihn anerkannte. Eine solche Politik entsprach nicht nur dem amerikanischen Leitkonzept, sondern sie ermöglichte, zunächst in Berlin, später im deutsch-deutschen Verhältnis insgesamt, auch menschliche Erleichterungen für die durch die Teilung am härtesten getroffene Bevölkerung der DDR.

Ohne die Westintegration der Bundesrepublik in Frage zu stellen, sondern, im Gegenteil, um in einer Entspannungsphase des Ost-West-Konflikts auf der Basis der Westbindung nunmehr auch Ostverbindungen zu schaffen, verfolgte Willy Brandt als Bundeskanzler (1969–1974) seine Ostpolitik gegenüber der Sowjetunion, den östlichen Nachbarn Deutschlands sowie der DDR. Im Moskauer und im Warschauer Vertrag bekannte sich Bonn ausdrücklich zum Gewaltverzicht und zur Unverletzlichkeit der bestehenden Grenzen und akzeptierte damit den territorialen Status quo, so wie er in der Folge des Zweiten Weltkriegs entstanden war. Erst dessen Akzeptanz und die Regelung der Berlin-Frage im Vier-Mächte-Abkommen 1971 ermöglichten auch eine Neugestaltung des deutsch-deutschen Verhältnisses auf vertraglicher Basis und, wenn auch nicht im völkerrechtlichen Sinne, die gegenseitige Anerkennung der beiden Staaten. An den Grundgegebenheiten der Deutschlandpolitik änderte sich freilich durch die Ostpolitik nichts: Bundesrepublik und DDR blieben gefangen in den Zwängen des Ost-West-Konflikts. Erst als sich in der Ära

Gorbatschow das sowjetisch-amerikanische Verhältnis zu entkrampfen begann, gab es auch eine Chance für eine wirkliche deutsch-deutsche Entspannung: am sichtbarsten in dem Besuch des DDR-Staats- und Parteichefs Erich Honecker (1912–1994) in der Bundesrepublik 1987. Schon zwei Jahre später allerdings erschütterte die Politik Gorbatschows die DDR in ihren Grundfesten. Dem Reformdruck in ihrem Inneren hielt sie nicht stand.

Der Zusammenbruch der DDR und die Überwindung der deutschen Teilung waren freilich nicht nur eine deutsch-deutsche Angelegenheit, sondern eine entscheidende Frage der Weltpolitik im zu Ende gehenden Ost-West-Konflikt. Seit Ende 1989 war die deutsche Frage, insbesondere im so genannten Zwei-plus-Vier-Prozess, das beherrschende Thema der internationalen Politik. Und in den außen- und deutschlandpolitischen Entwicklungen bis zum 3. Oktober 1990 wurde noch einmal deutlich, wie sehr die Deutschlandfrage in die Strukturen der internationalen Politik seit 1945 eingewoben war. Ohne die Zustimmung der Sowjetunion wäre die deutsche Einheit 1990 genauso wenig möglich gewesen wie ohne die entschiedene Unterstützung der westdeutschen Politik durch die USA und ohne die Einbettung der deutschen Vereinigung in den Prozess der sich vertiefenden europäischen Integration. Die westdeutsche Regierung Kohl zehrte 1989/90 auch von dem politischen Kapital, das alle ihre Vorgängerinnen seit 1949 angesammelt hatten. Der Zwei-plus-Vier-Vertrag, den Bundesrepublik und DDR am 12. September 1990 mit den USA, der Sowjetunion, Frankreich und Großbritannien abschlossen, war als „Vertrag über die abschließende Regelung in bezug auf Deutschland" de facto der Friedensvertrag mit Deutschland, dessen Abschluss in den Jahren nach 1945 der Ost-West-Konflikt unmöglich gemacht hatte. Nicht zuletzt die Bestätigung der deutschen Grenzen zeigt das. So wies der Zwei-plus-Vier-Vertrag von 1990 zurück ins Jahr 1945 und unterstreicht damit einmal mehr den unauflöslichen Zusammenhang von Ost-West-Konflikt und deutscher Frage.

Gesellschaft und Kultur im Kalten Krieg.

Der Ost-West-Konflikt wirkte sowohl als machtpolitischer Großkonflikt wie auch als fundamentaler Gegensatz von Ordnungsvorstellungen mit jeweils universalem Anspruch tief in einzelne Staaten und ihre Gesellschaften hinein. Die weltpolitische Bipolarität löste im „Westen" wie im „Osten" soziopolitische, sozioökonomische und soziokulturelle Vereinheitlichungsprozesse aus oder beschleunigte diese. So trieben der Ost-West-Konflikt allgemein und seine konfrontative Zuspitzung im Kalten Krieg insbesondere innerhalb des Westens etwa jene binnengesellschaftlichen Veränderungsprozesse voran, die wir begrifflich als „Amerikanisierung" und, bezogen vor allem auf Deutschland, als „Westernisierung" fassen können [DOERING-MANTEUFFEL; LEHMKUHL/SCHUMACHER].

„Amerikanisierung" bezieht sich dabei auf die Übernahme US-amerikanischer Produkte und Leitbilder in die alltägliche Lebenswelt der Massengesellschaft. Coca-Cola, Jeans und Rock'n Roll können gleichermaßen als Beispiele stehen. Ganz allgemein wirkt Amerikanisierung als Kulturtransfer, als Übertragung von Institutionen, Gebräuchen, Verhaltensweisen und Symbolen aus den USA in andere Länder. Prozesse der Amerikanisierung reflektieren die Dynamik der amerikanischen Wirtschaft und Gesellschaft, den Aufstieg der USA zur Weltmacht seit etwa 1900 und verstärkt in der Zwischenkriegszeit

▷ S. 327
Vergleich
und Trans-
nationalität

144

Detailskizze

Nicht selten boten die rüstungs- und sicherheitspolitischen Auseinandersetzungen in der Bundesrepublik, aber auch in anderen westlichen Gesellschaften, Ventile für einen offenen oder latenten **Anti-Amerikanismus**. Zu verstehen ist dieser Anti-Amerikanismus ganz allgemein als Reaktion auf den ökonomischen, politischen und militärischen Aufstieg der USA im 20. Jahrhundert. Dies gilt verstärkt für die Zeit nach 1945, angesichts der amerikanischen – politischen und kulturellen – Hegemonie über Westeuropa und der von der amerikanischen Machtstellung ausgehenden und durch sie dynamisierten Amerikanisierungsprozesse. Während der Anti-Amerikanismus der Rechten vor und nach 1945 in erster Linie kulturkritisch argumentierte und Gesellschaft und Kultur der USA als Inbegriff von Nivellierung, Verflachung, Kommerzialisierung und Vermassung der Kultur ansah, war der Anti-Amerikanismus der Linken, so wie er sich in Westdeutschland seit den 1960er Jahren herausbildete, primär politisch-ideologischer Natur. Er wandte sich zwar gegen die konkrete Politik der USA (Vietnam, Atomrüstung). Nicht zuletzt der Anti-Amerikanismus der Studentenbewegung der späten 1960er Jahre, zum Teil neomarxistisch aufgeladen, war aber auch ganz allgemein antikapitalistisch und antiimperialistisch. Weil er Kapitalismus und Imperialismus mit Faschismus gleichsetzte, konnte er sich auch als antifaschistisch verstehen und rückte daher die Politik der USA nicht selten auf eine Ebene mit der des nationalsozialistischen Deutschland. Im Zeichen der Nachrüstungsdebatte der 1980er Jahre lebte dieser Anti-Amerikanismus wieder auf und verband sich dabei mit pazifistischen und nationalneutralistischen Strömungen.

Literatur: D. DINER, Anti-Amerikanismus in Deutschland. Ein historischer Essay, Frankfurt/M. 1993; G. SCHWAN, Antikommunismus und Antiamerikanismus in Deutschland. Kontinuität und Wandel seit 1945, Baden-Baden 1999; P. GASSERT, Weder Ost noch West. Antiamerikanismus in der Bundesrepublik, in: D. JUNKER (Hrsg.), Die USA und Deutschland im Zeitalter des Kalten Krieges, Stuttgart/München 2001, Bd. 1, 944–954.

Krise und Ambivalenz der Moderne
Das Atomzeitalter
und die Bipolarität
der Welt

sowie ihre hegemoniale Rolle seit 1945. Im deutschen Falle waren dabei allerdings zusätzlich die militärische Niederlage im Zweiten Weltkrieg, die sich anschließende Besatzungsherrschaft und der Rekurs auf die USA als Vorbildgesellschaft zentrale Voraussetzungen für die Öffnung der (west-)deutschen Gesellschaft für amerikanische Einflüsse.

„Westernisierung" oder „Verwestlichung" beziehen sich demgegenüber auf die Herausbildung einer gemeinsamen Werteordnung und auf gemeinsame politisch-ideelle Denkmuster in den westeuropäisch-atlantischen Gesellschaften. Speziell im (west-)deutschen Falle kam es nach der totalen Niederlage von 1945, unter den Bedingungen der amerikanischen Hegemonie und angesichts der östlich-sowjetischen Bedrohung zur Integration der Bundesrepublik nicht nur in die politischen und militärischen Strukturen, sondern auch in die politisch-ideologische Wertegemeinschaft des Westens. Die „Westernisierung" führte zunächst zur Herausbildung freiheitlich-demokratischer Institutionen nach westlichem Vorbild – sichtbar etwa im Grundgesetz – im weiteren Verlauf auch zu fundamentalen Liberalisierungsprozessen in der westdeutschen Gesellschaft.

Der Amerikanisierung und Westernisierung im Westen entsprachen nach 1945 im Machtbereich der UdSSR Prozesse der „Sowjetisierung" [JARAUSCH/SIEGRIST]. Diese zielte durch die erzwungene Angleichung der politischen, gesellschaftlichen und wirtschaftlichen Strukturen der Staaten Ost- und Ostmitteleuropas auf die Eingliederung derselben in den sowjetischen Machtbereich. In der DDR stand die Sowjetisierung vor dem Hintergrund der deutschlandpolitischen Zuspitzung des Ost-West-Konflikts in einem besonderem Wechselverhältnis zu Prozessen der

Amerikanisierung und Westernisierung in Westdeutschland. Im „Kalten Krieg der Deutschen" spiegelten sich die allgemeine ost-westliche Systemkonkurrenz und der jeweilige Überlegenheitsanspruch bis 1989 ganz besonders deutlich.

Unterhalb der Ebene überwölbender Ordnungsentwürfe flossen die konkreten Konflikte und Spannungen des Ost-West-Verhältnisses vielfach in Politik, Gesellschaft und Kultur der einzelnen Staaten ein. Mit Blick auf die Bundesrepublik reicht dies von der Wiederbewaffnungsdebatte der 1950er Jahre, in der auch gesellschaftliche Gegensätze mitverhandelt wurden, bis hin zu den um die nukleare Rüstung zentrierten Debatten späterer Jahrzehnte. Die Nachrüstungsdebatte der frühen 1980er Jahre war nicht nur eine sicherheitspolitische Kontroverse, sondern eine tief wurzelnde gesellschaftliche Auseinandersetzung. Auch deswegen stand sie in engstem Zusammenhang mit dem Niedergang der sozialliberalen Koalition unter Bundeskanzler Helmut Schmidt (geb. 1918) und mit dem Beginn der CDU/CSU/FDP-Koalition unter der Kanzlerschaft Helmut Kohls (geb. 1930). Sie gehörte überdies zum Hintergrund des Aufstiegs der „Grünen", die nicht von ungefähr auf dem Höhepunkt der Nachrüstungsdebatte, 1983, erstmals in den Deutschen Bundestag einzogen.

Eckart Conze

Literatur

E. CONZE, Hegemonie durch Integration. Die amerikanische Europapolitik und ihre Herausforderung durch de Gaulle, in: VfZ 43, 1995, 297–340.

DERS., Konfrontation und Détente. Überlegungen zur historischen Analyse des Ost-West-Konflikts, in: VfZ 46, 1998, 269–282.

A. Doering-Manteuffel, Wie westlich sind die Deutschen? Amerikanisierung und Westernisierung im 20. Jahrhundert, Göttingen 1999.

J. Dülffer, Jalta, 4. Februar 1945. Der Zweite Weltkrieg und die Entstehung der bipolaren Welt, München 1998.

Ders., Europa im Ost-West-Konflikt 1945–1991, München 2004.

L. Freedman, The Evolution of Nuclear Strategy, Houndsmills 1989.

J.L. Gaddis, We Now Know. Rethinking Cold War History, Oxford 1997.

T. Garton Ash, Im Namen Europas. Deutschland und der geteilte Kontinent, Frankfurt/M. 1995.

H. Graml, Die Alliierten und die Teilung Deutschlands. Konflikte und Entscheidungen 1941–1948, Frankfurt/M. 1985.

C. Hacke, Die Außenpolitik der Bundesrepublik Deutschland. Weltmacht wider Willen?, Frankfurt/M. 1997.

H. Haftendorn, Deutsche Außenpolitik zwischen Selbstbeschränkung und Selbstbehauptung (1945–2000), Stuttgart/München 2001.

W. Hanrieder, Deutschland, Europa, Amerika. Die Außenpolitik der Bundesrepublik Deutschland 1949–1989, Paderborn 1991.

M. Hogan (Hrsg.), The End of the Cold War. Its Meaning and Implications, Cambridge 1992.

M. Huber, Moskau, 11. März 1985. Die Auflösung des sowjetischen Imperiums, München 2002.

K. Jarausch/H. Siegrist, Amerikanisierung und Sowjetisierung in Deutschland 1945–1970, Frankfurt/M./New York 1997.

D. Junker (Hrsg.), Die USA und Deutschland im Zeitalter des Kalten Krieges. Ein Handbuch, 2 Bde., München/Stuttgart 2001.

D. Grosser u.a., Geschichte der deutschen Einheit, 4 Bde., Stuttgart 1998.

U. Lehmkuhl/F. Schumacher, Amerikanisierung im Nachkriegs-Europa, Erfurt 2001.

W. Link, Der Ost-West-Konflikt. Die Organisation der internationalen Beziehungen im 20. Jahrhundert, Stuttgart u.a. 1988.

W. Loth, Helsinki, 1. August 1975. Entspannung und Abrüstung, München 1998.

Ders., Die Teilung der Welt 1941–1955, München 2000.

G. Lundestad, The United States and Western Europe since 1945, Oxford 2003.

D. Oberdorfer, From the Cold War to a New Era. The United States and the Soviet Union 1983–1991, Baltimore 1998.

D. Reynolds, One World Divisible. A Global History Since 1945, London 1996.

M. Salewski (Hrsg.), Das Zeitalter der Bombe. Die Geschichte der atomaren Bedrohung von Hiroshima bis heute, München 1995.

G. Schmidt (Hrsg.), Ost-West-Beziehungen. Konfrontation und Détente 1945–1989, 3 Bde., Bochum 1993.

G. Schöllgen, Geschichte der Weltpolitik von Hitler bis Gorbatschow, München 1996.

G.-H. Soutou, La guerre de Cinquante Ans. Les relations Est-Ouest 1943–1990, Paris 2001.

B. Stöver, Der Kalte Krieg, München 2003.

M. Trachtenberg, A Constructed Peace. The Making of a European Settlement 1945–1963, Princeton 1999.

O.A. Westad, Reviewing the Cold War. Approaches, Interpretations, Theories, London 2000.

P. Zelikow/C. Rice, Sternstunde der Diplomatie. Die deutsche Einheit und das Ende der Spaltung Europas, Berlin 1997.

V. Zubok/C. Pleshakov, Inside the Kremlin's Cold War. From Stalin to Khrushchev, Cambridge, Mass. 1996.

Konsumgesellschaft, moderner Sozialstaat und „Wertewandel"

Zeittafel

1948	Währungsreform/Einführung der D-Mark.
1949	Teilung Deutschlands.
1951	Montan-Mitbestimmungsgesetz.
1951	Lastenausgleichsgesetz.
1957	Rentenversicherungsreform (Einführung der „dynamischen Rente").
1957/58	Beginn der „Kohlenkrise".
1961	Bundessozialhilfegesetz.
1964	Beschluss der Kultusministerkonferenz über eine „Anhebung des gesamten Ausbildungsniveaus" – Beginn der Bildungsreform.
Mitte der 60er Jahre	Einsetzen eines „Wertewandelsschubs"; nachhaltiger Geburtenrückgang.
1969	Sozial-liberale Regierung – umfangreiche sozialpolitische Gesetzgebung.
1971	Erfindung des Mikroprozessors.
Seit 1972	Dauerhafte Sterbeüberschüsse.
1973	Zusammenbruch des Weltwährungssystems und erste Ölkrise – Ende des Nachkriegsbooms.
1976	(Unternehmens-)Mitbestimmungsgesetz.
1981	Vorstellung des ersten Personal Computers (PC).
1984	Beginn des dualen Rundfunksystems.
1985	Erziehungszeiten- und Bundeserziehungsgeldgesetz.
1990	Wiedervereinigung Deutschlands.
1994	Einführung der Pflegeversicherung.

Nach 1945. Die deutsche Zusammenbruchsgesellschaft von 1945 erlebte in den nachfolgenden Jahrzehnten auf dem Gebiet der Bundesrepublik eine stürmische Entwicklung, die weit über den Wiederaufbau im Zeichen des „Wirtschaftswunders" hinausging. Vielmehr vollzog sich im Rahmen eines außergewöhnlich langanhaltenden wirtschaftlichen Booms von den frühen fünfziger bis zu den frühen siebziger Jahren in fast ganz Westeuropa ein historischer Übergang von der Subsistenz- zur Konsumgesellschaft, die sich in den USA bereits in der Zwischenkriegszeit etabliert hatte.

Konsumgesellschaft und Wohlstandsentwicklung. Nicht mehr Mangel und die Sorge um die Sicherung der elementaren materiellen Existenz prägten fortan das Leben der Mehrzahl der Menschen, sondern zunehmender Überfluss des Notwendigen und auch darüber hinausgehender Konsum- und gar Luxusgüter. Insbesondere elektrische Massenartikel beeinflussten den Alltag und die Lebensgewohnheiten nachhaltig. Der Kühlschrank ermöglichte die Lagerung verderblicher Lebensmittel und veränderte die Ernährungsgewohnheiten ebenso wie industriell hergestellte Nahrungsmittel. Vor allem brachte die Waschmaschine eine elementare Erleichterung der Hausarbeit mit sich, weil sie den erhebliche physische Kraft erfordernden Waschtag erübrigte. Auch Wärmeenergie wurde durch zentrale Öl- oder Gasheizung sowie durch den Elektroherd viel einfacher beziehbar. Zur Konsumgesellschaft gehörten weiterhin Veränderungen in der Kleidung durch das Aufkommen von Massenkonfektion, erheblich erhöhte individuelle physische Mobilität vor allem durch das Auto sowie verdichtete kommunikative Verbindungen vom

147

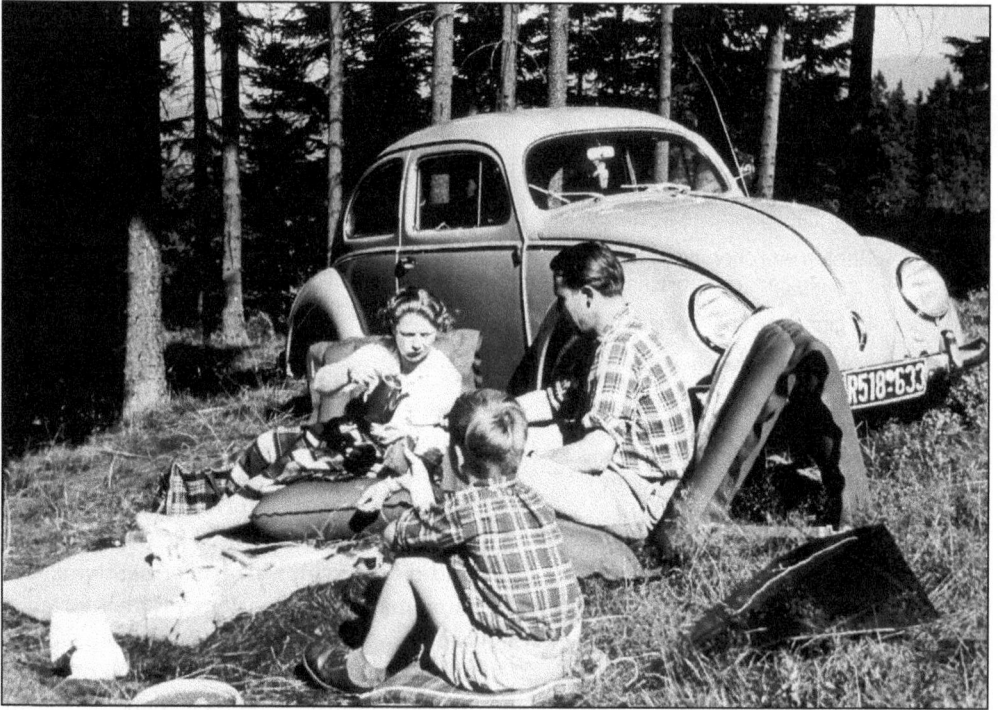

Jupp Darchinger, einer der bekanntesten politischen Fotographen der Bundesrepublik, hat dieses Bild selbst so unterschrieben: „Sonntagsausflug in der Eifel, Sommer 1953. Sichtbar geht es aufwärts, und sonntags ‚Hinaus ins Grüne'. Der VW-Käfer, mit Nummernschild der britischen Besatzungszone, nur wenige Jahre nach der Währungsreform kein unerreichbares Ziel." Wenn auch nicht ohne rückschauende Verklärung und Stilisierung der Wiederaufbaujahre und des kleinen privaten Glücks nach den deutschen Katastrophenjahrzehnten, kommen durchaus die zentralen Elemente der sozialökonomischen Entwicklungen zum Ausdruck: „**Wohlstandsexplosion**", „**Umschichtung nach oben**" und zunehmende **Freizeit** in der **Konsumgesellschaft**.

Bild: Sonntagsausflug in der Eifel, Sommer 1953, Foto: Jupp Darchinger.

Literatur: H. BERGHOFF (Hrsg.), Konsumpolitik. Die Regulierung des privaten Verbrauchs im 20. Jahrhundert, Göttingen 1999; W. KÖNIG, Geschichte der Konsumgesellschaft, Stuttgart 2000; A. SCHILDT, Moderne Zeiten. Freizeit, Massenmedien und „Zeitgeist" in der Bundesrepublik der 50er Jahre, Bonn 1993; H. SIEGRIST/H. KAELBLE/J. KOCKA (Hrsg.), Europäische Konsumgeschichte. Zur Gesellschafts- und Kulturgeschichte des Konsums (18. bis 20. Jahrhundert), Frankfurt/M. 1997.

Telefon bis zur E-Mail am Ende des 20. Jahrhunderts und die zunehmende Ausstattung mit Unterhaltungselektronik wie Radio und Plattenspieler, in den 80er Jahren CD-Spieler und Videorekorder. Als wichtigstes Medium in diesem Bereich etablierte sich in den sechziger Jahren der Fernseher in den Privathaushalten. Auf diese Weise erschlossen sich den Menschen neue Welten, und zugleich veränderten sich Wahrnehmungsgewohnheiten von Nähe und Ferne, Raum und Zeit, Realität und Fiktion ebenso wie Alltagsleben und Freizeitgestaltung. Voraussetzung dafür waren Zeit und Geld, und beides stand den Bundesbürgern in zunehmendem Maße zur Verfügung.

Denn seit den fünfziger Jahren erlebte die Bundesrepublik eine wahre „Wohlstandsexplosion". Die dafür genannten Zahlen sind im Einzelnen strittig, weisen aber alle in dieselbe Richtung. Ob eine Verfünffachung des Volkseinkommens pro Kopf zwischen 1950 und 1980 oder eine Verfünffachung der Realeinkommen zwischen 1950 und 1989 angenommen wird – die Vervielfachung der Einkommen ebenso wie des privaten Verbrauchs oder des Wohnraums pro Kopf bedeutete eine beispiellose Anhebung des Lebensstandards, wobei die Prosperität nach dem ersten Jahrzehnt des Wiederaufbaus in den sechziger Jahren allgemein spürbar wurde. Die 1973 einsetzende Konjunkturkrise brachte indessen „das Ende des ‚Goldenen Zeitalters' und des Glaubens an den dauerhaft stabilen Wachstumspfad" [KAELBLE, 14]. Die folgenden Jahre standen im Zeichen neuer struktureller Schwierigkeiten wie allgemein geringerer Zuwachsraten, zum Massenphänomen anwachsender Arbeitslosigkeit und zunehmender Staatsschulden, durch die allerdings die konstitutiven Elemente des Massenwohlstands

und der Konsumgesellschaft nicht substantiell zurückgedrängt wurden.

Die bundesdeutsche Gesellschaft erfuhr insgesamt eine „Umschichtung nach oben" [GEISSLER, 234] – man hat auch von einem „Fahrstuhl-Effekt" gesprochen –, wobei soziale Ungleichheitsverhältnisse und Randständigkeiten erhalten blieben, nur eben auf höherem Niveau. In den achtziger Jahren herrschte Massenwohlstand für 80 bis 90 % der Gesellschaft. Zugleich nahm die arbeitsfreie Zeit zu: Vor allem durch die Einführung der Fünf-Tage-Woche zu Beginn der sechziger Jahre und die Reduzierung der Wochenarbeitszeit unter 40 Stunden in den achtziger Jahren verringerte sich die Jahresarbeitszeit deutlich. Freizeit wurde somit zunehmend zu einem eigenständigen Lebensbereich jenseits der Erholung für das Arbeitsleben oder ▷ S. 96 Lebenswelten in der Moderne des Altersruhestandes. Dies hing nicht zuletzt mit dem gesamtwirtschaftlichen Strukturwandel zusammen.

Ökonomischer Strukturwandel im Zeichen der Tertiarisierung. In allen westlichen Industrienationen ist als allgemeine Tendenz festzustellen: Nachdem das produzierende Gewerbe im Zuge der Industrialisierung zumeist in der zweiten Hälfte des 19. Jahrhunderts die Agrarwirtschaft als dominierenden Sektor abgelöst hatte, ▷ S. 34 Industrialisierung und verlorene Welten gewann der Dienstleistungssektor im 20. Jahrhundert zunehmend an Bedeutung und wurde schließlich vorrangig innerhalb der Gesamtwirtschaft. In Deutschland setzte sich diese Entwicklung vergleichsweise spät durch, da hier das produzierende Gewerbe einen traditionell hohen gesamtwirtschaftlichen Anteil hielt und zudem der Wiederaufbau nach dem Zweiten Weltkrieg wesentlich mit der Schwerindustrie ver-

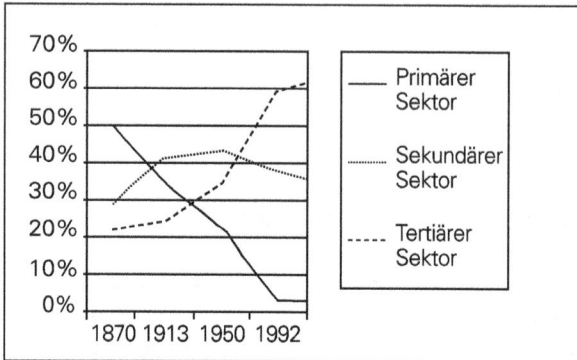

Wirtschaftssektoren

Die gesamte Volkswirtschaft wird der besseren Übersicht halber in **drei Sektoren** unterteilt: Der in vormodernen agrarischen Gesellschaften dominierende primäre Sektor umfasst die Landwirtschaft unter Einschluss von Forsten und Fischerei. Im Zuge der Industrialisierung wurde er vom sekundären Sektor abgelöst, dem das produzierende Gewerbe und für gewöhnlich auch Energiewirtschaft, Bergbau und Bauindustrie zugerechnet werden. „Tertiarisierung" bedeutete, dass der Dienstleistungssektor an gesamtwirtschaftlicher Bedeutung gewann und die Spitzenposition hinsichtlich der Beschäftigtenzahlen übernahm; er umfasst Handel, Transport-, Verkehrs- und Kommunikationswesen, Banken und Versicherungen sowie den gesamten Bereich staatlicher Dienstleistungen.

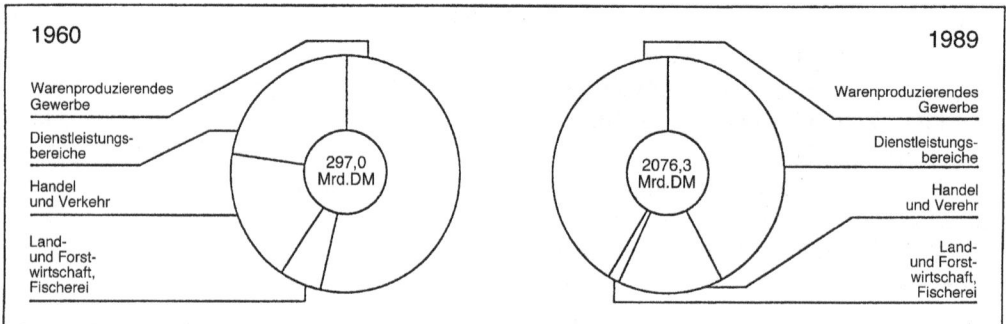

Bruttowertschöpfung

Angesichts der Expansion des tertiären Sektors ist von einer „postindustriellen Dienstleistungsgesellschaft" gesprochen worden. Diese plakative Formulierung übersieht jedoch, dass der ökonomische Strukturwandel weniger von konsumorientierten, auf Endnachfrage zielenden Dienstleistungen ausging, sondern vielmehr von produktions- und unternehmensbezogenen Dienstleistungen getragen wurde, so dass der sekundäre Sektor keineswegs an Bedeutung verlor. In enger Bindung der Tertiarisierung an das produzierende Gewerbe entstand vielmehr ein kombinierter Industrie-Dienstleistungssektor als neuer Schlüsselsektor. So ist im gesamtwirtschaftlichen Maßstab nicht von einer De-Industrialisierung unter Dominanz von eigenständigen Dienstleistungen zu sprechen, sondern von einer „industriellen Dienstleistungswirtschaft".

Schaubilder: Die Entwicklung der Wirtschaftssektoren 1870–1998, nach: B. SCHÄFERS/W. ZAPF (Hrsg.), Hand-wörterbuch zur Gesellschaft Deutschlands, Opladen 2. Aufl. 2000, 268; Struktur der Bruttowertschöpfung 1960–1989, Statistisches Bundesamt (Hrsg.), Datenreport 1990, Bonn 1990, 31.

Literatur: W. ABELSHAUSER, Wirtschaftsgeschichte der Bundesrepublik Deutschland 1945–1980, Frankfurt/M. 1983; D.H. ALDCROFT, The European Economy 1914–2000, London 4. Aufl. 2001; G. AMBROSIUS, Wirtschaftsraum Europa. Vom Ende der Nationalökonomien, Frankfurt/M. 1996; R. SPREE (Hrsg.), Geschichte der deutschen Wirtschaft im 20. Jahrhundert, München 2001.

bunden war, die allerdings 1957/58 in eine tiefe Strukturkrise geriet. 1973 verzeichnete der tertiäre Sektor in der Bundesrepublik erstmals und seitdem dauerhaft einen höheren Beschäftigtenanteil als der sekundäre. Dahinter stand zunächst ein Wandel der Produktionsstruktur im Sinne einer Zunahme des Anteils von Dienstleistungen an der Gesamtwirtschaft.

Damit verband sich aber auch ein Wandel der Beschäftigtenstruktur: Zu Lasten von Un- und Angelernten wurden einfache, standardisierte manuelle Tätigkeiten abgebaut, anspruchsvollere „white-collar"-Beschäftigungsverhältnisse nahmen zu. Im gesamtgesellschaftlichen Maßstab vergrößerten sich somit die Dienstleistungsmittelschichten – die Sozialstruktur veränderte sich grundlegend. So führte die Tertiarisierung auf gesellschaftlicher Ebene zu einer „tertiarisierten Industriegesellschaft".

Parallel hierzu verschob sich das Verhältnis zwischen Stadt und Land. Zwischen 1950 und 1990 wurden fast zwei Drittel aller landwirtschaftlichen Betriebe in der Bundesrepublik aufgegeben und die verbliebenen wandelten sich überwiegend zu hochtechnisierten Großbetrieben. Zum großen Teil verschwanden damit familiär betriebene landwirtschaftliche Klein- und Nebenbetriebe ebenso wie dörfliches Kleingewerbe und der gesamte familienwirtschaftliche Sektor – und somit eine ganze dörflich-ländliche Lebensform. Zugleich erschlossen Verkehr und Infrastruktur die ländlichen Räume und verbanden Stadt und Land, das insbesondere im Umfeld der großen Städte in die sich ausdehnende Suburbanisierung einbezogen wurde. Aber auch auf dem stadtfernen Land sorgten Kommunikation, Technik und Mobilität für eine zunehmende Annäherung der Lebensweise. Im Ergebnis war dies nichts anderes als eine „Revolution auf dem Lande" [KIELMANSEGG, 418].

Materielle Schichtenstruktur und Zuwanderung. Fand nun in der Bundesrepublik eine soziale Homogenisierung statt? Bereits in den fünfziger Jahren machte der Soziologe H. Schelsky die „nivellierte Mittelstandsgesellschaft" als ihr Spezifikum aus. Diese ebenso plakative wie wirkungsvolle Formulierung war ebenso falsch wie richtig. Falsch war sie, weil die Struktur der Gesellschaft nicht nivelliert, die Unterschiede zwischen den Schichten nicht aufgehoben waren, sondern soziale Ungleichheit fortbestand. Allerdings sind Elemente von Nivellierung nicht zu übersehen, die nicht zuletzt mit der ersten von drei großen Zuwanderungswellen zusammenhängen [HERBERT].

Durch den Verlust der deutschen Ostgebiete waren die dort angesiedelten „Junker" als einflussreiche landadelige Führungsschicht untergegangen. Darüber hinaus hatte die Vertreibung für eine soziale und konfessionelle Durchmischung der bundesdeutschen Gesellschaft gesorgt. Zu den Kriegsflüchtlingen und Vertriebenen kamen bis zum Mauerbau 1961 die Übersiedler aus der DDR hinzu, aus denen sich die erste Welle von Zuwanderung in die Bundesrepublik – insgesamt etwa 11 Millionen Menschen – hauptsächlich zusammensetzten.

Die zweite Zuwanderungswelle führte hingegen zur Bildung einer neuen Unterschicht. Sie ging von der Anwerbung von „Gastarbeitern" in Zeiten der Hochkonjunktur seit den späten fünfziger Jahren und verstärkt seit dem Versiegen des Zustroms aus der DDR 1961 aus. Die ursprünglich zeitlich befristet angelegte Zuwanderung von Arbeitskräften vor allem aus Süd- und Südosteuropa (Ita-

151

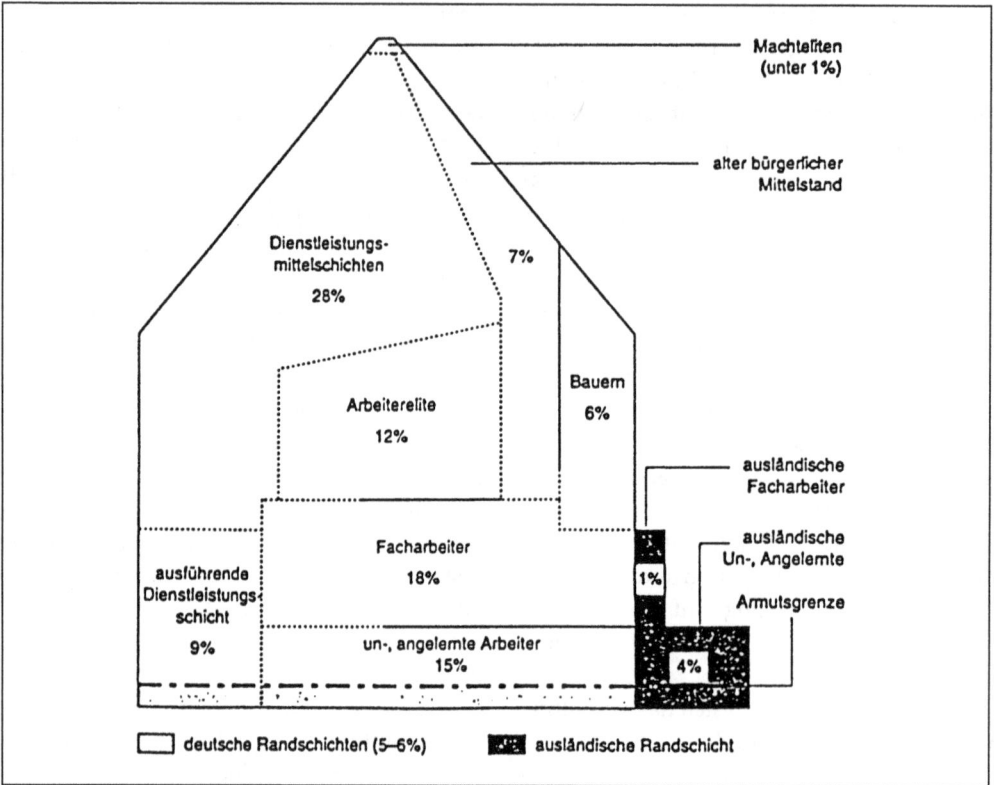

Schaubild mit folgenden Beschriftungen:

Machteliten (unter 1%)

alter bürgerlicher Mittelstand

Dienstleistungs- mittelschichten 28%

7%

Bauern 6%

Arbeiterelite 12%

ausländische Facharbeiter

ausländische Un-, Angelernte

Armutsgrenze

Facharbeiter 18%

ausführende Dienstleistungs- schicht 9%

un-, angelernte Arbeiter 15%

1%

4%

☐ deutsche Randschichten (5–6%)   ▨ ausländische Randschicht

Bedeutsam für die Entwicklung der **bundesdeutschen Gesellschaft** war vor allem die signifikante Ausweitung der Dienstleistungsmittelschichten – der so genannten neuen Mittelschichten von abhängig Beschäftigten im Gegensatz zum so genannten alten Mittelstand der Selbstständigen –, insbesondere durch Aufstieg aus der Arbeiterschaft. Die Arbeiterschaft als ganze – die seit dem späteren 19. Jahrhundert ein eigenes, in sich geschlossenes „sozialmoralisches Milieu" (M.R. Lepsius) gebildet hatte – nahm in den fünfziger und sechziger Jahren „Abschied von der ‚Proletarität'" [J. MOOSER, 186] und differenzierte sich, unter weitgehender Auflösung ihres Milieus, sozial aus. Die so genannte Arbeiterelite (Meister und Vorarbeiter) und die Facharbeiter orientierten sich nach oben und erreichten den Aufstieg in die Mittelschichten, die dadurch eine hohe vertikale Ausdehnung gewannen. Daher bietet es sich an, die Mittelschichten zu differenzieren: in eine „ausführende Dienstleistungsschicht", in der die alte, sozial deutlich trennende Linie zwischen Arbeitern und Angestellten zunehmend verblasste, und in die darüber angesiedelten Dienstleistungsmittelschichten aus mittleren und leitenden bzw. höheren Angestellten und Beamten.

Schaubild: Schichtungsmodell nach R. GEISSLER, Die Sozialstruktur Deutschlands. Zur gesellschaftlichen Entwicklung mit einer Zwischenbilanz zur Vereinigung, Opladen 2. Aufl. 1996, 86.

Literatur: J. MOOSER, Abschied von der „Proletarität". Sozialstruktur und Lage der Arbeiterschaft in der Bundesrepublik in historischer Perspektive, in: W. CONZE/M.R. LEPSIUS (Hrsg.), Sozialgeschichte der Bundesrepublik Deutschland. Beiträge zum Kontinuitätsproblem, Stuttgart 1983, 143–186.

liener, Spanier, Jugoslawen, Griechen, Türken) ging, trotz eines Anwerbestopps 1973, mit dem Nachzug vieler Familien in faktische dauerhafte Einwanderung über. Der Anteil der Ausländer in der Bundesrepublik stieg damit von etwa einem Prozent zu Beginn der sechziger Jahre auf über 7 % bzw. über vier Millionen zwei Jahrzehnte später. Eine dritte Zuwanderungswelle speiste sich Ende der achtziger und Anfang der neunziger Jahre vor allem aus deutschstämmigen Aussiedlern aus den Staaten Osteuropas und Übersiedlern aus der DDR im Zusammenhang der Öffnung und des Zerfalls des Ostblocks sowie aus Asylbewerbern aus Staaten der „Dritten Welt". Damit war die Bundesrepublik in der zweiten Hälfte des 20. Jahrhunderts das Land mit den höchsten Zuwanderungszahlen in ganz Europa.

Zutreffend ist an der Formulierung einer „nivellierten Mittelstandsgesellschaft" vor allem, dass sie die zentrale Bedeutung der Mittelschichten für die bundesdeutsche Gesellschaft herausstellt, die insbesondere aus der signifikanten Ausweitung der Dienstleistungsmittelschichten resultiert. Die bei den Mittelschichten festzustellende soziale Mobilität lässt sich auch bei den Eliten beobachten, wobei die Eliten der Bundesrepublik zwar durch Sozialaufsteiger geprägt waren, die soziale Herkunft aus den oberen Mittel- bzw. Oberschichten allerdings nach wie vor bedeutsam blieb.

Verlierer des ökonomischen und sozialen Strukturwandels waren die Un- und Angelernten – insbesondere Ausländer und Frauen –, die 1970 noch 57 % der Arbeiterschaft ausmachten, 1994 hingegen nur noch ein Drittel. Sie waren besonders bedroht von Arbeitslosigkeit und sozialer Randständigkeit. Armut bedeutete dabei in der Bundesrepublik nicht physische Überlebensgefährdung, sondern relative Benachteiligung, wobei die Grenze zur „strengen Armut" bei weniger als 40 % des Durchschnittseinkommens gezogen wird. Davon betroffen waren vor allem Arbeitslose, Ausländer, Alleinerziehende und Kinderreiche samt ihren Kindern. Dass Armut dabei ihre bis in die fünfziger Jahre vorherrschende Form der Altersarmut verlor, liegt in erster Linie in der Entwicklung des Sozialstaats begründet [HOCKERTS; RITTER; SCHMIDT].

Der Sozialstaat der Bundesrepublik.

Der moderne Sozialstaat, der sich in Europa seit dem ausgehenden 19. und vor allem im 20. Jahrhundert entwickelte, prägte sich in unterschiedlichen Formen aus. Während in Großbritannien und in den skandinavischen Ländern ein steuerfinanzierter Wohlfahrtsstaat mit einheitlichen Leistungen für die Bürger entstand, richteten Länder wie die USA oder die Schweiz nur eine geringe allgemeine Grundsicherung ein. In Deutschland wiederum wurde ein Sozialstaat etabliert, in dem lohnbezogene Beiträge sowohl die Grundlage der Finanzierung als auch der individuellen Leistungsansprüche darstellten. Die grundsätzliche Entscheidung, die soziale Sicherung an den Faktor Arbeit zu binden, wurde in der Bundesrepublik nach 1945 unverändert beibehalten.

Hinzu kamen zwei weitere zentrale Entwicklungstendenzen: In dem Maße, wie sich die bundesdeutsche Arbeitsgesellschaft durch den Rückgang von Landwirtschaft und Kleingewerbe und die damit verbundene Abnahme der Zahl der Selbstständigen zu einer „Gesellschaft der abhängig Erwerbstätigen" [ZACHER, 537] entwickelte, wurde das Beschäftigungsverhältnis des abhängigen Arbeitnehmers zum „Normalarbeitsverhältnis" und zur

▷ S. 324 ff. Vergleich und Transnationalität

153

wesentlichen Bezugsgröße für die sozialen Sicherungssysteme. Sie wurden unterdessen substantiell ausgebaut und erfuhren einen grundlegenden Funktionswandel: von der Überlebenshilfe zur Statussicherung, von der konkreten individuellen Risikoabsicherung für den Ausnahmefall zur umfassenden regulären Daseinsvorsorge. Der gesicherte Personenkreis und die Leistungen wurden ebenso ausgeweitet wie die abgesicherten Risiken und die beteiligten Institutionen. Der sich verselbstständigende Sozialstaat drang in immer weitere Lebensbereiche vor, die somit von einer allgemeinen Verrechtlichung, administrativen Regulierung und Bürokratisierung erfasst wurden. In diesem Zusammenhang änderte sich auch das Verständnis vom Staat: von einer autonomen Autorität oberhalb der gesellschaftlichen Einzelinteressen zu einer Aushandlungsagentur zwischen diesen Interessen, zum „Generalagenten der Lebenszufriedenheit" [Zimmer, 224].

Diese zentralen Entwicklungen – die Bindung des Sozialstaats an den Faktor Arbeit, seine Orientierung an abhängiger Erwerbstätigkeit sowie seine substantielle Ausweitung – spiegelten sich vor allem in der Rentenreform von 1957, die eine Erhöhung der Renten und ihre Anbindung an die Lohnentwicklung sowie ihre Finanzierung nach dem Umlageverfahren bewirkte. Außerdem verkörperte sie die spezifische Schwerpunktsetzung des deutschen Sozialstaats auf Alter und Gesundheit als weithin sozialisierte Bereiche, viel weniger hingegen auf Familien und Kinder. Ihre Erziehung blieb weiterhin Privatangelegenheit, so dass der katholische Sozialphilosoph Oswald von Nell-Breuning die bundesdeutsche soziale Sicherung als „System zur Prämierung von Kinderlosigkeit" bezeichnete.

Dieses System funktionierte, solange normierte Arbeitsverhältnisse und Familienstrukturen ihre gesamtgesellschaftliche Verbindlichkeit behielten. Seine Fundamente – Umlageverfahren und „Generationenvertrag" – wurden indessen durch den Einbruch der Geburtenzahlen seit den mittleren sechziger Jahren zunehmend brüchig. Im Jahrzehnt zwischen den mittleren sechziger und den mittleren siebziger Jahren ging die Zahl der jährlich geborenen Kinder von etwa einer Million auf etwa 600 000 zurück. Somit fiel der in allen westlichen Industriegesellschaften eintretende Geburtenrückgang in der Bundesrepublik besonders extrem aus. Da die Geburtenraten dabei weit unter die zur demographischen Bestandserhaltung erforderliche Quote von etwa 2,1 Kindern pro Frau auf etwa 1,4 absanken und zudem die Lebenserwartung deutlich anstieg, entstand das langfristige Problem einer strukturellen Disproportion zwischen arbeitenden und somit beitragszahlenden sowie leistungsempfangenden Menschen in einer alternden und schrumpfenden Gesellschaft.

Hinzu kam das durch den massiven Ausbau des Sozialstaats zu Beginn der siebziger Jahre verschärfte Konstruktionsproblem, dass höhere staatliche Ausgaben durch vermehrte Inanspruchnahme der sozialen Sicherung – etwa im Falle von Arbeitslosigkeit – mit verminderten Einnahmen verbunden waren. Das Ergebnis war eine strukturelle Finanzkrise der Sozialpolitik nicht nur angesichts der demographischen Entwicklung, sondern auch im Falle einer Rezession oder auch nur bei zu geringen Wachstumsraten, wie sie sich in der Tat nach dem Ende des Nachkriegsbooms 1973 in Verbindung mit dem neuen Dauerproblem Arbeitslosigkeit einstellten.

▷ S. 94 Lebensw… in der Moderne

Krise und Ambivalenz der Moderne
Konsumgesellschaft,
moderner Sozialstaat
und „Wertewandel"

Trotz aller Konsolidierungsbemühungen zwischen den mittleren siebziger und den mittleren achtziger Jahren und trotz familienpolitischer Akzente in der zweiten Hälfte der achtziger Jahre gelang eine tragfähige, zukunftssichernde Reform der sozialen Sicherungssysteme nicht. Vielmehr wurde der bundesdeutsche Sozialstaat im Zuge der Wiedervereinigung mit seinen Problemen auf die neuen Länder übertragen und zudem der Umfang der Versicherungsleistungen in den neunziger Jahren mit der Pflegeversicherung abermals ausgeweitet.

Zum inhaltlichen Kanon des deutschen Sozialstaats zählen schließlich die Arbeitsbeziehungen. Sie standen in der Bundesrepublik grundsätzlich im Zeichen der so genannten „Konfliktpartnerschaft" zwischen den Tarifparteien mit im internationalen Vergleich stark verrechtlichten und institutionalisierten Streitregelungsmechanismen sowie einem hohen Maß an sozialem Konsens anstelle von Klassenkampf.

Korporatismus und „Modell Deutschland".

Dies war überhaupt ein Spezifikum des bundesdeutschen Sozialstaats mit seinen stark korporatistischen Strukturen. „Korporatismus" bezeichnet die wirtschafts- und sozialpolitische Entscheidungsfindung und Administration – vor allem im Bereich von Agrarpolitik, Arbeitsbeziehungen und Gesundheitspolitik – im Zusammenwirken von Staatsorganen, Parteien und Großverbänden mit dem Ergebnis einer sozial konsensualen „Politik des mittleren Weges". In diesem Sinne enthielt die „soziale Marktwirtschaft" eine staatliche Ordnungskomponente zur Korrektur negativer Auswirkungen des Marktes, nicht aber als gesellschaftssteuernder Interventionismus. Die bundesdeutsche Wirt-

Forschungsstimmen

In den siebziger und achtziger Jahren galt die schwierige Balance zwischen Markt und staatlicher Intervention in der Bundesrepublik angesichts des sozialen Friedens als so gelungen, dass vom **„Modell Deutschland"** die Rede war. In der Tat herrschten anstelle radikaler Reformen und Umbrüche soziale und politische Stabilität und Kontinuität, die allerdings zugleich mit Schwerbeweglichkeit und Reformträgheit verbunden waren. Seit den achtziger Jahren wurde daher zugleich die „Krise des Sozialstaats" prognostiziert und das „deutsche Modell" auch kritisch diskutiert.

A.J. Nicholls (1997): „If we compare the West German performance with that of Great Britain, the European country most committed to the new laissez-faire doctrines of the right, we see that the British, despite possessing an extraordinary advantage in the shape of North Sea oil, constantly failed to match the West Germans in almost all indicators of economic success – currency stability, inflation, trade balance, research and development, median living standards and overall competitiveness."

H. Giersch/K.-H.Paqué/H. Schmieding (1992): „Ex post, the factors [...] add up to a plausible picture of an economy with an all too low rate of capital formation, with constricting structural bottlenecks in the labour market and with too slow a speed of ‚autonomous' productivity growth in a qualitatively new stage of structural change."

H.G. Schröter (2000): „Die Globalisierungsdebatte erschütterte das ‚deutsche Modell'. Mit Hilfe intermediärer Institutionen und einer verbreiteten Kultur der Kooperation hatte es jahrzehntelang für einen relativ reibungslosen Interessenausgleich zwischen Arbeitnehmern, -gebern und Behörden gesorgt. [...] Das Pendel sozialökonomischer Wertvorstellungen war von einer ausgeprägten Kapitalismuskritik nach 1945 und in den 1970er Jahren in den 1990er Jahren weit zur Kapitalseite ausgeschwungen."

Literatur: A.J. Nicholls, The Bonn Republic. West German Democracy 1945–1990, Harlow 1997, 288; H. Giersch/ K.-H. Paqué/ H. Schmieding, The Fading Miracle. Four Decades of Market Economy in Germany, Cambridge 1992, 221; H.G. Schröter, Von der Teilung zur Wiedervereinigung (1945–2000), in: M. North (Hrsg.), Deutsche Wirtschaftsgeschichte. Ein Jahrtausend im Überblick, München 2000, 351–420, 417.

Soziale Milieus in der Bundesrepublik: Soziale Stellung und Grundorientierung

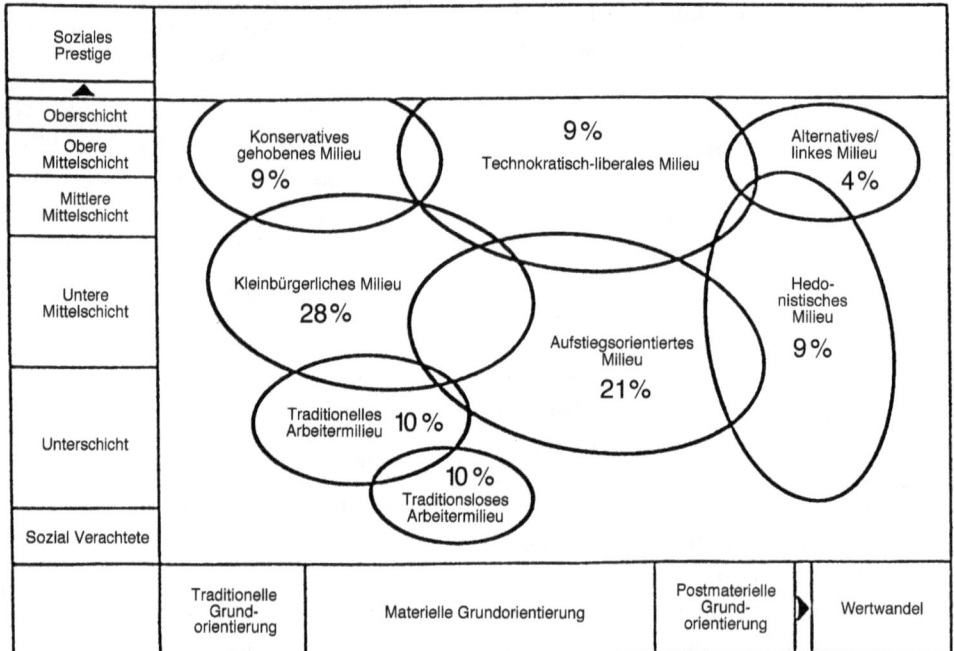

Soziales Prestige

Oberschicht
Obere Mittelschicht
Mittlere Mittelschicht
Untere Mittelschicht
Unterschicht
Sozial Verachtete

Konservatives gehobenes Milieu
9%

Technokratisch-liberales Milieu
9%

Alternatives/ linkes Milieu
4%

Kleinbürgerliches Milieu
28%

Hedo- nistisches Milieu
9%

Aufstiegsorientiertes Milieu
21%

Traditionelles Arbeitermilieu 10%

Traditionsloses Arbeitermilieu 10%

| Traditionelle Grund- orientierung | Materielle Grundorientierung | Postmaterielle Grund- orientierung | Wertwandel |

Angesichts der offensichtlichen Auflösung materieller Schichten bzw. Schichtengrenzen diskutierte die Soziologie der achtziger Jahre alternative gesellschaftliche Unterscheidungskriterien. Das Modell der „sozialen Lagen" kombinierte 40 aus sozialen Kriterien wie Berufsstatus, Alter und Geschlecht gewonnene Soziallagen als Indikatoren für „objektive Wohlfahrt" mit der anhand von Umfragen ermittelten Lebenszufriedenheit als „subjektiven" Wohlfahrtskriterien. Und der nicht zuletzt für die Marktforschung der prosperierenden und medialisierten Konsumgesellschaft verwendete subjektivistische bzw. kulturalistische Ansatz der **„sozialen Milieus neuen Typs"** zielte auf nach Wertorientierungen und Lebensstilen unterschiedene „subkulturelle" Einheiten innerhalb der Gesellschaft.

Vor diesem Hintergrund ist auch die kultursoziologische Gesamtbeschreibung der „Erlebnisgesellschaft" [G. SCHULZE] zu sehen, die fünf neue, durch Konsum- und Freizeitverhalten, Werthaltungen und Mediennutzung (letzten Endes aber doch wieder nach Bildung und Einkommen) bestimmte soziale Milieus als bestimmende Formen gesellschaftlichen Zusammenhalts unterschied.

Schaubild: Soziale Milieus in der Bundesrepublik, H. NOWAK/U. BECKER, Es kommt der „neue" Konsument, in: Form. Zeitschrift für Gestaltung 111 (1985), 14.

Literatur: G. SCHULZE, Die Erlebnisgesellschaft. Kultursoziologie der Gegenwart, Frankfurt/M. 1992.

schaftsordnung wurde häufig als „rheinischer Kapitalismus" bezeichnet, in dem die stark bankenfinanzierten Unternehmen sich eher an langfristigem Erfolg als am Börsenkurs und dem kurzfristigen Gewinnhorizont der Anteilseigner orientierten. Diese Grundorientierung behielt die bundesdeutsche Wirtschafts- und Sozialpolitik auch in den achtziger Jahren bei, als insbesondere Großbritannien und die USA zu forcierten marktwirtschaftlichen Reformen übergingen.

Seit den achtziger Jahren zeichneten sich Krisenpotenziale des „deutschen Modells" ab. Sie verbanden sich mit den Auswirkungen des gesamtwirtschaftlichen Strukturwandels, der die westlichen Industrienationen zu dieser Zeit ergriff und der im Zeichen der vordringenden Mikroelektronik und Digitalisierung, der Liberalisierung der Finanz- und Warenmärkte, der zunehmenden Bedeutung transnationaler Unternehmen sowie der Internationalisierung des Faktors Arbeit stand. Und mehr noch verschärften sich all diese Tendenzen nach dem Zusammenbruch des Kommunismus in Osteuropa und seiner Dependancen in der „Dritten Welt" in den neunziger Jahren zu einem Internationalisierungsschub im Zeichen radikaler Marktorientierung. Die Gesamtheit dieser Entwicklungen vor allem im Bereich der Ökonomie, aber auch der Kommunikation sowie von Gesellschaft und Kultur wurde seit den neunziger Jahren mit dem Begriff „Globalisierung" belegt.

Von Schichten und Klassen zu Lagen und Milieus?

Vor dem Hintergrund von Massenprosperität und sozialer Stabilität rückten in den achtziger Jahren jedoch andere Wahrnehmungselemente in den Vordergrund. Offensichtlich lösten sich nämlich klar erkennbare, nach Berufsposition und Qualifikationsniveau, materieller Ausstattung und sozialem Einfluss bestimmte Schichten bzw. Schichtengrenzen auf, so dass die Soziologie der achtziger Jahre alternative gesellschaftliche Unterscheidungsmerkmale diskutierte. Die *Sozialstrukturanalyse in einer fortgeschrittenen Gesellschaft* verschob sich, so der programmatische Buchtitel von S. Hradil, von *Klassen und Schichten zu Lagen und Milieus* [HRADIL].

Zwar kehrte die Soziologie unter dem Eindruck sozialökonomischer Krisen und des Strukturwandels im Zeichen der „Globalisierung" in den neunziger Jahren wieder verstärkt zu materiellen Schichtungskriterien zurück, weil es unverkennbar mehr die Offensichtlichkeit der Schichtengrenzen war, die sich aufgelöst hatte, als die Schichtengrenzen selbst. Dennoch bleiben die mehr kulturbezogenen als materiell orientierten Gesellschaftsanalysen der achtziger Jahre in zweifacher Hinsicht aufschlussreich, weil sie die zeitgenössische politische Kultur (als Gesamtheit der Meinungen, Einstellungen und Werte) und Wahrnehmung der Gesellschaft spiegeln und weil sie die gestiegene Bedeutung sozialkultureller Kriterien neben materiellen sozialstrukturellen Faktoren aufdeckten. Denn die Zunahme an Freizeit ebenso wie die verstärkte Nutzung von Medien prägte die Gesellschaft in wesentlichem Maße – ebenso wie die Ausweitung von Bildung.

Bildungsexpansion.

Der Wandel der Produktions- und der Beschäftigtenstruktur im Zeichen der Tertiarisierung veränderte und erhöhte die Qualifikationsanforderungen an die Einzelnen. Daher herrschte in den sechziger Jahren eine breite gesellschaftspolitische Übereinstimmung über eine „Anhebung des gesamten Ausbildungsniveaus" (so die Kultusministerkonferenz 1964) und eine flächen-

157

deckende Erweiterung des Bildungssystems. So wurden die Bildungsinstitutionen insbesondere im sekundären und tertiären Bereich erheblich ausgeweitet. Zwischen 1970 und 1990 stieg der Anteil der Gymnasiasten unter den 13jährigen von 20 auf 31 %; hatte 1970 noch 11,4 % eines Jahrgangs die Schule mit Hochschul- oder Fachhochschulreife verlassen, so waren es 1990 mit 33,8 % fast dreimal so viele; im selben Zeitraum nahm die Zahl der Studierenden an Universitäten, Gesamt-, Kunst- und Fachhochschulen von 422 000 auf 1,585 Millionen zu.

Diese Bildungsreformen gerieten zu Beginn der siebziger Jahre in das Fadenkreuz scharfer gesellschaftspolitischer Kontroversen, als zur primär technischen und quantitativen Erweiterung des Bildungssystems dezidiert gesellschaftspolitische, emanzipatorisch-egalitäre Zielsetzungen hinzutraten. Sozialgeschichtlich bedeutsamer als diese Kontroversen sind unterdessen die langfristigen gesellschaftlichen Folgewirkungen. Erstens führten ein verbreiterter Zugang zu Bildung und zunehmender Erwerb von Bildungstiteln zu einer allgemeinen „Höherqualifizierung der Bevölkerung" und die Ausdehnung mittlerer und höherer bei gleichzeitiger Schrumpfung unterer Bildungsschichten trug zugleich, vor allem über die Ausweitung der Dienstleistungsmittelschichten, zu einer sozialen „Umschichtung nach oben" in der Berufs- und Einkommensstruktur bei [Geissler, 250f.]. Diese erhöhte soziale Mobilität bedeutete einen Abbau von sozialer Ungleichheit, vor allem allerdings in geschlechtsspezifischer, regionaler und konfessioneller Hinsicht und in erster Linie zugunsten der Dienstleistungsmittelschichten. Die unteren Schichten hingegen profitierten zwar von den mittleren, sehr viel weniger hingegen von den höheren Abschlüssen, so dass schichttypische Ungleichheiten zugleich perpetuiert wurden.

Zweitens führte die Bildungsexpansion zu einer strukturellen Überlastung der Bildungsinstitutionen samt damit verbundenen qualitativen Einbußen. Drittens stellten Bildung bzw. erweiterte Bildungschancen den wirkungsvollsten Ansatz und das zentrale Potenzial für weibliche Emanzipation dar, und viertens beförderte die Zunahme an Bildung die sozialkulturellen Individualisierungs- und Pluralisierungstendenzen im Bereich von Werten im Zusammenhang mit den Lebens- und Privatheitsformen und Lebensstilen.

▷ S. 90 Lebensw◌ in der Moderne

„Wertewandel" in den westlichen Gesellschaften.

Den „Wertewandel" entdeckten die Gesellschaftswissenschaften seit den mittleren siebziger Jahren als Thema, zunächst in den USA, wo R. Inglehart eine „stille Revolution" auf der Basis materieller Sättigung und im Übergang der Generationen beobachtete: eine Verschiebung von traditionellen politischen, religiösen, moralischen und sozialen Normen hin zur Wertschätzung von postmateriellen Faktoren wie Lebensqualität und Selbstverwirklichung [Inglehart]. In Deutschland konstatierte H. Klages als „Hauptrichtung des Wertewandels" eine allgemeine Verschiebung im Gefüge gesamtgesellschaftlich gültiger Normen von „Pflicht- und Akzeptanzwerten" („Akzeptanz" bedeutet dabei die unhinterfragte Hinnahme des Vorgegebenen) samt bürgerlichen Moralvorstellungen und der Orientierung an einem den Individuen vorgängigen Gemeinwohl hin zu „Selbstentfaltungswerten" wie freiem Willen, individueller Autonomie und Selbstbestimmung statt festlegender äußerer Verbindlichkeiten [Klages].

Krise und Ambivalenz der Moderne
Konsumgesellschaft,
moderner Sozialstaat
und „Wertewandel"

Die damit verbundene Pluralisierung manifestierte sich hinsichtlich der Sexualmoral ebenso wie im Bereich von Religiosität und Kirchenbindung, wo seit den mittleren sechziger Jahren die Zahl der Kirchenbesucher und allgemein die Kirchenbindung zugunsten einer diversifizierten Religiosität und privatisierten Religion erheblich zurückging, oder im Bereich von Lebensstilen und Privatheitsformen. Die Eltern-Kind-Familie verlor ihr Monopol als sozialstruktureller Regelfall und sozialkulturelles Leitbild zugunsten von kind- und partnerschaftszentrierten und individualistischen Privatheitstypen. Im Einzelnen bedeutete dies, bei rückläufigen Zahlen von Eheschließungen und Mehrkinderfamilien sowie Geburten, einen erheblichen Anstieg von Scheidungsraten sowie Zweit- und Drittfamilien, des Anteils der Unverheirateten und der nichtehelichen Lebensgemeinschaften mit und ohne Kinder, von kinderlosen Ehen, Einpersonenhaushalten, Alleinerziehenden sowie alternativen Wohn- und Haushaltsformen. Als Massenphänomene stellten sie zum großen Teil historisch neue Lebensformen dar.

▷ S. 165
Rückblick:
Epochen-
bildung

Moderne und Postmoderne. Wesentliches Kennzeichen dieser gesellschaftlich-kulturellen Entwicklung war der Zusammenhang von Individualisierung – die Lösung der Biographien der Menschen aus vorgegebenen Fixierungen [BECK, 216] –, radikaler Pluralisierung und Entnormativierung. Während Individualisierung und Pluralisierung an sich eine Fortführung der klassischen Moderne darstellten, gingen die Radikalität dieser Pluralisierung und die Entnormativierung zugleich darüber hinaus. Sie bedeuteten eine zumindest teilweise Überwindung der Moderne zugunsten einer eigenen Ausprägung von

den mittleren sechziger und frühen siebziger Jahren jedenfalls bis zum Beginn des letzten Jahrzehnts im 20. Jahrhundert. Es gibt guten Grund, diesen breiten sozialkulturellen Zusammenhang – von der Bevölkerungsentwicklung und den Geschlechterverhältnissen über die Pluralisierung der Privatheitsformen, die Bildungsexpansion und die Ausweitung der Mittelschichten samt der Auflösung der sozial-moralischen Milieus, der Bedeutungszunahme von Freizeit und der Veränderung von Wahrnehmungsformen in der Konsum- und Mediengesellschaft, über den Wertewandel und die Entkirchlichung bis hin zu Raumordnung und Städtebau – als „postmoderne Moderne" [W. WELSCH] zu bezeichnen [RÖDDER, Wertewandel und Postmoderne].

▷ S. 276
„Moderne" und
„Postmoderne"

Andreas Rödder

Literatur
M. ALBERT, Kapitalismus contra Kapitalismus, Frankfurt/M. 1992 [franz. 1991].
U. BECK, Die Risikogesellschaft. Auf dem Weg in eine andere Moderne, Frankfurt/M. 1986.
R. GEISSLER, Die Sozialstruktur Deutschlands. Zur gesellschaftlichen Entwicklung mit einer Zwischenbilanz zur Vereinigung, Opladen 2. Aufl. 1996.
U. HERBERT, Geschichte der Ausländerpolitik in Deutschland. Saisonarbeiter, Zwangsarbeiter, Gastarbeiter, Flüchtlinge, München 2001.
H. G. HOCKERTS (Hrsg.), Drei Wege deutscher Sozialstaatlichkeit. NS-Diktatur, Bundesrepublik und DDR im Vergleich, München 1998.
S. HRADIL, Sozialstrukturanalyse in einer fortgeschrittenen Gesellschaft. Von Klassen und Schichten zu Lagen und Milieus, Opladen 1987.

R. Inglehart, The Silent Revolution. Changing Values and Political Styles Among Western Publics, Princeton 1977.

H. Kaelble (Hrsg.), Der Boom 1948–1973. Gesellschaftliche und wirtschaftliche Folgen in der Bundesrepublik Deutschland und in Europa, Opladen 1992.

P. Graf Kielmansegg, Nach der Katastrophe. Eine Geschichte des geteilten Deutschland, Berlin 2000.

H. Klages, Traditionsbruch als Herausforderung. Perspektiven der Wertewandelsgesellschaft, Frankfurt/M. 1993.

L. Lindlar, Das mißverstandene Wirtschaftswunder. Westdeutschland und die westeuropäische Nachkriegsprosperität, Tübingen 1997.

G. A. Ritter, Der Sozialstaat. Entstehung und Entwicklung im internationalen Vergleich, München 2. Aufl. 1991.

A. Rödder, Die Bundesrepublik Deutschland 1969–1990 (= Oldenbourg Grundriss der Geschichte, Bd. 19a), München 2004.

Ders., Wertewandel und Postmoderne. Gesellschaft und Kultur der Bundesrepublik Deutschland 1965–1990, Stuttgart 2004.

M. G. Schmidt, Sozialpolitik in Deutschland. Historische Entwicklung und internationaler Vergleich, Opladen 2. Aufl. 1998.

W. Welsch, Unsere postmoderne Moderne, Berlin 6. Aufl. 2002 [zuerst 1987].

H. F. Zacher, Grundlagen der Sozialpolitik in der Bundesrepublik Deutschland, in: Geschichte der Sozialpolitik in Deutschland seit 1945, hrsg. v. Bundesministerium für Arbeit und Sozialordnung u. Bundesarchiv, Bd. 1: Grundlagen der Sozialpolitik, Baden-Baden 2001, 333–684.

A. Zimmer, Staatsfunktionen und öffentliche Aufgaben, in T. Ellwein/E. Holtmann (Hrsg.), 50 Jahre Bundesrepublik Deutschland. Rahmenbedingungen – Entwicklungen – Perspektiven, Opladen 1999, 221–228.

Rückblick:
Epochenbildung als
Lesart der Geschichte

Die Neueste Zeit als historische Epoche? Seit jeher gehören Fragen der Periodisierung und der Epochenbildung zu den viel diskutierten und zugleich umstrittenen Problemen der Geschichtsschreibung. Das ist nicht erstaunlich angesichts der unendlichen und stets widersprüchlichen Vielfalt der Einzelphänomene in Raum und Zeit, die sich dem ordnenden Geist des Historikers immer wieder entziehen wollen. Andererseits bedürfen wir der Ordnung des Vielgestaltigen, um geschichtliche Prozesse zu erkennen und zu verstehen; und eben diesem Zweck dient der Versuch der historischen Periodisierung. Historische Epochen sind denn auch niemals objektiv-vorgegebene Größen; vielmehr tragen sie wie die Aussagen der Geschichtswissenschaft im Allgemeinen den Charakter der Konstruktion. Sie sind abhängig vom zeitlichen und kulturellen Standort des Historikers, mit allen sich daraus ergebenden erkenntnistheoretischen Einschränkungen. „Sobald die Geschichte sich unserem Jahrhundert und unserer werten Person nähert, finden wir alles viel ‚interessanter‘, während eigentlich nur wir ‚interessierter‘ sind" [BURCKHARDT, 11]. Allzu leicht unterliegen wir daher der Versuchung, die jeweilige „Zeitgeschichte" als „neu", „modern", zumindest aber eben als „interessanter" zu empfinden als vorausgegangene Epochen.

Jeder Periodisierungsvorschlag wird daher Widerspruch provozieren. Fachhistoriker der jeweils davor liegenden Zeit werden darauf hinweisen, dass nicht wenige historische Elemente und Prozesse, die als „neu" reklamiert werden, faktisch schon länger bekannt seien und dass neben der Epochenzäsur doch vor allem auch die historischen Kontinuitäten beachtet werden müssten.

Tatsächlich müssen auch lang etablierte Epochenbildungen und die ihnen zugrunde liegenden „großen Erzählungen" stets kritisch gelesen und hinsichtlich ihrer zeitbedingten Voraussetzungen befragt werden. Ferner gilt es auf die „Gleichzeitigkeit des Ungleichzeitigen" (Ernst Bloch) hinzuweisen. Wer von „Neuester Zeit" und „Moderne" spricht, muss zugleich auch immer die zahlreichen Überhänge in Rechnung stellen, die aus früheren Epochen in die jeweilige Gegenwart hineinragen.

▷ S. 275
„Moderne" und
„Postmoderne"

Nicht jedes Kennzeichen der „Neuesten Zeit" kann also unbesehen aus seinem zeiträumlichen Kontext gelöst und als allgemeine Signatur der Epoche in Anspruch genommen werden. Überdies besitzen ja alle Vorstellungen von „Neuzeit", „Neuester Zeit" und „Moderne" eurozentrischen Charakter oder sie spiegeln den europäischen Selbstentwurf der Moderne in Nordamerika wider. Wieweit die hieraus entspringende Lesart historischer Epochen in einer immer enger zusammenrückenden Welt mit ganz unterschiedlichen Kulturen und Traditionen noch adäquat sei, ist daher eine häufig und nachhaltig gestellte Frage.

▷ S. 259 ff.
Universalgeschichte/
Weltgeschichte

Fast könnte man also überrascht sein, dass sich trotz all dieser wichtigen und ernst zu nehmenden Einwände ein weitgehender internationaler Konsens eingestellt hat: Ungeachtet einer Vielzahl interpretatorischer Unterschiede und Kontroversen, datiert er doch auf die Zeit zwischen der Mitte des 18. und dem ersten Drittel des 19. Jahrhunderts eine epochale Umwälzung und den Beginn eines neuen Zeitalters, eben der „Neuesten Geschichte", der „Modern History" oder der „histoire contemporaine". Den Studierenden der Geschichte begegnet dieser Konsens in seiner institutionalisierten Form in den Historischen Seminaren, wo die Fachvertreter und -vertreterinnen der „Neuesten Geschichte" praktisch überall neben denjenigen der „Frühen Neuzeit" (i.e. „Early Modern History"; „histoire de l'époque moderne") angesiedelt sind.

Triebkräfte des Epochenwandels. Worauf aber beruht dieser Konsens? Er ist sicher nicht oder nicht mehr der Ausdruck einer Großtheorie, die den Epochenwechsel auf einen einzigen allgemeinen Faktor oder ein kohärentes Bündel solcher Faktoren zurückführt. Einen solchen ebenso umstrittenen wie einflussreichen Versuch unternahm etwa Karl Marx (1818–1883): Nach seiner materialistischen und zugleich – im Anschluss an Hegel (1770–1831) – geschichtsphilosophisch aufgeladenen Lesart der Geschichte folgten dem Zeitalter des „Feudalismus" mit gesetzhafter Notwendigkeit die „bürgerliche" Revolution und der „Kapitalismus".

Demgegenüber ist es das Verdienst der empirisch verfahrenden Geschichtswissenschaft, dass sie die faktische Vielfalt, Widersprüchlichkeit, (Un-)Gleichzeitigkeit, aber möglicherweise auch die schiere Zufälligkeit ganz unterschiedlicher historischer Phänomene erforscht. Aus einer solchen Sicht stellen sich die großen Fragen von Kontinuität und Bruch, von Beharrung und Umwälzung dann sehr viel differenzierter dar; und auf einen gemeinsamen Nenner lassen sie sich kaum bringen. Der Konsens über die Datierung der „Neuesten Zeit" beruht denn auch auf wenig mehr als auf einer unbestreitbaren zeitlichen Konvergenz ganz unterschiedlicher langfristiger Prozesse. Für sich genommen sind sie meist sehr viel älter als der genannte Zeitraum, ihr zeitliches Zusammenwirken kam aber einem Umschlag von Quantität zu Qua-

lität und damit einem epochalen Wandel gleich.

So wäre es z.B. völlig inadäquat, den für die westliche Kultur schlechterdings grundlegenden Basisprozess der *Individualisierung* erst im späten 18. Jahrhundert beginnen zu lassen. Ebenso wenig lässt sich das hiermit korrespondierende Ende der ständischen Gesellschaft auf das revolutionäre Datum 1789 festlegen. Tatsächlich hat die moderne „Entdeckung des Ich" viel ältere, zum Teil bis in das Mittelalter zurückreichende Wurzeln [v. DÜLMEN; TAYLOR]. Trotzdem stellt die Kodifizierung des individualistischen „pursuit of happiness" in der amerikanischen Unabhängigkeitserklärung von 1776 sowie der Menschen- und Bürgerrechte in Frankreich 1789 eine entscheidende Zäsur in der Geschichte des neuzeitlichen, naturrechtlich begründeten Individualismus dar – sie eröffnet die Perspektive auf eine neue Epoche.

▷ S. 17 f.
Durchbru
der
bürgerlic
Gesellsch

Vergleichbares gilt für die *wirtschaftliche Entwicklung.* Niemand käme auf die Idee, den Beginn der auf Profitstreben und ökonomischer Rationalität basierenden „kapitalistischen" Wirtschaftsweise historisch „exakt" auf ein spezifisches Datum „um 1800" festzulegen. Viel zu vielfältig sind die Vor- und Frühformen, sei es in der mittelalterlichen europäischen Stadt oder im „frühkapitalistischen" Bergbau des 15. Jahrhunderts, sei es im England des späten 17. Jahrhunderts, als das Parlament die Staatsschuld garantierte und John Locke (1632–1704) die liberale Eigentums- und Arbeitswerttheorie begründete [LOCKE], oder als Folge der protestantischen (Berufs-)Ethik, wie Max Weber (1864–1920) in seiner berühmten These ausführte [WEBER]. Trotzdem wird man nicht verkennen, dass erst das komplexe Zusammenwirken von allmählichem Bevölkerungswachstum und

Der Kupferstich des französischen Graveurs Jacques-Louis Perée (1769–?) *Homme enfin satisfait* entstand 1794, auf dem Höhepunkt der revolutionären „terreur". Er verleiht der Hoffnung auf eine neue Epoche der individuellen Freiheit einen pathetischen und zugleich ideologisch übersteigerten Ausdruck. Im Mittelpunkt steht der **„neue Mensch"**, nackt, befreit von den Zwängen und Nöten der Vergangenheit, neugeboren aus dem Zerstörungswerk der Revolution, das durch den Blitzstrahl symbolisiert wird. Zu seinen Füßen liegen die abgestreiften Insignien der vernichteten Ständegesellschaft, während er zugleich in triumphaler Pose die Erklärung der Menschen- und Bürgerrechte als Geburtsurkunde darbietet.

Bild: Jacques-Louis Perée, Homme enfin satisfait, Kupferstich 1794, Bibliothèque Nationale de France, Paris.

Literatur: K. HERDING/R. REICHARDT, Die Bildpublizistik der Französischen Revolution, Frankfurt/M. 1989.

sozialem Wandel, von Veränderungen in der Landwirtschaft und langfristiger Akkumulation von Kapital, von technischer Innovation und neuen Arbeitsformen eine neue weltgeschichtliche Epoche begründete: das industrielle Zeitalter nämlich, zunächst in seiner Frühform im England des späten 18. und frühen 19. Jahrhunderts, sodann in sich beschleunigender Dynamik in der ganzen westlichen Welt.

▷ S. 33 ff. Industrialisierung und verlorene Welten

Auch wenn man nach der geistes- und ideengeschichtlichen Dimension des Umbruchs fragt, wird die Antwort differenziert ausfallen. So begann die *Aufklärung* nicht in der Mitte oder am Ende des 18. Jahrhunderts, nicht mit Voltaire (1694–1778) oder mit Kant (1724–1804). Ihre Ahnherren wirkten vielmehr im 17. Jahrhundert in Gestalt von Francis Bacon (1561–1626) und René Descartes (1596–1650), Thomas Hobbes (1588–1679) und Isaac Newton (1643–1727). Aber auf der Basis des beispiellos vermehrten und sich ständig erweiternden Wissens suchte die Aufklärung alle Phänomene des politischen, gesellschaftlichen und kulturellen Lebens vor den Richterstuhl der Vernunft und der Kritik zu ziehen [MÖLLER]. Und dieser Anspruch verdichtete sich in der zweiten Hälfte des 18. Jahrhunderts und wurde auch politisch immer brisanter. Der Französischen Revolution stellte die Aufklärung dann eine Sprache zur Verfügung, die ganz unabhängig voneinander bestehende, heterogene Kritikpunkte, Wünsche und Hoffnungen bündelte und schließlich eruptiv zum Ausdruck brachte.

Damit ist bereits angedeutet, dass auch die *politisch-konstitutionellen Elemente* der Neuesten Zeit nur vor dem Hintergrund der Konvergenz unterschiedlicher, langfristig wirksamer Prozesse zu verstehen sind. Zwar war auch in politischer Hinsicht nicht alles „neu",

was das Zeitalter von Revolution und Reform erzeugte. Darauf, in wie hohem Maße sich die staatlich-zentralisierende Kraft der Französischen Revolution aus dem Ancien Régime speiste, wies im 19. Jahrhundert bereits Alexis de Tocqueville (1805–1859) hin. In England hatten sich die Strukturen eines modernen Steuer- und Verwaltungsstaates bereits früh im 18. Jahrhundert herausgebildet [BREWER]. Und in Deutschland besaß die moderne Staatlichkeit ihre Wurzeln im Heiligen Römischen Reich und zwar sowohl in ihrer zentralistischen Form in den Territorien wie in ihrer föderalen Form auf Reichsebene. Aber erst in der staatlich-politischen Umwälzung infolge der Revolution und der napoleonischen Herrschaft gipfelten die Veränderungspotenziale der europäischen Politik und eröffneten auch in politischer, rechtlicher, ideen- und verfassungsgeschichtlicher Hinsicht eine neue Epoche.

▷ S. 318 Vergleich und Transnational

▷ S. 62 Politisches Denken/ Politische Strömung

Die hier nur kurz resümierte zeitliche Konvergenz so unterschiedlicher Phänomene, Prozesse und Ursachen schlug sich in einer weiteren grundlegenden Eigenschaft der neuen Epoche nieder, die man als ein *verändertes Zeitbewusstsein* beschreiben kann. So wandelt sich seit dem 17. Jahrhundert allmählich der zeitliche Erwartungshorizont; und erst in der zweiten Hälfte des 18. Jahrhunderts etabliert sich der moderne Kollektivsingular der „Geschichte". In dem Maße, in dem Geschichte nun als selbsttätige und letztinstanzliche Wirkmacht erscheint, spiegelt der neue Begriff zugleich die fortschreitende Verweltlichung des Denkens wider. Geschichte und damit die dem Menschen fassbare Zeitstruktur verweist nicht mehr notwendig auf Gott; vielmehr erschließt sie mit der „Zukunft" eine zeitliche Kategorie, die in letzter Konsequenz der vorausgreifenden Analyse und der rationalen Planung unterliegt [KOSELLECK 1975, v.a. 647–653; DERS. 1984; HÖLSCHER].

Dieser Grundstruktur entspringen die spezifischen Zeiterfahrungen und -konstruktionen der „Moderne". Sie betreffen zum einen den Glauben an den Fortschritt und an die Perfektibilität des Menschen wie der ihn umgebenden Verhältnisse. Zum anderen aber weisen sie auf die unumkehrbare Erfahrung der Beschleunigung hin, die dem modernen Menschen den Eindruck vermittelt, stets an einem Defizit an Zeit zu leiden. Das irdische Leben erscheint in dem Maße als die „letzte Gelegenheit" [GRONEMEYER], in dem Zeit und Zukunft radikal verdiesseitigt werden. Den neuzeitlichen Menschen treibt daher je länger desto mehr die Furcht an, entscheidende, eben womöglich letzte Gelegenheiten zu versäumen [ROSA].

Krise und Kritik der Epoche. Damit sind bereits wesentliche Aspekte benannt, die im Rückblick auf die Epoche ihre kritischen Entwicklungen akzentuieren. So wurde die am Ende des 18. Jahrhunderts emphatisch inszenierte Emanzipation des autonomen Ich durch einige Grunddispositionen begleitet, bzw. erkauft, die bis heute bestehen: Man kann sie als Tendenz zur „Vereinsamung" des Individuums bezeichnen. Traditionelle, „vormoderne" Bindungen lösen sich auf, und das neuzeitliche Individuum erfährt eine neuartige, eben spezifisch „moderne" Form der Isolation.

Angesichts des Auseinandertretens des Individuellen und des Allgemeinen, des Schwindens normativ und institutionell gesetzter Sicherheiten sowie vorgegebenen Orientierungswissens und innerhalb einer zur Atomi-

sierung neigenden Gesellschaft erscheint die Außenwelt als chaotisch. Der moderne Mensch empfindet die ihm gegenübertretende Gesellschaft, ihre auf Individualismus und Rationalität, auf Markt und Nützlichkeit beruhenden Prinzipien als neuartige Bedrohung, und dies umso mehr, als sie sich in ihren Zwängen und Gefahren zwar als sehr konkret, in ihren Mechanismen und Sinnzusammenhängen aber zunehmend als abstrakt darstellt [ZIJDERVELD]. Die unbestrittenen Freiheitschancen, die das neue Zeitalter dem Individuum eröffnet, scheinen also unaufhebbar mit neuen Zwängen und Unfreiheiten gekoppelt zu sein.

Hieraus entspringt eine ganze sozialphilosophische Tradition, die von Hegel und Marx über Max Weber, Max Horkheimer (1903–1969) und Theodor Adorno (1895–1973) bis zu Jürgen Habermas und anderen reicht und die die genannten Prozesse unter dem Stichwort der „Entfremdung" analysiert. Während Hegel die Entfremdung noch als notwendigen dialektischen Zwischenschritt auf dem Weg des selbstbewussten Ichs zu sich selbst betrachtete [HEGEL, 23 u. 37], machte Karl Marx 1844 gerade diesen Begriff zum anthropologischen Angelpunkt seiner Kritik am Kapitalismus: Als Folge der Gesetzmäßigkeiten der bürgerlichen Ökonomie wird das Produkt der menschlichen Arbeit zu „einem *fremden* Gegenstand". Je mehr daher der Arbeiter arbeitet, desto mächtiger stellt sich ihm jene dingliche Welt entgegen, die er zwar selbst produzierte, die sich ihm aber entfremdet hat. Am Ende wird der Arbeiter folgerichtig zum „Knecht seines Gegenstandes" [MARX 1844, 512f.]. In seiner wohl konkretesten Form bildet sich dieser Prozess in der Technik ab, die einerseits im 19. und 20. Jahrhundert so gewaltige Fortschritte machte, damit aber ande-

Charlie Chaplins (1889–1977) klassischer Stummfilm **Moderne Zeiten** aus dem Jahre 1936 thematisiert in grotesk-satirischer, gleichwohl sehr eindringlicher Weise die Entfremdung und Vergeblichkeit, die dem Individuum in der modernen Industriegesellschaft nur den bloßen Schein der Freiheit lassen. In der amerikanischen Fabrik, deren Arbeitsprozesse durch Fließband und Taylorisierung immer weiter optimiert werden sollen, bleibt dem ununterbrochen überwachten Arbeiter nur noch ein einziger Handgriff, in diesem Falle das Festdrehen von Muttern mit zwei großen Schraubenschlüsseln. Die von Chaplin gespielte Hauptfigur zerbricht unter diesem Zwang und entwickelt deutliche Anzeichen von Verrücktheit. Aber ein Entkommen aus der standardisierten Erwerbswelt ist ebenso wenig möglich wie die Wiedereingliederung des einmal Gestrauchelten. Immer wieder wird der auffällig Gewordene verhaftet, seine Versuche, erneut in der Erwerbswelt Fuß zu fassen, scheitern. Am Ende bleibt nur noch die Existenz des Landstreichers.

Bild: Charlie Chaplin, Moderne Zeiten, Standbild, 1936, akg images Berlin.

Literatur: A. Nysenholc (Hrsg.), Charlie Chaplin. His Reflection in Modern Times, Berlin/New York 1991.

rerseits dem Zeitalter die prekäre Frage nach dem Verhältnis von Technik, Arbeit und Kultur dauerhaft einschrieb.

Marx' Entfremdungstheorie ist historisch nicht zu trennen von der Durchbruchsphase des Industriekapitalismus. Daraus resultieren auch die Grenzen ihrer historischen Reichweite. Aber niemand wird die bleibende Aktualität der mit ihr aufgeworfenen Fragen bestreiten: Sie betreffen die immer wieder neu diskutierte Stellung des einzelnen Menschen in der sich stetig ausdifferenzierenden und dem Rationalitätspostulat der Moderne unterworfenen gesellschaftlichen Umwelt.

Nachhaltig erweitert wurde das Entfremdungstheorem durch die Autoren der Kritischen Theorie, die sich seit den 1920er Jahren um das Frankfurter Institut für Sozialforschung gruppierten. Sie lösten es aus der bei Marx anzutreffenden Engführung auf das Verhältnis von Lohnarbeit und Kapital und übertrugen es auf die neuartigen Phänomene der Massenkultur. Im „Zeitalter seiner technischen Reproduzierbarkeit" [BENJAMIN] wandelt sich demzufolge auch das ursprünglich einmalige Kunstwerk zur Ware. Indem es sich gegenüber dem Produzenten verdinglicht, unterliegt es dem Entfremdungsprozess und nimmt damit den von Marx analysierten „Fetischcharakter der Ware" an [MARX 1867; ADORNO].

Hier lag der theoretische Ausgangspunkt für die wohl einflussreichste Schrift der Kritischen Theorie: Horkheimers und Adornos tiefschürfende und bis heute aktuelle Kritik der „Kulturindustrie", die sich einerseits aus der Erfahrung von Faschismus und Nationalsozialismus speiste, andererseits aber auch aus dem Studium der Verhältnisse im amerikanischen Exil [HORKHEIMER/ADORNO]. Aus dieser kritischen Sicht überwiegen in der

Detailskizze

Die metaphorisch wohl eindrücklichste, freilich auch zutiefst beklemmende **Beschreibung der Entfremdung** und selbstproduzierten Unfreiheit des Menschen in der Moderne stammt von **Max Weber** (1864–1920). Webers Ausgangspunkt war die Erforschung der protestantischen, vor allem calvinistischen Ethik. Deren religiöse Aufwertung der innerweltlichen Berufsarbeit lag demzufolge an der Wurzel einer neuen puritanischen Mentalität, die asketische Arbeitsamkeit und Sparsamkeit ebenso hervorbrachte, wie sie wirtschaftlichen Erfolg und Profit nicht mehr als verwerflich betrachtete, sondern als Zeichen eines göttlichen Gnadenerweises. Im Wesentlichen hieraus sei der „Geist des Kapitalismus" entstanden, das heißt die Durchdringung der diesseitigen Welt durch die Orientierung am Profit und durch die Maßstäbe ökonomischer Rationalität.

Max Weber kann als der wohl wichtigste Analytiker der neuzeitlichen Rationalisierungsprozesse gelten. Zugleich begegnet er ihnen mit grundlegender, gleichsam klassischer Skepsis: „Der Puritaner *wollte* Berufsmensch sein, – wir *müssen* es sein. Denn indem die Askese aus den Mönchszellen heraus in das Berufsleben übertragen wurde und die innerweltliche Sittlichkeit zu beherrschen begann, half sie an ihrem Teile mit daran, jenen mächtigen Kosmos der modernen, an die technischen und ökonomischen Voraussetzungen mechanisch-maschineller Produktion gebundenen, Wirtschaftsordnung erbauen, der heute den Lebensstil aller einzelnen, die in dieses Triebwerk hineingeboren werden – *nicht* nur der direkt ökonomisch Erwerbstätigen –, mit überwältigendem Zwange bestimmt und vielleicht bestimmen wird, bis der letzte Zentner fossilen Brennstoffs verglüht ist." Die Sorge um die äußeren Güter habe einst nur wie „ein dünner Mantel" die Schultern der Heiligen bedeckt. „Aber aus dem Mantel ließ das Verhängnis *ein stahlhartes Gehäuse* [Hervorhebung A. W.] werden. Indem die Askese die Welt umzubauen und in der Welt sich auszuwirken unternahm, gewannen die äußeren Güter dieser Welt zunehmende und schließlich unentrinnbare Macht über den Menschen wie niemals zuvor in der Geschichte."

Literatur: M. WEBER, Die protestantische Ethik und der Geist des Kapitalismus [1904/1905/1920], hrsg. v. D. KAESLER, München 2004, 200f.

modernen Massen- und Konsumgesellschaft die manipulativen Züge und mit der Freiheit des Individuums ist es nicht weit her. Im Gegenteil: „In der Kulturindustrie ist das Individuum illusionär nicht bloß wegen der Standardisierung ihrer Produktionsweise. Es wird nur so weit geduldet, wie seine rückhaltlose Identität mit dem Allgemeinen außer Frage steht. Von der genormten Improvisation im Jazz bis zur originellen Filmpersönlichkeit, der die Locke übers Auge hängen muss, damit man sie als solche erkennt, herrscht Pseudoindividualität" [HORKHEIMER/ADORNO, 163].

So suggestiv das Entfremdungstheorem entscheidende Elemente der neuesten Zeit kritisch auf den Punkt zu bringen vermag, so anfechtbar sind die in ihm angelegten deterministischen Tendenzen. Der Epoche angemessener dürfte daher eine Lesart sein, die das kritische Instrumentarium bewahrt, zugleich aber die diagnostizierten Phänomene, Entwicklungen und Gefahren als Spannungselemente der Neuesten Zeit grundsätzlich akzeptiert. Krise und Ambivalenz werden in dieser Lesart zu dauerhaften, ja eingeborenen Elementen der Moderne. In dem Maße, in dem sie unentrinnbar sind, gilt es sie im historischen Urteil wie in der gegenwartsbezogenen Stellungnahme stets zu reflektieren und zu berücksichtigen.

▷ S. 271
„Moderne" und „Postmoderne"

Ende der Epoche? Wenn wir den Rückblick auf eine Epoche versuchen, so implizieren wir die Lesbarkeit ihrer Struktur und damit ihre Abgeschlossenheit. Nun verhält es sich aus heutiger Sicht mit dem „Ende" der Neuesten Zeit ebenso wie mit ihrem Anfang. Zwar bleiben ihre prägenden Antriebskräfte erhalten und wirken fort; aber vieles spricht dafür, dass wir Zeugen eines Zusammenwirkens sehr unterschiedlicher Veränderungs-

Forschungsstimme

In seinem bedeutenden Kapitel über „Empire und Klassizismus" hat der Historiker **Franz Schnabel** (1887–1966) 1929 die unaufhebbare Spannung der westlichen Moderne zum Ausdruck gebracht. Hier diagnostiziert er einen „tiefen Widerspruch", der die gesamte abendländische Kultur durchziehe: Einerseits tritt seit Renaissance und Aufklärung ein „abstraktes Menschentum" in die Geschichte ein. Andererseits aber überlebt das Bewusstsein von einer anderen Welt, die jenseits der herrschenden Vernunft liegt: von einer göttlichen Ordnung und von weltlichen Bindungen in Ständen und Berufen.

„Abstrakte Menschen will das moderne Leben – Beamte; aber immer noch sind es Helden und Staatsmänner und Denker, Kaufleute und Bauern, die die Geschichte machen, immer noch bleibt in den Beziehungen der Menschen vieles auf Gesinnung gestellt, auf Treue und Glauben und auf Werte, die nicht meßbar, nicht tauschbar sind und nicht entpersönlicht werden können. Die Menschen bleiben abhängig von Sonne und Wind, von den Gaben der Natur und von der göttlichen Ordnung. Zu allen Zeiten hat das Leben den Eingriff der gestaltenden Vernunft gefordert, und diese Forderung ist jetzt bewußt, ausschließlich und ein wissenschaftliches Prinzip geworden; aber das Leben selber rauscht weiter aus verborgenen Quellen und fordert Anerkennung und Ehrfurcht. [...]

Die Französische Revolution hatte dann die Zwiespältigkeit der modernen Kultur, den Dualismus von Berechnung und Leben in voller Schärfe hervorgebracht. Sie hat die Rationalisierung von Staat und Gesellschaft am weitesten getrieben, historische Beziehungen gelöst und die ‚Entmenschlichung' des Daseins gefördert, als sie alles auf den überpersönlichen und abstrakten Begriff der Freiheit, der Gleichheit und des allgemeinen Menschentums bauen wollte."

Seine weltgeschichtliche Stellung erwarb Napoleon demzufolge dadurch, dass er den Dualismus zwischen dem mechanistisch-rationalistischen Weltentwurf der Revolution und dem Individuellen, Ursprünglichen und historisch Gewachsenen vertiefte und damit Europa den Zwiespalt der Epoche aufprägte.

Literatur: F. SCHNABEL, Deutsche Geschichte im 19. Jahrhundert, Bd. 1, Freiburg/Br. 4. Aufl. 1948, 132f.

prozesse sind, die zusammengenommen einen ähnlich bedeutsamen Umschlag von Quantität zu Qualität bedeuten könnten wie vor 250 Jahren. Allzu offenkundig scheinen die Folgen der Moderne und ihrer Basisprozesse wie Individualisierung, Rationalisierung und Marktgesetzlichkeit die Geschichte neu zu dynamisieren, dies allerdings in eine uns unbekannte Richtung.

Der Übergang in die Epoche der Neuesten Zeit hat zwar grundlegende Emanzipationsprozesse angestoßen und eröffnete gewaltige Freiheitschancen, erkaufte dies aber durch Orientierungsverlust, Entfremdung und Isolation des Individuums. Es ist daher kein Zufall, dass sich parallel hierzu, im Verlauf des 19. Jahrhunderts, neue Prozesse der Normierung, Uniformierung, ja Standardisierung vollzogen, welche die Moderne ebenso kennzeichnen wie die fortschreitende Individualisierung. Man denke nur an die langfristig wirksame Durchsetzung des bürgerlichen Modells der Kernfamilie mit der Festlegung der Geschlechterrollen und der ihr analogen Aufspaltung der Lebenssphären in privat und öffentlich. Erinnert sei ferner an die Standardisierung industrieller Fabrikarbeit, die sich auf Kosten traditioneller, handwerklich-selbstbestimmter Arbeitsformen ausbreitete. Auf einer anderen Ebene, aber nicht weniger folgenreich ist die uniformierende Wirkung der Nationenbildung angesiedelt, die ethnische, kulturelle und politische Vielfalt immer weniger zuließ. Schließlich entstanden Vorstellungen von (Hoch-)Kultur und Bildungskanones, deren Einheitlichkeit zumindest in dem Maße behauptet wurde, wie sie einen hegemonialen Status erreichten.

▷ S. 22
Durchbruch der bürgerlichen Gesellschaft

▷ S. 34
Industrialisierung verlorene Welten

▷ S. 48 f.
Nation als Deutungskategorie

Man kann diese im weitesten Sinne als „bürgerlich" zu bezeichnenden Normierungen und Standardisierungen als einen Vorgang begreifen, der dem aus seinen traditionellen Bindungen herausgelösten Individuum neue Orientierung bot und zugleich auch neue Disziplin auferlegte. Umso markanter erscheint aus heutiger Sicht die seit den 1970er Jahren beschleunigte *Entstandardisierung*. Überall in den westlichen Gesellschaften hat das bürgerliche Familienmodell seine Verbindlichkeit verloren, und neue Formen der Privatheit sind an seine Seite getreten. In ökonomischer Hinsicht hat die Industriegesellschaft ihren Höhepunkt längst überschritten; permanenter Strukturwandel und „Tertiarisierung" deuten auf ihr Ende hin. Folgen sind die Krise der industriellen Arbeitsgesellschaft, neue, auch prekäre Formen der Arbeit und damit verbunden die Neuausrichtung der Erwerbsbiographien. Zumindest im europäischen Raum und im Kontext fortschreitender Globalisierung spielt auch die Nation nicht mehr entfernt die kulturell uniformierende Rolle, die ihr im 19. und frühen 20. Jahrhundert zugewiesen wurde. Zugleich haben einstmals hegemoniale Bildungsstandards und Kulturkonzepte ihre Integrationskraft verloren; im Verlauf eines langen, häufig als krisen- und schmerzhaft empfundenen Prozesses sind technisch-praktische Bildungsbedürfnisse der Alltagswelt an die Stelle humanistischer Bildungsnormen getreten, während sich zugleich die Grenzen zwischen Hochkultur und Populärkultur verflüssigten.

▷ S. 96
Lebenswelten in der Moderne

▷ S. 159
Konsumgesellschaft, Sozialstaat, „Wertewandel"

Das Zusammenwirken all dieser Entstandardisierungsprozesse lässt auf weitgehende Veränderungen schließen. Die langandauernde, internationale Debatte über den „Wertewandel" ist ein Indiz hierfür. Tatsächlich scheint unsere Gegenwart in

▷ S. 158
Konsumgesellschaft, Sozialstaat, „Wertewandel"

eine geradezu janusköpfige Situation gestellt zu sein. Einerseits weiß sie, dass sie die Entwicklungen, Phänomene und Gewissheiten der modernen Welt zur notwendigen und unaufhebbaren historischen Voraussetzung hat; andererseits aber erfährt sie, dass die Moderne aus sich selbst heraus Prozesse, Konsequenzen und Risiken hervorgebracht hat, zu deren Analyse oder gar Steuerung ihre eigenen Kategorien nicht mehr ausreichen. Insofern werden die klassischen Vorstellungen der „Moderne" zwar nicht aufgehoben, aber transzendiert. Die Moderne wird „reflexiv" und reagiert damit auf die von ihr selbst geschaffenen Herausforderungen. Phänomene, Lebenswelten und Begriffe fügen sich so zu einem spezifisch neuen Gesamtzusammenhang [BECK; DERS./GIDDENS/LASH].

▷ S. 268 f.
„Moderne" und „Postmoderne" Einstweilen muss freilich noch offen bleiben, inwieweit es sich um einen Übergang „epochalen" Charakters handelt; oder ob wir vielleicht alles doch nur viel „interessanter" finden, weil „eigentlich nur wir ‚interessierter' sind"?

Andreas Wirsching

Der Holocaust und die Moderne

Eine besondere Herausforderung für die Deutung und Einordnung der neuesten Zeit wirft der Holocaust auf. Muss nicht jede Hoffnung auf den Fortschritt der Menschheit vor dem Grauen des planmäßigen Massenmordes versiegen? Desavouiert nicht der Mord an den Juden jede optimistische Konzeption der Moderne? Lange Zeit galt es als ausgemacht, dass das NS-Regime den Massenmord an den Juden zwar in technisch durchgeplanter Form vollbrachte, darin aber seinen offenkundig irrationalen und antimodernen Charakter offenbarte. Entgegen den Kriegsnotwendigkeiten hätten die Nazis die „Zwecklosigkeit" der Tat „bis zur offenen Zweckwidrigkeit" getrieben und „dem ganzen Unternehmen inmitten einer zweckbeherrschten Welt den Anschein einer verrückten Irrealität" verliehen [ARENDT, 684]. Als atavistischer, letztlich in den Eigentümlichkeiten der deutschen Geschichte wurzelnder „Zivilisationsbruch" [DINER 1988], konnte der Holocaust somit als Antithese zur Moderne gelten, die es in Form adäquaten Erinnerns gleichsam immer wieder neu zu überwinden gelte.

Seit den 1980er Jahren mehrten sich demgegenüber die Stimmen, die dem Massenmord auch genuine Elemente des modernen Rationalitätspostulats zuschrieben oder ihn sogar explizit als eine extreme Möglichkeit der Moderne selbst betrachteten. Autoren wie Zygmunt Bauman und Detlev Peukert betonten in diesem Zusammenhang die grundlegende Ambivalenz der Moderne und wiesen auf die Abgründe hin, die der Anspruch wissenschaftlicher Rationalität aufreißt, wenn sie den Menschen nach ihrem Bilde formen und dies gegebenenfalls durch „social engineering" durchsetzen will, das heißt durch die rein instrumentelle Vernunft der Technokratie. Die „Endlösung" konnte dann auch „aus dem Geist der Wissenschaft" entstehen [BAUMAN; PEUKERT] und zwar in dem Maße, in dem Rassenlehre, Eugenik und Sozialhygiene als „modern" galten und zu geradezu leitmotivischen Wissenschaften avancierten.

Auf die Spitze getrieben wurde eine solche Sicht durch Götz Aly und Susanne Heim. Sie wiesen auf wissenschaftlich begründete Modelle und Planungen hin, die auf eine „zweckmäßige Großraumpolitik" zielten und als Voraussetzung hierfür massive Bevölkerungsverschiebungen für erforderlich hielten. Eine solche „negative", aber durchaus rationale „Bevölkerungspolitik" habe die Massenvernichtung von Menschen „als funktional im Sinne einer langfristigen gesellschaftlichen Modernisierung" empfohlen. Auschwitz erscheint so in hohem Maße als „Folge einer gnadenlos instrumentalisierten Vernunft" [ALY/HEIM, 483, 10, 485].

Aly und Heim haben für ihre Thesen scharfe Kritik erfahren. So wurde ebenso auf empirische Defizite hingewiesen wie auf problematische Vorurteile ihrer These, dass sie nämlich die nationalsozialistischen Verbrechen als quasi „‚rationale' Konsequenz eines potentiell stets mordbereiten Kapitalismus" verzeichneten [Frei, 369; Diner 1992]. Auch zeigte Aly selbst in einer weiteren quellengesättigten Studie, wie die „Endlösung" eher aus den ungesteuerten Sachzwängen vorgängiger bevölkerungspolitischer Planungen entstand, als dass sie selbst Gegenstand der Planungen gewesen wäre [Aly]. Aber die Debatte hat den Blick dafür geschärft, dass sich Rassismus und Rationalität, Unmenschlichkeit und Wissenschaft, Massenmord und bürokratische Professionalität keineswegs ausschließen müssen. Im Gegenteil können sie sich, dies lehrt der Blick auf den Holocaust, ohne dass eine Zwangsläufigkeit konstruiert zu werden braucht, zu einer beispiellosen, spezifisch „modernen" Vernichtungsmacht potenzieren.

Bild: Einfahrt zum Konzentrationslager Auschwitz-Birkenau, nach Mai 1945, Photographie, Deutsches Historisches Museum, Berlin, Inv.-Nr. BA F 78/275.

Literatur: G. Aly, „Endlösung". Völkerverschiebung und der Mord an den europäischen Juden, Frankfurt/M. 1995; Ders./S. Heim, Vordenker der Vernichtung. Auschwitz und die Pläne für eine neue europäische Ordnung, Frankfurt/M. 1993 [zuerst 1991]; H. Arendt, Elemente und Ursprünge totaler Herrschaft, München 1986 [erstmals 1951]; Z. Bauman, Dialektik der Ordnung. Die Moderne und der Holocaust, Hamburg 1992 [engl. 1989]; D. Diner (Hrsg.), Zivilisationsbruch. Denken nach Auschwitz, Frankfurt/M. 1988; Ders., Rationalisierung und Methode. Zu einem Erklärungsversuch der „Endlösung", in: VfZ 40, 1992, 359–382; N. Frei, Wie modern war der Nationalsozialismus?, in: GG 19, 1993, 367–387; U. Herbert, Best. Biographische Studien über Radikalismus, Weltanschauung und Vernunft 1903–1989, Bonn 1996; D.J.K. Peukert, Die Genesis der „Endlösung" aus dem Geist der Wissenschaft [1988], in: Ders., Max Webers Diagnose der Moderne, Göttingen 1989, 102–121.

Literatur

T. W. ADORNO, Über den Fetischcharakter in der Musik und die Regression des Hörens (1938), in: DERS., Dissonanzen. Einleitung in die Musiksoziologie (Gesammelte Schriften, Bd. 14), Frankfurt/M. 1973, 14–50.

U. BECK, Risikogesellschaft. Auf dem Weg in eine andere Moderne, Frankfurt/M. 1986.

DERS./A. GIDDENS/S. LASH, Reflexive Modernisierung. Eine Kontroverse, Frankfurt/M. 1996.

W. BENJAMIN, Das Kunstwerk im Zeitalter seiner technischen Reproduzierbarkeit, Frankfurt/M. Neuaufl. 1977 [erstmals 1936].

J. BREWER, The Sinews of Power. War, Money and the English State 1688–1783, Cambridge/Mass. 1990.

J. BURCKHARDT, Weltgeschichtliche Betrachtungen, Stuttgart 1935 [erstmals 1905].

R. V. DÜLMEN (Hrsg.), Entdeckung des Ich. Die Geschichte der Individualisierung vom Mittelalter bis zur Gegenwart, Köln u.a. 2001.

M. GRONEMEYER, Das Leben als letzte Gelegenheit. Sicherheitsbedürfnisse und Zeitknappheit, Darmstadt 2. Aufl. 1996.

G. W. F. HEGEL, Phänomenologie des Geistes, in: DERS., Sämtliche Werke, hrsg. v. H. GLOCKNER, Bd. 2, Stuttgart-Bad Cannstatt ND 1964.

L. HÖLSCHER, Die Entdeckung der Zukunft, Frankfurt/M. 1999.

M. HORKHEIMER/T.W. ADORNO, Dialektik der Aufklärung. Philosophische Fragmente, NA Frankfurt/M. 1988 [erstmals New York 1944].

R. KOSELLECK, Art. „Geschichte" V.–VII., in: Geschichtliche Grundbegriffe. Historisches Lexikon zur politisch-sozialen Sprache in Deutschland, Bd. 2, Stuttgart 1975, 647–717.

DERS., „Erfahrungsraum" und „Erwartungshorizont" – zwei historische Kategorien [1976], in: DERS., Vergangene Zukunft. Zur Semantik geschichtlicher Zeiten, Frankfurt/M. 3. Aufl. 1984, 349–375.

J. LOCKE, Two Treatises of Government, hrsg. v. P. LASLETT, Cambridge 2. Aufl. 1967.

K. MARX, Die entfremdete Arbeit [Ökonomisch-philosophische Manuskripte, 1844], in: Karl Marx, Friedrich Engels, Werke, hrsg. v. Institut für Marxismus-Leninismus beim ZK der SED, Ergänzungsbd., Berlin (Ost) 1968, 510–522.

DERS. Das Kapital, Bd. 1 [1867], in: Karl Marx, Friedrich Engels, Werke, hrsg. v. Institut für Marxismus-Leninismus beim ZK der SED, Bd. 23, Berlin (Ost) 1968.

H. MÖLLER, Vernunft und Kritik. Deutsche Aufklärung im 17. und 18. Jahrhundert, Frankfurt/M. 1986.

H. ROSA, Bewegung und Beharrung: Überlegungen zu einer sozialen Theorie der Beschleunigung, in: Leviathan 27, 1999, 386–414.

C. TAYLOR, Sources of the Self. The Making of the Modern Identity, Cambridge/Mass. 1989 [dt. Frankfurt/M. 1995].

M. WEBER, Die protestantische Ethik und der Geist des Kapitalismus [1904/1905/1920], hrsg. v. D. KAESLER, München 2004.

A. C. ZIJDERVELD, Die abstrakte Gesellschaft. Zur Soziologie von Anpassung und Protest, Frankfurt/M. 1972.

Einführung. Während im vorhergehenden Kapitel historische Gegenstände, Themen und Zeitabschnitte konzentriert dargelegt wurden, handelt der folgende Abschnitt von den Möglichkeiten, einen adäquaten Zugang zu ihnen zu gewinnen, und das heißt konkret: Geschichte zu schreiben. Dass sich die Bedingungen, unter denen dies geschieht, wandeln und von der Zeit und dem Standort des jeweiligen Betrachters abhängig sind, gehört zu den ersten Einsichten in die methodischen Grundlagen des Faches. Erkenntnisinteressen verändern sich und bringen neue Formen des Zugangs zur Geschichte hervor [EIBACH/LOTTES]. Diese Wandlungsprozesse stehen im Mittelpunkt der folgenden Beiträge.

▷ S. 7 ff.
u diesem Buch
▷ S. 308 f.
ntfaltung
nodernen
·schichts-
wissen-
schaften

So wird deutlich werden, wie sich das Beziehungsgefüge zwischen Staat, Gesellschaft und Individuum als Gegenstandsbereiche der Neuesten Geschichte im Verlauf der letzten 150 Jahre verändert hat. In ihren Anfängen war die moderne Geschichtsschreibung über weite Strecken eine Geschichte der Staaten mit besonderem Schwerpunkt auf ihren auswärtigen Beziehungen. In ganz Europa koinzidierte die Entfaltung der Geschichtswissenschaft mit dem Durchbruch des nationalen Zeitalters. Für die Entwicklung der Historiographie in Deutschland entwickelte überdies der Wunsch nach dem eigenen deutschen Nationalstaat eine Leuchtkraft, die eine ganze Generation „politischer" Historiker in ihren Bann zog. Zugleich verkörperte der Staat seit dem 18. Jahrhundert in der deutschen Geistesgeschichte die entscheidende Agentur historischen und sittlichen Fortschritts sowie das über den Einzelinteressen stehende Gemeinwohl. Der Staat wurde zum Kollektivsubjekt, zum Akteur, in dem und durch den sich Geschichte vollzog und der mithin Aus-

▸ S. 177 ff.
Staaten,
Nationen,
nationale
ehungen

gangspunkt wie Ziel historischen Fragens bestimmte.

Seit der Wende zum 20. Jahrhundert rückte indes das Soziale, die Gesellschaft, allmählich ins Blickfeld der Geschichtswissenschaft. Beeinflusst, angestoßen und vorangetrieben wurde dieser Prozess unter anderem von marxistischen Ansätzen, Außenseitern der historischen Zunft wie Karl Lamprecht (1856–1915) oder Eckart Kehr (1902–1933), Vertretern der historisch interessierten Sozialwissenschaften wie Max Weber (1864–1920) und Émile Durkheim (1858–1917), in Frankreich vor allem durch die Schule um Marc Bloch (1886–1944), Lucien Febvre (1878–1956) und ihre Zeitschrift Annales [LE GOFF]. Aber es dauerte lange, bis die professionelle Geschichtswissenschaft der „Gesellschaft" als entscheidender Struktur menschlichen Handelns einen entsprechenden Platz einräumte. In (West-)Deutschland erfolgte dies im Grunde erst in den 1960er Jahren, nunmehr vermittelt durch eine neue Generation von Förderern wie Werner Conze, früheren Emigranten wie Hans Rosenberg und streitbaren Akteuren wie Hans-Ulrich Wehler.

▷ S. 199 f.
Geschichte
der Staaten/
Geschichte
der Gesellschaft

Zwar meint das Soziale stets auch den Menschen und „Gesellschaft" stellt den Raum sozialer Beziehungen dar; zugleich aber provozierten jene Formen der Sozialgeschichte Unbehagen, deren Interesse sich primär, wenn nicht ausschließlich, auf überpersönliche Strukturen, makroökonomische Prozesse und kollektive Herrschaftsverhältnisse richtete. Dem entsprach es, wenn zumindest im deutschen Sprachraum die Biographie als Gattung der Geschichtsschreibung über lange Zeit hinweg verpönt blieb. Das Individuum, das heißt der einzelne Mensch mit seinen spezifischen Bedürfnissen, Erfahrungen und Handlungsstrategien, schien in dieser Form der Ge-

175

schichtsbetrachtung zu einer zu vernachlässigenden Größe zu schrumpfen oder schlicht gar nicht mehr vorzukommen. Erst in letzter Zeit konnten sich biographische Ansätze wieder einen legitimen Platz erobern.

▷ S. 215 ff.
Das Individuum und seine Geschichte

Vor allem aber entwickelte sich seit dem Ende der 1970er Jahre die neue Kulturgeschichte. Zwar verbergen sich hinter diesem Sammelbegriff ganz unterschiedliche Erkenntnisinteressen, Untersuchungsgegenstände und methodische Zugriffsweisen. Als ein gemeinsamer Nenner kann jedoch die Frage nach dem „subjektiven" Faktor in der Geschichte gelten, nach den kulturellen Voraussetzungen, den Sinngehalten und Bedeutungszuschreibungen menschlicher Wahrnehmung und Kommunikation sowie sozialen Handelns. Wichtige Impulsgeber dieses „cultural turn" der Geschichtswissenschaften waren Nachbardisziplinen wie die Ethnologie und die Anthropologie, dann aber vor allem die Vertreter(innen) der Geschlechtergeschichte, die zunächst feststellten, dass Frauen in den gängigen gesellschaftsgeschichtlichen Forschungen höchstens als „Unterkapitel" auftauchten, „gleichsam als Ausnahme von der männlichen Regel" [BUDDE, 125]. Praktisch alle wesentlichen Leitmotive der neuen Kulturgeschichte wurden in der Diskussion über die Geschlechtergeschichte angesprochen, diskutiert oder historiographisch erprobt, so dass ein enger Zusammenhang zwischen beiden Zugängen zur Geschichte besteht.

▷ S. 233 ff.
Geschichte der Gesellschaft/ „Neue Kulturgeschichte"

▷ S. 281 ff.
Vermittlung: Historische Bildforschung

Das intensive Fragen nach den individuellen oder gruppenspezifischen Erfahrungen, Wahrnehmungen und Mythen, nach den Erinnerungsformen, Kommunikationssymbolen und bildlichen Vorstellungen, das die neuen Zugänge zur Geschichte

kennzeichnete, verlief parallel zum Bruch mit lange etablierten Auffassungen von historischer Modernisierung und linearem Fortschritt. Auch in der Geschichtswissenschaft hielt die „Postmoderne" Einzug. Ein historiographischer Bereich, in dem der Abschied von den Leitmotiven der Vergangenheit besonders augenfällig wurde, wird im Folgenden ebenfalls vorgestellt; er betrifft das Verhältnis Europas und Nordamerikas zur übrigen Welt. Der modernisierungstheoretisch untermauerte Fortschrittsoptimismus, der die Entwicklung der „Dritten Welt" letztlich auf das Modell der industrialisierten ersten Welt verpflichtete, war in den siebziger Jahren an sein Ende gelangt. Unter umgekehrtem Vorzeichen galt dies aber auch für die modernisierungskritischen Ansätze der Dependenztheorie, die Abhängigkeiten, Ausbeutungsstrukturen und daraus folgende Entwicklungsblockaden hervorhob. In der Geschichtswissenschaft schlug sich das Ende der Erklärungskraft westlicher Großtheorien im verstärkten Interesse an der Eigengeschichte und -kultur „postkolonialer" Völker und Regionen nieder. Es begründete die Fragestellungen einer „neuen" Weltgeschichte, die im gegenwärtigen Zeitalter der Globalisierung, aber auch der weltweiten Kulturkonflikte besondere Aktualität beanspruchen darf.

▷ S. 267 f
„Modern und „Pos moderne

▷ S. 253 f
Universa geschicht Weltgesc

Literatur

G.-F. BUDDE, Das Geschlecht der Geschichte, in: T. MERGEL/T. WELSKOPP (Hrsg.), Geschichte zwischen Kultur und Gesellschaft. Beiträge zur Theoriedebatte, München 1997, 125-150.
J. EIBACH/G. LOTTES (Hrsg.), Kompass der Geschichtswissenschaft. Göttin-gen 2002.
J. LE GOFF (Hrsg.), La nouvelle histoire, NA Brüssel 1988.

Staaten, Nationen und Internationale Beziehungen als Bezugspunkte historischer Forschung

Große Politik und deutscher Nationalstaat. Seit ihren Anfängen beschäftigt sich die moderne Geschichtsschreibung in starkem Maß mit der Entwicklung staatlicher Politik. Die traditionelle Historiographie von Herrscherhäusern fand zwar auch im 19. Jahrhundert noch Beachtung, sofern sie sich damit verknüpfen ließ. Die einzelnen Staaten Europas, ihre Entstehung und Entwicklung, wurden nun jedoch zu den Hauptgegenständen historischer Forschung. Leopold von Ranke (1795–1886), mit dessen Namen die Etablierung der Geschichtswissenschaft im deutschen Sprachraum verbunden ist wie mit keinem anderen, kleidete seine Staatsauffassung 1836 in die Form eines „Politischen Gesprächs": „Friedrich: Alle die Staaten, die in der Welt zählen und etwas bedeuten, sind erfüllt von besonderen, ihnen eigenen Tendenzen. […] Jeder selbständige Staat hat sein eigenes ursprüngliches Leben, das auch seine Stadien hat und zu Grunde gehen kann, wie alles, was lebt, aber zunächst seinen ganzen Umkreis erfüllt und beherrscht und mit keinem anderen gleich ist. Carl: In diesem Sinne verstehst du es, daß die Staaten Individuen seien. Friedrich: Individualitäten, eine der anderen analog, – aber wesentlich unabhängig von einander. Statt jener flüchtigen Konglomerate, die sich dir aus der Lehre vom Vertrag erheben wie Wolkengebilde, sehe ich geistige Wesenheiten, originale Schöpfungen des Menschengeistes, – man darf sagen, Gedanken Gottes." [RANKE, 95]

Neben den Staat trat zunehmend die Nation als entscheidender Bezugspunkt der Geschichtsschreibung. Die zwischenstaatliche Politik erschien dadurch in einem anderen Licht. Ranke würdigte die grundlegende Veränderung, die die Französische Revolution mit sich gebracht hatte, 1833

▷ S. 300 f.
altung der
eschichts-
nschaften

▷ S. 48 f.
Nation als
Deutungs-
kategorie

in seinem Aufsatz über die „Großen Mächte" Europas: „Wenn es das Ereignis der letzten hundert Jahre vor der französischen Revolution war, daß die großen Staaten sich erhoben um die Unabhängigkeit von Europa zu verfechten; so ist es das Ereignis der seitdem verflossenen Periode daß die Nationalitäten selbst sich verjüngt, erfrischt und neu entwickelt haben. Sie sind in den Staat mit dem Bewußtsein eingetreten, er würde ohne sie nicht bestehen können." [RANKE, 63] In der ersten Hälfte des 19. Jahrhunderts blieb es einer Minderheit überlassen, Nationalbewusstsein und die bestehende Staatenordnung in Europa gegeneinander auszuspielen. Für Ranke war es noch selbstverständlich, nicht eine einzelne Nationalgeschichte in den Mittelpunkt seiner Arbeit zu rücken, sondern neben Deutschland auch West- und Südeuropa in die Themenpalette einzubeziehen. Den individuellen Entwicklungsgang jedes einzelnen Staates zu würdigen, war eng mit der positiven Bewertung des Selbstbehauptungswillens der Staaten als Garanten der Freiheit Europas verbunden. Staatenvielfalt und ein diese Vielfalt bewahrendes Mächtesystem besaßen nach dem Ende der napoleonischen Herrschaft den Charakter einer Norm.

Die Auflösung der 1814/15 geschaffenen „Wiener Ordnung" [DOERING-MANTEUFFEL 1991, 10–13, 327–329] und die Hinwendung zur „Realpolitik" in den 1850er Jahren leitete in Deutschland die machtstaatliche Lösung der „Deutschen Frage" durch Preußen ein. Historiker leisteten seit der Revolution von 1848/49 wichtige Beiträge zur öffentlichen Debatte um einen deutschen Nationalstaat. Engagierte Befürworter einer kleindeutschen Lösung aus den Reihen der Geschichtswissenschaftler bemühten sich vor der Reichsgründung, aber auch in den folgenden Jahrzehnten darum,

177

Die Lithografie *Equilibre Européen* nach einer Karikatur von Honoré Daumier (1808–1879) erschien am 3. April 1867 in der Pariser Tageszeitung *Le Charivari*. In einer Zeit politischer Spannungen in Europa – insbesondere rund um die Absichten Napoleons III., Luxemburg durch Kauf zu gewinnen – griff Daumier ein zentrales Sujet politischer Karikaturen wie der politischen Diskussion auf: das **europäische Gleichgewicht**. Spätestens seit 1813/14 war die Vorstellung eines Gleichgewichts als Sicherung von Frieden und Freiheit Europas meist positiv konnotiert. Die Karikatur spielt mit dieser tradierten Einschätzung, indem sie Europas Bemühen um Sicherheit als aussichtslos darstellt. Seit der Frühen Neuzeit diente der Gleichgewichtsbegriff als analytische und normative Kategorie zwischenstaatlicher Politik. Bis in die Gegenwart hinein finden Gleichgewichtsvorstellungen Verwendung in der politischen und wissenschaftlichen Auseinandersetzung mit internationaler Politik.

Bild: Honoré Daumier, Equilibre Européen, Lithographie, aus: Le Charivari, 3. April 1867, akg-images Berlin.

Literatur: U.E. Koch/P.-P. Sagave, Le Charivari. Die Geschichte einer Pariser Tageszeitung im Kampf um die Republik (1832–1882). Ein Dokument zum deutsch-französischen Verhältnis, Köln 1984; H. Fenske, Artikel „Gleichgewicht, Balance", in: O. Brunner u.a. (Hrsg.), Geschichtliche Grundbegriffe. Historisches Lexikon zur politisch-sozialen Sprache in Deutschland, Bd. 2, Stuttgart 1979, 959–996; P.W. Schroeder, Did the Vienna Settlement Rest on a Balance of Power?, in: AHR 97, 1992, 683–706.

▷ S. 53
Nation als
Deutungs-
kategorie
einen von Preußen geprägten deutschen Nationalstaat historisch zu legitimieren. Dieses Bemühen der so genannten „borussischen Schule" der deutschen Geschichtsschreibung, das sich am Werk Heinrich von Treitschkes (1834–1896), Heinrich von Sybels (1817–1895) und Johann Gustav Droysens (1808–1884) ablesen lässt, entsprach den Interessen und Bedürfnissen weiter Teile der politisch interessierten Öffentlichkeit. Am deutschen Beispiel wird deutlich, dass das „enge Bündnis mit dem Nationalstaat" ▷ S. 195
Geschichte der
Staaten/
Geschichte der
Gesellschaft den „Aufstieg der Geschichtswissenschaft zum unverzichtbaren Bestandteil nationalstaatlich verfasster Geschichtskulturen" [Raphael, 44] möglich machte.

Die „borussische Schule" genügte jedoch schon gegen Ende des 19. Jahrhunderts weder dem politischen Interessenhorizont der Zeitgenossen noch den Ansprüchen an wissenschaftliche Objektivität, die eine jüngere Generation von Historikern als Maßstab ihrer Arbeit reklamierte. In einer bewussten Rückbesinnung auf Leopold von Ranke distanzierten sich Max Lenz (1850–1932) und Erich Marcks (1861–1938) von der offen zur Schau gestellten Parteilichkeit, mit der ihre Lehrer Treitschke und Sybel die Entstehung des National- ▷ S. 312
Gestaltung der
Geschichts-
wissen-
schaften staats gefördert und gerechtfertigt hatten. Die so genannten „Neo-Rankeaner", zu denen beispielsweise auch Otto Hintze (1861– 1940) zu zählen ist, gaben mit ihrer Forderung nach Objektivität und sachlicher Distanz der deutschen Geschichtswissenschaft einen Standard vor, der der inzwischen erreichten Professionalisierung des Fachs entsprach. Zugleich spiegelte sich darin „das historisch-politische Faktum des souveränen Nationalstaats in Deutschland, des Deutschen Reichs als eines etablierten Staats im Kreis der Mächte, bisweilen mit dem Anspruch auf

einen Rangplatz in der ersten Reihe der Weltmächte." [DOERING-MANTEUFFEL 1993, 57] Auch unter den „Neo-Rankeanern" blieb im Zeitalter imperialistischer Mächterivalität der eigene Nationalstaat zumeist im Mitpunkt des Interesses. Allerdings wiesen Publikationen von Hintze oder Lenz über den Rahmen deutscher Nationalgeschichte hinaus, indem sie eine vergleichende Perspektive einnahmen oder den Blick auf das System der Großmachtbeziehungen richteten.

Mit dem Ausbruch des Ersten Weltkriegs erreichte die Orientierung der Historiker an den Bedürfnissen der eigenen Nation eine neue Qualität. Die Selbstmobilisierung vieler Universitätsprofessoren für die deutsche Kriegspropaganda war das augenfälligste Indiz dafür. Der Einsatz für die Sache der eigenen Nation mit den Mitteln der Geschichtswissenschaft veränderte aber auch Themen und Beurteilungsmaßstäbe der Historiker nachhaltig. Besonders deutlich wurde dies bei der Auseinandersetzung um die Frage nach der Verantwortung für den Ausbruch des Weltkriegs. Seit 1914, verstärkt aber seit Kriegsende wurde über diese Frage gestritten. Die Fronten verliefen dabei in erster Linie zwischen Historikern der europäischen Siegermächte einerseits und deren Fachkollegen aus Deutschland andererseits. Der so genannte „Kriegsschuldartikel" 231 des Friedensvertrags von Versailles, der Deutschland und seinen Verbündeten die Alleinverantwortung für den Krieg zuwies, wurde nicht nur zur Zielscheibe regierungsamtlich initiierter publizistischer Attacken. Historiker erhielten den Auftrag, unter Einsatz wissenschaftlicher Methoden Argumente gegen die Schuldzuweisung herauszuarbeiten. Durch Publikationen von Quellen aus den staatlichen Archiven versuchten Regierungen in ganz Europa ihre geschichtspolitischen Interpretationen durchzusetzen. Die „Kriegsschulddebatte" ermöglichte dadurch erstmals eine Zeitgeschichte der internationalen Beziehungen, die auf einer relativ breiten Grundlage von publizierten Quellen aufbauen konnte. Allerdings prägte der Wille zur Rechtfertigung der Politik des eigenen Nationalstaats viele der Veröffentlichungen, die in der Zwischenkriegszeit entstanden. Zudem begünstigten die Fragestellung und das neu veröffentlichte Quellenmaterial die Analyse der internationalen Beziehungen aus der Warte der „Großen Politik" [HILDEBRAND 1989, 66f.], der Machtpolitik der europäischen Kabinette, in denen über Krieg und Frieden entschieden wurde.

Die Verantwortung Deutschlands für den Ausbruch des Weltkriegs 1914 stand erneut im Zentrum der geschichtswissenschaftlichen Debatten, als in den 1960er Jahren eine Kontroverse die deutsche Historikerschaft in zwei Lager spaltete. Nach dem Zweiten Weltkrieg hatte Ludwig Dehio (1888–1963) die Zerstörung des europäischen Gleichgewichts durch deutsches Hegemoniestreben herausgearbeitet, dabei jedoch die Sonderstellung des Dritten Reichs in der Traditionslinie deutscher Außenpolitik hervorgehoben [DEHIO]. Als besonders aggressiv wurde die Politik der deutschen Reichsleitung des Jahres 1914 zumeist nicht eingeschätzt. Wesentlich negativer fiel hingegen das Urteil von Fritz Fischer (1908–1999) aus: In seinem 1961 erschienenen Buch „Griff nach der Weltmacht" suchte er die Kontinuität der Dominanzansprüche Deutschlands seit dem Wilhelminismus nachzuweisen. Er stellte damit auch den damals herrschenden Konsens in der Kriegsschuldfrage in Frage [FISCHER]. Gerade Fischers Kontinuitätsthese stieß auf heftigen Widerspruch; Gerhard Ritter (1888–

▷ S. 205
Geschichte der Staaten/
Geschichte der Gesellschaft

Detailskizze

Schon kurz nach Beginn des Ersten Weltkrieges im Sommer 1914 versuchten die Regierungen der kriegführenden Mächte, durch die **Publikation von diplomatischen Akten** nachzuweisen, dass die jeweils gegnerische Seite den Krieg zu verantworten habe. Diese Veröffentlichungen, wegen der von Staat zu Staat unterschiedlichen Farben der Einbände als „Farbbücher" bezeichnet, dienten vor allem der Propaganda nach innen sowie der Beeinflussung der Öffentlichkeit in den neutralen Staaten. Die Bolschewiki nutzten die Publikation von Quellen zur russischen Außenpolitik zur Diskreditierung des gestürzten Regimes und zur Legitimation für das Ausscheiden aus der Kriegsallianz mit den Westmächten. Den Bruch zwischen den alten und den neuen Machthabern in Deutschland unterstrichen die Aktenveröffentlichungen von Kurt Eisner und Karl Kautsky. In der Polemik um die Zuweisung der Kriegsschuld an Deutschland und seine Verbündeten im Artikel 231 des Versailler Vertrages wurden nun erneut „Akten als Waffen" [HILDEBRAND, 3] in der geschichtspolitischen Konfrontation zwischen den Siegern und Verlierern des Weltkriegs eingesetzt. Als Mittel im Kampf gegen die „Kriegsschuldlüge" veröffentlichte das Reichsarchiv von 1922 bis 1927 vierzig Bände aus den diplomatischen Akten des Auswärtigen Amtes. Großbritannien, Frankreich und Österreich zogen innerhalb weniger Jahre nach, während in Deutschland die Zeitschrift *Berliner Monatshefte für internationale Aufklärung* (bis 1929 noch unter dem Titel *Die Kriegsschuldfrage*) der „Zentralstelle für Erforschung der Kriegsursachen" weiterhin Einzeldokumente zur Kriegsschulddiskussion beisteuerte. Selbst im Zweiten Weltkrieg ging die Suche nach Dokumenten weiter, die der deutschen Interpretation des Kriegsausbruches 1914 entgegenkamen. So erschien unmittelbar vor Kriegsende 1945 noch Material aus erbeuteten serbischen Archiven zur Julikrise 1914.

Literatur: W. BAUMGART (Hrsg.), Quellenkunde zur deutschen Geschichte der Neuzeit von 1500 bis zur Gegenwart, Bd. 5: Das Zeitalter des Imperialismus und des Ersten Weltkrieges (1871–1918), Darmstadt 2. Aufl. 1991; K. HILDEBRAND, Deutsche Außenpolitik 1871–1918, München 1989, 53–78; S. ZALA, Geschichte unter der Schere politischer Zensur. Amtliche Aktensammlungen im internationalen Vergleich, München 2001.

1967) stellte sich an die Spitze der Kritiker. Die Heftigkeit, mit der die Fischer-Ritter-Kontroverse ausgefochten wurde, lässt sich jedoch nicht ohne die geschichtspolitische Dimension des Konflikts erklären. Die Rolle des 1871 geschaffenen Nationalstaats im Geschichtsbild der Deutschen stand zur Disposition. Angesichts der engen Verbindung von Nationalstaat und Historiographie, wie sie sich in der zweiten Hälfte des 19. Jahrhunderts herausgebildet hatte, berührte die Auseinandersetzung ein wichtiges Element der Tradition der deutschen Geschichtswissenschaft. Die Kontroverse rückte aber auch zum bislang letzten Mal Quellen und Themen der Geschichte der „Großen Politik" in den Mittelpunkt des allgemeinen Interesses im Gesamtfach. Allerdings zeigte sich schon an den späteren Beiträgen Fischers zur Debatte um den Kriegsausbruch 1914, dass man mehr und mehr nach den gesellschaftlichen und innenpolitischen Triebkräften der deutschen Außenpolitik suchte. Die Position der Historiographie der internationalen Beziehungen in der bundesdeutschen Geschichtswissenschaft veränderte sich merklich.

Stellung der Internationalen Beziehungen. Innerhalb der Geschichtswissenschaft in der Bundesrepublik zeichnete sich während der 1960er Jahre ein Wechsel des Forschungsparadigmas ab. Die Relevanz der politischen Historiographie wurde in Zweifel gezogen, neue Fragestellungen in den Vordergrund gerückt. Gesellschaftsgeschichte als umfassender Forschungsansatz wurde zum Leitbegriff der „Bielefelder Schule". Deren bekanntester Vertreter, Hans-Ulrich Wehler, forderte explizit auch die Abkehr von traditionellen Methoden bei der Erforschung internationaler Politik. Er ging davon aus, dass

moderne Politikgeschichte als „Teildisziplin von Gesellschaftsgeschichte" angelegt werden müsse, „da eine weitgespannte Gesellschaftsgeschichte die restriktiven Bedingungen und Grenzen politischer Entscheidungen und Aktionen klar zu benennen und zu erklären vermag." [WEHLER 1975, 369] Auf diese Herausforderung reagierten mit Andreas Hillgruber und Klaus Hildebrand zwei Repräsentanten eines politikgeschichtlichen Ansatzes, die vor allem hervorhoben, dass die Erklärung zwischenstaatlicher Politik aus den Veränderungen innerhalb einzelner Gesellschaften die Eigendynamik internationaler Beziehungen nicht erfassen könne. Hildebrand sah durch ein „reduktionistisches Geschichtsverständnis" eine Gefahr für die Erfüllung einer „der ganz zentralen Aufgaben der Geschichtswissenschaft [...] durch die Beschäftigung mit politischen Entscheidungssituationen und durch die Auslotung der darin zum Vorschein kommenden Handlungsspielräume der Akteure [...] individuelle Freiheitschancen angesichts überindividueller Bedingungen und Notwendigkeiten der Geschichte erkennbar zu machen." [HILDEBRAND 1976, 329, 340]

▷ S. 205 f.
Geschichte der Staaten/
Geschichte der Gesellschaft

Die Diskussion ließ sich darauf zuspitzen, ob vom „Primat" der Außen- oder vom „Primat" der Innenpolitik auszugehen sei. In den Worten Hillgrubers ging es bei dieser Frage darum, ob die „internationale Politik als eine in sich geschlossene Sphäre originärer Machtpolitik verstanden" werden solle, „die eigenen ,Gesetzen' unterliegt", oder ob „Außenpolitik als ein Derivat sozialer und innenpolitischer Spannungen" zu betrachten sei [HILLGRUBER, 196]. Das Gegeneinander dieser Ansätze war nicht neu, hatte doch Eckart Kehr (1902–1933) schon in der Zwischenkriegszeit heftigen Widerspruch geerntet,

▷ S. 206
Geschichte der Staaten/
Geschichte der Gesellschaft

als er die Außenpolitik des Kaiserreichs aus den inneren Verhältnissen Deutschlands im Wilhelminismus ableitete. Bestand bei dieser Auseinandersetzung die Gefahr, längst überwundene Dichotomien wieder zu betonen, ohne dass sich ein Fundament für eine Annäherung der Standpunkte legen ließ, so ergaben sich für die Forschungspraxis dennoch neue Impulse. So wurde etwa als Konsequenz der von Wehler angestoßenen Debatte die Palette an Fragen ausgeweitet, die Historiker der internationalen Beziehungen für relevant hielten. Da nun das Wechselspiel zwischen Außenpolitik und den Veränderungen von Wirtschaft, Eliten oder Öffentlichkeit eines Staates besondere Aufmerksamkeit verdiente, zog die Forschung Quellen heran, die von der traditionellen Diplomatiegeschichte kaum beachtet worden waren. Innerhalb des Gesamtfachs verlor die Geschichte der internationalen Beziehungen trotzdem an Bedeutung. Bei der Diskussion des „deutschen Sonderwegs" und bei der Debatte über die ▷ S. 170 f.
Rückblick:
Epochenbildung Ursachen des Holocaust – also in zwei zentralen Bereichen des geschichtswissenschaftlichen Diskurses – kam dem Themenfeld der zwischenstaatlichen Politik nur eine Nebenrolle zu. Die Etablierung spezieller Forschungseinrichtungen unterblieb ebenso wie die Gründung von Fachzeitschriften. Andererseits finden sich immer wieder Aufsätze zu Themen der internationalen Politik beispielsweise in der *Historischen Zeitschrift* oder den *Vierteljahrsheften für Zeitgeschichte*. Im Erscheinen begriffen ist zudem ein von Heinz Duchardt und Franz Knipping herausgegebenes, auf neun Bände angelegtes *Handbuch der Geschichte der Internationalen Beziehungen*.

Im Unterschied zur Bundesrepublik Deutschland bildete sich in Frankreich seit den 1950er Jahren eine klar erkennbare Schule

heraus, die sich der Geschichte der internationalen Beziehungen verschrieben hatte. Ihre Leitfigur war Pierre Renouvin (1893–1974), der gegen die Schule der „Annales" mit ihrer Betonung der „longue durée" die politische Ereignisgeschichte neu zu begründen suchte. Renouvin und sein Schüler Jean-Baptiste Duroselle (1917–1994) haben ihren Ansatz zur Erforschung der Geschichte internationaler Beziehungen eingehend dargelegt. Charakteristisch ist die Verbindung der politischen Geschichte mit einer verstärkten Aufmerksamkeit für deren strukturelle Voraussetzungen, seien sie von Geographie, Demographie, Ökonomie, Finanzen, Mentalitäten, Ideologien oder Persönlichkeitsmerkmalen der Akteure bestimmt. Die Untersuchung dieser „forces profondes" bleibt im Ansatz von Renouvin und Duroselle jedoch stets eingebunden in die Erklärung konkreter politischer Entscheidungen [RENOUVIN/DUROSELLE]. Von Renouvin gingen wichtige Anstöße für die Forschung aus und eine ganze Reihe von wichtigen Studien lässt den Einfluss Renouvins und Duroselles erkennen. So können Raymond Poidevin, Jacques Bariéty oder Georges-Henri Soutou, alle drei besondere Kenner der deutsch-französischen Beziehungen, dieser Forschergruppe zugerechnet werden. Renouvin und Duroselle erreichten zudem die institutionelle Verankerung ihres Ansatzes, auch in der Fachpublizistik. Das von Renouvin ins Leben gerufene „Institut d'histoire des relations internationales contemporaines" der Sorbonne (Universität Paris I) und das Genfer „Institut Universitaire des Hautes Études" veröffentlichten 1974 das erste Heft der Zeitschrift *Relations internationales*, die bis heute ein zentrales Forum der Geschichte der internationalen Beziehungen geblieben ist. ▷ S. 453
Forschun_
einrichtu_
gen:
Frankreic_

Schéma d'ensemble du modèle

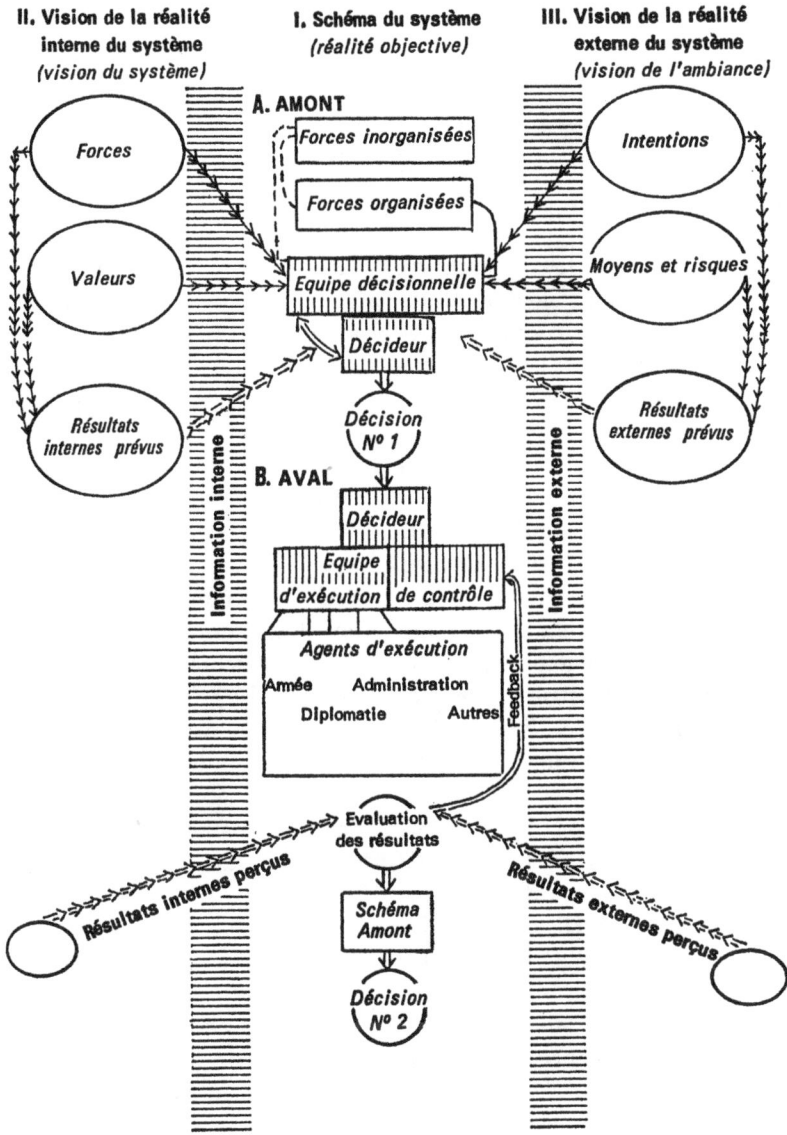

II. Vision de la réalité interne du système (vision du système)

I. Schéma du système (réalité objective)

III. Vision de la réalité externe du système (vision de l'ambiance)

A. AMONT

Forces

Valeurs

Résultats internes prévus

Forces inorganisées

Forces organisées

Equipe décisionnelle

Décideur

Décision N° 1

Intentions

Moyens et risques

Résultats externes prévus

B. AVAL

Décideur

Equipe d'exécution de contrôle

Agents d'exécution

Armée   Administration
Diplomatie   Autres

Information interne

Information externe

Feedback

Evaluation des résultats

Résultats internes perçus

Résultats externes perçus

Schéma Amont

Décision N° 2

Jean-Baptiste Duroselle entwirft ein **Modell des außenpolitischen Entscheidungsprozesses**. Er verzichtet auf eine trennscharfe Terminologie, deren Nutzen für die Praxis historischer Forschung er skeptisch beurteilt. Die schematische Darstellung des Modells in Duroselles Text bündelt nur die wesentlichen Elemente seiner teilweise systematischen, teilweise auf konkrete Beispiele bezogenen Überlegungen. Sie veranschaulicht insofern auch die Grenzen, die Duroselle der theoretischen Analyse internationaler Beziehungen gesetzt sieht. Bezugspunkt ist ein Kollektivakteur der internationalen Politik, faktisch der moderne Staat.

Im Zentrum des Modells steht das Gefüge des Entscheidungssystems (I) vor (A) und nach (B) einer ersten Entscheidung, deren Umsetzung den Boden für eine Neubewertung der Situation und weitere Entscheidungen bereitet. Der oder die Entscheidungsträger und die sie beratenden Experten tragen dabei sowohl ihrer Sicht der Kräfte, Werte und absehbaren Rückwirkungen in der Binnensphäre des politischen Systems (II) Rechnung als auch ihrem Bild der Absichten, Mittel und Risiken wie auch der voraussichtlichen Ergebnisse im internationalen Beziehungsgeflecht (III). Das Staatensystem wird also in dieses Modell nur aus der Perspektive der Wahrnehmung durch die außenpolitischen Entscheidungsträger einbezogen.

183

Literatur: J.-B. Duroselle, Tout empire périra. Théorie des relations internationales, Paris 1992, 164–174; Ders., La décision de politique étrangère. Esquisse d'un modèle type, in: Relations internationales 1, 1974, 5–26.

Im angelsächsischen Sprachraum profitiert die Geschichte der internationalen Beziehungen von der ungebrochenen Popularität des von Methodendiskussionen kaum berührten biographischen Zugriffs. Die Machtposition der USA seit dem Ersten Weltkrieg und Blüte wie Niedergang des britischen Empire im 19. und 20. Jahrhundert sind Themen, die internationale und nationale Geschichte verbinden. Der Erste Weltkrieg hatte in Großbritannien wie anderswo das Interesse an einer umfassenden Erforschung der internationalen Beziehungen gestärkt, die sich nicht auf die Beschäftigung mit der Außenpolitik einzelner Staaten beschränken sollte. Im Zuge der Einrichtung von Lehrstühlen und Professuren für internationale Studien fand auch die Geschichte der internationalen Beziehungen erstmals eine institutionelle Verankerung. Inhaber des „Stevenson Chair in International History" an der „London School of Economics" wie Charles Webster, Edward H. Carr, A.J.P. Taylor, William Norton Medlicott, James Joll und Donald Cameron Watt haben mit ihren Publikationen zum Profil der Geschichte der internationalen Politik entscheidend beigetragen. Gerade Taylor übte mit seinen Werken über die europäische Machtpolitik zwischen 1848 und 1918 oder die Ursprünge des Zweiten Weltkriegs nicht nur starken Einfluss auf die Fachdiskussion aus, sondern erreichte auch ein breites Publikum. In den Vereinigten Staaten entwickelten sich insbesondere in Stanford und Harvard herausragende Zentren der Forschung. Neben der Geschichte der US-Außenpolitik, einem schon im 19. Jahrhundert begründeten Arbeitsgebiet der amerikanischen Historiographie, wuchs seit der Zwischenkriegszeit die Bedeutung einer „Internationalen Geschichte", die bewusst

▷ S. 218
Das Individuum und seine Geschichte

nicht Amerika-zentriert angelegt ist. Neue Zeitschriften wie *Diplomatic History* und die *International History Review* bieten einem breiten Spektrum von Ansätzen zur Erforschung der Geschichte der internationalen Beziehungen Raum.

Vor allem in den Vereinigten Staaten entwickelte sich mit dem gut ausgebauten Fach „International Relations" ein enger interdisziplinärer Austausch, der sowohl für die historische Forschung zur amerikanischen Außenpolitik bis zum Zweiten Weltkrieg wie für die Geschichtsschreibung des Kalten Kriegs wichtige Impulse geliefert hat. Da gerade die internationale Politik seit den 1940er Jahren intensiv erforscht wurde (und wird), lag die Auseinandersetzung mit Modellen aus dem Bereich der „International Relations" nahe, die während des Kalten Krieges entwickelt bzw. herangezogen wurden, um das Verhalten der Supermächte und ihrer Verbündeten zu erklären. Vor allem die Grundannahmen des „klassischen Realismus", teilweise auch des Neorealismus passen gut zu den Traditionen einer Geschichtsschreibung, die das Machtstreben und das Sicherheitsbedürfnis der Staaten als wichtigste Triebkraft internationaler Politik versteht. Das Modell des „Rationalen Akteurs", das für die Wirtschaftswissenschaften erhebliche Bedeutung hat und in der Spieltheorie einen wichtigen Platz einnimmt, ist nicht weit entfernt von bewährten Deutungsmustern der Politikgeschichte und der Biographik, die allerdings den kulturell vermittelten und institutionell vorgegebenen Schranken der Rationalität stets Rechnung zu tragen versuchen. Besonders reizvoll ist die Nutzung solcher Erklärungsmodelle der „International Relations" für die Geschichtswissenschaft gerade bei Themen aus der Geschichte des

▷ S. 135 f
Atomzeit
Bipolarit.
Welt

▷ S. 357
Interdisz.
näre Pers
tiven:
Politikwi
schaft

Staat, Gesellschaft und Individuum
in der Neuesten Geschichte
Staaten, Nationen und
Internationale Beziehungen

Kalten Krieges, weil diese Modelle seit den 1950er Jahren als analytische Werkzeuge der Politikberatung entwickelt und verwendet wurden. Anhand der Kubakrise lassen sich die Möglichkeiten der geschichtswissenschaftlichen Verwendung solcher Modelle deutlich machen.

Gegen die vorherrschende Schule des Realismus, zu deren Wortführern nach 1945 Hans J. Morgenthau (1904–1980) und George F. Kennan (1904–2005) zählten, richteten sich Ansätze, die die amerikanische Außenpolitik mit den ökonomischen Interessen sozialer Eliten erklärte. Nachdem Charles A. Beard in der Zwischenkriegszeit mit solchen Erklärungsmustern keinen durchschlagenden Erfolg erzielte, kann William Appleman Williams' Analyse der „Open-Door-Policy" Ende der 1950er Jahre als Durchbruch einer neuen Richtung internationaler Geschichte in den USA gelten. Das amerikanische Wirtschaftssystem oder Interessengruppen des „corporate America" galten als zentrale Bezugspunkte einer „progressiven" Geschichte internationaler Politik. Die Verantwortung für den Ausbruch und die Eskalation des Kalten Krieges sowie für die amerikanische Intervention in Indochina sahen Historiker wie Thomas J. McCormick und Gabriel Kolko in erster Linie bei amerikanischen Interessengruppen und der US-Regierung. Damit widersprachen sie den bis in die 1960er Jahren herrschenden Deutungen in Politik und Wissenschaft. Ihrer „revisionistischen" Sicht wurde von „realistischer" Seite vorgeworfen, sie sei reduktionistisch und monokausal. Dennoch lieferten die Studien der Revisionisten auch ihren Kritikern Anstöße zur Ergänzung des methodischen Instrumentariums. Der Postrevisionismus, wie ihn beispielsweise John Lewis Gaddis vertritt, trägt ökonomischen, sozialen, innenpoliti-

Forschungsstimme

Zur Analyse der Entscheidungsprozesse während der Kubakrise 1962 ziehen **Graham Allison** und **Philip Zelikow** Ansätze der International-Relations-Theorie heran. Eines der eingesetzten Modelle ist das des „Rationalen Akteurs". Unter einer rationalen Handlung sei mehr zu verstehen "than simple purposive choice of a unitary agent. What rationality adds to the concept of purpose is consistency: consistency among goals and objectives relative to a particular action; consistency in the application of principles in order to elect the optimal alternative. [...]

The core concepts of these models of rational action are:

1. Goals and Objectives. The interests and values of the agent are translated into 'payoff' or 'utility' or 'preference' function, which represents the desirability or utility of alternative sets of consequences. At the outset of the decision problem, the agent has a payoff function which ranks all possible sets of consequences in terms of her or his values and objectives. Each bundle of consequences will also contain a number of side effects. Nevertheless, at a minimum, the agent is expected to be able to rank in order of preference each possible set of consequences that might result from a particular action. [...]

2. Alternatives. The rational agent must choose among a set of alternatives displayed before her or him in a particular situation. In decision theory, these alternatives are represented as a decision tree. The alternative courses of action may include more than a simple act, but the specification of a course of action must be sufficiently precise to differentiate it from other alternatives. [...]

3. Consequences. To each alternative is attached a set of consequences or outcomes of choice that will ensue if that particular alternative is chosen. [...]

4. Choice. Rational choice consists simply of selecting that alternative whose consequences rank highest in the decision maker's payoff function."

Literatur: G. ALLISON/PH. ZELIKOW, Essence of Decision. Explaining the Cuban Missile Crisis, New York 2. Aufl. 1999.

schen und kulturellen Faktoren internationaler Politik stärker Rechnung, ohne mit der Tradition der „realistischen Schule" zu brechen, den Staat als zentralen Akteur und das Handeln der Entscheidungseliten zum Angelpunkt der Untersuchung zu machen. Zusammen mit der Debatte darüber, welche Relevanz die Geschichte der US-Außenpolitik noch besitzt, hat die Auseinandersetzung um den Revisionismus den Methodenpluralismus und die Themenvielfalt der Geschichte der internationalen Beziehungen in den Vereinigten Staaten gefördert.

Themenvielfalt. Die Auseinandersetzung mit anderen Richtungen der Geschichtswissenschaft oder benachbarter Disziplinen hat wenig daran geändert, dass eines der Hauptarbeitsgebiete von Historikern im Bereich der internationalen Beziehungen die Untersuchung politischer Entscheidungsprozesse geblieben ist. Als Quellen haben die Akten der für Außenbeziehungen zuständigen staatlichen Institutionen dabei ihre Schlüsselstellung bewahrt. Insofern ist Diplomatiegeschichte bis heute zentraler Bestandteil der Geschichte der internationalen Beziehungen. Die sukzessive Freigabe von Akten, zumeist auf der Grundlage archivrechtlicher Regelungen über Sperrfristen, beschert insbesondere der zeitgeschichtlichen Forschung ein ständig wachsendes Korpus verfügbarer diplomatischer Quellen. Auch seit längerem zugängliche Archivbestände bieten jedoch bislang unerschlossenes Material. Schließlich sind selbst auf einem traditionell so intensiv bearbeiteten Forschungsfeld wie der Geschichte der internationalen Beziehungen längst nicht alle Themenbereiche umfassend diskutiert worden. So zeigt sich etwa an der Vorgeschichte des Ersten Weltkriegs, dass „klassische" Themen der Forschungsdiskussion gerade durch den hohen Differenzierungsgrad der Debatte immer wieder zum Untersuchungsgegenstand werden.

Wer sich mit den Absichten politischer Entscheidungsträger, den Entscheidungsprozessen und den Auswirkungen der gefällten Entscheidungen beschäftigt, muss seine Quellen stets sorgfältige auswählen und ihre Aussagekraft bestimmen. Dennoch verzichten diplomatiegeschichtliche Untersuchungen normalerweise auf eine explizite Beschäftigung mit dem institutionellen Rahmen internationaler Politik. Diese Aufgabe bleibt im Wesentlichen speziellen Analysen überlassen. So tritt neben die Diplomatiegeschichte die Geschichte der Diplomatie als Themenbereich. Die Entstehung und Entfaltung der Diplomatie in der Frühen Neuzeit, aber auch ihre Entwicklung seit der Französischen Revolution machen den Untersuchungsgegenstand aus. Die Herausbildung des institutionellen Rahmens, die Auswahl und Professionalisierung der Diplomaten sowie die Veränderung der Formen und Inhalte zwischenstaatlicher Kommunikation stellen zentrale Inhalte dar. In der Regel stehen die diplomatischen Apparate europäischer Staaten im Mittelpunkt, denn sie knüpften nicht nur ein besonders dichtes und differenziertes Netz institutionalisierter Verbindungen, sondern bezogen vor allem im 18. und 19. Jahrhundert immer größere Teile der Welt in dieses Kommunikationssystem mit ein. Ob und wie Umbrüche im politischen System einzelner Staaten – beispielsweise in der Französischen Revolution oder der Russischen Oktoberrevolution – das Personal, das Institutionengefüge und die Handlungsweisen der Diplomatie beeinflusst haben, ist dabei von besonderem Interesse. Die globale Expansion des ursprünglich von Europa aus geknüpften

▷ S. 365 f Gattunge der Quell

diplomatischen Netzes lässt darüber hinaus nach der kulturellen Dimension der Geschichte der Diplomatie fragen. Die Verdichtung grenzüberschreitender wirtschaftlicher, gesellschaftlicher und kultureller Beziehungen hat die Ausweitung der Arbeitsfelder staatlicher Diplomatie begünstigt. Daneben spielen transnational tätige Organisationen und das institutionelle Eigengewicht staatenübergreifender Zusammenschlüsse seit Mitte des 20. Jahrhunderts eine immer wichtigere Rolle in der politischen Praxis [HAMILTON/ LANGHORNE].

Traditionell behandelte die Geschichtsschreibung zwischenstaatlicher Politik nicht zuletzt die Ursachen und Anlässe von Kriegen. Die detaillierte Schilderung des Kriegsverlaufs, die eingehende Beschäftigung mit Feldzügen, Schlachten und Belagerungen der jüngeren Vergangenheit auf Basis von Archivstudien blieb aber im 19. Jahrhundert eine Aufgabe für Spezialisten, die außerhalb der universitären Geschichtsforschung arbeiteten. Institutionell verankert war die Kriegsgeschichte bis ins 20. Jahrhundert hinein in den Generalstäben der Streitkräfte. Die Forschung und die Vermittlung ihrer Ergebnisse lagen in den Händen von Offizieren und dienten in erster Linie dazu, militärischen Führungsnachwuchs auf kommende Kriege vorzubereiten. Aus der aktualisierenden Analyse früherer Feldzüge gewannen gelegentlich Generalstäbe auch konkrete Anregungen für die Planungsarbeit. Die Deutungshoheit über die Kriegsgeschichte konnten die Militärführungen schon dadurch behaupten, dass sie den Zugang zu den Archivquellen kontrollierten. Nur selten gelang es einzelnen Universitätshistorikern wie Hans Delbrück (1848–1929), das Monopol der Generalstabsoffiziere in Frage zu stellen. Selbst bei den Verlierern des Ers-

ten Weltkriegs deren Militärapparate unter den Auflagen der Pariser Vorortverträge stark verkleinert werden mussten, dominierten ehemalige Generalstabsoffiziere auch nach 1918 die Kriegsgeschichtsschreibung. Anhand der Entwicklung des Reichsarchivs, zuständig für die amtliche deutsche Weltkriegshistoriographie, lässt sich dies gut zeigen [PÖHLMANN, 157–161]. Für die Kriegsgeschichte des 19. und frühen 20. Jahrhunderts hatten die Streitkräfte in Friedenszeiten, die Wehrverfassung, das Rekrutierungssystem, die Finanzierung und Verpflegung, Rüstungsprojekte und die Heeresorganisation nur Bedeutung als Voraussetzungen militärischer Operationen. Erst die „Wehrwissenschaft" der NS-Zeit und ihr historisches Teilgebiet, die „Wehrgeschichte", rückten den Zusammenhang von gesellschaftlichen und politischen Strukturen einerseits und militärischem Potenzial andererseits stärker in den Mittelpunkt [NOWOSADTKO, 90–108].

Nach dem Zweiten Weltkrieg etablierte sich im Gefolge der Wiederbewaffnung in beiden Teilen Deutschlands die militärgeschichtliche Forschung zunächst wieder unter dem organisatorischen Dach der Verteidigungsministerien. Insofern wurde das traditionelle Muster der institutionellen Abgrenzung der Militärgeschichtsschreibung wieder belebt. Für Universitätshistoriker in der Bundesrepublik schien zudem die Beschäftigung mit Militärischem nach 1945 wenig attraktiv; ein Anknüpfen an die Wehrgeschichte der 1930er Jahre war ohnehin ausgeschlossen. Im Militärgeschichtlichen Forschungsamt der Bundeswehr bemühte man sich seit den 1970er Jahren, den Dialog mit der universitären Geschichtswissenschaft auszubauen. Die Diskussion um einen deutschen Sonderweg in die Moderne, zu der auch die Frage nach den Ursprüngen

▷ S. 136
Atomzeitalter/ Bipolarität der Welt

▷ S. 209
Geschichte der Staaten/ Geschichte der Gesellschaft

und Entwicklungsphasen des Militarismus in Deutschland gehörte, weckte unter den Universitätshistorikern das Interesse an einer Militärgeschichte, die nicht mehr Kriegsoperationen, sondern die politische und gesellschaftliche Rolle der Streitkräfte im Krieg, aber auch im Frieden herausarbeitete. Anregungen aus Frankreich, Großbritannien und den USA zur Einbeziehung von Sozial- und Alltagsgeschichte mündeten seit den späten 1980er Jahren in eine „Neue Militärgeschichte", die sich dem Methodenkanon des Gesamtfachs öffnete. Sie ist zu einem erheblichen Teil „Neue Kriegsgeschichte", die auch die Konstituierung und das Weiterwirken von Kriegserfahrung umfasst [Nowo-SADTKO, 108–123, 131–138]. Der Zusammenhang von Militär und zwischenstaatlicher Politik, der beispielsweise im Werk von Andreas Hillgruber noch von zentraler Bedeutung war, spielt in der Themenpalette der Militärgeschichte in Deutschland momentan eine untergeordnete Rolle. Eine Ausnahme bildet die Geschichte der Sicherheitspolitik nach dem Zweiten Weltkrieg. Schon die Karriere des Begriffs „Sicherheitspolitik", insbesondere in den USA, spiegelt die Verschränkung von Außen- und Militärpolitik in der Zeit des Kalten

▷ S. 135 ff.
Atomzeitalter /
Bipolarität
der Welt

Kriegs. Auch im Kontext der Historischen Friedensforschung wird die Wechselbeziehung zwischen der internationalen Politik und der politischen, wirtschaftlichen, gesellschaftlichen und kulturellen Position des Militärs untersucht [Nowosadtko, 123–130]. Für das 19. und die erste Hälfte des 20. Jahrhunderts sind hingegen Studien zur Interdependenz von Rüstungsfragen und Außenpolitik oder Biographien politisch einflussreicher Generäle angesichts der Fülle an Publikationen zu anderen Aspekten der Militärgeschichte eher Einzelerscheinungen.

Einer der am intensivsten untersuchten Themenbereiche der internationalen Geschichte des 19. und 20. Jahrhunderts ist der Imperialismus, „a large branch of the study of power in international relations." [Hop-KINS, 212] Die forcierte Ausweitung des Einflusses und der Herrschaft von Europäern und US-Amerikanern in Afrika, Lateinamerika, Asien und dem Pazifikraum ab den 1880er Jahren ließ schon die Zeitgenossen nach Gründen für die beschleunigte Expansion fragen. Nationale Selbstbehauptung gegenüber rivalisierenden Mächten, die Ausbreitung der europäischen Zivilisation oder die Suche nach Siedlungsraum, Rohstoffquellen und Absatzmärkten zählten zu den Argumenten der Befürworter imperialistischer Bestrebungen. Kritiker der Expansion versuchten die Sonderinteressen aufzudecken, die vom Imperialismus profitierten. John A. Hobson (1858–1940) wie auch Lenin (1870–1924) orteten die Triebkräfte des Imperialismus in den Entwicklungsgesetzen des Kapitalismus. Nach dem Zweiten Weltkrieg, mit dem Abbau europäischer Kolonialherrschaft, aber fortdauernder ökonomischer und politischer Abhängigkeit der früheren Kolonien und der Staaten Lateinamerikas von Europäern und US-Amerikanern, gewannen Ansätze an Aktualität, die wie die Dependencia-Theorie Unterentwicklung aus externen Faktoren ableiten: aus der Integration in ein Weltwirtschaftssystem, das die ökonomische Abhängigkeit hervorbringt und perpetuiert. Immanuel Wallerstein hat die Ausbeutungsbeziehung zwischen Zentrum und Peripherie in den Mittelpunkt einer Geschichte des kapitalistischen Weltsystems gestellt [WALLERSTEIN].

Für die historische Imperialismusforschung haben Modelle mit einem besonders umfas-

▷ S. 57 ff
Nation al
Deutung
kategorie

▷ S. 255
Universa
geschich
Welt-
geschich

senden Erklärungsanspruch eine eher begrenzte Wirkung entfaltet. In der Praxis waren es die Publikationen von Ronald Robinson und John Gallagher, die beispielsweise auf die Historiographie des Britischen Empire besonders nachhaltig Einfluss nahmen. Mit den Konzepten „informeller Imperialismus" und „Freihandelsimperialismus" öffneten sie den Blick für die Kontinuitätslinien europäischer Expansion und lenkten die Aufmerksamkeit darauf, dass die Ausbreitung britischer Herrschaft in Afrika auch als Reaktion auf dortige Entwicklungen erklärt werden kann. Der Ansatz, die Dynamik des Imperialismus nicht mehr nur von der Metropole, sondern von der Peripherie her zu erklären, wurde in den 1970er und 1980er Jahren häufig gewählt. Peter J. Cain und Anthony G. Hopkins [CAIN/HOPKINS] haben dagegen 1993 die Bedeutung der City of London als Finanzzentrum bei der Ausgestaltung des britischen Empire herausgestellt. Eine Rückkehr zu rein sozioökonomisch argumentierenden Ansätzen ist damit allerdings nicht verbunden. Das zeigt sich an den mentalitätsgeschichtlichen Aspekten des von Cain und Hopkins konzipierten „Gentleman-Kapitalismus", aber auch an der besonderen Bedeutung von Militärs unter den Trägern der Expansion an der Peripherie, den „men on the spot". *Orientalism*, das 1978 veröffentlichte Buch des Literaturwissenschaftlers Edward W. Said entfaltete auch in der Geschichtswissenschaft nachhaltige Wirkung [SAID]. Die von Said mit angestoßene Konjunktur, kolonialistische Diskurse im Rahmen der interdisziplinär ausgerichteten „post-colonial studies" zu dekonstruieren, unterstreicht die Vielfalt der Ansätze in der Imperialismusforschung [WINKS].

▷ S. 263
Universal-
geschichte/
Welt-
geschichte

Methodenpluralismus. Die Wandlungen dieser Ansätze führen vor Augen, wie Tendenzen benachbarter Disziplinen, aber auch politische Veränderungen die Historiographie beeinflussen können. Das Ende des Kalten Kriegs und der Teilung Europas in zwei streng geschiedene politisch-gesellschaftliche Systeme seit 1989 gehört heute ebenso zu den außerwissenschaftlichen Prägungen internationaler Geschichte wie der Prozess der Globalisierung mit seinen wirtschaftlichen, sozialen, politischen und kulturellen Dimensionen. Auch die politische Integration Europas wirkt erkennbar auf die Interessen und Ansätze der Geschichtswissenschaft ein. Schwierigkeiten damit, solche Wandlungen in der historischen Forschung aufzunehmen, ergeben sich dort, wo die methodischen Grundlagen fehlen bzw. erst entwickelt werden müssen. Das trifft in besonderem Maß auf universalgeschichtliche Fragestellungen zu, bei denen bereits die Auswahl der Analyseeinheiten schwerwiegende Probleme aufwirft [WEBER, 34–36]. Gerade der Fall des „Eisernen Vorhangs" hat Anlass geboten, der räumlichen Dimension internationaler Politik neue Beachtung zu schenken. Die „Wiederkehr des Raumes" [SCHLÖGEL, 11] steht jedoch im Widerspruch zum überlieferten Selbstverständnis der Historiographie. In Deutschland wurden entsprechende Fragestellungen zudem durch die Rolle der „Geopolitik" als Ideengeber nationalsozialistischer „Lebensraum"-Politik diskreditiert.

▷ S. 256 f.
Universal-
geschichte/
Welt-
geschichte

▷ S. 255
Universal-
geschichte/
Welt-
geschichte

Unter den etablierten Methoden, die zur Erforschung der Geschichte internationaler Beziehungen herangezogen werden, nimmt die Rekonstruktion politischer Entscheidungsprozesse traditionell einen herausgehobenen Platz ein. Die Konfrontation zwischen den Vertretern der politischen Geschichtsschreibung

Forschungsstimme

Jürgen Osterhammel kritisiert die Vernachlässigung von **Raumbeziehungen** als Kategorie internationaler Geschichte und fordert ein Umdenken:

„Die Wiederkehr des konkreten Raumes lenkt die Aufmerksamkeit von diplomatischen Aktionen und weltpolitischen Strategien auf die Konkretheit regionaler und lokaler Verhältnisse. Damit fügt sie sich in eine Bewegung in Richtung auf das Detail und das Besondere ein, an der auch die Anthropologisierung und kulturhistorische Neuorientierung der Geschichtswissenschaften teilhaben. Auf der anderen Seite führen die Vorgänge der Entgrenzung und Deterritorialisierung dazu, daß Historiker aufgerufen sind, den Anfängen und Frühformen solcher Entwicklungen nachzugehen, sich also zunehmend mit transnationalen oder gar planetarischen Beziehungen und Systembildungen zu beschäftigen. Viele der Erscheinungen, die von heutigen Beobachtern der ‚Globalisierung' mit dem politischen Epochenumbruch von 1989–91 oder mit der neuesten Kommunikationsrevolution in Zusammenhang gebracht werden, sind älteren Ursprungs. Internationale Geschichte kann daher zum Verständnis der heute in einer ausufernden Literatur beschworenen Dialektik von Integration und Fragmentierung, von Globalisierung und Lokalisierung (‚glocalization') beitragen. Beide lassen sich als unterschiedliche Weisen der Organisation von Raum verstehen.

Über einen solchen Aktualitätsbezug hinaus bleibt eine Kritik der Raumlosigkeit sowohl des Historismus und der von ihm geprägten Diplomatiegeschichte als auch der Historischen Sozialwissenschaft ‚Bielefelder' Provenienz, die den Historismus kritisiert und Diplomatiegeschichte bzw. konventionelle ‚Politikgeschichte' ablehnt, eine unerledigte Aufgabe. Sie stellt sich gerade im Umkreis der Historischen Sozialwissenschaft, die stets den Bezug zu den sozialwissenschaftlichen Nachbardisziplinen gesucht hat. Die Wiederentdeckung des Raumes durch die Soziologie, weit über die Vorstellungen der soziologischen Klassiker hinausgehend, wird früher oder später ein Echo in der Geschichtswissenschaft finden."

Literatur: J. Osterhammel, Raumbeziehungen. Internationale Geschichte, Geopolitik und historische Geographie, in: Ders./W. Loth (Hrsg.), Internationale Geschichte. Themen – Ergebnisse – Aussichten, München 2000, 287–308, 291f.

einerseits, den Anhängern der „Bielefelder Schule", der „Annales" oder der „progressiven" Geschichtswissenschaft andererseits gehört zur Geschichte des Fachs in Deutschland, Frankreich oder den USA. Nur noch selten werden die Konfliktmuster der 1960er und 1970er Jahre wieder aktualisiert [Wehler 1996; Hildebrand 1995]. Insbesondere bei der Erforschung der internationalen Beziehungen seit dem Ersten Weltkrieg, der ein immer größerer Teil der Untersuchungen zur internationalen Politik in der Neuesten Geschichte gewidmet ist, hat sich die Einbeziehung wirtschaftlicher, sozialer und innenpolitischer Aspekte als unumgänglich erwiesen. Der Stellenwert der Ideologie in den zwischenstaatlichen Beziehungen des 20. Jahrhunderts ist nicht unumstritten, ihre Rolle wird aber intensiv erörtert, so beispielsweise im Hinblick auf die Geschichte des Kalten Kriegs [Gaddis]. Schon Renouvin und Duroselle haben Wertvorstellungen und Mentalitäten einen Platz unter den „forces profondes" der internationalen Beziehungen zugesprochen. Mochte diese Öffnung für Anregungen der „Annales" zunächst auch eher vage geblieben sein, so sind inzwischen ideologie- und mentalitätsgeschichtliche Zugriffe in das Methodenarsenal der Geschichte der internationalen Beziehungen integriert. Staatliche Entscheidungsprozesse bilden dabei häufig weiterhin den zentralen Bezugspunkt der Forschung.

Für das 19. und 20. Jahrhundert – dem Zeitalter, in dem sich der moderne Staat europäischer Prägung ausgestaltete und weltweit verbreitete – gilt die Feststellung: „Internationale Geschichte vollzieht sich in Staatensystemen." [Doering-Manteuffel 2000, 94] Die regelmäßige und nach erkennbaren Mustern geordnete Interaktion der Staaten unterliegt

▷ S. 198 ff
Geschicht
der Staate
Geschicht
Gesellsch.

dem historischen Wandel. Geschichtsschreibung der internationalen Beziehungen beschreibt und analysiert diese Entwicklungsprozesse. Der Spielraum der Akteure internationaler Politik wird durch das Staatensystem vorgegeben, die Struktur des Systems durch die Handelnden aber auch verändert. Die Systemebene internationaler Politik ist insofern in jeder Darstellung zwischenstaatlicher Beziehungen präsent, denn selbst Begriffe wie „Staatsräson" oder „nationales Interesse", die auch als Formeln für selbstbezogene Handlungsmaximen einzelner Staaten geeignet scheinen, erhalten ihren Sinn erst im Kontext der Systemkonstellation, in der sie zur Geltung gebracht werden sollen. Wird die Veränderung des Staatensystems ins Zentrum der Betrachtung gerückt, dann müssen die Systemstrukturen selbst den Ausgangspunkt der Untersuchung bilden.

Dabei können bestimmte Einzelaspekte der internationalen Konstellation aus ihrem jeweiligen historischen Kontext herausgelöst und zu einem Modell der Funktionsweise des Staatensystems verknüpft werden. Unmittelbar vor dem Zusammenbruch des Ostblocks hat Paul Kennedy *The Rise and Fall of the Great Powers* vom Beginn der Frühen Neuzeit bis zur Gegenwart unter dem Gesichtspunkt des Zusammenhangs von wirtschaftlichem Wandel und Krieg analysiert. Als entscheidenden Faktor sieht Kennedy die Verschiebung des *relativen* ökonomischen und militärischen Gewichts der einzelnen Reiche und Staaten. Kennedy hob die Gefahr der „Überdehnung" der wirtschaftlichen Ressourcen bei der Übernahme zu weit gespannter militärischer Verpflichtungen hervor; seine Darstellung ist daher als Versuch einer politischen Prognose zu deuten. Unter methodischen Gesichtspunkten kann seine Untersuchung als Beispiel für Be-

mühungen gelten, durch den Rückgriff auf quantifizierbare Strukturelemente Regeln des Systemwandels herauszuarbeiten. Bei aller Vorsicht, die Kennedy dabei walten lässt, bleibt die Auswahl der Analysekriterien problematisch, berücksichtigt er doch kaum, wie sich der Stellenwert der herangezogenen Größen im Laufe der Zeit verändert hat [KENNEDY].

Um dies zu vermeiden, müssen bei der Betrachtung der Systemebene internationaler Politik die Wahrnehmungsmuster der Akteure untersucht werden. Als beispielhaft kann hier die Neubewertung der internationalen Beziehungen im Europa der ersten Hälfte des 19. Jahrhunderts gelten, die der amerikanische Historiker Paul W. Schroeder in den 1980er Jahren entwickelt und 1994 detailliert vorgestellt hat. Die zwischenstaatliche Politik sei im Vergleich zum späten 18. Jahrhundert radikal verändert worden „with the decisive turning-point coming in 1813–15. A fundamental change occurred in the governing rules, norms, and practices of international politics. Those of the eighteenth century, with its competitive and conflictual balance of power, gave way to those of a nineteenth-century concert and political equilibrium." [SCHROEDER, VII] Trotz der Kritik an einzelnen Aspekten seiner Interpretation wird Schroeders Deutung der Veränderung des Staatensystems im frühen 19. Jahrhundert allgemein akzeptiert. Die These einer tiefgreifenden Transformation der zwischenstaatlichen Politik um 1814 bietet sich besonders an, um Wandel und Kontinuität des Systems der internationalen Beziehungen zwischen Wiener Kongress und Krimkrieg zu erklären, so wie sie Anselm Doering-Manteuffel mit der begrifflichen Scheidung von „Wiener System" und „Wiener Ordnung" erfasst hat [DOERING-MANTEUFFEL 1991]. Zur Attraktivi- 191

Die 1815 (vermutlich in Wien) entstandene Gouache **Die Heilige Allianz** misst im Original 44 x 35 cm und stammt von Heinrich Olivier. Der 1783 in Dessau geborene und 1848 in Berlin gestorbene Künstler reagierte auf den Vertrag über die „Sainte Alliance", den die Monarchen Russlands, Österreichs und Preußens in feierlichem Rahmen am 26. September 1815 in Paris unterzeichnet hatten. Die drei Ritter stehen für den preußischen König Friedrich Wilhelm III., Kaiser Franz I. von Österreich und den russischen Zaren Alexander I., den Initiator der Heiligen Allianz. Die Darstellung – Ritter im gotischen Innenraum einer Kirche – verweist auf das Mittelalterbild der politischen Romantik. Zugleich aber veranschaulicht die Gouache mit ihrer Darstellung des religiös legitimierten Freundschaftsbundes der drei Monarchen nach Ansicht von Johannes Paulmann eine „grundlegende Strukturveränderung" des europäischen Staatensystems. Fürstenherrschaft wird als stabilisierendes Element des Staatensystems zum „Gegenstand einer internationalen Übereinkunft" [PAULMANN, 113].

Bild: Heinrich Olivier: Allegorie auf die Stiftung der Heiligen Allianz, Gouache, Staatliche Galerie Dessau.

Literatur: J. PAULMANN, Pomp und Politik. Monarchenbegegnungen in Europa zwischen Ancien Régime und Erstem Weltkrieg, Paderborn u.a. 2000, 108–130; W. PYTA, Idee und Wirklichkeit der „Heiligen Allianz", in: F.-L. KROLL (Hrsg.), Neue Wege der Ideengeschichte, Paderborn u.a. 1996, 315–345.

tät des Ansatzes von Schroeder trägt bei, dass es ihm gelingt, Fragestellungen der „International Relations" nutzbar zu machen, sich dabei aber von den stark abstrahierenden Modellen des politikwissenschaftlichen „Realismus" absetzt.

▷ S. 233 ff.
hichte der
ellschaft/
ue Kultur-
eschichte"

Das starke Interesse, das kulturgeschichtlichen Ansätzen entgegengebracht wird, hat auch Auswirkungen auf die Geschichte der internationalen Beziehungen. Neben der Verknüpfung mit systemgeschichtlichen Fragestellungen, wie sie beispielsweise Johannes Paulmann in einer Studie zu den Monarchenbegegnungen im 19. Jahrhundert vorgenommen hat [PAULMANN], gehören inzwischen die Kulturen übergreifende Kommunikationsprozesse zu den erprobten Anwendungsgebieten, insbeson-

▷ S. 246
hichte der
ellschaft/
ue Kultur-
eschichte"

dere in der amerikanischen Geschichtswissenschaft. Die Bedeutung des Staates als Bezugspunkt wird in diesen Forschungen relativiert [CONZE]. Damit zeichnet sich eine gesteigerte Aufmerksamkeit für Felder internationaler Geschichte ab, die weder Staat noch Nation zum Hauptgegenstand hat, sondern staatenübergreifende Strukturen und Handlungsgeflechte: „The study of international history has traditionally stressed formal diplomacy, governmental decision-making, geopolitics, and the making of war and peace. The nations' economic resources and interests have been conceived in similar terms of power politics. Increasingly, however, social scientists and historians are examining other topics. Non-governmental organizations, international movements, and transnational cultural interactions are receiving more and more scholarly attention. The assumption here is that international affairs encompass all sorts of phenomena among and across nations. These broader aspects cannot be reduced to simple objects of state foreign policy." [GEYER/PAULMANN, 1]

Günther Kronenbitter

Literatur

P. J. CAIN/A.G. HOPKINS, British Imperialism, 2 Bde., London 1993.

E. CONZE, Abschied von Staat und Politik? Überlegungen zur Geschichte der internationalen Politik, in: DERS./U. LAPPENKÜPER/G. MÜLLER (Hrsg.), Geschichte der internationalen Beziehungen. Erneuerung und Erweiterung einer historischen Disziplin, Köln u.a. 2004, 15–43.

L. DEHIO, Gleichgewicht oder Hegemonie. Betrachtungen über ein Grundproblem der neueren Staatengeschichte, Krefeld 1948.

A. DOERING-MANTEUFFEL, Vom Wiener Kongreß zur Pariser Konferenz. England, die deutsche Frage und das Mächtesystem 1815–1856, Göttingen/Zürich 1991.

DERS., Die deutsche Frage und das europäische Staatensystem 1815–1871, München 1993.

DERS., Internationale Geschichte als Systemgeschichte, in: W. LOTH/J. OSTERHAMMEL (Hrsg.), Internationale Geschichte. Themen – Ergebnisse – Aussichten, München 2000, 93–115.

F. FISCHER, Griff nach der Weltmacht. Die Kriegszielpolitik des kaiserlichen Deutschland 1914/18, Düsseldorf 1961.

J. L. GADDIS, We Now Know. Rethinking Cold War History, Oxford 1997.

M. H. GEYER/J. PAULMANN, Introduction. The Mechanics of Internationalism, in: DIES. (Hrsg.), The Mechanics of Internationalism. Culture, Society, and Politics from the 1840s to the First World War, Oxford 2001, 1–25.

K. HAMILTON/R. LANGHORNE, The Practice of

193

Diplomacy. Its Evolution, Theory and Administration, London/New York 1995.

A. Hillgruber, Methodologie und Theorie der Geschichte der Internationalen Beziehungen, in: GWU 27, 1976, 193–210.

K. Hildebrand, Geschichte oder „Gesellschaftsgeschichte"? Die Notwendigkeit einer politischen Geschichtsschreibung von den Internationalen Beziehungen, in: HZ 223, 1976, 328–357.

Ders., Deutsche Außenpolitik 1871–1918, München 1989.

Ders., Das Vergangene Reich. Deutsche Außenpolitik von Bismarck bis Hitler 1871–1945, Stuttgart 1995.

A.G. Hopkins, Overseas Expansion, Imperialism, and Empire, 1815–1914, in: T.C.W. Blanning (Hrsg.), The Nineteenth Century. Europe 1789–1914, Oxford 2000, 210–240.

P. Kennedy, Aufstieg und Fall der großen Mächte. Ökonomischer Wandel und militärischer Konflikt von 1500 bis 2000, Frankfurt /M. 1989 [engl. 1987].

J. Nowosadtko, Krieg, Gewalt und Ordnung. Einführung in die Militärgeschichte, Tübingen 2002.

J. Paulmann, Pomp und Politik. Monarchenbegegnungen in Europa zwischen Ancien Régime und Erstem Weltkrieg, Paderborn u.a 2000.

M. Pöhlmann, Kriegsgeschichte und Geschichtspolitik: Der Erste Weltkrieg. Die amtliche deutsche Militärgeschichtsschreibung 1914–1956, Paderborn u.a. 2002.

L. von Ranke, Die großen Mächte. Politisches Gespräch, Frankfurt/M./Leipzig 1995.

L. Raphael, Geschichtswissenschaft im Zeitalter der Extreme. Theorien, Methoden, Tendenzen von 1900 bis zur Gegenwart, München 2003.

P. Renouvin/J.-B. Duroselle, Introduction à l'histoire des relations internationales, Paris 4. Aufl. 1991.

E. W. Said, Orientalismus, Frankfurt/M. u.a. 1981.

K. Schlögel, Im Raum lesen wir die Zeit. Über Zivilisationsgeschichte und Geopolitik, München/Wien 2003.

P. W. Schroeder, The Transformation of European Politics, 1763–1848, Oxford 1994.

I. Wallerstein, The Modern Wold System, Bd. 3, New York 1989.

W. E. J. Weber, Universalgeschichte, in: M. Maurer (Hrsg.), Aufriß der Historischen Wissenschaften, Bd. 2: Räume, Stuttgart 2001, 15–98.

H.-U. Wehler, Moderne Politikgeschichte oder „Große Politik der Kabinette"?, in: GG 1, 1975, 344–369.

Ders., „Moderne" Politikgeschichte? Oder: Willkommen im Kreis der Neorankeaner, in: GG 22, 1996, 257–266.

R. W. Winks (Hrsg.), The Oxford History of the British Empire. Volume V. Historiography, Oxford 1999, 596–610.

Von der Geschichte der Staaten zur Geschichte der Gesellschaft

Staaten als Individuen, Gesellschaften als Kollektive.

Die Historie erschien in der historistischen Schule der Geschichtsschreibung als eine Parade „großer Persönlichkeiten" oder geschichtsmächtiger „Ideen".

▷ S. 219
Das
Individuum
und seine
Geschichte

Damit erschöpfte sich das Spektrum der „geschichtlichen Individuen" freilich keineswegs. Nicht nur Staats*männer*, ganze

▷ S. 177
Staaten,
Nationen,
nationale
Beziehungen

Staaten erfüllten das Kriterium „historischer Individualität". Das bevorzugte Individuum des Historismus war die „Nation", die in Deckung gebrachte Einheit von „Volk" und „Staat". Deren Geschichte wiederum verkörperte selbst einen singulären, zusammenhängenden Prozess, bei dem das allgemeine Prinzip, der geschichtliche „Sinn", sich im Besonderen des individuellen Staates und seiner Nationwerdung manifestierte. Die *einheitliche* war zugleich *allgemeine* Geschichte [WELSKOPP 2002].

Heute halten wir ein solches Geschichtsverständnis für viel zu eng. Eine Nationalgeschichte der „großen Männer", eine politische Geschichte auf der Ebene der Diplomatie, der „Haupt- und Staatsaktionen", kann unsere Fragen an die Vergangenheit nur höchst unvollkommen – wenn nicht verzerrt oder gar falsch – beantworten. Das lag auch der Kritik der späteren Sozialgeschichte am „historistischen Paradigma" zugrunde. Ihre Rechtfertigung bezogen die Historisten daraus, dass ihre Zeit in der Tat vom Aufstieg der Nationen geprägt und den Staaten dabei die ausschlaggebende Rolle zugefallen war.

Aber fast parallel dazu hatten im 19. Jahrhundert in Westeuropa und Nordamerika gesellschaftliche Veränderungen größten

▷ S. 33 ff.
Industriali-
sierung und
verlorene
Welten

Ausmaßes eingesetzt. Von England aus begann die Industrialisierung ihren Siegeszug. Das alte gesellschaftliche Gefüge geriet unter den Druck sozialen Wandels.

Die Bevölkerungszahlen explodierten. Soziale Krisen wie die Massenarmut des „Pauperismus" in den 1840er Jahren bannten die öffentliche Aufmerksamkeit. Neuartige gesellschaftliche Gruppen, die „classes dangereuses", bald die „arbeitenden Klassen", nahmen Gestalt an. Gesamtgesellschaftliche Umwälzungen, Massenphänomene und neue soziale Kollektive drängten auf die Bühne der Geschichte. Sie „machten Revolution".

Die Geschichtsschreibung konnte mit alldem wenig anfangen. Weil sich die Geschichtswissenschaft unter historistischem Vorzeichen, auf der Basis einer ganz bestimmten – „historisch-kritischen" – Methode, als Disziplin etabliert hatte, verbannte sie alle Anstrengungen, die aktuellen Probleme mit historischer Tiefenschärfe zu untersuchen, aus ihrem akademischen Feld.

▷ S. 303
Entfaltung der
Geschichts-
wissenschaften

Mittelfristige Folge war eine „*de facto* Trennung zwischen Geschichte (Staat) und Soziologie (Gesellschaft)" [CONZE 1967/68, 12].

Es war keine deutsche Besonderheit, dass die Erforschung vor allem von drei großen Themen der Neuzeit: den *einfachen Menschen* in Geschichte und Moderne, den *sozialen Kollektiven und ihren politischen Bewegungen* sowie den *wirtschaftlichen Institutionen und Prozessen*, zunächst „Außenseitern der Historiker,zunft' und Grenzgängern zwischen den Disziplinen" vorbehalten blieb [ZIEMANN Sozialgeschichte jenseits, 8]. Während für die amerikanische Sozialgeschichtsschreibung der „Progressive Historians" und die Anfänge der französischen „Annales" die Geografie ausschlaggebende Bedeutung erlangte, kamen deutsche sozial- und wirtschaftshistorische Pioniere hauptsächlich in der *Staatswissenschaft* und *Nationalökonomie* unter. Die fächerübergreifende *Staatswissenschaft* mit ihren absolutistischen Traditionen zerfiel dabei zu-

195

sehends unter den zentrifugalen Kräften sich verselbstständigender Disziplinen wie der Statistik, Ökonomie und Soziologie. Immerhin gingen systematisch arbeitende Historiker wie Otto Hintze (1861–1940) aus diesem Fach hervor. Sie begriffen als „Staat" die politisch verfasste Gesellschaft samt ihren kulturellen Fundierungen, und sie konnten sehr wohl etwas mit Typenbegriffen und Kollektiven anfangen. Die fachspezifische Kombination von Sozial- und Wirtschaftsgeschichte, geläufig seit der ersten Gründung der *Vierteljahrschrift für Sozial- und Wirtschaftsgeschichte* 1893, steuerte dagegen einen theoriefeindlichen geistes- bzw. verfassungsgeschichtlichen Kurs. Überhaupt lassen sich diese Ansätze kaum als direkte Vorläufer der späteren Sozialgeschichte bezeichnen, auch wenn sie nachträglich durch Verfechter des sozialhistorischen Paradigma vereinnahmt wurden, die eine möglichst lange zurückreichende Eigentradition zu konstruieren versuchten. Zeitgenössische Bedeutung hatte allerdings, dass sich quer über mehrere Disziplinen eine Grauzone auftat, in der Grenzgänger im besten Sinn wie Ernst Troeltsch (1865–1923), Max Weber (1864–1920) oder Werner Sombart (1863–1941) – der den Begriff bereits 1916 prägte – Konturen einer „historischen Sozialwissenschaft" entwickelten. Bei allen Unterschieden war eine „vergleichende[..] Kulturgeschichte von Kapitalismus und bürokratischer Herrschaft" ihr Programm [LENGER, 221; ZIEMANN Sozialgeschichte, Geschlechtergeschichte].

▷ S. 179 Staaten, Nationen, Internationale Beziehungen

Soziologie und Marxismus. Die Soziologie galt im deutschen Sprachraum bis in die 1980er Jahre als „Leitwissenschaft" der Sozialhistorie [MERGEL 1998]. Dabei ist das Verhält-

nis beider Disziplinen bei näherem Hinsehen bestenfalls ambivalent. Gewichtige Zweige der entstehenden Soziologie, vor allem im Gefolge Auguste Comtes (1798–1857) und Emil Durkheims (1858–1917), beschäftigten sich eher mit der generellen Konstitution des Menschen – seiner Ontologie – als mit seiner Geschichte. Hieraus erwuchsen die positivistischen Schulen der Soziologie und empirischen Sozialforschung. „Positivismus" bedeutete zweierlei: soziale Phänomene mit Durkheim als „objektive Tatsachen" anzusehen wie andere Dinge auch und nach allgemeinen, zeitübergreifenden „Gesetzen" zu suchen, die alles soziale Leben regeln. Damit profilierte sich diese Soziologie bewusst *gegen* die Geschichtswissenschaft und trat zu ihr in Konkurrenz [MAYNTZ].

Einen Platz im Stammbaum der Sozialgeschichte hat die historische Soziologie deutscher Kultur- bzw. Gesellschaftswissenschaftler wie Ferdinand Tönnies (1855–1936), Georg Simmel (1858–1918) oder Max Weber. Diese Variante orientierte sich nicht, wie die Durkheimsche Tradition, an den „exakten" Naturwissenschaften. Sie erwuchs aus der sehr deutschen Kontroverse über das Verhältnis zwischen gesetzmäßigem „Erklären" und hermeneutischem „Verstehen", das nach Wilhelm Windelband (1848–1915) und Heinrich Rickert (1863–1936) die grundsätzliche Kluft zwischen den „nomothetischen" Natur- und den „ideographischen", auf bedeutsame Individualitäten abzielenden, Geisteswissenschaften bestimmte [WELSKOPP Erklären]. Insofern hatte die Soziologie etwa Simmels und Webers geisteswissenschaftliche Wurzeln. Sie teilte deren historisierende Perspektive und forschte ebenso auf der Basis der „Wertbezüge" und „Kulturbedeutung" sozialer Phänomene.

Staat, Gesellschaft und Individuum
in der Neuesten Geschichte
Von der Geschichte
der Staaten
zur Geschichte
der Gesellschaft

Weber, der sein Fachgebiet lieber „Wirklichkeitswissenschaft" nannte, ging allerdings weit über die Disziplinengrenzen der Geisteswissenschaften hinaus. Für ihn war es eine zentrale Aufgabe der Soziologie, theoretisches Wissen zu erarbeiten und Typenbegriffe zu entwickeln, die das menschliche Handeln nach Regeln und Regelmäßigkeiten ordneten. Zwar sei die Soziologie eine „verstehende" Disziplin; sinnvolles Verstehen könne aber nur heißen, soziales Handeln gerade durch dieses Verstehen „ursächlich zu erklären" [WEBER 1980, 5]. Mit seinen Kategorien der „Vergemeinschaftung" und „Vergesellschaftung" vermochte Weber, Kollektive und Institutionen zu untersuchen, ohne sie wie Dinge oder überdimensionale Wesen zu behandeln. Zugleich entwarf er eine konstruktivistische Lesart historisch-sozialwissenschaftlicher Begriffe, die sich trotz der angejahrten Wortwahl in der heutigen Debatte über historische Erkenntnistheorie noch bemerkenswert gut schlägt. Der von Weber entworfene „Idealtypus" meint nämlich nicht schlicht ein „Modell", sondern eine wertgebundene Kurzinterpretation eines Gegenstandes. Sie darf nicht mit der Sache selbst verwechselt werden, sondern ist ihre perspektivische Auffassung [WEBER 1988]. Weber unterschied penibel zwischen Soziologie und Geschichtswissenschaft. Erstere sei dazu da, allgemeine Konzepte zu entwickeln und zu gesetzesförmigen (nicht: -artigen) Aussagen zu kommen; letztere habe die Aufgabe, die individuellen Handlungen und Ereignisse kausal herzuleiten [WEBER 1980, 9]. Dennoch hätte er sich nie für die Trennung beider Disziplinen hergegeben. Sein Idealtypenkatalog enthielt immer auch historische Kategorien. Soziologie und Geschichte waren für Weber aufeinander verweisende Dimen-

sionen einer „historischen Sozialwissenschaft".

sionen einer „historischen Sozialwissenschaft".

Welche Rolle spielte der Marxismus in diesem fachlichen Ausdifferenzierungs- und Sortierprozess? Karl Marx (1818–1883) selbst debütierte früher und grundsätzlicher als die Pioniere der Soziologie in der Rolle des interdisziplinären Grenzgängers. Man könnte salopp von einem respektlosen „Disziplinensurfer" sprechen, der aus der idealistischen Philosophie kam, sich die Politische Ökonomie zu unterwerfen suchte, soziologische Kategorien nach *gusto*, aber unsystematisch, erfand und konkrete historische Bezüge herstellte, wo immer sie der Argumentation dienlich schienen. Dieser hybride Charakter blieb erhalten, wobei die historisch-materialistische Geschichtsphilosophie, die schon im *Kommunistischen Manifest* das Gerüst gebildet hatte, als Hauptkonstante wirkte. Ein solches, viele Stilarten vermischendes Theoriegebäude war schwer auf eine Disziplin hin aus- oder zurückzubauen. Das ist neben den offensichtlichen Konsequenzen politischer Repressionen und Ausgrenzung (eben lange auch im akademischen Bereich) ein wichtiger Grund dafür, dass der Marxismus als eine Art summarische Oppositionswissenschaft bis weit ins 20. Jahrhundert hinein isoliert blieb [ELEY 2003].

In den Fächern, aus denen sich die Sozialgeschichte entwickeln sollte, und in sämtlichen Spielarten der jugendlichen Soziologie waren Marxsche Perspektiven unterschwellig allerdings allgegenwärtig. Ob man sich an ihrer geschichtsphilosophischen Verheißung orientierte oder sie abwehrte: Marxistische Grundanschauungen hinterließen in der jeweiligen Gegenstandswahl und Kategorienbildung unübersehbare Spuren. Eine teilweise erzwungene Sensibilität – für die Materialität

margin
▷ S. 313
altung der
eschichts-
wissen-
schaften

▷ S. 237
hichte der
ellschaft/
ie Kultur-
eschichte"

197

sozialer Beziehungen, die Konstruktion eines sozioökonomischen Kausalzusammenhangs, die zentrale Bedeutung des Kapitalismus und der Klassenstrukturen in modernen Gesellschaften oder die neue Rolle sozialer Bewegungen, insbesondere der Arbeiterschaft, in der zeitgenössischen Politik – schrieb sich tief in das Theoriedesign der meisten hier angesprochenen Ansätze ein. Als politischer Ansporn oder Gegner nahm der Marxismus indirekt wirksamer Einfluss auf die Sozialwissenschaften als durch die in seinem Namen produzierten Werke, dies jedenfalls *grosso modo*. In der Geschichtsschreibung der englischen „Fabier", etwa der Sozialisten Beatrice (1858–1943) und Sidney Webb (1859–1947), aber auch in manchen Untersuchungen amerikanischer „Progressive Historians" mochte man um die Wende zum 20. Jahrhundert sehr wohl einen Eindruck gewinnen, welche Gestalt eine undogmatische marxistische Sozialgeschichte in Zukunft annehmen könnte.

Revisionistische Geschichte und „Volksgeschichte". Die Kontroverse über die vermeintlichen „braunen Wurzeln" der Sozialgeschichte hat der „Volksgeschichte" zu viel Gewicht beigemessen und ebenso der Personalunion ihrer Verfechter mit den späteren „Türöffnern" der modernen Sozialhistorie im Nachkriegsdeutschland. Zwar hat man immer eine zweite Traditionslinie anerkannt, die über die Emigranten der NS-Zeit in die USA und die Amerikaaufenthalte deutscher Nachwuchswissenschaftler in den 1950er Jahren gelaufen sei. Systematisch ist man dem bisher aber nicht nachgegangen. Dabei finden sich in den Arbeiten etwa Eckart Kehrs (1902–1933) – der 1933 in den USA starb, aber kein Exilant war – oder Hans Rosenbergs (1904–1988) genau die moderat marxistisch beeinflussten

Ansätze zu einer sozioökonomischen Geschichte politischer Entscheidungen, die die bundesdeutsche Sozialgeschichte der 1970er Jahre dann aufgriff und ausbaute. Geduldet oder beschützt von toleranten Lehrstuhlinhabern hatten sich also während der Weimarer Republik sehr wohl sozialhistorische Nischen gebildet. Auch die thematische Konzentration auf das Kaiserreich bahnte sich hier an: Es galt, der rechten revisionistischen Geschichtsschreibung, die sich daran abarbeitete, die „Kriegsschuldlüge" propagandistisch zurückzuweisen, eine liberaldemokratische Geschichtsdeutung entgegenzusetzen. ▷ S. 180 Staaten, Nationen, Internatio Beziehun Diese beleuchtete die ökonomischen und sozialen Hintergründe politischer Entscheidungen vor 1914, die letztlich die Weichen in Richtung Krieg gestellt hatten. Kehr behandelte z.B. die Interessengruppen und Machtzirkel in der deutschen Flottenrüstung; Rosenberg untersuchte den Einfluss wirtschaftlicher Konjunkturzyklen auf politische Konstellationen [KEHR; ROSENBERG 1934; DERS. 1967].

Während diese Historiker zwar am Rande der „Zunft" standen, international aber gut vernetzt waren, muss man den Aufstieg der „Volksgeschichte" in den 1930er und 1940er Jahren *auch* als Zeichen einer Selbstprovinzialisierung bewerten. Denn das konstante Interesse der französischen „Annales" an den deutschen Entwicklungen, die thematisch benachbart, ideologisch aber inakzeptabel waren, blieb unerwidert. Zwar stützte sich die „Volksgeschichte" offener als je eine historische Strömung östlich des Rheins zuvor auf die Soziologie. Aber diese „Deutsche Soziologie" vor allem Hans Freyers (1887–1969) – Lamprecht-Schüler und seit 1925 erster Ordinarius für Soziologie – besaß eine klare antiwestliche, frankreichfeindliche Stoßrichtung.

Staat, Gesellschaft und Individuum
in der Neuesten Geschichte
Von der Geschichte
der Staaten
zur Geschichte
der Gesellschaft

Gegen das „Trennungsdenken" des Liberalismus, das den Staat von der Gesellschaft geschieden hatte, und gegen die Konfliktorientierung des Marxismus beschwor Freyer die „organische Totalität" des „Volkes". Er verband einen romantisierenden Blick zurück ins Mittelalter, wo er für solch harmonische Visionen einer Einheit von „Freiheit" und „Ordnung" Vorbilder suchte, mit der Utopie einer deutschen „Volkwerdung" in der unmittelbaren Zukunft. Die Hinwendung der vor allem an den „Grenzlanduniversitäten" wie Königsberg betriebenen „Volksgeschichte" zur Soziologie, auch zur Agrarsoziologie Gunther Ipsens (1899–1984), hatte also gerade eine Abkehr von deren internationalen Entwicklungen zur Folge. Die „Volkshistoriker" teilten mit Freyer und Ipsen ihre antimodernistische Ausrichtung, die Vermischung von normativer Begrifflichkeit und Quellensprache (Otto Brunner), die Vorliebe für die ländliche Vormoderne und antisemitische wie völkische Tendenzen [ALGAZI].

Strukturgeschichte und Industrielle Welt. Nach dem Zweiten Weltkrieg betätigten sich führende „Volkshistoriker", allen voran Werner Conze (1910–1986), Theodor Schieder (1908–1984) und Otto Brunner (1898–1982), als entschiedene Förderer der Sozialgeschichte, auch wenn sie selbst kaum sozialhistorisch arbeiteten. Conze und Schieder übernahmen in den 1950er und 1960er Jahren einflussreiche Ämter in der bundesdeutschen Historikerschaft und machten Sozialgeschichte in einer weiterhin konservativen „Zunft" salonfähig. Das gelang nicht zuletzt, weil sie einer Kritik des fachpolitischen *Status quo* aus dem Weg gingen, sozialhistorischen Themen eine unbedrohliche Nische eroberten und als entschlossene Antimarxisten auftraten. Auch

in der Geschichtswissenschaft zweier deutscher Staaten herrschte „Kalter Krieg".

Die Ambitionen dieser Sozialgeschichte machten mit ihrer fachlichen Billigung aber nicht Halt. Wie die „Volksgeschichte", so suchte auch sie die Synthese, einen gesamtgeschichtlichen Zugriff, der ökonomische und soziale Strukturaspekte mit der politischen Ebene verband. Brunner definierte Sozialgeschichte als „Betrachtungsweise, bei der der innere Bau, die Struktur der menschlichen Verbände im Vordergrund steht" [BRUNNER, 9]. Eine solche Sozialgeschichte, die in ihrem Kern eine Sozial*struktur*geschichte war, nannte Conze schließlich „Strukturgeschichte". Der historisch unspezifische Begriff der „Struktur" half, die mit Klassenkonflikt und Marxismus in Verbindung gebrachte Kategorie der „Gesellschaft" zu umschiffen.

Das Anliegen der Strukturgeschichte war denn auch ein zutiefst konservatives: Man hatte die antimodernistische Rückwärtsperspektive der Zeit vor 1945 aufgegeben und sich, unter Berufung auf die Nachkriegsschriften Freyers, den Problemen der industriellen Welt zugewandt. Aber der ursprüngliche kulturkritische Impuls hatte eine fatalistische Umdeutung erfahren: Die Geschichtswissenschaft konnte die Augen nicht länger verschließen vor der unabänderlichen Vorherrschaft der technisch-industriellen Moderne und der Massendemokratie. Allerdings betrachtete sie diese mit einer melancholischen, sorgenvoll-elitären Grundstimmung: Als Kardinalproblem des technisch-industriellen Zeitalters erschien die Unbeständigkeit und Zerbrechlichkeit sozialer „Ordnungen". Insbesondere die Arbeiterschaft stand danach entwurzelt außerhalb aller alten „Stände". Conze und Schieder suchten, die Krisenphä-

▷ S. 103
Industrielle
Massengesellschaft

▷ S. 268
„Moderne" und
„Postmoderne"

199

nomene des 19. und frühen 20. Jahrhunderts in langfristige Kontinuitäten einzubetten und so ihren revolutionären Charakter abzufedern [CHUN]. Sie spürten in einer turbulenten Vergangenheit nach Elementen der Stabilität und Ordnung, die für Gegenwart und Zukunft Wege zur „Einpassung" der gesellschaftlichen Krisenfaktoren und damit zur Lösung für das dringliche „Verfassungsproblem[ ] der industriellen Gesellschaft" wiesen [CONZE 1973, 136].

Man hat Brunner, Conze und Schieder eine schlichte „Entnazifizierung" ihres zentralen Kollektivbegriffs – vor 1945 „Volk", danach „Struktur" – vorgeworfen [SCHULZE, 281–301]. Damit macht man sich die Sache zu leicht. Denn ihr Strukturbegriff wies in zwei neue Richtungen: *Einerseits* war in ihm die Vorstellung langfristiger Kontinuitäten im gesellschaftlichen Wandel angelegt. Das hatte man von den „Annales" übernommen, die zwischen der „langen Dauer" der „géohistorie", der trägen „histoire des structures" und der kurzatmigen „histoire des événements" unterschieden. Aber im Gegensatz zur zurückgewiesenen französischen Kulturgeschichte stärkte die Strukturgeschichte gerade die Verbindung mit dem Politischen als Zielpunkt der Synthese und die Ausrichtung auf die moderne Welt. Zum Gegenstand erklärte man die mittel- und langfristigen ökonomischen und sozialen „Konditionierungen" – Voraussetzungen und Bedingungen – politischer Strömungen und Ereignisse. Die Strukturgeschichte sollte der Politikgeschichte zu einem breiteren Fundament verhelfen [CONZE 1983].

Andererseits griff die Neufassung des Strukturbegriffs demonstrativ auf die Traditionen des Historismus zurück. Kern der Rückbesinnung war die Aufwertung des leidenden und handelnden Menschen als geschichtliche

Größe: Nach „der Zerstörung aller Ordnungen und gesellschaftlichen Strukturen [müsse] der Ansatzpunkt historischen Nachdenkens im Menschen selber gesucht" werden [SCHIEDER, 19]. Daraus kann man eine Abkehr vom extremen organischen Kollektivismus der Volksbegrifflichkeit lesen. Aber nicht nur: Freyer sah die technisch-industrielle Moderne geprägt von der Vorherrschaft „sekundärer Systeme", die die Masse der Menschen ihrer rationellen Eigenlogik unterwarfen. Dagegen konnten nur einzelne historische Akteure ankämpfen, die die „Größe" besaßen, Strukturen erfolgreich zu brechen, umzuformen oder zu erschaffen. Die Strukturgeschichte schrieb an der epischen Saga vom Ringen „großer Persönlichkeiten" mit den „überindividuellen Mächten" mit, die ansonsten das Leben der „Masse" zunehmend bestimmten [SCHIEDER, 20, 157–194].

Persönliche Vergangenheitsbewältigung, die Selbstbehauptung einer elitären Kulturskepsis auch im Blick auf die Moderne und die Neubestimmung des Gegenstandes verbanden sich im strukturgeschichtlichen Projekt. Aber es zeigte sich nicht in der Lage, jene historische Synthese zu liefern, die seine Königsdisziplin hätte sein müssen. Zwar propagierten Conze und Schieder die entschlossene Ausweitung der Sozialgeschichte, ihren Austausch mit den Sozialwissenschaften – freilich ohne ihre historische Identität zu verraten – sowie die Aufnahme quantifizierender Methoden. Schieder öffnete sich behutsam gegenüber dem historischen Vergleich und der Typenbildung – weil dies die historische Individualität auch innerhalb größerer Strukturmuster zu bewahren erlaube. Aber immer hatte die Strukturgeschichte vor „ökonomistischen" Kurzschlüssen und „Soziologismen" [CONZE 1977, 21, 26]

▷ S. 320
Vergleich
Transnationalität

Staat, Gesellschaft und Individuum
in der Neuesten Geschichte
Von der Geschichte
der Staaten
zur Geschichte
der Gesellschaft

gewarnt und vermieden, von Kapitalismus und Klassen zu reden oder sozioökonomische Kausalzusammenhänge allzu deutlich anzusprechen. Anstatt Konstellationen und Ursachen zu benennen, zog sie es vor, die gesellschaftlichen Bereiche nebeneinander zu stellen und Brüche mit übergreifenden Kontinuitäten zuzudecken.

Daraus resultierte die Unfähigkeit zur Gesamtdarstellung. Stattdessen wirkte die Strukturgeschichte wie ein Prisma, das einen weißen Leitstrahl in ein auseinander strebendes Farbenspektrum auffächert. In ihrem Namen gedieh die Spezialisierung: Die Stadtgeschichte blühte auf, die Wirtschaftsgeschichte expandierte, die Nationalismusforschung kam hinzu, und die Begriffsgeschichte

▷ S. 239
„Geschichte der Gesellschaft/ Neue Kulturgeschichte"

emanzipierte sich von ihrer früheren Zuträgerrolle. Überraschend spät kam die Arbeitergeschichte dazu, erstmals aus einem lokal- bzw. regionalgeschichtlichen Blickwinkel und mit Interesse für die Arbeitsverhältnisse. Einige Ansätze schrieben „volksgeschichtliche" Positionen unbelehrbar fort, etwa in der historischen Demographie, der Agrargeschichte oder der Siedlungsgeschichte, deren Vokabular uns heute entsprechend irritiert. Andere betraten tatsächlich Neuland, kümmerten sich aber wenig um den theoretischen Überbau, den Conze in dem 1957 gegründeten Heidelberger *Arbeitskreis für moderne Sozialgeschichte* immer neuen Grundsatzüberlegungen unterzog. Keine Synthese? Vielleicht lässt sich Thomas Nipperdeys dreibändige deutsche Geschichte als – typisch „parataktisch" (nebeneinander) arrangierte – späte Einlösung des strukturgeschichtlichen Programms deuten; und

▷ S. 270
„Moderne"/
„Postmoderne"

dies nicht obwohl, sondern *weil* er sich als letzten aufrechten Historisten verstand [NIPPERDEY 1983–1992].

Klassen, Schichten, Mobilität. In der Bundesrepublik steuerte die Sozialgeschichte zunächst einen antimarxistischen Kurs, auch wenn Conze und Schieder offen dafür waren, Marx zu diskutieren. Die Herausforderung für eine solche Politik kam lange Zeit nicht aus der DDR. Die marxistisch-leninistische Geschichte „neuen Typs" ließ sich gerade in ihren Kernthemen wie der Arbeiterbewegung kaum auf die sozialhistorische Überprüfung doktrinärer Gewissheiten ein. Der bürgerlich-sozialistische Intellektuelle Jürgen Kuczynski (1904–1997) blieb Außenseiter [KUCZYNSKI]. Sozialgeschichte eroberte eher in der Frühen Neuzeit („frühbürgerliche Revolution") oder der preußischen Agrargeschichte Bewegungsspielraum. Erst Hartmut Zwahr fand 1978 mit seiner Studie über die Leipziger Arbeiterschaft im 19. Jahrhundert Anschluss an die westliche Diskussion [ZWAHR].

Auf lebendigere Weise boomte die marxistische Sozialgeschichte nach 1945 im angelsächsischen Sprachraum. In Großbritannien spornten sich politische Bewegung und historische Forschung gegenseitig an. Die sowjetische Invasion Ungarns 1956 wirkte als Fanal. Der britische Marxismus legte sich eine Reihe streitbarer Flügel zu, deren gemeinsamer Nenner vor allem die Front gegen den Stalinismus war. Der historiographische Neuaufbruch ist mit dem Journal *Past and Present* (seit 1952) und – neben vielen anderen – den Namen Eric Hobsbawm, Edward P. Thompson, Perry Anderson und Gareth Stedman Jones verbunden. Das 1976 gegründete *History Workshop Journal* bot ein Forum, in dem die Sozialgeschichte und eine weit ausstrahlende außeruniversitäre Geschichtsbewegung Kontakte knüpfen konnten. Es avancierte zum Schauplatz für innovative Theoriedebatten und diente „neuen" sozialen Bewegungen als

201

Startrampe in die Öffentlichkeit [ELEY 1990; DERS. 2003]. Die „Standard-of-Living"-Debatte der späten 1950er Jahre ritt allerdings ihre Kernfrage, ob es den Arbeitern infolge der Industrialisierung schlechter oder besser gegangen sei, in endlosem Streit über korrekte „Reallöhne" zu Tode. Das zeigte der strukturfixierten Sozialgeschichte deutliche Grenzen auf. Eine akteursorientierte Alternative kam bald in Sicht.

▷ S. 44
Industrialisierung und verlorene Welten

▷ S. 233
Geschichte der Gesellschaft/ „Neue Kulturgeschichte"

Dafür steht vor allem E.P. Thompson. Sein 1963 veröffentlichtes Werk *Making of the English Working Class* wurde zum undogmatischen Klassiker der marxistischen Arbeitergeschichte. Thompsons Anliegen war, den Begriff der „Klasse" aus der erdrückenden Umklammerung durch den marxistischen Strukturalismus Louis Althussers und die sterile Rollen- und Konfliktsoziologie Ralf Dahrendorfs zu befreien. Thompson wollte den historischen Akteuren ihre Handlungsfähigkeit zurückgeben. Die „Arbeiterklasse" sei kein Ding oder Mechanismus, sondern ein Projekt handelnder Subjekte, die aufgrund individueller, aber typischer „Erfahrungen" ein Bewusstsein dafür gewannen, sich diese „Klasse" selber zu schaffen. In einem grandiosen Parforceritt zeichnete Thompson für die englische Arbeiterschaft ein facettenreiches Bild der verschiedensten Anfänge und Ansätze nach, aus denen seit dem ausgehenden 18. Jahrhundert bis in die 1830er Jahre eine für ihn klar konturierte Arbeiterklasse entstand [THOMPSON].

Es wird deutlich, wie unterschiedlich die Strukturgeschichte und die Erfahrungsgeschichte *à la* Thompson fast zeitgleich das Problem zu lösen versuchten, Akteure und Strukturen in Beziehung zueinander zu setzen. Thompson wollte die „Klasse" ja nicht ihrem historischen Schicksal überlassen. Er trat an

Forschungsstimme

Den gängigen Konzepten, die unter „Klasse" in erster Linie ein strukturelles Gebilde, ein dinghaftes Kollektivsubjekt verstanden, setzte **Edward P. Thompson** (1924–1993) einen „Klassenbegriff" entgegen, der die subjektiven „Erfahrungen" der historischen Akteure in den Mittelpunkt stellte:

„Der Begriff der *Klasse* impliziert darüber hinaus den Begriff von Beziehungen in ihrer Geschichtlichkeit. [...] Die Beziehung muss sich immer in realen Menschen und in einem konkreten Kontext verkörpern. Wir können auch nicht von verschiedenen Klassen, die unabhängig voneinander existieren, ausgehen und sie dann *zueinander* in Beziehung setzen. [...] Eine Klasse formiert sich, wenn Menschen aufgrund gemeinsamer Erfahrungen – seien sie von den Vorfahren weitergegeben oder zusammen erworben – die Identität ihrer Interessen empfinden und artikulieren, und zwar sowohl untereinander als auch gegenüber anderen, deren Interessen von ihren eigenen verschieden (und diesen gewöhnlich entgegengesetzt) sind. Die Klassenerfahrung ist weitgehend durch die Produktionsverhältnisse bestimmt, in die man hineingeboren wird – oder in die man gegen seinen Willen eintritt. Klassenbewusstsein ist die Art und Weise, wie man diese Erfahrungen kulturell interpretiert und vermittelt: verkörpert in Traditionen, Wertsystemen, Ideen und institutionellen Formen. Im Gegensatz zum Klassenbewusstsein ist die Erfahrung allem Anschein nach determiniert. [...] Klassenbewusstsein entsteht zu verschiedenen Zeiten und an verschiedenen Orten auf dieselbe Weise, allerdings niemals auf *genau* dieselbe Weise."

Literatur: E.P. THOMPSON, Die Entstehung der englischen Arbeiterklasse, Frankfurt/M. 1987, 7f.

Staat, Gesellschaft und Individuum
in der Neuesten Geschichte
Von der Geschichte
der Staaten
zur Geschichte
der Gesellschaft

um zu zeigen, dass sie geschichtliche „Realität" geworden war, und zwar nicht *trotz*, sondern *weil* sie aus Individuen bestand, die Marx zufolge „ihre Geschichte selbst" machten. Für Thompson fielen in diesem Fall Akteure und Kollektiv in eins, weil das Kollektiv durch individuelle Zuordnungen zustande gekommen war. Aber seine bestechende Darstellung überspielte ein theoretisches Problem: Sein Begriff der „Erfahrung" war widersprüchlich; an ihm schieden sich

▷ S. 233
ichte der
ellschaft/
e Kultur-
schichte"

seither die Wege zunächst in der Sozialgeschichte, später auch der Kulturgeschichte. Paradoxerweise konnte man „Erfahrung" bei Thompson auf konträre Weise auffassen: als eine Sache des freien Willens, was sie gleichbedeutend mit Handlungsfähigkeit („Agency") an sich machte, oder als ökonomisch determiniert, weil die kapitalistischen Produktionsverhältnisse bestimmten, welche Erfahrungen die historischen Akteure überhaupt machen konnten. Auch wenn Thompson in seinen Schriften auf Quellen der Erfahrung hinwies, die außerhalb der Klassenbeziehungen lagen wie die frühneuzeitlichen Traditionen des „freeborn Englishman" oder der plebejischen „moralischen Ökonomie", so vermochten diese für ihn nur den jeweiligen *Ausdruck* von „Agency" zu färben: Alle „Erfahrungen" seiner Arbeiter hatten in letzter Instanz in „Klassenerfahrungen" ihren Fluchtpunkt [SEWELL 1990].

Was heute als Trennungsmarke zwischen Sozial- und Kulturgeschichte erscheint, war zunächst eine Weichenstellung *innerhalb der Sozialgeschichte*. Man könnte eine ganze historiographische Kreuzung nach Thompson benennen: Von hier aus führten jeweils entgegengesetzte Wege: in die Mikrogeschichte oder die Gesellschaftsgeschichte der Klassenstrukturen; in eine akteursorientierte oder

eine strukturorientierte Geschichte; in eine Geschichte der Rituale – und später Symbole – oder eine Geschichte der Aktionen und Kämpfe; in eine „optimistische" oder eine „pessimistische" Arbeitergeschichte; schließlich in eine nach wie vor männerzentrierte und eine zunehmend rebellische feministische Geschichte, die sich zur *Gender History* mauserte. Dabei verlor die Leitunterscheidung marxistisch–nichtmarxistisch zunehmend an Bedeutung [ELEY 2003]. Dafür schrieb sich die Orientierung an der Industrialisierung und den industriellen Produktionsverhältnissen überall tief in das sozialhistorische Paradigma ein [ZIEMANN Sozialgeschichte jenseits].

Wenn man die marxistische Perspektive auf die historische Entwicklung großzügig als eine ihrer Varianten verbucht, avancierte die Modernisierungstheorie zu *der* grenz- übergreifenden, alles überwölbenden „großen Erzählung" in der Blütephase der Sozialgeschichte von den 1960er Jahren bis in die 1980er Jahre. Sie unterstützte eine Geschichte, die die einzelnen Gesellschaften in ihren nationalen Grenzen zum Gegenstand machte und in erster Linie die Herausbildung der sozialen Strukturen – Klassen und Schichten – und der Institutionen beschrieb, wie man sie damals modellhaft als „modern" konzipierte. Diese Geschichte setzte einen scharfen Bruch um die Wende des 18. zum 19. Jahrhundert an, die die Trennlinie zwischen „Vormoderne" und „Moderne" markierte. Das 19. und frühe 20. Jahrhundert präsentierte die „Großerzählung" als lang gestreckte Periode der Entfaltung von Modernisierungsprozessen: Dazu zählten die demografischen Umwälzungen, die sich herausbildende kapitalistische Marktwirtschaft und die Industrialisierung, der Übergang von einer Stände- zur

▷ S. 269 f.
„Moderne" und
„Postmoderne"

▷ S. 43 f.
Industrie-
alisierung und
verlorene Welten
Klassengesellschaft, Verstädterung und Urbanisierung sowie die Expansion des neuzeitlichen Staates und nachfolgende Demokratisierungsmuster.

Die Modernisierungstheorie erhebt einen universalen Geltungsanspruch. Entsprechend hätte sich die Sozialgeschichte von der Annahme eines individuellen Geschichtsprozesses verabschieden müssen. Tatsächlich hat sie sich jedoch nie von der Vorstellung einer *einheitlichen, singulären Geschichte* gelöst. Sie tendierte dazu, in ihre jeweilige nationalgeschichtliche Perspektive zurückzufallen und empirische Darstellungen zu produzieren, deren historische Elemente aus nationalen Abweichungen, Rückständigkeiten oder Vorsprüngen bestanden. Das Verhältnis von Theorie zu dem, was Sozialhistoriker traditionell „Geschichte" nannten, blieb unbestimmt. Der normative Gehalt der Theorie und das von der amerikanischen Entwicklung abgeleitete „westliche Modell", das dem zugrunde lag, wurden selten in Frage gestellt [WEHLER 1975; MERGEL 1997]. Der Unterschied zu der vor allem in den USA, Großbritannien und Skandinavien betriebenen Historischen Soziologie macht dies augenfällig. Denn diese bewies weit weniger Skrupel, ihre historischen Gegenstände als „Fälle" unter allgemeine Theorien zu subsumieren und ihre universalen Modelle in großangelegten Vergleichen mit zahlreichen Vergleichsgrößen zu testen [TILLY; MCADAM/TARROW/TILLY].

▷ S. 320
Vergleich und
Transnationalität

Dem kam auf Seiten der internationalen Sozialgeschichte die historische Demografie noch am nächsten. Das lag an der Art ihrer Daten und den Möglichkeiten, die der Computer seit den 1970er Jahren eröffnete. Als einer der am stärksten quantitativ ausgerichteten Zweige verarbeitete sie statistisches Material, etwa aus kirchlichen oder staatlichen Heirats-

registern, zu Langzeitreihen der Bevölkerungsentwicklung, ehe sich Spezialisten an die Rekonstruktion individueller Familienmuster machten. Der theoretische Zeitgeist der Modernisierung und die methodischen Verheißungen der Quantifizierung begünstigten beide eine Makroperspektive auf die historischen Gesellschaften. Man untersuchte nun – das war der emanzipatorische Anspruch der Sozialgeschichte – die „einfachen Menschen", tat dies aber in erster Linie mit Blick auf ihre Großverbände, Institutionen und sozialen Bewegungen. Man betrachtete Akteure „von unten" sinnigerweise „von oben herab": ihren Lebensstandard, ihre materielle Kultur, ihre Vereine, Kirchen und Familien, ihre Professionalisierungsstrategien und Lesestoffe.

Mit dem Problem, Struktur und menschliches Handeln zu vermitteln, rang insbesondere die Arbeitergeschichte. Ihr erklärtes Hauptziel: die Geschichte der Arbeiter, ihrer Arbeitsplätze, häuslichen Lebenswelten und Kultur, mit der Geschichte der Arbeiter*bewegung*, der Gewerkschaften, Genossenschaften und Arbeiterparteien, zu integrieren, blieb unerreicht. Eine lineare Aufstiegsgeschichte zu schreiben, war zudem nicht einfach: Suchte man eher die Radikalität und Militanz einer revolutionären Arbeiterschaft, die man in der Gegenwart vermisste, oder war Emanzipationsgeschichte nicht eben großenteils Integrations- und Reformgeschichte? Die Nach-68er-Sehnsucht nach dem klassenbewussten Proletariat führte zunächst weg von den in der Regel prosaischen Organisationen. Die *New Labor History* entdeckte die „grassroots"-Basis, verlegte sich nicht selten auf die Mikroperspektive eines Stadtteils oder einer Fabrik, spürte ethnischen Verbindungen und ultraradikalen Splittergruppen nach und stieß

Staat, Gesellschaft und Individuum
in der Neuesten Geschichte
Von der Geschichte
der Staaten
zur Geschichte
der Gesellschaft

schließlich in den Bereich der Mentalitäten, Rituale und symbolischen Bedeutungen vor. Das war der Moment, in dem die Kulturanthropologie eines Clifford Geertz ins Spiel

▷ S. 234
"hichte der
sellschaft/
ue Kultur-
eschichte"

kam und „dichte Beschreibung" zur Zauberformel aufstieg. Ob dies noch Sozial- oder schon Kulturgeschichte war, bleibt offen.

Konzeptionen der Sozialgeschichte.

Eric Hobsbawm forderte 1971, Sozialgeschichte zu einer „Geschichte ganzer Gesellschaften" weiterzuentwickeln. Mitten im Boom einer sich stark spezialisierenden Forschung beschwor er erneut die Vision einer Synthese, die das Ganze des Geschichtsprozesses im Auge behielt. Das sozialgeschichtliche Paradigma habe die Aufgabe, die strukturellen, gesellschaftlichen Bedingungen und Handlungsspielräume für Politik herauszuarbeiten, um zu überlegenen Erklärungen politischen Handelns zu gelangen [HOBSBAWM].

Politische Sozialgeschichte stieß in der Bundesrepublik auf besondere Resonanz, weil in der nachwachsenden Generation von Historikern der Ruf nach einer umfassenden Interpretation des Nationalsozialismus unüberhörbar geworden war, die die fachlich isolierte Zeitgeschichte bis *dato* nicht geliefert hatte. Für diese anfangs noch kleine Gruppe in der „Zunft" hieß „politische" zugleich

▷ S. 170 f.
Rückblick:
Epochen-
bildung

„kritische" Sozialgeschichte. Ziel war es, die Entwicklungen zu entlarven, die zu dem für moderne Industriestaaten beispiellosen Zivilisationsbruch geführt hatten, und politische Aufklärung für die Gegenwart zu leisten. In erster Linie ging es um die langfristigen Ursachen des Nationalsozialismus in Deutschland und um die Mechanismen, die dabei ökonomische Macht und gesellschaftlichen Status in Politik umgemünzt hatten.

Für eine derartige sozioökonomische Interpretation politischer Entscheidungsprozesse konnte man sich auf Vorbilder berufen. Deshalb gilt die Neuherausgabe der Aufsätze Eckart Kehrs durch Hans-Ulrich Wehler 1965 als programmatisches Manifest dieser neuen Strömung [KEHR]. Brisant daran war, mit Kehr und Rosenberg den Fokus auf das Kaiserreich bis 1914 zu verschieben. Denn damit verband sich die These, dass der NS kein kurzfristiger, aus den Wirren der Weimarer Republik erklärlicher „Betriebsunfall" in einer ansonsten zustimmungsfähigen deutschen Geschichte gewesen sei. Vielmehr sei das nationalsozialistische Potenzial in den Tiefenstrukturen der deutschen Gesellschaft, spätestens seit sie sich zwischen 1867 und 1871 zum Nationalstaat formiert hatte, angelegt gewesen. Diese Deutung hatte schon in der „Fischer-Kontroverse" von 1961 Aufruhr in „Zunft" und Öffentlichkeit hervorgerufen.

▷ S. 180 f.
Staaten,
Nationen,
Internationale
Beziehungen

Doch während Fritz Fischer (1908–1999) und seine konservativen Gegner sich noch hauptsächlich auf der Ebene der Aktenauslegung gestritten hatten, strebte die „kritische Sozialgeschichte" nach methodischer Erweiterung zu einer strukturanalytischen Langzeitbetrachtung politischer Konstellationen. In Wehlers *Bismarck und der Imperialismus* findet sich Rosenbergs Idee wieder: Konjunkturelle Schwankungen – hier die vermeintliche „Große Depression" zwischen 1873 und 1895 – nehmen Einfluss auf politische Großwetterlagen – Bismarcks Schwenk auf eine gemäßigt expansive Kolonialpolitik. Die Klammer, die Wirtschaft und Politik verbindet, ist der „Sozialimperialismus". Dieses schillernde sozialpsychologische Konstrukt führt das deutsche Ausgreifen auf ein eigenes Kolonialreich und die parallele nationalistische Radikalisierung

205

weniger auf nackte ökonomische Interessen zurück als vielmehr auf die propagandistischen Manipulationstechniken, mit denen ein Machtkartell aus alten (Adel, Militär, Bürokratie) und neuen Eliten (Schwerindustrie) innenpolitische Spannungen in eine aggressive Außenpolitik ablenkte, um seine gesellschaftliche Stellung gegen Demokratisierungsdruck zu verteidigen [WEHLER 1969]. Die Prämisse, „Außenpolitik" sei eigentlich „Innenpolitik", und der komme damit das „Primat" der historischen Erklärung zu, markierte den offenen Bruch mit der historistischen Tradition. In der Folge entstand eine Serie von Studien über Industrie- und Agrarverbände, die die offiziellen Politikkanäle manipulativ kurzschlossen, oder soziale Gruppen, die für die ideologische Vereinnahmung durch einen übersteigerten Nationalismus besonders empfänglich waren, wie die Angestellten oder der „alte Mittelstand". Politische Sozialgeschichte bedeutete hier Ausweitung des Politischen auf die organisierten Interessen sozialökonomischer Eliten und Bewegungen [WINKLER].

▷ S. 181
Staaten,
Nationen,
Internationale
Beziehungen

Die thematische Neuausrichtung war von ihrer theoretischen und methodologischen Begründung nicht zu trennen. Sozialgeschichte sollte eine Historische Sozialwissenschaft werden [WEHLER 1973]. Damit suchte man Anschluss an die internationale Entwicklung in der interdisziplinären Modernisierungsforschung und akzentuierte doch zugleich die eigene, spezifisch deutsche Position. Man übernahm die Makroperspektive auf die Gesellschaft von der funktionalistischen Soziologie, die gesellschaftliche Großgruppen und Institutionen als Strukturzusammenhänge und Kollektivsubjekte betrachtete. Demnach bestimmten die Gruppenzugehörigkeit (etwa: Klasse) und die „harten"

Strukturzwänge größtenteils das Verhalten der Personen. Der deutsche Akzent lag nicht auf dieser (positivistischen) Vorstellung an sich, sondern auf ihrer erkenntnistheoretischen Begründung, mit der ein Schuss Marxismus ins Spiel kam. Aus seinem Sprachgebrauch entlehnte man das Konzept der „Ideologiekritik". Das heißt, man begegnete den zeitgenössischen Akteuren mit dem Verdacht, dass sie sich über die strukturellen Umstände ihres Agierens gar nicht klar sein konnten, dass die Verhältnisse sich hinter ihrem Rücken durchsetzten, ganz gleich wie sie ihr Tun subjektiv wahrnahmen und begründeten („Ideologie"). Als Historiker dürfe man daher den Selbstauslegungen der Zeitgenossen nicht aufsitzen, da sie sich über ihre Handlungsbedingungen hinwegtäuschen oder ihre wahren Interessen verbergen. Geschichte gehe nicht darin auf, so Habermas, „was Menschen wechselseitig intendieren" [HABERMAS, 116; WELSKOPP 2002]. Entsprechend verlagerte man den methodischen Schwerpunkt so stark auf die Strukturanalyse, dass vom handelnden Subjekt nur ein Rest übrig blieb. Die „ideologiekritische" Wende machte gleichzeitig gegen die historistische Geschichtswissenschaft Front: Geschichte, die ihr Potenzial nicht ausschöpfte, weil sie nur Personen und Ideen behandelte und sich auf das nachvollziehende „Verstehen" vergangener Motive und Taten verlasse, arbeite methodisch naiv oder mit Manipulationsabsicht. Der gesamte hermeneutische Ansatz geriet unter den Beschuss einer „kritischen Sozialgeschichte", die hinter diesem eine politisch konservative Rechtfertigung der Vergangenheit vermutete [KOCKA 1986]. Die antihermeneutische Wende drehte die deutsche Sozialgeschichte besonders stark in eine strukturalistische Richtung. Erfahrungsge-

▷ S. 313
Entfaltun
Geschich
wissen-
schaften

Staat, Gesellschaft und Individuum
in der Neuesten Geschichte
Von der Geschichte
der Staaten
zur Geschichte
der Gesellschaft

Forschungsstimme

Jürgen Kocka begründete die Notwendigkeit eines strukturanalytischen Zugriffs der „Historischen Sozialwissenschaften" auf die Geschichte, der den historischen Akteuren wenig Handlungsspielraum ließ:

„Bei aller Notwendigkeit, struktur- und ereignisgeschichtliche Betrachtungsweisen zu verknüpfen, [...] scheint mir das Postulat höchstmöglicher Klarheit und das auch für Historiker zentrale Streben nach Erklärung (nicht nur Beschreibung oder Erzählung) dazu zu verpflichten, Ereignisse und Personen soweit irgend möglich strukturgeschichtlich zu erfassen, d.h. auf ihre strukturellen Determinanten hin zu befragen und damit den Spielraum von Möglichkeiten, den die verschiedenen Strukturen in ihrem Zusammenwirken (strukturelle Konstellation) begrenzen, so eng wie irgend möglich zu ziehen. Der Rest, der nicht hinwegexpliziert werden darf, mag erzählt oder beschrieben, als Eigenart der jeweiligen Person oder des jeweiligen Ereignisses ‚verstanden' oder in seiner Faktizität lediglich festgestellt [werden]. Mit diesem strukturgeschichtlich nicht zu fassenden Rest zu beginnen oder gar die Untersuchung um ihn zu zentrieren, wäre jedoch absurd."

Literatur: J. KOCKA, Sozialgeschichte. Begriff – Entwicklung – Probleme, Göttingen 2. Aufl. 1986, 76f.

schichte, die in England das Feld der Sozialgeschichte mit definiert hatte, bekam zunächst keine Chance [LINDENBERGER].

Die Historische Sozialwissenschaft forderte eine Öffnung gegenüber Theorien aus der Ökonomie und Soziologie bzw. – vorübergehend – eine interdisziplinäre Annäherung. Über den kognitiven Status von Theorie, deren mögliche Dimensionen und ihr Verhältnis zur „empirischen Geschichte" legte man aber nicht wirklich Rechenschaft ab. So blieb es bei der Vorstellung, je nach Bedarf ließen sich aus dem Arsenal der Nachbardisziplinen Modelle ausborgen, die die Identität der eigentlichen „historischen Geschichte" nicht antasteten. Dieses instrumentelle Verständnis von Theorie fand keine scharfen Kriterien für eine Theorie*auswahl*, sondern billigte Eklektizismus, wenn er mit einem offenen Bekenntnis daherkam. Genauer betrachtet, orientierte man sich an linearen Prozessmodellen, die aus der Verallgemeinerung eines bestimmten historischen Verlaufs zur Norm gewonnen worden waren. Diese Schemata strukturierten die eigene Darstellung hintergründig selbst dann weiter, wenn man eine empirische Geschichte der Modell*abweichungen* schrieb und ihre Geltung „leichten Herzens" relativierte [SIEGENTHALER, 280]. Theorien schlugen sich so in formelhaften Kurzinterpretationen für eng begrenzte historische Phasen nieder. Man berief sich auf das Konzept der „Theorien mittlerer Reichweite", das der Soziologe Robert K. Merton (1910–2003) entwickelt hatte, um abstrakte Begriffe und empirische Sachverhalte wieder enger miteinander zu verkoppeln. Doch die Sozialhistoriker machten daraus griffige Etiketten für kürzere Zeiträume. Exemplarisch dafür steht das Verlaufsmodell der „Klassenbildung" in der Arbeitergeschichte. Es privilegiert die strukturellen Fak-

Modell der Klassenbildung

"Agency"

Erfahrung

Struktur

Ebene 4: Klassenorganisationen
- Gründung von Arbeiterparteien;
- Gründung von Gewerkschaften;
- Gründung von Genossenschaften;
- Ideologiebildung.

Ebene 3: sozio-kulturelle Identitätsbildung
- „geborenes Proletariat" (Zwahr);
- Ausbildung von Arbeitervierteln;
- soziale Benachteiligung;
- Herausbildung von „Arbeiterkultur".

→ Sozialer Protest, Streiks

Ebene 2: Durchsetzung der Lohnarbeit
- Ausbeutung;
- Zeitdisziplin;
- betriebliche Herrschaft;
- Unsicherheit der Arbeitsverhältnisse.

→ Angleichung der „Lagen" der Arbeiter

Ebene 1: großflächige strukturelle Veränderungen der Gesellschaft
- Industrialisierung;
- Staatenbildung, Nationsbildung;
- demographischer Umbruch; Bevölkerungswachstum;
- Verstädterung.

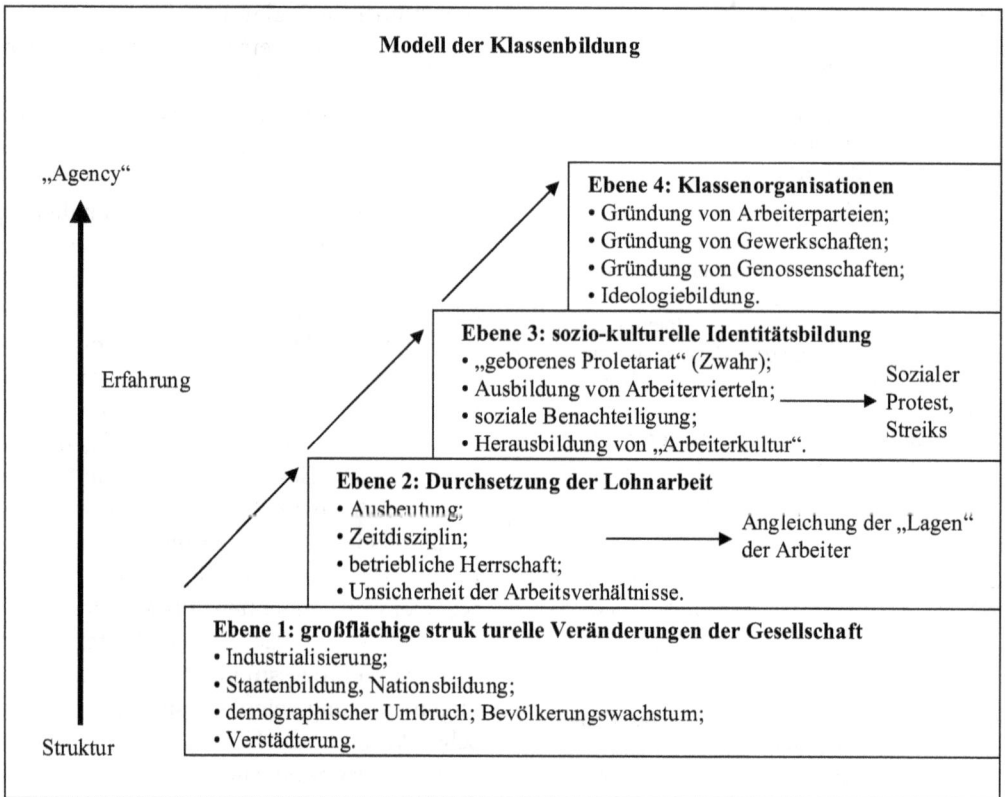

Das Schaubild verdeutlicht den stufenartigen Aufbau des **Klassenbildungsmodells**. Aus den gesamtgesellschaftlichen Veränderungsprozessen der Industrialisierung etc. resultiert, dass sich die Lohnarbeit in zentralisierten Fabrikbetrieben als „Normalarbeitsverhältnis" für einen Großteil der „Arbeiter" durchsetzt und ihre Erfahrungswelt einander angleicht. Das setzt sich auf der nächsten Stufe im außerbetrieblichen, familiären und Wohnumfeld fort. Die „Arbeiterexistenz" wird als Schicksal erfahrbar und Quelle einer kollektiven Identitätsbildung, die gemeinsame Aktionen – Proteste, Streiks – ermöglicht. Die Erfahrung solchen kollektiven Handelns befähigt die Arbeiter auf der vierten Stufe schließlich zur Gründung von „Klassenorganisationen" und zur Formulierung von ideologischen Programmen. Von einer ausschließlich strukturellen Betrachtungsweise auf Stufe 1 schreitet das Modell zu einer ausschließlich handlungsorientierten – Organisation als „Aktionen" – auf Stufe 4 fort, wobei auf den mittleren Ebenen gerade die Transformation von Struktur in Handlung („Agency") der springende Punkt ist.

Schaubild: Thomas Welskopp nach: J. Kocka, Lohnarbeit und Klassenbildung, Bonn 1983, 23–30; I. Katznelson, Working-Class Formation: Constructing Cases and Comparisons, in: Ders./A. Zolberg (Hrsg.), Working-Class Formation, Princeton 1986, 3–41; H. Zwahr, Die Struktur des sich als Klasse konstituierenden deutschen Proletariats als Gegenstand der historischen Forschung, in: Ders. (Hrsg.), Die Konstituierung der deutschen Arbeiterklasse von den dreißiger bis zu den siebziger Jahren des 19. Jahrhunderts, Berlin (DDR) 1981, 131–173.

Staat, Gesellschaft und Individuum
in der Neuesten Geschichte
Von der Geschichte
der Staaten
zur Geschichte
der Gesellschaft

toren, synchronisiert den Ablauf des Industrialisierungsprozesses mit den äußeren Determinanten des Arbeiterschicksals und postuliert dann per Analogschluss entsprechende Reaktionen im Bewusstsein und Handeln der Akteure, wobei „Agency" tendenziell in Protest- und Organisationshandeln aufgeht [KOCKA 1983; KATZNELSON/ZOLBERG; ZWAHR]. Die tatsächlichen Vermittlungszusammenhänge bleiben so unklar wie die äußerst unterschiedlichen institutionellen Ausformungen, die „Klassenbildung" in Zeit und Raum angenommen hat. Statt das Modell zu revidieren, hat man dann bereitwillig die Grenzen der empirisch feststellbaren „Klassenbildung" zugestanden und seine Geltung auf das „lange" 19. Jahrhundert beschränkt.

Die Verschränkung von theoretischer Generalinterpretation und historisch spezifischer Deutung wird nirgendwo so klar wie in der „Meistererzählung" der Gesellschaftsgeschichte vom „deutschen Sonderweg". Schon die Modernisierungsforschung der amerikanischen Soziologen um Thorstein Veblen hatte im Ersten Weltkrieg die Denkfigur einer deutschen Abweichung vom universalen Kurs der modernen Gesellschaften entwickelt: um die deutsche Militarisierung zu erklären, aber auch, um das Modernisierungsmodell als Regel zu retten, die durch die Ausnahme bestätigt wurde. Nach dem Zweiten Weltkrieg waren Sonderweginterpretationen der deutschen Geschichte *en vogue*; die „kritische Sozialgeschichte" adaptierte sie durch die sozioökonomischen Detaildeutungen etwa Kehrs und Rosenbergs. Man schlug hier mehrere Fliegen mit einer Klappe: Die Modernisierungstheorie bot ein Gerüst, um die Detailbeobachtungen zu einer Synthese zusammenzufügen. Sie war sozialwissenschaftlicher

▷ S. 188 f.
Staaten,
Nationen,
nationale
ziehungen

▷ S. 271
„Moderne"
und „Postmoderne"

State-of-the-Art und Eintrittsbillett in die theoretische Debatte. Sie bekräftigte die strukturanalytische Makroperspektive und rechtfertigte die ideologiekritische Aggressivität der „kritischen Sozialgeschichte". Denn die historisch gesättigte Synthese machte gerade die Abweichungen vom allgemeinen Modernisierungskurs für die Katastrophen in der deutschen Geschichte dingfest. Aber sie sprach kein Generalurteil aus wie die Ideengeschichten, die eine gerade Linie von „Luther zu Hitler" zogen. Vielmehr habe gerade das spannungsreiche Nebeneinander modernisierender und rückständiger Sektoren in die deutschen Abwege geführt: Eine spät, aber stürmisch industrialisierte Wirtschaft habe übermäßige soziale Spannungen ausgelöst. Ein rückständiges politisches System, in dem sich die alten Eliten allein durch Manipulation und Kumpanei mit schwerindustriellen Interessen an der Macht halten konnten, habe diese Spannungen nicht demokratisch verarbeiten, sondern nur nach außen in eine militante Außenpolitik umlenken können. Das Aufzeigen durchaus „moderner" Bereiche in der deutschen Gesellschaft wies schließlich die Perspektive für historisches Lernen und nachholende demokratische Läuterung [WEHLER 1980].

In Wehlers *Kaiserreich* finden wir noch eine klare kausale Hierarchie von der Wirtschaft über die Sozialisationsinstanzen und Vergesellschaftungsformen der deutschen Gesellschaft bis hin zu den politischen Entscheidungen [WEHLER 1980]. Die prozesshafte Darstellung schmiegt sich in die Dramaturgie sich ständig verschärfender Krisenlagen. Das hat sich in seiner nunmehr vierbändigen *Gesellschaftsgeschichte* ein Stück weit geändert [WEHLER 1987–2003]. Gesellschaftsgeschichte soll das Programm einlösen, die Gesamtge-

Forschungsstimme

Im Vorwort zum ersten Heft der Zeitschrift **Geschichte und Gesellschaft** definierten die Herausgeber, was sie unter Gesellschaftsgeschichte verstanden:

„Gegenstand der Zeitschrift [*Geschichte und Gesellschaft*] ist die Gesellschaft und deren Geschichte – Gesellschaftsgeschichte im weiten Sinn, verstanden als die Geschichte sozialer, politischer, ökonomischer, soziokultureller und geistiger Phänomene, die in bestimmten gesellschaftlichen Formationen verankert sind. Das zentrale Thema ist die Erforschung und Darstellung von Prozessen und Strukturen gesellschaftlichen Wandels. Dabei wird die Analyse sozialer Schichtungen, politischer Herrschaftsformen, ökonomischer Entwicklungen und soziokultureller Phänomene im Vordergrund stehen; Veränderung und Dauer sollen gleichermaßen im Auge behalten werden. Über die herkömmliche politische Geschichte hinaus will *Geschichte und Gesellschaft* neuen Formen der Sozialgeschichte den Weg bahnen, ohne jedoch auf die politikgeschichtliche Dimension zu verzichten. Eine sozialwissenschaftlich fundierte Politikgeschichte gehört vielmehr zu unserem Arbeitsfeld. Das gilt ebenso für die Klärung der theoretischen Grundlagen historischer und sozialwissenschaftlicher Erkenntnis, allein schon deshalb, weil eine als Historische Sozialwissenschaft aufgefasste Geschichtswissenschaft erkenntnistheoretische und methodische Fragen aufwirft, die der Beantwortung bedürfen."

Literatur: Vorwort der Herausgeber, in: GG 1, 1975, 5–7; hier 5.

schichte von der Sozialgeschichte her zu denken. Wehler unterscheidet mit der Wirtschaft, der Politik und der Kultur drei Teilsysteme der Gesellschaft, die durch den vorherrschenden Modus sozialer Ungleichheit sowohl integriert als auch in Spannung zueinander gehalten werden. Zumindest formell gelten diese Gegenstandsbereiche der Analyse als gleichrangig. So ist in der Gesamtdarstellung die Geradlinigkeit hinter den Blick in die Breite zurückgetreten. Und doch, auf einer Ebene, die kaum noch theoretisch fassbar ist, wirkt der „Sonderweg" weiter organisierend auf die Erzählung ein. Er formt aus dieser Gesellschaftsgeschichte eine Nationalgeschichte, indem er der Darstellung narrativen Rhythmus und Richtung vorgibt. Wäre mit diesem Ansatz eine andere als eine *deutsche* Gesellschaftsgeschichte überhaupt zu schreiben?

Erweiterungen und Perspektiven.

Nicht nur der immer kürzeren Generationenfolge von Historikern ist es zu verdanken, dass die Historische Sozialwissenschaft bzw. Gesellschaftsgeschichte schon früh aus einer anderen Richtung in die Kritik geriet, als sie es vom historistischen *Mainstream* gewohnt war. Die Erfahrungsgeschichte nahm in der Bundesrepublik alltagshistorische Umwege, wies aber klar auf die handlungs- und subjektgeschichtlichen Defizite einer Disziplin hin, die „Menschen wie Mäuse" behandelte. Vom Gipfelpunkt ihres Aufstiegs um 1980 schlug die Sozialgeschichte solche Anfeindungen pauschal als methodisch naiven, politisch bestenfalls arglosen „Neohistorismus" zurück [WEHLER 1979]. Nach turbulenten Anfangskonflikten erwies sich die Frauengeschichte, die sich zur Geschlechtergeschichte wandelte, als härterer Gegner:

▷ S. 234
Geschich
Gesellsch
„Neue Ku
geschicht

Staat, Gesellschaft und Individuum
in der Neuesten Geschichte
Von der Geschichte
der Staaten
zur Geschichte
der Gesellschaft

Sie bezweifelte die Tragfähigkeit einer linearen Erfolgsgeschichte der Modernisierung, die die halbe Menschheit aus ihrer Betrachtung ausschloss. Der erkenntnistheoretische Vorwurf gegenüber der Geschlechter- und Machtblindheit ihrer Kategorien wog noch schwerer, untergrub er doch die Gewissheiten, von denen das theoretische Überlegenheitsbewusstsein der Sozialgeschichte bis *dato* gezehrt hatte.

Aus ihrer Mitte heraus hat sich die Sozialgeschichte allerdings durchaus verändert: Die *vergleichenden Annahmen*, die sich aus der „Sonderweg"-Diskussion ergaben, haben eine inzwischen breite *vergleichende Forschung* angeregt. Dabei haben sich nicht nur viele dieser Annahmen relativiert. Die komparative Perspektive hat die Vorstellung von der *Einheit* der Geschichte aufgebrochen und ist dabei, ihren *Eurozentrismus* zugunsten einer globalen Ausrichtung zu überdenken. Die nationalstaatlichen Vergleichseinheiten, früher kompakt wie Datencontainer, haben neuen Sensibilitäten für die Verwobenheit der Geschichten auf vielen Ebenen Platz gemacht. Historischer Vergleich, Transfer und „entangled histories" ergänzen einander.

▷ S. 255 ff.
Universal-
schichte/
Welt-
eschichte

▷ S. 317 ff.
Vergleich
nd Trans-
tionalität

Seit Mitte der 1980er Jahre hat die *Bürgertumsgeschichte* mit den beiden Forschungsschwerpunkten in Bielefeld und Frankfurt als Experimentierfeld gedient, in dem die kategorialen Festlegungen weniger disziplinierend wirkten als etwa in der Arbeitergeschichte. Verglichen mit dieser setzte sich in der Geschichte des Bürgertums im Zeitraffer die Erkenntnis durch, dass ein materialistischer Zugriff diese soziale Formation kaum hinreichend beschreiben könne; es sei weniger eine gemeinsame soziale Lage als eine geteilte Kultur, die diese „Klasse" – selbst

▷ S. 17 ff.
rchbruch
r bürger-
n Gesell-
schaft

die Bezeichnung war nicht mehr sicher – zusammengehalten habe. Auch die geschlechtergeschichtliche Öffnung bahnte sich in diesem Feld an. Das erschloss eine neue Empfindsamkeit für das Zustandekommen gesellschaftlicher Beschreibungsbegriffe. Die soziale Konstruktion von Kategorien in Diskursen stieß nicht mehr auf die fundamentale Skepsis einer auf Interessen und „harten" materiellen Zwängen beharrenden Sozialgeschichte. In der Nationalismusforschung konnte sogar der konstruktivistische *turn* die Zinnen der Bielefelder Zitadelle erklimmen – obwohl der Verdacht bleibt, dass von einem materialistischen Standpunkt aus die „Erfindung" der Nation ein leichtes Zugeständnis ist, hatte man den Nationalismus doch schon immer als „Überbauphänomen" durchschaut.

▷ S. 48
Nation als
Deutungskate-
gorie

Im Zuge der Bürgertums-, Geschlechter- und Nationalismusforschung hat sich eine praxistheoretische Strömung unter den Nachwuchshistorikern breit gemacht, die mit den sozialtheoretischen Ansätzen etwa von Pierre Bourdieu (1930–2002) oder Anthony Giddens arbeitet. Vor allem Bourdieus „Habitus"-Theorie erschien zuweilen wie ein Allheilmittel für die wahrgenommenen und eingestandenen Haltungsfehler der Historischen Sozialwissenschaft. Bourdieus „Habitus" vermittelt zwischen Akteur und Struktur; er verkörpert die verinnerlichte Struktur, die das Handeln des Akteurs ordnet. Er spannt zugleich die Brücke zwischen dem Individuum und dem Kollektiv der „Klasse", weil letztere als Folge ungezählter individueller Zuordnungs- und Abgrenzungsentscheidungen zustande kommt. Bourdieus Sicht auf die Sozialstruktur geht weit über ökonomischen Determinismus hinaus. Sie ist für ihn eine symbolische Welt, die aber die eigentliche und

▷ S. 222
Das Individuum
und seine Ge-
schichte

211

stoffliche ist, weil das gesamte gesellschaftliche System der Ressourcenverteilung, ob materiell, sozial oder kulturell, ihre Reproduktion – oder gelegentliche Verschiebung – unterhält. Bourdieu bringt also auch die „feindlichen Zwillinge" der Sozial- und der Kulturgeschichte zusammen, in einer „Ökonomie symbolischen Handelns", in der jeder Akteur immer aufs Neue auf verschiedenen Feldern um seinen Platz im sozialen Raum kämpfen muss [REICHARDT].

Obwohl Bourdieus Aufnahme in die sozialhistorische *Hall of Fame* sicher ist, kennt auch seine Perspektive Grenzen: Praxistheorie verdankt ihren Nutzwert zu einem wesentlichen Teil ihrer Ausrichtung auf den tatsächlichen Vollzug sozialer Interaktion, der über die Anwendung von Ressourcen, die Befolgung von Regeln und die Interpretation von Sprache erst entscheidet. Dabei bilden stabile Interaktionsräume – Institutionen aller Art – Praktiken aus, die einer eigenen Logik folgen und auf die anderen Handlungsbereiche zurückwirken. Eine solche institutionelle Perspektive ist in Bourdieus Begriff des „Feldes" nur unzureichend angelegt. Ähnlich wichtig wäre es, die Kategorie des „Mediums" für die historische Betrachtung der massenmedialen Moderne zu erschließen. Bourdieus Handlungsbegriff verliert zudem an Charme in Bereichen, in denen es weniger um feine Distinktionen als um „grobe" Positionskämpfe geht. Schließlich, aber das gilt noch für jeden der neueren Ansätze, steht auch für ihn noch das klassische, einseitig produktionsorientierte Bild des Kapitalismus und der Klassengesellschaft „in letzter Instanz" selbst hinter den feinsten Formen der Distinktion.

Insgesamt bewegt sich die Sozialgeschichte nach wie vor im „Produktionsparadigma". Speziell hier wäre eine Erweiterung gefragt, die nicht umgekehrt nun die Produktion ausblendet und andere Dimensionen, nicht nur, aber auch, der Ökonomie mit demselben Bad ausschüttet, wie dies manche Positionen in der Kulturgeschichte getan haben. Die zentralen Konzepte der Sozialgeschichte sind zeitgemäß neu zu bestimmen. Während in den 1960er Jahren Sozialgeschichte laut Rosenberg ein „nebuloser Sammelname" für alles war, was in der Historie als neu und innovativ galt, reklamiert heute die Kulturgeschichte jene Fruchtbarkeit für sich. Doch es liegt an der Sozialgeschichte selbst, ob sie sich in die defensive Rolle fügt, in die sie die Kulturgeschichte gedrängt hat. Eine Vielzahl neuerer Arbeiten lässt auch eher die Hoffnung aufkeimen, dass sich die gegenseitigen Etikettierungen bald überlebt haben.

Thomas Welskopp

Literatur

G. ALGAZI, Herrengewalt und Gewalt der Herren im späten Mittelalter, Frankfurt/M./New York 1996.

O. BRUNNER, Neue Wege der Sozialgeschichte. Vorträge und Aufsätze, Göttingen 1956.

J.-S. CHUN, Das Bild der Moderne in der Nachkriegszeit. Die westdeutsche „Strukturgeschichte" im Spannungsfeld von Modernitätskritik und wissenschaftlicher Innovation 1948–1962, München 2000.

W. CONZE, Social History, in: Journal of Social History 1, 1967/1968, 6–16.

DERS., Die Strukturgeschichte des technisch-industriellen Zeitalters als Aufgabe für Forschung und Unterricht, Köln 1957.

DERS., Vom „Pöbel" zum „Proletariat". Sozialgeschichtliche Voraussetzungen für den Sozialismus in Deutschland [zuerst 1954], in:

Staat, Gesellschaft und Individuum
in der Neuesten Geschichte
Von der Geschichte
der Staaten
zur Geschichte
der Gesellschaft

H.-U. Wehler (Hrsg.), Moderne deutsche Sozialgeschichte, Köln 4. Aufl. 1973, 111–136.
Ders., Die deutsche Geschichtswissenschaft seit 1945. Bedingungen und Ergebnisse, in: HZ 225, 1977, 1–28.
Ders., Der Weg zur Sozialgeschichte nach 1945, in: C. Schneider (Hrsg.), Forschung in der Bundesrepublik Deutschland, Weinheim 1983, 73–81.
G. Eley, Edward Thompson, Social History and Political Culture. The Making of a Working-Class Public, 1780–1850, in: H. J. Kaye/K. McClelland (Hrsg.), E. P. Thompson. Critical Perspectives, Philadelphia 1990, 12–49.
Ders., Marxist historiography, in: S. Berger/H. Feldner/K. Passmore (Hrsg.), Writing History. Theory and Practice, London 2003, 63–82.
J. Habermas, Zur Logik der Sozialwissenschaften. Materialien, Frankfurt/M. 1970.
E. J. Hobsbawm, From Social History to the History of Society, in: Daedalus 100, 1971, 20–45.
I. Katznelson/A. R. Zolberg (Hrsg.), Working-Class Formation., Nineteenth Century Patterns in Western Europe and the United States, Princeton 1986.
E. Kehr, Der Primat der Innenpolitik. Gesammelte Aufsätze zur preußisch-deutschen Sozialgeschichte im 19. und 20. Jahrhundert, hrsg. u. eingel. von H.-U. Wehler, Berlin 1965.
J. Kocka, Lohnarbeit und Klassenbildung. Arbeiter und Arbeiterbewegung in Deutschland 1800–1875, Berlin/Bonn 1983.
Ders., Sozialgeschichte. Begriff – Entwicklung – Probleme, Göttingen 2. Aufl. 1986.
J. Kuczynski, Die Geschichte der Lage der Arbeiter unter dem Kapitalismus, 38 Bde., Berlin (DDR) 1961–1972.
F. Lenger, Werner Sombart 1863–1941. Eine Biographie, München 1994.

T. Lindenberger, Empirisches Idiom und deutsches Unverständnis. Anmerkungen zur bundesdeutschen Rezeption von Edward Palmer Thompsons „Making of the English Working Class", in: S. Berger/P. Lambert/P. Schumann (Hrsg.), Historikerdialoge, Göttingen 2003, 439–456.
R. Mayntz (Hrsg.), Akteure – Mechanismen – Modelle. Zur Theoriefähigkeit makro-sozialer Analysen, Frankfurt/M. 2002.
D. McAdam/S. Tarrow/C. Tilly, Dynamics of Contention, Cambridge 2001.
T. Mergel, Geht es weiterhin voran? Die Modernisierungstheorie auf dem Weg zu einer Theorie der Moderne, in: Ders./T. Welskopp (Hrsg.), Geschichte zwischen Kultur und Gesellschaft. Beiträge zur Theoriedebatte, München 1997, 203–232.
Ders., Geschichte und Soziologie, in: H.-J. Goertz (Hrsg.), Geschichte. Ein Grundkurs, Reinbek 1998, 621–651.
J. Z. Muller, The Other God That Failed. Hans Freyer and the Deradicalization of German Conservatism, Princeton 1987.
T. Nipperdey, Deutsche Geschichte 1800–1866, München 1983.
Ders., Deutsche Geschichte 1866–1918, 2 Bde., München 1990/1992.
S. Reichardt, Bourdieu für Historiker, in: T. Mergel/T. Welskopp (Hrsg.), Geschichte zwischen Kultur und Gesellschaft. Beiträge zur Theoriedebatte, München 1997, 71–94.
H. Rosenberg, Die Weltwirtschaftskrise von 1857–1859, Stuttgart 1934.
Ders., Große Depression und Bismarckzeit, Berlin 1967.
T. Schieder, Geschichte als Wissenschaft. Eine Einführung, München 2. Aufl. 1968.
W. Schulze, Deutsche Geschichtswissenschaft nach 1945, München 1989.

W. H. Sewell Jr., How Classes are Made. Critical Reflections on E.P. Thompson's Theory of Working-Class Formation, in: H.J. Kaye/K. McClelland (Hrsg.), E.P. Thompson. Critical Perspectives, Philadelphia 1990, 50–77.

H.-J. Siegenthaler, Geschichte und Ökonomie nach der kulturalistischen Wende, in: GG 25, 1999, 276–301.

E. P. Thompson, The Making of the English Working Class, Harmondsworth 1963.

C. Tilly, Big Structures, Large Processes, Huge Comparisons, New York 1984.

M. Weber, Wirtschaft und Gesellschaft, hrsg. von J. Winckelmann, Tübingen 5. Aufl. 1980.

Ders., Gesammelte Aufsätze zur Wissenschaftslehre, hrsg. von J. Winckelmann, Tübingen 7. Aufl. 1988.

H.-U. Wehler, Bismarck und der Imperialismus, Köln 1969.

Ders., Geschichte als Historische Sozialwissenschaft, Frankfurt/M. 1973.

Ders., Modernisierungstheorie und Geschichte, Göttingen 1975.

Ders., Geschichtswissenschaft heute, in: J. Habermas (Hrsg.), Stichworte zur „Geistigen Situation der Zeit", Bd. 2: Politik und Kultur, Frankfurt/M. 1979, 709–753.

Ders., Das deutsche Kaiserreich [1973], Göttingen 5. Aufl. 1980.

Ders., Deutsche Gesellschaftsgeschichte 1700–1990, 4 Bde., München 1987–2003.

T. Welskopp, Erklären, in: H.-J. Goertz (Hrsg.), Geschichte. Ein Grundkurs, Reinbek 1998, 132–168.

Ders., Die Sozialgeschichte der Väter. Grenzen und Perspektiven der Historischen Sozialwissenschaft, in: GG 24, 1998, 169–194.

Ders., Grenzüberschreitungen. Deutsche Sozialgeschichte zwischen den dreißiger und den siebziger Jahren des 20. Jahrhunderts, in: C. Conrad/S. Conrad (Hrsg.), Die Nation schreiben. Geschichtswissenschaft im internationalen Vergleich, Göttingen 2002, 296–332.

H. A. Winkler (Hrsg.), Organisierter Kapitalismus, Göttingen 1974.

B. Ziemann, Sozialgeschichte jenseits des Produktionsparadigmas. Überlegungen zu Geschichte und Perspektiven eines Forschungsfeldes, in: Mitteilungsblatt des Instituts für soziale Bewegungen 28, 2003, 5–35.

Ders., Sozialgeschichte, Geschlechtergeschichte, Gesellschaftsgeschichte, in: R. van Dülmen (Hrsg.), Fischer Lexikon Geschichte, Frankfurt/M. 2003, 84–105.

H. Zwahr, Zur Konstituierung des Proletariats als Klasse. Strukturuntersuchung des Leipziger Proletariats während der industriellen Revolution, Berlin (DDR) 1978.

214

Das Individuum und seine Geschichte. Konjunkturen der Biographik

Wer macht (die) Geschichte? „Die Frage nach dem Menschen in der Geschichte ist die Frage nach der Geschichte überhaupt." Mit dieser implizit an Johann Gustav Droysens (1808–1884) Historik anknüpfenden Behauptung leitete Theodor Schieder (1908–1984) 1965 einen Aufsatz über „Strukturen und Persönlichkeiten in der Geschichte" ein [SCHIEDER; DROYSEN]. Angesichts des kometenhaften Aufstiegs, den der Strukturbegriff damals in beinahe allen Wissenschaften erlebte, war das ein ziemlich unzeitgemäßes Bekenntnis;

▷ S. 199 f.
...ichte der
...Staaten/
...ichte der
...sellschaft

bemerkenswert auch, weil es von einem der entschiedensten Förderer des in der Bundesrepublik noch wenig entwickelten sozialgeschichtlichen Ansatzes kam.

Schieders Versuch, vor dem Hintergrund neuer interdisziplinärer Vernetzungen und methodischer Umorientierungen seines Fachs, die Bedeutung des Individuums in der Geschichte und seinen Stellenwert in der Tradition der deutschen Geschichtswissenschaft zu klären, war nicht die erste Auseinandersetzung über diese Frage und sollte auch nicht die letzte bleiben. Seit Begründung der Historie als Wissenschaft etwa um die Mitte des 19. Jahrhunderts tauchte vielmehr die Frage nach dem Menschen in der Geschichte geradezu periodisch immer wieder auf; seit dem frühen 20. Jahrhundert wird eine zugespitzte Debatte um Für und Wider der wissenschaftlichen Biographik, um den historischen Erkenntniswert der Lebensbeschreibung von Individuen geführt. Die Antworten auf diese Frage fielen jedoch im Verlaufe der noch jungen Geschichte der Geschichtswissenschaft höchst unterschiedlich aus; sie hingen von innerwissenschaftlichen, epistemologischen Entwicklungen ebenso ab wie von „zeitgeschichtlichen Umständen" [SCHIEDER] und lebensweltlichen Veränderungen, welche auch vor den Historikern nicht Halt machten und – bewusst oder unbewusst – ihre Perspektive auf das Individuum und seinen Ort in der Geschichte prägten.

Von beiden Aspekten soll im Weiteren die Rede sein: Es geht zum einen um die geschichtswissenschaftlichen Bemühungen, das Verhältnis von Individuum und Gesellschaft zu reflektieren, und um die Relevanz, die „den wirklichen Menschen" – bedeutenden und gewöhnlichen, bekannten und unbekannten, Männern und Frauen – im historischen Prozess darstellerisch und durch theoretische Reflexion beigemessen wurde. Zum anderen sollen auch die epistemologischen und jene lebensweltlichen Veränderungen angesprochen werden, die den Erfahrungshintergrund solch intellektueller Anstrengungen bildeten: die politisch-gesellschaftlichen Umbrüche des 20. Jahrhunderts einerseits und die Veränderungen andererseits, die mit den Schlagwörtern Industrialisierung, Demokratisierung, (Ent)Individualisierung und (Ent)Standardisierung von Lebensläufen im Zeichen von Weltkriegen, totalitären Regimes und Postmoderne angedeutet seien.

Historiographiegeschichtlich tritt das Großthema „Individuum und Geschichte" im Medium der Biographie zutage. Die Debatten, die sich darum in der Geschichtswissenschaft wiederholt entspannen, weisen auf die Verbindung des Genres zu Veränderungsprozessen auf der lebensweltlichen Ebene hin. Denn die Biographik ist bis in die jüngste Gegenwart ein „Spiegel der jeweils herrschenden Individualitätsauffassung" [BÖDEKER, 30] geblieben, was sich im Bereich der Frühen Neuzeit anhand jener berühmt gewordenen Beispielen von Carlo Ginzburgs Müller Menocchio und Nathalie Zemon Davis' Martin Guerre nachweisen lässt [DAVIS; GINZBURG].

215

Forschungsstimme

Theodor Schieder (1908–1984), der zu den bedeutendsten Historikern in der Bundesrepublik Deutschland und zu den einflussreichsten Förderern des sozialgeschichtlichen Ansatzes gehörte, problematisierte den Stellenwert, den der Einzelne für die Geschichtswissenschaft haben sollte:

„Damit sind wir zu unserer Grundfrage nach dem Verhältnis von Persönlichkeiten und Strukturen [...] zurückgekehrt. Es läßt sich nicht mit einer eindeutigen Formel fixieren, die jede historische Eventualität decken könnte, sondern es muß in jeder Epoche einer besonderen ‚Verrechnung' unterzogen werden. Diese Verrechnung ist eben das Geschäft des Historikers, der aus den Überresten einer toten Vergangenheit die Fakten zu rekonstruieren hat, bevor er an ihre Bewertung, an ihre Unterordnung unter allgemeinere idealtypische Begriffe gehen kann. Beim Sammeln solcher Überreste von Vergangenheiten ist sicher der große Mensch über Gebühr bevorzugt, weil er mehr hinterläßt als die vielen Einzelnen, die nicht aus der geschichtlichen Anonymität heraustreten. Vielleicht ist er auch gegenüber den Strukturen, das heißt den Institutionen und sozialen Gebilden, in ähnlicher Weise im Vorteil, weil ihre Reste als Hinterlassenschaften ruhender Faktoren hinter denen der Handelnden und Handlungen an unmittelbarer Aussagekraft zurückbleiben. Darum wird die historische Wissenschaft, um eine Lücke ihres traditionellen Quellenmaterials zu schließen, zu neuen Methoden der Sammlung und Interpretation gedrängt, unter denen auch die Ermittlung quantitativer Größen eine erhebliche Bedeutung gewinnen kann. Sie sind weniger dazu geeignet, den Einfluß des großen Einzelmenschen festzuhalten, als die Lebensgewohnheiten der vielen Einzelmenschen, die nicht durch große Handlungen und Leistungen hervortreten, deren tägliches Verhalten aber unser erhöhtes geschichtliches Interesse erweckt. Freilich wird man sich vor dem Mißverständnis zu hüten haben, in dieser Sphäre den Goldgrund des eigentlichen und wahren Menschseins ausheben zu können, wie dies die moderne französische Geschichtswissenschaft gelegentlich tut. Vielmehr ist der Mensch in allen Schichten und Strukturen des geschichtlichen Lebens, oben und unten, wirksam. Elitenbildungen sind in jeder Gesellschaft möglich und notwendig und es wäre ein verhängnisvoller Irrtum, wollte man aus vergangenen Epochen die einzelnen Menschen und die leistungsfähigen Gruppen als Handlungsträger der Geschichte auslöschen."

Literatur: T. SCHIEDER, Strukturen und Persönlichkeiten in der Geschichte, in: DERS., Geschichte als Wissenschaft. Eine Einführung, München/Wien 1965, 149–186, 180f.

Konjunkturen der Biographik heute.

Seit den späten 1980er Jahren kann man in der zuvor stark strukturgeschichtlich geprägten deutschen wie auch in der französischen Geschichtswissenschaft einen neuen Trend ausmachen: die Rückkehr des Individuums sowohl in die Zeitgeschichte wie in die Sozial- und Kulturgeschichte. Nicht mehr der Analyse gesellschaftlicher Makrostrukturen und langfristiger Prozesse, sondern „dem ‚wirklichen Menschen', seinen alltäglichen Lebensumständen, seinen Beziehungen zur Umwelt, seinem Streben und Trachten, sei es als Individuum, sei es als Mitglied eines Berufsstandes, einer Gesellschaftsschicht oder als Bewohner einer Region" galt nun vorrangig das historische Interesse [BERLEPSCH, 489]. Und methodisch näherten sich Biographie einerseits und Mikrohistorie andererseits einander an. Während die Biographie politischen, gesellschaftlichen oder kulturellen Wandel im Medium eines individuellen Lebens darstellt [BERGHOFF/RAUH-KÜHNE; HERBERT; LENGER; SZÖLLÖSI-JANZE; VOVELLE], dienen der mikrohistorischen Untersuchung kleiner Räume das Individuum und seine lebensweltlichen Vernetzungen primär als methodisches Instrumentarium, um überindividuelle Verhältnisse und Wandlungsprozesse zu erfassen. Für beide Zugangsweisen gilt, dass gerade durch die Konzentration auf ein begrenztes Beobachtungsfeld eine „qualitative Erweiterung der historischen Erkenntnisperspektiven" möglich wurde [MEDICK, 170].

Die Hinwendung zum Individuum und seiner Geschichte ging mit einer methodischen Umorientierung einher, brachte neue interdisziplinäre Anknüpfungspunkte – etwa zur Ethnologie oder zur historischen Anthropologie –, stimulierte neue Fragen der Historiker an ihr Fach

▷ S. 343 Interdisziplin. Perspekt. Volkskur

▷ S. 336 ff.
al History

und führte zur Auswertung bis dahin vernachlässigter Quellenbestände und zur Begründung der Oral History [HABERMAS; LÜDTKE; MEDICK; NIETHAMER 1985; DERS. 1983–1985]. Mit dem neuen Trend war nicht nur in Deutschland, sondern auch in Frankreich der tief gesunkene „Kurs der Biographik wieder gestiegen" [RAULFF, 67]. Dieses Genre war bei den Vordenkern der in Frankreich tonangebenden Annales-Schule verpönt und von den Wortführern der in Westdeutschland seit den 1970er Jahren etablierten historischen Sozialwissenschaft wurde die Biographie als Ausdruck eines „geradezu dogmatisierten Individualitätsprinzips" „unter das Verdikt eines – damit freilich gründlich missverstandenen – angeblich obsolet gewordenen „Historismus" gestellt. Biographik galt in den 1970er Jahren „als letzte Auffangstellung des deutschen Historismus" [OELKERS, 229 – gegen IGGERS; W.J. MOMMSEN; vgl. auch SCHULZE und hinsichtlich des Historismusverständnisses: OEXLE] als nicht theoriefähige „unschuldige Gattung".

Wer als professioneller Historiker eine Biographie schrieb, befand sich bis in die 1990er Jahre in einem Rechtfertigungszwang, und eine Biographie als Qualifikationsarbeit einzureichen, galt gar als akademischer Selbstmord. Die Gattung verkam zum „Genre für alte Männer" [RAULFF, 68; SZÖLLÖSI-JANZE]. Wissenschaftlich ernstzunehmende Biographien über Frauen sucht man – trotz des Trends zur Gender-History – in der deutschen Geschichtswissenschaft noch immer fast vergebens. Wo sie mittlerweile dennoch existieren, wie etwa in der Musikhistoriographie, basiert diese Biographik häufig auf der Vorstellung, daß ein Künstlerinnenleben ein verfehltes Frauenleben sei.

Forschungsstimme

1988 erschien die erste Ausgabe der **Zeitschrift BIOS**. In ihrem Editorial hieß es:

„Eine Biographie zu haben, ist nicht länger ein bürgerliches Privileg. Der Lebenslauf ist nicht mehr in Klassenkulturen aufgehoben. In den letzten Jahrzehnten ist ein Individualisierungs- und Biographisierungsschub zu beobachten, der nicht einfach als Parallelprozeß zur Modernisierung der Gesellschaft zu begreifen ist, sondern entscheidend gefördert wurde durch die Erfahrungs- und Kontinuitätsbrüche im Zuge der Auf- und Zusammenbrüche des 20. Jahrhunderts. Diese Begegnung mit der Geschichte mutet jedem einzelnen die Verarbeitung einer Erfahrung zu, für die traditionelle Muster nicht ausreichen.

Längst ist diese Problematik nicht mehr nur auf die Individuen beschränkt, sondern wurde zum Thema verschiedener Wissenschaften. Ein wissenschaftliches Forum, das sich dieser Problematik zuwendet, steht also auf der Tagesordnung. Eine Zeitschrift, die ihre Aufgaben vom Quellenbereich her angeht, eine Zeitschrift, die die entsprechenden Arbeitsbereiche zusammenführen will, ist unter diesen historischen und gesellschaftlichen Voraussetzungen notwendig.

BIOS stellt Fragen der Erhebung, Dokumentation und Auswertung lebensgeschichtlicher Zeugnisse zur Diskussion, lebensgeschichtliche Zeugnisse sind hierbei veröffentlichte und unveröffentlichte Autobiographien, Biographien, Protokolle von biographischen und Oral-History-Interviews, Tagebücher, Briefe, Familienalben u.a. [...]

Volkskundliche Erzählforschung, soziologische Biographieforschung, Oral History und andere sozial- und kulturwissenschaftliche Forschungsrichtungen stehen vor ähnlichen methodologischen und methodischen Problemen; ihre Fragen und Möglichkeiten überschneiden sich in einem gemeinsamen Forschungsfeld[.]"

Literatur: W. FUCHS/A. LEHMANN/L. NIETHAMMER, Editorial, in: BIOS 1, 1988, 3f.

Forschungsstimme

Jacques Le Goff, geboren 1924, Historiograph des Mittelalters, Biograph Ludwigs des Frommen und herausragender Vertreter der französischen Geschichtswissenschaft, schildert die Interessenlage und Motive jener Historiker, die wie er den strukturalistischen Traditionen der Annales-Schule eine Absage erteilten und in Frankreich die am Individuum und seiner Geschichte orientierte „Nouvelle Histoire" begründeten:

„Der Erforscher historischer Strukturen, der übersättigt war vom Abstrakten, hatte Lust auf das Konkrete. Er wollte tatsächlich zu jenem Historiker werden, von dem Marc Bloch sagt, er sei ,wie der Menschenfresser im Märchen: Wo er Menschenfleisch riecht, da wittert er seine Beute.' Und zwar nicht irgendeine Beute, nicht mehr die Menschen innerhalb einer Gesellschaft, das kollektiv erfaßte Menschenpotential; nein, was er da vor die Nase bekam, war der Mensch als Individuum, eine ganz bestimmte historische Persönlichkeit. Die zunehmende Vorrangstellung der sozialökonomischen, vor allem aber der ökonomischen Geschichte (der marxistischen wie nicht-marxistischen) hatte bereits dazu geführt, daß sich als Gegenreaktion die Kulturgeschichte, die Psychohistorie, die Geschichte der Mentalitäten, des Imaginären immer stärker entwickelten und eine regelrechte Blüte erlebten. Diese Tendenz steht in engem Zusammenhang mit dem Wiederaufleben der anderen historiographischen Moden: Die historische Biographie muß ja – jedenfalls bis zu einem gewissen Grade – Bericht, Erzählung eines gelebten Lebens sein, sie entfaltet sich anhand von bestimmten individuellen bzw. kollektiven Ereignissen – eine Biographie, der keine konkreten Ereignisse zugrunde liegen, ergibt keinen Sinn – und in dem Maße, wie sie nur eine solche Persönlichkeit zu ihrem Gegenstand machen kann, über die hinreichende Informationen, sprich Dokumente, vorliegen, ist die Wahrscheinlichkeit groß, daß sie sich einer politischen Figur widmen wird bzw. einer Figur, die irgendwelche Beziehungen zur Politik hat. Auf jeden Fall liegt es nahe, daß ihr Held eher ein ,großer Mann' sein wird als ein Durchschnittsmensch.

Ist aber das nicht gerade das Gegenteil jener Art von Geschichte, wie sie seit etwa einem halben Jahrhundert unter dem Einfluß des Marxismus, der Sozialwissenschaften und vor allem der sogenannten ,Annales-Schule' die Historiographie mehr und mehr beherrschte?"

Literatur: J. Le Goff, Wie schreibt man eine Biographie?, in: F. Braudel u.a. (Hrsg.), Der Historiker als Menschenfresser. Über den Beruf des Geschichtsschreibers, Berlin 1990, 103–112, 103f.

Der antiindividualistische und biographiefeindliche Affekt zeigte in Frankreich und Deutschland mit ihren verschieden tiefen strukturalistischen Traditionen Wirkungen von unterschiedlicher Dauer. Doch weder hier noch da konnte auf lange Sicht das Interesse am historischen Individuum und die Wiederkehr der Biographie unterdrückt werden. Im angelsächsischen Bereich hingegen hat „das Unbehagen an der wissenschaftlichen Biographie" [Szöllösi-Janze, 8] niemals existiert. Das Genre der Biographie gehört hier traditionell zum Kanon sprachlich-literarischer Bildung und es gibt eine reichhaltige Literatur über Theorie und Praxis des Biographieschreibens, mit Rückwirkungen auch auf die professionelle Geschichtsschreibung [Löffler]. „Why do British Historians Write So Many Biographies – And Should Anything Be Done About It?" betitelte im März 2003 die New Yorker Historikerin Susan Pedersen ironisch ihren Vortrag auf einer Washingtoner Konferenz deutsch-amerikanischer Historiker zum Thema „Toward a Biographical Turn?" In den USA schließlich zeugt die Existenz einer Institution wie des Center for Biographical Research an der Universität Hawaii von der wissenschaftlichen Anerkennung der Biographie, der mit der Zeitschrift *Biography* auch ein renommiertes Publikationsorgan gewidmet ist.

Doch wann und warum kam die Biographie und mit ihr jede Betonung des Individuums und alles Individuellen in der deutschen Geschichtswissenschaft zeitweilig so sehr in Verruf? Inwiefern war die Kritik an den Traditionen des eigenen Fachs berechtigt und wo verfehlte sie ihr Ziel oder trug zu neuen Einseitigkeiten und Fehlentwicklungen bei? Die deutsche Geschichtswissenschaft prägte bis 1945 ein von der Romantik und dem Idea-

lismus gefördertes Individualitäts- und Ge-
nieideal, das in eine geschichtswissenschaftliche Strömung mündete, die im nachhinein,
d.h. seit den frühen 1970er Jahren, „in oft
grober Simplifizierung als ‚Historismus' bezeichnet und kritisiert wurde [und] geradezu
von dem in ihr vorherrschenden Individualitätsprinzip her" [SCHULZE, 508] beschrieben
wurde. Der Ausspruch Heinrich von Treitschkes, „Männer machen die Geschichte"
[TREITSCHKE, 28], brachte die damit verbundene intentionalistische Geschichtsauffassung prägnant auf den Begriff und
erreichte gleichsam „Büchmannschen Zi-
tatenrang".

▷ S. 308 f.
Entfaltung
modernen
Geschichts-
wissenschaften

**Traditionslinien biographischer For-
schung.** Unter Verweis auf den Biographen
Oliver Cromwells, Charles Darwins und Friedrichs des Großen, Thomas Carlyle, ist darauf
aufmerksam gemacht worden, dass „die
außerordentlichsten Beispiele für die Betonung des Primats des Großen Einzelnen in der
Geschichte jedoch durchaus außerhalb des
deutschen Historismus", nämlich in England
gediehen [SCHULZE, 508]. Dort war mit der
Biographia Britannica bereits im 18. Jahrhundert ein Sammelwerk entstanden, das die führende Rolle der englischen Biographie unter-
strich.

Doch im Deutschland des späten 19. Jahrhunderts verstärkte sich jenes auch außerhalb
biographischer Darstellungen allenthalben
anzutreffende Faible für „große Persönlichkeiten". Im Kontext der Reichseinigung erhielt es eine spezifisch borussenfreundliche
Färbung. Vor dem Hintergrund einer von nationaler Euphorie geprägten Zeitstimmung
beschloss die Historische Kommission der
Bayerischen Akademie der Wissenschaften

1868 die Publikation der *Allgemeinen Deutschen Biographie* (ADB), eines biographischen
Sammelwerks „Großer Deutscher", das zwischen 1875 und 1912 mit 55 Bänden und einem
Registerband erschien. Aufgenommen wurden bereits verstorbene Persönlichkeiten, „in
deren Taten und Werken sich die Entwicklung
Deutschlands in Geschichte, Wissenschaft,
Kunst, Handel und Gewerbe, kurz in jedem
Zweige des politischen und des Kulturlebens
darstellt" – wie es in der Vorrede zum ersten
Band hieß [MENGES, 30]. Die einzelnen Artikel der ADB spiegeln den herrschenden Wer-
tekodex des Kaiserreichs wider, ebenso wie
die dominierende Stellung der preußischen
Historiographie. Fürsten, Staatsmänner und
Militärs führten die Heldenreihe an, gefolgt
von der Gruppe der Gelehrten, darunter zum
großen Teil protestantische Theologen, ferner
Schriftsteller, Komponisten und Maler. Vertreter des Wirtschaftslebens oder der Naturwissenschaften waren hingegen noch spärlich
vertreten. Leopold von Ranke (1795–1886) lieferte den Beitrag über Friedrich Wilhelm IV.,
der als Meister der Kleinbiographik zu Ruhm
gelangte; Neo-Rankeaner Erich Marcks (1861–
1938) schrieb jenen über Wilhelm I. und sein
Kollege Max Lenz (1850–1932) den über Bismarck.

Als einzelne Geschichte von einem Helden
mit ihrer Nähe zum literarischen Schema des
Bildungsromans, in dem die Utopie der Per-
sonwerdung eines bürgerlichen Individuums
vorgestellt wird, entsprach die Biographie
den ästhetischen und ideologischen Bedürfnissen des bürgerlichen Lesepublikums. Nirgendwo wurde der Historismus
aus Sicht seiner Kritiker so sehr „‚zur letzten Religion' der Gebildeten" wie gerade in
der historischen Biographie [LÖWITH, 73]. Individualismus und Entwicklungsgedanke

▷ S. 23
Durchbruch der
bürgerlichen
Gesellschaft

219

verbanden sich hier, und beide waren zentrale Bestandteile des bürgerlichen Welt- und Selbstverständnisses.

Dass die Darstellung des geschichtlichen Gedankens „in seinem handelnden Subjekt" (Johann Gustav Droysen) eine „notwendige und legitime Form der geschichtswissenschaftlichen Forschung" sei [SCHULZE, 508], war eine im 19. Jahrhundert weithin akzeptierte Auffassung. Einzig der Leipziger Historiker Karl Lamprecht (1856–1915), der den Tod der Individualgeschichtsschreibung verkündet und die Erforschung der Vergangenheit mit sozialwissenschaftlichen Methoden gefordert hatte, bildete hier eine Ausnahme. Lamprecht konnte sich jedoch im Kollegenkreis nicht durchsetzen. So entstand eine lange Reihe klassisch zu nennender Biographien großer historischer Persönlichkeiten, angefangen mit Rankes Wallenstein-Biographie über Droysens Lebensbeschreibung Alexanders des Großen bis hin zu zahlreichen Biographien von Staatsmännern und Militärführern vor allem aus der Zeit der Befreiungskriege [SCHULZE, 508].

▷ S. 314
Entfaltung der
Geschichts-
wissenschaften

Ob jedoch in quantitativer Hinsicht zutrifft, dass die Biographie „die Geschichtsschreibung des 19. Jahrhunderts beherrschte" [MENGES, 30], bedürfte erst der empirischen Überprüfung. Ebenso wäre noch zu klären, an welche geschichtswissenschaftlichen Autoren und Werke konkret gedacht ist, wenn deren Kritiker behaupten, die Gattung der Biographie basierte und basiere „zum großen Teil noch immer" auf der verfehlten Annahme des Historismus, dass ihr Gegenstand der einzelne Mensch, „ein homo clausus ist, ‚eine kleine Welt für sich, die letzten Endes ganz unabhängig von der großen Welt außerhalb seiner existiert'" [GESTRICH, 6; BÖDEKER, 20 – unter Bezugnahme auf ELIAS, Bd. I, II].

Bereits Theodor Schieder hat in seinem oben zitierten Aufsatz die dichotomische Gegenüberstellung von Persönlichkeit und Struktur- bzw. Makrogeschichte kritisiert [OELKERS, 299] und die Notwendigkeit einer Historisierung des Verhältnisses von Individuum und Gesellschaft betont: Lasse man gelten, dass das, was in der Gegenwart von Historikern – oftmals unpräzise – mit „Strukturen" bezeichnet werde, auch im 19. Jahrhundert in anderer, ebenso ungenauer Begrifflichkeit und teilweise geprägt von idealistischen geschichtsphilosophischen Vorstellungen existiert habe, so werde erkennbar, dass „das Verhältnis von Strukturen und Persönlichkeiten [...] ein sehr altes, in der Geschichtswissenschaft und Geschichtsschreibung immer gegenwärtiges Problem" gewesen sei, „das bei Ranke, Droysen und Burckhardt aber auch bei [Theodor] Mommsen und Tocqueville, ganz abgesehen von späteren wie Otto Hintze im Zentrum" stand [SCHIEDER, 158]. Schieder und andere konnten auch zeigen, dass die Gründerväter der deutschen Geschichtswissenschaft über weitaus mehr Gespür für strukturelle Zwänge und Methodenbewusstsein verfügten, als mancher ihrer Kritiker es in den 1970er Jahren wahrhaben wollte.

▷ S. 297
Entfaltur
Geschich
wissen-
schaften

Droysen etwa sei „weit davon entfernt" gewesen, die einzelnen Menschen und ihre Willensakte als die Elemente der sittlichen Welt „individualistisch absolut" zu verstehen, vielmehr habe er das Individuum von „sittlichen Gemeinsamkeiten" beherrscht gesehen, die in moderner Terminologie mit Begriffen wie „Familie, Geschlecht, Volk, Gesellschaft, Wohlfahrt, Recht, Macht" etc. erfasst würden [SCHIEDER, 158]. Schließlich hatte Droysen bereits in seiner Methodenlehre auf die Perspektivität und den Konstruktionscharakter aller

Geschichtsschreibung hingewiesen. Seinen Hinweis auf die anthropologische Natur der Geschichte hatte er sowohl auf den Gegenstand der Geschichtswissenschaft wie auch auf ihr Subjekt, den Historiker, bezogen: Geprägt durch seine Geschichte und Gegenwart sei nämlich auch der Historiker ein historisch Gewordener, der sich durch forschendes Verstehen den menschlichen Hervorbringungen der Vergangenheit anzunähern versuche. Wie jüngst manche Biographietheoretiker aus verschiedenen Disziplinen hatte Droysen darüber hinaus schon vor den Gefahren einer durch Narration geschaffenen biographischen Illusion gewarnt: „Das so Geschaffene ist eine Totalität" und erzeuge deshalb „ein in sich Vollkommenes" [DROYSEN, 284f.].

Manche Kritik, die an den dem Historismus zugeschriebenen Traditionen der deutschen Geschichtswissenschaft im Allgemeinen und der Biographik im Besonderen laut wurde, entbehrte also einer Berechtigung, war Ausdruck unzulänglicher Historisierung des eigenen Gegenstands. Dennoch ist unverkennbar, dass es seit der Wende von 19. zum 20. Jahrhundert in der Biographik zu einer immer stärker isolierten Sicht des historischen Individuums kam. Der Einfluss Wilhelm Diltheys (1833–1911) war hier prägend. In diesen ästhetisierenden Biographien verschwamm die Grenze zwischen Literatur und Wissenschaft und die Lebensbeschreibungen der Helden erschienen losgelöst von allen sozialen Bezügen; was wirklich interessierte, war die Ideenwelt des historischen Subjekts, die sich in einem Wechselspiel mit dem Allgemeinen (dem objektiven Geist) ausbildete [OELKERS, 302].

In den 1920er Jahren, als überall in Westeuropa eine Welle biographisch-belletristischer Literatur auf die Buchmärkte schwappte, war es in Deutschland gerade diese Form der Bio-

graphie, die in popularisierter Gestalt die größten Verkaufserfolge verzeichnete und nun die Fachhistorie zur Besinnung auf ihre eigenen biographischen Methoden zwang. In einer von Wilhelm Mommsen (1892–1966) verfassten, äußerst kritisch gehaltenen Besprechung der Bismarck-Biographie des Bestsellerautors Emil Ludwig (1881–1948), die nach Meinung des Rezensenten jede „Kenntnis des allgemein politischen Hintergrundes" vermissen ließ und persönliche Handlungsmotive gegenüber politischen Sachfragen in den Vordergrund stellte, fragte Mommsen irritiert, „wie ein solches Buch, wie alle Bücher E.L.s, so riesigen äußeren Erfolg haben können, auch bei ernsthaften Leuten" und ungeachtet der Tatsache, dass aus der Feder eines Fachhistorikers wie Erich Marcks bereits eine historisch korrekte, auch stilistisch anspruchsvolle Bismarck-Biographie vorlag, deren Verkaufszahlen freilich kaum ein Zehntel des Ludwigschen Buches erreichten [W. MOMMSEN, 620].

Ähnlich vernichtend fiel auch das Urteil aus, das der österreichische Historiker Heinrich Ritter von Srbik (1878–1951) über Ludwigs Napoleon-Biographie fällte. Ludwigs Versuch, „nur den Innenmenschen Napoleon zu schildern", „die große Kette der Gefühle" zu erfassen, „die inneren Stimmungen in den Bildern seines Lebens aufzufangen" und neben den Gefühlen lediglich noch die „Ideen des Staatengründers und Gesetzgebers" zu behandeln, stieß bei seinem Rezensenten auf größte Vorbehalte. Er monierte die „Kritiklosigkeit", mit welcher der Autor seinen Helden porträtierte, und dass „die großen überindividuellen Wandlungen", in die Napoleon „hineingeriet, die ihn bestimmten und die er bestimmte", bei seinem Biographen keinerlei Beachtung fänden [SRBIK, 596].

Biographien, in denen der Held vor allem „seine Seele entwickelte", standen also in der Geschichtswissenschaft der 1920er Jahre keineswegs so hoch im Kurs, wie eine häufig zitierte Kritik des Außenseiters Eckart Kehr (1902–1933) vermuten lassen könnte [KEHR, 262]. Aber eine konsequente kritische Reflexion der eigenen fachwissenschaftlichen Methoden blieb bis 1945 doch auch aus. Erst die fundamentale Verunsicherung durch die „deutsche Katastrophe" (F. Meinecke) brachte jenen eingangs geschilderten Wandel hervor, der mit dem Aufstieg des Strukturbegriffs das Individuum zeitweilig fast vollständig aus der Geschichtsbetrachtung verdrängte.

▷ S. 198/205
Geschichte der
Staaten/
Geschichte der
Gesellschaft

Bevor wir uns den Ausdrucksformen einer seit den 1980er Jahren zu beobachtenden Wiederkehr des „wirklichen Menschen" in die Geschichtswissenschaft zuwenden können, sollen zunächst die bereits von Schieder erwähnten lebensweltlichen Veränderungen thematisiert werden, die den Erfahrungshintergrund für diese innerwissenschaftliche Entwicklung bildeten. Denn in der Biographik spiegelt sich stets der Diskussionsstand einer Gesellschaft über Individualität und deren Konzeptionen [SCHEUER; KLEIN, 14]. Wie also veränderte sich die Wahrnehmung des Verhältnisses von Individuum und Gesellschaft seit dem 19. Jahrhundert, das als Zeitalter des Individuums in die Geschichte eingegangen ist?

Wer hat eine Biographie? Dass jedes Individuum eine Lebensgeschichte hat, gilt uns als kulturelle Selbstverständlichkeit, ebenso wie uns die abendländische Vorstellung von einer Person als einem „festumrissenen, einzigartigen, mehr oder weniger integrierten, motivationalen und kognitiven Universum"

[GEERTZ, 294] so vertraut wie alternativlos erscheint [SABEAN 2001, 147]. Doch Ethnologen, Soziologen und Kulturanthropologen haben diese vermeintlichen Selbstverständlichkeiten hinterfragt und damit begonnen, ihre sozialen Konstruktionsprinzipien in modernen wie in historischen Gesellschaften zu analysieren.

Der französische Kultursoziologe Pierre Bourdieu (1930–2002) wies Mitte der 1980er Jahre darauf hin, dass die soziale Welt über „alle möglichen Institutionen" gebiete, die der „Totalisierung und Vereinheitlichung des Ich" dienten. Bourdieu ging es um die „sozialen Mechanismen ..., die die gewöhnliche Erfahrung des Lebens als Einheit und Ganzheit begünstigen und bestätigen." Dazu rechnete er zunächst und vor allem die Vergabe von Eigennamen, welche über die Zeit und über soziale Räume hinweg eine „Identität des biologischen Individuums in allen möglichen [sozialen] Feldern" gewährleiste. Dazu gehört Bourdieu zufolge auch der ererbte Habitus eines Individuums, der aus der Perspektive des Subjekts „das aktive Prinzip der Vereinheitlichung der Praktiken und Repräsentation" des Ichs verkörpere [BOURDIEU, 77].

Auch die Tätigkeit des Biographen liefert einen Beitrag zur Konstruktion des Ichs, und Bourdieu legte großen Wert darauf, jene – keineswegs dem Biographen vorbehaltene – Illusion zu zerstören, ein Leben lasse sich als „eine einzigartige und für sich selbst ausreichende Abfolge aufeinander folgender Ereignisse ... begreifen." Ein solcher Versuch sei „beinahe genauso absurd wie zu versuchen, eine Metro-Strecke zu erklären, ohne das Streckennetz in Rechnung zu stellen." [BOURDIEU, 80] Dabei scheint es Bourdieu nicht in erster Linie um die Dekonstruktion eines diachron konstanten personalen Identitätskonzepts ge-

222

gangen zu sein, auch wenn er häufig in diesem Sinne zitiert wird [BÖDEKER, 25; LENGER]. Vielmehr standen die zitierten Äußerungen in unmittelbarem Zusammenhang mit Bourdieus Theorie vom sozialen Raum. Bourdieu wollte Subjektivität auf ihre sozio-ökonomischen Bedingungen befragen, ihm ging es – um in seinem eigenen Bild zu bleiben – um das „Streckennetz" nicht weniger als um die „Metrostrecke".

Subjektivität in ihren Selbstdefinitionen ist sowohl ein gesellschaftliches wie auch ein historisch veränderbares Phänomen. Subjektivität zu historisieren, sie als Prozess zu begreifen, ist eine der Aufgaben historischer Biographik. Unter Literaturwissenschaftlern und Historikern des Mittelalters und der Frühen Neuzeit herrscht Einigkeit, dass „die Geschichte des biographischen Schreibens ... untrennbar mit der Sozialgeschichte der Individuation" und – so wäre zu ergänzen – den historisch veränderlichen Bedingungen ihrer je nach sozialer Stellung des Individuums höchst unterschiedlichen quellenmäßigen Überlieferung – verknüpft ist [BÖDEKER, 30]. Der Einblick in das Leben jener „infamen Menschen" wird historisch erst zu dem Zeitpunkt möglich, zu dem in den Quellen eine „Diskursivierung des Alltäglichen" stattfindet. Das beginnt im 16. Jahrhundert. Was die gewöhnlichen Menschen von da an gelegentlich „der Nacht entreißt..., das ist die Begegnung mit der [kirchlichen oder staatlichen] Macht" [FOUCAULT, 49f.]. Auch mikrohistorische Lokalstudien wie David Sabeans Arbeit über Verwandtschaft in Neckarhausen haben wichtige Erkenntnisse zur Geschichte der Konstituierung des historischen Subjekts beigetragen. Sabean gelangt zu dem Schluss, dass das überlieferte Bild der konsistenten Persönlichkeit als eines autonomen Hand-

lungsträgers in Frage zu stellen sei. Es zeige sich vielmehr, dass die Individuen sich in unterschiedlichen Lebenszusammenhängen auch in vielfacher Weise widersprüchlich und inkonsistent, aber im Sinne ihrer Überlebensinteressen durchaus klug und „rational" verhielten [SABEAN 1998].

Allerdings fehlt es offensichtlich noch an methodischen Reflexionen über die Beziehungen zwischen der fachhistorischen Biographik, ihren theoretischen Grundlagen und Darstellungstechniken und den jüngsten Individualisierungsprozessen in der Neueren Geschichte. Vor allem auf dem im Allgemeinen sehr fruchtbaren Gebiet der Gender-History fehlt es überraschenderweise an konsequent biographischen Zugangsweisen [SCHASER 2001, 138f.]. Dass Phänomenen der Individualisierung in der zeitgeschichtlichen Forschung so wenig Aufmerksamkeit gewidmet wird, könnte daran liegen, dass zwischen den verschiedenen sozial- und kulturwissenschaftlichen Disziplinen gar nicht geklärt ist, wie sich Individualisierung im 20. Jahrhundert für das Individuum konkret manifestiert. Es fragt sich etwa, ob Veränderungen auf der Wahrnehmungsebene auch dann als Individualisierung gelten können, wenn sie nicht von empirisch nachprüfbaren Wandlungsprozessen in der sozialen Realität begleitet werden. Umgekehrt ist unklar, wie die zu Beginn des Jahrhunderts zu beobachtende Auflösung des Individuums im Roman sozialgeschichtlich einzuordnen ist und welche kulturellen Folgen sich aus der Pluralisierung der Lebenswelten für das historische Subjekt ergeben werden. Soziologen und Literaturwissenschaftler haben zudem andere Vorstellungen vom Individualisierungsprozess als Erzählforscher und Histori-

▷ S. 240
Geschichte der
Gesellschaft/
„Neue Kultur-
geschichte"

▷ S. 158 f.
Konsumgesell-
schaft, Sozial-
staat, „Werte-
wandel"

ker. Doch wollen wir zunächst kurz einen Blick in die Vergangenheit werfen:

Jacob Burckhardts (1818–1897) Charakteristik der Renaissance, „der Mensch wird geistiges Individuum und erkennt sich als solches", wird bestätigt durch die Beobachtung einer auffälligen Zunahme von Biographien und Autobiographien im 16. Jahrhundert [BURCKHARDT, Bd. 4, Abs. II]. Die in dieser Zeit entstehenden Wahlmöglichkeiten auf religiösem Gebiet – der religiöse Individualismus – und die Selbstverantwortung der Protestanten vor Gott geben dem Einzelnen ebenfalls mehr Gewicht und drängen zur (auto-)biographischen Legitimation. Vollständig entfalten kann sich „der Kult um das Individuum" freilich noch nicht. Selbstbesinnung als einen auf das Individuum zentrierten Schreibanlass findet man im 16. Jahrhundert noch kaum. „Introspektion, Nachspüren von Empfindungen, Analysieren von Regungen der Seele ist eine Angelegenheit des späten 18. Jahrhunderts", wird oft von Frauen praktiziert und ist bürgerliches Privileg [ULBRICHT, 109]. Das 18. Jahrhundert gilt als das Jahrhundert der Autobiographie.

Im 19. Jahrhundert setzte sich der Kult um das Individuum zunächst ungebremst fort. Das Subjekt bildete im zeitgenössischen Verständnis, wie es sich etwa im Bildungsroman manifestierte, „eine kleine Welt für sich" [ELIAS, Bd. I, IL]. Gleichzeitig zeigten sich im öffentlichen Diskurs jedoch erste Krisensymptome der Individualisierung, denn „das 19. Jahrhundert ist von der Dialektik von … Entpluralisierung und Neupluralisierung … bewegt" [NIPPERDEY, 10]. Die „weitgehende Deregulierung der Privatsphäre" [ebd.] sorgte nicht nur für individuelle Gestaltungsfreiheit, sondern vor allem für alarmierte publizistische Reaktionen, so 1855 in der rasch zum Verkaufsschlager avancierten Schrift Wilhelm Heinrich Riehls (1823–1897) mit dem Titel *Die Familie*. Der konservative Kulturkritiker beklagte eine „unerhörte Individualisierung und falsche Selbständigkeit der weiblichen Natur", welche schließlich die Zerstörung der Familie nach sich ziehen müsse [RIEHL, 75; HABERMAS, 287]. (Auto-)biographische Zeugnisse dienten der historischen Forschung als methodisches Instrumentarium, um nachzuprüfen, welchen Realitätsgehalt Deutungen vom Schlage Riehls hatten. Und es zeigte sich, dass dem Krisenszenario keine Verhaltensänderungen in großem Stile entsprachen.

▷ S. 344 f
Interdisziplin.
Perspekt
Volkskur

Wie man eines Tages die Bedeutung des jüngsten, gegen Ende des 20. Jahrhunderts von Soziologen konstatierten Individualisierungsschubs interpretieren wird, ist offen und Gegenstand sowohl von kollektivbiographischen Untersuchungen als auch Auswertungen autobiographischer Zeugnisse. Derzeit erkennbar ist nur, dass in der „Risikogesellschaft" (Ulrich Beck) einmal mehr „die Biographie der Menschen aus traditionalen Vorgaben und Sicherheiten, aus fremden Kontrollen und überregionalen Sittengesetzen herausgelöst" wird und dass wissenschaftliche Beobachter einen der Hauptgründe für diese Entwicklung wiederum im veränderten Verhalten der Frauen erkennen wollen [HABERMAS, 287].

▷ S. 158f
Konsumgesellsch
Sozialsta.
„Wertewandel"

▷ S. 268
„Modern…
und „Pos…
moderne"

Außerhalb der Soziologie und insbesondere in der Geschichtswissenschaft und der volkskundlichen Erzählforschung sieht man jedoch andere Kräfte mit am Werk, die jenen Individualisierungs- und Biographisierungsschub befördert haben, der gegen Ende des 20. Jahrhunderts manifest wurde. Hier argumentiert man stärker mit der Wahrnehmung von politischen Veränderungen, betont die bewusstseinsverändernde Wirkung von Krieg und politischen Umbruchserfahrungen, gewichtet geschlechtsspezifische Unterschiede entsprechend anders und fragt auch nach generationsspezifischen Wahrnehmungsweisen. Dabei kann man sich auf die Ergebnisse mehrerer Oral History-Projekte stützen.

> S. 337 ff.
al History

Doch wenden wir uns nach diesem von den Ergebnissen der soziologischen Forschung geleiteten Ausflug in die jüngste Vergangenheit nochmals jenem Zeitraum nach der Jahrhundertwende zu, in dem literaturhistorischen Befunden zufolge das Individualitätskonzept des bürgerlichen Zeitalters seine Verbindlichkeit verlor und traditionelle Vorstellungen von einer kohärenten und konsistenten Ganzheit der Subjekte und ihrer Lebensentwürfe obsolet wurden. Dieser Wandel fiel zusammen mit einem verbreiteten Gefühl der Sinnlosigkeit der Geschichte und einer Relativierung aller Werte, schließlich mit der Entdeckung der Relativitätstheorie in der Physik [OEXLE]. In der Literatur zeigte sich dieser Wandel zuerst im modernen Roman, in dem sich die Konturen des Individuums auflösten. Autoren wie Robert Musil, Hermann Broch oder Franz Kafka, in der englischsprachigen Literatur William Faulkner, reflektierten dies zuerst und setzten ihre neu gewonnenen Einsichten in ihren Werken um [SCHEUER; BOURDIEU, 76].

Auf paradoxe Weise zeigte sich das Ende des Individualismus jedoch auch in der Biographik, allerdings – wie oben dargestellt – außerhalb der Geschichtswissenschaft in der historischen Belletristik. Siegfried Kracauer (1889–1966) sah in dieser neuen „Neigung zur biographischen Darstellung", die sich erst nach dem Ersten Weltkrieg massenhaft „in Westeuropa eingenistet" habe, eine „neubür-

gerliche Kunstform", eine Kompensationserscheinung für den real erfahrenen Bedeutungsverlust des Bürgertums, dafür, dass das Individuum „anonym geworden" sei. Erfahrbar wurde dies, so Kracauer, für die Zeitgenossen durch den Wandel des Weltbildes aufgrund neuer wissenschaftlicher Erkenntnisse, vor allem aber durch die politisch-sozialen Veränderungen als Folge des Krieges. Zusammengenommen ließen sie die tradierten Vorstellungen von der Existenz eines „selbstherrlichen Subjekts" hinfällig werden. Die Lebensbeschreibung öffentlicher Personen, deren historische Existenz verbürgt war, erschien nun vielen Autoren, soweit sie nicht der literarischen Avantgarde angehörten, als Ausweg „aus dem Chaos der gegenwärtigen Kunstübungen", und auch auf Seiten des Lesepublikums waren wohl ähnliche Motive im Spiel. Die neue Attraktivität der historischen Biographie war, wie Kracauer vermutete, eine Folge ihrer „Faktizität", worin er nichts als eine „Ausflucht" sah. „Wenn es eine Bestätigung für das Ende des Individualismus gibt", so konstatierte er, so „ist sie in dem Museum der großen Individuen zu erblicken, das die Literatur der Gegenwart hochführt ... Es gilt einen Bildersaal einzurichten, in dem sich die Erinnerung ergehen kann." [KRACAUER, 77f.]

In der Tat sollte die weitere Entwicklung zeigen, dass eine Rückkehr zum alten Konzept des (biographischen) Subjekts theoretisch nicht mehr möglich sein würde – selbst wenn es sich in der darstellerischen Praxis immer noch findet. Aber als es nach Jahrzehnten des Desinteresses an der Lebensbeschreibung als Darstellungsform historischer Forschung gegen Ende der 1980er Jahre eine „überraschende Renaissance der Biographie" [BÖDEKER, 12] gab, da gründete diese auf einer veränderten theoretischen und methodischen

Grundlage. Die dabei angewandten Methoden und erzielten Ergebnisse sollen abschließend anhand einiger Beispiele aus dem 19. und 20. Jahrhundert vorgestellt werden.

Biographie schreiben. Die Rückkehr der Biographie ging einher mit einem neu belebten Interesse am historischen Individuum, am „duldenden, strebenden und handelnden Menschen" [Burckhardt, Bd. 10, 134]. Sie war Teil der vielfältigen Erneuerungen der historischen Wissenschaften seit den 1970er Jahren, – ihrer Hinwendung zur Oral History, zur Alltagsgeschichte, zur Volkskultur und zur historischen Anthropologie, deren Fragestellungen in mikrohistorischen Studien oft kombiniert wurden. Das neue Interesse an der Biographie wurde angeregt durch soziologische Handlungstheorien, wie sie nun bei Max Weber wiederentdeckt oder von Anthony Giddens neu formuliert wurden. Auch die 1979 von Lawrence Stone angestoßene Narrativitätsdebatte und die damit verbundene Rückbesinnung auf hermeneutische Methoden kam der Wiederentdeckung der Biographie zustatten. Diese bildete schließlich eine Reaktion auf die „menschenleere Strukturgeschichte", zu der die historische Sozialwissenschaft degeneriert war, – allen frühen Warnungen zum Trotz [Schieder, 177ff; W.J. Mommsen, 43].

▷ S. 234
Geschichte der Gesellschaft/ „Neue Kulturgeschichte"

▷ S. 199 f.
Geschichte der Staaten/ Geschichte der Gesellschaft

Es wäre jedoch ein grundlegendes Missverständnis, einen konzeptionellen Gegensatz zwischen der modernen Biographik und den historischen Sozialwissenschaften zu konstruieren. Ebenso wie die Mikrohistorie eine Spielart der historischen Sozialwissenschaft ist, gilt dies auch für die neue Biographieforschung. Beide methodischen Vorgehensweisen ähneln sich sehr, denn beide setzen mit

ihren Forschungen beim Individuum an. Durch „nominative record linkage" [Sabean 1998] rekonstruiert der Mikrohistoriker dabei ganz ähnlich wie der Biograph ein komplexes Netzwerk von persönlichen Beziehungen, um so den sozialen, ökonomischen, kulturellen und politischen Kontext erhellen zu können und Verbindungslinien zu erkennen, die gleichsam nur im mikroskopischen Zugriff nachweisbar sind [Vovelle].

„Biographie impliziert also immer wieder Analyse von Lebenszusammenhängen", auf diese Weise werden gesellschaftliche Strukturen als menschliche Interaktionsprozesse erkennbar [Gestrich, 14ff.]. In der Biographie neuen Typs existieren soziale Strukturen nicht außerhalb der Akteure, sie werden durch soziales Handeln dieser Akteure erst aktualisiert.

Hier verdienen nun auch biographische Arbeiten über Frauen Erwähnung, die allerdings bislang nur selten die Form einer Monographie haben, die jedoch häufig dem Bestreben zu verdanken sind, Frauennetzwerke der Vergangenheit zu rekonstruieren. Insofern wurde mit einem gewissen Recht die Biographieforschung als „Königinnenweg" in der historischen Frauenforschung bezeichnet [Dausien; Schaser 2001, 143]. In zahlreichen Beiträgen für Sammelbände arbeiten sich die Autorinnen biographischer Studien zu Frauen „an der vorgegebenen Form der männlichen ,Normalbiographie' ab, die in der Regel auf das öffentliche Wirken konzentriert ist, Erfolg wird beruflich mit Statuserwerb und – soweit thematisiert – privat mit Familiengründung gleichsetzt." [Schaser 2001, 143] Nicht zufällig entstammen daher auch weibliche „Helden" von Biographien meist Kunst, Wissenschaft und Politik. Mittlerweile werden aber auch die geschlechtsspezifischen Differenzen weiblicher Lebensläufe augenfällig. „Bildung

Forschungsstimme

Alain Corbin begibt sich auf die Spuren eines Unbekannten und beginnt Reflexionen zum Vergangenheitsbild von Louis-Francois Pinagot (1798–1876):

„Wie kann man eine Vorstellung davon gewinnen, auf welche Weise sich Louis-Francois Pinagot ein Bild der Vergangenheit entwickelt haben mag? Von historischem Wissen im eigentlichen Sinn kann bei ihm wohl nicht die Rede sein [...], es sei denn, man versteht unter historischem Wissen ein ungeordnetes Sammelsurium aus mündlich überlieferten Erzählungen und Ansichten, die sich dem oft erstaunlich guten Gedächtnis eines armen Analphabeten nach und nach eingeprägt haben [...]

Über welche Kanäle fanden die Grundlinien dieses bruchstückhaften Wissens von der Vergangenheit Verbreitung? [...] Es liegt auf der Hand, dass wir in all diesen Fragen auf Vermutungen angewiesen sind. Wir werden daher gewisse Dinge einfach behaupten müssen. Aber welcher Historiker kann schon darauf verzichten? Zumal man umgekehrt voraussetzt, dass alle Menschen ihre Epoche anhand der einschneidenden Ereignisse erfassen, deren Logik und Interpretation von der Historikergemeinschaft vorabentschieden ist – ein reduktionistisches Vorgehen, das es erlaubt, ein Wissen zu erarbeiten, das leicht zu begreifen und zu vermitteln ist. [...]

Ich bezweifle zum Beispiel, dass die uns vertrauten Etappen der Französischen Revolution [...] den Vorstellungsrahmen bildeten, innerhalb dessen ein Louis-Francois Pinagot das ausgehende 18. Jahrhundert wahrnahm, vorausgesetzt, dass ihm der Einschnitt des Jahrhundertwechsels überhaupt bewusst wurde. Wahrscheinlich gestaltete sich die Sache für ihn viel schlichter als Aufeinanderfolge der Zeit der Könige und Grundherren, der Revolution und der Herrschaft Napoleons.

Wir wollen versuchen, eine umfassendere Perspektive zu entwickeln, um dieses Wissen genauer zu rekonstruieren. Wir werden Revue passieren lassen, wovon Louis-Francois unserer Ansicht nach, nach allem was wir von ihm wissen, höchstwahrscheinlich des Öfteren reden hörte. Wir werden dabei nicht chronologisch verfahren, sondern uns an einer Skala der abnehmenden Wahrscheinlichkeit orientieren."

Literatur: A. CORBIN, Auf den Spuren eines Unbekannten. Ein Historiker rekonstruiert ein ganz gewöhnliches Leben, Frankfurt/M./New York 1999 [franz. 1998], 181ff.

und Ausbildung zeichnen sich in Frauenbiographien meist als kurvenreiche Hindernisläufe ab. Das Private, das im männlichen ‚Normallebenslauf' kaum der Rede wert zu sein scheint, erweist sich bei den Frauen nicht selten als Dreh- und Angelpunkt ihres Lebenswegs, etwas das öffentliches Wirken und beruflichen Erfolg verhindern, behindern oder erst ermöglichen kann." [SCHASER 2001, 143]

Neuerdings nun haben Historiker auch Methoden gefunden, um selbst dem von Theodor Schieder wie Jacques Le Goff noch für kaum biographiefähig erachteten „Durchschnittsmenschen" (s)eine Lebensgeschichte zurückzugeben [LE GOFF]. Wie in mikrohistorischen Lokalstudien spielt in der Forschungspraxis dieser Wissenschaftler der individuelle Name als Repräsentant des untersuchten Subjekts eine zentrale Rolle. Als Historiker(in) macht man sich also bei der Quellensuche eine jener gesellschaftlichen Institutionen als heuristisches Hilfsmittel zunutze, die in unserer Kultur traditionell der „Totalisierung und Vereinheitlichung des Ich" dienen [BOURDIEU, 77].

Foucaults Überlegungen zu den „infamen Menschen" aufgreifend, hat unlängst Alain Corbin sich auf die Spuren eines völlig unbekannten Menschen aus dem Frankreich des 19. Jahrhunderts gemacht, dessen Namen er nach dem Prinzip des Zufalls aus den Akten des Archivs gezogen hatte. Für Corbin kam als biographisches Subjekt nur jemand in Frage, der in den Quellen keinerlei exemplarische Spuren hinterlassen hatte, „ein Individuum [...], über das uns nur solche Quellen unterrichten, die nicht durch speziell auf seine Person gerichtete Neugierde oder Untersuchungen entstanden sind" [CORBIN, 9]. Diese Auswahlkriterien stehen in diametralem Gegensatz zu den üblichen Überlegungen, die Historiker(innen) bei der Wahl ihres biogra-

227

Entsprechend den gesetzlichen Vorschriften wird in
bestimmten Fällen noch ein besonderer Fragebogen auszufüll
sein, den wir Ihnen gegebenenfalls noch zustellen werden.

Ich erkläre hiermit,

dass ich arischer Abstammung bin

dass ich nicht arischer Abstammung bin

dass ich Frontkämpfer bin

dass mein Vater im Weltkrieg gefallen ist

dass mein Sohn im Weltkrieg gefallen ist.

Berlin, den . . . .

(Unterschrift) . . . .

Rücksendung an Personal-Büro bis Montag, 26.6.33 erbeten

Die Personalakte von Hedwig A. – Fragment eines deutschen Lebens im 20. Jahrhundert

Personalakten sind aus dem 20. Jahrhundert massenhaft überliefert, man kann daher von seriellen Quellen sprechen. Was müssen wir über den Entstehungs- und Überlieferungskontext solcher Quellen wissen, um sie richtig lesen zu können, und wie viel oder wie wenig geben sie über die darin genannten Individuen und ihr Leben preis?

Hedwig A. – deren Namen wir aus Gründen des Personenschutzes geändert haben – tritt uns in „ihrer Akte", die im Unternehmensarchiv einer deutschen Großbank überliefert ist, folgendermaßen entgegen:

Im Alter von 23 Jahren trat Hedwig A. 1921 als Angestellte in die Dienste einer Berliner Bank. Sie arbeitete dort bis 1924 in der Abteilung „Deutsche Correspondenz", von dort wechselte sie in die Sortenkasse und 1931 schließlich in die Couponskasse (hier konnten z.B. Zinsscheine eingereicht werden, die Wertpapieren beigefügt waren). Auf dem Höhepunkt der internationalen Banken- und Wirtschaftskrise, 1932, fusionierte Frau A.'s Bank mit einer anderen deutschen Großbank. Frau A. wurde im Zuge dieses Zusammenschlusses in die Überweisungsabteilung versetzt. Wie Frau A. zu dieser Veränderung stand, wissen wir nicht. Fest steht jedoch, dass Frau A.'s sozialer Status durch die Fusion zunächst unangetastet blieb.

Die Machtübernahme der Nationalsozialisten Anfang 1933 änderte ihre berufliche wie gesellschaftliche Situation jedoch dramatisch. Bereits am 7. April 1933 erließ die neue Regierung das „Gesetz zur Wiederherstellung des Berufsbeamtentums". Paragraph 3, Abs. 1 dieses Gesetzes lautete: „Beamte, die nicht arischer Abstammung sind, sind in den Ruhestand [...] zu versetzen [...]." Auf Grundlage dieses Gesetzes forderte auch Frau A.'s Arbeitgeber von seinen Angestellten einen so genannten „Ariernachweis", ein Dokument, das vordergründig die christliche Religionszugehörigkeit der Vorfahren dokumentierte, das jedoch im Sinne der nationalsozialistischen Rassenideologie Frau A.'s „deutsche", d.h. nicht-jüdische Abstammung beglaubigen sollte. Diesen Nachweis konnte Frau A. nicht erbringen: Sie war zwar deutsche Staatsbürgerin und protestantisch getauft. Ihr Vater war vom Judentum zum Christentum konvertiert, die Großeltern väterlicherseits waren „mosaischen Glaubens", also Juden gewesen. Frau A. wurde daher zum August 1933 gekündigt. Durch eine Eingabe an das Reichsinnenministerium erreichte sie, dass ihre Anstellung mehrfach verlängert wurde. Zum 31.7.1934 musste sie die Bank jedoch endgültig verlassen.

Aus der Zeit nach 1934 ist nur bekannt, dass Frau A. sich nach dem Ende der nationalsozialistischen Herrschaft, 1946, an ihren ehemaligen Arbeitgeber wandte, um sich die Tätigkeit für die Bank sowie die Umstände ihres Ausscheidens bescheinigen zu lassen. Hedwig A. hatte die nationalsozialistische Diktatur überlebt – anders als viele ihrer Kolleginnen und Kollegen, die nach den Rassegesetzen des „Dritten Reiches" ebenfalls als „Nicht-Arier" eingestuft worden waren.

Bild: Auszug aus der Personalakte der „Hedwig A."

Literatur: S. FRIEDLÄNDER, Das Dritte Reich und die Juden. Die Jahre der Verfolgung 1933–1939, München 1998.

phischen Subjekts anstellen. Eine gute Überlieferungslage ist neben der Bedeutung der Person stets erstes Anliegen. Corbins ganz anders fundierte Lebensbeschreibung des Holzschuhmachers Louis-Francois Pinagot aus der Region Perche geriet denn auch zu einer Geschichte im Konjunktiv, von der man bezweifeln kann, ob es sich wirklich noch um eine Biographie im hier vorgestellten Sinne handelt.

Nicht zufällig gesteht Corbin ein, sein Unternehmen lasse sich „nicht wirklich in den Bereich der Mikrogeschichte einordnen" und trage auch „nichts Wesentliches zu einer Geschichte des Subjekts bei" [CORBIN, 10]. Aufgrund seiner Handlungsarmut erinnert das Buch beim Lesen durchaus an jene trockene Kost, die man von der Strukturgeschichte gewohnt war. Aber wie wenig andere lässt es aufschlussreiche Einblicke in die Werkstatt eines Historikers zu, verdeutlicht den Konstruktionscharakter einer Lebensbeschreibung und die Schlüsselbedeutung, welcher der Perspektive des Forschers und seinen Fragestellungen zukommt.

Beide Aspekte sind für die neuere Biographik insgesamt entscheidend, denn in dem Maße, in dem diese sich von den autobiographischen Zeugnissen und expliziten Selbstentwürfen ihrer Subjekte als alleiniger oder doch maßgeblicher Quellengrundlage emanzipiert, fällt die Konstruktionsarbeit stärker ▷ S. 365 den Autoren und weniger dem histori-
...ungen der schen Subjekt zu. Die Gefahr der „biogra-
Quellen phischen Illusion" lauert in jedem Falle: Es „ist nicht die Illusion des Biographen über die Lebenslinien anderer Menschen, es ist", so Ulrich Raulff, „der farbige Staub, in den der Mensch täglich die Linien seines eigenen Lebens zeichnet, seinen Biographen zum Trotz, seinen Biographen zum Nutzen." [RAULFF, 66]

Historiker sind jedoch, wie Margit Szöllösi-Janze zurecht betont hat, von dieser Gefahr in geringerem Maße bedroht als etwa Autobiographen oder auch Literaten. Denn ihnen geht es beim Biographieschreiben „nicht um naive Sinnvermittlung". Vor allem aber verfügen sie über die Möglichkeit, durch Integration analytischer Elemente in ihre Erzählung Distanz zu ihrem Subjekt zu schaffen und nach den sozioökonomischen, politischen, kulturellen und psychologischen Koordinaten menschlichen Handelns zu fragen [SZÖLLÖSI-JANZE, 12].

Etliche Autoren haben inzwischen biographisches Schreiben in diesem Sinne praktiziert – mit Resultaten, die jenseits der Geschichte ihres biographischen Subjekts den Forschungsstand wichtiger historischer Wissensbereiche entscheidend vorangetrieben haben. Friedrich Lengers Sombart-Biographie hat ebenso wie Margit Szöllösi-Janzes Biographie über Fritz Haber auch bedeutende Bausteine zur Wissenschaftsgeschichte des 19. Jahrhunderts geliefert [LENGER; SZÖLLÖSI-JANZE]. Darüber hinaus bilden beide Bücher einen wichtigen Beitrag zur Geschichte des Bürgertums im Übergang vom 19. zum 20. Jahrhundert. Dasselbe Themenfeld der Bürgertumsgeschichte betritt auch Angelika Schaser mit ihrer Doppelbiographie über ▷ S. 20 ff.
Helene Lange und Gertrud Bäumer. Ihr Durchbruch der
Buch bildet das seltene Beispiel einer bürgerlichen
Gesellschaft
hohen wissenschaftlichen Standards genügenden Frauen-Biographie über zwei typische „Vertreterinnen des Bildungsbürgertums, [die] jedoch in manchen Bereichen die Grenzen ihres Geschlechts" überschritten, „die wiederum gerade im Diskurs des Bildungsbürgertums ... definiert und zementiert worden waren." [SCHASER 2000, 24] Der Autorin gelingt es, die Differenz zwischen Rollen-

zuweisung und Lebenslauf deutlich zu machen, und so nicht nur eine wichtige Studie zur Geschichte zweier führender Repräsentantinnen der ersten deutschen Frauenbewegung vorzulegen, sondern einen weiterführenden Beitrag zur Bürgertums- und zur Geschlechtergeschichte im 19. Jahrhundert zu verfassen.

▷ S. 89 ff.
Lebenswelten in
der
Moderne

Schließlich wurden im letzten Jahrzehnt Biographien über Menschen des 20. Jahrhunderts verfasst, die zum Teil bedeutende Exponenten der totalitären Regime in West und Ost porträtieren, teilweise aber auch den „gewöhnlichen" Mittätern und den Opfern des NS-Regimes gewidmet sind. Diese Biographien reichen teilweise über alle politischen Umbrüche der deutschen Geschichte im 20. Jahrhundert hinweg, von 1918 über 1933 und 1945 bis hin zu 1989. Sie thematisieren nicht nur die Fragen der Kontinuitäten aus neuer Perspektive, sondern sie beleuchten auch auf eindrucksvolle Weise Methoden der autobiographischen Neukonstruktion im Zusammenhang von politischen Umbruchserfahrungen [HERBERT; BERGHOFF/RAUH-KÜHNE; ROSEMAN; GALL]

All die genannten und viele hier aus Platzgründen nicht aufgeführten Biographien können zeigen, wie produktiv sich Biographen heute „der Totalität des Wirklichen in der Geschichte" [SCHULZE, 516] nähern und „die Verflechtung eines individuellen Lebens mit seinem historischen Umfeld" – auch über politische Umbrüche hinweg – ausschnittsweise aufzuklären vermögen [SZÖLLÖSI-JANZE, 14].

Cornelia Rauh-Kühne

Literatur

H. BERGHOFF/C. RAUH-KÜHNE, Fritz K. Ein deutsches Leben im Zwanzigsten Jahrhundert, Stuttgart/München 2000.

H. J. v. BERLEPSCH, Die Wiederkehr des ‚wirklichen Menschen' in der Geschichte. Neue biographische Literatur, in: AfS 29, 1989, 488–510.

H. E. BÖDEKER, Biographie. Annäherungen an den gegenwärtigen Forschungs- und Diskussionsstand, in: DERS. (Hrsg.), Biographie schreiben, Göttingen 2003, 9–64.

P. BOURDIEU, Die biographische Illusion, in: BIOS 1990, 75–81 [franz. 1986].

J. BURCKHARDT, Die Kultur der Renaissance in Italien [1860], in: DERS., Werke, 27 Bde., hrsg. v. d. Jacob-Burckhardt-Stiftung, Basel 2000ff., Bd. 4 (in Vorbereitung).

DERS., Über das Studium der Geschichte, in: DERS., Werke, Bd. 10, Basel 2000, 129–350.

A. CORBIN, Auf den Spuren eines Unbekannten. Ein Historiker rekonstruiert ein ganz gewöhnliches Leben, Frankfurt/M./New York 1999 [franz. 1998].

B. DAUSIEN, Biographieforschung als ‚Königinnenweg'? Überlegungen zur Relevanz biographischer Ansätze in der Frauenforschung, in: A. DIEZINGER u.a. (Hrsg.), Erfahrung mit Methode. Wege sozialwissenschaftlicher Frauenforschung, Berlin 1994, 129–153.

N. ZEMON DAVIS, Die wahrhaftige Geschichte von der Wiederkehr des Martin Guerre, mit einem Nachw. von Carlo Ginzburg, München 1984 [engl. 1983].

J. G. DROYSEN, Historik [1858], ND Darmstadt 1974.

N. ELIAS, Über den Prozeß der Zivilisation. Soziogenetische und psychogenetische Untersuchungen, 2 Bde., Frankfurt/M. 6. Aufl. 1978.

M. FOUCAULT, Das Leben der infamen Menschen, in: Tumult. Zeitschrift für Verkehrswissenschaft 4, 1994, 41–57.

L. GALL, Der Bankier Hermann Josef Abs. Eine Biographie, München 2004.

C. GEERTZ, Aus der Perspektive der Eingeborenen. Zum Problem des ethnologischen Verstehens, in: DERS., Dichte Beschreibung. Beiträge zum Verstehen kultureller Systeme, Frankfurt/M. 1983, 289–311.

A. GESTRICH, Einleitung: Sozialhistorische Biographieforschung, in: DERS. (Hrsg.), Biographie – sozialgeschichtlich, Göttingen 1988, 5–28.

C. GINZBURG, Der Käse und die Würmer: Die Welt eines Müllers um 1600, Berlin 1993 [ital. 1976].

J. LE GOFF, Wie schreibt man eine Biographie?, in: F. BRAUDEL U.A., Der Historiker als Menschenfresser. Über den Beruf des Geschichtsschreibers, Berlin 1990, 103–112.

G. IGGERS, Deutsche Geschichtswissenschaft. Eine Kritik der traditionellen Geschichtsauffassung von Herder bis zur Gegenwart, München 1971.

R. HABERMAS, Bürgerliche Kleinfamilie – Liebesheirat, in: R. VAN DÜLMEN (Hrsg.), Entdeckung des Ich. Die Geschichte der Individualisierung vom Mittelalter bis zur Gegenwart, Köln 2001, 287–310.

U. HERBERT, Best. Biographische Studien über Radikalismus, Weltanschauung und Vernunft 1903–1989, Bonn 1996.

E. KEHR, Neuere deutsche Geschichtsschreibung, in: DERS., Der Primat der Innenpolitik, hrsg. v. H.-U. WEHLER, Berlin 2. Aufl. 1970.

C. KLEIN, Einleitung, in: DERS. (Hrsg.), Grundlagen der Biographik. Theorie und Praxis des biographischen Schreibens, Stuttgart/Weimar 2002, 1–22.

S. KRACAUER, Die Biographie als neubürgerliche Kunstform, in: DERS., Das Ornament der Masse, Frankfurt/M. 1970, 75–80.

F. LENGER, Werner Sombart 1863–1941. Eine Biographie, München 1994.

S. LÖFFLER, Biografie. Ein Spiel. Warum die Engländer Weltmeister in einem so populären wie verrufenen Genre sind, in: Literaturen 7/8, 2001, 14–17.

K. LÖWITH, Von Hegel zu Nietzsche, Stuttgart 2. Aufl. 1950.

H. MEDICK, Entlegene Geschichte? Sozialgeschichte und Mikro-Historie im Blickfeld der Kulturanthropologie, in: J. MATTHES (Hrsg.), Zwischen den Kulturen. Die Sozialwissenschaften vor dem Problem des Kulturvergleichs, Göttingen 1992, 167–178.

F. MENGES, Machen Männer die Geschichte? Die Stellung der Biographie in der deutschen Geschichtswissenschaft, in: J. SCHRÖDER/R. SALZMANN (Hrsg.), Beiträge zu Kirche, Staat und Geistesleben, Stuttgart 1994, 29–35.

W. MOMMSEN, Rezension von: EMIL LUDWIG, Bismarck. Geschichte eines Kämpfers, Berlin 1926, in: HZ 138, 1928, 614–621.

W. J. MOMMSEN, Die Geschichtswissenschaft jenseits des Historismus, Düsseldorf 1971.

L. NIETHAMMER, Lebenserfahrung und Industriekultur im Ruhrgebiet, 3 Bde., Bde. 1 u. 2: Berlin 1983, Bd. 3: Bonn 1985.

DERS. (Hrsg.), Lebenserfahrung und kollektives Gedächtnis. Die Praxis der „Oral History", Frankfurt/M. 1985.

T. NIPPERDEY, Einheit und Vielfalt in der Neueren Geschichte, in: HZ 253, 1991, 1–20.

O. G. OEXLE, Geschichtswissenschaft im Zeichen des Historismus. Studien zu Problemgeschichten der Moderne, Göttingen 1996.

J. OELKERS, Biographik. Überlegungen zu einer unschuldigen Gattung, in: NPL 19, 1974, 296–309.

U. RAULFF, Das Leben – buchstäblich. Über neuere Biographik und Geschichtswissen-

231

schaft, in: C. Klein (Hrsg.), Grundlagen der Biographik. Theorie und Praxis des biographischen Schreibens, Stuttgart/Weimar 2002, 55–68.

W. Riehl, Die Familie, Stuttgart 1855.

M. Roseman, A Past in Hiding. Memory and Survival in Nazi Germany, New York 2000.

D. W. Sabean, Kinship in Neckarhausen, 1700–1870, Cambridge 1998.

Ders., Selbsterkundung. Beichte und Abendmahl, in: R. v. Dülmen (Hrsg.), Entdeckung des Ich, Köln u.a. 2001, 145–162.

A. Schaser, Helene Lange und Gertrud Bäumer. Eine politische Lebensgemeinschaft, Köln/Weimar/Wien 2000.

Dies., Bedeutende Männer und wahre Frauen. Biographien in der Geschichtswissenschaft, in: Querelle 6, 2001, 137–152.

H. Scheuer, Biographische Modelle in der modernen deutschen Literatur, in: ÖZG 5, 1994, 4, 457–487.

T. Schieder, Strukturen und Persönlichkeiten in der Geschichte, in: Ders., Geschichte als Wissenschaft. Eine Einführung, München/Wien 1965, 149–186.

H. Schulze, Die Biographie in der ‚Krise der Geschichtswissenschaft‘, in: GWU 29, 1978, 508–518.

R. H. v. Srbik, Rezension von: Emil Ludwig, Napoleon, Berlin 1927, in: HZ 138,1928, 593–604.

M. Szöllösi-Janze, Fritz Haber 1868–1934. Eine Biographie, München 1998.

H. v. Treitschke, Deutsche Geschichte im 19. Jahrhundert, Bd. 1, Leipzig 1913.

O. Ulbricht, Ich-Erfahrung. Individualität in Autobiographien, in: R. van Dülmen (Hrsg.), Entdeckung des Ich. Die Geschichte der Individualisierung vom Mittelalter bis zur Gegenwart, Köln 2001, 109–144.

232 M. Vovelle, Biographie ou étude de cas. Le retour de la biographie, in: Jahrbuch für Geschichte 39, 1990, 81–99.

Von der Geschichte der Gesellschaft zur „Neuen Kulturgeschichte"

Ein überflüssiger Streit? Im Jahr 1989 gab die amerikanische Historikerin Lynn Hunt einen programmatischen Band heraus, in dem eine „New Cultural History" als jüngste Errungenschaft der Geschichtswissenschaft gepriesen wurde [HUNT]. Nur zehn Jahre später folgte ein weiterer Band, dessen Titel zwar nicht das Ende des „Cultural Turn", aber doch ein Hinausgehen über ihn anzeigte [BONNELL/HUNT]. Selbst wenn man die Vorliebe amerikanischer Historiker und Historikerinnen für Revisionismen berücksichtigt, wären zehn Jahre eine kurze Verfallszeit. War also die Neue Kulturgeschichte nichts weiter als eine Modewelle? Oder liegt der Paradigmenwechsel bereits hinter uns, so dass es Zeit wird, sich neue Ziele zu setzen? Auch in Deutschland, wo die Diskussion über die kulturalistische Wende etwas später als in den Vereinigten Staaten, aber umso heftiger einsetzte, haben sich die Gemüter inzwischen beruhigt. Während diejenigen, die unter dem Banner der Kultur die etablierte Geschichtswissenschaft schockieren wollten, nunmehr ihr revolutionäres Wissen in Kompendien für die nächste Generation abspeichern [DANIEL 1997; DIES. 2001], verkünden die Protagonisten der als überholt angefeindeten Gesellschaftsgeschichte, sie hätten die Herausforderung angenommen, ihre Ansätze erweitert und im Grunde immer schon das beherzigt, was an der angeblich neuen Kulturgeschichte gut und vernünftig sei; den Rest, etwa die Exzesse des Postmodernismus, könne man getrost vergessen [WEHLER 1998]. Die Tendenzen zur gegenseitigen Vereinnahmung sollten aber nicht darüber hinwegtäuschen, dass es weiterhin substanzielle Unterschiede der Geschichtsauffassung und der Art und Weise, Geschichte zu schreiben, gibt. Worum ging es in dem Streit? Was ist neu an der Neuen Kulturgeschichte? Welche Impulse gingen in sie ein, welche Themen werden durch sie anders als bisher erschlossen, wo liegen ihre Schwächen?

▷ S. 210 f.
~hichte der
Staaten/
~hichte der
~esellschaft

Abgrenzungen. Unbehagen an der klassischen Sozialgeschichte äußerte sich lange bevor in den neunziger Jahren des 20. Jahrhunderts „Kultur" zum Losungswort der Kritiker wurde. In Großbritannien begriff E.P. Thompson (1924–1993) schon zu Beginn der sechziger Jahre die Erfahrungen, Selbstdeutungen und Wertvorstellungen einfacher Arbeiter als konstitutiv für ihren Klassenbildungsprozess. Damit wirkte er befruchtend auf die später in Deutschland entstehende Alltagsgeschichte [THOMPSON; LÜDTKE 1989]. Hier wie dort lautete der Vorwurf, dass die Gesellschaftsgeschichte das subjektive Erleben und Handeln konkreter Individuen vernachlässige. Alles Fremdartige, Nicht-Zählbare, Eigen-Sinnige [LÜDTKE 1993] werde in den anonymen Strukturmodellen, Prozesskategorien und Datenreihen der historischen Sozialwissenschaft gleichsam aufgelöst oder gar nicht erst erfasst. Austreibung der Menschen und ihrer Wahrnehmungen aus der Geschichte, das war der eine Schwachpunkt, den die Alltagshistoriker der Sozialgeschichte anlasteten, allzu bereitwilliger Glaube an eine geradlinige, als Fortschritt aufgefasste Modernisierung der andere. Ebenfalls schon früh wurde ein weiteres Defizit bemängelt: die Geschlechterblindheit der männlich dominierten Sozialhistorie. Es fehlten, so die Kritikerinnen, nicht nur handelnde und empfindende Menschen, sondern eine Hälfte der Menschheit, die Frauen, werde systematisch ausgespart. Mehr noch, die Männer würden stets so dargestellt, als sei der Geschlechterunterschied für ihr Handeln bedeutungslos.

▷ S. 202 f.
Geschichte der
Staaten/
Geschichte der
Gesellschaft

Alltags- und Frauengeschichte stellten die Sozialhistoriker vor erste Herausforderungen. Diese waren anfangs noch leicht zu bewältigen, ging es doch scheinbar nur um Ergänzungen, nicht um einen grundlegenden Wechsel der Perspektive. Die Illusion, man könne die Kritik durch einige anschauliche Quellenzitate und ein hastig angefügtes Frauenkapitel entkräften, verflog jedoch schnell. Denn Alltags- und Geschlechterhistorikerinnen begannen sehr bald, ihre eigenen Begriffe wie auch die Angriffe auf den Gegner durch Anleihen bei Nachbarwissenschaften zu schärfen. Aus der Kulturanthropologie, Linguistik und Literaturwissenschaft übernahmen sie Theorie- und Methodenangebote, die das Projekt der historischen Sozialwissenschaft im Kern, seinem Wirklichkeitsverständnis, trafen. Vor allem diese Aufladung der innerwissenschaftlichen Kritik mit Impulsen aus benachbarten Disziplinen wurde seit den achtziger Jahren zuerst in den USA, dann auch in Deutschland, mit dem Etikett „Neue Kulturgeschichte" versehen.

Im Einzelnen verbergen sich dahinter sehr verschiedene Strömungen. Wenn man einen gemeinsamen Nenner sucht, auf den sich die meisten neuen Kulturhistoriker einigen können, ist es die Überzeugung, dass die Welt, die wir aufgrund unseres Alltagsverständnisses für unmittelbar gegeben halten, immer schon durch Symbole, Sprache, Bilder, eingeschliffene Praktiken (Rituale) und festgefügte

„Moderne" und
„Postmoderne" Rede- und Erzählweisen (Diskurse, Narrative) vorgeformt ist. Der Mensch ist, in den Worten von Clifford Geertz, dem wohl meistzitierten Gewährsmann der Neuen Kulturgeschichte, „festgehalten in selbstgesponnenen Bedeutungsgeweben", und es sind diese Gewebe, die Geertz als „Kultur" definiert [GEERTZ, 5]. Treibt man diese Posi-

234

Forschungsstimme

Die Neue Kulturgeschichte hat der Kulturanthropologie zahlreiche Impulse zu verdanken. Eines der Stichworte, die der amerikanische Kulturanthropologe **Clifford Geertz** (1926) in die Diskussion eingebracht hat, heißt **„dichte Beschreibung"**. So nannte er ein Verfahren, das er als Antwort auf die in den sechziger Jahren offenbar werdende Krise der ethnologischen Feldforschung entwickelte. Eine unmittelbare, arglose Beobachtung fremder Kulturen ist Geertz zufolge unmöglich. Vielmehr habe es der Ethnologe mit mehrfach übereinander gelagerten oder ineinander verwobenen Bedeutungsstrukturen zu tun. Dazu gehörten die Erklärungen der „Eingeborenen" ebenso wie die Interpretationen anderer Beobachter einschließlich des Ethnologen selbst. In seinem sachkundigen Überblick über kulturanthropologische Ansätze in der Geschichtswissenschaft wendet sich **Thomas Sokoll** dagegen, „dass immer wieder historische Fallstudien als dichte Beschreibungen angeführt werden, die damit gar nichts zu tun haben". Nicht „jede Darstellung, die besonders eng (,dicht') an die Quellen angelehnt ist oder auf besonders reichhaltigen (,dichten') Quellen fußt", sei deswegen schon als dichte Beschreibung anzusehen.

„,Dichte Beschreibung' bezeichnet eine methodische Operation, die an eine bestimmte Vorstellung von Kultur und Gesellschaft gekoppelt ist. Sie zielt darauf ab, *Kultur als Kontext* darzustellen, indem sie einzelne soziale Tatbestände in ihrer Bedeutung im gesellschaftlichen Zusammenhang entfaltet, der selbst wiederum nur als mehrschichtiger Bedeutungszusammenhang fassbar ist. Um welche sozialen Tatbestände es sich dabei handelt, ist im Prinzip gleich. Entscheidend ist nur, dass sie gleichsam semantische Knotenpunkte im Netz der sozialen Beziehungen bilden und als solche geeignet sind, die Muster im kulturellen Gewebe der Gesellschaft erkennbar zu machen. Dementsprechend gilt, dass das Geschäft des Verständnisses einer Kultur niemals zu Ende sein kann, sondern einen endlosen Zirkel bildet [...]"

Literatur: T. SOKOLL, Kulturanthropologie und Historische Sozialwissenschaft, in: T. MERGEL/T. WELSKOPP (Hrsg.), Geschichte zwischen Kultur und Gesellschaft. Beiträge zur Theoriedebatte, München 1997, 233–272, Zitate: 249, 255.

Neuere Paradigmen
historischer Forschung
Von der Geschichte
der Gesellschaft
zur „Neuen
Kulturgeschichte"

tion auf die Spitze, wird es schwierig, hinter der so definierten Kultur eine ihr vorausliegende, „objektive" Wirklichkeit, etwa ökonomische Interessenlagen, überhaupt sicher zu fassen. Dies gilt umso mehr, wenn es sich um vergangene Wirklichkeit handeln soll, die uns allemal nur in Zeichen (Sprachzeugnissen, Artefakten) verfügbar ist. Das Spiel der Bedeutungen, die Verweissysteme sind dann die Realität, die wir rekonstruieren können; bei der Suche nach festen Bezugspunkten jenseits der zeichenhaft aufgebauten Welt stößt man immer nur auf neue Zeichen.

Ein solches Verständnis von „Kultur" bedeutet nun in der Tat eine radikalere Herausforderung für die Gesellschaftsgeschichte, ja die Geschichtswissenschaft überhaupt, als es die frühe Alltags- oder Geschlechtergeschichte war. Denn jetzt wird nicht nur eine thematische Erweiterung, sondern eine völlige Veränderung der Blickrichtung verlangt. Kultur lässt sich dann nicht mehr, wie in Hans-Ulrich Wehlers Gesellschaftsgeschichte, reduzieren auf eine, im Zweifelsfall den Herrschafts- und Wirtschaftsinteressen faktisch nachgeordnete Dimension des Geschichtsprozesses [WEHLER 1987, 10ff.]. Vielmehr rückt die Kultur selbst, verstanden als unendliches, unhintergehbares Gewebe von Bedeutungen, an die Stelle des zu erforschenden Ganzen, das für Wehler mit dem Begriff „Gesellschaft" bezeichnet ist. Die Neue Kulturgeschichte, zumindest in ihren radikalen Varianten, erhebt somit einen totalisierenden Anspruch, der mit demjenigen der Gesellschaftsgeschichte konkurriert. Eine Eingemeindung ist nicht ohne weiteres möglich [NOLTE 2000, 3].

Die Selbstbezeichnung als „neu" impliziert auch eine Abgrenzung gegen ältere Formen der Kulturgeschichtsschreibung. Hier denkt man zunächst an populäre und wissenschaftliche Darstellungen, in denen Kultur als abgrenzbarer Bereich vorgestellt wird. Dabei kann es sich um den Bereich der Sitten, Bräuche und materiellen Güter handeln (Geschichten des Kaffeetrinkens, des Karnevals, des Fahrrads), oder es geht um die für wertvoll gehaltenen Hervorbringungen in Kunst, Literatur, Musik, Film oder Architektur. Bis heute ist die Mehrzahl aller Publikationen zur Kulturgeschichte dieser Auffassung von Kultur als einem thematischen Sektor verpflichtet. Selbstverständlich können die genannten Gegenstände auch mit den Mitteln der Neuen Kulturgeschichte bearbeitet werden, nur ist die Perspektive in diesem Fall eine andere. Das Fahrrad untersucht man dann beispielsweise als Träger von Bedeutungen, etwa als Projektionsfläche für nationale Zuschreibungen (Hollandrad!) oder als Symbol für Veränderungen im Geschlechterverhältnis, statt es lediglich in seinen historisch wandelbaren äußeren Erscheinungs- und Nutzungsformen zu beschreiben.

Als neu versteht sich die Neue Kulturgeschichte auch im Hinblick auf theoretisch anspruchsvolle ältere Formen der historischen Kulturforschung, wie sie in Deutschland und andernorts zwischen 1880 und 1930 zur Blüte gelangt sind. Man kann darüber streiten, wie weit sich die Neue Kulturgeschichte von diesen älteren Ansätzen tatsächlich entfernt hat. So ist nicht zu leugnen, dass die großen Kulturhistoriker um 1900, von Jacob Burckhardt (1818–1897) über Karl Lamprecht (1856–1915) bis zu Johan Huizinga (1872–1945), manches von dem vorweggenommen haben, was die Kulturhistoriker heute wieder auf ihre Fahnen schreiben, etwa das Interesse für die Verschränkungen von Praktiken und Deutungen, von Lebensformen und kollektivem Bewusstsein [HAAS; STRUPP].

▷ S. 314 Entfaltung der Geschichtswissenschaften

235

Alltägliche Gebrauchsgegenstände als Symbol: Warum wird eine mit blau-rosa geringelten Strümpfen bekleidete Frauenpuppe auf einem **Fahrrad** mitten in der Universitätsstadt Cambridge (Trinity Street) in der Luft aufgehängt? Was wie ein Schabernack aussieht, hatte durchaus eine ernstere Bedeutung. Das Foto zeigt eine Demonstration von männlichen Angehörigen der Universität gegenüber dem Senatsgebäude, wo zur gleichen Zeit (21. Mai 1897) eine Abstimmung über die Zulassung von Frauen zu Universitätsabschlüssen stattfand. Die erdrückende Mehrheit der Studenten hatte sich schon Tage vorher in einer Probeabstimmung gegen den Vorschlag ausgesprochen. Am Tag des Votums trugen sie Plakate mit Aufschriften wie „No Women", „Frustrate the Feminine Fanatics" durch die Straßen. Das aufgehängte Fahrrad mit Frauenpuppe bekräftigte die Botschaft. Um die Jahrhundertwende hatte das Fahrrad den Frauen erste Mobilitätsgewinne beschert, ihre Körperkontrolle verstärkt und ihre Präsenz im öffentlichen Raum erhöht. Es war ein Symbol der Emanzipation. Indem das Fahrrad hochgezogen wurde, immobilisierte man(n) symbolisch die emanzipierte Frau wieder und gab sie der Lächerlichkeit preis. Die Abstimmung endete übrigens mit 1 707 zu 661 Stimmen gegen die Zulassung der Frauen. Auch ein zweiter Versuch 1921 schlug fehl. Erst 1947 erreichten die Frauen volle Gleichberechtigung in der Universität Cambridge.

Bild: Cambridge, 21. Mai 1897: Abstimmung über die Zulassung von Frauen zu Universitätsabschlüssen, Fotographie, Cambridge City Library, Cambridgeshire Collection.

Literatur: G. JOHNSON, University Politics. F.M. Cornford's Cambridge and his advice to the young academic politician, Cambridge 1994, 33–38.

Neuere Paradigmen
historischer Forschung
Von der Geschichte
der Gesellschaft
zur „Neuen
Kulturgeschichte"

Ähnliches ließe sich über die Begründer der französischen Annales-Schule, Marc Bloch (1886–1944) und Lucien Febvre (1878–1956), sagen. Unzweifelhaft ist auch, dass eine Aneignung der kulturwissenschaftlichen Ansätze der Soziologie um 1900, insbesondere Georg Simmels (1858–1918) und Max Webers (1864–1920), zur Schärfung des Kulturbegriffs und zur Wiederentdeckung von „Fragestellungen, die nicht ausgeschöpft wurden", beitragen kann [OEXLE, 21]. Bei alldem von einer „Rückkehr" zu sprechen, als handele es sich bei der heutigen Kulturgeschichte lediglich um eine leicht veränderte Neuauflage [HÜBINGER], heißt aber doch, die Brüche und Unterschiede zu verwischen. Auf ein präzise formuliertes Verständnis von Kultur als Gewebe von Bedeutungen, wie eben skizziert, trifft man um 1900 weder bei Historikern noch bei Soziologen. Eher schon wird man hier bei Philosophen fündig, so besonders bei Ernst Cassirer (1874–1945), der schon vor Geertz die Metapher vom „symbolischen Netz" verwendete, in dem alles menschliche Handeln und Denken gefangen sei und welches verhindere, dass man der Wirklichkeit unmittelbar gegenübertreten könne [FAUSER, 25].

▷ S. 319
Vergleich
und Trans-
ationalität

Impulse: der *linguistic turn*. So viel die Neue Kulturgeschichte den Meisterdenkern um 1900 zu verdanken hat – es gibt jüngere Entwicklungen, ohne die sie nicht denkbar wäre. Zu diesen gehört an erster Stelle der so genannte *linguistic turn*. Damit ist zunächst nichts weiter gemeint, als dass seit dem Ende der sechziger Jahre eine größer werdende Zahl von Historikerinnen und Historikern die grundsätzliche sprachliche Verfasstheit aller menschlichen Erfahrung als Problem ernst zu nehmen begann. Wir sind nicht nur auf Sprache angewiesen, um uns einen Begriff von der Welt zu machen und zu kommunizieren, sondern die Welt tritt uns selbst schon als eine sprachlich konstruierte entgegen – so die allen Varianten der linguistischen Wende zugrunde liegende Annahme. Dass *linguistic turn* zu einer Reizvokabel wurde, die bei einigen Historikern Angst, ja geradezu panische Reaktionen auslöst, hängt vor allem damit zusammen, dass in den USA die linguistische Wende zeitlich mit der Postmoderne-Diskussion und der Rezeption poststrukturalistischer Theorien, hauptsächlich französischen Ursprungs, zusammenfiel [JELAVICH]. Man sollte jedoch diese Richtungen auseinander halten. „Wer sich für Diskursanalysen interessiert, [...] wer über die traditionelle Geistesgeschichte hinaus nach der Materialität der Sprache fragt, unterschreibt damit noch lange keinen Blankoscheck auf alle postmodernen Autoren. [...] Es geht daher nicht an, alles, was mit historischer Sprachanalyse zu tun hat, vorschnell in die Schublade der ‚Postmoderne' zu stecken." [SCHÖTTLER, 143] Das verdient schon aus dem Grund beachtet zu werden, weil die Hinwendung zur Sprach- bzw. Diskursanalyse in Frankreich, Deutschland und den englischsprachigen Ländern in den sechziger und siebziger Jahren auf verschiedenen Wegen und unabhängig voneinander begann. Erst in den achtziger Jahren ist ein grenzüberschreitender Forschungszusammenhang entstanden, und erst seit dieser Zeit hat die begriffliche Konfusion von *linguistic turn*, Poststrukturalismus und Postmoderne um sich gegriffen.

Angeregt unter anderem durch den Diskursbegriff Michel Foucaults begannen einige französische Historiker schon seit dem Ende der sechziger Jahre mit neuartigen Lektüre-

▷ S. 274
„Moderne" und
„Postmoderne"

237

Detailskizze

In Frankreich war die linguistische Wende eng mit dem Namen **Michel Foucault** (1926–1984) verbunden. Von ihm ausgehend ist der Begriff des Diskurses in die Geschichts- und Kulturwissenschaften eingedrungen. Ein **Diskurs** ist für Foucault „eine Menge von Aussagen, die einem gleichen Formationssystem zugehören" [Foucault, 156]. Konkret ging es ihm in seinen frühen Schriften zur Wissenschaftsgeschichte darum, die Regeln zu identifizieren, die bestimmte Aussagen erst möglich werden ließen, mit anderen Worten: die Grenzen des jeweils Sagbaren auszuloten. Diskursanalysen im Sinne Foucaults unterscheiden sich von der herkömmlichen, interpretierenden Lektüre durch den Verzicht auf die Vorstellung eines urhebenden Subjekts (Autors), dessen Intentionen es „hinter" den Aussagen zu finden gelte. Stattdessen kommt es darauf an, einen konsequent an der Sprachoberfläche haftenden Blick einzuüben, die Texte gleichsam zu scannen. Ebenso vehement wie gegen die Vorstellung eines Autors polemisierte Foucault gegen die Kontinuitätsannahmen der Ideengeschichte älteren Typs. Die Suche nach Einflüssen, Vorläufern und Ursprüngen bezeichnete er als „verspätete Spielchen von Historikern in kurzen Hosen" [Foucault, 205]. Foucaults Arbeiten sind somit Versuche, die Subjektbezogenheit des westlich-europäischen Denkens zu überwinden. Damit stellte er sich sowohl gegen eine marxistische Sichtweise, die Diskurse nur als Ausfluss der herrschenden Produktionsweise betrachtet, als auch gegen eine idealistische Geistesgeschichte, für die gesellschaftliche Veränderungen allein auf Ideen zurückzuführen sind. Für Foucault dagegen waren Diskurse eine eigene Geschehensebene, die sich zwischen das Handeln und Denken legt und von den Menschen als Macht erfahren wird. Die in den Diskursen angelegte und in Institutionen wie Gefängnissen, Irrenanstalten oder Arztpraxen materialisierte Macht rückte in den späteren Schriften Foucaults immer mehr ins Zentrum der Analyse. Er zeigte, wie die Körper selbst durch die Expertendiskurse und -praktiken der Medizin, Psychiatrie, Kriminologie und Sexualwissenschaft geformt, verfügbar gemacht und durchdrungen wurden. Im Kontext gegenwärtiger Debatten über pränatale Medizin gewinnt sein Konzept der Bio-Macht zusätzlich an Plausibilität.

Literatur: M. Foucault, Archäologie des Wissens, Frankfurt/M. 1973 [franz. 1969]; P. Sarasin, Geschichtswissenschaft und Diskursanalyse, Frankfurt/M. 2003.

und Interpretationstechniken zu experimentieren. Es ging ihnen darum, die meist unbewussten Argumentationsformen und Sprachregeln aufzuspüren, die in vergangenen Handlungssituationen diskursive Über- oder Unterlegenheit erzeugten. Dies geschah vor allem an Textbeispielen aus dem Umfeld der Französischen Revolution. Anders als Foucault legten diese Historiker großen Wert darauf, ihre Vorgehensweise genauestens zu erläutern. Kennzeichnend für ihre Methode war der Rückgriff auf Quantifizierung, also das Auszählen von Wortfrequenzen, Häufigkeiten bestimmter Ausdrücke und syntaktischer Verknüpfungen sowie die Zuordnung der so ermittelten typischen Redeweisen zu bestimmten Kontexten und Funktionen. Man bezeichnet diese Verfahren als *lexicométrie* [R. Reichardt 1998]. Sie wurden in den letzten Jahren immer weiter verfeinert und durch die Digitalisierung großer Quellenbestände erleichtert. Dennoch nehmen sich die Ergebnisse, gemessen am Aufwand, bescheiden aus. Das liegt vor allem daran, dass über der Begeisterung für die technisch gegebene Möglichkeit, alles und jedes auszählen zu können, häufig die Frage nach den historischen Erkenntniszielen vernachlässigt wurde. In Extremfällen enden derart blinde lexikometrische Lektüren nur in der tabellarisch-verfremdenden Wiedergabe der Oberflächenstruktur der Texte. Sinnvoll ist die *lexicométrie* vor allem zur Identifikation unbewusster, langfristiger Verschiebungen im Sprachgebrauch. In jedem Fall nötig ist aber eine historische Fragestellung, die es erlaubt, aus der Fülle des Textmaterials nur die jeweils relevanten Aussagen herauszufiltern.

Auf ganz anderen Wegen hat der *linguistic turn* Eingang in die deutsche Geschichtswissenschaft gefunden. Hier war und ist es

Neuere Paradigmen
historischer Forschung
Von der Geschichte
der Gesellschaft
zur „Neuen
Kulturgeschichte"

in erster Linie die von Reinhart Koselleck konzipierte und von anderen fortentwickelte Begriffsgeschichte, durch die das Augenmerk der Historiker auf die Sprache als eigenständige Geschehensebene in der Geschichte gelenkt wurde. Eindrucksvollstes Resultat ist das Lexikon *Geschichtliche Grundbegriffe* [BRUNNER/CONZE/KOSELLECK]. Dieses achtbändige Werk verzeichnet den langfristigen Bedeutungswandel zentraler Begriffe der politisch-sozialen Sprache in Deutschland, wobei der Schwerpunkt auf der so genannten „Sattelzeit" liegt, den Jahrzehnten um 1800. In dieser Zeit, so eine dem Lexikon zugrunde liegende Hypothese, fand ein beschleunigter Wandel nicht nur einzelner Wortverwendungen, sondern des gesamten Begriffshaushalts statt. Im Übergang vom ständisch gegliederten Ancien Régime zur modernen bürgerlichen Gesellschaft änderten zahlreiche Begriffe ihre Bedeutung. So trat beispielsweise an die Stelle der vielen konkreten, alle anderen ausschließenden „Freiheiten" einzelner Gruppen der eine, abstrakte und potenziell alle in gleicher Weise einschließende Begriff der „Freiheit". In ganz ähnlicher Weise öffneten sich auch andere Begriffe zur Zukunft hin und dehnten ihren Anwendungsbereich aus. Koselleck spricht in diesem Fall von Verzeitlichung und Demokratisierung. Die lexikalische Begriffsgeschichte ist vielfach kritisiert worden. Zum einen wurde ihr vorgehalten, dass sie sich zu sehr an den großen politischen Theoretikern von Aristoteles (384–322 v.Chr.) bis zu Marx (1818–1883) orientiere und zu wenig um den alltäglichen Sprachgebrauch in politisch-sozialen Handlungsvollzügen gekümmert habe. Zum anderen wurde bemängelt, dass die von einzelnen Wörtern (Substantiven) ausgehende Methode die Begriffe künstlich von ihren Verwendungskontexten isoliere und es auf diese Weise verhindere, Sprachwandel im Zusammenhang zu erfassen. Während dem ersten Kritikpunkt durch eine Ausweitung der Quellenbasis begegnet werden kann, wie es in dem von Rolf Reichardt konzipierten *Handbuch politisch-sozialer Grundbegriffe in Frankreich* geschehen ist [REICHARDT U.A.], verweist der zweite Kritikpunkt auf die Notwendigkeit, die Geschichte einzelner Begriffe in eine Geschichte politischer „Sprachen" oder Diskurse zu überführen [STEINMETZ]. Der *linguistic turn* hat somit in Deutschland einen eigenen Weg genommen, ohne im Ergebnis mit der Diskursanalyse im Sinne Foucaults unvereinbar zu sein. Spätestens seit dem Ende der neunziger Jahre kann auch nicht mehr die Rede davon sein, dass Foucault in Deutschland nicht rezipiert worden sei [MARTSCHUKAT]. Inzwischen liegen zahlreiche Arbeiten vor, die sich auf Foucaults Diskurs-Konzept stützen, aber auch begriffsgeschichtliche Methoden nutzen.

Wieder anders ist die linguistische Wende im britisch-amerikanischen Raum verlaufen. Hier bildete die Kritik an der älteren Ideengeschichte einen wichtigen Ausgangspunkt. Sie ging von einer Gruppe von Autoren aus, die unter der Bezeichnung „Cambridge School" bekannt geworden ist und deren führende Figuren Quentin Skinner und J.G.A. Pocock sind [HELLMUTH/EHRENSTEIN]. Skinner stützte seine Kritik vor allem auf die Sprechakttheorie, also die Einsicht, dass Worte, Sätze, ja ganze Texte auch Taten sind. So kam es Skinner darauf an, die klassischen Texte der politischen Theorie als Sprachhandlungen im jeweiligen Kontext zu deuten und zu zeigen, wie auch die großen Klassiker an die sprachlichen Konventionen ihrer Zeit gebunden blieben. Pocock ging direkter vor, indem er von vornherein diese sprachlichen Konventionen selbst ins Auge fasste und innerhalb dieser bestimmte wiederkehrende Muster des Argumentierens, so genannte *languages*, zu identifizieren suchte. Später bezeichnete er diese *languages* auch als Diskurse, womit er andeuten wollte, dass er sich ungefähr auf der gleichen Ebene wie Foucault bewege. Skinner wie Pocock beschäftigen sich fast ausschließlich mit politisch-theoretischen Texten der Frühen Neuzeit, haben jedoch auch darüber hinaus inspirierend gewirkt. Für den Bereich der Geschichte nach 1800 ist allerdings ein spezifisch modernes, an die Geschichte der Industrialisierung gekoppeltes Problem zentral für den *linguistic turn* geworden: die Debatte um die Bedeutung des Klassenbegriffs, insbesondere mit Blick auf die englische Arbeiterschaft. Den Anstoß gab hier Gareth Stedman Jones mit seiner Untersuchung der Sprache des Chartismus, einer hauptsächlich von Arbeitern getragenen Bewegung zur Reform des Wahlrechts in den vierziger Jahren des 19. Jahrhunderts [JONES]. Er machte deutlich, dass die sprachlichen Selbstbezeichnungen sozialer Gruppen in England je nach politischer Situation variierten und insgesamt vielfältiger waren, als es die ältere, auf den Klassenbegriff fixierte marxistische Geschichtsschreibung wahrhaben wollte. Später spitzten Jones und andere diese Interpretationslinie weiter zu und untermauerten sie theoretisch durch Bezüge auf die aus den USA nach Europa reimportierten französischen Diskurstheorien [MARES]. Wie in Deutschland haben mithin auch englischsprachige Historiker die linguistische Wende auf eigenen Wegen vollzogen, nutzen aber mittlerweile den Diskursbegriff in ähnlicher Weise wie ihre französischen und deutschen Kollegen.

In der Frauen- und Geschlechterhistorie ist die Sensibilität für die sprachliche Verfertigung von Identitäten, Ein- und Ausschlüssen und Machtbeziehungen schon früh hoch entwickelt gewesen [HAUSEN]. Die Tatsache, dass das Englische über zwei Wörter für „Geschlecht" verfügt, erleichterte im angloamerikanischen Raum die Formulierung von Positionen, die ein diskursiv konstruiertes (*gender*) dem biologischen Geschlecht (*sex*) gegenüberstellten [SCOTT]. Je mehr indes durch diskursanalytische Studien der konstruierte Charakter alles Geschlechtlichen freigelegt wurde, desto fragwürdiger wurde die Vorstellung eines realen, vermeintlich stabilen, biologischen Geschlechts. Die Körper selbst, Frauen- wie Männerkörper, wurden nun ihrerseits als historisch wandelbare Konstrukte begriffen. Zusätzliche Plausibilität erhielt diese Auffassung durch die jüngsten Entwicklungen der Biotechnologie und die damit einhergehenden Phantasien vom „neuen Menschen". Die biologischen Geschlechtsunterschiede wurden durch diese Historisierung im Zeichen des *linguistic turn* tendenziell zu Einbildungen erklärt. Diese Entwicklung brachte feministische Historikerinnen in eine schwierige Argumentationslage. Denn wenn es keine sicheren, körperlichen oder sonstigen Anhaltspunkte für die Unterscheidung zwischen „Frau" und „Mann" mehr gibt, wie kann dann noch eine politische Kritik formuliert werden, die Frauen überhaupt als besondere, benachteiligte oder zu bevorzugende Gruppe herausstellt? Als Antwort auf diese Aporie ist in der Geschlechtergeschichte ein Standpunkt formuliert worden, der die leibliche Erfahrung (vor allem von Frauen) ins Zentrum rückt [DUDEN]. So kommt es, dass eine Forschungsrichtung, in der die linguistische Wende sehr früh und radikal vollzogen wurde, heute mehr und mehr skeptische Stimmen aufweist, die nach Begründungs-

▷ S. 97 f.
Lebensw
in der M
derne

Neuere Paradigmen
historischer Forschung
Von der Geschichte
der Gesellschaft
zur „Neuen
Kulturgeschichte"

möglichkeiten für physische Realitäten jenseits der Sprache und Zeichen suchen.

Neue Kehrtwenden: *visual turn* und *spatial turn.*

Die herausragende Stellung diskursanalytischer Ansätze innerhalb der Neuen Kulturgeschichte ist in letzter Zeit auch von anderer Seite kritisch gesehen worden. Man müsse sich „durch Textwüsten kämpfen", so heißt es, während Bildern als Quellen eigener Art zu wenig Aufmerksamkeit geschenkt werde; ein *visual turn* wird angemahnt [ROECK, 295]. Wenn eine Hinwendung zu Bildern gefordert wird, geht es um mehr als nur die ergänzende Beschaffung von Informationen, etwa über Wohnungseinrichtungen oder Kleidungsstile, die aus anderen Quellen (Texten) nicht zu gewinnen sind [JÄGER]. Der so genannte realienkundliche Ansatz, das heißt Bildbetrachtung mit dem Ziel, etwas über die abgebildeten Gegenstände zu erfahren, hat gewiss seine Berechtigung. Bildquellen müssen aber darüber hinaus, analog zu Schriftquellen, als Resultate vergangener zeichensetzender Handlungen begriffen werden. Das erfordert zunächst genau wie bei Texten eine gründliche Quellenkritik, also Datierung, Echtheitsprüfung, Ermittlung von Urhebern, Auftraggebern und potenziellen Betrachtern. Im zweiten Schritt gilt es, Bildproduktion und -rezeption als soziale Praxis zu untersuchen. Man beschäftigt sich dann zum Beispiel mit der Porträtfotografie als Faktor im Rahmen moderner Selbstfindungsprozesse [CORBIN] oder man verfolgt den Einsatz von Bildprogrammen bei der Führung von Wirtschaftsunternehmen [TENFELDE]. Eben weil Bilder, mit Ausnahme von Kunstwerken im Museum, selten bewusst und mit Kennerblick studiert werden, üben sie eine besondere

▷ S. 227
Das Individuum und seine Geschichte

▷ S. 372
Gattungen er Quellen

Macht auf die Vorstellungen und Erinnerungen derer aus, die sie sehen. Bilder sind einprägsamer als Texte. Dies gilt umso mehr, je massenhafter sie durch illustrierte Presse, Film, Fernsehen und Internet verbreitet werden. Worin die Macht der Bilder besteht, wie sie sich äußert, ist nicht leicht zu beschreiben. Dass die von Bildern ausgehende Macht auch von Zeitgenossen empfunden wurde, zeigt sich in Akten der Zerstörung, von den Bilderstürmen der Französischen Revolution bis hin zur Praxis der Fotoretuschen in diktatorischen Regimen. Soll durch Zerstörungen eine öffentliche Erinnerung gezielt gelöscht werden, können Bilder auch Erinnerungen in bestimmte Richtungen lenken, wie sich an der Verwendung von Bildern des Holocaust im Nachkriegsdeutschland oder an der umstrittenen Wehrmachtsausstellung deutlich machen lässt [KNOCH]. Aus den Beispielen wird ersichtlich, dass es kaum thematische Felder gibt, in denen Bildproduktion und -rezeption als soziale Praxis keine Rolle spielen.

▷ S. 281 ff.
Vermittlung:
Historische
Bildforschung

▷ S. 288 ff.
Vermittlung:
Historische
Bildforschung

Einen *visual turn* zu vollziehen bedeutet auch, sich mit Inhalten und Darstellungsformen auseinander zu setzen. Hierfür kann auf kunstgeschichtliche Methoden zurückgegriffen werden. Häufig genannt wird in diesem Zusammenhang Erwin Panofskys (1892–1968) klassischer Dreischritt: von der einfachen Bildbeschreibung über die ikonographische Analyse zur ikonologischen Deutung. Einschränkend ist zu bemerken, dass diese und andere kunstgeschichtliche Methoden eben mit Blick auf Kunstwerke entwickelt wurden, deren außergewöhnliche Qualität herausgestellt werden sollte. Für eine moderne historische Bildwissenschaft, die es vor allem mit der Flut medial reproduzierter Gebrauchsbilder zu tun hat, erscheinen serielle

241

Verfahren der Bildquellenauswertung vielversprechender. Dabei können natürlich die ikonographischen Hilfsmittel der klassischen Kunstgeschichte genutzt werden. Es ist dann aber gerade nicht die Einmaligkeit des Kunstwerks, die ermittelt werden soll, sondern das Konventionelle, die Wiederholung, durch die sich „bei Produzenten wie Rezipienten visuelle Deutungsmuster einschleifen" [R. REICHARDT 2002]. Hier ergeben sich auch Verbindungen zur Diskursanalyse. Denn genau wie das Schreiben und Sprechen bestimmten Sagbarkeitsregeln unterliegt, so folgen auch das Malen, Fotografieren und Filmemachen zeitspezifischen, meist unbewussten Regeln. Diese Regeln lassen sich zunächst aus den Bilderserien selbst ablesen. Um zu erklären, wie die Regeln entstehen, sich erhalten und wieder auflösen, muss der Blick jedoch auf die Bedingungen der Bildproduktion und -rezeption ausgeweitet werden. Erwartungen des Publikums spielen dabei ebenso eine Rolle wie die Materialität und Eigenlogik der jeweils genutzten Medien. Beides wirkt aufeinander ein: Bestehende Praktiken des Schauens erleichtern die Durchsetzung neuer Medien, wie sich am Übergang von den bewegten Bildern in den Panoramen und Wachsfigurenkabinetten des späten 19. Jahrhunderts zum Kino zeigen lässt; die neuen Medien erzeugen aber auch wieder neue Sehgewohnheiten [CONRAD/KESSEL, 25].

Kommunikation, ob durch Sprache oder Bilder, findet in Räumen statt. Diese Räume können heutzutage real oder virtuell sein. Damit ist bereits angedeutet, dass Räume eine Geschichte haben, und zwar gilt das nicht nur für konkrete Räume, sondern auch für den Raum als abstrakten Begriff und erlebte Realität. Raum muss vorausgesetzt werden, um Geschichte denken zu können, er gehört zu den „Bedingungen möglicher Geschichte", ist aber gleichwohl selbst historisierbar [KOSELLECK 2000, 82]. Geographische Lagen und naturale Bedingungen waren für die längste Zeit der Geschichte den Menschen nicht frei verfügbar und setzen ihm immer noch Grenzen. Der Raum scheint eine Gegebenheit zu sein, bei der selbst hartgesottene Vertreter des *linguistic turn* ins Grübeln kommen, ob man ihm nicht eine reale Existenz außerhalb der Diskurse zubilligen muss. So verwundert es nicht, dass „Raum" in den letzten Jahren zum Leitbegriff einer neuerlichen Wende in der Neuen Kulturgeschichte geworden ist. Wenn vom *spatial turn*, der „Wiederkehr des Raumes" [OSTERHAMMEL 1998], die Rede ist, kann damit allerdings Verschiedenes gemeint sein. Es kann sich darin eine Skepsis gegenüber radikal-konstruktivistischen Ansätzen ausdrücken; die Hinwendung zu räumlichen Gegebenheiten wäre dann der Versuch, an eine reale Welt jenseits der sprachlichen und symbolischen Repräsentationen zu erinnern. Der *spatial turn* kann aber auch in die entgegengesetzte Richtung vorangetrieben werden; das würde bedeuten, Räume als Produkt menschlicher Imaginationen zu betrachten. In diesem Sinne ist es beispielsweise zu verstehen, wenn von der „Erfindung des Balkans" gesprochen wird [TODOROVA]. Beide Blickrichtungen schließen sich nicht notwendig aus: Wer die Landkarten in den Köpfen der Menschen (*mental maps*) rekonstruiert, leugnet deshalb nicht unbedingt, dass es im „Balkan" Gebirgslandschaften gibt, die das Leben der Menschen dort in spezifischer Weise prägen. Und wer auf geographische und naturale Vorgaben bäuerlicher Existenzen im Gebirge verweist, bestreitet damit nicht, dass die Gebirgsbauern sich bestimmte, auch handlungsrelevante Vorstellungen über

▷ S. 190 Staaten, Nationen, Internatio Beziehun

242

Neuere Paradigmen
historischer Forschung
Von der Geschichte
der Gesellschaft
zur „Neuen
Kulturgeschichte"

ihre Welt und diejenige der Küstenbewohner machen. Einstweilen werden unter dem Etikett *spatial turn* Forschungen beider Richtungen betrieben, und möglicherweise macht gerade das ungeklärte Spannungsverhältnis zwischen Realität und Diskursivität des Raums die Faszination des Themas aus.

Einige außerwissenschaftliche Impulse haben den *spatial turn* begünstigt. Die Globalisierungsdiskussion hat das Bewusstsein für die gegenseitige Durchdringung von Kulturen auch in früheren Epochen geschärft. Zugleich ist damit deutlich geworden, wie fragwürdig es ist, vergangene Zivilisationen, Nationen, Kontinente als räumlich präzise voneinander abgrenzbare Wesenheiten zu behandeln, um sie dann miteinander zu vergleichen [OSTERHAMMEL 2001, 152]. Wo endet ▷ S. 329 Vergleich nd Transitionalität Europa, wo beginnt Asien? An die Stelle der isolierend-vergleichenden Sichtweise tritt mehr und mehr das Konzept der *entangled histories*, der miteinander verflochtenen Geschichten. Damit verbunden ist häufig eine Kritik an der eurozentrischen Verengung der bisherigen Geschichte, also der Annahme, dass Europa allein aus sich heraus zu verstehen sei und auf die anderen Weltteile ▷ S. 263 f. Universalschichte/ Welteschichte ausgestrahlt habe. Neben der Globalisierungserfahrung hat die Ökologiedebatte dafür gesorgt, dass wieder vermehrt über den natürlichen Raum als Umwelt des Menschen gesprochen wird. Die Umweltgeschichte ist längst aus der lokalen Beschränkung herausgetreten und ebenfalls global geworden. Sie kann profitieren von einer langen, besonders in Frankreich ausgeprägten historiographischen Tradition der Verknüpfung von Geographie und Geschichte, wie sie exemplarisch in Fernand Braudels (1902–1985) Mittelmeerbuch verwirklicht wurde [BRAUDEL]. In Deutschland war diese Tradition allerdings lange diskreditiert, da geopolitisch argumentierende Geographen und Historiker im Rahmen des deutschen Weltmachtstrebens bis 1945 eine legitimierende Rolle spielten. Eine dritte Gegenwartserfahrung, die zum neuen Nachdenken über Räume anregt, lässt sich mit den ▷ S. 255 Universalgeschichte/ Weltgeschichte Begriffen Virtualisierung und Pluralisierung beschreiben. Was bedeutet es zum Beispiel für die in Israel lebenden Juden, dass es inzwischen eine interaktive Internetseite gibt, auf der das Geschehen an der Klagemauer nicht nur per *live cam* eingefangen wird, sondern die dem Benutzer die Möglichkeit gibt, Gebetszettel abzusenden und durch einen Mittelsmann in die reale Mauer stecken zu lassen [RUDOFF]? Virtueller und realer Raum verschmelzen hier völlig ineinander, es entsteht ein neuartiger Raum, der neue Formen der Kommunikation ermöglicht; mehr noch, die Präsenz der Klagemauer im Netz stellt die erst vor wenigen Jahrzehnten gewonnene, territorial definierte Identität des jüdischen Volkes wieder in Frage. Der alltägliche Umgang mit derart konstruierten Räumen dürfte auch in der Geschichtsforschung das Interesse für die Zunahme künstlich angelegter Räume in unserer modernen Welt erhöht haben. Die Entwicklung der letzten 200 Jahre ist eben nicht nur dadurch gekennzeichnet, dass durch die Beschleunigung der Transportmöglichkeiten der Raum als Hindernis immer unbedeutender wurde, es sind auch durch die Medien seit dem Ende des 19. Jahrhunderts immer neue Kommunikationsräume hinzugekommen, welche die alten Räume überlagern, verdoppeln, verfremden [GEPPERT U.A.].

Alte Themen – neu erschlossen. Kritiker werfen der Neuen Kulturgeschichte vor, sie befasse sich nur mit randständigen, wei- 243 chen Themen und lasse die wirklich zentralen, harten Probleme außer Acht: soziale Ungleichheit, politische Herrschaft, Marktmacht im Kapitalismus, Krieg und Gewalt [Wehler 2000]. Abgesehen von der Metaphorik (warum ist Diskursanalyse „weich", Sozialstatistik aber „hart"?) ist hieran zweierlei fragwürdig. Zum einen die Relevanzkriterien: niemand bestreitet, dass soziale Ungleichheit oder Gewalt wichtige Themen sind, aber ist deshalb die Beschäftigung mit der geschlechtlichen Codierung von Konsumgütern oder der Ikonographie von Kriegerdenkmälern weniger wichtig? Hier könnte man einwenden, dass gerade die im Warenaustausch weitergereichten Geschlechterstereotype Ungleichheiten aufrechterhalten und die im Totenkult wachgerufenen nationalen Feindbilder Gewalt legitimieren. Zum anderen der sachliche Kern des Vorwurfs selbst: dieser ist so nicht mehr haltbar, denn neue kulturhistorische Arbeiten wenden sich zunehmend genau den Bereichen zu, die von den Vertretern der politischen Sozialgeschichte für zentral gehalten werden.

Dass die Nationalismusforschung von den neuen kulturgeschichtlichen Ansätzen enorm profitiert hat, gestehen auch die Kritiker zu. Die mobilisierende Kraft der nationalen Idee im Europa des 19. und frühen 20. Jahrhunderts mitsamt ihren zerstörerischen Folgen lässt sich schlichtweg besser erklären, wenn man mit Benedict Anderson Nationen als „vorgestellte Gemeinschaften" auffasst, die sich durch Abgrenzung nach außen und symbolische Repräsentation nach innen stets neu „erfinden" [Anderson]. Die Forschungen zu nationalen Erinnerungsorten in Deutschland und Frankreich sind nur eines von vielen Feldern, die durch die kulturalistische Wende neu erschlossen wurden.

▷ S. 48
Nation als Deutungskategorie

244

Hier geht es nicht lediglich um Rezeptionsgeschichten einzelner bedeutsamer Orte, Personen, Institutionen oder Ereignisse, sondern um die Geschichte der ständigen Umbauten des gesamten nationalen Erfahrungsraums im „Wechselspiel von Gedächtnis und Geschichte". Pierre Nora, der das französische Projekt der *lieux de mémoire* wesentlich mitbegründete, beschreibt Erinnerungsorte bildlich als „russische Puppen der Bedeutung": Man öffnet die äußere Puppe und es kommt eine neue, anders gestaltete Puppe zum Vorschein und so weiter [Nora, 32, 35]. Die Vielschichtigkeit des nationalen Gedächtnisses selbst ist also das Thema, nicht die Frage, wessen Erinnerungen als richtig oder falsch zu bewerten sind. Erneut stellt sich hier, wie bei den meisten neuen Kulturgeschichten, das Problem, ob es hinter den Schichten von Bedeutungen so etwas wie letzte Gewissheit einer vergangenen „Realität" überhaupt geben kann.

Zum kulturgeschichtlichen Blick auf die Nation gehört auch, dass man die Emotionen, Aggressionen und religiösen Heilserwartungen, die sich seit 1789 mit dem Nationalen verbinden, als solche ernst nimmt, statt sie lediglich als Ausfluss falschen Bewusstseins oder ökonomischer Interessen zu deuten. Warum in den Weltkriegen des 20. Jahrhunderts Millionen Soldaten und Zivilisten auf allen Seiten über Jahre hinweg zu größten Opfern bereit waren, die unmenschlichsten Befehle befolgten und auch in aussichtsloser Lage noch durchhielten, ist durch den Verweis auf rationale Kosten-Nutzen-Kalküle kaum zu verstehen. Historisch-semantische Analysen von Selbstzeugnissen, etwa der tausendfach überlieferten Feldpostbriefe, sind ein möglicher Weg, um die Beweggründe und Gefühle durchschnittlicher

▷ S. 117 f
Totaler K
und Mass
vernicht

▷ S. 103
Industrie
Masseng
schaft

Neuere Paradigmen
historischer Forschung
Von der Geschichte
der Gesellschaft
zur „Neuen
Kulturgeschichte"

Individuen in der Extremsituation des Krieges zu erhellen. Beispielgebend sind hier Untersuchungen des religiösen und emotionalen Vokabulars, einschließlich der Metaphern und Visualisierungen, wie sie für den Ersten Weltkrieg vorliegen [REIMANN].

In ähnlicher Weise kann man sich den verschiedenen Spielarten des Terrors in den Diktaturen und autoritären Regimen des 20. Jahrhunderts nähern. Dass die Menschen aus Angst vor Schlägertrupps, angedrohter Einweisung in Konzentrationslager oder Hinrichtung manche Dinge gegen ihren Willen taten oder unterließen, ist relativ leicht nachzuvollziehen. Erklärungsbedürftig ist aber, wie zunächst die Spiralen der gegenseitigen Verdächtigung und des Verstummens in Gang kamen, durch die Gegner des jeweiligen Regimes, mitunter sogar Anhänger, sukzessive ihrer Sprache beraubt wurden und in Gefahr gerieten. Tagebücher, Denunziationen, Protokolle von Schauprozessen geben Auskunft über das Sprachverhalten von Tätern wie Opfern unter den Bedingungen des Terrors. Forschungen dieser Art bewegen sich noch auf der Ebene exemplarischer Studien, etwa zum nationalsozialistischen Volksgerichtshof [RICHTER], zu den Grenzen des Sagbaren im Stalinismus [HELLBECK] oder auch zur Kommunistenhatz in den USA während der Ära McCarthy [STIEGLITZ]. Auf mittlere Sicht wird es darauf ankommen, von derartigen Einzelstudien zu größeren, vergleichenden Synthesen vorzudringen. Mit Sprachanalysen allein wird man freilich den Gründen für die Gewaltbereitschaft und tatsächliche Gewaltausübung der Täter – ganz gewöhnlicher Männer – kaum auf die Spur kommen. Hierzu ist auch die Untersuchung der sprachlosen Praktiken vonnöten. Am Beispiel der italienischen faschistischen Kampfbünde und der deutschen SA ist gezeigt worden, wie sich gemeinschaftlich begangene Gewalt, verbunden mit bestimmten Männlichkeitsbildern, Kameradschaftsritualen und Gruppenzwängen, durch Wiederholung zu einer regelrechten Lebensform verfestigen konnte [S. REICHARDT]. Das Habitus-Konzept des französischen Soziologen Pierre Bourdieu (1930–2002) eignet sich sehr gut, um derart verfestigte Haltungen, die aus sprachlichen, symbolischen und handgreiflichen Praktiken erwachsen sind, begrifflich zu fassen.

▷ S. 211 f.
Geschichte
der Staaten /
Geschichte der
Gesellschaft

▷ S. 222
Das Individuum
und seine
Geschichte

Nationalhass, Krieg, Terror und Gewalt waren in der ersten Hälfte des 20. Jahrhunderts die dominante Erscheinungsform des Politischen und haben dementsprechend viel Aufmerksamkeit auf sich gezogen. Aber auch der Alltag des Regierens in Friedenszeiten wird zunehmend als Gegenstand neuer kulturhistorischer Arbeiten entdeckt. Dabei ist allerdings noch ein gewisses Ungleichgewicht erkennbar. Während die Entscheidungstätigkeit in der geheimen Sphäre der Kabinette, diplomatischen Corps und obersten Staatsbehörden bisher weitgehend eine Domäne der klassischen Politikhistoriker geblieben ist, haben sich die Kulturhistoriker vorrangig dem Geschehen in den Parlamenten und ihrem Verhältnis zur Öffentlichkeit zugewandt. Es ist aber wohl nur eine Frage der Zeit, bis die Neue Kulturgeschichte sich auch der Arkanbereiche der politischen Herrschaft annehmen wird. So führt eine Studie zu Monarchenbegegnungen und Staatsbesuchen exemplarisch vor, wie sehr das System der internationalen Beziehungen im 19. Jahrhundert durch symbolische Praxis nicht nur nach außen dargestellt, sondern auch in seinem inneren Funktionieren geprägt und verändert wurde [PAULMANN].

245

Neuere Paradigmen
historischer Forschung
Von der Geschichte
der Gesellschaft
zur „Neuen
Kulturgeschichte"

Forschungsstimme

Ritual und Zeremonie. Beide Begriffe tauchen in kulturhistorischen Darstellungen häufig auf, ohne genau definiert zu werden. In seiner Untersuchung über Monarchenbegegnungen und Staatsbesuche im internationalen System des 19. Jahrhunderts unterscheidet der Historiker **Johannes Paulmann** zwischen Ritual und Zeremonie als zwei Seiten dieses Ereignistyps:

„Rituale werden anthropologisch als standardisierte, repetitive, außergewöhnliche Handlungen definiert, die eine symbolische Bedeutung besitzen. Die *aktive Partizipation* steht im Vordergrund des Rituals. Durch sie werden Gefühle bewegt, Wahrnehmungen beeinflußt und Beziehungsgefüge geschaffen. Betrachtet man Monarchenbegegnungen und Staatsbesuche im 19. Jahrhundert als Rituale, dann gehörten zu den Teilnehmern nicht nur die beteiligten Monarchen, sondern auch die anwesende höfisch-politische Gesellschaft und gegebenenfalls das an der Straße stehende Publikum. Die Staatsoberhäupter führten sinnbildlich ihre gegenseitigen persönlichen und politischen Beziehungen auf, bestätigten dabei zugleich ihre Herrschaft über ihre eigenen Untertanen und die Teilhabe der politischen und gesellschaftlichen Eliten an der Macht.

Eine Zeremonie ist dem Ritual ähnlich. Es handelt sich ebenfalls um eine an Regeln gebundene Handlung, die bei feierlichen Anlässen wiederholt abläuft. Im Vordergrund steht allerdings nicht der aktive Vollzug durch die Teilnehmer, sondern die symbolische Vorführung vor einer Öffentlichkeit. *Repräsentation* ist wesentlich für das Zeremoniell. Sie zielt auf die Beobachtung und Deutung der dargebotenen Handlungen durch andere ab. Im Fall der Monarchenbegegnungen konnten die Kommentatoren aus dem Kreis der Teilnehmer stammen, doch Diplomaten, Politiker und Journalisten, denen von einer Zusammenkunft nur berichtet worden war, beteiligten sich mit gleicher Befugnis, wenn auch jeweils unterschiedlicher Autorität an der Auslegung. Sprachliches Handeln trat in der Zeremonie ganz wesentlich zum symbolischen Handeln hinzu."

Literatur: J. PAULMANN, Pomp und Politik. Monarchenbegegnungen in Europa zwischen Ancien Régime und Erstem Weltkrieg, Paderborn 2000, 17.

Mehr als in Monarchien und Diktaturen besteht Politik in demokratischen Regierungssystemen aus Sprachhandlungen. Die Etymologie des Worts „Parlament" verweist auf diesen Sachverhalt, den die Briten als „government by discussion" bezeichnen. Wer sich bei einer Wahl durchzusetzen vermag, wessen Reformvorschläge Gehör finden, hängt in parlamentarischen Demokratien wesentlich davon ab, wem es gelingt, seine Begriffe und Argumente anderen aufzunötigen. Handlungsspielräume konstituieren sich in der Sprache und durch die Sprache; die Grenzen des Sagbaren bestimmen darüber, was politisch machbar ist [STEINMETZ]. Ob es tatsächlich gemacht wird, hängt natürlich auch von anderen Faktoren ab, zum Beispiel davon, ob genügend Geld vorhanden ist. Entscheidend ist aber zunächst, dass bestimmte Probleme überhaupt als „politisch" zu lösende benannt werden. Sprachanalysen sind daher zentral für jede Politikgeschichte, auch wenn sie sich nicht als kulturgeschichtlich versteht. Was aber wäre über Sprachanalysen hinaus eine spezifisch kulturhistorische Sicht auf Politik? Zweifellos nicht eine, die das Kulturelle nur als „Wandschmuck" der Politik begreift (Feste, Fahnen, Fackelzüge), während die eigentlichen Entscheidungen in den Hinterzimmern getroffen würden. Vielmehr eine, die „Politik als ein symbolisches System" betrachtet, in dem sowohl Worte als auch Rituale, Kleidung, Körperhaltungen oder die Sitzordnung Bedeutungen tragen, die es zu entschlüsseln gilt [MERGEL, Überlegungen, 586, 591]. Dieses ist freilich umso schwieriger, je vertrauter uns das zu untersuchende Regierungssystem ist. Es kommt daher darauf an, sich einen gleichsam ethnologischen Blick anzugewöhnen, um das scheinbar Selbstverständliche als eigenartig und bedeutungsvoll

Zu allen Zeiten haben **Regierende idealisierte Bilder** ihrer selbst verbreitet. Im Zeitalter der Demokratisierung und der plebiszitären Diktaturen entstanden neue Darstellungskonventionen. Regierungschefs und „Führer" erschienen nun häufig am Schreibtisch arbeitend, als Redner auf der Tribüne, im Gespräch mit einfachen Arbeitern, oder auch als jugendlich-athletischer Sportsmann, wie auf dem hier abgebildeten Foto, das **Mussolini** in sportlicher Pose auf einem Segeltörn zeigt. Diese typischen Images moderner Politiker sind nicht national- oder regimespezifisch. Auch amerikanische Präsidenten und bundesdeutsche Außenminister lassen sich bekanntlich beim Joggen ablichten und demonstrieren so, dass sie sich für ihr Land fit halten. Im Maße, wie moderne Reproduktionstechniken allgemein verfügbar wurden, ist es freilich für Politiker insbesondere in pluralistischen Gesellschaften schwieriger geworden, die Kontrolle über ihr Abbild und dessen öffentliche Deutung zu behalten. Das unbedachte Präsentieren des eigenen Körpers kann für das Bild des Politikers und des Staates, den sie vertreten, negative Folgen haben. Während der segelnde Mussolini Kraft und Männlichkeit ausstrahlte, sorgte ein Foto, das den Reichspräsidenten **Friedrich Ebert** mit Reichswehrminister Gustav Noske in Badehose vorführte, für einen Skandal und schadete der jungen Weimarer Republik.

Bilder: Mussolini, auf einem Segeltörn bei Riccione, Fotografie aus den dreißiger Jahren des 20. Jahrhunderts, balnea museum, museo virtuale dei bagni di mare e del turismo balneare, *http://www.balnea.net/*; Friedrich Ebert und Gustav Noske in der Sommerfrische, Berliner Illustrierte, 24.8.1919, Bayerische Staatsbibliothek München.

Literatur: P. BURKE, Eyewitnessing. The Uses of Images as Historical Evidence, Ithaca/New York 2001, 59–80.

247

für den politischen Prozess zu entziffern. Vermeintlich restlos erforschte Zusammenhänge, wie etwa die Schwäche des Parlamentarismus in der Weimarer Republik, können durch diese verfremdende Sicht eine Neubewertung erfahren [MERGEL, Parlamentarische Kultur].

Im Gegensatz zur Politikgeschichte hat sich die Wirtschaftsgeschichte bis vor kurzem als relativ unzugänglich für kulturhistorische Herangehensweisen erwiesen, von der breit erforschten Konsumgeschichte einmal abgesehen. Es gibt jedoch Anzeichen, dass sich dies ändert [BERGHOFF/VOGEL]. Im Zuge der neuen Institutionenökonomik schenken Wirtschaftshistoriker in letzter Zeit auch nicht-quantifizierbaren Aspekten des Marktgeschehens, etwa rechtlichen Regelungen oder Bildungssystemen, wieder mehr Aufmerksamkeit. Hierdurch ergeben sich Anknüpfungspunkte für Kulturhistoriker, die sich zuvor von den hermetischen Zahlenspielen der Ökonometriker haben abschrecken lassen. So hat sich in den USA bereits eine umfangreiche Forschung zur Kultur des Marktes herausgebildet, deren zentrale Frage auf die Bedingungen des Erfolgs der kapitalistischen Wirtschaftsweise – im Grunde ein sehr altes, schon Max Weber bewegendes Problem – zielt [NOLTE 1997]. Unter „Kultur" wird in diesen Forschungen vornehmlich dasjenige, meist unbewusste menschliche Handeln verstanden, das sich einer strikt ökonomischen Rationalität im Sinne der Gewinnmaximierung nicht fügt. Mit einem ähnlichen Ansatz operiert auch eine bemerkenswerte vergleichende Studie zur kulturellen Genese des Begriffs und der Praxis von „Arbeit" in Deutschland und Großbritannien [BIERNACKI]. Für eine noch zu konzipierende Kulturgeschichte der Wirtschaft scheint es allerdings problematisch, das im ökonomischen Sinne

▷ S. 147 ff. Konsum-
gesellschaft,
Sozialstaat,
„Wertewandel"

rationale Handeln aus der Kultur herauszunehmen. Im Grunde leistet man damit einer Verdinglichung von Kultur zu einem eigenen Bereich wieder Vorschub, die ja durch die Neue Kulturgeschichte gerade überwunden werden sollte.

Probleme, Schwächen. Der gedrängte Überblick hat gezeigt: nicht in der Missachtung bestimmter Themen liegt die entscheidende Schwäche der Neuen Kulturgeschichte. In diesem Punkt kann man darauf bauen, dass auch bisher unberücksichtigte Felder bald mit kulturhistorischem Blick neu bearbeitet werden. Das Kernproblem ist vielmehr erkenntnistheoretischer Natur. Es betrifft das ungeklärte Wirklichkeitsverständnis. Als gemeinsames Merkmal der neuen Kulturgeschichten war eingangs die Überzeugung ausgemacht worden, dass alle Wirklichkeit, ob gegenwärtig oder vergangen, zeichenhaft aufgebaut sei. Wirklichkeit entsteht, dieser Auffassung zufolge, wenn Zeichen mit Bedeutungen verknüpft werden. In jeder Kommunikation konstruieren sich je eigene Wirklichkeiten. Als Historiker und Historikerinnen können wir uns nun bemühen, die Zeichensprachen dieser vielen konstruierten Welten zu entziffern und ineinander zu übersetzen, aber wir gelangen auf diesem Weg an keinen Punkt, von dem aus wir hinter den Bedeutungsschichten die eine „objektive" Geschichte zu fassen bekommen. Anders gesagt: wir können uns zwischen den konstruierten Welten hin und her bewegen, haben aber kein sicheres Kriterium, das uns erlaubt, eine dieser Welten als real, die anderen als fiktiv zu bestimmen. So weit die Theorie.

In der geschichtswissenschaftlichen Praxis führt diese konstruktivistische Sicht früher oder später zu erheblichen Schwierigkeiten.

Neuere Paradigmen
historischer Forschung
Von der Geschichte
der Gesellschaft
zur „Neuen
Kulturgeschichte"

Ob es um die Frage des biologischen Geschlechts geht, um die Existenz eines objektiven Raums oder um die physische Erfahrung von Schmerz: immer wieder stoßen Kulturhistoriker auf Gegebenheiten, bei denen ihnen selbst Zweifel kommen, ob sie es hier nicht doch mit etwas zu tun haben, von dem man annehmen darf, dass es auch in der Vergangenheit ebenso „real" war wie im unmittelbaren eigenen Erleben. Weiterhin: Historiker wissen von Berufs wegen vieles besser als die Zeitgenossen vergangener Epochen; aus materiellen Überresten und überlieferten Zeugnissen decken sie Zusammenhänge auf, von denen man behaupten kann, dass sie unabhängig davon existierten, ob sie von den damals Lebenden wahrgenommen wurden oder nicht, zum Beispiel langfristige Klimaveränderungen oder Ausbreitungswellen bestimmter Bakterien. Zweifellos waren diese Geschehnisse für die Zeitgenossen wirklich in dem Sinne, dass sie ihr Leben positiv oder negativ beeinträchtigten, aber sie fanden keinen Platz in ihrer – konstruierten – Wirklichkeit. Um was für eine Realität handelt es sich aber dann? Streng genommen nur um eine vergangene Realität für uns, die besserwissenden Nachgeborenen. Die meisten Historiker würden aber in der Praxis davon ausgehen, dass sie mit den Klimaveränderungen und Bakterienströmen Teile einer auch damals „realen" Geschichte rekonstruiert haben, die mit der unseren zusammenhängt. Schließlich noch eine letzte Schwierigkeit: Wenn die Aufgabe des Historikers nur darin bestehen soll, die Vielzahl nebeneinander bestehender, prinzipiell gleichberechtigter Konstruktionen von Wirklichkeit zu beschreiben, kann dann die Geschichtswissenschaft überhaupt noch den Anspruch erheben, wahre von falschen Erinnerungen trennen zu können? Wäre es dann

noch möglich, jenseits der verschiedenen Erinnerungen von Tätern und Opfern eine Geschichte der Völkermorde des 20. Jahrhunderts zu schreiben, welche die subjektiven Darstellungen zu korrigieren erlaubte [HÖLSCHER, 30]? Wiederum wird man in der Praxis, auf diese Frage bezogen, auch unter den neuen Kulturhistorikern kaum jemanden finden, der die Möglichkeit, Fakten jenseits der Fiktionen zu identifizieren, radikal leugnet. Die Frage bleibt, wie diese Position zu begründen ist.

Es gibt keinen einfachen Ausweg aus den geschilderten Problemen. Die Rückkehr zu einem erkenntnistheoretisch naiven Realismus verbietet sich ebenso wie die selbstgenügsame bloße Beschreibung des Nebeneinanders der unterschiedlichen Diskurse, Symbolwelten und Konstruktionen von Wirklichkeit. Eine Teilantwort auf die Frage nach der Erkennbarkeit einer realen Geschichte jenseits der Deutungen ist der Verweis auf das „Vetorecht" der Quellen [KOSELLECK 1979, 206]. Die Quellen sagen uns nicht, welche Deutung der Geschichte richtig ist, aber sie gestatten es, bestimmte Deutungen als falsch zu eliminieren. Darüber hinaus erscheint es zulässig, einen historischen Zusammenhang aus denjenigen Ereignissen herzustellen, die sich dadurch als real erweisen, dass sie in den unterschiedlichsten, auch widersprüchlichen Deutungen als gemeinsamer Bezugspunkt auftauchen. Ob diese „annalistische" Geschichtsbetrachtung [HÖLSCHER] mehr als ein dürres Gerippe ergibt, müsste jedoch erst gezeigt werden. Vorerst bleibt die Frage, wie die Realität und Einheit einer zusammenhängenden Geschichte begründet werden kann, die Achillesverse der Neuen Kulturgeschichte. Diese Frage zugespitzt zu haben, ist die eigentliche Herausfor- **249** derung, die von der Neuen Kulturgeschichte in die Geschichtswissenschaft hineingetragen worden ist.

Willibald Steinmetz

Literatur

B. ANDERSON, Die Erfindung der Nation. Zur Karriere eines folgenreichen Konzepts, Frankfurt/M./New York 2., um ein Nachwort von T. MERGEL erg. Aufl. d. erw. NA 2005 [engl. 1983/1991].

H. BERGHOFF/J. VOGEL (Hrsg.), Wirtschaftsgeschichte als Kulturgeschichte. Dimensionen eines Perspektivwechsels, Frankfurt/M./ New York 2004.

R. BIERNACKI, The Fabrication of Labor. Germany and Britain, 1640–1914, Berkeley/Calif. 1995.

V. BONNELL/L. HUNT (Hrsg.), Beyond the Cultural Turn. New Directions in the Study of Society and Culture, Berkeley/Calif. 1999.

F. BRAUDEL, La mediterranée et le monde méditerranéen à l'epoque de Philippe II., Paris 5. Aufl. 1982 [erstmals 1949].

O. BRUNNER/W. CONZE/R. KOSELLECK (Hrsg.), Geschichtliche Grundbegriffe. Historisches Lexikon zur politisch-sozialen Sprache in Deutschland, 8 Bde., Stuttgart 1972–1997.

C. CONRAD/M. KESSEL (Hrsg.), Kultur und Geschichte. Neue Einblicke in eine alte Beziehung, Stuttgart 1998.

A. CORBIN, Kulissen, in: M. PERROT (Hrsg.), Geschichte des privaten Lebens, Bd. 4: Von der Revolution zum Großen Krieg, Augsburg 1999, 419–629.

U. DANIEL, Clio unter Kulturschock. Zu den aktuellen Debatten der Geschichtswissenschaft, in: GWU 48, 1997, 195–219; 259–278.

DIES., Kompendium Kulturgeschichte. Theorien, Praxis, Schlüsselwörter, Frankfurt/M. 2001.

B. DUDEN, Die Frau ohne Unterleib. Zu Judith Butlers Entkörperung. Ein Zeitdokument, in: Feministische Studien 11/2, 1993, 24–33.

M. FAUSER, Einführung in die Kulturwissenschaft, Darmstadt 2003.

C. GEERTZ, The Interpretation of Cultures: Selected Essays, New York 1973.

A. C. T. GEPPERT/U. JENSEN/J. WEINHOLD, Ortsgespräche. Raum und Kommunikation im 19. und 20. Jahrhundert, Bielefeld 2005.

S. HAAS, Historische Kulturforschung in Deutschland 1880–1930. Geschichtswissenschaft zwischen Synthese und Pluralität, Köln 1994.

K. HAUSEN, Die Polarisierung der ‚Geschlechtscharaktere' – Eine Spiegelung der Dissoziation von Erwerbs- und Familienleben, in: W. CONZE (Hrsg.), Sozialgeschichte der Familie in der Neuzeit Europas, Stuttgart 1976, 363–393.

J. HELLBECK, Speaking Out: Languages of Affirmation and Dissent in Stalinist Russia, in: Kritika 1, 2000, 71–96.

E. HELLMUTH/C. v. EHRENSTEIN, Intellectual History Made in Britain: Die Cambridge School und ihre Kritiker, in: GG 27, 2001, 149–172.

L. HÖLSCHER, Neue Annalistik. Umrisse einer Theorie der Geschichte, Göttingen 2003.

G. HÜBINGER, Die „Rückkehr" der Kulturgeschichte, in: C. CORNELISSEN (Hrsg.), Geschichtswissenschaften. Eine Einführung, Frankfurt/M. 2000, 162–177.

L. HUNT (Hrsg.), The New Cultural History, Berkeley/Calif. 1989.

J. JÄGER, Photographie: Bilder der Neuzeit. Einführung in die Historische Bildforschung, Tübingen 2000.

Neuere Paradigmen
historischer Forschung
Von der Geschichte
der Gesellschaft
zur „Neuen
Kulturgeschichte"

P. Jelavich, Poststrukturalismus und Sozialgeschichte – aus amerikanischer Perspektive, in: GG 21, 1995, 259–289.

G. S. Jones, Klassen, Politik und Sprache. Für eine theorieorientierte Sozialgeschichte, hrsg. v. P. Schöttler, Münster 1988 [engl. 1983].

H. Knoch, Die Tat als Bild. Fotografien des Holocaust in der deutschen Erinnerungskultur, Hamburg 2001.

R. Koselleck, Vergangene Zukunft. Zur Semantik geschichtlicher Zeiten, Frankfurt/M. 1979.

Ders., Raum und Geschichte, in: Ders., Zeitschichten. Studien zur Historik, Frankfurt/M. 2000, 78–96.

A. Lüdtke (Hrsg.), Alltagsgeschichte. Zur Rekonstruktion historischer Erfahrungen und Lebensweisen, Frankfurt/M./New York 1989.

Ders., Eigen-Sinn: Fabrikalltag, Arbeitererfahrungen und Politik vom Kaiserreich bis in den Faschismus, Hamburg 1993.

D. Mares, Abschied vom Klassenbegriff? Viktorianische Arbeiterbewegung, politische Sozialgeschichte und linguistic turn in England, in: NPL 42, 1997, 378–394.

J. Martschukat (Hrsg.), Geschichte schreiben mit Foucault, Frankfurt/M./New York 2002.

T. Mergel, Überlegungen zu einer Kulturgeschichte der Politik, in: GG 28, 2002, 574–606.

Ders., Parlamentarische Kultur in der Weimarer Republik. Politische Kommunikation, symbolische Politik und Öffentlichkeit im Reichstag, Düsseldorf 2002.

P. Nolte, Der Markt und seine Kultur – ein neues Paradigma der amerikanischen Geschichte?, in: HZ 264, 1997, 329–360.

Ders., Gesellschaftsgeschichte – von der Theorie zur Geschichtsschreibung, in: Ders. u.a. (Hrsg.), Perspektiven der Gesellschaftsgeschichte, München 2000, 1–4.

P. Nora, Zwischen Geschichte und Gedächtnis, Frankfurt/M. 1998 [franz. 1984/86].

O. G. Oexle, Geschichte als Historische Kulturwissenschaft, in: W. Hardtwig/H.-U. Wehler (Hrsg.), Kulturgeschichte Heute, Göttingen 1996, 14–40.

J. Osterhammel, Die Wiederkehr des Raumes. Geopolitik, Geohistorie und historische Geographie, in: NPL 43, 1998, 374–397.

Ders., Geschichtswissenschaft jenseits des Nationalstaats. Studien zu Beziehungsgeschichte und Zivilisationsvergleich, Göttingen 2001.

R. Reichardt, Historische Semantik zwischen lexicométrie und New Cultural History, in: Ders. (Hrsg.), Aufklärung und Historische Semantik. Interdisziplinäre Beiträge zur westeuropäischen Kulturgeschichte, Berlin 1998, 7–28.

Ders., Bild- und Mediengeschichte, in: J. Eibach/G. Lottes (Hrsg.), Kompass der Geschichtswissenschaft, Göttingen 2002, 219–230.

Ders./H.-J. Lüsebrink/E. Schmitt (Hrsg.), Handbuch politisch-sozialer Grundbegriffe in Frankreich 1680–1820, bisher Hefte 1–20, München 1985–2000.

S. Reichardt, Faschistische Kampfbünde. Gewalt und Gemeinschaft im italienischen Squadrismus und in der deutschen SA, Köln 2002.

A. Reimann, Der große Krieg der Sprachen. Untersuchungen zur historischen Semantik in Deutschland und England zur Zeit des Ersten Weltkriegs, Essen 2000.

I. Richter, Hochverratsprozesse als Herrschaftspraxis im Nationalsozialismus. Männer und Frauen vor dem Volksgerichtshof 1934–1939, Münster 2001.

B. Roeck, Visual turn? Kulturgeschichte und die Bilder, in: GG 29, 2003, 294–315.

S. Rudoff, Heilige Cybersites. Eine Pilger-
fahrt im Zeitalter der digitalen Reproduktion,
in: G. Dachs (Hrsg.), Orte und Räume (Jüdischer Almanach des Leo Baeck Instituts),
Frankfurt/M. 2001, 9–16.

P. Schöttler, Wer hat Angst vor dem „linguistic turn"?, in: GG 23, 1997, 134–151.

J. Scott, Gender and the Politics of History,
New York 1988.

W. Steinmetz, Das Sagbare und das Mach-
bare. Zum Wandel politischer Handlungsspielräume: England 1780–1867, Stuttgart
1993.

O. Stieglitz, Wort-Macht, Sichtbarkeit und
Ordnung: Überlegungen zu einer Kulturge-
schichte des Denunzierens während der
McCarthy-Ära, in: Martschukat, 241–256.

C. Strupp, Johan Huizinga. Geschichtswissenschaft als Kulturgeschichte, Göttingen
2000.

K. Tenfelde (Hrsg.), Bilder von Krupp. Fotografie und Geschichte im Industriezeitalter,
München 1994.

E.P. Thompson, The Making of the English
Working Class, London 1963.

M. Todorova, Die Erfindung des Balkans,
Darmstadt 1999.

H.-U. Wehler, Deutsche Gesellschaftsgeschichte, Bd. 1: Vom Feudalismus des Alten
Reiches bis zur Defensiven Modernisierung
der Reformära 1700–1815, München 1987.

Ders., Die Herausforderung der Kulturgeschichte, München 1998.

Ders., Historisches Denken am Ende des 20.
Jahrhunderts, in: Ders., Umbruch und Kontinuität. Essays zum 20. Jahrhundert, München
2000, 301–326.

Von der Universalgeschichte zur Weltgeschichte

Europas Blick auf die Welt im 19. Jahrhundert. Stolz und selbstgewiss, wenngleich auch mehr oder weniger revolutionsfürchtig blickten am Beginn des 19. Jahrhunderts weite Teile des europäischen Bürgertums auf die Geschichte des eigenen Kontinentes zurück und in die Zukunft. Mehrheitlich waren sich Philosophen und Historiker, wie z. B. Friedrich Schiller (1759–1805), darin einig, dass Europa für eine Geschichte des allgemeinen Fortschritts und einer sich vervollkommnenden Zivilisation stehe. Waren noch in der zweiten Hälfte des 18. Jahrhunderts universalgeschichtliche Betrachtungsweisen auszumachen – namentlich bei Voltaire (1694–1778) sowie bei den Göttingern Johann Christoph Gatterer (1722–1799) und August Ludwig von Schlözer (1735–1809), etwa in Schlözers *Vorstellung einer Universalhistorie* (1772/73) –, so bahnte sich doch zeitgleich ein folgenschwerer Perspektivenwechsel an. Die aufgeklärte Geschichtsphilosophie hegte keineswegs eine uneingeschränkt positive Wertschätzung außereuropäischer Zivilisationen, wie z.B. insbesondere Chinas, vielmehr erklärten beispielsweise die Naturphilosophen Buffon (1707–1788) und de Pauw (1739–1799) Amerika zu einem degenerierten Kontinent.

Die Geringschätzung nichteuropäischer Kulturen setzte sich als Grundton der philosophisch-kulturellen Debatte des 19. Jahrhunderts weiter fort, ja nahm schließlich im Sozialdarwinismus unverhohlen rassistische Züge an. Für den liberalen französischen Historiker Jules Michelet (1798–1874), wegen seiner innovativen Zugänge noch heute anerkannt, stand die vermeintliche Überlegenheit Europas ebenso fest wie die angebliche kulturelle Stagnation Indiens, die er unverblümt zum Ausdruck

▷ S. 57 ff.
Nation als
Deutungskategorie

▷ S. 85 ff.
Revolution
er Wissenschaften

brachte. Der an der Berliner Humboldt Universität lehrende Philosoph Georg Wilhelm Friedrich Hegel (1770–1831), üblicherweise für seine geschichtstheoretische Systematik gerühmt, trug ebenfalls seinen Teil zur Abwertung außereuropäischer Kulturen bei. Die Welt teilte Hegel nachhaltig wirkend in Alte Welt und Neue Welt ein. Für Letztere hatte der Berliner Philosoph kein gutes Wort übrig, was in Amerika noch heute konsterniert zur Kenntnis genommen wird. Doch auch die Alte Welt hatte für Hegel eindeutig zuweisbare Licht- und Schattenseiten. Das bis zum Ende des 18. Jahrhunderts so geschätzte China wertete Hegel verächtlich als starr und unbeweglich ab. Angesichts des politischen Ringens um allgemeines Wahlrecht und politische Repräsentation im 19. Jahrhundert in Europa, gepaart mit den Transformationsproblemen durch die allmählich einsetzende Industrialisierung, boten Asien, Afrika sowie Lateinamerika keine und die USA kaum Anknüpfungspunkte für wissenschaftliche Debatten oder anregende Vergleiche. Dies erstaunt umso mehr, als in Anglo- und Iberoamerika zwischen 1776 und 1808/24 neue Staaten (Erste Dekolonisierung) entstanden waren, die mit ihrem Ringen um Demokratisierung oder um das Verhältnis von Kirche und Staat durchaus parallele Konfliktlagen aufwiesen. Immerhin blickte man gebannt auf die USA, denen selbst europäische Kulturskeptiker eine glänzende Zukunft attestierten. Stets aber blieb die Amerikanische Revolution, die als erste Revolution die freiheitlichen Werte Europas verwirklicht hatte, im Schatten der „Großen Französischen" Revolution, deren politische, sozioökonomische und kulturelle Problemlagen den Verhältnissen in Europa viel eher entsprachen als Konstellationen der überseeischen Welt.

▷ S. 20 f.
Durchbruch der
bürgerlichen
Gesellschaft

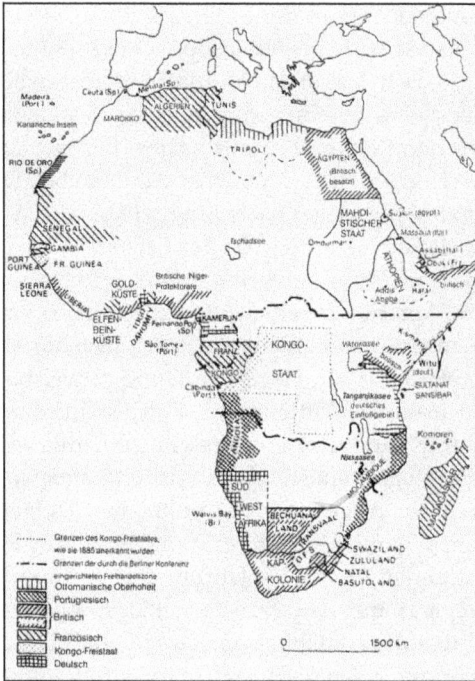

Afrika ca. 1887 **Afrika 1902**

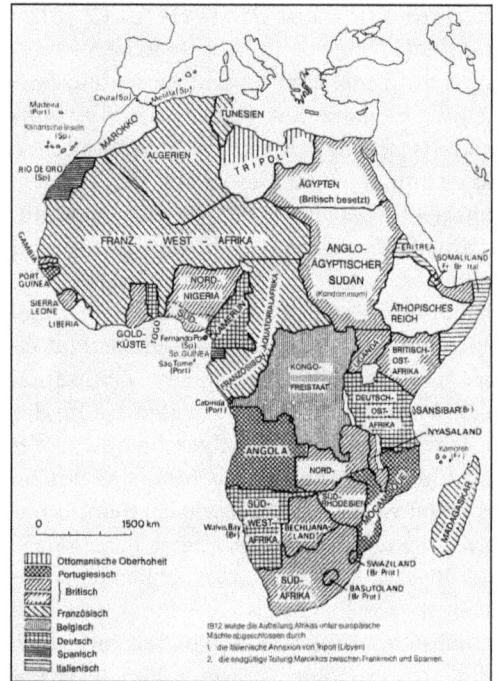

Bis zur Mitte des 19. Jahrhundert war **Afrika** durch Handelskontakte und Zwangsmigration in die histo-rische Weltgesellschaft integriert. Der Austausch galt Gold und Elfenbein. Vor allem aber wurden Skla-ven von afrikanischen Menschenhändlern aus dem Inneren des Kontinentes an die Küstenstreifen ver-schleppt, wo sich die europäischen Kaufleute aufhielten. Vom 15. Jahrhundert bis zur Abschaffung des Sklavenhandels um 1850 waren schätzungsweise 12 Mio. Zwangsarbeitskräfte in die Karibik und in die beiden Amerikas verschleppt worden.

Der Nordsaum des afrikanischen Kontinentes, der bis dahin größtenteils dem Osmanischen Reich unterstand, wurde zu Beginn des 19. Jahrhundert von europäischen Expansionsbestrebungen erfasst. Den Anfang setzte die Napoleonexpedition nach Ägypten. 1830 erfolgte die Besetzung des algeri-schen Küstenstreifens durch Frankreich. Ins Innere des Kontinentes wagten sich die Europäer nament-lich wegen Tropenkrankheiten nicht vor. Afrika galt als „das Grab des weißen Mannes". Dies änderte sich erst, als sich in den 1840er Jahren die Chininprophylaxe durchsetzte. Nunmehr begann auch die Phase, in der Missionare oder Gelehrte Erkundungsreisen ins Innere Afrikas unternahmen.

Im Zeitalter des Imperialismus unterlagen vor allem die afrikanischen Herrschaften dem Ansturm der europäischen Kolonialmächte. Um 1830/1870 wies der Kontinent nach europäischem Verständnis noch „weiße Flecken" auf, doch um 1880 war der „Scramble for Africa" abgeschlossen.

Karten: W. Reinhard, Geschichte der Europäischen Expansion, Bd. 4: Dritte Welt/Afrika, Stuttgart 1990, 55, 77.

▷ S. 48 ff.
Nation
Deutungs-
kategorie

Der lange Weg zur Nation und zur Ver-
wirklichung bürgerlicher Freiheiten in
Zentraleuropa bestimmte den Erfah-
rungs- und Sinnhorizont der Politik, der
politisch interessierten Öffentlichkeit sowie
der entstehenden historischen Wissenschaft
und führte zu einer Konzentration auf die eigene Geschichte. Diese Ausrichtung war und
ist insbesondere in Deutschland umso intensiver, als die Hindernisse und Verwerfungen
bei der Durchsetzung der modernen Industriegesellschaft mit den Erfahrungen einer totalitären Diktatur und mit den beiden Weltkriegen des 20. Jahrhunderts verknüpft
waren.

In einer Epoche, in der sich am Beginn des
19. Jahrhunderts die moderne Geschichtswissenschaft unter dem Dach des Historismus formierte und in der die Professionalisierung der historischen Wissenschaft
ihre Fundierung erlebte, verschloss sich
die europäische und deutsche Historiographie der Welt außerhalb Europas. Bei aller
Betonung des Individuellen und Einzigartigen und dem damit verbundenen Misstrauen
vor den generalisierenden Prinzipien der
Aufklärungsphilosophie, die dem Historismus innewohnte, war diese eurozentrische
Haltung keineswegs eine Entwicklung, die
dem Historismus als wissenschaftlichem Programm anzulasten ist. Dies verdeutlicht Leopold von Rankes (1795–1886) *Geschichte der osmanischen und spanischen Monarchie* (1827
erstmals unter dem Titel: *Fürsten und Völker in Südeuropa*). Ranke selbst versuchte
sich schließlich an einer Universalgeschichte und erkannte deren Problematik:
„Man sieht, wie unendlich schwer es mit der
Universalhistorie wird. Welche unendliche
Masse! – Wie differierende Bestrebungen! –
Welche Schwierigkeit, auch nur das Einzelne

> S. 297 ff.
ltung der
eschichts-
wissen-
schaften

▷ S. 177
Staaten,
Nationen,
nationale
iehungen

zu erfassen! ... Die Weltgeschichte weiß Gott
allein." So war die nationale Engführung der
Geschichtswissenschaft vor allem einem sich
am Politischen orientierenden Fachver-
ständnis geschuldet, das überdies mit einer Konzentration auf bestimmte Quel-
lensorten einherging.

Jede Historiographiegeschichte der „Außereuropäischen Geschichte" hat von diesen
Grundlegungen am Beginn des 19. Jahrhunderts auszugehen. Bis heute sind diese Belas-
tungen spürbar. Der Historismus priorisierte
ferner die Kategorie der Zeit – wie sie sich in
der Einteilung Historischer Seminare nach
Epochen widerspiegelt – gegenüber der Kategorie Raum, die nur selten (etwa mit der Etablierung der Landesgeschichte) zum Tragen
kam. Die Vernachlässigung des Raumes aufzubrechen, war nur ansatzweise möglich.
Als Beispiel kann die Entwicklung der
Osteuropäischen Geschichte nach dem
Ersten Weltkrieg genannt werden. Nach dem
Zweiten Weltkrieg wurden weltregionalen
Orientierungen überdies durch die diskredi-
tierte geopolitische Schule eines Karl Hausho-
fer blockiert (1869–1946). In anderen europäischen Ländern war die Ausgangslage ähnlich,
wenngleich koloniale Imperien in Spanien,
England, Frankreich und Belgien hier auch für
andere Akzentsetzungen im akademischen
Leben sorgten.

▷ S. 363 ff.
Gattungen
der Quellen

▷ S. 401
Räumliche
Konzentration

Die Rückkehr der Universalgeschich-
te. Das imperialistische Zeitalter brachte für
Afrika, den Vorderen Orient und weite
Teile Süd- und Ostasiens den Einfluss europäischer Staaten, nicht selten auch die
direkte Herrschaft („direct rule") weißer
Kolonialherren. Zwar traten mit den USA
und Japan auch nichteuropäische Staaten
als imperiale Mächte auf, doch verbindet

▷ S. 57 ff.
Nation als
Deutungs-
kategorie

▷ S. 188
Staaten,
Nationen,
Internationale
Beziehungen

sich der Hochimperialismus (ca. 1870–1918) vor allem mit Europa.

Während sich in Lateinamerika und den USA die Geschichtswissenschaft im Verlauf des 19. Jahrhunderts unter dem Einfluss des Historismus ausbildete und zum Teil professionalisierte, entstammten in Afrika und Asien Geschichtswerke vornehmlich der Feder einheimischer Intellektueller, von Missionaren oder Kolonialbeamten [FUCHS/STUCHTEY]. Trotz der Anfänge einer indischen Historiographie erklärten die englischen Kolonialherren Indien zum geschichtslosen Subkontinent. Die bei Hegel und Michelet zu findenden abschätzigen Urteile über Asien wurden auch von der englischen Zivilisationstheorie geteilt. Die bescheidenen Anfänge der Historiographie in Afrika hinderten die imperialen Mächte ebenfalls nicht daran, die schriftlosen Völker Schwarzafrikas zu „Völkern ohne Geschichte" zu erklären.

Die wissenschaftliche Beschäftigung mit der Welt außerhalb des lateinischen Kulturkreises war im 19. Jahrhundert und an der Wende zum 20. Jahrhundert vor allem das Werk der Anthropologen und Ethnologen. Ferner erforschten die sich seit dem 18. Jahrhundert entwickelnden außereuropäischen Philologien (Arabistik, Islamwissenschaft, Sinologie, etc.) diese Kulturen. Neben den literarisch-sprachlichen Aspekten konzentrierten diese sich in ihrem kulturellen Interesse vor allem auf die Religionsgeschichte. Manche Philologen ließen sich mit ihren Studien außerdem in den Dienst der imperialen Sache nehmen.

Einen besonders wertvollen Beitrag leistete die Geographie, die sich in länderkundlicher Absicht u.a. den historischen und sozioökonomischen Verhältnissen zuwandte. Dies wurde schon an der Wende zum 19. Jahrhundert deutlich, als Alexander von Humboldt (1769–1859) seine naturkundlichen Studien durch Angaben über die Wirtschaft und Gesellschaft des späten spanischen Kolonialregimes im nördlichen Südamerika, Kuba und Mexiko ergänzte. In dieser Tradition stand der Göttinger Geograph Johann Eduard Wappäus (1812–1879), dem wir historische Darstellungen u.a. zu Lateinamerika verdanken. Ebenfalls aus der Geographie, wie z.B. von dem Leipziger Friedrich Ratzel (1844–1904), entstammten Versuche, die Beschränkung aufs Nationale aufzubrechen und zur Betrachtung und Erfassung größerer Kulturräume vorzudringen.

Erste nennenswerte Bemühungen um eine weltgeschichtliche Darstellung wurden mit den mehrbändigen Werken von Lavisse und Rambaud (1893–1901) und der von Dalberg Lord Acton (1834–1902) auf 32 Bände angelegten *Cambridge Modern History* (1902–1938) unternommen. In der deutschen Geschichtswissenschaft blieb der Versuch des Historikers Karl Lamprecht (1856–1915) erfolglos, der 1909 in Leipzig ein Institut für Kultur- und Universalgeschichte gründete und der in einer borussisch angestrichenen Nationalgeschichtsschreibung mit seinem Plädoyer für kulturgeschichtliche Aspekte aufs heftigste kritisiert wurde. Universalgeschichtliche Zugänge waren am Beginn des 20. Jahrhunderts vor allem in der komparativ arbeitenden Kultursoziologie und namentlich bei Max Weber (1864–1920) zu finden. Dieser stellte allerdings gleichzeitig die umstrittene These von der einzigartigen „Rationalisierung des Okzidents" auf, wobei auch ihm die asiatischen Kulturen im Vergleich zu Europa als weniger innovationsfähig erschienen.

▷ S. 314
Entfaltur
Geschich
wissen-
schaften

▷ S. 319
Vergleich
und Tran
nationali

▷ S. 196 f
Geschich
der Staat
Geschich
Gesellsch

Neuere Paradigmen historischer Forschung
Von der Universalgeschichte zur Weltgeschichte

Mit Ernst Schulin [SCHULIN] kann man bis in die 1970er Jahre vier universalgeschichtliche Betrachtungsweisen feststellen: 1. Zyklenmodelle vom Aufstieg und Verfall von Staaten und Mächten, 2. Stufenmodelle fortschreitender ökonomischer und soziokultureller Entwicklung, 3. Beziehungsgeschichte (zwischen Völkern, Gesellschaften und Kontinenten), heutzutage als „Encounter" oder „Transfer" bezeichnet, und 4. der historische Vergleich. Sie alle sind nicht zwingend auf die Universalgeschichte gemünzt, da sie sich auf Europa bzw. innereuropäische Geschichte selbst beziehen können, haben aber eben auch eine weltgeschichtliche Komponente.

S. 321/329 Vergleich und Transnationalität

Eines der wichtigsten Beispiele, die Weltgeschichte als einen Zyklus von Aufstieg und Verfall von Zivilisationen zu deuten, legte 1922 Oswald Spengler (1880–1936) in seinem Werk *Der Untergang des Abendlandes* vor. Spengler kratzte mit seinem Buch an der kulturellen Selbstgewissheit und am Bild einer immer weiter voranschreitenden Entwicklung Europas. Den Aufstieg und Verfall machte er nicht an einzelnen Völkern oder Staaten fest, sondern an Kulturkreisen. Spenglers Buch regte zur Betrachtung von Kulturräumen an, wie am zwölfbändigen Werk *A Study of History* von Arnold J. Toynbee (1889–1975) abzulesen ist. Auch er verfolgte die Idee eines Zyklenmodells, ferner relativierte er die Bedeutung Europas und definierte es als eine Kultur unter anderen. Die Bildung eines Weltstaates gehörte zu seinen Hoffnungen. Gleichwohl ergriff Wissenschaft und Öffentlichkeit Misstrauen hinsichtlich der Schlüssigkeit solcher häufig geschichtsphilosophisch inspirierter Entwürfe. Skepsis machte sich auch gegenüber den teleologisch angelegten Stufenmodellen

▷ S. 274 „Moderne" und „Postmoderne"

▷ S. 204 Geschichte der Staaten/ hichte der esellschaft

breit, wie sie z.B. der Marxismus, aber auch die klassische Modernisierungstheorie der 1950er und 1960er Jahre vertraten.

Nach dem Ersten Weltkrieg kam das Interesse an den Weltregionen in ersten, meist interdisziplinär angelegten Zeitschriften zum Ausdruck. In den USA wurden Periodika wie z.B. *American Historical Review* (1895) und *Hispanic American Historical Review* (1918) gegründet. In Deutschland dagegen war das Interesse an „Außereuropa" so gut wie nicht vorhanden und bildete allenfalls das Geschäft von akademischen Außenseitern oder geopolitischen Phantasten. Wenn überhaupt wurden die so genannten „Auslandswissenschaften" vom NS-Regime für entsprechend ideologisierte Politikberatung eingesetzt [LIEHR/MAIHOLD/VOLLMER].

Die Gründung der Vereinten Nationen in San Francisco 1945, die zeitgleich einsetzende „Zweite" Dekolonisierung – namentlich der friedliche Widerstand Mahatma Ghandis in Indien und die kommunistische Machtergreifung in China durch Mao Tse-tung – ließen das Interesse von Historikern an „Außereuropa" wachsen. Allerdings boten die jüngsten Mitglieder der Völkerfamilie in den 1950er und 1960er Jahren mehrheitlich ein Bild politischer Instabilität, sozioökonomischer und kultureller Rückständigkeit sowie sozialrevolutionärer Krisenherde, wofür man den bis Anfang der 1990er gebräuchlichen Begriff „Dritte Welt" prägte.

Angesichts der weltpolitischen Veränderungen erlebte die Beschäftigung mit der „außereuropäischen" Welt verstärkte Aufmerksamkeit [W. KÜTTLER/J. RÜSEN/E. SCHULIN]. Europäische Vertreterinnen und Vertreter der so genannten „Allgemeinhistorie" wandten sich unter dem Signum der Universalgeschichte den historischen Prozessen in

Legend:

- Unabhängige Staaten mit Kolonialbesitz 1945
- Unabhängige Staaten ohne Kolonialbesitz 1945

Unabhängigkeit ehemaliger Kolonien und Mandatsgebiete
- 1945 – 1949
- 1950 – 1959
- 1960
- 1961 – 1969
- 1970 – 1990

B. Belgien
DRK Demokratische Republik Kongo
E. Elfenbeinküste
N. Niederlande
S. Syrien
V.A.E. Vereinigte Arabische Emirate
Z.A.R. Zentralafrikanische Republik

Mit dem Ende des Kriegsjahres 1945 setzte die **Dekolonisierung** Asiens ein. 1945 erreichten z.B. die Philippinen ihre Unabhängigkeit, 1947 Indien durch friedlichen Widerstand Mahatma Ghandis (1869–1948) und 1949 Indonesien. Die Völkerfamilie vergrößerte sich. Hatten 1945 51 Staaten die Charta der Vereinten Nationen unterzeichnet, zählen diese bis heute 191 Mitglieder.

Die Staats- und Nationenbildung der jungen Staaten Afrikas und Asien erfolgte zunächst unter sehr ungünstigen Bedingungen. So erschwerten ein in der Regel überdurchschnittlich hohes Bevölkerungswachstum und technologischer Rückstand die ökonomische Entwicklung der jungen Länder. Obwohl die Staatsgebiete der jungen Staaten Afrikas auf willkürliche Grenzziehungen der weißen Kolonialherren zurückgingen und somit ethnisch sowie religiös unterschiedliche Völkerschaften vereinten, machten sich die afrikanischen Staaten zu Wächtern der Unantastbarkeit der Staatsgrenzen – mit der Folge verheerender tribaler Auseinandersetzungen. In die Zeit des Kalten Krieges drohten Konflikte in den jungen Staaten der so genannten „Dritten Welt" häufig von den USA und UdSSR sowie von China instrumentalisiert zu werden. So versuchte die Sowjetunion, 1962 Kuba als Basis für atombestückte Raketen zu benutzen, was die Welt fast an die Schwelle eines neuen Weltkrieges geführt hätte („Kuba-Krise").

Jedoch wurde das Streben nach kulturell-politischer Eigenständigkeit früh spürbar. Unter Jawaharlal Nehru wurde das Bemühen deutlich, sich nicht vom Ost-West-Schema einfangen zu lassen, auch wenn dies politisch nicht immer gelang. 1955 formierte sich unter dem Einfluss Nehrus, des Indonesiers Sukarno, des Ägypters Gamal Abd el Nasser und des Jugoslawen Tito die Konferenz von Bandung, die die Bewegung der blockfreien Staaten begründete und in einer Erklärung Kolonialismus, Rassendiskriminierung und Atomwaffen verurteilte. Immer deutlicher wurde seit den 1970er Jahren, dass die Welt nicht nur in zwei große ideologische Lager zerfiel, sondern multipolar aufgebaut war.

Galten die Länder Asiens um 1950 noch als Armenhäuser, so haben sie seither in beeindruckender Weise technologisch und ökonomisch aufgeholt. Mit ihren neuen technologischen Produkten forderten insbesondere die ostasiatischen Länder zunächst die kommunistisch gelenkten Staatswirtschaften Osteuropas und nunmehr auch die westeuropäischen Volkswirtschaften heraus.

anderen Erdteilen zu. Doch insgesamt war diese Haltung mit der Selbstgewissheit verbunden, dass im „Zuge der Ausbreitung der europäischen Zivilisation über den ganzen Erdball ... die alten asiatischen Kulturen mit einer eigenen Geschichte von Jahrtausenden ebenso wie die jungen afrikanischen Länder in den Zusammenhang der modernen, durch den Industrialismus und die moderne okzidentale rationale Wissenschaft geprägten Weltkultur eingefügt worden [sind], in der jedes Glied durchgängig mit allen anderen in Beziehung steht." [Mommsen, 322]

Eine eigene, aber letztlich auf Europa rückbezogene Richtung stellte die Imperialismusforschung dar, die die politisch-wirtschaftlichen Beziehungen Europas mit den übrigen Weltregionen untersuchte. Die zahlreichen Monographien, die nun in der Blütezeit dieses historiographischen Ansatzes zwischen 1960 und 1980 entstanden, analysierten den Einfluss außereuropäischer Konflikte auf die europäischen Gesellschaften. Eine weitergehende Beschäftigung mit den Gesellschaften anderer Erdteile war damit nicht verbunden. „Außereuropa" wurde zwar, und dies war eine gewisse Horizonterweiterung, als ein der Politik- und internationalen Wirtschaftsgeschichte würdiger bzw. für sie relevanter

▷ S. 205
Geschichte
: Staaten/
hichte der
sellschaft

Gegenstand erforscht, doch der Blick ging immer von Europa aus. Auch die Vertreter des Sozialimperialismus interessierten sich nicht für die gesellschaftlichen Formationen in z.B. asiatischen Kulturen, vielmehr ging es ihnen um das Problem, wie Konflikte von „außen" auf die Spannungen in den europäischen Gesellschaften zurückwirkten.

Neue Betrachtungsweisen. Die oben dargestellte systematisierende Gliederung von Ernst Schulin zu den universalhistori-

schen Ansätzen war schon zum Zeitpunkt der Veröffentlichung durch internationale Neuerungen ergänzungsbedürftig. Gegenüber den von ihm an erster Stelle genannten Zyklenmodellen, die gleichwohl noch heute herangezogen werden [Kennedy], hat sich Skepsis breit gemacht. Auch gegenüber den an zweiter Stelle genannten Stufenmodellen wurden Zweifel angemeldet; sie waren schon in den 1960er und 1970er Jahren gewachsen, als man das Scheitern von unkritisch übernommenen Modernisierungstheorien „in der Dritten Welt" beobachten musste. Neben die nach wie vor gültigen Forschungsperspektiven der Beziehungsgeschichte bzw. des „cultural transfer", die freilich immer von Europa aus gedacht waren, und des historischen Vergleichs [Haupt/Kocka] sind drei innovative weltgeschichtliche Perspektiven getreten. Sie alle betonen die Raum- und Kulturaspekte: 1. weltregionale Geschichte, 2. Geschichte transnationaler Großräume und 3. die neue Weltgeschichte, die die eurozentrische Universalgeschichte hinter sich lässt.

▷ S. 320
Vergleich
und Trans-
nationalität

Bei der **weltregionalen Geschichte**, d.h. der Geschichte Afrikas, Nordafrikas und des Vorderen Orients, Süd-, Südost- und Ost-Asiens sowie Lateinamerikas und Nordamerikas, erfolgte der Zuschnitt der Regionen – entsprechend den internationalen Konventionen – aus einer Mischung aus geographischen, ethnischen, historischen, in Religion und/oder Sprache wurzelnden kulturellen Gegebenheiten. Missverständlich ist dabei der geographisch angelegte Begriff Nordamerika, der sich auf die USA und Kanada bezieht, wenngleich hierbei Mexiko, eines der größten lateinamerikanischen Länder, einzuschließen wäre. Bei der weltregionalen Geschichte handelt es sich um einen innovativen Beitrag, der die Bedeutung der Weltregionen

259

in eine neue Perspektive rückt und ihre jeweiligen spezifischen historisch-kulturellen Charakteristika zum Gegenstand eigenständiger historischer Forschung macht. Dabei wandten sich HistorikerInnen sowohl den weltregionalen („Binnen-")Entwicklungen als auch den Rück- und Wechselwirkungen auf weltgeschichtliche Zusammenhänge zu [ECKERT; SCHÄBLER; ZÖLLNER]. Dieser Zugriff hat das Feld historischer Forschung gänzlich neu geordnet; das Bild der Welt differenzierte sich. Dabei wurde die Multipolarität der Welt deutlich – lange vor dem Mauerfall.

In theoretisch-methodischer Hinsicht war die weltregional zugeschnittene Geschichte selbstverständlicher Teil der internationalen Geschichtswissenschaft. Sie teilte mit ihr dieselben Forschungsansätze und -probleme, wenngleich die Problemlagen, Muster und Resultate historischer Prozesse sich signifikant – eben entsprechend den Spezifika der einzelnen Weltregionen – von den europäisch-westlichen Vorgaben unterschieden. Mit dieser transnationalen Perspektive wurde der bislang vorherrschende Eurozentrismus aufgebrochen, lange bevor der Postkolonialismus dies als seine Innovation reklamierte. Theoretisch-methodisch orientierte sich weltregionale Geschichtsschreibung daher längst nicht mehr nur an den europäischen und noch weniger an deutschen Debatten. Vielmehr wurden neben Frankreich und England nun die USA zu einem wissenschaftlichen Fixpunkt, wo viele lateinamerikanische, afrikanische oder asiatische Historikerinnen und Historiker lehrten und forschten. Dort entwickelten sich seit 1945 Forschungszentren und wurden weltregionale historische Zeitschriften gegründet, wohingegen diese Internationalisierung in der deutschen Geschichtswissenschaft fast ausblieb. Die *Fi-*

scher Weltgeschichte (1965ff.), deren Themen auch eine schüchterne Öffnung spiegelten, konnte bei nichteuropäischen Themen kaum auf deutschsprachige Experten zurückgreifen.

In methodischer und theoretischer Hinsicht lässt sich ab den 1980er Jahren eine Hinwendung zur neuen sozial- und kulturgeschichtlich ausgerichteten Annales-Schule ebenso wie zu Gender-Studies beobachten. Imageforschung und Fragen von Identität und Alterität erfuhren wesentliche Beachtung, wobei sie in Lateinamerika auf eine schon länger zurückreichende Kulturdebatte zurückgreifen konnten. Insgesamt verschob sich, wie in der gesamten Geschichtswissenschaft, das Interesse von der Wirtschafts- und Sozialgeschichte der 1960er und 1970er Jahre hin zur kulturwissenschaftlich ausgerichteten Historiographie.

Eine gewisse Gefahr weltregionaler Studien ist nicht ganz zu übersehen, da im Laufe der Zeit nicht wenige Forscher vor dem Hintergrund der mitunter sehr schwierigen Archivlage sich nur einem Land verschrieben, sich in ihren Forschungen fast nur noch endogenen Entwicklungen zuwandten und darüber die ursprünglich von den historischen Teildisziplinen gepflegten welthistorischen Bezüge gänzlich vernachlässigten. Die Gefahr des Tunnelblickes ist nicht nur bei EuropahistorikerInnen gegeben, sondern auch bei weltregional arbeitenden Historikerinnen und Historikern nicht von der Hand zu weisen; der Fingerzeig auf die europazentrierte Historiographie ist dabei wenig hilfreich. Es sollte jedoch programmatischer Anspruch weltregionaler Geschichte sein – nicht zuletzt aufgrund der Forschungs- und Universitätssituation, in der sie sich insbesondere in Deutschland befindet –, in der Lehre und einem Teil

▷ S. 233 f
Geschich[t]
Gesellsch[aft]
„Neue K[ultur]
geschicht[e]

▷ S. 330
Vergleich
und Trans-
nationalität

Detailskizze

Im Falle **Lateinamerikas** wandte sich die Forschung zunächst der Kolonialzeit zu, da in den
Debatten nach 1945 das „koloniale Erbe" eine
zentrale Rolle spielte, in dem man eine Belas-
tung für die postkoloniale Phase erkannte. In
rechts- sowie sozial- und wirtschaftsgeschicht-
lichen Studien suchte man die Erklärung für den
offensichtlichen Rückstand Lateinamerikas
gegenüber dem mächtigen nördlichen Hege-
mon USA. Studien zur Neueren Geschichte Lateinamerikas waren Anfang der 1960er Jahre
u.a. wegen einer schwierigen Archivlage zunächst erschwert. Zudem verhinderten in einer
Reihe von Staaten Militärregime nicht nur die
Aufarbeitung der jüngeren Vergangenheit, sondern auch die weitere Professionalisierung der
Geschichtswissenschaft, die jedoch auf Vorläufer im 19. Jahrhundert zurückblicken konnte.
Daher versuchten sich Sozialwissenschaftler an
ersten stark generalisierenden Überblicken zur
Neuesten Geschichte Lateinamerikas.

Eine frühe Kritik am eurozentrischen bzw. westlichen Modell mit seiner Fortschrittsmission,
die mittels Entwicklungshilfe und umfassender
Modernisierung in die Länder der Dritten Welt
getragen werden sollte, stellte die in Lateinamerika entwickelte Dependenztheorie dar.
Diese reagierte auf die aufgezwungenen Trans-
formationsvorgaben, bei denen sich die positiven Effekte gleichsam über Nacht einstellen
sollten, wie dies namentlich von US-amerikanischen Modernisierungstheoretikern gefordert
wurde. Die Dependencia-Vertreter stellten
diese Thesen in Frage und entgegneten, dass
die Einbindung der ehemaligen Kolonien und
jetzt selbstständigen Staaten ausschließlich für
die Länder des Nordens wirtschaftlichen Nutzen gebracht habe. Es habe sich eine Abhängigkeit („Dependencia") der Rohstoffe produzie-
renden Peripherie von den nördlichen
Industriestaaten entwickelt, die als Zentrum bezeichnet wurden, eine These, die ihrerseits in
der Forschung nicht unumstritten war. Kern-
struktur dieses Peripherie-Zentrum-Gegensat-
zes sei, dass der Süden Importe von Investi-
tions- und Konsumgütern aus dem Norden
wegen sich angeblich stetig verschlechternder
Austauschbeziehungen („terms of trade") mit
dem Export von immer mehr Bodenschätzen
und Agrarprodukten erkaufen müsse. Diese
Austauschstruktur hätte die Industrialisierung
der Dritten Welt verhindert.

Literatur: H. PIETSCHMANN, Lateinamerikanische
Geschichte als historische Teildisziplin. Versuch
einer Standortbestimmung, in: HZ 248, 1989,
305–342.

der Forschung die übergreifenden welthistorischen Zusammenhänge deutlich zu machen.
Sicherlich ergeben sich für solchermaßen
orientierte HistorikerInnen vielfältige Belas-
tungen: Neben der Quellenforschung gilt es,
sich nicht nur in die international geführten
Debatten einzuschalten, sondern darüber hinaus auch den Erwartungen der nationalen Ge-
schichtsdiskurse gerecht zu werden. Inzwischen kommen die Früchte weltregionaler
Forschungen in Deutschland auch in Zeitschriften (*Jahrbuch für Geschichte Lateinamerikas*, seit 1964; *Periplus*) zum Tragen.

Die **Geschichtsschreibung über transnationale Großräume** entstand parallel zur
weltregionalen Geschichte und auch als deren
Folge. Im Sinne einer immer deutlicher vor
Augen tretenden Vernetzung der Welt durch
Migration, Handel, Massenkommunikation
und Integrationsbestrebungen entwickelten sich transnationale Ansätze, die sich
nicht nur auf einzelne Staaten, sondern
auch auf Kontinente übergreifende historische Entwicklungen beziehen. Seit dem 16.
Jahrhundert standen die beiden Amerika mit
Europa durch Kolonisation, Wanderungs-
bewegungen, Warenaustausch und Kulturtransfer in engstem Kontakt. Aus diesen
Beziehungen erwuchsen gewisse Struktur-
ähnlichkeiten – der zeitgleiche Staats- und
Nationsbildungsprozess, der Industrialisie-
rungsprozess, religiöser Pluralismus, Eth-
nien, Identitätsdebatte –, die zum historischen
Vergleich herausfordern. So entwickelte sich
seit den 1950er Jahren die „Atlantische Geschichte" [PIETSCHMANN]: Robert R. Palmer
widmete sich 1959 in seinem Werk über die
Democratic Revolutions der revolutionären
Welle, die sich nach 1775 von den USA nach
Europa ausbreitete. Palmer analysierte diese
historische Umwälzung noch als einen auf

▷ S. 329 f.
Vergleich
und Trans-
nationalität

261

den Nordatlantik bezogenen Prozess. Die „Atlantische Geschichte" entwickelte sich jedoch weiter und so sieht man heute die lateinamerikanische Unabhängigkeit als essentiellen Bestandteil dieses Transformationsprozesses an [SCHMIDT]. Eine weitere Perspektive ist die Einbeziehung Afrikas in die „Atlantische Geschichte", die unter dem Begriff „Black Atlantic" diskutiert wird. Obwohl als Weltsystem-Ansatz firmierend, ist das „modern world system" von I. Wallerstein in der konkreten Ausführung und Anlage des Werkes im Grunde eher eine atlantische Geschichte [WALLERSTEIN].

Nicht immer war die Neueste Geschichte federführend bei der Diskussion über transnationale Großräume, wie an der Geschichte des Mittelmeerraumes abzulesen ist, ein Konstrukt, das sich vor allem mit der frühneuzeitlichen Studie von Fernand Braudel über das Mittelmeer zur Zeit des spanischen Königs Philipp II. verbindet [BRAUDEL]. Der indische Ozean als ein Schauplatz von Vernetzungsprozessen bildet ein weiteres, sich in der Frühneuzeit entwickelndes Beispiel eines transnationalen Großraumes.

Weltgeschichte neuer Art, die sich von den alten eurozentrischen Weltentwürfen der inzwischen aus der Mode gekommenen Universalgeschichte gänzlich gelöst hat, bildet schließlich die letzte und komplexeste Stufe, historische Entwicklungen und Prozesse zu erfassen [POMPER/ELPHICK/VANN]. Ein solch anspruchsvolles, notwendigerweise zu Abstraktionen neigendes Gebiet fußt zwingend auf den Ergebnissen weltregionaler Geschichte und der Historiographie transnationaler Großräume. Von einigen Forschern wird auch der Begriff „Globalgeschichte" in die Diskussion gebracht, der sich als eine Art Geschichte der Erschließung des Raumes und der zuneh-

menden Vernetzung der einzelnen Weltregionen versteht, wohingegen Weltgeschichte stärker auf die Geschichte der Zivilisationen im Weltverband abhebt [MAZLISH/BUULTJENS]. Terminologisch-inhaltlich ist dies jedoch kaum sauber voneinander zu trennen, was z.B. in den Debatten des Internetforums *geschichte-transnational* deutlich wird, zu finden unter: *http://geschichte-transnational. clio-online.net/*.

Angesichts der Fülle und Verschiedenheit historischer Prozesse und der kulturellen Spezifika der Weltregionen stellt die vielgliedrige Forschung einen einzelnen Autor vor eine kaum zu bewältigende Aufgabe – ein Dilemma, das an Rankes oben zitierten Ausruf denken lässt. Die Weltgeschichte oder transnationale Geschichtswissenschaft in umfassender Weise als Einzelhistoriker seriös darstellen zu wollen, ist ein sehr gewagtes Unterfangen, weshalb solchen Versuchen allenthalben größte Skepsis entgegenschlägt [M. GEYER/C. BRIGHT]. In einem ersten Schritt kann man sich bei Studienbeginn mit der Weltsprache Englisch an die verschiedenen Weltregionen heranwagen. Die Kenntnis der Regionalsprachen ist jedoch später bei der tiefergehenden Erforschung unabdingbare Voraussetzung für eine wissenschaftlich seriöse Vorgehensweise. Allzu vorschnelle Schematisierungsversuche, Typologisierungen und theoretische Entwürfe sind meist die Folge mangelnder archivalischer bzw. quellenmäßiger Absicherung. Erst diese sowie das Abgleichen mit den Ergebnissen der weltregionalen Geschichtswissenschaft [weltregionale Bände des OLDENBOURG GRUNDRISS DER GESCHICHTE] führten zu seriösen Ergebnissen.

Die Spannbreite gegenwärtiger welthistorischer Forschung umfasst zum einen die Arbeiten des prominenten US-amerikanischen

Vertreters William N. McNeill, der zwar kulturelle, gesellschaftliche und wirtschaftliche Faktoren berücksichtigt, aber einen auf Staaten zentrierten Ansatz wählt, mit dem er den pessimistisch eingefärbten Zyklus eines Oswald Spengler durchbrechen will [McNEILL]. Auch ist McNeill im Gegensatz zu Spengler am kulturellen Austausch und der Vernetzung der Staaten interessiert. Doch gilt sein Interesse vor allem so genannten „höherstehenden" Kulturen. Kennzeichen weltgeschichtlicher Ansätze ist der ausgedehnte räumliche und zeitliche Untersuchungsrahmen, in dem die Neueste Geschichte nicht immer in bevorzugter Weise behandelt wird. Zum anderen heben eine Reihe von Studien die transnationalen Aspekte hervor, wie sie insbesondere in den Migrationen, mit ihren Konsequenzen für die jeweiligen Kulturen, zum Ausdruck kommen [D. HOERDER]. Insbesondere die ökologische Perspektive ist in den neueren Studien prominent vertreten, wobei ein starkes Interesse eher dem 16. Jahrhundert, also dem Beginn der Globalisierung, gilt [G. STOKES]. Insgesamt bietet sich insbesondere der transnational angelegte, von mehreren HistorikerInnen angestellte Vergleich als ein seriöses Arbeitsinstrument an.

▷ S. 329
Vergleich
und Trans-
nationalität

Postmoderne – Postkolonialismus.

Quer zu diesen drei Arbeitsfeldern welthistorischer Forschung liegen jeweils sehr unterschiedliche theoretisch-methodische, aber auch epistemologische Ausgangspositionen. Formulierte die Dependenztheorie die wachsende Skepsis gegenüber der mechanischen Anwendung des „westlichen Modells" und der bloßen Übernahme der Modernisierung noch vor allem aus rein sozioökonomischer Perspektive, so erfolgte seit den 1980er Jahren eine Wen-

▷ S. 188 f.
Staaten,
Nationen,
nationale
Beziehungen

dung hin zu einer Flankierung durch kulturwissenschaftliche Fragestellungen, deren Innovationscharakter nicht für alle Weltregionen in gleicher Weise beansprucht werden kann.

Ein Teil der Forschung wandte sich dem postmodernen Konzept des Postkolonialismus zu, das u.a. auf die Orientalismusdiskussion zurückgeht, die Edward Said 1978 mit seinem Buch *Orientalism* ausgelöst hat [SAID]. Anhand des Orientbildes seit dem beginnenden 19. Jahrhundert geißelt Said den Eurozentrismus, der in den Völkern des Vorderen Orients nichts als Exoten sah und mittels der Darstellung, der Repräsentation des Fremden als kulturell minderwertig, die eigenen Zivilisationen als höherstehend einstufte. Auch die indische Literatur- und Kulturtheorie sowie einige Historiker diskutieren den abschätzigen Blick des Westens auf Südasien. Seine theoretisch-methodischen Orientierungen entleiht der Postkolonialismus zu einem hohen Grad der Diskursanalyse und der Zeichentheorie [BHABHA]. Der Begriff Postkolonialismus ist jedoch keineswegs kanonisiert, was letztlich auch symptomatisch für die gegenwärtigen Debatten ist: Er steht zum einen als Synonym für die nachkoloniale Ordnung und neokoloniale Abhängigkeit durch ausländisches Kapital, eine außenorientierte, sprich nach Westen orientierte Elite und widersprüchliche Modernisierungseffekte; zum anderen – in der stärker rezipierten literatur- und kulturwissenschaftlichen Ausrichtung – stellt er die gesamte bisherige und gegenwärtige Sicht des Westens – historisch gesprochen vor allem Europas – auf die nichtwestlichen Kulturen als imperialistisch und eurozentrisch bloß.

Der Postkolonialismus ist unter weltregional arbeitenden HistorikerInnen nicht unum-

▷ S. 238
Geschichte der
Gesellschaft/
„Neue Kulturge-
schichte"

stritten, vielmehr regte sich eine vielstimmige Kritik. So nehmen kulturelle Themen, z.B. Imaginationen, dort eine vorrangige Stellung ein, wohingegen u.a. die sozioökonomische Perspektive unterbelichtet bleibt [DIRLIK]. Die überwältigende Mehrheit der Vertreter des Postkolonialismus behauptet ferner, dass die Ausbildung der Wissenschaftskulturen in Europa immer den Aspekt der „Beherrschung Außereuropas" beinhaltete. Insbesondere Reisende und Geographen gerieten unter den Generalverdacht, Handlanger des Imperialismus zu sein, was sicherlich überzogen ist. „Mapping" ist mitnichten – wie von Postkolonialisten insinuiert – ein europäisches Spezifikum, wie aus der Tatsache abzulesen ist, dass Kolumbus islamische Geographen für sein Projekt der Westfahrt befragte. Eine der ersten Karten Amerikas besaß mit der Karte des Piri Reis der osmanische Sultan. Ferner wird von den Postkolonialisten die Bedeutung anderer Erdteile für die Entstehung der Wissenskulturen in Europa schlichtweg übertrieben sowie die innereuropäische Dynamik gänzlich ignoriert.

In ihrem Bemühen, Europa zu einer Weltregion unter vielen zu machen – oder „Europa zu provinzialisieren" [CHAKRABARTY] –, unterschlagen die Postkolonialisten ferner die inzwischen entstandene historiographische Tradition weltregionaler Geschichte, die dies mit weniger Aufgeregtheit erarbeitet hatte. Insgesamt ist so manches sicherlich zum Teil der in den letzten Jahren in den Kulturwissenschaften zu spürenden nervösen Suche

▷ S. 237 ff. Geschichte der Gesellschaft/ „Neue Kulturgeschichte"

nach neuen Trends (cultural, dialogical linguistic, performative, spatial, visual und neuronal turn und andere mehr) und Wortkreationen geschuldet.

Und dennoch sind diese Positionen in ihrem Grundanliegen ernst zu nehmen, reflek-

tieren sie doch die Herabsetzungen, die Afrikaner, Inder und Bewohner des Vorderen Orients seit dem 19. Jahrhundert erfahren haben. Ziel ist es vor allem, die Würde und kulturelle Eigenständigkeit – losgelöst von Europa – hervorzuheben. Diesem Ansatz sind auch die „subaltern studies" verpflichtet, die die eigenständige Rolle und die politisch-kulturelle Bedeutung der einfachen Bevölkerung darlegen wollen und die sich dabei sowohl an der englischen Sozialgeschichte, z.B. E. Hobsbawm und E.P. Thompson sowie auch an Antonio Gramsci (1891–1937) orientieren [ROTHERMUND]. Eng verbunden mit diesem postkolonialen Ansatz ist jener der „Hybridität", der von der Tatsache weltweiter Migrationen ausgeht und hervorhebt, dass die Kulturen sich in einem Vermischungsprozess befinden, der die „zentralen" Kulturgehalte einer dominanten Kultur durch Außenseiter beeinflusst, in Frage stellt und zu neuen Formen kultureller Arrangements führen kann. Insgesamt geht es dem postkolonialen Ansatz darum, die Existenz eines Zentrums („De-centralize") in Zweifel zu ziehen [C. HARZIG/D. JUTEAU].

▷ S. 202 f Geschich der Staat Geschich Gesellsch

Eine hegemoniale Rolle postmoderner Ansätze in der weltregionalen oder Weltgeschichte ist freilich nicht zu erkennen. In Zeiten der Postmoderne ist ein solcher Vorranganspruch ohnehin obsolet. So bietet die gegenwärtige Forschung ein pluralistisches Bild, in der aufgrund jeweils eigener Forschungstraditionen in den einzelnen weltregionalen Historiographien Fragen der Rechts-, Verfassungs-, Sozial- oder Wirtschaftsgeschichte noch immer ihren selbstverständlichen Platz haben. Dass die Verbindung von Kultur und sozioökonomischen Ansätzen nicht in einem Antagonismus münden muss, macht der vermittelnde Vorschlag des israeli-

▷ S. 276 f „Modern und „Pos derne"

schen Soziologen Shmuel N. Eisenstadt mit seinen „Multiple modernities" deutlich [EISENSTADT]. Ohne die Idee der Modernität gänzlich aufzugeben, verweist Eisenstadt auf eine heutige Weltgesellschaft, die in ganz unterschiedlichen Ausprägungen moderne mit „traditionell"-kulturellen Elementen verbindet – und dies in jeweils sehr eigenen, weltregional differenzierbaren Konfigurationen. So sind Teile der ehemals als „Dritte Welt" apostrophierten Länder und Weltregionen längst nicht mehr nur mit den Kategorien von Unterentwicklung oder Armut zu erfassen. Vielmehr steigen z.B. Brasilien, Indien und andere asiatische Staaten trotz Armutsproblematik inzwischen zu den Hochtechnologiezentren auf. Ob in diesen Modernitätselementen die Faktoren für die Ausbildung einer sich homogenisierenden, vereinheitlichenden Weltgesellschaft angelegt sind, ist in der sozialwissenschaftlichen Forschung umstritten.

Weiter reicht die Frage – die nicht von Postkolonialisten allein gestellt wird –, ob die jeweils verschiedenen weltregionalen Erfahrungen noch eine Geschichte, eine Weltgeschichte ergeben, ja ob Geschichte nicht dabei ist, ihre bislang scheinbar universell geltenden epistemologischen Grundlagen angesichts der Vielfalt von Welterfahrungen zu verlieren.

Peer Schmidt

Literatur

H. K. BHABHA, DissemiNation. Zeit, Narrative und die Ränder postmoderner Nation, in: E. BRONFEN/B. MARIUS/T. STEFFEN (Hrsg.), Hybride Kulturen. Beiträge zur anglo-amerikanischen Multikulturalismusdebatte, Tübingen 1997, 149–194.

F. BRAUDEL, La mediterranée et le monde méditerranéen à l'epoque de Philippe II., Paris 5. Aufl. 1982 [erstmals 1949].

D. CHAKRABARTY, Europa provinzialisieren. Postkolonialität und die Kritik der Geschichte, in: S. CONRAD/S. RANDERIA (Hrsg.), Jenseits des Eurozentrismus. Postkoloniale Perspektiven in den Geschichts- und Kulturwissenschaften, Frankfurt/M./New York 2002, 283–312.

A. DIRLIK, The Postcolonial Aura. Third World Criticism in the Age of Global Capitalism, in: Critical Inquiry 20, 1994, 328–356.

A. ECKERT, Grundbesitz, Landkonflikte und kolonialer Wandel. Douala 1880 bis 1960, Stuttgart 1999.

S. N. EISENSTADT, Multiple Modernities, in: Daedalus, 129, 2000, 1–30.

E. FUCHS/B. STUCHTEY (Hrsg.), Across Cultural Borders. Historiography in Global Perspective, Lanham u.a. 2002.

M. GEYER/C. BRIGHT, World History in a Global Age, in: AHR 100, 1995, 1034–1060.

H.-G. HAUPT/J. KOCKA (Hrsg.), Geschichte und Vergleich. Ansätze und Ergebnisse international vergleichender Geschichtsschreibung, Frankfurt/M./New York 1996.

C. HARZIG/D. JUTEAU (Hrsg.), The Social Construction of Diversity, New York 2003.

D. HOERDER, Cultures in Contact. World Migrations in the Second Millenium, Durham/London 2002.

P. KENNEDY, Aufstieg und Fall der großen Mächte. Ökonomischer Wandel und militärischer Konflikt von 1500 bis 2000, Frankfurt/M. 1989 [engl. 1987].

W. KÜTTLER/J. RÜSEN/E. SCHULIN (Hrsg.), Geschichtsdiskurs, Bd. 4: Krisenbewußtsein, Katastrophenerfahrungen und Innovationen 1880–1945, Frankfurt/M. 1997.

R. LIEHR/G. MAIHOLD/G. VOLLMER (Hrsg.),

Ein Institut und sein General. Wilhelm Faupel und das Ibero-Amerikanische Institut in der Zeit des Nationalsozialismus, Frankfurt/M. 2003.

B. Mazlish/R. Buultjens (Hrsg.), Conceptualizing Global History, Boulder u.a. 1993.

W. Mommsen, Art. „Universalgeschichte", in: W. Besson (Hrsg.), Geschichte (Das Fischer Lexikon), Frankfurt/M. 1973, 322–332.

W. McNeill, The Pursuit of Power: Technology, Armed Forces and Society since 1000, Chicago 1982.

Oldenbourg Grundriss der Geschichte. München 1989ff. Dort die einschlägigen Bände dieser inzwischen auf Weltregionen und nichteuropäische Staaten erweiterten Reihe.

J. Osterhammel, Geschichte jenseits des Nationalstaats. Studien zur Beziehungsgeschichte und Zivilisationsvergleichs, Göttingen 2001.

H. Pietschmann (Hrsg.), Atlantic History. History of the Atlantic System 1580–1830, Göttingen 2002.

P. Pomper/R. H. Elphick/R. T. Vann (Hrsg.), World History. Ideologies, Structures, and Identities, Malden/Mass. 1998.

D. Rothermund, Geschichte von unten: „Subaltern Studies" in Indien, in: Jahrbuch für Geschichte Lateinamerikas, Bd. 35, Köln u.a. 1998, 301–318.

E. W. Said, Orientalism, London 2003 [erstmals 1987].

B. Schäbler, Aufstände im Drusenbergland. Ethnizität und Integration einer ländlichen Gesellschaft Syriens vom Osmanischen Reich bis zur staatlichen Unabhängigkeit, 1850–1949, Gotha 1996.

P. Schmidt, Der Guerrillero. Die Entstehung des Partisanen in der Sattelzeit der Moderne – eine atlantische Perspektive 1778–1848, in: GG 29, 2003, 161–190.

E. Schulin, Einleitung, in: Ders. (Hrsg.), Universalgeschichte, Köln 1974, 11–65.

G. Stokes, The Fate of Human Societies, in: AHR 106, 2001, 508–526.

I. Wallerstein, The Modern World-System, 3 Bde., New York 1974–1989.

W. E. J. Weber, Universalgeschichte, in: M. Maurer (Hrsg.), Aufriß der Historischen Wissenschaften, Bd. 2: Räume, Stuttgart 2001, 15–98.

R. Zöllner, Japans Karneval der Krise. Ejanaika und die Meiji-Renovation, München 2003.

Konzepte der „Moderne" und Ansätze der „Postmoderne"

Erklärungsmuster, die sich auf den Begriff der „Moderne" beziehen, haben bereits seit mehreren Jahrzehnten einen festen Platz in der Geschichtswissenschaft. Eine relativ junge Erscheinung sind hingegen historiographische Ansätze, die „Postmoderne" als historisch-analytische Kategorie verwenden oder die methodisch selbst im Umfeld des Postmodernismus stehen. Insgesamt bietet sich ein unübersichtliches, ja verwirrendes und vielfach auch von polemischen Kontroversen geprägtes Bild. Semantische Unschärfen und Mehrdeutigkeiten, die unter anderem aus unterschiedlichen nationalen Begriffstraditionen resultieren, bilden dabei ein Grundproblem. Der Versuch, hier einige – notwendigerweise stark vereinfachte – Linien zu ziehen, beginnt daher jeweils mit einer Begriffsanalyse.

„Modern" und „Moderne". Der Begriff „modern" geht auf das erstmals Ende des 5. Jahrhunderts feststellbare, von „modo" („ebenerst") abgeleitete spätlateinische Adjektiv „modernus" zurück [GUMBRECHT]. Dessen Bedeutung als „gegenwärtig" und „neu" trug in der ausgehenden Antike und im Mittelalter eine Unterscheidung zu früheren Zeiten und Zuständen und insbesondere zur Epoche der Antike in sich. In diesem Sinne gewann der Gegensatz noch in der berühmten „Querelle des Anciens et des Modernes", die Ende des 17. Jahrhunderts in Frankreich zwischen den Vertretern einer an antiken Vorbildern orientierten und Anhängern einer „modernen" Poetik ausgetragen wurde, europaweite Bedeutung. Über das französische „moderne" kam das Adjektiv im 18. Jahrhundert auch ins Deutsche. In der Folgezeit behielt „modern" seine allgemeine Konnotation des Gegenwärtigen, das von relativ beliebig

definierten früheren Zeiten und Erscheinungen unterschieden wird.

Von dieser Verwendung ist eine Entwicklung zu unterscheiden, die „modern" und später auch die deutsche Substantivierung „Moderne" – im Englischen ist von „modernity" die Rede, im Französischen von „modernité" – auf einen spezifischen historischen Wandel bezieht. Dabei sind drei „Brennweiten" zu erkennen, die sich in der Geschichtsschreibung teilweise überlagern:

a) Vor allem im englischen und französischen Sprachraum geht man von einer das europäische Mittelalter ablösenden „modernen" Geschichtsepoche aus, die ein neuartiger Subjektivismus sowie eine Rationalisierung von Staat, Wissenschaft und Religion kennzeichnen. „Modern history" bezeichnet im Englischen die gesamte Neuzeit bis zurück ins 15. Jahrhundert. „L'histoire moderne", „l'époque moderne" oder „les temps modernes" meinen im Französischen üblicherweise die Zeitspanne zwischen dem Ende des Mittelalters und der Französischen Revolution. Im Deutschen wird statt von einer breit verstandenen „modernen Geschichte" meist von der „neueren" oder „neuzeitlichen" Geschichte bzw. der „Neuzeit" gesprochen.

▷ S. 161
Rückblick:
Epochenbildung

b) In einem etwas engeren Sinn wird „modern" für die Zeit diesseits einer im 18. oder 19. Jahrhundert angesetzten Epochengrenze verwendet. Dabei bezieht sich der Begriff ursprünglich auf den seither eingetretenen ästhetischen Wandel, später dann auch auf ökonomische, gesellschaftliche, politische und in einem weiten Sinne kulturelle Veränderungen. Die „frühe Neuzeit" geht in dieser Begriffsverwendung der Moderne voraus, sie kann allerdings bereits als „Musterbuch" oder „Inkubationszeit" der Moderne gedeutet werden [SCHULZE].

267

Setzt man den Beginn der Moderne ins 18. Jahrhundert, so lässt sich dies zunächst kunstgeschichtlich begründen. Die moderne Ästhetik hat ihre Wurzeln in einer radikalisierten Subjektivität, die in der zweiten Hälfte des 18. Jahrhunderts besonders in der Literatur des Sturm und Drang und in der Frühromantik zum Ausdruck kam. Diese Kunstauffassung, die eine Abkehr vom Prinzip der Nachahmung (Mimesis) der Wirklichkeit in sich trug, gab entscheidende Impulse für jene Strömungen, die in der zweiten Hälfte des 19. Jahrhunderts eine konsequente Abkehr von einer realistischen oder historistischen Kunstauffassung einleiteten. In der Literatur verbindet sich dies mit der Lyrik von Charles Baudelaire (1821–1867) und in der Malerei mit dem beginnenden Impressionismus.

Vor allem dem deutschen Begriff der Moderne werden auch die politischen und gesellschaftlichen Entwicklungen seit dem 18. Jahrhundert zugeordnet, die von der Aufklärungsbewegung über die Französische Revolution und die von England ausgehende Industrielle Revolution bis in die Gegenwart führen. Dahinter steht das Konzept eines rationalen, objektiven und universalistischen Fortschritts. Diese Vorstellung liegt auch dem Postulat eines „Projekts der Moderne" zugrunde, das im Geiste der Aufklärung fortzuführen sei [Habermas].

c) Zeitlich noch enger gefasst ist der Bezug von „modern" und „Moderne" auf Entwicklungen etwa seit Beginn des 20. Jahrhunderts. Wiederum stand am Anfang die ästhetische Diskussion. Eine von übergeordneten Sinnzusammenhängen gelöste Selbstreferentialität (Selbstbezüglichkeit) und Pluralität prägen jene „moderne Kunst", die in den ersten Jahrzehnten des 20. Jahrhunderts zum Durchbruch kam. Die deutsche Substantivierung

„die Moderne", die gegen Ende des 19. Jahrhunderts auftauchte und zunächst auf den Naturalismus bezogen war, wurde hier erstmals zur Epochenbezeichnung. Dieser Begriff der Moderne erfasste später die Gesamtheit der soziokulturellen Veränderungen, die seit dem Durchbruch der Industrialisierung zu beobachten waren. Damit verbinden sich einerseits ein Zuwachs an technischer Rationalität, andererseits – in Anlehnung an den ästhetischen Begriff – aber auch ein Prozess der Pluralisierung sowie der Verlust ganzheitlicher Sinnbezüge. Innere Widersprüche, gegenläufige Entwicklungen und eine generelle Krisenhaftigkeit sind in diesem Verständnis stets eingeschlossen. Zwar steht eine vergleichende Untersuchung noch aus, doch scheint diese spezifische Semantik von „Moderne" in der englischen und französischen Substantivierung „modernity" bzw. „modernité" weit schwächer entwickelt zu sein.

In jüngster Zeit ist vor allem im deutschen Sprachraum das Bemühen erkennbar, eine neuartige Phase der Moderne zu definieren. Bereits 1986, dem Jahr der Reaktorkatastrophe von Tschernobyl, hat der Soziologe Ulrich Beck die Wendung von der „anderen Moderne" geprägt. Diese wird als Antwort auf Gefährdungen der westlichen Zivilisation eingefordert, die inzwischen zu einer „Risikogesellschaft" geworden sei [Beck]. Notwendig sei daher eine selbstbezügliche (reflexive) Modernisierung der Industriegesellschaft, gewissermaßen als selbstkritische Fortsetzung des „Projekts der Moderne". Der Begriff der „zweiten Moderne" meint in der Kunstgeschichte ein neuartiges Streben nach Abstraktion [Klotz], während er in der Soziologie weitgehend synonym zur „anderen Moderne" verwendet wird. Neben der Reaktion auf eine dynamische ästhetische und gesell-

▷ S. 140
Atomzeit
Bipolarit[...]
Welt

Neuere Paradigmen
historischer Forschung
Konzepte der
„Moderne" und
Ansätze der
„Postmoderne"

schaftliche Entwicklung spiegelt sich in diesen Ansätzen auch ein Bemühen, den Begriff „Postmoderne" zu vermeiden oder eine Art Wiederkehr der Moderne zu kennzeichnen. So wird die „zweite Moderne" ebenso wie die künstlerische „Ultramoderne" teilweise als Phase *nach* der „Postmoderne" verstanden. Gemeinsam ist diesem fluktuierenden Begriffsgebrauch, dass die gegenwärtigen Veränderungen als Prozess *innerhalb* der Moderne begriffen werden.

Konzepte der Moderne in der Geschichtswissenschaft.

Historiographische Konzepte der Moderne heben sich vom bloßen Gebrauch der Begriffe „modern" bzw. „Moderne" zum einen durch konkretere Vorstellungen vom Wesen der Moderne ab und zum anderen durch ein gewisses methodisches Bewusstsein. Konzepte der Moderne, wie sie im Folgenden verstanden werden, sind Erklärungsmodelle, die den historischen Ort von Staaten, Gesellschaften und Kulturen einerseits spezifizieren und ihn andererseits vergleichbar machen. Idealtypisch werden hier zwei Varianten unterschieden und an zentralen Problemen erläutert: Die erste fußt auf den fortschrittsoptimistischen sozialwissenschaftlichen Modernisierungstheorien, die zweite bezieht sich primär auf das ambivalent verstandene und eng mit dem Begriff der Krise verbundene Paradigma der (klassischen) Moderne.

1. Von „Modernisierung" (englisch: „modernization", französisch: „modernisation") in einem allgemeinen Sinne der Erneuerung war schon im 19. Jahrhundert die Rede. Als Begriff umfassenden historischen Wandels kam „Modernisierung" jedoch erst in der zweiten Hälfte des 20. Jahrhunderts in Umlauf. Grundlegend waren die in den 1950er und 1960er Jahren in den USA entwickelten Modernisierungstheorien [PARSONS]. Den historischen Kontext bildeten die neue Weltmachtrolle der USA, die Systemkonkurrenz zur Sowjetunion und die Herausforderung der so genannten unterentwickelten Länder, die sich nach und nach von der kolonialen Herrschaft lösten. Im Kern des modernisierungstheoretischen Denkens steht die Annahme eines universellen, linearen und rationalen Prozesses, der von traditionellen Agrar- zu modernen Industrie- und Dienstleistungsgesellschaften führt und der gleichzeitig als Weg zu einer freiheitlichen, pluralistischen und demokratischen Ordnung verstanden wird.

▷ S. 259 Universalgeschichte/ Weltgeschichte

▷ S. 203 f. Geschichte der Staaten/ Geschichte der Gesellschaft

Von Anfang an stieß der modernisierungstheoretische Ansatz auf vielfache Kritik. Insbesondere wurde und wird eine Neigung zur Vereinfachung der Wirklichkeit – etwa in schematischen Gegenüberstellungen zwischen traditionalen und modernen Merkmalen – bemängelt sowie die Dominanz westlicher, d.h. in erster Linie US-amerikanisch geprägter Zielvorstellungen. Seit einiger Zeit und unter dem Eindruck weltweiter Wandlungsprozesse sind in den Sozialwissenschaften differenzierte, weiterentwickelte und von einem naiven Fortschrittsglauben abgelöste Modernisierungstheorien freilich wieder im Aufwind [ZAPF; MERGEL; BERGER].

Modernisierungstheorien wirkten seit den 1970er Jahren auf die deutsche Geschichtsschreibung ein. Führend in der Vermittlung war die so genannte „Bielefelder Schule" um Hans-Ulrich Wehler und Jürgen Kocka, die Geschichte als „historische Sozialwissenschaft" verstand. Hervorzuheben ist Wehlers Programmschrift *Modernisierungstheorie und Geschichte*, die das theoretische Angebot kritisch sichtete und seine Ver-

▷ S. 206 f. Geschichte der Staaten/ Geschichte der Gesellschaft

269

wendung in der Geschichtswissenschaft diskutierte [WEHLER 1975]. In der historiographischen Praxis lieferte der modernisierungstheoretische Ansatz nicht zuletzt auch Maßstäbe zur kritischen Einordnung der deutschen Geschichte des 19. und 20. Jahrhunderts. Im Mittelpunkt stand dabei das Erklärungsmodell eines von der westlichen Entwicklung abweichenden, durch eine Diskrepanz zwischen ökonomischer und politischer Modernisierung gekennzeichneten Sonderwegs, der erst mit dem Zusammenbruch der nationalsozialistischen Herrschaft und der erfolgreichen Entwicklung der Bundesrepublik ein Ende gefunden habe.

Ihre besondere Prägung erhält der Ansatz der „Bielefelder Schule" durch die Rezeption von Max Webers (1864–1920) großem Erklärungsmodell einer universalen, okzidentalen Rationalisierung, das gewissermaßen eine

▷ S. 167
Rückblick:
Epochenbildung

Modernisierungstheorie vor Erfindung des Begriffs darstellt. Die Kategorien Webers dienten Wehler auch zur theoretischen Fundierung seiner bislang in vier Bänden erschienenen *Deutschen Gesellschaftsgeschichte* [WEHLER 1987–2003]. Die Durchsetzung des „Kapitalismus", „marktbedingter Klassen", „des bürokratisierten Anstaltsstaates" und „der ,Rationalisierung' in wachsenden Bereichen des kulturellen Lebens" werden dabei als die wesentlichen Komponenten des Modernisierungsprozesses verstanden [WEHLER 1987, 14].

Doch auch abseits der „Historischen Sozialwissenschaft" fanden modernisierungstheoretische Grundansätze Eingang in die deutsche Geschichtswissenschaft. Ein herausragendes Beispiel hierfür ist Thomas Nipperdey. Obgleich dieser als Kritiker einer normativ an „modernen" Wertvorstellungen orientierten Geschichtsschreibung auftrat, legte er seinen

eigenen Arbeiten, die stärker in einer historistischen Tradition wurzeln, ebenfalls die Grundannahme eines westlichen Modernisierungsprozesses zugrunde. Dies gilt vor allem auch für Nipperdeys dreibändiges Werk zur deutschen Geschichte von 1800 bis 1918 [NIPPERDEY 1983–1992].

▷ S. 201
Geschicht
der Staate
Geschicht
Gesellsch

Neben dem Versuch, die nationalsozialistische Machtergreifung aus den deutschen Abweichungen von einer „normalen" Modernisierung zu erklären, entwickelte sich auf der Grundlage eines modernisierungstheoretischen Ansatzes eine lebhafte Diskussion über die Frage, inwieweit dem Nationalsozialismus selbst eine gewisse Modernität zuzeigen war und inwieweit ihm – insbesondere im Hinblick auf die spätere Entwicklung in der Bundesrepublik – eine gesellschaftliche „Modernisierungsfunktion" zukam. Erste Überlegungen zu dieser Thematik gab es – ausgehend von dem Soziologen Ralf Dahrendorf, der die „soziale Revolution des Nationalsozialismus" als „brutale[n] Bruch mit der Tradition und Stoß in die Modernität" deutete – bereits in den 1960er Jahren [DAHRENDORF, 432]. Trotz fortbestehender Differenzen in der Beurteilung zeichnet sich in einigen grundlegenden Punkten doch ein gewisser Konsens ab [Überblick bei BAVAJ]:

▷ S. 170 f.
Rückblick
Epochen-
bildung

• In der Herrschaft des Nationalsozialismus mischten sich moderne und antimoderne Züge. Der NS-Staat richtete sich gegen die politische und ästhetische Moderne, „stützte sich aber zugleich auf die modernen Steuerungsinstrumente der Massenmedien, tendenziell auch des Massenkonsums und der Massenmotorisierung, der modernen Sozialpolitik und Arbeitsorganisation, der Technik, Naturwissenschaften und Medizin" [REICHEL, 125].
• Bei aller technischen Rationalität und damit auch Modernität, die in den Dienst der Propa-

Neuere Paradigmen
historischer Forschung
Konzepte der
„Moderne" und
Ansätze der
„Postmoderne"

ganda, der Rassen- und der Rüstungspolitik gestellt wurden, darf der antipluralistische und damit auch antimoderne Grundansatz des Nationalsozialismus nicht aus den Augen verloren werden.

• Die durch das NS-Regime vielfach bewirkte Auflösung traditioneller Strukturen gehörte zu den Voraussetzungen einer beschleunigten Modernisierung nach 1945. Hiervon lässt sich freilich kein Rückschluss auf eine „Modernität" im modernisierungstheoretischen Sinne ziehen.

2. Dass der Prozess der Moderne auch ein negatives Potenzial in sich trägt, das zu Unfreiheit und Terror führen kann, ist unter dem Eindruck der nationalsozialistischen Herrschaft bereits von Max Horkheimer (1903–1969) und Theodor W. Adorno (1895–1973) in ihrer „Dialektik der Aufklärung" nachdrücklich formuliert worden [HORKHEIMER/ADORNO]. Es dauerte allerdings recht lange, bis diese Erkenntnis gegen die Modernisierungstheorien gewendet wurde.

Vor allem Detlev J.K. Peukert hat in seinen Arbeiten zur NS-Zeit und in seiner viel beachteten Synthese zur Weimarer Republik die Vorstellung einer „janusköpfigen" und in sich krisenhaften „Moderne" für eine allgemeinhistorische Deutung fruchtbar gemacht [PEUKERT 1982; DERS. 1987]. Peukert geht von der Kritik an einem vermeintlichen „Normalpfad" der Modernisierung aus, von dem sich ein „Deutscher Sonderweg" unterschieden habe. Das Bild der „industriegesellschaftlichen Modernisierung" erscheint weniger harmonieträchtig als in den Modernisierungstheorien. Stattdessen zeigt sich „eine krisengeschüttelte Modernität [...], für die das Balancieren am Abgrund eher der Regelfall war und das Austarieren der Widersprüche eher nur im Ausnahmefall ge-

▷ S. 209 f.
Geschichte
Staaten/
nichte der
sellschaft

Forschungsstimme

Detlev J.K. Peukert (1950–1990) erläutert im Vorwort zu seiner Darstellung der Weimarer Republik die Übertragung des kunstgeschichtlichen Begriffs der „klassischen Moderne" auf die allgemeine Geschichte:

„In der hier eingenommenen Kontinuitätsperspektive betonen wir die Krisenhaftigkeit der industriegesellschaftlichen Modernität. Angesichts der aufgeregten Atmosphäre soziokultureller Neuerungen erscheinen uns die Jahre der Weimarer Republik als eine Krisenzeit der *klassischen Moderne*. Dieser in der Kunstgeschichte gebräuchliche Begriff könnte sich auch zur Kennzeichnung der ganzen soziokulturellen Epochenlage als nützlich erweisen. Bis zu den neunziger Jahren des vorigen Jahrhunderts hatte sich die Industriegesellschaft in Deutschland soziökonomisch durchgesetzt. Seitdem erlebte es den soziokulturellen Durchbruch der Moderne. Was seit der Jahrhundertwende in Wissenschaft und Kunst, im Städtebau, in der Technik und in der Medizin, in der geistigen Reflexion wie in der alltäglichen Lebenswelt entwickelt wurde, probte unsere heute noch gegenwärtige Lebensform, gestaltete sie klassisch aus. In den Jahren zwischen Erstem Weltkrieg und Weltwirtschaftskrise setzte sich die klassische Moderne auf breiter Front durch, entfaltete ihre Widersprüche und stürzte in ihre tiefste Krise. ‚Weimar', spielte uns in kurzer Zeit und in rasantem Tempo die faszinierenden und die fatalen Möglichkeiten unserer modernen Welt vor."

Literatur: D.J.K. PEUKERT, Die Weimarer Republik. Krisenjahre der klassischen Moderne, Frankfurt/M. 1987, 11f.

Neuere Paradigmen
historischer Forschung
Konzepte der
„Moderne" und
Ansätze der
„Postmoderne"

lang" [PEUKERT 1987, 10]. Charakteristika der Moderne, wie der Prozess der Rationalisierung und der „Legitimationsverlust der alten Werte" [PEUKERT 1987, 271], werden als ambivalente Phänomene interpretiert.

Ähnlich wie die „Bielefelder Schule" ist auch dieses Konzept stark von Max Weber beeinflusst – freilich mit einer bemerkenswerten Akzentverschiebung. Peukert bezieht sich in besonderer Weise auf jenen Ansatz in Webers „Diagnose der Moderne", der die immanenten Krisenaspekte der „okzidentalen Rationalisierung" beleuchtet [PEUKERT 1989]. Zudem lehnt sich Peukert an den kunstgeschichtlichen Begriff der Moderne an. Die Epoche der Weimarer Republik, als der Durchbruch der soziokulturellen Moderne erfolgte, gilt ihm insgesamt als „Krisenzeit der *klassischen Moderne*". Wie in der Kunstgeschichte meint die scheinbar paradoxe Ergänzung „klassisch" die erstmalige breite Ausgestaltung einer Modernität, die für die „heute noch gegenwärtige Lebensform" prägend ist [PEUKERT 1987, 11].

Die nationalsozialistische Machtergreifung erklärt sich bei Peukert nicht aus einem von der westlichen Moderne abweichenden „deutschen Sonderweg", sondern aus der „Krisenanfälligkeit jener Modernisierungsprozesse, die wir als Normallage anzusehen gewohnt sind". Zur „deutschen Katastrophe" sei es gekommen, „weil die Widersprüche der klassischen Moderne in ihr eskalierten" [PEUKERT 1987, 271].

Die Frage, warum diese Eskalation gerade in Deutschland stattfand, wird freilich noch nicht hinreichend beantwortet. Vielleicht wird man daher auf differenzierte Weise doch wieder stärker auf die Besonderheiten des deutschen Weges in die Moderne zu achten haben. Als „tertium comparationis" dürfte dann jedoch nicht mehr die überholte Vorstel-

lung einer linear-normativen Modernisierung dienen; vielmehr müsste stets von einer immanenten Krisenhaftigkeit und Ambivalenz des „normalen" Modernisierungsprozesses ausgegangen werden [WIRSCHING].

In Zuspitzung des Peukertschen Ansatzes bildeten sich Erklärungsmuster, welche die Rassen- und Vernichtungspolitik der Nationalsozialisten als Ausdruck einer modernen Rationalität der Rassenbiologie und „Sozialhygiene" oder auch der Industriewirtschaft interpretierten [v.a. BAUMANN; ALY/ HEIM]. In derartigen Deutungen reduziert sich die ambivalente Moderne auf ihr negatives Potenzial. In gewisser Weise wurde damit ein Gegenpol zum optimistischen Geschichtsverständnis der frühen Modernisierungstheorien erreicht. Die Perspektive aber ist ebenso einseitig.

▷ S. 170 f Rückblick Epochenbildung

„Postmodern" und „Postmoderne".

Geht man von der traditionellen Bedeutung von „modern" als Bezeichnung für die gegenwärtige Zeit aus, dann bildet der Begriff „postmodern" („nach-modern") eine Paradoxie, die sich allenfalls auf die Zukunft beziehen kann. Das Adjektiv „postmodern" und die in Deutschland geläufige Substantivierung „Postmoderne" ergeben nur dann einen Sinn, wenn „modern" mit bestimmten ästhetischen bzw. soziokulturellen Charakteristika verbunden wird. Es ist daher stets darauf zu achten, welcher Begriff der „Moderne" im „postmodernen" Kompositum steckt.

Die Anfänge der seltsamen Wortbildung liegen in der ersten Hälfte des 20. Jahrhunderts [KÖHLER]. So war in der lateinamerikanischen Literaturdiskussion der 1930er Jahre mit schwankender Bedeutung von „postmodernismo" die Rede. Größere Resonanz hatte

Die von dem britischen Architekten James Stirling (1926–1992) entworfene und 1984 eröffnete **Neue Staatsgalerie in Stuttgart** gilt als eines der bedeutendsten Werke postmoderner Architektur in der Bundesrepublik. Das Gebäude vereinigt in sich auf spielerische Weise einen detail- und perspektivenreichen Pluralismus der Stile.

Die Abbildung zeigt den als Rotunde gestalteten Innenhof. In der Mitte sieht man den von dorischen Säulen eingerahmten Zugang zum Museum, der im Boden zu versinken scheint. Entlang der Innenwand verläuft eine geschwungene Freitreppe, die zu einer Terrasse führt. Würde man sich weiter zur Seite wenden, kämen klassizistische Skulpturen ins Bild, die das Rondell umstellen. Die Rotunde ist auch ein beliebter Ort für Open-Air-Veranstaltungen.

Bild: Neue Staatsgalerie Stuttgart.

Literatur: G. HOMAYOUN, Der postmoderne Pluralismus. Die Architektur seit 1960, Darmstadt 1996, 62–64.

273

Neuere Paradigmen
historischer Forschung
Konzepte der
„Moderne" und
Ansätze der
„Postmoderne"

dann die Verwendung von „post-modern" bei dem englischen Universalhistoriker Arnold Toynbee (1889–1975), der damit – erstmals 1939 – den letzten Abschnitt der abendländischen Kultur bezeichnete. Toynbee bezog sich auf den Begriff der „modernen", d.h. neuzeitlichen Geschichte, die er mit der Zäsur des Imperialismus Ende des 19. Jahrhunderts beendet und von der „postmodernen" Epoche gefolgt sah.

Entscheidend für die aktuelle Begrifflichkeit wurde die kulturelle und vor allem literarische Diskussion in den USA in den 1960er und in den 1970er Jahren. „Postmodernism" war dort bereits in den 1950er Jahren vereinzelt in Abgrenzung zu den Klassikern der Moderne verwendet worden und hatte dabei ein eher konservatives Image besessen. Etwa seit Mitte der 1960er Jahre wurde das Wort – vor allem in den Schriften von Leslie Fiedler (1917–2003) und Susan Sontag (1933–2004) – zum Gegenbegriff gegen „modernism" im Sinne der inzwischen arrivierten Avantgarde-Kunst. Gleichzeitig entwickelte sich „postmodernism" zum zukunftsweisenden Etikett einer Aufbruchsbewegung, die eng mit der expandierenden Populärkultur verbunden war. Da der Stil- und Epochenbegriff „modernism" semantisch enger ist als die deutsche Substantivierung „Moderne", gewann auch das amerikanische „postmodernism" ein relativ klares Profil [MILICH].

Von besonderer Bedeutung war die 1977 von Charles Jencks vorgenommene Übertragung der Begriffe „postmodern" und „postmodernism" in die Architekturtheorie [JENCKS]. Postmoderne meint hier eine seit den 1970er Jahren deutlich erkennbare Gegenposition zum abstrakten Funktionalismus der Moderne – eine Gegenposition, die Ornament und Symbol wieder zuließ und einen spiele-

risch-pluralistischen Umgang mit Zitaten der Architekturgeschichte pflegt.

Die Übernahme eines „postmodernen" Ansatzes in die Geistes- und Sozialwissenschaften erfolgte – zunächst wiederum in den Vereinigten Staaten – seit den 1980er Jahren. Maßgeblich war nun die Diskussion in Philosophie und Soziologie. Als Anreger und Vorbilder kam mehreren poststrukturalistischen französischen Philosophen (Jean Baudrillard, Jacques Derrida, Michel Foucault und Jean-François Lyotard) eine Schlüsselrolle zu, obgleich sie selbst den Begriff „postmodern" nur teilweise verwendeten. „Postmodern" war nun nicht mehr nur ein „Gegenbegriff" zur Stil- und Epochenbezeichnung des „modernism", sondern auch zur gesamten neuzeitlichen Moderne, die vor allem an ihrer totalitären Entartung gemessen wurde. „Postmodern" entwickelte sich zu einem schillernden Signum für ein von den „modernen" Prämissen gelöstes Menschen-, Gesellschafts- und Geschichtsbild sowie für ein stark subjektiviertes Wissenschaftsverständnis. Die Vorstellung von der Geschichte als Prozess des Fortschritts wurde ebenso aufgegeben wie die Orientierung an den großen Leitideen („Erzählungen") des Marxismus oder auch des Liberalismus. Der Mensch verlor seinen Nimbus als autonomes und rationales Wesen. Gegen den vermeintlichen Einheitsanspruch der modernen Zivilisation wurde eine „radikale Pluralität" gesetzt [WELSCH 1994; DERS. 2002; ZIMA].

Gleichzeitig behielt „postmodern" aber auch seine im Stilbegriff der Literatur- und Kunstwissenschaften angelegte Qualität einer historisch-analytischen Kategorie. In Konkurrenz zu „postindustriell" dient „postmodern" nun auch zur Kennzeichnung eines soziokulturellen oder politischen Entwicklungsstan-

Forschungsstimme

Der französische Philosoph **Jean-Francois Lyotard** (* 1924) hat 1979 für den Universitätsrat der Regierung von Quebec eine Diagnose seiner Zeit verfasst, die wenig später unter dem Titel „La condition postmoderne" veröffentlicht wurde. Die kleine Gelegenheitsschrift entwickelte sich zu einem Schlüsseltext der Postmoderne-Diskussion. Lyotard sieht die zeitgenössischen Entwicklungen in Gesellschaft, Kultur, Wirtschaft und Politik nicht mehr in der Kontinuität der Moderne sondern als Ausdruck einer neuen postmodernen Epoche. Für die Definition von „modern" ist hier der Bezug auf so genannte **„große Erzählungen"** bzw. „Metaerzählungen" grundlegend. Als „postmodern" gilt hingegen die „Skepsis gegenüber den Metaerzählungen". Lyotard nimmt diese elementare Unterscheidung gleich zu Beginn seiner Schrift vor:

„Diese Untersuchung hat die Lage des Wissens in den höchstentwickelten Gesellschaften zum Gegenstand. Man hat sich entschieden, sie ‚postmodern' zu nennen. Dieses Wort ist auf dem amerikanischen Kontinent, bei Soziologen und Kritikern gebräuchlich. Es bezeichnet den Zustand der Kultur nach den Transformationen, welche die Regeln der Spiele der Wissenschaft, der Literatur und der Künste seit dem Ende des 19. Jahrhunderts getroffen haben. Hier orten wir diese Transformationen im Verhältnis zur Krise der Erzählungen.

Die Wissenschaft ist von Beginn an in Konflikt mit den Erzählungen. Gemessen an ihren eigenen Kriterien, erweisen sich die meisten als Fabeln. Aber insofern sie sich nicht darauf beschränkt, die nützlichen Regelmäßigkeiten aufzuzeigen, und das Wahre sucht, muß sie ihre Spielregeln legitimieren. So führt sie über ihr eigenes Statut einen Legitimationsdiskurs, der sich Philosophie genannt hat. Wenn dieser Metadiskurs explizit auf diese oder jene große Erzählung zurückgreift wie die Dialektik des Geistes, die Hermeneutik des Sinns, die Emanzipation des vernünftigen oder arbeitenden Subjekts, so beschließt man, ‚modern' jene Wissenschaft zu nennen, die sich auf ihn bezieht, um sich zu legitimieren. So wird etwa die Konsensregel zwischen Sender und Empfänger bei einer Aussage mit Wahrheitswert für annehmbar gehalten, wenn sie sich in die Perspektive einer möglichen Einstimmigkeit der mit vernünftigem Geist begabten einschreibt: das war die Erzählung der Aufklärung, worin der Heros der Wissenschaft an einem guten ethisch-politischen Ziel, dem universellen Frieden, arbeitet. Man sieht daran, daß die Legitimierung des Wissens durch eine Metaerzählung, die eine Geschichtsphilosophie impliziert, zur Frage über die Gültigkeit der Institutionen führt, die den sozialen Zusammenhang bestimmen: Auch sie verlangen, legitimiert zu werden. So sieht sich die Gerechtigkeit ebenso wie die Wahrheit auf die große Erzählung bezogen.

Bei extremer Vereinfachung hält man die Skepsis gegenüber den Metaerzählungen für ‚postmodern'. Diese ist ohne Zweifel ein Resultat des Fortschritts der Wissenschaften; aber dieser Fortschritt setzt seinerseits diese Skepsis voraus. [...]"

Literatur: J.-F. Lyotard, Das postmoderne Wissen. Ein Bericht, Graz/Wien 1986 [franz. 1979], 13f.

des von Gesellschaften und Staaten. Als wesentliche Merkmale dieser „Postmoderne" („postmodernity") gelten ein uneingeschränkter Pluralismus und das Fehlen einer verbindlichen Werte- und Sinninstanz.

Die Übertragung des Begriffes „postmodern" ins Deutsche stößt auf ein grundsätzliches Problem. Wie erwähnt, ist das skizzierte Verständnis von „postmodern" auf die breite Vorstellung einer neuzeitlichen bzw. aufklärerischen Moderne bezogen. Sobald man jedoch von jenem ambivalenten Begriff der (klassischen) Moderne des 20. Jahrhunderts ausgeht, wie er vor allem im deutschen Sprachraum verbreitet ist, verliert die Vorstellung einer Postmoderne ihre Unterscheidbarkeit. Denn gerade der Verlust bisheriger Ganzheiten, die Bildung einer pluralistischen Gesellschaft und die Erosion verbindlicher Sinngebungen gehören zu den Kennzeichen dieser Moderne. Welsch hat versucht, dieses Dilemma dadurch zu lösen, dass er die Postmoderne als „radikalisierte Moderne" oder – in einer aphoristischen Paradoxie – als „postmoderne Moderne" definiert [WELSCH 2002].

Postmoderne und Geschichtswissenschaft. Unter Ansätzen der Postmoderne in der Geschichtswissenschaft lassen sich zum einen bestimmte „postmoderne" Vorstellungen vom Wesen der Geschichte und der Geschichtsschreibung fassen, zum anderen einzelne Versuche, „postmodern" als historisch-analytischen Begriff und damit letztlich auch als Epochenbegriff innerhalb der neuesten bzw. der Zeitgeschichte zu verwenden. Beide Ansätze müssen scharf unterschieden werden.

1. Die Verwendung des methodischen Paradigmas „postmodern" in der Geschichtswissenschaft hat seit den 1980er Jahren zunächst

im angelsächsischen Sprachraum an Breite gewonnen. Eine maßgebliche Vorbildwirkung kam hier dem historischen Werk Michel Foucaults zu. Das Übergreifen der Postmoderne auf die Historiographie war von einer lebhaften geschichtstheoretischen Diskussion und einer kaum zu überschauenden Fülle an Publikationen begleitet [Textsammlungen mit Einführungen: CONRAD/KESSEL; JENKINS]. Dass das Bemühen um methodische Innovation und die Suche nach neuen plakativen Paradigmen auch etwas mit dem Konkurrenzkampf innerhalb einer immer mehr von Marktgesetzen beherrschten Wissenschaft zu tun hat, erscheint evident. So diente das Vehikel der Postmoderne-Diskussion in den Vereinigten Staaten einer bereits etablierten jüngeren Historikergeneration zum weiteren beruflichen Aufstieg [CONRAD/KESSEL, 14f.].

Im deutschen Sprachraum traten entsprechende Tendenzen erst in der zweiten Hälfte der 1990er Jahre stärker hervor. Dabei gingen sie vielfach eine enge Verbindung mit der neuen Kulturgeschichte ein. Allerdings ist umstritten, in welchem Maße die „kulturalistischen" Strömungen auch als postmodern zu bezeichnen sind. Auffallend ist, dass der Begriff „postmodern" in Deutschland als Selbstbezeichnung seltener gebraucht wird denn als pejoratives Urteil von Gegnern derartiger Ansätze.

▷ S. 237
Geschich
Gesellsch
„Neue K
geschicht

Auf die Frage, was eine „postmoderne" Geschichtswissenschaft eigentlich sei, lässt sich keine präzise Antwort geben. Klare Definitionen sind kaum vorstellbar, zu heterogen, fluktuierend und auch widersprüchlich erscheint das gesamte Phänomen. Im Folgenden soll daher gleichsam ein Feld markiert werden, auf dem sich die Arbeiten und Diskussionen der historiographischen Postmoderne bewegen, ohne dass sie alle der genannten Kenn-

Neuere Paradigmen
historischer Forschung
Konzepte der
„Moderne" und
Ansätze der
„Postmoderne"

zeichen aufweisen müssen. Umgekehrt lässt sich von einem einzelnen Charakteristikum nicht in jedem Fall auf einen postmodernen Ansatz schließen. Es handelt sich eher um eine gewisse postmoderne Färbung, die inzwischen in unterschiedlicher Intensität über vielen historischen Arbeiten liegt.

a) Mit der Zurückweisung eines vermeintlich modernen Ganzheitsanspruches gehen die Ablehnung „großer Erzählungen" und damit der Verzicht auf große historische Erklärungsansätze einher. Auf dem Feld der neuesten Geschichte sind hiervon neben einem marxistischen Geschichtsverständnis vor allem auch die Modernisierungstheorien betroffen. Eine „Geschichte ohne Zentrum" [CONRAD/KESSEL, 9] erscheint als bunter Pluralismus, der sich der ordnenden Interpretation des Historikers widersetzt.

b) Damit verbunden ist eine Vorliebe für historische Felder, die bislang als randständig galten oder überhaupt nicht beachtet wurden und – ausgeprägt bereits bei Foucault [FOUCAULT] – für historische Prozesse, die moderne Machtstrukturen geschaffen und zur Ausgrenzung bestimmter Gruppen geführt haben. Auch die Mikrogeschichte im Stile eines Carlo Ginzburg – der sich selbst freilich keineswegs als „Postmoderner" sieht – hat eine gewisse Vorbildrolle gewonnen [GINZBURG].

▷ S. 237 ff.
…hichte der
…ellschaft/
…ue Kultur-
…eschichte"

c) Charakteristisch ist weiterhin eine tiefe epistemologische (erkenntnistheoretische) Skepsis. Dahinter steht die alte – und seit dem so genannten „linguistic turn" wieder verstärkt betonte – Einsicht, dass jede menschliche Erkenntnis sprachlich vermittelt ist. Dabei knüpfen die postmodernen Theoretiker, ohne dass dies immer deutlich wird, vielfach an jene Positionen der „modernen", seit dem 18. Jahrhundert aus-

gebildeten Geschichtswissenschaft an, die sich der Relativität und Problematik historischer Erkenntnis durchaus bewusst waren. Aus der erkenntnistheoretischen Skepsis heraus gehören Sprach- und Diskursanalysen zum Repertoire „postmodern" beeinflusster Geschichtsschreibung. Die Entmythisierung diskursiv geformter historischer Überlieferungen wurde zu einer lohnenden Aufgabe. Gleichzeitig sind sich viele Historiker wieder stärker des Umstands bewusst geworden, dass die Geschichtsschreibung eine Nähe zur literarischen Konstruktion aufweist. Prägend war hier der amerikanische Geschichtstheoretiker Hayden White, der die Historiographie als spezielle Form fiktionaler Literatur begreift [WHITE]. Die Gestaltung historischer Arbeiten hat in diesem Kontext teilweise eine literarisierende oder auch spielerische Form gewonnen [gelungen z.B. bei DENING].

▷ S. 308 f.
Entfaltung der
Geschichtswis-
senschaften

▷ S. 350
Interdisziplinäre
Perspektiven:
Literatur-
wissenschaft

▷ S. 227 f.
Das Individuum
und seine Ge-
schichte

Die Ansätze postmoderner Geschichtsschreibung bzw. die entsprechenden geschichtstheoretischen Positionen fanden besonders seitens jener Historiker heftigen Widerspruch, die zu den Pionieren einer modernen, theoriegeleiteten und eher „strukturalistischen" Sozialgeschichte gehören [EVANS; WEHLER 1998]. Als wesentliche Gefahren einer konsequenten Anwendung postmoderner Prämissen auf die Geschichtsschreibung lassen sich benennen: Subjektivismus und Beliebigkeit im Umgang mit den historischen Realitäten, Isolierung einzelner Themen, Ausblenden von Kontexten sowie Verzicht auf kausale Erklärungen, Vergleiche und das Aufzeigen von Entwicklungslinien. Allerdings besteht, wie der Blick auf die gegenwärtige Forschung zeigt, kein Anlass zum Alarmismus. Oft steht hinter einer postmodern eingefärbten Rheto-

▷ S. 248 f.
Geschichte der
Gesellschaft/
„Neue Kulturge-
schichte"

rik ein relativ traditionelles methodisches Vorgehen. Positiv ist hervorzuheben, dass die postmodernen Anregungen zu einer Schärfung des methodischen Bewusstseins, zur Entwicklung neuer Fragestellungen, zu einer Erweiterung des historischen Feldes und nicht zuletzt auch zu einer Belebung der Darstellung beigetragen haben.

2. Die Verwendung von „postmodern" als historisch-analytischer Begriff für charakteristische Erscheinungen der vergangenen Jahrzehnte ist in der Geschichtsschreibung – im Gegensatz zu den Kunstwissenschaften, aber auch zur Soziologie, Politologie und Philosophie – bislang über Ansätze nicht hinausgekommen. So spricht beispielsweise Frank B. Tipton für die bundesdeutschen 1970er und 80er Jahre von einer „postmodern generation" [TIPTON, 558–613]. Andreas Rödder sieht die „breiten sozialkulturellen Wandlungsprozesse, die seit den mittleren sechziger und verstärkt seit den mittleren siebziger Jahren nicht allein die Bundesrepublik erfassten", von einer postmodernen „Trias von Individualisierung, radikaler Pluralisierung und Entnormativierung" gekennzeichnet. Die Postmoderne erscheint dabei – ähnlich wie bei Welsch – als Radikalisierung der Moderne [RÖDDER, 30].

▷ S. 159 Konsumgesellschaft, Sozialstaat, „Wertewandel"

Fazit. Der Höhepunkt der publizistischen und wissenschaftlichen Postmoderne-Debatte ist inzwischen weltweit unverkennbar überschritten. Gleichzeitig gibt es – vor allem in der ästhetischen, aber auch in der sozialwissenschaftlichen Diskussion – eine Renaissance des Begriffs der Moderne. Falls sich differenzierte Modernisierungstheorien weiterhin an eine ambivalente Vorstellung von der Moderne annähern, könnte sich diese Entwicklung in absehbarer Zeit auch auf die Ge-

schichtswissenschaft auswirken. Es erscheint vorstellbar, dass die methodischen Anliegen der Postmoderne-Diskussion teilweise in ein derart erneuertes Konzept der Moderne Eingang finden.

Thomas Raithel

Literatur

G. ALY/S. HEIM, Vordenker der Vernichtung. Auschwitz und die deutschen Pläne für eine neue europäische Ordnung, Hamburg 1991.

Z. BAUMANN, Dialektik der Ordnung. Die Moderne und der Holocaust, Hamburg 1992 [engl. 1989].

R. BAVAJ, Die Ambivalenzen der Moderne im Nationalsozialismus. Eine Bilanz der Forschung, München 2003.

U. BECK, Risikogesellschaft. Auf dem Weg in eine andere Moderne, Frankfurt/M. 1986.

J. BERGER, Was behauptet die Modernisierungstheorie wirklich – und was wird ihr bloß unterstellt?, in: Leviathan 24, 1996, 45–62.

C. CONRAD/M. KESSEL (Hrsg.), Geschichte schreiben in der Postmoderne. Beiträge zur aktuellen Diskussion, Stuttgart 1994.

R. DAHRENDORF, Gesellschaft und Demokratie in Deutschland, München 5. Aufl. 1977 [zuerst 1965].

G. DENING, Mr. Bligh's Bad Language. Passion, Power and Theatre on the Bounty, Cambridge u.a. 1992.

R. J. EVANS, Fakten und Fiktionen. Über die Grundlagen historischer Erkenntnis, Frankfurt/M./New York 1998 [engl. 1997].

M. FOUCAULT, Überwachen und Strafen. Die Geburt des Gefängnisses, Frankfurt/M. 1994 [franz. 1977].

C. GINZBURG, Der Käse und die Würmer. Die

Neuere Paradigmen
historischer Forschung
Konzepte der
„Moderne" und
Ansätze der
„Postmoderne"

Welt eines Müllers um 1600, Frankfurt/M.
1983 [ital. 1976].

H. U. GUMBRECHT, „Modern, Modernität, Moderne", in: Geschichtliche Grundbegriffe. Historisches Lexikon zur politisch-sozialen Sprache in Deutschland, hrsg. von O. BRUNNER
U.A., Bd. 4, Stuttgart 1978, 93–131.

J. HABERMAS, Die Moderne – ein unvollende-
tes Projekt, in: DERS., Die Moderne – ein un-
vollendetes Projekt. Philosophisch-politische
Aufsätze, Leipzig 1994, 32–54 [zuerst 1980].

M. HORKHEIMER/T.W. ADORNO, Dialektik der
Aufklärung. Philosophische Fragmente, NA
Frankfurt/M. 1988 [erstmals New York 1944].

C. JENCKS, Die Sprache der postmodernen Architektur. Die Entstehung einer alternativen
Tradition, Stuttgart 1978 [engl. 1977].

K. JENKINS (Hrsg.), The Postmodern History
Reader, London/New York 1997.

H. KLOTZ, Kunst im 20. Jahrhundert. Moderne, Postmoderne, Zweite Moderne, München 1994.

M. KÖHLER, „Postmodernismus". Ein be-
griffsgeschichtlicher Überblick, in: Amerika-
studien 22, 1977, 8–18.

J.-F. LYOTARD, Das postmoderne Wissen. Ein
Bericht, Graz/Wien 1986 [franz. 1979].

T. MERGEL, Geht es weiterhin voran? Die Modernisierungstheorie auf dem Weg zu einer
Theorie der Moderne, in: DERS./T. WELSKOPP
(Hrsg.), Geschichte zwischen Kultur und Gesellschaft. Beiträge zur Theoriedebatte, München 1997, 203–232.

K. J. MILICH, Moderne und Postmoderne in
transatlantischer Perspektive, in: D. JUNKER
(Hrsg.), Die USA und Deutschland im Zeitalter des Kalten Krieges: 1945–1990. Ein Handbuch, Bd. 2: 1968–1990, Stuttgart/München
2001, 591–601.

T. NIPPERDEY, Probleme der Modernisierung
in Deutschland, in: DERS., Nachdenken über

die deutsche Geschichte, München 2. Aufl.
1986, 44–59 [zuerst 1979].

DERS., Deutsche Geschichte 1800–1866. Bürgerwelt und starker Staat, München 1983.

DERS., Deutsche Geschichte 1866–1918, 2 Bde.,
München 1990/1992.

T. PARSONS, Das System moderner Gesellschaften, München 1972 [engl. 1971].

D. J. K. PEUKERT, Volksgenossen und Gemein-
schaftsfremde. Anpassung, Ausmerze und
Aufbegehren unter dem Nationalsozialismus,
Köln 1982.

DERS., Die Weimarer Republik. Krisenjahre
der Klassischen Moderne, Frankfurt/M. 1987.

DERS., Max Webers Diagnose der Moderne,
Göttingen 1989.

P. REICHEL, Modern und antimodern zugleich? Das NS-System und das Problem der
Modernität, in: H.-W. HEISTER (Hrsg.), „Ent-
artete Musik" 1928 – Weimar und die Ambivalenz, Bd. 1, Saarbrücken 2001, 121–136.

A. RÖDDER, Die Bundesrepublik Deutschland
1969–1990 (= Oldenbourg Grundriss der Geschichte, Bd. 19a), München 2004.

W. SCHULZE, Einladung in die Frühe Neuzeit,
in: A. VÖLKER-RASOR (Hrsg.), Oldenbourg Geschichte Lehrbuch: Frühe Neuzeit, München
2000, 9–11.

F. B. TIPTON, A History of Modern Germany
since 1815, Berkeley u.a. 2003.

H.-U. WEHLER, Modernisierungstheorie und
Geschichte, Göttingen 1975.

DERS., Deutsche Gesellschaftsgeschichte, Bd.
1–4, München 1987–2003.

DERS., Die Herausforderung der Kulturgeschichte, München 1998.

W. WELSCH (Hrsg.), Wege aus der Moderne.
Schlüsseltexte der Postmoderne-Diskussion,
Berlin 2. Aufl. 1994 [zuerst 1988].

DERS., Unsere postmoderne Moderne, Berlin
6. Aufl. 2002 [zuerst 1987].

H. WHITE, Metahistory. Die historische Einbildungskraft im 19. Jahrhundert in Europa,
Frankfurt/M. 1991 [engl. 1973].

A. WIRSCHING, Krisenzeit der „Klassischen
Moderne" oder deutscher „Sonderweg"?
Überlegungen zum Projekt Faktoren der Sta-
bilität und Instabilität in der Demokratie der
Zwischenkriegszeit: Deutschland und Frank-
reich im Vergleich, in: H. MÖLLER/U. WENGST
(Hrsg.), 50 Jahre Institut für Zeitgeschichte.
Eine Bilanz, München 1999, 365–381.

W. ZAPF, Die Modernisierungstheorie und
unterschiedliche Pfade der gesellschaftlichen
Entwicklung, in: Leviathan 24, 1996, 63–77.

P. V. ZIMA, Moderne – Postmoderne. Gesellschaft, Philosophie, Literatur, Tübingen u.a.
1997.

Vermittlung:
Die Macht der Bilder.
Historische Bild-
forschung

▷ S. 372 f.
Gattungen
er Quellen

Bilder als Quellen. Bilder haben sich im Lauf der letzten beiden Jahrhunderte zu einem mächtigen Leitmedium öffentlicher Kommunikation entwickelt. Wem es gelingt, seinen Vorstellungen durch geeignete Bebilderung Evidenz und Augenschein zu verleihen, der gewinnt im öffentlichen Raum an Deutungsmacht. Demgegenüber hat die Geschichtswissenschaft, die lange im Bann einer philologisch-hermeneutischen Tradition stand, das Medium Bild nur zögernd zur Kenntnis genommen. Ansätze zu einer historischen Bildforschung haben sich erst in den letzten zwanzig Jahren vor dem Hintergrund neuer kulturgeschichtlicher Fragestellungen [DANIEL] und der theoretischen Diskussion über den „pictorial turn" [MITCHELL] entwickeln können [BURKE; ROECK; TALKENBERGER].

▷ S. 303
altung der
Geschichts-
wissen-
schaften

▷ S. 241 f.
chichte der
sellschaft/
ue Kultur-
eschichte"

Bilder begegnen uns in vielfältigen sozialen Zusammenhängen: In einem Lehrbuch der Geschichte „lesen" wir Bilder anders als in einem Fotoalbum, einer Gemäldegalerie oder auf einem politischen Plakat. Was uns beim Betrachten eines Bildes auffällt, welche Bildelemente uns zur Interpretation herausfordern und welche Bedeutung wir dem Bild am Ende zuschreiben, hängt von den kulturell geformten Gewohnheiten unseres Sehens und Wahrnehmens, von der Vertrautheit mit ikonographischen Traditionen und schließlich auch von der sozialen Praxis ab, in der wir mit einem Bild und seinem Kontext konfrontiert werden [ZIJLMANS/HALBERTSMA]. Dabei illustrieren Bilder nicht einfach nur Ideen oder Begriffe, sondern sie bringen eine eigene Bedeutung hervor und eröffnen eine eigene, von der Sprache grundsätzlich zu unterscheidende Darstellung von „Wirklichkeit". Bilder verdichten Information und machen sie unserer Anschauung zugänglich, sie lassen sie in einer eigenen Ästhetik erfahrbar werden und prägen auf vielfache Weise unser „Bild" von der Welt. Darin liegen ihre besonderen, weit über die Sprache hinaus reichenden Leistungen, über die wir in Ermangelung einer allgemein akzeptierten historischen Symboltheorie des Bildes allerdings noch wenig wissen [MITCHELL; GOODMAN]. Kategorien wie etwa Temporalität, Kausalität und Modalität, die für die Konstruktion historischen Wissens von grundlegender Bedeutung sind, sind im grammatischen Regelwerk unserer natürlichen Sprachen viel präziser verankert als im visuellen Ausdrucksrepertoire des Bildes. Schon deshalb lassen sich Bilder nicht ohne weiteres in eindeutige sprachliche Aussagen übersetzen. Sie sind *prinzipiell* in hohem Maß *bedeutungsoffen* und somit interpretationsbedürftig: Was wir z.B. auf einer Fotografie sehen und wie wir sie verstehen sollen, hängt sehr von der Beschriftung und dem weiteren schriftlichen, medialen und sozialen Kontext ab, in den das Bild eingebunden ist.

Bilder enthüllen keine „objektive" historische Realität, sondern sie ermöglichen einen Zugang zu bestimmten zeitgenössischen Sichtweisen dieser Realität. Sie sind, wie es Peter Burke formuliert, „unreliable sources, distorting mirrors" [BURKE, 31]. Jedem Bild liegt ein sozial bzw. kulturell bestimmter *Blickwinkel* zu Grunde, etwa der Blick des Mannes auf die Frau, des „Zivilisierten" auf den „Unzivilisierten", des Europäers auf den „Orientalen", des Forschers auf seinen Gegenstand, des Kriminalisten auf den Verbrecher usw. Der Blickwinkel des Bildes erlaubt es uns, dessen Position in einem bestimmten Diskurs oder in einem Geflecht von Diskursen zu ermitteln; so hilft z.B. der Blickwinkel eines Historienbildes dessen Position im Diskurs der Nationsbildung, der eines Genrebildes dessen Position im Geschlechterdiskurs oder der eines Dokumentarfotos dessen Stellung im Diskurs um Sozialreform zu bestimmen. Vor der Versuchung des Historikers, ein Bild als „Ausdruck" oder „Spiegel" einer „Zeit" zu interpretieren, muss daher gewarnt werden [BURKE; ZIJLMANS/HALBERTSMA]. Solche Deutungen gehen von dem idealistischen Konstrukt eines homogenen Zeitgeistes aus und verfehlen damit gerade den besonderen kommunikativen Beitrag, den ein Bild oder bestimmte Bildtypen in einem konkreten historischen Zusammenhang geleistet haben.

Schließlich werden Bilder auf einem Markt in Umlauf gebracht, der in der Regel von ökonomischen Absatzerwartungen und symbolischer Bildkonkurrenz bestimmt ist. In Zeitungen und Zeitschriften, Broschüren und Bildbänden, Ausstellungen und Schulbüchern, Flugblättern, Plakaten und in den elektronischen Medien dominieren Bilder zunehmend unsere alltägliche Wahrnehmung. Historische Bildforschung fragt folglich auch nach den sozialen Gebrauchsweisen von Bildern, nach den Mechanismen ihrer Produktion, Selektion, Verbreitung und Durchsetzung im öffentlichen Raum [ROECK; PAUL] – hier gehen die Fragestellungen der historischen Bildforschung Hand in Hand mit denen der Medien- und Kommunikationsgeschichte.

Historienmalerei.

▷ S. 20
Durchbruch
der bürgerlichen
Gesellschaft

Ein Beispiel aus der Französischen Revolution: Im Herbst 1790 fasste der Jakobinerklub mit Unterstützung der Nationalversammlung den Beschluss, den Maler Jacques-Louis David (1748–1825) mit einem Gemälde vom Ballhausschwur zu beauftragen, das im Versammlungssaal der Assemblée National angebracht werden sollte. Als Vorstudie präsentierte David eine lavierte Federzeichnung,

An **Jacques-Louis Davids** (1748–1825) **Auftragswerk**, das eines der zentralen Ereignisse des Revolutionssommers 1789 zeigt, lässt sich die vielfache Verflechtung eines Bildes in zeitgenössische Diskurse demonstrieren. Auffällig ist zunächst das perspektivische Arrangement: David hat die gesamte Szenerie um 90 Grad gedreht und den langgezogenen Raum von seiner Schmalseite her aufgeschnitten. Dadurch wird die Masse der Abgeordneten verdichtet und der Blick auf wenige prominente Figuren im Vordergrund fokussiert. Der Raum erscheint somit wie eine Theaterbühne, auf der sich soeben der dramatische Umschwung vollzieht.

Abweichend vom realen Verlauf kehrt der auf einem improvisierten Tisch stehende Versammlungspräsident Jean Sylvain Bailly, der den Eid verliest, der Nationalversammlung den Rücken und wendet sich an das imaginäre Publikum. Jeder künftige Betrachter des Bildes – David hatte die Abgeordneten späterer Nationalversammlungen vor Augen – wird zum potenziellen Subjekt des revolutionären Aktes und somit Teil der souveränen Nation. Zeitgenössischen Betrachtern indes simulierte der Bühneneffekt des Bildes eine vertraute Kommunikationssituation: Zu Beginn der Revolution waren Pariser Theater bevorzugte Foren zur Diskussion und Verbreitung der neuen Ideen. Im Rückgriff auf das antike Modell des Bürgereids machten die Abgeordneten eine damals hochaktuelle politische Denkfigur sinnfällig – den Zusammenschluss Gleicher aus freien Stücken. Indem David den sichtbaren, aber vorübergehenden Akt des Schwures im Bild festhält, stellt er dieses Programm in einer dramatischen Szenerie auf Dauer. Anhand der individuellen Physiognomien konnten Zeitgenossen 50 prominente Abgeordnete identifizieren, etwa neben Mirabeau, Danton und Robespierre auch solche, die sich am 20. Juni 1789 nachweislich nicht im Ballhaus aufgehalten haben. Die Historienmalerei arbeitet gerne mit derlei Fiktionen. Im vorliegenden Fall konnte David auf diese Weise ein möglichst breites politisches Spektrum im Ballhaus vereinen.

Eine Schlüsselszene für das politische Programm des Bildes spielt sich rechts vorne ab. Ein Abgeordneter versucht die Hand seines auf einem Stuhl sitzenden Nebenmanns, der offenbar den Eid verweigert, nach oben zu reißen und wird daran aber von einem Dritten mit einer erklärenden Geste gehindert. Der Akt des Zusammenschlusses zu einem souveränen politischen Körper muss nämlich freiwillig erfolgen, und er artikuliert sich nicht nur als die Summe von Einzelwillen, sondern, wie die gleichgerichteten Gesten zeigen, als überindividueller Gesamtwille.

Die Forschung hat das Bild daher einem zeitgenössischen, an der politischen Theorie Jean-Jacques Rousseaus (1712–1778) orientierten Revolutionsdiskurs zugeordnet. Wer aber wird vom politischen Souverän ausgeschlossen? Unter der linken Galerie drängen sich rechts neben der zweiten Säule einige Gestalten mit finsterer Miene und phrygischen Mützen auf dem Kopf: Sansculotten. Sie werden von Soldaten zurückgehalten, und ihr Gesichtsausdruck lässt erkennen, dass ihnen der Vorgang im Ballhaus, den sie nicht einmal richtig sehen können, fremd bleibt. Die Sansculotten waren beim Ballhausschwur 1790 nicht dabei und werden noch in Davids Bildkonzeption des Jahres 1791 nachdrücklich aus der revolutionären Elite der Freien und Gleichen ausgeschlossen. Ausgeschlossen werden scheinbar auch die Frauen; die schwörenden Abgeordneten sind selbstverständlich allesamt Männer. Im Unterschied zu den Sansculotten nehmen die Frauen aber auf den oberen Galerien gestisch und mimisch am Geschehen teil – links oben vor allem im Kontrast zu den vom Sturm abgelenkten Männern. Indem das Bild den Frauen einen Platz im öffentlichen Raum zuweist, bezieht es eine Gegenposition zum orthododox rousseauistischen Standpunkt jener Jakobiner, die Frauen ganz aus der Politik ausgeschlossen und auf die Privatsphäre beschränkt wissen wollten.

Verlängert man die Linie des Blitzes, der in die – vom Ballhaus aus übrigens gar nicht sichtbare – königliche Hofkapelle einschlägt, so trifft sie genau auf die erhobene rechte Hand des Versammlungsleiters Bailly. Über den Blitz werden die politische Handlung und das Naturgeschehen zeichenhaft miteinander in Beziehung gesetzt: Der freiwillige Zusammenschluss der 629 Abgeordneten vollzieht sich wie ein Naturereignis. Das Bild nimmt so Bezug auf die zeitgenössische Diskussion über das Verhältnis von Natur und Geschichte.

Bild: Jacques-Louis David, Dessin achevé pour le Serment du Jeu de Paume, lavierte Federzeichnung, 1790–1791, Cabinet des Dessins du Louvre.

Literatur: C. BLUM, Rousseau and the Republic of Virtue. The Language of Politics in the French Revolution, Ithaca/London 1986; P. BORDES, Le Serment du Jeu de Paume de Jacques-Louis David, Paris 1983; W. ROBERTS, Jacques-Louis David and Jean-Louis Prieur, Revolutionary Artists, New York 2000.

die er im September 1791 zusammen mit weiteren 793 Werken anderer Künstler im ersten „freien" Salon ausstellte. Dort fand das Bild als einziges Werk, das ein Ereignis der Revolution darstellte, vielfach begeisterte Zustimmung. Obgleich die Nationalversammlung am 28. September 1791 die staatliche Finanzierung des Projekts beschloss, brachte David das noch zu malende Kolossalbild für den Versammlungssaal nicht zu Ende. Im Spätsommer 1792 brach er die Arbeit an seinem Werk ab: Zentrale Aussagen des Gemäldes waren unterdessen von den politischen Ereignissen widerlegt worden und eine Reihe der abzubildenden Personen in Ungnade gefallen.

In der symbolischen Praxis der Französischen Revolution wie auch später in der Erinnerung an das Ereignis spielten Bilder eine herausragende Rolle [HUNT; VOVELLE], wie auch ein Blick auf die Rezeptionsgeschichte des „Ballhausschwurs" zeigt: Nach einer ersten öffentlichen Präsentation im Herbst 1791 und der Verbreitung zahlreicher, zunächst zur Subskription ausgeschriebener Stiche und einiger Nachbildungen ab 1820 erlebte das Bild seine nachhaltige Popularisierung erst im Zuge der offiziellen Revolutionserinnerung während der Dritten Republik – prominent in einer 1883 von Luc-Olivier Merson (1846–1920) hergestellten Monumentalkopie, die im Salle du Jeu de Paume zu Versailles, also am Ort des Geschehens, angebracht wurde [BORDES]. In den Revolutionskapiteln der französischen Schulbücher avancierte Davids Federzeichnung zwischen 1870 und 1918 zum häufigsten Bildmotiv, gefolgt vom Sturm auf die Bastille [KOPPETSCH]. Schließlich wählte die französische Post 1939 anlässlich des 150. Jubiläums der Revolution einen Ausschnitt aus dem inzwischen im nationalen Bildgedächtnis verankerten Gemälde als Motiv für eine Briefmarke.

Die historische Analyse lässt die mutmaßlichen Gründe für diese bemerkenswerte Bildkarriere erkennen: Die Botschaft der revolutionären, die politischen und religiösen Gegensätze überformenden Einheit der Nation kam in besonderer Weise der republikanischen Geschichtspolitik der Dritten Republik entgegen und beinhaltete zugleich – etwa hinsichtlich der politischen Rolle der Frau – einen über die Revolution hinausweisenden programmatischen Anspruch. Vor allem aber bezieht der „Ballhausschwur" jeden künftigen Betrachter unmittelbar in die performative – d.h. über eine rituelle Sprachhandlung vollzogene – Herstellung der souveränen Nation ein. Davids Werk formuliert somit ein schlüssiges bildrhetorisches Pendant zum spezifisch französischen Nationsbegriff, der die Zugehörigkeit zur Nation der individuellen Entscheidung anheim stellt.

▷ S. 50 Nation al Deutungs kategorie

Fotografie. Fotos sind das Bildmedium des 19. und 20. Jahrhunderts. Die Erfindung erster fotografischer Verfahren durch Joseph Nicéphore Niepce (1826), William Henry Fox Talbot (1835) und Louis Jacques Mandé Daguerre (1837) leitete eine Revolution der Bildmedien ein: In bis dahin unerreichter Perfektion schien die Fotografie ein „objektives Abbild" der Wirklichkeit zu liefern. Die ständig verbesserten technischen Verfahren, etwa die Einführung der Gelatine-Trockenplatte 1871, eröffneten der Fotografie innerhalb weniger Jahrzehnte eine außerordentliche Vielfalt an möglichen Gebrauchsweisen und ließen sie bereits in der zweiten Hälfte des 19. Jahrhunderts zum etablierten Kommunikationsmedium und Artikel des gehobenen Konsums werden [JÄGER].

▷ S. 372ff Gattunge der Quel

Die rasche Ausbreitung des neuen Bildmediums ist indes nicht einfach als eine Funktion des technischen Fortschritts, sondern vielmehr in einem vielschichtigen kulturgeschichtlichen Zusammenhang zu erklären. Indem die Fotografie die Spuren einer vergangenen Realität in einem physikalisch-chemischen Prozess „objektiv" festzuhalten schien, kam sie zum einen dem zeitgenössischen positivistischen Glauben an die empirische Erfassbarkeit, Erklärbarkeit und Beherrschbarkeit von Natur und Gesellschaft entgegen: Als „wahr" durfte gelten, was sichtbar und messbar gemacht werden konnte. Zum anderen hatte die realistische Malerei, besonders im Bereich der Porträtkunst, bereits Sichtweisen entwickelt, an die die Fotografie unmittelbar anschließen konnte [SCHAMBACH]. Außerdem ist es kein Zufall, dass sich die Fotografie zunächst vor allem in den Metropolen Europas und Amerikas ausbreitete. Die sich beschleunigende Veränderung der Außenwelt, die damit einhergehende Flüchtigkeit der Wahrnehmung und schließlich die Erfahrung einer gefährdeten Identität in einer immer komplexer werdenden Welt – diese „Schockerfahrung der Moderne" [KLEINSPEHN, 241] ließ die Fotografie in ihrem Versprechen, den unwiederbringlichen Augenblick für immer ins Bild zu bannen, zum spezifisch modernen Medium werden.

▷ S. 77
Revolution
der Wissen-
schaften

▷ S. 89
Lebens-
welten in der
Moderne

In ihrer elementaren Funktion der Augenzeugenschaft, verbunden mit der Möglichkeit unendlicher Reproduktion, liegt die Faszination der Fotografie begründet. Dennoch ist das Foto kein „objektives Abbild", sondern ein Produkt vielfacher Entscheidungen und Eingriffe. Der Fotograf wählt ein bestimmtes Motiv, eine Perspektive und eine Aufnahmetechnik, er entscheidet sich für einen „bedeu-

tungsvollen Moment" [HOFFMANN, 5] und Ausschnitt, und er nimmt Einfluss auf das Geschehen vor der Kamera: Was wie ein Schnappschuss erscheint, kann so das Ergebnis eines sorgfältigen, auf den Effekt hin angelegten Arrangements sein. Fotos werden beschnitten, vergrößert, verkleinert oder in Ausschnitten gezeigt, sie werden retuschiert, koloriert oder digital nachbearbeitet, schließlich werden sie beschriftet und in einen Verwendungszusammenhang gestellt, der die Richtung der Lesart vorgibt. Außerdem ist das einzelne Foto, das uns in der Presse, in Bildpublikationen oder in Ausstellungen begegnet, in der Regel Ergebnis einer wohlbedachten Auswahl aus einer größeren Serie von Aufnahmen desselben Motivs.

Das abgebildete Gruppenporträt zeigt die Familie des Regierungsbaumeisters Louis Heuss in einer Atelieraufnahme um 1885. Welche Erkenntnisse kann der Historiker aus einem solchen Familienporträt schöpfen? Haltung, Kleidung, Kulisse und Konfiguration der Personen folgen standardisierten Darstellungsmustern, hinter denen die individuellen Beziehungen fast ganz zurücktreten. Gerade dadurch aber werden in der Porträtaufnahme charakteristische Elemente des Selbstverständnisses bildungsbürgerlicher Familien gegen Ende des 19. Jahrhunderts greifbar. Der Verwendungskontext der vorliegenden Aufnahme, die wohl gerahmt in der Wohnung aufgehängt wurde, verweist auf die Funktion des Bildes als Referenzpunkt einer generationenübergreifenden familiären Erinnerung, die sich jenseits der „realen" Verhältnisse an einer idealtypischen Ordnung orientiert. Dem Historiker dient die Fotografie somit als Quelle für die Erforschung von Mentalität und Habitus des deutschen Bildungsbürgertums im ausgehen-

▷ S. 21 f.
Durchbruch der
bürgerlichen
Gesellschaft

In Europa und in den Vereinigten Staaten begegnet uns die Fotografie bereits zu Ende des 19. Jahrhunderts als ein standardisiertes Massenprodukt, das, wie Jürgen Hannig feststellt, „in sehr hohem Maße von konventionellen Normen hinsichtlich des Abbildungswürdigen, der Abbildungsziele und der optimalen fotografischen Realisation geprägt" war [HANNIG, 275]. Am Beispiel des abgebildeten **Familienporträts** aus der Zeit um 1885 lassen sich solche Bildkonventionen und ihre soziale Bedeutung beispielhaft studieren. Das Foto ist in einer der rund 2 900 „photographischen Anstalten", die damals im Deutschen Reich tätig waren, entstanden. Die Hauptkundschaft der Ateliers stellte das Bürgertum, das sich im Individual- und Familienporträt millionenfach ablichten ließ. Arbeiter und bäuerliche Bevölkerung hingegen leisteten sich den relativen Luxus der Fotografie weitaus seltener: Die Fotografie im Kaiserreich blieb ein vorwiegend bürgerliches Medium.

Das um 1885 angefertigte Familienporträt zeigt den Regierungsbaumeister Louis Heuss (1853–1903) aus Brackenheim (Württemberg) mit seiner Frau Elisabeth (1853–1921) und den drei Söhnen Ludwig (1881–1931), Hermann (1882–1959) und Theodor (1884–1963). Statt einen der preisgünstigen Wanderfotografen zu engagieren, die eher eine kleinbürgerliche Kundschaft bedienten, zog es Louis Heuss vor, mit seiner Familie in festlicher Kleidung in die nahegelegene ehemalige Reichsstadt Heilbronn zu fahren, um seine Familie dort, wie es im Bildungsbürgertum üblich war, von einem angesehenen Atelierfotografen porträtieren zu lassen.

Das Foto ist auf Karton aufgezogen und als Originalabzug im Format 25,5 x 19,5 cm erhalten. Ein doppelter Zierfalz sowie die weit über die damals verbreiteten Formate Carte-de-Visite (9 x 6 cm) und Cabinet (16,5 x 11,5 cm) hinausgehenden Abmessungen deuten darauf hin, dass das Foto nicht im Familienalbum aufbewahrt, sondern gerahmt aufgestellt oder aufgehängt war. In den kleineren Formaten wurden Einzel- und Familienporträts gerne als Zeichen der Verbundenheit an Freunde und Verwandte verschenkt.

286

Aus dem Personenarrangement ragt der Vater, Louis Heuss, heraus; er ist in angedeuteter Schrittstellung hinter seiner sitzenden Frau und den drei Söhnen platziert. Gestisch ist seine Aufmerksamkeit auf die Familie gerichtet, während Blickführung und Körperhaltung nach außen weisen. So präsentiert er sich entsprechend dem modernisierten patriarchalischen Rollenmodell des späten 19. Jahrhunderts als Oberhaupt und Beschützer seiner Familie, dessen Wirkungskreis freilich vor allem in der außerfamiliären Sphäre der rationalen Erwerbsarbeit liegt. Seine ernste, fast angestrengte Miene lässt ihn als strengen, seriösen, seine Emotionen jederzeit kontrollierenden Mann erscheinen – lächelnde oder gar lachende Väter sind auf den Familienporträts vor der Jahrhundertwende die Ausnahme. Elisabeth Heuss hingegen darf lächeln; sie hat auch den engsten Kontakt zu den Kindern und erscheint somit im Bild als das Zentrum familiärer Emotionalität. Die Anordnung der Kinder folgt zwar den formalästhetischen Prinzipien eines gelungenen Bildaufbaus, lässt zugleich aber auch idealtypische Beziehungsmuster durchscheinen. Denn der älteste Sohn steht beim Vater und wiederholt dessen Körperhaltung, der jüngste hingegen sitzt, ganz im Zentrum des Bildes, bei der Mutter.

Dass der Gang zum Fotografen als Akt der Repräsentation verstanden wurde, zeigt der „Sonntagsstaat", die festliche Kleidung, die eine Zuordnung der Familie zum gehobenen Bürgertum erlaubt. Die beiden jüngeren Söhne tragen Mädchenkleidung, was für Jungen bis etwa zum fünften Lebensjahr zumindest bis in die 1870er Jahre durchaus üblich war und hinter die These einer früh einsetzenden durchgängig geschlechtsspezifischen Erziehung ein Fragezeichen setzt. Besonders charakteristisch für Atelieraufnahmen vor der Jahrhundertwende ist die Staffage: Sowohl die Möbel als auch die als Atelierhintergrund gewählte, großzügige Hallenarchitektur sind im Stil der Neorenaissance gehalten – die Renaissance galt im 19. Jahrhundert als Blütezeit der Bürgerkultur. Als dekorative Gegenwelt zur scheinbar traditionslosen Sphäre der rational organisierten Erwerbsarbeit rückte die historistische Kulisse das bürgerliche Leben so in einen überindividuellen, historisch bedeutungsvollen Zusammenhang.

Bild: Ch. Kohler: Familie Louis Heuss, um 1885, auf Karton aufgezogene Schwarz-Weiß-Fotografie, 25,5 x 19,5 cm, Familienarchiv Heuss, Basel.

Literatur: U. BREYMAYER: Geordnete Verhältnisse. Private Erinnerungen im kaiserlichen Reich, in: Kunst- und Ausstellungshalle der Bundesrepublik Deutschland (Hrsg.), Deutsche Fotografie. Macht eines Mediums 1870–1970, Bonn 1997, 41–52; J. HANNIG, Fotografien als historische Quelle, in: K. TENFELDE (Hrsg.), Bilder von Krupp. Fotografie und Geschichte im Industriezeitalter, München 1994, 269–288; K. HARTEWIG, Der sentimentalische Blick. Familienfotografien im 19. und 20. Jahrhundert, in: TENFELDE, Bilder, 215–241.

Vermittlung:
Die Macht der Bilder.
Historische Bildforschung

den 19. Jahrhundert [BREYMAYER; HARTEWIG 1994; HONNEF].

Was beweisen Fotografien? Inwieweit können sie als Zeugen eines historischen Ereignisses aufgerufen werden? Das Beispiel zweier Fotografien, von denen eine 1995 bis 1999 in der umstrittenen Ausstellung „Vernichtungskrieg. Verbrechen der Wehrmacht" als Beleg für die aktive und maßgebliche Beteiligung der deutschen Wehrmacht an der Vernichtung der europäischen Juden präsentiert wurde, mag das Problem verdeutlichen. Die Forschungsdebatte um diese Fotos hat gezeigt, dass diese Bilder wegen ihres spezifischen Blickwinkels und zahlreicher Leerstellen nur unter großen Schwierigkeiten auf die ihnen vorausgehende historische „Realität" hin durchsichtig gemacht werden können. Ihre unkommentierte Präsentation würde daher die historische Deutung des Vernichtungskrieges unweigerlich verzerren. Zurückhaltung ist auch hinsichtlich der mutmaßlichen Motivation der Fotografen angezeigt: Führte hier der sadistische Blick des Täters oder Empathie mit den Opfern die Regie? Oder war es der Versuch, sich über den „entleerten Blick hinter der Kamera" [HÜPPAUF] eine moralisch indifferente Distanz gegenüber der überwältigenden Realität der Gewalt zu verschaffen? Solche Fragen lassen sich ohne Kenntnis des intendierten Verwendungskontexts oder expliziter Quellen zum Fotografen schlechthin nicht entscheiden.

▷ S. 126 ff.
Totaler Krieg und Massenvernichtung

Kritik des Bildgebrauchs. Die Rekonstruktion historischer Ereignisabläufe anhand von Fotografien erscheint also problematisch zumal dann, wenn, wie beim letzten Beispiel, mehrere Handlungskomplexe einander überlagern. Denn im Unterschied zum Text kennt die Fotografie kein Vorher und kein Nachher,

Am 2. Juli 1941 besetzte die 9. Panzerdivision der Deutschen Wehrmacht, gefolgt von der Waffen-SS-Division „Wiking", die westukrainische Stadt **Tarnopol**. Dort hatte der sowjetische Geheimdienst NKWD vor seinem Abzug mehrere hundert politische Gefangene des örtlichen NKWD-Gefängnisses ermordet, wohl überwiegend Ukrainer, aber auch zehn Angehörige der Wehrmacht. Nach dem Einrücken der deutschen Truppen verübten die ukrainische Miliz sowie vermutlich polnische, ukrainische und weißrussische Zivilisten etwa vom 3. bis 7. Juli ein Rachepogrom an hunderten von ansässigen Juden, die für die vorausgehenden Morde des NKWD mitverantwortlich gemacht wurden. Die Juden mussten die NKWD-Opfer exhumieren und wurden anschließend ermordet. Zeugenaussagen zufolge hatten sich an dieser Mordaktion auch Wehrmachtsangehörige beteiligt. Ein Sonderkommando der SS-Einsatzgruppe C traf am 5. Juli ein und erschoss Zeugenaussagen zufolge rund 120 jüdische Männer. Währenddessen wurden die zehn Wehrmachtsangehörigen, die Opfer des NKWD-Massakers gewesen waren, bestattet.

Das linke Bild zeigt einen Innenhof, in dem zahlreiche Zivilisten und Uniformierte, darunter Angehörige der Wehrmacht, um fünf am Boden liegende Leichen herumstehen. Einige der Männer halten sich Tücher vor die Nase, manche wenden sich ab, während ein mit einer Holzlatte bewaffneter Zivilist direkt vor einem der Toten steht. Am rechten Bildrand ist das Ende eines Crocketschlägers erkennbar. Auf seiner Rückseite ist das Foto mit einem handschriftlichen Vermerk versehen, über dessen Urheber wir ebenso wenig wissen wie über den Fotografen: „Ermordete Juden in Tarnopol. Ende Juni 1941." Lassen sich diese Angaben

verifizieren? In der Ausstellung „**Vernichtungskrieg. Verbrechen der Wehrmacht**" war das Foto zusammen mit drei anderen Aufnahmen unter der Überschrift „Beim Pogrom in Tarnopol" gezeigt worden. Ist diese Deutung gerechtfertigt?

Am leichtesten lässt sich der Ort der Aufnahme bestimmen. Ein Vergleich des Bildes mit weiteren Fotografien vom Ort des Geschehens sowie mit zeitgenössischen Ansichten aus Tarnopol zeigt, dass das Foto in der Tat dort entstanden ist, und zwar im Innenhof des örtlichen Gerichts- und Gefängnisgebäudes. Größere Schwierigkeiten bereitet die Datierung auf der Bildrückseite, die mit der Chronologie der Ereignisse in Tarnopol kaum in Einklang zu bringen ist. Im Lauf nur weniger Tage des Frühsommers 1941 hatten sich in Tarnopol nämlich, wie oben beschrieben, drei Massaker ereignet: Das erste, vom sowjetischen Geheimdienst NKWD unter den Insassen des Gefängnisses verübte Massaker Ende Juni, sodann das wilde Pogrom nach dem Einrücken deutscher Truppen zwischen 3. und 7. Juli, und schließlich drittens die Erschießungsaktion des deutschen Sonderkommandos vom 5. Juli. Wenn das Foto Opfer des Pogroms zeigt, dann kann es also frühestens am 3. Juli gemacht worden sein. Wurde die Aufnahme hingegen schon Ende Juni angefertigt, wie es die Bildbeschriftung behauptet, dann kann es sich bei den Toten nicht um die Opfer des Pogroms, sondern nur um die der Mordaktion des NKWD handeln. Welcher Teil der Beschriftung trifft also zu? Einen ersten Hinweis geben die Uniformen: Auf dem Foto sind zweifelsfrei auch Wehrmachtsuniformen erkennbar. Das Bild müsste also nach dem deutschen Einmarsch am 2. 7. 1941 entstanden sein. Dies schließt allerdings nicht aus, dass es

sich bei den Toten dennoch um exhumierte oder aus dem Gefängnisgebäude herausgeschaffte Opfer des NKWD handelt. In diese Richtung argumentierten Kritiker der Ausstellung: Die Gesten der Soldaten würden auf Verwesungsgeruch und folglich darauf hindeuten, dass die abgebildeten Opfer schon seit Tagen tot seien und daher auf das Konto der Sowjets gehen müssten. Gegen diesen Schluss sprechen jedoch die frischen Blutlachen an den Köpfen der Opfer. Diese Zweifel werden erhärtet, wenn man das Bild mit einer Serie von Aufnahmen vergleicht, die ein anderer Fotograf zum gleichen Zeitpunkt im Gefängnishof von Tarnopol angefertigt hat. Das rechte Foto, das dieser Serie entnommen ist, lässt erkennen, dass in einem anderen Teil des Innenhofs weitere Leichen gelegen haben, und zwar zu Reihen geordnet und mit weißen Tüchern bedeckt. Im Hintergrund sind drei Särge erkennbar, in denen nach Auskunft von Zeugen nach dem Einrücken der Wehrmacht die deutschen Kriegsgefangenen, die dem NKWD zum Opfer gefallen waren, bestattet wurden. Der würdigere Umgang mit den Toten auf dem zweiten Foto, aber auch die erneut auf Verwesungsgeruch hindeutenden Gesten der Uniformierten lassen die Vermutung zu, dass auf diesem (in der Ausstellung nicht gezeigten) Foto tatsächlich Opfer des sowjetischen Massakers zu sehen sind. Die Frage, warum sich auch die Männer auf dem ersten Bild Tücher vor die Nase gehalten haben, lässt sich nun beantworten: Der von den NKWD-Opfern ausgehende Verwesungsgeruch zog über den gesamten Hof. Nebeneinander gestellt können die beiden Fotos somit zwar einen Eindruck von der Logik entgrenzter Gewalt und Gegengewalt vermitteln; auf die charakte-

ristische Arbeitsteilung zwischen Einheiten der Wehrmacht, den Sonderkommandos der SS, örtlichen paramilitärischen Gruppen sowie fanatisierten Zivilisten im Vollzug des Völkermords werfen sie jedoch nur ein höchst ausschnitthaftes, perspektivisches Schlaglicht.

Bild links: Unbekannter Fotograf, [Szene im Hof des Gefängnis- und Gerichtsgebäudes in Tarnopol], Schwarzweißabzug (6 x 9 cm), ca. 5. Juli 1941. Handschriftlicher Vermerk auf der Rückseite: „Ermordete Juden in Tarnopol. Ende Juni 1941", Dokumentationsarchiv des Österreichischen Widerstands, Wien, 4209/4.

Bild rechts: Unbekannter Fotograf, [Szene im Hof des Gefängnis- und Gerichtsgebäudes in Tarnopol], Schwarzweißabzug, ca. 5. Juli 1941. Beschriftungen des Archivs: „Der Große Vaterlandskrieg 1941–1945" und „Die deutschen Greueltaten im Osten" [Übersetzung aus dem Tschechischen], Militärhistorisches Archiv Prag, VHA, 4948.

Literatur: HAMBURGER INSTITUT FÜR SOZIALFORSCHUNG (Hrsg.), Verbrechen der Wehrmacht. Dimensionen des Vernichtungskriegs 1941–1944, Hamburg 2002; K. HESSE, NKWD-Massaker, Wehrmachtsverbrechen oder Pogrommorde?, in: GWU 51, 2000, 712–726; B. MUSIAL, Bilder einer Ausstellung. Kritische Anmerkungen zur Wanderausstellung „Vernichtungskrieg. Verbrechen der Wehrmacht 1941 bis 1944", in: VfZ 47, 1999, 563–591; D. SCHMIDT-NEUHAUS, Die Tarnopol-Stellwand der Wanderausstellung „Vernichtungskrieg – Verbrechen der Wehrmacht 1941 bis 1944", in: GWU 50, 1999, 596–603.

sie schweigt hinsichtlich der Ursachen und Folgen, sie benennt weder Motive noch hinreichend Randbedingungen und lässt es stattdessen beim bloßen Augenschein eines willkürlich stillgestellten Moments bewenden. Für sich genommen ist ein Foto, wie Karin Hartewig in treffender Zuspitzung formuliert, „allenfalls Beleg dafür, dass fotografiert wurde" [HARTEWIG 2002, 435]. Dabei steht die fragwürdige Beweiskraft von Fotografien oftmals in umgekehrtem Verhältnis zu ihrer suggestiven Wirkung, von der die politische Propaganda des 20. Jahrhunderts ausgiebig Gebrauch gemacht hat [PAUL].

Historische Bildforschung, die diesem Umstand Rechnung trägt, nimmt Bilder als eigenständige Quellengattung ernst und liefert das Instrumentarium zur Analyse und Kritik des öffentlichen Bildgebrauchs. Dieses Instrumentarium besteht zunächst aus den klassischen quellenkritischen Fragen nach Urheberschaft und Absicht, Auftraggeber und Entstehungskontext, Überlieferungsgeschichte und Echtheit usw. Die entscheidende Frage, was im Bild nun eigentlich zu sehen ist, kann sich dabei, wie das Beispiel der Tarnopol-Fotos gezeigt hat, als außerordentlich schwierig erweisen; sie kann oftmals nur auf dem Weg eines Indizienbeweises unter Heranziehung weiterer Bild- und Schriftquellen beantwortet werden. Komplexe Kunstwerke wie Davids „Ballhausschwur" erfordern über die genaue Beobachtung und Beschreibung der dargestellten Szene hinaus die Anwendung kunstgeschichtlicher Methoden, und zwar vor allem insoweit, als sie der Aufdeckung von Darstellungskonventionen und der Herstellung der diskursiven Bezüge dienen. Ein besonderes Augenmerk historischer Bildforschung gilt darüber hinaus solchen Bildern, die sich, wie Davids „Ballhausschwur", im vi-

Forschungsstimme

Zur aktuellen **Verwendung von Fotografien in Museen und Ausstellungen** zieht die Volkskundlerin **Cornelia Brink** ein kritisches Resümee:

„Fotografien im Museum belegen und bestätigen, was aus anderen Quellen – gegenständlichen Objekten oder Schriftstücken – gewonnen wurde. Unabhängig von ihrer ursprünglichen Funktion werden Presse-, Werbe-, Polizeifotos, Atelieraufnahmen und Knipserbilder sowie eigens von Museumsmitarbeitern hergestellte Aufnahmen unterschiedslos zur Bebilderung historischer Sachverhalte genutzt: So war das also. Quellenkritische Anmerkungen zu Fotos sind im Museum selten, Bildunterschriften beschreiben in der Regel lediglich, was zu sehen ist oder was gesehen werden soll. Der Fotograf bleibt oft anonym. Der ursprüngliche Gebrauchs- und Veröffentlichungszusammenhang der Fotos verschwindet – und wird nicht selten durch die Ausstellungsgestaltung gänzlich unsichtbar gemacht. [...]

Argumentiert man von der Seite der Fotografie her, nimmt also ihren massenmedialen Charakter ernst, ist sie wenig attraktiv und kaum geeignet, die Aufmerksamkeit des Besuchers zu erregen. Kleinformatige Knipserbilder in Fotoalben, präsentiert in Tischvitrinen [...], kommen dem ursprünglichen Betrachterblick nahe, als eye-catcher eignen sie sich kaum. Argumentiert man stattdessen von der Institution Museum aus, beruft sich auf die Originalität der ausgestellten Exponate, dann ergibt sich für die Präsentation eine geradezu paradoxe Situation. Die ‚Originale', gleich, ob Negative oder bestimmte Abzüge so bezeichnet werden, sind nicht ausstellbar. Auf den Negativen erkennt der Betrachter nichts und eine Ausstellung würde die lichtempfindlichen Abzüge zerstören. Wenn Museen neuerdings dazu tendieren, Fotografien als ‚Originale' oder als ‚Exponate eigener Gattung' auszustellen, ist das auch ein Reflex auf die [...] Abgesänge an den gesellschaftlichen Gebrauchswert des Mediums."

Literatur: C. BRINK, Bilder einer Ausstellung. Einige Fragen zu Fotografien im Museum, in: Zeitschrift für Volkskunde 93, 1997, 217–233, 225f., 232.

suellen Gedächtnis eines Kollektivs zu Ikonen, d.h. zu symbolisch aufgeladenen, ka-
nonisierten Kultbildern verfestigt haben
[BRINK]. Historische Bildforschung versucht
dabei den Nachweis zu führen, inwiefern Bilder im Zusammenspiel von bildimmanenten
Strukturen, Kontexten und Verwendungs-
praktiken bestimmten Legitimationsbedürf-
nissen entsprechen, sie relativieren oder
unterlaufen. Die Resultate historischer Bildforschung zwingen daher auch den Historiker
selbst dazu, bei der Vermittlung von Geschichte – etwa in Publikationen oder in Museen – besondere Vorsicht walten zu lassen. So
können sorgfältig ausgewählte Bilder zum einen dazu dienen, einen bereits begrifflich ge-
deuteten Sinnzusammenhang plausibel zu
veranschaulichen. Der anspruchsvollere und
aufwändigere Weg besteht darin, Bilder auch
in Vermittlungskontexten zumindest in Aspekten als Quellen sui generis zu behandeln
und sie im Licht ihrer sozialen Gebrauchsweisen zu interpretieren. Der dazu nötige methodische Aufwand ist mitunter beträchtlich. Für
den Historiker und die Historikerin, denen es
um die Erforschung bildmächtiger moderner
Zeiten zu tun ist, lohnt sich die Mühe indessen
allemal.

Thomas Hertfelder

Literatur

P. BORDES, Le Serment du Jeu de Paume de
Jacques-Louis David. Le Peintre, son milieu et
son temps de 1789 à 1792, Paris 1983.
U. BREYMAYER, Geordnete Verhältnisse. Private Erinnerungen im kaiserlichen Reich, in:
Kunst- und Ausstellungshalle der Bundesrepublik Deutschland (Hrsg.), Deutsche Fotografie. Macht eines Mediums 1870–1970, Bonn
1997, 41–52.
C. BRINK, Ikonen der Vernichtung. Öffentlicher Gebrauch von Fotografien aus nationalsozialistischen Konzentrationslagern nach
1945, Berlin 1998.
P. BURKE, Eyewittnessing. The uses of images
as historical evidence, London 2001.
U. DANIEL, Kompendium Kulturgeschichte.
Theorien, Praxis, Schlüsselwörter, Frank-
furt/M. 2001.
N. GOODMAN, Sprachen der Kunst. Entwurf
einer Symboltheorie, Frankfurt/M. 1995
[engl. 1968].
K. HARTEWIG, Der sentimentalische Blick. Familienfotografien im 19. und 20. Jahrhundert,
in: K. TENFELDE (Hrsg.), Bilder von Krupp.
Fotografie und Geschichte im Industriezeitalter, München 1994, 215–241.
DIES., Fotografien, in: M. MAURER (Hrsg.),
Aufriß der Historischen Wissenschaften, Bd.
4: Quellen, Stuttgart 2002, 427–447.
D. HOFFMANN, Fotografie als historisches Dokument, in: Fotogeschichte 5, 1985, 3–14.
K. HONNEF, Porträts im Zeichen des Bürger-
tums. Etappen einer Entwicklung – betrachtet
in einem bestimmten Licht, in: DERS. (Hrsg.),
Lichtbildnisse. Das Porträt in der Fotogra-
phie, Köln 1982, 62–114.
L. HUNT, Politics, Culture, and Class in the
French Revolution, Berkeley 1984.
B. HÜPPAUF, Der entleerte Blick hinter der Ka-
mera, in: H. HEER/K. NAUMANN (Hrsg.), Ver-
nichtungskrieg. Verbrechen der Wehrmacht
1941 bis 1944, Hamburg 1995, 505–527.
J. JÄGER, Photographie: Bilder der Neuzeit.
Einführung in die Historische Bildforschung,
Tübingen 2000.
T. KLEINSPEHN, Der flüchtige Blick. Sehen und
Identität in der Kultur der Neuzeit, Reinbek
1989.

A. Koppetsch, 1789 aus zweierlei Sicht. Die Französische Revolution als Gegenstand nationaler Rezeptionsgeschichten in der französischen und deutschen Schulbuchhistoriographie seit 1789, Frankfurt/M. 1993.

W. J. T. Mitchell, Picture Theory. Essays on verbal and visual representation, Chicago 1994.

G. Paul, Bilder des Krieges – Krieg der Bilder. Die Visualisierung des modernen Krieges, Paderborn u.a. 2004.

B. Roeck, Das historische Auge. Kunstwerke als Zeugen ihrer Zeit, Göttingen 2004.

K. Schambach, Photographie – ein bürgerliches Medium, in: D. Hein/A. Schulz (Hrsg.), Bürgerkultur im 19. Jahrhundert. Bildung, Kunst und Lebenswelt, München 1996, 66–81.

H. Talkenberger, Von der Illustration zur Interpretation: Das Bild als historische Quelle, in: ZHF 21, 1994, 289–313.

M. Vovelle, Les images de la Revolution Francaise, Paris 1988.

K. Zijlmans/M. Halbertsma, Kunstwerk, Kontext, Zeit, in: Dies. (Hrsg.), Gesichtspunkte. Kunstgeschichten heute, Berlin 1995 [niederl. 1993].

Vorlauf-Opera

Art des Vorganges

Deckname .... Lyrik

Tatbestand .... Staatsgef. Hetze

Angelegt am 16.9.68

Abt./KD XX

Vorgang beendet am

Abgelegte Bände

„nicht gesperrt" Veränderu

Einführung. Wenn im Folgenden das Vorgehen der Forschung beschrieben wird, so betrifft dies die Methode, das heißt das konkrete Verfahren, um zu überprüfbaren Ergebnissen zu kommen. Dabei besitzt der Begriff der „historischen Methode" einen doppelten Bedeutungsgehalt: *Zum einen* verstehen wir unter diesem Begriff die theoretischen Grundlagen und *Probleme historischen Erkennens*, wie sie sich schon beim ersten Schreibversuch und in jedem Zugang zur Geschichte niederschlagen. Hierzu gehören die klassischen Fragekomplexe von Parteilichkeit und Objektivität, Möglichkeiten und Grenzen des Verstehensprinzips, das Verhältnis von Allgemeinem und Besonderem und anderes mehr. Die sich entfaltende und zur Profession avancierende Geschichtswissenschaft des 19. Jahrhunderts diskutierte alle diese Fragen intensiv und hat damit eine Fülle erkenntnistheoretischer und methodischer Fragen in gleichsam klassischer Form gestellt und zugleich wichtige, die Epoche überdauernde Antworten gefunden. Dabei ist in neuerer Zeit wieder deutlicher geworden, dass sich die Historiographie des 19. Jahrhunderts keineswegs nur auf den – freilich dominanten – Historismus beschränkte, sondern auch in der Aufklärung eine wichtige Wurzel hatte.

> S. 297 ff.
altung der
modernen
eschichts-
nschaften

Dass die Probleme von Vergleich und Transnationalität an eben dieser Stelle abgehandelt werden, hat seinen konkreten Grund: Denn der Vergleich als Instrument der Geschichtswissenschaft bildet ein grundlegendes methodisches Kontrast- und Erweiterungsprogramm, das in gewisser Weise quer zum klassischen Individualitätsprinzip des Historismus liegt. Sollte die Geschichte eine strikt „idiographische" Wissenschaft sein, das heißt ausschließlich

▷ S. 317
Vergleich
nd Trans-
ationalität

das Einzelne beschreiben [WINDELBAND], so läge der Vergleich tatsächlich außerhalb ihrer methodischen Reichweite. Entsprechend umstritten war lange Zeit sein Gebrauch. Selbst ein gegenüber dem Vergleich durchaus aufgeschlossener Historiker wie Otto Hintze (1861–1940) meinte noch, Aufgabe der Geschichtswissenschaft sei es allein, „den einen der verglichenen Gegenstände schärfer zu erfassen und von dem andern abzuheben". Die Aufgabe, zu „vergleichen, um ein Allgemeines zu finden, das dem Verglichenen zugrunde liegt", obliege der Soziologie [HINTZE, 251]. Eine solche disziplinäre Arbeitsteilung wird man heute freilich kaum mehr für sinnvoll halten. Und auch wenn er ebenso wenig wie andere Vorgehensweisen einen „Königsweg" darstellen kann, so ist der Vergleich als Methode doch inzwischen weitestgehend etabliert [HAUPT/KOCKCA; KAELBLE; PAULMANN]. Mehr als alle anderen Verfahren kann er den Geschichtswissenschaften als Ersatz für das ihnen nicht zur Verfügung stehende Experiment dienen.

Methodische Anregungen hat die Geschichtswissenschaft stets auch aus den Nachbarwissenschaften erhalten. Überlegungen zur Textualität verweisen auf die Literaturwissenschaft, Brückenschläge zur Historischen Anthropologie auf die Volkskunde. Der Raum schließlich als konkreter Brennpunkt, in dem sich unterschiedliche Forschungsmethoden bündeln, wird ebenfalls diskutiert.

▷ S. 350 ff.
Interdisziplinäre
Perspektiven:
Literatur-
wissenschaft

▷ S. 343 ff.
Volkskunde

▷ S. 401 ff.
Räumliche
Konzentration

Zum anderen aber meint „historische Methode" in einem engeren Sinne auch die *Technik* des wissenschaftlichen Arbeitens. Dies verweist auf die Quellen als empirische Basis jeglicher historischen Forschung. Der Historiker muss seine Quellen zunächst aufspüren (Heuristik), bevor er sie bearbeiten und auswerten kann. Während die Grundlagen historischen Erkennens sich im Prinzip auf den ganzen Gegenstandsbereich der Geschichte erstrecken, gilt dies nicht in gleichem Maße für die Arbeit mit den Quellen. Tatsächlich unterscheidet sich hier das Vorgehen der Forschung in der Neuesten Zeit von den anderen historischen Subdisziplinen teilweise deutlich. Der Grund dafür liegt in den Quellen selbst, deren Charakter sich umso stärker verändert, je näher der Untersuchungszeitraum an der Gegenwart liegt. Ist etwa für frühere Epochen die äußere Quellenkritik, das heißt die Frage nach Echtheit, Datierung oder Herkunft eines Dokuments, von zentraler Bedeutung, treten diese Aspekte in der Arbeit mit den schriftlichen Quellen der neuesten Zeit eher in den Hintergrund. Stattdessen steht die Forschung vor anderen Herausforderungen, wie sie etwa dem exponentiellen Anstieg des gedruckten Schrifttums, der Existenz massenhaften Aktenmaterials oder dem Umgang

▷ S. 333 ff.
Oral History

▷ S. 395 ff.
Geschichts-
wissenschaft
im Internet

mit mündlichen Zeugnissen und neuen Medien entspringen. Eine gewisse „Renaissance" erlebt die äußere Quellenkritik jedoch in Bezug auf die Fotografie als historische Quelle. Echtheit, Datierung und Herkunft einer Fotografie können gerade aufgrund des suggestiven Charakters dieser

▷ S. 363 ff.
Gattungen
der Quellen

Gattung eine entscheidende Rolle für die Beurteilung eines historischen Sachverhaltes spielen [Musial].

Die innovative wissenschaftliche Bearbeitung eines historischen Gegenstandes beruht in den meisten Fällen auf der Erschließung archivalischer Quellen. Tatsächlich kennzeichnet die Notwendigkeit, Archive bzw. Handschriftenabteilungen aufzusuchen und ihre Bestände mehr oder minder mühsam zu durchforsten, ein Spezifikum historischer Ar-

beit. Allerdings muss, wer ins Archiv geht, relativ genau wissen, was er sucht und auf welche Fragen er die Antwort erhofft. Und um in das unübersehbare Dickicht der Überlieferung einzudringen, sind gewisse Grundkenntnisse über die Geschichte, die Prinzipien und die Funktionen archivalischer Quellenbewahrung erforderlich. Das Wissen darum, welche Archive welche Provenienzen besitzen und wo daher was zu finden ist, gehört zum notwendigen Rüstzeug historischer Quellenarbeit. Wenn es daher um das Vorgehen der Forschung über die Neueste Zeit geht, ist ein Ausflug in die häufig komplizierte Archivgeschichte unentbehrlich.

▷ S. 7
Zu diesem
Buch

▷ S. 379 f.
Archive u
ihre Bestä

Literatur

H.G. Haupt/J. Kocka, Geschichte und Vergleich. Ansätze und Ergebnisse vergleichender Geschichtsschreibung, Frankfurt/M. 1996.

O. Hintze, Soziologische und geschichtliche Staatsauffassung [1929], in: Ders, Soziologie und Geschichte. Gesammelte Abhandlungen zur Soziologie, Politik und Theorie der Geschichte, hrsg. v. G. Oestreich, Göttingen 1964, 239–305.

H. Kaelble, Der historische Vergleich. Eine Einführung zum 19. und 20. Jahrhundert, Frankfurt/M. 1999.

B. Musial, Bilder einer Ausstellung. Kritische Anmerkungen zur Wanderausstellung „Vernichtungskrieg. Verbrechen der Wehrmacht 1941–1944", in: VfZ 47, 1999, 563–591.

J. Paulmann, Vergleich und interkultureller Transfer. Zwei Forschungsansätze zur europäischen Geschichte des 18. bis 20. Jahrhunderts, in: HZ 267, 1998, 649–685.

W. Windelband, Geschichte und Naturwissenschaft, in: Ders, Präludien, Bd. 2, Tübingen 2. Aufl. 1921, 136–160.

Die Entfaltung der modernen Geschichtswissenschaften im 19. Jahrhundert und die Probleme historischer Erkenntnis

Vorbemerkung. Über die Entwicklung der modernen Geschichtswissenschaften im 19. Jahrhundert zu sprechen, heißt notwendigerweise, sich mit der Entfaltung und Durchsetzung des Historismus zu beschäftigen. Eine Darstellung, die sich alleine hierauf konzentrierte, würde allerdings zu kurz greifen. Dies hängt zum einen damit zusammen, dass seit mehreren Jahrzehnten eine Anzahl vermeintlicher Grundgewissheiten über den Historismus als wissenschaftsgeschichtliches Phänomen ins Wanken geraten ist. Insbesondere traten die Autoren der Spätaufklärung und *ihr* Beitrag zur Fortentwicklung der Geschichtsschreibung stärker ins Blickfeld der Forschung. Zum anderen hat jede Betrachtung des Historismus zu berücksichtigen, dass der damit verbundene Entwurf einer umfassenden Ausrichtung auf die Vergangenheit bereits gegen Ende des 19. Jahrhunderts eine fundamentale Krise erlebte. Seither hat der Historismus als Wissenschaftsparadigma, d.h. als einst umfassendes Leitbild zur Definition und Legitimation von fachhistorischen Fragen und Problemstellungen, Methoden und Institutionen, seine allgemeine Verbindlichkeit verloren, ohne doch gänzlich „überwunden" zu sein. So bietet noch heute die Auseinandersetzung mit diesem Phänomen mehr als lediglich ein Stück Wissenschaftshistorie. Nicht nur ist jede Generation von Historikern und Studierenden weiterhin immer neu aufgerufen, sich mit seinen grundlegenden methodischen Errungenschaften kritisch vertraut zu machen. Daneben dokumentieren die anhaltenden Debatten um ein adäquates Historismusverständnis, wie wichtig dessen Rolle nach wie vor ist, wenn es um die Selbstdefinition des Faches Geschichte oder die Diskussion seiner theoretischen Grundlagen geht [OEXLE/RÜSEN; SCHOLTZ; STEENBLOCK]. In den folgenden historiographiegeschichtlichen Abriss finden sich deshalb drei ausgewählte Themenbereiche eingebettet, anhand derer der Einfluss des historistischen Geschichtskonzepts auf die Wahrnehmung und Bearbeitung theoretischer Grundprobleme des historischen Erkennens beispielhaft verdeutlicht werden kann.

Dass bereits diese Hinführung nicht ohne die Verwendung unterschiedlich akzentuierter Historismusbegriffe auskam, verweist auf die Komplexität des Gegenstands. In der Tat steht mittlerweile eine Vielzahl teils widersprüchlicher Definitionsansätze nebeneinander, wobei heute im Wesentlichen drei Varianten begegnen. Im weitesten Sinne umschreibt der Begriff jene Denkhaltung, die alle Erscheinungen dieser Welt als historisch geworden begreift und entsprechend zu deuten versucht. Folgt man einer Einschätzung des Theologen, Historikers und Kulturwissenschaftlers Ernst Troeltsch (1865–1923) aus dem Jahr 1922, dann macht die Entstehung und Verdichtung eben dieses Bewusstseins eines der konstitutiven Kennzeichen der Moderne aus. Es ist folglich über die historischen Wissenschaften hinaus auf allen Ebenen menschlicher Kulturproduktion anzutreffen [TROELTSCH; OEXLE]. Eine hiermit verknüpfte, doch enger gefasste zweite Definition von Historismus zielt auf dessen konkrete wissenschaftsgeschichtliche Bedeutung. Sie beschreibt eine bestimmte Auffassung von Geschichtswissenschaft, die sich seit dem Ende des 18. Jahrhunderts und insbesondere in den ersten beiden Dritteln des 19. Jahrhunderts in Europa etablierte. So verstanden, bestimmen den Historismus eine Reihe von theoretischen, methodischen und thematischen Merkmalen: die verstehende Annäherung an den Gegenstand als Erkenntnisprinzip, die bevor-

▷ S. 219 f.
zugt individualisierende Geschichtsbetrachtung, die philologische Quellenkritik und reflektierte erzählende Darstellungsform, schließlich die ausgeprägte Tendenz zur Konzentration auf die Staaten- und Politikgeschichte. Dieses Konzept entfaltete im Laufe des 19. Jahrhunderts eine umfassende intellektuelle Attraktivität und beeinflusste eine Reihe weiterer Kulturwissenschaften, insbesondere die Jurisprudenz, die Nationalökonomie, die Theologie und die Philosophie [RÜSEN; OEXLE]. Erst das ausgehende 19. und beginnende 20. Jahrhundert sahen vor dem Hintergrund der Problematisierung des historistischen Denkens die Herausbildung einer weiteren, dritten begrifflichen Variante. In der Art eines „Kampfbegriffes" [WITTKAU, 16] wurde das Wort vom Historismus nun eigentlich erst kreiert und von all jenen Kritikern aufgegriffen, die ihre Bedenken gegen die erworbene Deutungsmacht der Geschichtswissenschaften oder die negativen Folgen einer als antiquarisch verstandenen, übermäßigen Beschäftigung mit der Vergangenheit artikulieren wollten.

Nicht genug damit, hat sich seit den späten 1960er Jahren die in der zweiten Begriffsvariante enthaltene, lange akzeptierte wissenschaftsgeschichtliche Deutungskraft des Historismusbegriffs relativiert. Während etwa noch Friedrich Meinecke (1862–1954) den Historismus als die entscheidende Wende hin zu einer modernen Geschichtsauffassung und „eine der größten geistigen Revolutionen, die das abendländische Denken erlebt hat", verstand, bevorzugt die Historiographiegeschichtsschreibung heute ein stärker prozesshaft angelegtes Interpretationsmuster [MEINECKE, 1]. Ihm zufolge haben wir uns die Entwicklung der modernen Geschichtswissenschaften eher in der Art sukzessiver Verän-

derungsschübe vorzustellen, die ihrerseits keineswegs als Elemente eines eindimensionalen, linearen Prozesses hinreichend zu beschreiben sind. Der Übergang von der Aufklärungshistorie zum Historismus verliert damit einen Teil seines Zäsurcharakters; gelegentlich zieht die Forschung sogar Entwicklungslinien bis zurück in den Humanismus und die Renaissance [KÜTTLER/RÜSEN/SCHULIN 1994; DIES. 1997; MUHLACK].

Anfänge in der Aufklärung. Alles in allem besteht heute ein weitgefasster Konsens darüber, dass wichtige Wurzeln der modernen Geschichtswissenschaft bereits im letzten Drittel des 18. Jahrhunderts, in der Zeit der Spätaufklärung zu suchen sind. Freilich hängt es wiederum vom genaueren Verständnis der vielfach verwendeten Deutungskategorie „Verwissenschaftlichung" ab, wo weitere Akzente gesetzt werden. Identifiziert man diesen Prozess weitgehend mit „Professionalisierung", also der institutionellen Verankerung von Forschung und Lehre, so liegt es nahe, das Fach Geschichte erst zwischen 1810 und 1840 als tatsächlich etabliert zu sehen [IGGERS 1994; DERS. 1996; TELMAN]. Weist man hingegen geschichtstheoretisch-methodischen Aspekten entscheidendes Gewicht zu, dann treten heute Autoren der Aufklärungszeit wie etwa Johann Christoph Gatterer (1727–1799), August Ludwig Schlözer (1735–1809), Arnold Ludwig Heeren (1760–1842) oder auch Friedrich Nicolai (1733–1811) deutlich konturierter als noch vor wenigen Jahrzehnten als eigenständige Wegbereiter modernen historischen Denkens hervor. Systematisierung, Theoretisierung und Säkularisierung historischen Erkenntnisgewinns sind einige der Leitbegriffe, die die neuere Forschung am Beispiel ihrer Werke als charakteristisch herausgearbeitet hat. Im Unterschied zur Geschichts-schreibung des Humanismus oder der Epoche des Barock schwand in der Zeit der spätaufklärerischen Historiographie die Bedeutung vorwissenschaftlich-rhetorischer Traditionen. Immer weniger stand das Bereitstellen von belehrenden Exempla für überzeitlich gültige Wahrheiten, für vorbildliches Fürstenhandeln oder zum Beleg eines religiösen Heilsplans im Vordergrund. Vielmehr gewann das fachliche Erkenntnisinteresse an Autonomie gegenüber dem lebensweltlichen oder theologischen Orientierungsbedürfnis. Indem die historisch arbeitenden Aufklärer gegen politische Willkür, Unvernunft und Aberglauben ins Feld zogen, indem sie für religiöse Toleranz, gesellschaftlichen Fortschritt und die Emanzipation des Menschen von unberechtigter Autorität eintraten, bereiteten sie den Weg für eine erneuerte Sicht des Historischen. Neue Themenfelder im Bereich der Sozial-, Wirtschafts-, Völker- und Kulturgeschichte wurden erschlossen, ja im Grunde geriet die sich formierende bürgerliche Gesellschaft bereits ansatzweise in den Blick der Historiker.

▷ S. 17 ff.
rchbruch
er bürger-
en Gesell-
schaft

Zugleich erhielt das Anliegen, Geschichte als Wissenschaft theoretisch zu begründen und ihre Voraussetzungen zu reflektieren, neues Gewicht. Seit der Mitte des 18. Jahrhunderts entstanden Werke der Geschichtstheorie, in denen so grundlegende Einsichten wie die Perspektivität aller historischen Erkenntnis oder der Konstruktionscharakter von historischen Erzählungen erörtert wurden. Auch setzte sich sukzessive die Überzeugung durch, dass tragfähige historische Aussagen obligatorisch an die reflektierte Benutzung von Quellenbelegen gebunden seien. Dabei lagen die Wurzeln der historisch-kritischen Quellenforschung nicht in der Geschichtswis-

senschaft selbst. Vielmehr hatten die Philologen des Humanismus in ihrem Bemühen um Rekonstruktion und Studium der antiken Schriftsteller bereits ein ansehnliches Arsenal von Verfahren zur Textkritik sowie zur Edition und Kommentierung schriftlicher Quellen entwickelt. In dem Maße, in dem die Philologie historischer Hintergrundinformationen bedurfte und umgekehrt sich die humanistischen Historiker die Kenntnis der antiken Geschichtsschreiber zum Ziel setzten, kam es zum sachlichen Austausch, schließlich zur Rezeption der philologischen Methodik in der Geschichtsschreibung [BLANKE 1991; DERS./ RÜSEN; HARDTWIG 1982; MÖLLER 1974; DERS. 1986; JAEGER/RÜSEN; MUHLACK].

Von der Aufklärung zum Historismus.

Vor diesem Hintergrund stellt sich der Übergang von der Aufklärungshistorie zur Geschichtsschreibung des Historismus als ein vielgestaltiges Bündel von fortlaufenden und neu hinzukommenden, aber auch – vorerst – liegen gebliebenen oder ausgedünnten Entwicklungssträngen im Bereich der geschichtstheoretischen Reflexion und der historiographischen Praxis dar. Daneben ist die Herausbildung des historistischen Paradigmas kaum ohne Berücksichtigung der politischen, philosophischen und sozialpsychologischen Herausforderungen zu begreifen, mit denen sich die Zeitgenossen im Übergang vom 18. zum 19. Jahrhundert konfrontiert sahen. So ist die Bewegung des Historismus u.a. als intellektuelle Bewältigungsstrategie zu verstehen, die auf die umfassende Erfahrung eines beschleunigten Wandels in vielen Lebensbereichen reagierte. Dieser Wandel hatte viele Facetten: die fortschreitende Ablösung der ständischen durch die bürgerliche Gesellschaft, die beginnende In-

▷ S. 17 ff.
Durchbruch der
bürgerlichen
Gesellschaft

▷ S. 33 ff.
Industrialisie-
rung und verlo-
rene Welten
▷ S. 62
Politisches
Denken/
Politische Strö-
mungen

dustrialisierung oder die Herausbildung der großen politischen Bewegungen im Gefolge der Französischen Revolution. Die Ereignisse in Frankreich führten der intellektuellen Öffentlichkeit in Deutschland die politische Gestaltungs- und Zerstörungskraft des Menschen auf unerhört neue Weise plastisch vor Augen. Es war nicht zuletzt die vielschichtige Erfahrung, wie ambivalent individuelles und kollektives Handeln sein konnte, welche Fragen provozierte und zu fordern schien, die Stellung des Menschen in der Geschichte neu zu deuten.

Der Historismus bildete sich im ausgehenden 18. Jahrhundert und in der ersten Hälfte des 19. Jahrhunderts zunächst in Deutschland heraus. Seit langem gelten Barthold Georg Niebuhr (1776–1831), Wilhelm von Humboldt (1767–1835) und Leopold (von) Ranke (1795–1886) zu Recht als bedeutende Impulsgeber und Gestalter, die mit ihrem Werk die institutionelle Verankerung, methodische Fundierung und historiographische Praxis des Faches Geschichte entscheidend beeinflusst haben. Nach den vorangegangenen Ausführungen dürfte jedoch deutlich geworden sein, dass ihre Leistung nicht als singulärer Gründungsakt zu verstehen ist. Die zentralen erkenntnisleitenden Prinzipien des Historismus etwa – der Individualitäts- und der Entwicklungsgedanke – hatten ihren Ursprung in der Zurückweisung *und* Fortentwicklung aufklärerischer Denkmuster gleichermaßen. Sie finden sich als zentrale Denkelemente z.B. bereits in den Schriften Johann Gottfried Herders (1744–1803), dessen Kritik am normativ gewichtenden Vernunfts- und Fortschrittsoptimismus der Aufklärung ihr Gegenstück in seiner Wertschätzung des unverwechselbaren, auf organische Weise gewordenen historischen Phänomens hatte. Daneben ist das evo-

300

Das Ölgemälde, das der Historienmaler Julius Schrader im Jahr 1868 vollendete, zeigt **Leopold von Ranke** (1795–1886) auf dem Höhepunkt seiner Karriere als Historiker und Wissenschaftsorganisator. Angetan mit dem Talar der philosophischen Fakultät der Berliner Universität, trägt er den Orden „Pour le mérite". Im Jahr zuvor erst war Ranke zum Kanzler der Friedensklasse dieses preußischen Verdienstordens ernannt worden, dem er zu diesem Zeitpunkt schon seit über einem Jahrzehnt angehörte. Offizieller „Historiograph des Preußischen Staates" seit 1841, war er außerdem 1865 in den erblichen Adelsstand erhoben worden. Dem Ansehen und der äußeren Stellung, die Ranke schon zu Lebzeiten genoss, lag in erster Linie eine immense historiographische Leistung zugrunde. Als sein Porträtist den letzten Pinselstrich setzte, stand Ranke eben im Begriff, Bilanz zu ziehen und sein Lebenswerk in der revidierten und ergänzten Form der *Sämmtlichen Werke* neu zu publizieren. Bis 1881 erschienen so nicht weniger als 48 Bände, die nach seinem Tod um weitere sechs ergänzt wurden.

Ranke entstammte einer lutherischen Theologen- und Juristenfamilie, studierte selbst Klassische Philologie und Theologie in Leipzig und Halle und wurde im Jahr 1817 mit einer Arbeit über den griechischen Geschichtsschreiber Thukydides promoviert. Noch als Gymnasiallehrer für Alte Sprachen und Geschichte in Frankfurt/Oder veröffentlichte er die *Geschichten der romanischen und germanischen Völker* (1824).

Das Werk trug ihm 1825 eine außerordentliche (ab 1834 ordentliche) Professur in Berlin ein. In einer „Beilage" unter dem Titel *Zur Kritik neuerer Geschichtschreiber* hatte er nachgewiesen, dass die bislang unkritisch benutzten Geschichtsschreiber des 16. Jahrhunderts nur als höchst unzuverlässige Arbeitsgrundlage einzustufen waren. Schon dieser Erstling sicherte Ranke den Zutritt zu Berliner Intellektuellenzirkeln und bahnte neben der akademischen Karriere auch langdauernde Verbindungen zur politischen Führungselite Preußens an.

Ranke wurde zu einem der Begründer der historistischen Geschichtsschreibung vorwiegend durch die Praxis seiner Arbeiten, weniger durch geschichtstheoretische Beiträge. Sein Hauptinteresse galt der neuzeitlichen europäischen Staatengeschichte vor allem des 16. und 17. Jahrhunderts. Er stellte sie in ihren internationalen Verflechtungen dar, berücksichtigte die Wechselbeziehungen von inneren Verhältnissen und Außenpolitik, integrierte religionspolitische Fragestellungen und interessierte sich für Literaturgeschichte. Historische Aspekte des Sozialen oder der Ökonomie lagen nicht völlig außerhalb seines fachlichen Horizonts, haben ihn jedoch zu größeren Arbeiten nicht inspiriert.

Als „homo politicus" verstand sich Ranke im Gegensatz zu zahlreichen Fachkollegen nicht, zeigte sich jedoch als Anhänger der preußischen Monarchie und Gegner des Prinzips der Volkssouveränität. Die Reichsgründung von 1871 begrüßte er, stand Bismarck hingegen mit dem Misstrauen eines Gelehrten gegenüber, dessen politische Kategorien im Grunde dem vorangegangenen Jahrhundert entstammten.

Es gehört zu den Paradoxien der neueren Geschichtsschreibung, dass bislang weder eine komplette historisch-kritische Gesamtausgabe von Rankes Lebenswerk noch eine moderne Gesamtbiographie vorliegen.

Bild: Julius Schrader, Leopold von Ranke, Ölgemälde, 1868, SV Bilderdienst.

Literatur: H. BERDING, Leopold von Ranke, in: H.-U. WEHLER, Deutsche Historiker, Bd. 1, Göttingen 1971, 7–24; W.J. MOMMSEN (Hrsg.), Leopold von Ranke und die moderne Geschichtswissenschaft, Stuttgart 1988; G.G. IGGERS/J.M. POWELL (Hrsg.), Leopold von Ranke and the Shaping of the Historical Discipline, Syracuse/New York 1990; U. MUHLACK, Ranke, Franz Leopold v., in: NDB, Bd. 21, Berlin 2003, 140–142.

lutionär orientierte staatsrechtliche Denken der „Historischen Rechtsschule" um den Juristen Friedrich Karl von Savigny (1779–1861) ebenso zu den Wurzeln des Historismus zu zählen wie die Auseinandersetzung seiner Vordenker mit Teilen der Philosophie Georg Friedrich Wilhelm Hegels (1770–1831) [JAEGER/RÜSEN].

Anders als Hegel, anders akzentuiert auch als die Aufklärungshistorie, vertrat Ranke ein Geschichtsbild, das in seinen Grundzügen prägend für den frühen Historismus wurde. Darin verband sich die Vorstellung eines unablässigen, prozesshaften Werdens mit dem Gedanken der Einzigartigkeit, des Eigenwerts und der Unwiederholbarkeit aller historischen Phänomene. Geschichte verlief demnach kontinuierlich und in sich sinnhaft verknüpft, doch war sie zugleich prinzipiell offen, nicht auf ein bestimmtes „Telos", ein historisches Ziel hin ausgerichtet. Es stand dem Historiker deshalb nicht zu, die Vergangenheit nach normativen Maßstäben zu kategorisieren, oder wie Ranke es 1824 in dem vielzitierten Einleitungsabschnitt seiner ersten Buchpublikation formulierte: „Man hat der Historie das Amt, die Vergangenheit zu richten, die Mitwelt zum Nutzen zukünftiger Jahre zu belehren, beigemessen: so hoher Ämter unterwindet sich gegenwärtiger Versuch nicht: er will bloß zeigen, wie es eigentlich gewesen." [RANKE, VII] In durchaus provokanter Weise grenzte sich der junge Historiker damit von der älteren, aufklärerisch-didaktisch orientierten Geschichtsschreibung ab. Ranke postulierte die objektive Vergangenheitsbetrachtung erfolgreich als Gegenentwurf: Und in der Tat wird im Historismus die Autonomie des methodisch abgesicherten historischen Erkenntnisbemühens gegenüber der moralisierenden, auf Lehren abzielenden Historie 301

Detailskizze

Methode und Erkenntnis (I):
Fortschritt und Entwicklung

Der Fortschrittsgedanke ist älter als die „verwissenschaftlichte" Geschichtsschreibung. Bereits von antiken Autoren wurde ein zeitliches Fortschreiten zum Besseren oder Schlechteren hin thematisiert, doch erst in der Epoche der Aufklärung bildete sich ein Fortschrittsbegriff heraus, der durch seine Offenheit hin zur Zukunft charakterisiert war [KOSELLECK]. Die Entdeckung der Geschichtlichkeit des Menschen und seiner Kulturleistungen einerseits und deren Darstellung unter der Leitkategorie des progressiven Fortschreitens andererseits fielen für die Autoren der Aufklärung weitgehend zusammen. Indem man die Gegenwart als Produkt der Vergangenheit begriff, öffnete man sie zugleich für potenzielle künftige Veränderungen: Im Denken der Aufklärer konnte so die Geschichte zum Schauplatz der innerweltlichen Emanzipation des Menschen werden. Seit Francis Bacon (1561–1626) bezogen viele aufklärerische Autoren aus der Beobachtung der wissenschaftlichen Errungenschaften und globalen geographischen Entdeckungen der Vergangenheit einen Gutteil ihres Zukunftsoptimismus. Das galt prinzipiell auch für die entstehende aufklärerische Geschichtsschreibung, etwa für Autoren wie Marie-Jean de Condorcet (1743–1794) oder Isaak Iselin (1728–1782). Es mag an der Eigenart empirisch-quellengestützter historischer Erkenntnis liegen oder auch am jeweiligen Niveau des geschichtstheoretischen Reflexionsvermögens: Bereits Historiker wie Justus Möser (1720–1794) oder Friedrich Nicolai (1733–1811) mochten sich jedenfalls nur zu einem jeweils individuell gebrochenen Fortschrittsdenken durchringen [MÖLLER]. In dieser Disposition deutet sich die in der Spätaufklärung einsetzende Relativierung geschichtsleitender Prinzipien zugunsten einer stärker individualisierten Sicht an, die dann im Historismus zum Durchbruch kam. Ranke selbst äußerte sich differenziert, doch nicht systematisch. Er lehnte die „Annahme eines allgemeinen Fortschritts" [RANKE, 256] aus einer Kombination von geschichtstheoretischen und empirisch fundierten Argumenten heraus ab: Ein derartiges Postulat werde weder dem Eigencharakter und -wert jeder menschlichen Generation gerecht, noch könne es das Phänomen von Ungleichzeitigkeiten, Rückentwicklungen oder überdauernd hochstehenden Leistungen etwa in der Kunst hinreichend erschließen. Ohne den Fortschrittsbegriff völlig aufzugeben, bevorzugten die Autoren des Historismus die Deutungskategorie der „Entwicklung". Ursprünglich aus der Biologie stammend, wurde sie bereits von Herder aufgegriffen, da sie viel eher geeignet schien, den Individualitätsgedanken mit der Beobachtung kontinuierlicher und zugleich offener historischer Wandlungsvorgänge zu verbinden.

Die Brauchbarkeit des Fortschrittsparadigmas im geschichtsphilosophischen Sinne hingegen veränderte sich weiter in dem Maße, in dem dieses im Laufe des 19. Jahrhunderts an politischem Gehalt gewann und zugleich geradezu universelle Interpretationskraft erlangte. Der Umgang der Historiker mit der Fortschrittsproblematik, wenngleich nicht immer explizit gemacht, differenzierte sich aus und gewann an Komplexität.

Im 20. Jahrhundert blieb die systematische Anwendung des Fortschrittsbegriffs zur Beschreibung historischer Abläufe weitgehend auf marxistische Theoretiker und frühe Versionen der Modernisierungstheorie beschränkt. Seine zunehmende lebensweltliche Ausdifferenzierung und die im Gefolge der Fortschrittskritik des 19. Jahrhunderts sowie zweier Weltkriege angewachsene Einsicht in die grundlegende Ambivalenz jeder vermeintlichen Vorwärtsentwicklung haben den Begriff als geschichtswissenschaftliche Deutungskategorie weitgehend disqualifiziert [RUPPERT]. Ungleich größere Langlebigkeit bewies hingegen der Entwicklungsgedanke, der erst in der zweiten Hälfte des 20. Jahrhunderts vor dem Hintergrund strukturgeschichtlicher Ansätze in die Kritik geriet, ohne doch seine geradezu universelle Akzeptanz in den historischen Wissenschaften einzubüßen.

Literatur: R. KOSELLECK, Fortschritt, in: O. BRUNNER U.A. (Hrsg.), Geschichtliche Grundbegriffe, Bd. 2, Stuttgart 1975, 351–423; H. MÖLLER, Aufklärung in Preußen. Der Verleger, Publizist und Geschichtsschreiber Friedrich Nicolai, Berlin 1974; L. V. RANKE, Einleitung: Der Begriff des Fortschritts in der Geschichte, in: DERS., Vorlesungseinleitungen, hrsg. v. V. DOTTERWEICH/W.P. FUCHS, München/Wien 1975, 255–261; K. RUPPERT, Die Idee des Fortschritts in der Neueren Geschichte, Wolnzach 2000.

vollends zum Durchbruch kommen. Dass der zugrunde liegende Begriff von Objektivität nur als Leitbild und Korrektiv, nicht jedoch als tatsächlich erreichbares Ziel verstanden werden durfte, war Ranke freilich durchaus klar.

Der Weg zur historischen Erkenntnis führte vorwiegend über ein hermeneutisches Vorgehen, d.h. über Verfahrensweisen der Sinndeutung und des einfühlenden Verstehens historischer Individualitäten, Zusammenhänge und Entwicklungen. Johann Gustav Droysen (1808–1884) stellte diese neue Art historischen Erkennens als Erster systematisch in Gestalt einer *Historik* dar [DROYSEN]. In ihrer historiographischen Praxis stützten sich Ranke und die Vordenker des Historismus auf die konsequente Anwendung der historisch-kritischen Methode, wobei der hochreflektierte Umgang mit vorwiegend schriftlichen Quellen wiederum im Mittelpunkt stand. Ohne die Urheber dieser Herangehensweise zu sein, machten sie sie zum Kernstück ihrer interpretativen Annäherung an die Vergangenheit, differenzierten sie aus und erschlossen in der Folge umfangreiche Mengen neuer Quellenbestände für die Wissenschaft.

▷ S. 334
al History

▷ S. 365
Gattungen
er Quellen

In der darstellerischen Umsetzung korrespondierte damit eine ausgeprägte Hochschätzung des Narrativen in Form von großen, oft auf mehreren Ebenen konstruierten, kunstvoll durchgeführten Erzählungen. Während noch in der Zeit der Spätaufklärung die stringent angelegten „historiographischen Synthesen" eher die Ausnahme darstellten [BLANKE/FLEISCHER, 35], erreichten Ranke und andere in ihren Werken neue Kohärenz und Komplexität.

Insgesamt ist in der neueren Historiographiegeschichtsschreibung umstritten, ob und inwieweit moderne Deutungskonzepte wie „Ästhetisierung" im Sinne einer Anlehnung an literarische Formen der Goethezeit [HARDTWIG 1982; FULDA] oder „Verwissenschaftlichung" [HARDTWIG 1982; RÜSEN] diesen Wandlungsprozess hinreichend beschreiben können. Unterschiedlich beurteilt wird auch, ob er in Anlehnung an Ideen des Kulturphilosophen Thomas S. Kuhn über die Kategorie der „Paradigmatisierung" erfasst werden kann, d.h. über die Annahme, dass die Konstituierung einer neuen Wissenschaft an der Umsetzung von abstrakt bestimmbaren, idealtypischen Merkmalen abzulesen sei [KUHN; OEXLE/RÜSEN; BLANKE 1991]. Kaum zu bestreiten ist jedoch, dass der Übergang zur historistisch geformten Geschichtsschreibung mit konzeptionellen und inhaltlichen Verlusten einherging: In dem Maße, in dem man sich vorwiegend der Staaten- und Politikgeschichte widmete, geriet das vormals anzutreffende breite Interesse der Aufklärungshistorie an fernen Zivilisationen, an wirtschaftlichen, sozialen oder diversen materiellen Aspekten vergangener Epochen stark außer Kurs. Es erstaunt deshalb nicht, dass einige dieser vernachlässigten Elemente in die Diskussionen zurückkehrten, als der Historismus gegen Ende des 19. Jahrhunderts erstmals in eine grundlegende Legitimationskrise geriet [IGGERS 1996; BLANKE/RÜSEN].

Professionalisierung und Institutionalisierung. Im Fächerkanon der frühneuzeitlichen europäischen Universität war die Historie noch nicht als selbstständige Disziplin vertreten. Vielmehr fungierte sie als Teil des einführenden allgemeinen Grundstudiums bzw. hatte vorwiegend zuarbeitende, hilfswissenschaftliche Funktion zugunsten der „oberen" Fakultäten, insbesondere der Theologie und der Rechtswissenschaften.

Diese untergeordnete Stellung machte erst in der zweiten Hälfte des 18. Jahrhunderts einem neuen Status Platz, wobei im deutschsprachigen Europa die Universität von Göttingen rasch führend wurde. Seit der Gründung als Reformuniversität im Jahre 1734 hatte sich hier eine weltoffene Arbeitsatmosphäre entwickelt, in der sich die Wissenschaften frei von theologischer Bevormundung entfalteten. Die entstehende Geschichtswissenschaft bezog dort aus ihrer Nachbarschaft zur Staatswissenschaft wichtige Impulse, da diese für ihre Analysen zeitgenössischer Verfassungs-, Rechts- und Wirtschaftsverhältnisse zunehmend auf historisch-empirische Untermauerung angewiesen war. Das Berufsbild des Fachhistorikers bildete sich jedoch erst in den letzten Jahrzehnten des 18. Jahrhunderts heraus. Jene Gelehrte, die in Göttingen Geschichte unterrichteten, boten daneben auch andere, teils ganz praktisch orientierte Veranstaltungen an, darunter solche zu Themen der Geographie, der Statistik oder des Reisens; umgekehrt lasen Vertreter anderer Disziplinen nicht selten historische Themen [BOOCK-MANN / WELLENREUTHER; HARDTWIG 1990]. Die Universität richtete neben Heidelberg die ersten Lehrstühle für Geschichte ein und dank der fortgesetzt guten Ausstattung konnte Göttingen um 1815/16 auf die höchste Zahl an historisch-philologisch ausgerichteten Ordinariaten aller deutschen Universitäten verweisen. Freilich hielten sich die absoluten Zahlen noch in engen Grenzen: So wurden an der Universität Göttingen in den fast 230 Jahren zwischen ihrer Gründung und dem Jahr 1960 nicht mehr als 37 Professoren auf Lehrstühle für Mittlere und Neuere Geschichte berufen. Darunter befanden sich vor 1914 so illustre Fachvertreter wie die bereits genannten Aufklärungshistoriker Gatterer, Schlözer

oder Heeren, später Georg Gottfried Gervinus (1805–1871), Georg Waitz (1813–1886), Paul F. Kehr (1860–1944) oder Reinhold Pauli (1823–1882). Bis zum Ersten Weltkrieg entwickelte sich allerdings die 1810 ins Leben gerufene, jüngere Reformuniversität Berlin zu einem deutschlandweit führenden Zentrum der Geisteswissenschaften. Nicht zuletzt die Geschichtswissenschaften wurden dort vor allem in den Jahrzehnten nach der Reichsgründung stark ausgebaut. Mit Leopold von Ranke, Johann Gustav Droysen, Heinrich von Treitschke (1834–1896), Theodor Mommsen (1817–1903), Otto Hintze (1861–1940) oder Wilhelm Wattenbach (1819–1897) lehrte eine größere Zahl der namhaftesten deutschen Historiker des 19. und frühen 20. Jahrhunderts zumindest zeitweise in Berlin [BAUM-GARTEN; HANSEN/RIBBE; WEBER].

▷ S. 352 Interdiszi[...] plinäre Perspekti[...] Literaturwissensch[...]

▷ S. 79 Revolutio[...] der Wisse[...] schaften

Nicht erst seit der Reichsgründung also profitierten die Geschichtswissenschaften in jeweils spezifischem Maße von den wissenschaftspolitischen Motiven der jeweiligen Landesherrn bzw. der Landes- oder Reichsinstanzen. Doch ohne den oben beschriebenen allgemeinen Aufschwung einer historisierenden Weltsicht, schließlich ohne die neuhumanistisch-idealistischen Bildungsreformen im Deutschland des frühen 19. Jahrhunderts wäre es kaum zu jenem Schub an institutioneller Verdichtung gekommen. Im Rahmen einer umfassenden, staatlich gelenkten Bildungsbewegung, die Universitäten und Schulen erfasste, ging die Neudefinition eines dynamischen Wissensbegriffs mit einem organisatorischen Aufbruch vorwiegend zugunsten der Geisteswissenschaften einher. Ausgehend von den preußischen Universitäten, speziell von Berlin, und maßgeblich geprägt durch die Ideen Wilhelm von Humboldts, verloren die deutschen Hochschulen in einem längeren Prozess ihren bisherigen Charakter als Anstalten zur Ausbildung künftiger Staatsdiener [MENZE]. Der konsequente Aufstieg der philosophischen Fakultäten und die universitären Reorganisationsmaßnahmen interessieren hier allerdings weniger als ein Resultat dieser Bemühungen um die akademische Lehre im Fach Geschichte: das historische Seminar. Lehrveranstaltungen vergleichbaren Typs hatten ihre eigenen Wurzeln, gab es sie doch schon seit dem 18. Jahrhundert überwiegend in Gestalt philologisch-pädagogischer Seminare zur Ausbildung von Lehrern. Seit den 1820er Jahren initiierten auch Historiker informelle Studentenzirkel, die sich in kleiner Runde trafen und vorwiegend der gemeinsamen Quellenlektüre und der Diskussion von Neuerscheinungen widmeten. Es ging hier nicht mehr um die bloße Vermittlung positiven Wissens, sondern um das Erlernen und Einüben historischer Arbeitsprozesse, um das kreative Tätigwerden der Studenten und um die offene Diskussion. Derartige Veranstaltungen, die gewöhnlich auch als „Historische Gesellschaft" oder „Historische Übungen" bezeichnet wurden, waren eng an die Person des Professors gebunden [PANDEL].

Der Blick auf die Universitäten eröffnet freilich nur einen – wenn auch wichtigen – Teil des Professionalisierungs- und Institutionalisierungsprozesses in den Geschichtswissenschaften. Nicht vergessen werden sollen in dieser Skizze auch die wissenschaftlichen Akademien, die seit dem 18. Jahrhundert als Institutionen der Wissenschaftsförderung und Träger großangelegter Editionsvorhaben wesentlich zur Verankerung des Faches und zur Herausbildung seiner Diskurskultur beigetragen haben. Als neue Organisationsfor-

Detailskizze

Im Jahre 1881 besuchte **Paul Frédéricq** (1850–1920), Professor für Geschichte an der Universität von Lüttich, eine Reihe deutscher Universitäten. Er kam mit der Absicht, den **akademischen Geschichtsunterricht** im Nachbarland persönlich näher kennenzulernen, wobei sein besonderes Interesse der Veranstaltungsform des historischen Seminars galt. Frédéricq gehörte zur zweiten Generation von Reformern, die sich von der Übernahme der Unterrichtsmethoden Rankes und seiner Schüler nichts weniger als eine grundlegende Erneuerung der akademischen Lehre im Fach Geschichte an den damals vier belgischen Universitäten versprachen.

Wir verdanken den Reisen Frédéricqs, die ihn u.a. nach Berlin, Göttingen, Halle und Leipzig führten, einige besonders plastische Schilderungen, wobei freilich eine spürbare Sympathie des Betrachters für seinen Gegenstand zu veranschlagen ist. In den folgenden Auszügen beschreibt Frédéricq zunächst die Seminarveranstaltung von Reinhold Koser (1852–1914), zum damaligen Zeitpunkt Privatdozent an der Universität Berlin und mit der Herausgabe der Staatsschriften Friedrichs II. beschäftigt. Der zweite Quellenausschnitt berichtet über das Seminar von Gustav Droysen (1838–1908), Sohn des bekannteren Johann Gustav Droysen und seit 1872 Ordinarius in Halle.

„Im Seminar von Herrn Dr. Koser studierten wir die Geschichte des modernen Deutschland, wozu das Werk *Histoire de mon temps* Friedrichs des Großen als Quellenbasis diente. Es waren sechzehn Studenten anwesend. Wir verglichen die beiden Entwürfe dieser kuriosen Memoiren von 1745 und 1776 mit der Korrespondenz zwischen Friedrich II. und Maria Theresia, mit diplomatischen Berichten und anderen zeitgenössischen Dokumenten. Ein vorher dazu ausersehener Student hatte kritische Bemerkungen schriftlich niedergelegt und trug nun seine Arbeit vor, die ziemlich umfangreich war. Von Zeit zu Zeit wurde er unterbrochen, und wir diskutierten. Alle Studenten hatten die Texte vor Augen. Unter den benutzten Exemplaren, die den Studenten gehörten oder die sie aus den verschiedenen öffentlichen Bibliotheken Berlins entliehen hatten, fand sich sogar eine Erstausgabe der *Histoire de mon temps* von 1788. Dr. Koser leitete die Diskussionen mit liebenswürdiger Zurückhaltung und viel Takt. Auch er behandelte seine Studenten als völlig gleichberechtigt. Nachdem einer von ihnen erwähnt hatte, daß er eine spezielle Frage eingehender untersucht habe, rief Dr. Koser aus: ‚Bravo! Jetzt wird es interessant. Sie haben das Wort.' Und der Student machte sich mit einem gewissen Stolz daran, die Resultate seiner persönlichen Recherchen vorzutragen, welche sofort im Anschluß diskutiert wurden."

„Professor Droysen veranstaltete einen Kurs zur Zeitgeschichte seit dem Wiener Kongreß. Die Sitzung, der ich beiwohnte, behandelte die Rolle Englands vor und nach Waterloo. Droysen ist einer der anziehendsten Professoren, die ich gehört habe. Sein Vortrag ist sehr lebhaft und spiegelt die tiefe Überzeugung des Redners wider, der sozusagen mit Augen, Gesten und Mund gleichermaßen spricht. Keiner der Studenten schrieb in fieberhafter Eile, so wie in Belgien; die meisten begnügten sich mit einer Notiz von Zeit zu Zeit und folgten, die Augen auf den Professor gerichtet, dem Gang seiner Argumente. Diese Bemerkung trifft übrigens auf alle Kurse zu, die ich in Deutschland besuchte. Die Studenten hören wirklich zu, während sie bei uns kaum überlegen und sich stattdessen das Handgelenk dabei verrenken, gierig alle Worte des Meisters mitzustenographieren, um sie fürs Examen auswendig lernen zu können. [...]

Das Thema, das Droysen mit seinen Studenten untersuchte, war die Eroberung von Frankfurt an der Oder durch Gustav Adolf im Jahre 1631. Elf Studenten saßen auf beiden Seiten eines langen Tisches, während der Professor am Kopfende Platz genommen hatte. Jeder Student hatte die Briefe des schwedischen Königs, des Generals Banner, etc. vor Augen, ebenso wie kleinere, zeitgenössisch publizierte Pamphlete. Die Originale dieser Pamphlete lagen auf dem Tisch, und man griff gelegentlich direkt auf sie zurück. Die Diskussion war außerordentlich ernsthaft. Die Studenten beteiligten sich daran, ohne ums Wort bitten zu müssen; alle waren höchst interessiert. Professor Droysen leitete die Diskussion geschickt und folgte ihr mit gespannter, doch ermutigender Aufmerksamkeit."

Literatur: P. FRÉDÉRICQ, L'enseignement supérieur de l'histoire. Notes et impressions de voyage: Allemagne – France – Écosse – Angleterre – Hollande – Belgique, Gand/Paris 1899, 14, 20, 22 [Übersetzung durch den Verfasser].

men kamen außerdem 1819 die „Monumenta Germaniae Historica" oder die 1858 gegründete „Historische Kommission bei der Bayerischen Akademie der Wissenschaften" hinzu. Insbesondere im Bereich von Langzeitprojekten sind diese Institutionen seither erfolgreich tätig geworden: Das gilt beispielsweise für die an der Preußischen Akademie der Wissenschaften zu Berlin (gegründet 1700) im Jahr 1887 initiierte Editionsreihe *Acta Borussica* oder epigraphische Großprojekte wie das *Corpus Inscriptionum Graecarum* (seit 1815). Ebenfalls bis heute lebendig sind u.a. die *Monumenta Boica* (seit 1763) oder die *Deutschen Reichstagsakten* (seit 1867), die von der 1759 gegründeten Bayerischen Akademie der Wissenschaften erarbeitet wurden und noch werden [KRAUS; BOEHM].

Neben der Abgrenzung des eigenen Gegenstandsbereiches und der Entwicklung erkenntnisfördernder Methoden, Fragestellungen und Darbietungsweisen, neben der Errichtung von Akademien, Lehrstühlen und Seminaren gehörte zum Konstitutionsprozess des Faches nicht zuletzt die Herausbildung einer wissenschaftlichen Öffentlichkeit. Deren Anfänge liegen wiederum im 18. Jahrhundert. Da der neue vorherrschende Wissensbegriff seit der Spätaufklärung dynamisch und diskursiv war, erlebten jene Foren, die geeignet waren, Diskussionszusammenhänge herzustellen und intersubjektiven Erkenntnisfortschritt zu ermöglichen, einen bis dahin ungekannten Aufschwung. Er spiegelt sich u.a. in dem drastischen Zuwachs an historischen Fachzeitschriften und Rezensionsorganen, deren Zahl bereits in den letzten drei Jahrzehnten des 18. Jahrhunderts so stark anstieg wie in keiner anderen Disziplin [BLANKE 1998]. Ab den 1820er Jahren manifestierte sich dann ein erneuter Schub von Zeitschriften-

Historische Zeitschrift

herausgegeben von

Heinrich von Sybel,

o. ö. Professor der Geschichte an der k. Ludw.-Max.-Universität in München.

Erster Band.

München, 1859.
Literarisch-artistische Anstalt
der J. G. Cotta'schen Buchhandlung.

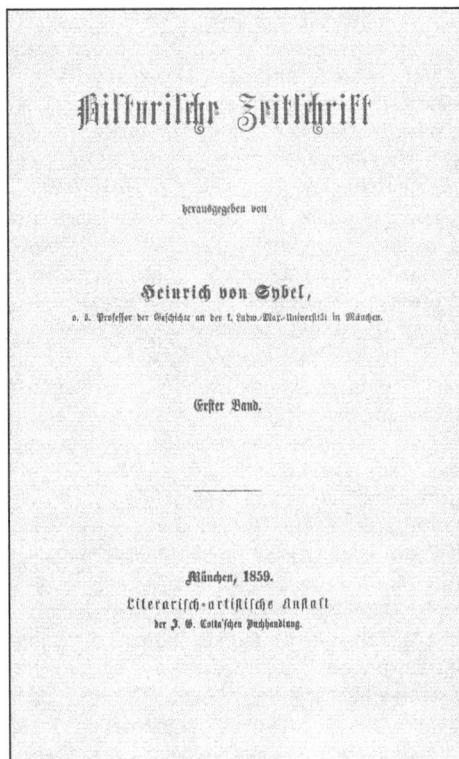

Als im März 1859 die erste Nummer der *Historischen Zeitschrift* erschien, war dies in erster Linie der Initiative Heinrich von Sybels (1817–1895) zu verdanken. Seit 1856 Professor für Geschichte an der Münchener Universität, etablierte Sybel damit eine bald überregional wirksame Fachzeitschrift, die es so zu diesem Zeitpunkt in Deutschland noch nicht gab. Dabei stand das Projekt im Zusammenhang weiterer wissenschaftsorganisatorischer Gründungen, die der rührige kulturpolitische Berater Max' II. mit Unterstützung des Königs ins Werk gesetzt hatte: das staatlich getragene Historische Seminar an der Universität (1857) und die später so benannte „Historische Kommission bei der Bayerischen Akademie der Wissenschaften" (1858) als Vereinigung führender Fachgelehrter. Das vorrangige Ziel der drei Institutionen war von Anfang an ein doppeltes: Durch die Pflege seriöser Geschichtswissenschaft im Geiste der historisch-kritischen Schule sollte zugleich das Verständnis für das politische Ideal des deutschen Einheitsstaates historisch untermauert werden.

Dieser zwiespältige Charakter zeichnet sich schon in dem Vorwort ab, das Sybel der Zeitschriftengründung voranstellte. Er skizziert hier eine liberal-konservative, kleindeutsch-protestantisch geprägte Sichtweise der deutschen Frage und stellt sich gegen reaktionäre, aber auch großdeutsch argumentierende, katholisch-„ultramontane" oder liberal-demokratische Deutungen der deutschen Vergangenheit. Dass eine derartige Parteinahme nicht als Gegensatz zum historiographischen Wahrheitsanspruch begriffen wurde, dass normativer Anspruch und „objektive" Tatsachenerkundung zusammengehörten, machte ein wichtiges Element in der Wissenschaftsauffassung nicht nur der „kleindeutschen Schule" des Historismus aus: Es korrespondierte mit dem optimistischen Anspruch, über die Erfassung dominierender Tendenzen des historischen Prozesses zum wahren Verständnis der Vergangenheit und damit auch der Gegenwart vorzustoßen. Sybels Bekenntnis zum Individuellen in der Geschichte, die Hochschätzung von Staat und Kultur als geschichtsmächtige Instanzen, seine selbstbewusste Rigorosität in der Abgrenzung der historisch-kritischen Methode von „abweichenden" Verfahrensweisen und das demonstrative Vertrauen in die wachsende Deutungsmacht der Historie bilden weitere Schlüsselelemente dieser programmatischen Einleitung.

Ungeachtet der eindeutigen Ausrichtung beschränkte sich das direkte polemisch-tagespolitische Engagement der Zeitschrift in der Folge auf die Zeit des Kulturkampfes. Darüber hinaus blieb die nationale Einheitsprogrammatik in die historische Betrachtung inkorporiert und für den aufmerksamen Zeitgenossen allenfalls über Analogieschlüsse zu fassen. Im Zeichen dieser Ambivalenz konnte sich die *Historische Zeitschrift* in der zweiten Hälfte des 19. Jahrhunderts als wichtiges Fachforum der deutschen Geschichtswissenschaft etablieren.

Bild: Titelblatt der Historischen Zeitschrift 1, 1859.

Literatur: V. Dotterweich, Heinrich von Sybel. Geschichtswissenschaft in politischer Absicht (1817–1861), Göttingen 1978; T. Schieder, Die deutsche Geschichtswissenschaft im Spiegel der Historischen Zeitschrift, in: HZ 189, 1959, 1–104.

Detailskizze

Methode und Erkenntnis (II): Objektivität und Parteilichkeit

Mit der Formierung der wissenschaftlichen Geschichtsschreibung stellte sich die Frage, ob und über welche Verfahrensweisen eine „wahre" Darstellung von Geschichte zu leisten sei, in bis dahin ungekannter Dringlichkeit. Zwar hatten Geschichtsschreiber bereits in der Antike über den durch ihre Arbeiten erreichbaren Wahrheitsgehalt nachgedacht. So bildete das Postulat, wonach Berichte über Vergangenes möglichst unvoreingenommen, überparteilich und neutral abgefasst werden müssten, seit Lukian (120–ca.189 n.Chr.) und Cicero (106–43 v.Chr.) ein unverzichtbares Element in der Selbstpräsentation der Historiker. Erst der Geschichtsschreibung des 18. Jahrhunderts blieb es jedoch vorbehalten, den damit verbundenen und bis dahin nur ansatzweise hinterfragten „naiven Realismus" [KOSELLECK, 20] der Wirklichkeitsauffassung einer eingehenden Revision zu unterziehen. Historiker der Aufklärungszeit wie Johann Martin Chladenius (1710–1759) oder Johann Christoph Gatterer wurden in Deutschland, wenn nicht zu den Schöpfern, so doch zu den ersten Theoretikern einer neuen, weitergefassten Sicht. Ihr zufolge war jede historische Erkenntnis unvermeidbar an den sozialen, regionalen oder mentalen Standort des Betrachters gebunden. Und wichtiger noch: Diese Perspektivität war kein grundsätzlicher Makel mehr, sondern als Voraussetzung für das historische Arbeiten des einzelnen Autors bewusst zu akzeptieren.

Im frühen Historismus gehörte das diffizile Verhältnis von Parteilichkeit und Objektivität nicht zu den theoretisch breit diskutierten Fragestellungen. Auf den ersten Blick kann man gleichwohl von zwei Herangehensweisen an die Problematik sprechen. Ranke selbst postulierte demonstrativ die Objektivitätspflicht des Historikers und sah sie als Regulativ und erstrebenswertes Ideal historischer Arbeit an. In seinen vielzitierten Worten formuliert hieß dies: „Ich wünschte mein Selbst gleichsam auszulöschen, und nur die Dinge reden, die mächtigen Kräfte erscheinen zu lassen [...]" [RANKE, 103]. Demgegenüber artikulierten Antipoden und Schüler Rankes wie Droysen, Treitschke, Gervinus oder Sybel klare Alternativpositionen: Ihnen zufolge war Parteilichkeit geradezu als Voraussetzung wahrer und relevanter Geschichtsschreibung anzusehen. Das war keineswegs nur oder in erster Linie im Sinne politisch-plaka-

tiver Standortfragen gemeint. Dahinter stand auch die geschichtstheoretische Forderung, Gegenwartserfahrungen bewusst in den historischen Erkenntnisprozess zu integrieren und dies dem Leser offen kundzutun. So erscheinen die konzeptionellen Gegensätze zu Ranke also zunächst eindeutig. Doch auch Ranke hat sein Ich als Historiker keineswegs „ausgelöscht": Seine Interpretationen der neueren Geschichte sind europazentriert, sozialkonservativ und zumindest in den späteren Schriften entschieden protestantisch eingefärbt. Objektivitätsanspruch und Standortbindung widersprachen sich jedoch in der Selbstwahrnehmung Rankes nicht – was im Übrigen auch für die Protagonisten einer „parteiischen" Historiographie gilt. In der Tat stoßen wir hier erneut auf ein charakterisierendes Merkmal der historistischen Geschichtsschreibung insgesamt: die Überzeugung nämlich, jenseits aller tagespolitischen Kämpfe zu den gesamtgesellschaftlich relevanten, zentralen Tendenzen des Geschichtsverlaufs vordringen und sie unter Anwendung quellenkritischer Methoden abgesichert darstellen zu können. Die gemeinsame Grundlage für diesen erkenntnistheoretischen Optimismus der Historisten bildete eine metawissenschaftliche, d.h. jenseits der Wissenschaften angesiedelte Prämisse: die Annahme nämlich, dass der Geschichtsverlauf ein durch Gottes Wirken sinnerfülltes, strukturiertes und im Rahmen des überhaupt Menschenmöglichen auch einsehbares Ganzes darstelle.

Die vorstehenden Bemerkungen sollen nicht die Differenzen überdecken, die zwischen den einzelnen Ansätzen der historistischen Autoren bestehen, und zwar etwa im Hinblick auf den jeweiligen Stellenwert der historisch-kritischen Methode, die theoretische Durchdringung oder auch die tatsächliche Indienstnahme des eigenen Werks für politische Ziele. Der weltanschauliche Graben, der sich gerade in letzter Hinsicht beispielsweise zwischen Georg Gottfried Gervinus und Heinrich von Treitschke auftut, ist kaum zu überbrücken. Sie können aber eine der Ursachen dafür einsichtig machen, warum mit Zurücktreten der metaphysischen Begründungsgrundlage des Historismus im Laufe des 19. Jahrhunderts auch dessen Objektivitätsanspruch unter Legitimationsdruck geriet. Ohne die geschichtsreligiöse Rückbindung musste das Beharren der historistischen Fachvertreter auf Überparteilichkeit an Überzeugungskraft verlieren. Vielfach etablierte sich ein theoretisch gering durchdachtes, übersteigertes Vertrauen in die objektivitätssichernde Kraft quellenkritisch-hermeneutischer Verfahren: So hat Heinrich von Sybel (1817–1895) im Jahr 1864 – nicht zuletzt unter dem Eindruck der wachsenden Methodenkonkurrenz zwischen Geistes- und Naturwissenschaften – von der Erreichbarkeit „völlig exacter Kenntniß" [SYBEL, 17f.] durch die Historiographie gesprochen. Freilich verdeutlicht gerade sein Beispiel auch, dass geschichtstheoretischer Reflexionsstand und empirisch gestützte Forschungspraxis in relativer Autonomie nebeneinander stehen können: Sybels erkenntnistheoretische Unbedachtheit hinderte ihn beispielsweise nicht daran, zeitgenössisch publizierte Briefe Marie Antoinettes in geradezu detektivisch-quellenkritischer Manier erfolgreich als spektakuläre Fälschungen zu entlarven [DOTTERWEICH].

Gegenwärtig hat das Verhältnis von Objektivität und Parteilichkeit in den Historikerdebatten jene Brisanz verloren, die es in den späten 1960er und 1970er Jahren erneut gewonnen hatte. Insbesondere konnte sich die These nicht durchsetzen, wonach die Geschichtswissenschaft im Sinne eines marxistisch inspirierten Fortschrittsideals notwendigerweise Partei zu ergreifen und aus der Kenntnis der Vergangenheit Maximen für die Zukunft abzuleiten habe. Eine zusätzliche Problemebene erwuchs allerdings daraus, dass die Objektivitätsthematik seit den frühen 1970er Jahren in den Einflussbereich des „linguistic turn" in den Sozial- und Geisteswissenschaften geriet. Vor allem die Schriften von Hayden White haben zur Verbreitung der These beigetragen, dass die über Sprache vollzogene Konstruktion von Wirklichkeit auch die Arbeit des Historikers grundsätzlich präge. Jede Interpretation vergangener Realität sei in ihrer Struktur deshalb durch Sprache bestimmt. Whites Thesen haben heftige Kontroversen provoziert, die bis in die Gegenwart andauern.

Heute scheint allerdings weithin akzeptiert, dass die Antithese von Objektivität und Parteilichkeit – in der Formulierung Droysens – zu den „Aporemata" [DROYSEN, 3f.] gehört, also zu den falsch formulierten und damit erkenntnistheoretisch unauflösbaren Dilemmata, mit denen

gleichwohl in der forscherischen Praxis immer neu zurechtzukommen ist. Und tatsächlich macht ja die Tatsache, dass jede historische Erkenntnis zwangsläufig standortgebunden ist, wahre Aussagen keineswegs unmöglich. Dies gilt freilich nur, insoweit „Wahrheit" als vorläufig und revidierbar verstanden wird. Pointiert formuliert, bedeutet Objektivität in der Geschichtswissenschaft also, historische Aussagen auf der Basis des akzeptierten Wissensstandes und des empirischen Quellenbefundes zu formulieren und sich dabei anerkannter methodischer Verfahrensweisen zu bedienen. Wohl die überwiegende Mehrzahl der Historiker geht heute davon aus, dass geschichtswissenschaftliche Erkenntnis nicht mehr im Sinne Rankes als Annäherung an eine absolut zu setzende, hinter den Dingen liegende „ganze" Wahrheit, sondern als ein prinzipiell unendlicher Prozess der Erweiterung und Korrektur, des Verlusts und der Neujustierung historischen Wissens zu verstehen ist [OEXLE; KOSELLECK].

Literatur: V. DOTTERWEICH, Heinrich von Sybel. Geschichtswissenschaft in politischer Absicht (1817–1861), Göttingen 1978; J.G. DROYSEN, Historik [1857/1858/1882], hrsg. v. P. LEYH, Stuttgart/Bad Cannstatt 1977; F. JAEGER/J. RÜSEN, Geschichte des Historismus. Eine Einführung, München 1992; R. KOSELLECK, Standortbindung und Zeitlichkeit. Ein Beitrag zur historiographischen Erschließung der geschichtlichen Welt, in: DERS./W.J. MOMMSEN/J. RÜSEN (Hrsg.), Objektivität und Parteilichkeit in der Geschichtswissenschaft, München 1977, 17–46; O.G. OEXLE, Die Geschichtswissenschaft im Zeichen des Historismus. Bemerkungen zum Standort der Geschichtsforschung, in: DERS., Geschichtswissenschaft im Zeichen des Historismus, Göttingen 1996, 17–40; L. V. RANKE, Englische Geschichte vornehmlich im siebzehnten Jahrhundert, Bd. 2, Leipzig 3. Aufl. 1870; H. SCHNÄDELBACH, Geschichtsphilosophie nach Hegel. Die Probleme des Historismus, Freiburg/Br./München 1974; H. V. SYBEL, Über die Gesetze des historischen Wissens [Rede vom 3.8.1864], in: DERS., Vorträge und Aufsätze, Berlin 1874, 1–20; A. WITTKAU, Historismus. Zur Geschichte des Begriffs und des Problems, Göttingen 1992.

309

gründungen, darunter die 1859 ins Leben gerufene *Historische Zeitschrift*. Getragen und reflektiert wurde diese Entwicklung vom wachsenden Interesse eines vorwiegend bürgerlichen Publikums an der identitätsstiftenden Hinwendung zur Geschichte, die sich seit dem frühen 19. Jahrhundert in einer beispiellosen Blüte des historischen Vereinswesens abzeichnete [DANN].

„Krise des Historismus". In der zweiten Hälfte des 19. Jahrhunderts erreichte die Geschichtswissenschaft in Deutschland einen Höhepunkt ihrer öffentlichen Wirksamkeit und Reputation. Ihre Deutungsmacht in politischen und gesellschaftlichen Schlüsselfragen war anerkannt und gab ihr annähernd den Status einer Leitdisziplin. Historische Werke wurden auch von einem nichtfachlichen, gebildeten Publikum breit rezipiert und bildeten ein wichtiges Element im Meinungsbildungsprozess der zeitgenössischen Öffentlichkeit. Nicht selten waren Historiker als Berater von Politikern tätig, und geschichtliches Wissen machte einen geschätzten Kernbereich höherer Bildung aus. Kurz: „Geschichte war Wissenschaft und war Lebensmacht zugleich" [NIPPERDEY, 633]. Für einen feinnervigen Beobachter der intellektuellen Strömungen seiner Zeit konnte diese Situation geradezu den Charakter einer Bedrohung annehmen: „Jetzt regiert nicht mehr allein das Leben und bändigt das Wissen um die Vergangenheit: sondern alle Grenzpfähle sind umgerissen und alles, was einmal war, stürzt auf den Menschen zu. [...] Ein solches unüberschaubares Schauspiel sah noch kein Geschlecht, wie es jetzt die Wissenschaft des universalen Werdens, die Historie, zeigt" [NIETZSCHE, 231]. Es war Friedrich Nietzsche (1844–1900), der im Jahr 1874 in seiner Schrift

Vom Nutzen und Nachteil der Historie für das Leben das wachsende Unbehagen an der Übermacht der Geschichte pointiert auf diesen Begriff brachte. Er kritisierte das ihm zufolge überzogene Wissenschaftsvertrauen seiner Gegenwart und prangerte den vorherrschenden Anspruch auf objektive, fortschrittsverbürgende Wirklichkeitserkenntnis an: Die verwissenschaftlichte Historie spiegle den Geist der Zeit wider und trage mit ihrer Verzettelung im gelehrten Detail, dem Zusammentragen „unverdaulicher Wissenssteine", dazu bei, das „Leben" an einem Übermaß von historischem Bewusstsein kranken zu lassen. Diese vielschichtige und radikale Analyse intonierte erstmals einige der Leitmotive der Historismuskritik, noch bevor das Phänomen überhaupt allgemein unter diesem Begriff gefasst wurde [MEYER; OEXLE]. In den zeitgenössischen Wissenschaften selbst formierten sich stringente Reaktionen auf die Dominanz des Historismus für geraume Zeit nur außerhalb des Faches Geschichte. Zwischen den frühen 1880er und den 1930er Jahren kam es sukzessive in der Nationalökonomie, in den Rechtswissenschaften, in der evangelischen Theologie, schließlich in der Philosophie und Soziologie zu leidenschaftlichen Auseinandersetzungen um die Legitimität historisch-empirischer Erkenntnisverfahren. Im Ergebnis wurden vorangegangene Historisierungsprozesse, wenn nicht rückgängig gemacht, so doch stark relativiert; einzelne „historische Schulen", darunter jene um Gustav Schmoller (1838–1917) in der Nationalökonomie, gerieten in eine randständige Position [WITTKAU].

Ein oft diffuses und vielfältig motiviertes Krisenbewusstsein stellte sich spätestens um die Wende zum 20. Jahrhundert auch in den Geschichtswissenschaften vereinzelt ein, doch führte dies keineswegs zu einer methodischen

Detailskizze

Die **Verfachlichung der Geschichte** im Sinne der Herausbildung wissenschaftlicher Standards und Institutionen bildete im 19. Jahrhundert ein **international zu beobachtendes Phänomen**. Die deutsche Geschichtswissenschaft nahm dabei eine Vorreiterrolle ein, die jedoch spätestens mit der Wende zum 20. Jahrhundert auslief. Ihr internationaler Einfluss stellt sich heute als Teil eines komplizierten und bisher nur punktuell erforschten Wirkungsgefüges grenzüberschreitender intellektueller Transfers und spezifisch nationaler Geschichtskulturen dar.

In Großbritannien finden sich Vorformen wissenschaftlicher Geschichtsschreibung ebenso wie in Deutschland und Frankreich bereits in der Literatur der Aufklärung, etwa bei David Hume (1711–1776) oder Edward Gibbon (1737–1794). Eine professionalisierte historische Fachwissenschaft entwickelte sich auf den britischen Inseln indes erst im letzten Drittel des 19. Jahrhunderts. Sie entstand im Zusammenhang einer umfassenderen Reform der Universitäten und wandte sich mit methodischen Argumenten gegen eine ältere Form der „literarischen" Historie im Sinne Thomas Babington Macaulays (1800–1859). In Fragen des quellenkritischen Instrumentariums und der Wissenschaftsorganisation lehnte sie sich eng an das Vorbild der deutschen kritischen Schule an. Es dauerte freilich bis zur Jahrhundertwende, bis das Fach Geschichte flächendeckend an den britischen Universitäten verankert war. Anders als in Deutschland erreichte die Geschichtswissenschaft im Großbritannien des 19. Jahrhunderts nie eine tonangebende Stellung in den Geisteswissenschaften, ihre außeruniversitäre Rezeption blieb begrenzt und die akademischen Fachvertreter standen stärker in Konkurrenz zu unabhängigen „gentlemen-historians".

In Frankreich bildete die „Große Revolution" eine Art Wasserscheide, die das bedeutende Erbe des aufklärerischen Geschichtsdenkens nur in überformter Weise fortleben ließ. Vor allem eine jüngere Generation von liberalen Journalisten, Juristen und Politikern wie Augustin Thierry (1795–1856), Adolphe Thiers (1797–1877) oder insbesondere Jules Michelet (1798–1874) verknüpfte die Durchsetzung einer historisierten Weltsicht im frühen 19. Jahrhundert mit dem Aufstieg des Nationsbegriffs. Erst der Ausgang des deutsch-französischen Krieges 1870/71, die nachfolgende intellektuelle Identitätskrise und die Bildungsreformen der Dritten Republik gaben jedoch den entscheidenden Impetus für die universitäre Verankerung der Geschichtswissenschaften nach deutschem Muster.

Bemerkenswert sind schließlich die Umstände, unter denen sich der Beruf des Historikers in den USA während des letzten Drittels des 19. Jahrhunderts etablierte. Bis zur Jahrhundertwende setzte sich hier die Schule der „scientific history" durch, deren Vertreter vom historistischen Entwicklungsdenken und der quellenkritischen Methode der Ranke-Schule geprägt waren. Unter dem aufkommenden Einfluss der empirisch arbeitenden Soziologie stellte sich eine zweite Generation professioneller Historiker zu Beginn des 20. Jahrhunderts gegen diese dominierende Richtung. Autoren wie James H. Robinson und Frederick J. Turner nahmen dabei u.a. Ansätze Karl Lamprechts auf und vertraten eine stärker an den Themen und Methoden der Sozialwissenschaften ausgerichtete, „anwendungsorientierte" Geschichtsschreibung. Diese fortschrittsgewisse „New History" blieb in den USA bis zum Zweiten Weltkrieg als historiographische Strömung tonangebend.

Anders als in Großbritannien also, wo sich an der Wende zum 20. Jahrhundert keine vergleichbare Krise der überkommenen Geschichtsschreibung einstellte, kam es in Deutschland, Frankreich und den Vereinigten Staaten zu zukunftsträchtigen Grundlagendiskussionen mit unterschiedlichem Ausgang. Während neue Ansätze einer sozial- oder kulturwissenschaftlich orientierten Historie in Deutschland auf starken und nachhaltigen Widerstand trafen, konnten sie sich in den USA und Frankreich – hier in Gestalt der „Histoire Synthétique", aus der die Schule der „Annales" hervorging – schon früher behaupten.

Literatur: P. DEN BOER, History as a Profession. The Study of History in France, 1818–1914, Princeton/N.J. 1998; E.A. BREISACH, American Progressive History. An Experiment in Modernization, Chicago/Ill. 1993; M. KRAUS/D.D. JOYCE, The Writing of American History, Revised Edition, Norman 1985; F. RINGER, Fields of Knowledge. French Academic Culture in Comparative Perspective, 1890–1920, Cambridge u.a. 1992; B. STUCHTEY/P. WENDE (Hrsg.), British and German Historiography 1750–1950. Traditions, Perceptions, and Transfers, Oxford 2000.

Neubesinnung. Die etablierte Praxis von Forschung und Lehre blieb nahezu unberührt, ja gemessen am institutionellen Ausbau, an der Dichte der Forschungsleistung und der Zahl habilitierter Nachwuchswissenschaftler erlebte das Fach in den Jahrzehnten um die Jahrhundertwende geradezu eine Blütezeit. Im Zuge der „Ranke-Renaissance" um Max Lenz (1850–1932) und Erich Marcks (1861–1938) erfuhren die Denkkategorien des Historismus eine bestätigende Wiederkehr [HERTFELDER; WEBER]. Und wie schon im Falle Nietzsches waren es wiederum fast ausschließlich Nicht-Historiker, die eine Krise der historisch arbeitenden Fächer diagnostizierten und diskutierten, darunter Philosophen wie Wilhelm Dilthey (1833–1911) oder Heinrich Rickert (1863–1936), der Theologe Ernst Troeltsch oder der Soziologe Max Weber (1864–1920). Die frühe Kritik Nietzsches fand sich bei ihnen konkretisiert in der bohrenden Fragestellung, welche sinnstiftende Wirkung das im Übermaß akkumulierte Wissen überhaupt noch besitzen könne. Dass ehemals gültige Werte und Autoritäten wie Staat, Religion, Moral oder Kunst der historischen Relativierung anheimzufallen drohten, wurde ebenso zum Problem wie die Tatsache, dass selbst der Erkenntnisprozess der Wissenschaften davon betroffen war. Eine solche Wertkrise konnte freilich erst entstehen, nachdem im Laufe des 19. Jahrhunderts die ursprünglich transzendente Rückbindung der historistischen Geschichtsdeutung einer immanenten, d.h. rein aus der Welt bezogenen Interpretation historischer Abläufe Platz gemacht hatte, – ohne dass deshalb der Anspruch an die Wissenschaft, überzeitlich gültige Normen zu liefern, bereits durchweg aufgegeben worden wäre. So ist es zu verstehen, dass der säkularisierte historis-

▷ S. 179
Staaten,
Nationen,
Internationale
Beziehungen

tische Entwicklungsgedanke seine befreiende Erklärungskraft und seine beruhigende Alternativfunktion, die er in der revolutionären Epoche um 1800 gewonnen hatte, etwa ein Jahrhundert später nicht mehr besaß. Dennoch leitete die Mehrzahl der deutschen Historiker des Kaiserreichs daraus wohl deshalb keine Sinnkrise ihres Faches ab, da sie mit der Kategorie des kleindeutschen Nationalstaats nach wie vor über ein weithin akzeptiertes, „praxisrelevantes" interpretationsleitendes Prinzip verfügten [HERTFELDER].

Handelte es sich bei der beschriebenen Verlusterfahrung zum Teil um ein hoch abstrahiertes Theorie- und Wahrnehmungsphänomen, so zeigen sich im Rückblick doch noch weitere Anzeichen dafür, dass die historistisch geprägte Geschichtsschreibung in Deutschland um 1900 an Deutungsmacht verloren hatte. Nach wie vor galt das Primat des Geistigen und des Individuellen, galten Staat und Nation, Religion und Kultur als die entscheidenden Kategorien, um geschichtlichen Wandel zu erfassen. Für die Analyse der sozial-ökonomischen Entwicklung des Kaiserreichs, des Übergangs zur industriellen Klassengesellschaft und ihrer Begleitphänomene seit der zweiten Jahrhunderthälfte war dieses methodische Arsenal jedoch nicht mehr hinreichend. Bezeichnend genug waren es vorwiegend Außenseiter der Profession oder wiederum Vertreter benachbarter Disziplinen, die sich mit den Folgen der modernen Industriegesellschaft oder der Herausbildung neuer sozialer Bewegungen intensiver auseinandersetzten. Die so genannte ältere historische Schule der deutschen Nationalökonomie um Bruno Hildebrand (1812–1886) sowie die jüngere um Gustav Schmoller und Lujo Brentano (1844–1931) können hier ebenso genannt werden wie etwa der Historiker Lorenz von

Detailskizze

Methode und Erkenntnis (III): Verstehen und Erklären

Zusammen mit dem Grundmuster historistischen Denkens blieb auch dessen zentrale erkenntnisleitende Kategorie – das „Verstehen" – in der deutschen Geschichtswissenschaft bis in die Zeit nach dem Zweiten Weltkrieg dominierend. Die Wurzeln lagen wiederum im 19. Jahrhundert. Für die Vordenker des Historismus, allen voran Humboldt, Ranke und Droysen, war die individuell einfühlende, nachempfindende Annäherung an historische Phänomene die entscheidende Stärke ihres neuen Zugangs zur Geschichte. Die weltimmanenten Ursachen für Veränderung, so die Grundannahme, lagen in den Individuen: Einzeln und im Kollektiv waren sie es, die über viele Generationen hinweg einen in sich sinnvollen historischen Prozess trugen. Da also Geschichte ein Resultat menschlichen Handelns war, musste dieser Entwicklungszusammenhang dem verstehenden Zugriff des grundsätzlich wesensverwandten Historikers auch hinreichend eindeutig zugänglich sein. Diese These einer prinzipiellen Wesensidentität von forschendem Subjekt und zu erkennendem Objekt bestimmte auch die geschichtstheoretische Position, die Droysen in seiner *Historik* (1857/58) systematisch entfaltete: „das Wesen der geschichtlichen Methode ist forschend zu verstehen, ist die Interpretation" [DROYSEN, 22]. Droysen versuchte damit die historische Erkenntnisweise als eine eigenständige zu definieren und den fachlichen Anspruch der jungen Geschichtswissenschaften auch theoretisch zu untermauern: „Das Verstehen ist nicht ein Auseinanderlegen oder Zusammenfassen von Begriff, Urteil, Schluß, sondern ein schöpferischer Akt wie der Lichtfunken zwischen den sich nahenden elektrophoren Körpern, wie die Empfängnis in der Begattung" [DROYSEN, 398]. Anders als bei dem Erkennen der Naturwissenschaften, das vorwiegend kausal bestimmt, auf die Suche nach Gesetzmäßigkeiten gerichtet und durch Theorien fixiert sei, lag demzufolge die Eigenart der Historie im primär intuitiven Erfassen und Nachvollziehen. Diese strikte Gegenüberstellung schuf ein nachhaltig wirksames Leitmotiv. Daraus aber erwuchs von Anfang an eine logische Schwäche des Verstehenskonzepts: Strenggenommen war es ja ausschließlich auf das Nachvollziehen menschlicher Intentionen, Motive oder Weltbilder anwendbar, seine Erweiterung auf die historische Welt schlechthin dagegen nur unter metawissenschaftlichen, irrationalen Grundannahmen zu rechtfertigen. Der wichtigste Kritiker dieses älteren Verstehensbegriffs vor dem Zweiten Weltkrieg, Max Weber, nahm eben diese Diskrepanz in den Blick. Er verwarf den universalen Verstehensanspruch der Historie und plädierte für die weitestmögliche Integration von erklärenden Verfahren aus den exakten Disziplinen mit dem Ziel des „verstehenden Erklären[s]" [WEBER, 428].

Erst die Durchsetzung der Sozial- und Gesellschaftsgeschichte in den 1960er Jahren hingegen führte in der deutschen Geschichtswissenschaft zur nachhaltigen Aufwertung „erklärender" Erkenntniswege. Im Gefolge einer „förmlichen Rebellion" [MOMMSEN, 210] einer jüngeren Historikergeneration gegen das historistische Erbe gerieten überindividuelle Strukturen und Prozesse vermehrt in den Blick. Statt auf den individualisierenden Verstehensbegriff zu bauen, setzte die „historische Sozialwissenschaft" zusätzlich auf quantifizierende Methoden oder Theorien mittlerer und längerer Reichweite. Dem entsprach eine klare Abwendung vom Prinzip der erzählenden Historie zugunsten stärker analytisch geprägter Präsentationsformen. Gegenwärtig zeigen sich in der Geschichts*theorie* starke Tendenzen, zwischen den Kategorien „Erklären" und „Verstehen" gerade aus dem Bewusstsein ihrer historischen Bedingtheit heraus zu vermitteln. In der historiographischen *Praxis* hat sich eine Art aufgabenorientierte Koexistenz zwischen hermeneutischen und sozialwissenschaftlich-explikativen Verfahren etabliert [GOERTZ; MUHLACK; WELSKOPP].

Literatur: J.G. DROYSEN, Historik [1857/1858/ 1882], hrsg. v. P. LEYH, Stuttgart/Bad Cannstatt 1977; H.-J. GOERTZ, Umgang mit Geschichte. Eine Einführung in die Geschichtstheorie, Reinbek 1995; W.J. MOMMSEN, Wandlungen im Bedeutungsgehalt der Kategorie des „Verstehens", in: C. MEIER/J. RÜSEN (Hrsg.), Historische Methode, München 1988, 200–226; U. MUHLACK, Verstehen, in: H.-J. GOERTZ (Hrsg.), Geschichte. Ein Grundkurs, Reinbek 1998, 99–131; M. WEBER, Ueber einige Kategorien der verstehenden Soziologie, in: DERS., Gesammelte Aufsätze zur Wissenschaftslehre, hrsg. v. J. WINCKELMANN, Tübingen 1973, 427–474; T. WELSKOPP, Erklären, in: H.-J. GOERTZ (Hrsg.), Geschichte, 132–168.

Stein (1815–1890). Jenseits aller konzeptionellen und methodischen Differenzen im Einzelnen deuteten sie sozialökonomische Prozesse weiterhin im historistischen Sinne als Ergebnis menschlichen Handelns und nutzten dazu die hermeneutische Methode; der sozialrevolutionären Logik marxistischer Prägung stellten sie ein evolutionäres Interpretationsmodell entgegen. Mit den Arbeiten von Otto Hintze (1861–1940), Eckart Kehr (1902–1933) oder Arthur Rosenberg (1889–1943) wurden in thematischer wie methodischer Hinsicht bereits verstärkt sozialwissenschaftliche Ansätze eingebunden. Nicht zufällig ließen sich die Begründer der Sozial- und Gesellschaftsgeschichte nach 1945 durch diese Vorläufer inspirieren [RITTER].

▷ S. 198
Geschichte
der Staaten/
Geschichte
der Gesellschaft

Die historisch orientierte Hauptströmung der Geschichtswissenschaften im Deutschland der Jahrhundertwende sah derartige Bemühungen nur mit großen Vorbehalten. Diese kamen in einer leidenschaftlich geführten Methodenkontroverse der 1890er Jahre zum Ausdruck, die sich an den Arbeiten Karl Lamprechts (1856–1915) festmachte. Mit seiner ab 1891 publizierten *Deutschen Geschichte* hatte Lamprecht den Versuch gestartet, das Konzept einer umfassenden „Kulturgeschichte" zu etablieren. Es setzte sich in allen entscheidenden Punkten von den theoretischen Prämissen des Historismus ab: Anstelle der verstehenden Annäherung an Individualitäten favorisierte Lamprecht den Bezug auf kollektive Kräfte und versuchte, aus den historischen Wandlungsvorgängen allgemeinere Gesetzmäßigkeiten herauszuschälen; statt Geschichte anhand der Kategorien von Staat und Ideen zu erklären, betonte er das determinierende Gewicht sozialer und ökonomischer Entwicklungen. Nahezu die gesamte Crème

▷ S. 256
Universal-
geschichte/
Weltgeschichte

▷ S. 235 ff.
Geschichte der
Gesellschaft/
„Neue Kultur-
geschichte"

der deutschen Historiker, darunter Georg von Below (1858–1927), Otto Hintze, Friedrich Meinecke und Hermann Oncken (1869–1945), wandte sich gegen dieses Konzept, das nicht zuletzt auch daran scheiterte, dass Lamprecht es nicht verstand, seine wechselnden Standpunkte klar auf den Begriff zu bringen. In wissenschaftsgeschichtlicher Hinsicht hat der Lamprecht-Streit wesentlich dazu beigetragen, die Fronten zu verhärten und Ansätze zu sozial-, mentalitäts- oder gesellschaftsgeschichtlichen Forschungen in Deutschland noch auf Jahrzehnte hinaus in ihrer Entfaltung zu hemmen [IGGERS 1971; SCHORN-SCHÜTTE].

Stefan Grüner

Literatur

M. BAUMGARTEN, Professoren und Universitäten im 19. Jahrhundert. Zur Sozialgeschichte deutscher Geistes- und Naturwissenschaftler, Göttingen 1997.

G. BERG, Leopold von Ranke als akademischer Lehrer. Studien zu seinen Vorlesungen und seinem Geschichtsdenken, Göttingen 1968.

H.W. BLANKE, Historiographiegeschichte als Historik, Stuttgart/Bad Cannstatt 1991.

DERS., Verwissenschaftlichung und Aufklärung. Historische Zeitschriften im 18. Jahrhundert, in: DERS./F. JAEGER/T. SANDKÜHLER (Hrsg.), Dimensionen der Historik. Geschichtstheorie, Wissenschaftsgeschichte und Geschichtskultur heute, Köln u.a. 1998, 237–252.

DERS./D. FLEISCHER, Einleitung, in: DIES. (Hrsg.), Theoretiker der deutschen Aufklärungshistorie, Bd. 1, Stuttgart/Bad Cannstatt 1990, 19–132.

DERS./J. RÜSEN (Hrsg.), Von der Aufklärung

zum Historismus. Zum Strukturwandel des historischen Denkens, Paderborn 1984.

L. BOEHM, Langzeitvorhaben als Akademieaufgabe. Geschichtswissenschaft in Berlin und in München, in: W. FISCHER (Hrsg.), Die Preußische Akademie der Wissenschaften zu Berlin 1914–1945, Berlin 2000, 391–434.

H. BOOCKMANN/H. WELLENREUTHER (Hrsg.), Geschichtswissenschaft in Göttingen. Eine Vorlesungsreihe, Göttingen 1987.

O. DANN (Hrsg.), Vereinswesen und bürgerliche Gesellschaft in Deutschland, München 1984.

J.G. DROYSEN, Historik. Rekonstruktion der ersten vollständigen Fassung der Vorlesungen (1857). Grundriß der Historik in der ersten handschriftlichen (1857/1858) und in der letzten gedruckten Fassung (1882), hrsg. v. P. LEYH, Stuttgart/Bad Cannstatt 1977.

D. FULDA, Wissenschaft aus Kunst. Die Entstehung der modernen deutschen Geschichtsschreibung 1760–1860, Berlin/New York 1996.

R. HANSEN/W. RIBBE (Hrsg.), Geschichtswissenschaft in Berlin im 19. und 20. Jahrhundert. Persönlichkeiten und Institutionen, Berlin/New York 1992.

W. HARDTWIG, Die Verwissenschaftlichung der Historie und die Ästhetisierung der Darstellung, in: R. KOSELLECK/H. LUTZ/J. RÜSEN (Hrsg.), Formen der Geschichtsschreibung, München 1982, 147-191.

DERS., Geschichtsstudium, Geschichtswissenschaft und Geschichtstheorie in Deutschland von der Aufklärung bis zur Gegenwart, in: DERS., Geschichtskultur und Wissenschaft, München 1990, 13–57.

T. HERTFELDER, Franz Schnabel und die deutsche Geschichtswissenschaft. Geschichtsschreibung zwischen Historismus und Kulturkritik (1910–1945), Göttingen 1998.

G.G. IGGERS, Deutsche Geschichtswissenschaft. Eine Kritik der traditionellen Geschichtsauffassung von Herder bis zur Gegenwart, München 1971.

DERS., Ist es in der Tat in Deutschland früher zur Verwissenschaftlichung der Geschichte gekommen als in anderen europäischen Ländern?, in: W. KÜTTLER/J. RÜSEN/E. SCHULIN, Geschichtsdiskurs, Bd. 2, 1994, 73–86.

DERS., Historismus im Meinungsstreit, in: O.G. OEXLE/J. RÜSEN (Hrsg.), Historismus in den Kulturwissenschaften. Geschichtskonzepte, historische Einschätzungen, Grundlagenprobleme, Köln u.a. 1996, 7–27.

F. JAEGER/J. RÜSEN, Geschichte des Historismus. Eine Einführung, München 1992.

A. KRAUS, Vernunft und Geschichte. Die Bedeutung der deutschen Akademien für die Entwicklung der Geschichtswissenschaft im späten 18. Jahrhundert, Freiburg/Br. 1963.

T.S. KUHN, Die Struktur wissenschaftlicher Revolutionen, Frankfurt/M. 4. Aufl. 1974.

W. KÜTTLER/J. RÜSEN/E. SCHULIN (Hrsg.), Geschichtsdiskurs, Bd. 2: Anfänge modernen historischen Denkens, Frankfurt/M. 1994.

DIES. (Hrsg.), Geschichtsdiskurs, Bd. 3: Die Epoche der Historisierung, Frankfurt/M. 1997.

F. MEINECKE, Die Entstehung des Historismus, 2 Bde., München/Berlin 1936.

C. MENZE, Die Bildungsreform Wilhelm von Humboldts, Hannover 1975.

K. MEYER, Ästhetik der Historie. Friedrich Nietzsches „Vom Nutzen und Nachteil der Historie für das Leben", Würzburg 1998.

H. MÖLLER, Aufklärung in Preußen. Der Verleger, Publizist und Geschichtsschreiber Friedrich Nicolai, Berlin 1974.

DERS., Vernunft und Kritik. Deutsche Aufklärung im 17. und 18. Jahrhundert, Frankfurt/M. 1986.

W.J. MOMMSEN, Leopold von Ranke und die

moderne Geschichtswissenschaft, Stuttgart 1988.

U. MUHLACK, Geschichtswissenschaft im Humanismus und in der Aufklärung. Die Vorgeschichte des Historismus, München 1991.

F. NIETZSCHE, Unzeitgemäße Betrachtungen. Zweites Stück: Vom Nutzen und Nachteil der Historie für das Leben, in: DERS., Werke, Bd. 1, hrsg. v. K. SCHLECHTA, Frankfurt/M. u.a. 6. Aufl. 1969, 209–285.

T. NIPPERDEY, Deutsche Geschichte 1866–1918, Bd.1: Arbeitswelt und Bürgergeist, München 2. Aufl. 1991.

O.G. OEXLE, Geschichtswissenschaft im Zeichen des Historismus. Studien zu Problemgeschichten der Moderne, Göttingen 1996.

DERS./J. RÜSEN (Hrsg.), Historismus in den Kulturwissenschaften. Geschichtskonzepte, historische Einschätzungen, Grundlagenprobleme, Köln u.a. 1996.

H.-J. PANDEL, Von der Teegesellschaft zum Forschungsinstitut. Die historischen Seminare vom Beginn des 19. Jahrhunderts bis zum Ende des Kaiserreichs, in: H.W. BLANKE (Hrsg.), Transformation des Historismus. Wissenschaftsorganisation und Bildungspolitik vor dem Ersten Weltkrieg. Interpretation und Dokumente, Waltrop 1994, 1–31.

L. v. RANKE, Geschichten der romanischen und germanischen Völker von 1494 bis 1514, Leipzig 2. Aufl. 1874 [erstmals 1824].

G.A. RITTER, Die neuere Sozialgeschichte der Bundesrepublik Deutschland, in: J. KOCKA (Hrsg.), Sozialgeschichte im internationalen Überblick, Darmstadt 1989, 19–88.

J. RÜSEN, Konfigurationen des Historismus. Studien zur deutschen Wissenschaftskultur, Frankfurt/M. 1993.

G. SCHOLZ (Hrsg.), Historismus am Ende des 20. Jahrhunderts. Eine internationale Diskussion, Berlin 1997.

L. SCHORN-SCHÜTTE, Karl Lamprecht. Kulturgeschichtsschreibung zwischen Wissenschaft und Politik, Göttingen 1984.

V. STEENBLOCK, Transformationen des Historismus, München 1991.

D.A.J. TELMAN, Clio Ascendant: The Historical Profession in Nineteenth-Century Germany, Ann Arbor 1993.

E. TROELTSCH, Der Historismus und seine Probleme, Tübingen 1922 [Nachdruck Aalen 1977].

W. WEBER, Priester der Klio. Historisch-sozialwissenschaftliche Studien zur Herkunft und Karriere deutscher Historiker und zur Geschichte der Geschichtswissenschaft 1800–1970, Frankfurt/M. u.a. 1987.

A. WITTKAU, Historismus. Zur Geschichte des Begriffs und des Problems, Göttingen 1992.

Vergleich und Transnationalität in der Geschichte

Der Blick über die Grenzen. An der Überwindung einer nationalzentrierten Geschichtsschreibung entzünden sich in jüngster Zeit zahlreiche Debatten. Die Selbstverständlichkeit, mit der der eigene Staat im Mittelpunkt der historischen Forschung, der wissenschaftlichen und populären Darstellungen sowie der Schulbücher gestanden hat, ist vielfach kritisiert worden. Europa, atlantische Welt, Postkolonialismus und Globalisierung sind einige der Stichworte, die gegen eine selbstverliebte Nabelschau ins Feld geführt werden.

Konkret sind es vor allem drei Ansätze, die die Überwindung des methodologischen Nationalismus leisten sollen und die seit ca. 1990 intensiv und im Wettbewerb miteinander diskutiert werden: der internationale Vergleich, die Analyse kultureller Transfers und die transnationale Geschichte.

Staaten haben sich in den vergangenen beiden Jahrhunderten vielfach gegenseitig beobachtet, ihre Leistungen gemessen und verglichen. Ohne jeden Zweifel haben sie damit schon vor der Moderne begonnen. Im Bereich der Verfassungen und der Gesetzgebung, der Armeen, der Wissenschaften oder der Sozialpolitik ist der Selbstvergleich mit anderen Staaten besonders ausgeprägt gewesen. Juristen, Ökonomen, Sozialreformer, Mediziner und Statistiker vertraten diese Perspektive, die sich an Anwendung, Nützlichkeit und Leistung orientierte. Das Sich-Messen an ausländischen Modellen, der Erfahrungsaustausch, aber auch die Konkurrenz um prestigereiche Rangplätze fanden seit der Mitte des 19. Jahrhunderts ihre eigenen Orte der Inszenierung und Kommunikation: Kongresse, Weltausstellungen und internationale Organisationen spielen diese Rolle auch noch heute.

Die Kenntnis anderer Gesellschaften und Kulturen wird im 19. und frühen 20. Jahrhundert vor allem durch Reisende, Übersetzer, Grenzgänger und Vermittler gefördert. Ihre Beobachtungen, Berichte und Werke sind die Medien von Kulturtransfer, Vergleich und Transnationalität. Sie helfen zum einen, das Fremde zu benennen und heimisch zu machen, und zum anderen tragen sie zur Stärkung eigener Identitäten durch Abgrenzung bei [A. SCHMIDT]. Ein prominentes, schulbildendes Beispiel ist der französische Politiker und Schriftsteller Alexis de Tocqueville (1805–1859), der die Eindrücke einer Amerikareise in mehrjähriger Arbeit zu einer grundlegenden Analyse des politischen Systems und der Zivilgesellschaft der Vereinigten Staaten ausbaute.

Für die heutigen Historikerinnen und Historiker sind es vor allem drei Impulse, die sie nach grenzüberschreitenden Ansätzen und Methoden greifen lassen. Zum einen spielt der Einfluss der Sozialwissenschaften eine wichtige Rolle, wie noch im Einzelnen zu zeigen sein wird. Zum anderen haben einige prominente Wissenschaftler im 20. Jahrhundert wiederholt gegen den „methodologischen Nationalismus" Stellung bezogen und nach Wegen zur Distanzierung vom politischen Chauvinismus gesucht. Schließlich sticht ein Argument besonders bei den mehrheitlich eher pragmatisch als theoretisch orientierten Historikern: In vielen Thesen und Urteilen der Geschichtswissenschaft stecken implizite Vergleiche. Aussagen über Pioniere, Rückständigkeit oder Sonderwege sind häufig vor einem kaum explizierten Hintergrund von Vergleichsfällen getroffen worden; und selbst der Befund der „Unvergleichlichkeit" beruht auf einer – wenn auch noch so kursorischen – Beobachtung der anderen.

Detailskizze

1831 brach der junge französische Jurist **Alexis de Tocqueville** (1805–1859) zusammen mit seinem Freund Gustave de Beaumont zu einer 10-monatigen Reise in die Vereinigten Staaten von Amerika auf. Der offizielle Zweck ihrer Mission war das Studium des Gefängniswesens in der „Neuen Welt". Nach ihrer Rückkehr erstatteten die beiden einen Bericht an das französische Justizministerium, der auch veröffentlicht wurde. Die eigentliche Frucht dieser Reise war aber Tocquevilles Werk über die *Demokratie in Amerika*. Obwohl im Einzelnen kaum vergleichend, gewinnt seine Analyse ihre Originalität aus der Konfrontation des amerikanischen Modells einer egalitären und leistungsorientierten Gesellschaft mit der europäischen Situation. Tocqueville zufolge ist die „Revolution der Gleichheit" eine weltweite Tendenz, die sich in den Vereinigten Staaten bereits am stärksten durchgesetzt hat: Die Vorstellung von Amerikas Modernität im Verhältnis zu Europa fand hier einen frühen, überaus einflussreichen Ausdruck. In den folgenden Jahren erweiterte Tocqueville, der eine politische Karriere im gemäßigt liberalen Lager machte, seinen Blickwinkel noch durch Vergleiche mit England. Daneben wird er zum Spezialisten für Kolonialpolitik und Kenner Algeriens, bleibt aber seinen Themen treu, besonders mit parlamentarischen Denkschriften zur Sklaverei, zum Gefängniswesen und zur kolonialen Frage.

Weniger berühmt, aber zu seiner Zeit ebenso neugierig vom französischen Publikum aufgenommen wurde Beaumonts Buch, ein Roman über Sklaverei in den USA. Es enthielt eine reiche Dokumentation über die soziale Lage der Afroamerikaner und malte ein „Sittenbild" der Rassenbeziehungen.

Literatur: A. DE TOCQUEVILLE, Über die Demokratie in Amerika, Stuttgart 1985 [Erstausg. Bd. 1: 1835, Bd. 2: 1840, dt. 1836]; G. DE BEAUMONT, Marie ou l'esclavage aux Etats-Unis. Tableau des mœurs américaines, Paris 1835; A. JARDIN, Alexis de Tocqueville. Leben und Werk, Frankfurt/M./New York 1991.

Die Kritik und Revision solcher – meist nationalen – Meistererzählungen bediente sich dann erfolgreich der genauen komparativen Prüfung. So ist der „deutsche Sonderweg" im Kontrast zu einem idealtypischen „Westen" entworfen worden; die Kritik dieser These kam dann zunächst von Historikern, die ein Stammland des Westens, nämlich England, genau mit Deutschland verglichen. Eine weitere Relativierung erfolgte durch den Einbezug zahlreicher anderer europäischer Entwicklungspfade und Vergleichsthemen, vor allem auch der Gesellschaften Osteuropas. Im Rahmen eines solchen breiteren Tableaus sah z.B. das deutsche Bürgertum des langen 19. Jahrhunderts auf einmal erstaunlich „westlich" aus [KOCKA].

▷ S. 275 „Moderne" und „Postmoderne"

▷ S. 209 Geschichte der Staaten Geschichte Gesellscha

Vorbilder, Methoden und Konzepte.

Bevor die Historiker sich an den Vergleich machten, schauten sie im 19. Jahrhundert zunächst ihren Nachbardisziplinen bei der Arbeit zu. Insbesondere in der Sprach- und Religionsgeschichte, der Literaturwissenschaft, dem Studium von Recht und Verfassung entwickelten sich produktive vergleichende Subdisziplinen. Deren Methodenarsenal war stark philologisch geprägt; es beruhte auf der Rückverfolgung von Textspuren, der Kritik von Überlieferungen und der Rekonstruktion institutioneller Muster aus z.T. isolierten Resten.

In der Entwicklung der Sozialwissenschaften im späten 19. und frühen 20. Jahrhundert spielte die komparative Methode eine bedeutende Rolle. Hier wurde der Vergleich als Ersatz für das Experiment der Naturwissenschaften gesehen und damit als Garant für Wissenschaftlichkeit. Sowohl der englische Philosoph und Demokratietheoretiker John

Methodische Grundlegungen
Vergleich und
Transnationalität
in der Geschichte

Der Name **Marc Bloch** (1886–1944) ist mit zwei großen Innovationen in der modernen Geschichtswissenschaft verbunden: mit der Gründung der Zeitschrift *Annales* sowie mit dem Aufstieg einer breitgefassten Sozialgeschichte. Als Spezialist der Agrarentwicklung, des Feudalsystems und der Mentalitäten gehört er zu den großen Historikern des 20. Jahrhunderts.

Stuart Mill (1806–1873), der sich besonders mit Fragen der Kausalität befasste, als auch der Gründungsvater der französischen Soziologie, Émile Durkheim (1858–1917), sahen im Vergleich den Königsweg für die Erforschung von Gesellschaften. Nicht mehr Ursprungssuche und Traditionskritik, sondern Hypothesengenerierung und Erklärung waren die Ziele dieses Komparatismus. Im deutschsprachigen Raum war es besonders Max Weber (1864–1920), der mit seinen globalgeschichtlichen Analysen den Zivilisationsvergleich als einen eigenen Ansatz förderte und der mit dem Konzept des Idealtypus außerdem eine wichtige Voraussetzung für Typologien in den Sozialwissenschaften entwickelte [GERHARDT].

▷ S. 197 Geschichte Staaten/ hichte der esellschaft

Historiker im engeren Sinne schlossen erst spät, und zwar in den 1920er und 1930er Jahren, zu diesen interdisziplinären Vorbildern auf. Sie verbanden ihre Plädoyers mit zwei neuen Absichten, die kritisch auf die traditionelle, historistische Geschichtswissenschaft reagierten. Zum einen beanspruchten sie eine grundlegende methodische Innovation in ihrem Fach. Hierfür ist Marc Blochs (1886–1944) Artikel über die vergleichende Geschichte europäischer Gesellschaften das klassische Modell. Der Essay ist so frisch und anregend wie 1928; ihn zu lesen – anstatt ihn nur zu zitieren – hilft eine Reihe heutiger Streitpunkte zu vermeiden, etwa über den vermeintlichen Gegensatz von Vergleichs- und Beziehungsgeschichte oder über die Differenz sozialer Praktiken und historischer Begriffe [BLOCH].

Zum anderen wollten einige Historiker nach 1918 angesichts der Schrecken des „Großen Krieges" auch politische Zeichen setzen und machten sich für grenzüberschreitende, komparative Perspektiven als Mittel zur Verständigung in Europa stark. Hierfür

Als Bloch seinen programmatischen Vortrag über vergleichende Geschichte auf dem Internationalen Historikerkongress 1928 in Oslo hielt, war er bereits seit 1919 Professor an der Universität Straßburg und durch ein Buch über die *Wundertätigen Könige* (1924) in England und Frankreich hervorgetreten. Später veröffentlichte er eine grundlegende Untersuchung der Agrargeschichte Frankreichs im Mittelalter (1931). Mit seinem Straßburger Kollegen Lucien Febvre (1878–1956) gründete Bloch 1929 die Zeitschrift *Annales d'histoire économique et sociale*, mit der sie eine Neuorientierung der Geschichtswissenschaft anstrebten. Während seines Studiums hatte Bloch bei Aufenthalten in Berlin und Leipzig die deutsche Wirtschaftsgeschichte und andere Fächer kennengelernt. Auch später sollte er die Publikationen deutscher – ebenso wie englischer und italienischer – Historiker aufmerksam verfolgen.

Als Bloch sich 1934 vergeblich um die Aufnahme in das Collège de France bewarb, entwarf er dafür das „Projekt für einen Lehrstuhl für vergleichende Geschichte der europäischen Gesellschaften". Der Krieg und die deutsche Besatzung setzten seiner 1936 begonnenen Lehrtätigkeit an der Pariser Sorbonne ein Ende. Als Jude diskriminiert konnte er zunächst in der nicht-besetzten Zone Frankreichs weiterarbeiten; 1939–40 veröffentlichte er noch seine große Synthese über die Feudalgesellschaft. 1943 schloss er sich der Résistance an und wurde im folgenden Jahre in Lyon von der Gestapo festgenommen, gefoltert und erschossen.

Bild: Marc Bloch, Fotografie, Association Marc Bloch.

Literatur: M. BLOCH, Aus der Werkstatt des Historikers. Zur Theorie und Praxis der Geschichtswissenschaft, hrsg. von P. SCHÖTTLER, Frankfurt/M./New York 2000; H. ATSMA/A. BURGUIÈRE (Hrsg.), Marc Bloch aujourd'hui. Histoire comparée et sciences sociales, Paris 1990; U. RAULFF, Ein Historiker im 20. Jahrhundert: Marc Bloch, Frankfurt/M. 1995.

319

steht der belgische Mediävist Henri Pirenne (1862–1935), ein wissenschaftlicher Verbündeter Blochs und ähnlich breit orientierter Verfassungs-, Sozial- und Wirtschaftshistoriker. Sein auf dem Internationalen Historikerkongress in Brüssel 1923 gehaltenes Eröffnungsreferat „Über die vergleichende Methode in der Geschichte" hat kürzlich eine verdiente Wiederentdeckung und Übersetzung erfahren [SCHÖTTLER]. In Deutschland ist es der Preußenspezialist und Verfassungshistoriker Otto Hintze (1861–1940), der sich unter dem Einfluss der Werke Max Webers zu europäisch und global vergleichenden Analysen von Bürokratie und konstitutionellen Strukturen öffnet.

Diese Ansätze der Vor- und Zwischenkriegszeit werden aber auf breiter Basis erst seit den 80er Jahren rezipiert. Dabei gingen den Historikern wiederum die Soziologen voran: in der historischen Makrosoziologie (in den USA vertreten etwa durch Reinhard Bendix, Theda Skocpol, Charles Tilly) wurden eine Reihe exemplarischer Studien vorgelegt. Seitdem ist gerade auch in den Geschichtswissenschaften und besonders im deutschsprachigen Raum eine vielfältige Literatur mit gelungenen Fallstudien und angewandten theoretischen Überlegungen entstanden [KAELBLE 1999].

▷ S. 204/211 f.
Geschichte
der Staaten/
Geschichte der
Gesellschaft

Bevor man sich auf ein vergleichendes Projekt einlässt, lohnt es sich, von der Literatur zu methodischen Fragen und von ausgewählten Beispielen zu profitieren [HAUPT/KOCKA]. Die ausführliche theoretische Debatte, in der es um die Arten kausaler Erklärung geht, ist von Chris Lorenz sehr klar zusammengefasst worden [LORENZ, 233ff.].

Im Zentrum des Vergleichs steht die Feststellung von Ähnlichkeiten und Unterschieden. Dabei kann man mehrere Arten finden,

Forschungsstimme

Der Berliner Sozialhistoriker **Hartmut Kaelble** gehört zu den wichtigen Anregern vergleichender Forschung in Deutschland. Von ihm stammt eine der – auch international – ganz wenigen Einführungen in dieses Arbeitsgebiet. Zu den Intentionen komparativer Studien zählt er neben dem analytischen, verstehenden, Identitäts- und dem Zivilisationsvergleich außerdem den „aufklärenden und urteilenden Vergleich":

„Es geht vielmehr im Kern um die Gegenüberstellung von positiven und negativen gesellschaftlichen Entwicklungen, vor allem um eine bessere Erklärung von Fehlentwicklungen in der einen Gesellschaft in Konfrontation mit gelungeneren Entwicklungen in einer anderen. Die Bewertung fließt bei diesem Vergleich offenkundig und gewollt in die Untersuchung von historischen Unterschieden sowie ihre Erklärung und Typisierung ein. [...]

Das Ziel des historischen Vergleichs ist nicht unumstritten, weil der Historiker gleichsam die Rolle eines Richters über die Geschichte übernimmt und damit in den Augen mancher Fachkollegen gegen die Grundlagen des wissenschaftlichen Urteils verstößt, positive und negative Seiten einer Gesellschaft nicht genügend gegeneinander abwägt und historische Situationen und Entscheidungen nur noch beurteilt, aber nicht zu verstehen versucht.
Trotzdem nimmt diese Intention im historischen Vergleich einen wichtigen Platz ein, da der Historiker – schon wenn man die Menschenrechtsverstöße und Demokratiezerstörungen des 20. Jahrhunderts in Betracht zieht – um moralische Urteile zur Geschichte nicht herumkommt und sie auch gar nicht umgehen will. [...]

Deutschland war besonders häufig Gegenstand von urteilenden Vergleichen. Dabei standen die Sonderwegsthese, die sich auf die langfristigen sozial- und mentalitätshistorischen Vorbedingungen der Machtübernahme und der Machtstabilisierung des Nationalsozialismus bezog, und die von ihr hervorgerufene vergleichende Diskussion im Vordergrund. [...] Historiker haben auch Pionierleistungen und erfolgreiche Entwicklungen des eigenen Landes oder der eigenen Zivilisation dem Test eines internationalen Vergleichs unterzogen, etwa die kontinuierliche und gewaltfreie Demokratisierung der skandinavischen Länder im Unterschied zu den übrigen europäischen Ländern oder das Stattfinden einer wirkungsvollen Revolution in den USA und Frankreich im Unterschied zu Deutschland, Spanien, Japan oder die besonders frühe Einführung der staatlichen Sozialversicherung in Deutschland im Vergleich zu anderen europäischen Ländern [...]."

Literatur: H. KAELBLE, Der historische Vergleich. Eine Einführung zum 19. und 20. Jahrhundert, Frankfurt/M./New York 1999, 56f.

zu welchem Zweck und wie solche Befunde erreicht und interpretiert werden. Man kann individualisierende, kontrastierende oder verallgemeinernde Vergleiche unterscheiden. Gegen den Vorwurf, Äpfel und Birnen zu vergleichen, können Vergleiche sich mit dem Bezug auf eine übergeordnete Kategorie, einen Prozess oder eine Fragestellung verteidigen. Wenn das so genannte „tertium comparationis" Obst heißt, dann kann der Vergleich verschiedener Kernfrüchte durchaus sinnvoll sein [Haupt/Kocka, 24f.]. Anstatt der statistischen Datenanalyse bevorzugen Historiker heute ein hermeneutisches Vorgehen. Dem Quasi-Experiment ziehen sie die heuristische und die verfremdende Wirkung von Vergleichen vor. Institutionen, Werte, Begriffe erscheinen viel offensichtlicher als historisch und kulturell wandelbar bzw. sozial konstruiert, wenn man ihre Pendants in anderen Gesellschaften zu finden versucht.

Dennoch bleibt noch viel vom Kernprogramm des Vergleichens übrig: der Suche nach kausalen Erklärungsfaktoren. Schon Marc Bloch unterschied die verschiedenen möglichen Konstellationen: Ähnlichkeit wegen gemeinsamer Ursprünge, wegen eines dritten Einflusses auf beide Vergleichseinheiten oder wegen ähnlicher Bedingungen bei unabhängiger Entstehung. Die Frage, wieweit man dabei „Fälle" isolieren kann oder ihre Verknüpfung rekonstruieren muss, spielte schon bei den Pionieren der Komparatistik eine große Rolle; sie ist von den Vertretern des kulturellen Transfer-Ansatzes wieder prononciert in die Debatte gebracht worden und betrifft auch das neue Interesse an Zivilisationsvergleichen.

Einheiten und Themen. Wie in jeder historischen und sozialwissenschaftlichen Forschung ist die Wahl der Untersuchungseinheit eng mit dem Thema und der Fragestellung verbunden. Für die Frage, ob Institutionen, Einzelpersonen, Gruppen, Regionen, Epochen oder ganze Gesellschaften verglichen werden sollen, gibt es keine Regeln und kaum theoretische Wegweiser. Aus der Entstehungsgeschichte des Vergleichs, aber auch aus der Verbindung der Sozial- und Geisteswissenschaften mit der Bildung moderner Staaten ergab sich allerdings eine starke Bevorzugung von Nationalstaaten als Einheiten. Der „methodologische Nationalismus" sollte aber nicht nur als überholte Sichtverengung betrachtet werden; vielmehr drängt er sich aus einer Reihe systematischer und praktischer Gründe auch heutigen Historikern auf.

▷ S. 53
Nation als
Deutungs-
kategorie

Zum einen bieten sich Staaten aufgrund der unterschiedlichen Rechts- und Verfassungsordnungen, Steuersysteme, Sprachen und Wissenschaftssysteme als Untersuchungseinheiten an, die territorial, funktional und demographisch definiert sind und zudem ihre Daten massenhaft selbst produzieren. So bevorzugt z.B. die historische Erforschung von Bildungssysteme oder der Sozialpolitik nationale Systeme als Vergleichseinheiten gegenüber kommunalen, kirchlichen, betrieblichen oder vereinsmäßigen Einrichtungen nicht zuletzt, da diese klarer abgegrenzt und die Daten leichter zugänglich sind [Alber]. Die Selbstverständlichkeit, mit der eigentlich vorwissenschaftlich konstruierte Einheiten wie die nationalen Sozialversicherungen zu den zentralen Einheiten und Gegenständen des wissenschaftlichen Vergleichs geworden sind, muss freilich immer wieder hinterfragt werden.

Der Nationalstaat war natürlich nie die einzige Einheit des Vergleichs. Auch Unterneh-

321

men, Universitäten, Arbeiterbewegungen, Vereine, Städte, Regionen oder Einzelpersonen sind mit Erfolg unter speziellen Fragestellungen verglichen und in Beziehung gesetzt worden. Aber selbst heutige Historiker, die sich z.B. für so unterschiedliche Themen wie kindliche Sozialisation oder das Schicksal der Kriegsinvaliden nach dem Ersten Weltkrieg interessieren, stellen in letzter Instanz die Frage nach nationalen Unterschieden oder Eigenarten [BUDDE; COHEN]. In vielen Fällen steht nämlich die gewählte Untersuchungseinheit als eine Art „Stellvertreter" für die national verstandene Gesellschaft. Weiterhin kann eine Institution, ein Dorf, ein Verein aber auch für eine ethnische oder sprachliche Gemeinschaft, eine Konfession oder sogar für eine Gesellschaftsordnung stehen [z.B. DIETRICH; HUMM; TACKE]. Eine solche Projektion von einer Fallstudie auf die übergeordnete gesellschaftliche Einheit ist methodisch zuweilen problematisch, aber dieses Vorgehen ist so stark mit den Erkenntnisinteressen von Autoren wie Lesern komparativer Studien verknüpft, dass man kaum darauf verzichten kann.

Allerdings sind nationale Gesellschaften oder Staaten keine in sich homogenen oder geschlossenen Einheiten. Eigentlich müssten unsere herkömmlichen Kenntnisse der Handels-, Migrations-, Kolonial- oder auch Ideengeschichte ausreichen, um gar nicht auf eine solche Idee zu kommen.

Darüber hinaus lädt der Nationalstaat selbst dazu ein, seine innere Zusammensetzung und Verschiedenheit zu erkunden, gerade wenn der Forscher nur an der Geschichte des eigenen Landes interessiert ist. Bevölkerungs- oder Wirtschaftshistoriker wissen seit langem, dass Regionen aussagekräftigere Einheiten sind als ganze Staaten. Die Industriali-

sierung des 19. Jahrhunderts war ein insuläres Phänomen, das sowohl städtische als auch ländliche Zentren hervorbrachte, aber sich nicht flächendeckend niederschlug [POLLARD]. Die historische Demographie war sich immer der außerordentlichen Kleinräumigkeit der von ihr beobachteten sozialen Muster bewusst; deshalb bevorzugte sie die Untersuchung einer oder mehrerer – meist ländlicher – Gemeinden. Zudem konnten mit Hilfe der seit dem 19. Jahrhundert zunehmend verfügbaren staatlichen Statistik regionale Unterschiede sichtbar gemacht werden, die so stark waren, dass sich Grenzregionen zweier Staaten zuweilen ähnlicher waren als Provinzen desselben Staates.

▷ S. 34 f.
Industrial
rung und
lorene We

„Junge" Nationen, die sich im späten 18. und im Laufe des 19. Jahrhunderts gebildet hatten und die nicht vormoderne Monarchien beerben konnten, waren besonders sensibel gegenüber interner Unterschiedlichkeit. Das Projekt der „inneren Staatsbildung" – durch Sprache, Schule, Recht, Armee, Symbol- und Kulturpolitik – ist ja in jedem dieser Fälle zu einem wichtigen Forschungsgebiet der neueren Nationalismusforschung geworden. Insbesondere wenn diese Staaten föderal aufgebaut sind wie die USA, das Deutsche Reich oder die Schweiz –, zeigten bereits zeitgenössische Fachleute und zeigen heutige Historiker ein besonderes Interesse für interne Vergleiche [NIPPERDEY, 449ff.]. Die Frage der „Inferiorität" des katholischen Bevölkerungsteils im Deutschen Reich nach der Reichsgründung von 1871 oder die soziale und wirtschaftliche „Rückständigkeit" des italienischen Südens waren solche Probleme, zu denen schon die Sozialforscher der jeweiligen Zeit mit Statistiken über Alphabetisierung, Bildungsniveau, Steuerkraft usw. Stellung bezogen.

▷ S. 56 f.
Nation als
Deutungs
kategorie

322

Die deutsche Geschichte mit ihren Brüchen und vielfältigen staatlichen Einheiten eignet sich noch zu einer weiteren, besonders anspruchsvollen Analyse. Dafür muss man gewissermaßen einen Standpunkt außerhalb des Landes beziehen, um von dort aus den synchronen Vergleich zwischen Regionen und staatlichen Einheiten mit dem diachronen Vergleich zwischen verschiedenen Phasen der deutschen Geschichte zu kombinieren. Deutschland im 20. Jahrhundert wird so zu einem einzigartigen Laboratorium für die komparative und beziehungsgeschichtliche Analyse. Sozialwissenschaftler und gar Historiker können rückblickend zwar keine Experimente machen, aber sie finden alle Zutaten eines gesellschaftlichen Versuchsaufbaus vor. Keine andere Gesellschaft hat innerhalb von zwei bis drei Generationen die Abfolge bzw. Koexistenz von allen politischen Regimen erlebt: Kaiserreich, Weimarer Demokratie, Nationalsozialismus, vier Besatzungsregime, DDR-Sozialismus und soziale Marktwirtschaft in der Bundesrepublik, schließlich die Transformationsgesellschaft nach der Vereinigung. Der intertemporale Vergleich etwa zwischen NS-Regime und DDR ist deshalb als „Diktaturenvergleich" zu einem heftig diskutierten Feld der Zeitgeschichte geworden [SCHMIECHEN-ACKERMANN]. Aber auch die Verfolgung eines Themenfeldes, wie z.B. des Sozialstaats, über die verschiedenen Brüche hinweg und gleichzeitig im Kontrast und in der Interaktion zwischen kapitalistischen und kommunistischen Teilnationen erfordert besondere methodische Anstrengung, erbringt aber auch besonderen Erkenntnisgewinn [HOCKERTS]. Die verdoppelte und verflochtene deutsche Zeitgeschichte zwischen 1949 und 1990, ihre Einbettung in die weltweite Konkurrenz der Systeme wie ihr gemeinsa-

mer Rückbezug auf Nationalsozialismus, Weltkrieg und Holocaust stellen auch in Zukunft historiographische Herausforderungen ersten Ranges dar.

Ebenso großem Interesse begegnen Arbeiten, die die Krisenphasen des „Jahrhunderts der Extreme" durch Vergleiche zu erhellen suchen. Gemeinsame Darstellungen und Typologien der faschistischen Bewegungen, insbesondere Vergleiche des italienischen Modells mit dem deutschen Nationalsozialismus haben bereits eine lange Tradition. Neuere Studien haben dank der Kombination von Vergleichs- und Beziehungsgeschichte etwa der linken und rechten Extreme in der Weimarer Republik und in Frankreich [WIRSCHING] oder der italienischen und deutschen Kampfverbände [REICHARDT] diesen Ansatz vertieft und die – oft kontroverse – Debatte weitergeführt.

▷ S. 245
Geschichte der
Gesellschaft/
„Neue Kulturgeschichte"

Gesellschaft, Wirtschaft, Politik – zweifellos sind dies die vorherrschenden Themengebiete komparativer Geschichte. Aber neuere Studien zeigen auch, dass Symbole, Begriffe, Kultur und Wissenschaft nicht weniger geeignet sind, zum Gegenstand solcher Ansätze zu werden. Sicher erweist sich bei solchen Themen die Verbindung zum Studium kultureller Transfers als besonders fruchtbar. In diesen Arbeiten spielt die Gegenüberstellung unterschiedlicher nationaler Konventionen und Praktiken ebenfalls eine quasi-experimentelle Rolle – allerdings eher im Sinne von Verfremdung, Dezentrierung und Verflüssigung gleichsam „natürlicher" Kategorien und ethnozentrischer Selbstverständlichkeiten [WERNER/ZIMMERMANN]. Doch bleibt das Interesse an analytischen Untersuchungsdesigns und an Erklärung orientierter Rekonstruktion deutlich; so kann eine Reihe eindrucksvoller Studien die Produktivität des Vergleichens kultureller Phänomene unter Beweis stellen [CONRAD/CONRAD; LEONHARD; TACKE].

Beispiel Wohlfahrtsstaat. Sozialpolitik war im 19. Jahrhundert eines der Felder, in denen der Selbstvergleich mit anderen Staaten besonders intensiv betrieben wurde. Mit Blick auf die Transfers zwischen Europa und den USA ist dies exemplarisch untersucht worden [RODGERS]. Weniger Imitation oder Import als vielmehr Aneignung und Umformung sind die Mechanismen, die dabei wirksam wurden. Noch in den praktischsten Erörterungen der Experten schwangen Motive nationaler Identität und Selbstabgrenzung mit: Angesichts der deutschen Arbeiterversicherung kennzeichneten ausländische Beobachter die Verwaltungsmethoden je nachdem als „unenglisch" oder dem französischen Freiheitswillen widersprechend.

In der jüngsten Zeit ist mit dem europäischen Einigungsprozess und der freien Mobilität von Arbeitskräften in Europa zudem ein praktischer Zwang zum Vergleich und zur Angleichung nationaler Regelungen entstanden. Europäische Rechtsnormen haben z.B. hinsichtlich der Ansprüche von Wanderarbeitern oder der Gleichbehandlung von Männern und Frauen Auswirkungen auf nationales Sozialrecht genommen. Dadurch hat sich ein immenser Wissensbedarf entwickelt, den staatliche und supranationale Stellen – vor allem ILO, OECD, EU bzw. Eurostat – sowie öffentlich geförderte „Observatorien" zu befriedigen suchen; sie registrieren und bewerten fortlaufend sozialpolitische Entwicklungen in den verschiedensten Politikfeldern der Mitgliedsländer und schaffen damit Quellen – vor allem quantitative Indikatoren – für die Sozialforschung.

Vor allem aber sind Wohlfahrtsstaaten seit den 1970er Jahren sehr stark in den Blick der an Modernisierungstheorien orientierten Makrosoziologie und vergleichenden Politikwissenschaft geraten. Die großen, von Anfang an internationalen Projekte zur Sammlung und Auswertung sozialer Indikatoren sind sowohl Vorbild als auch Gegenmodell für fachhistorische Zugänge geworden [ALBER; M.G. SCHMIDT].

Zentral war für die sozialwissenschaftlichen Studien die Messbarkeit mit Hilfe langfristiger Indikatorenreihen. Schon die Verfügbarkeit solcher Daten für die Vergangenheit, aber auch die Einbeziehung zahlreicher Länder in den quantitativen Vergleich zwangen die Forscher, sich auf wenige zentrale Dimensionen zu konzentrieren. Dazu gehören die zeitliche Reihenfolge, in der Sozialversicherungen in verschiedenen Ländern eingerichtet wurden, der Anteil der Sozialausgaben oder der öffentlichen Ausgaben am Bruttosozialprodukt, das Ausmaß von Armut oder sozialer Ungleichheit in der Bevölkerung. Historiker haben dagegen oft Vergleiche von zwei Ländern, die eher deskriptive Rekonstruktion vielfältiger Verläufe und die Erklärung durch breite Kontextualisierung vorgezogen.

Die Notwendigkeit, komplexe Erklärungsmodelle mit einfach zu dokumentierenden und gegenüber Definitionsunterschieden robusten Indikatoren zu messen, bestimmte ebenso das Set der am häufigsten benutzten unabhängigen Variablen: Pro-Kopf-Einkommen, Altenanteil, Urbanisierung, Industrialisierung, Stärke von Gewerkschaften, linke oder rechte Regierungsparteien, konfessionelle Struktur der Bevölkerung etc. Alle diese Elemente, nicht zuletzt die Form der Präsentation und der sprachliche Stil, verdeutlichen, dass die makrosoziologische Forschung in einer Tradition steht, die den Vergleich als Ersatz für das Experiment in den Naturwissenschaften sieht.

Es ist für die komparative Methodologie generell von Interesse, wie sehr die Ergebnisse von Mehrländerstudien von der Wahl ihrer Fälle und ihrer Variablen abhängen. Konzentriert man sich etwa auf westliche Industrienationen, spielen Faktoren, die mit dem sozioökonomischen Entwicklungsgrad zu tun haben, als Erklärungen für die deutsche Pionierrolle bei der Sozialversicherung kaum eine Rolle. Wäre es anders gewesen, hätten England und Belgien vor dem Deutschen Reich solche Programme einrichten müssen. Betrachtet man dagegen eine große Zahl von Ländern auf verschiedenen Kontinenten, gewinnen Faktoren wie der Industrialisierungsgrad für die Erklärung von Sozialausgaben enorm an Gewicht. Es macht analytisch jedoch einen großen Unterschied, ob man nach Faktoren für die Einrichtung sozialer Programme oder für ihr Wachstum fragt, ob man Korrelate von Unterschieden zu einem bestimmten Zeitpunkt sucht oder ob man sich wandelnde politische Entscheidungssituationen über die Zeit verfolgt.

Neuere historische Vergleichsstudien haben sich aber von der lange dominanten makrosoziologischen Forschung weniger durch methodologische Argumente abgegrenzt als dadurch, dass sie die prominenten Erklärungsmodelle in Frage gestellt haben. Peter Baldwin hat versucht, die Basis von Klassenbildung und Interessenformierung neu zu fassen, indem er die Wahrnehmung geteilter Risiken in den Mittelpunkt stellte [BALDWIN]. Einen ähnlich innovativen Effekt hatte die international sehr aktive und ertragreiche Gendergeschichte zur Sozialpolitik. Damit verband sich eine Verände-

▷ S. 240
chichte der
ellschaft/
ue Kultur-
eschichte"

rung der Erkenntnisinteressen und Fragestellungen. Nicht die Existenz eines Versicherungssystems oder das Volumen der Sozialausgaben, sondern das Leistungsprofil, die Verteilungswirkung, die In- und Exklusion sowie die soziale Strukturierungskraft verschiedener „policies" sollten nun erklärt werden. Nicht mehr nur die Kernprogramme der Einkommenssicherung für die überwiegend männliche Arbeitnehmerschaft, sondern die diffuseren Regulierungen, Dienstleistungen und Vorteile für Mütter und Kinder gerieten in das Blickfeld und verlangten neue Erklärungsmodelle [KOLBE].

Typologien von Nationen nach den hervorstechenden Merkmalen ihrer Sozialpolitik haben eine lange Tradition [M.G. SCHMIDT]. Die Unterscheidung von Bismarck- und Beveridge-Ländern beruhte z.B. darauf, ob sozialen Risiken durch einkommensbezogene Versicherungen (deutsches Modell) oder durch einheitliche, steuerfinanzierte Leistungen (britisches Modell) begegnet wurde. Sie lebt fort in der Gegenüberstellung von Ländern mit Versicherungssystemen oder mit Staatsbürgerversorgung. Eher an den Ergebnissen von Sozialpolitik interessiert ist ein Ansatz, der vorschlägt, „paternalistische" und „maternalistische", d.h. eher männer- bzw. mütterfreundliche Wohlfahrtsstaaten zu unterscheiden.

▷ S. 153
Konsum-
gesellschaft,
Sozialstaat,
„Wertewandel"

Beziehungen statt Vergleiche. Der historische Vergleich, insbesondere wenn er sich stark von den systematischen Sozialwissenschaften anregen ließ, ist in den 1990er Jahren Gegenstand heftiger Kritik geworden. Darin wurden Einseitigkeiten und blinde Flecken dieses Ansatzes mit Recht hervorgehoben. Es zeigte sich aber auch, dass die neuen Richtungen Teil einer breiteren Umorientierung weg von der Sozialgeschichte waren; sie nahmen Themen und Absichten der kulturellen Wende und des „linguistic turn" auf und ließen sich stärker von den Text- als von den Gesellschaftswissenschaften inspirieren.

▷ S. 237 ff.
Geschichte der Gesellschaft/ „Neue Kulturgeschichte"

Die deutsch-französischen Beziehungen wurden das bevorzugte Thema wie auch der Ort dieser Debatte. Die Kritik, die vor allem die beiden in Paris arbeitenden Germanisten Michel Espagne und Michael Werner formulierten, traf wesentliche Merkmale des sozialgeschichtlichen Vergleichs. Dieser Ansatz verstärke durch die Gegenüberstellung nationaler Fälle die vorgebliche Einheitlichkeit und Geschlossenheit des Nationalstaates; er ignoriere, dass die Nachbargesellschaften nicht unabhängig nebeneinander existierten, sondern immer schon durch ein dichtes Netz von Austausch, Imitation, Aneignung, Ablehnung oder Missverständnis verflochten waren. Schließlich sei die Anwendung vorgeblich neutraler analytischer Konzepte selbst eine Form der kulturellen Projektion und ignoriere die konkrete Einbindung und Zirkulation dieser Begriffe innerhalb der „geteilten Geschichte" [ESPAGNE; WERNER/ZIMMERMANN].

Der Erfolg des Forschungsprogramms, das man den sozialstrukturellen Ansätzen entgegenstellte, war enorm. Es konzentrierte sich auf Themen, Quellen und Methoden, für die der sozialgeschichtliche Vergleich wenig Sinn hatte und bot einer Reihe traditioneller Forschungsfelder wie der Bildungs-, Wissenschafts- oder Ideengeschichte usw. die Möglichkeit zum „up-grading" in die innovativere Flugklasse. Unterstützung empfingen die neuen Ansätze auch von den „postcolonial studies" und der Erforschung der „shared history" zwischen Kolonien und Metropolen. Begriffe wie Transfer, Zirku-

▷ S. 263 f.
Universalgeschichte/ Weltgeschichte

Detailskizze

Die einflussreiche Typologie des dänischen Soziologen **Gøsta Esping-Andersen** unterscheidet drei „Welten des Wohlfahrtskapitalismus", d.h. der sozialstaatlichen regulierten Marktwirtschaft. Seine Einteilung beruht auf dem Konzept des „Regimes", das sowohl empirisch gewonnene Konstellationen von Staat und Markt bei der sozialen Sicherung berücksichtigt als auch auf ideologische Traditionen und historische Weichenstellungen Bezug nimmt. Die Attraktivität dieses Modells beruht auf der Einbeziehung des gesamten Spektrums öffentlicher und privater Einkommenssicherung sowie des „Outputs" wohlfahrtsstaatlicher Programme. Ausgangspunkt und geheimer Klassenbester seines Modells ist Schweden, das den Typus des sozialdemokratischen Wohlfahrtsstaats verkörpert. Ihm entgegengesetzt ist das liberale Modell, mit den USA oder der Schweiz als Vertretern. In der Mitte liegt der konservative Typ, der ausgebaute soziale Sicherung bietet, aber kaum egalitär ist und zudem zurückhaltend gegenüber aktiver Arbeitsmarktpolitik; Deutschland und Frankreich gehören hierzu.

In der wissenschaftlichen Diskussion ist die Begrenzung auf drei Typen umstritten; so haben einige Autoren eine vierte, südeuropäische oder mittelmeerische „Welt" vorgeschlagen. Andere haben gefragt, ob und wie das realsozialistische Modell mit ähnlichen Kategorien beschrieben werden könnte. Weiterhin ist die Benennung der Staatengruppen mit herkömmlichen politischen Etiketten (liberal, konservativ, sozialdemokratisch) kritisiert worden. Für Historiker ist auch der Begriff des „Regimes" nicht eindeutig. Betrachtet man etwa den deutschen Fall im historischen Längsschnitt, dann kontrastiert die Kontinuität der wichtigen sozialpolitischen Institutionen mit der Abfolge radikal unterschiedlicher Regierungssysteme und ideologischer Regime – „von Bismarck zu Blüm". Die Debatte zeigt, dass Typologien zu abweichenden Ergebnissen führen können, wenn sie sich an unterschiedlichen Kriterien orientieren, jeweils andere Politikfelder (z.B. Sozialversicherung oder Familienpolitik) und eingeschlossene Länder berücksichtigen. So führt die Debatte um „Regime" und Typen wichtige Aspekte, aber auch Grenzen der komparativen Arbeit in Reinform vor und stellt damit eine Herausforderung auch für Historiker dar.

Literatur: G. ESPING-ANDERSEN, The Three Worlds of Welfare Capitalism, Cambridge/Oxford 1990; DERS., Social Foundations of Postindustrial Economies, Oxford 1999.

lation, Aneignung oder Hybridität verbreiteten sich rasch und bildeten dann Brücken zu der jüngsten Debatte über Transnationalität und historischer Globalisierung.

Dennoch sind auch nach einigen Jahren die Probleme nicht kleiner geworden. Zunächst eine Begriffsklärung: Kulturtransfer bezieht sich auf einen Gegenstand oder ein Bündel von Objekten historischer Analyse. Vergleich dagegen ist ein methodischer Ansatz oder ein Werkzeugkasten für Analysen und Erklärungen. Schon in dieser Hinsicht können sie nicht auf derselben Ebene konkurrieren. Des Weiteren ist der Begriff „Transfer" trotz all seiner Beliebtheit unglücklich; denn er meint den Transport eines Objekts, einer Person von A nach B – und gerade nicht die komplizierte Vermittlung, Übersetzung, Aneignung und Ablehnung, die den Kulturwissenschaften bei diesem Thema am Herzen liegt. Schließlich drängt sich insbesondere aus der post-kolonialen Debatte das Thema der Hegemonie auf. Beziehungsgeschichten sind aber erstaunlich zurückhaltend gegenüber Fragen der Macht, der Dominanz und des Konflikts gewesen. Die neuere Nationalismusforschung, die auf dem Vergleich beruht, das Studium gegenseitiger kollektiver Traumatisierungen oder die neueren „international relations" sprechen dagegen eine andere, härtere und aktuellere Sprache.

▷ S. 261 f.
Universal-
schichte/
Welt-
eschichte

So wird verständlich, dass die Beziehungsgeschichte den Vergleich bereichert, aber nicht ersetzt hat, wie dies Michel Espagne Anfang der 1990er Jahre prophezeit hatte. Der klassische Vergleich ist durch die Kritik, die Forschungsfragen und die methodischen Ansätze der Transferforschung angeregt und verfeinert worden. Nicht zuletzt die gesteigerte Aufmerksamkeit für die Begrifflichkeit der Quellen *und* der heutigen Analysen hat sichtbare Erträge erbracht. Wie notwendig es ist, Vergleich und Transfer als sich ergänzende Ansätze zu sehen, um zu historischen Erklärungen (und nicht nur zu Beschreibungen) zu gelangen, lässt sich am besten an zwei Beispielen erläutern.

Wer kann *wie* Staatsangehöriger werden? Die historische Perspektive und der internationale Vergleich geben dabei ein Versuchslabor ab, in dem heute die lange gehegten Vorstellungen vom „typisch" deutschen im Unterschied zum „typisch" französischen Weg in Frage gestellt werden. In einem einflussreichen Buch hat Rogers Brubaker über Staatsbürgerschaft in Frankreich und Deutschland die beiden Debatten als Ausdrucksweisen der jeweiligen nationalen Identitäten dargestellt. Er kondensiert aus den Diskursen um Staatsangehörigkeit Codes, die er „idioms of nationhood" nennt und in denen sich strukturelle Prägungen und kulturelle Besonderheiten vereinigen [BRUBAKER]. In Absetzung von dieser Position hat Dieter Gosewinkel hervorgehoben, dass sowohl das Abstammungsrecht als auch das Territorialrecht zu den legalen und politischen Optionen beider Staaten im 19. Jahrhundert gezählt hätten und dass es kontextabhängige, interessengeleitete Einzelentscheidungen gewesen seien, die die beiden Länder kurz vor dem Ersten Weltkrieg in verschiedene Richtungen gehen ließen [GOSEWINKEL]. Aus französischer Sicht hat Patrick Weil die Revision von Brubakers Sicht noch weiter getrieben. Indem er die Beziehungen zwischen den politischen Entscheidungen und juristischen Modellen beider Staaten nachzeichnet, kann er genau zeigen, wie sich die Nachbarn am Rhein [KAELBLE 1991] in dieser Frage beeinflusst und schließlich von einander abgegrenzt haben [WEIL, 187–209].

327

1803 setzen sich die französischen Juristen gegen Napoleon Bonaparte durch, der das ius soli bevorzugt. Im „Code civil", der Kodifikation des Privatrechts, wird das Abstammungsrecht (ius sanguinis) verankert, das gegenüber dem in der vorrevolutionären Monarchie geltenden Territorialrecht als „moderner" gilt. 1842 folgen die preußischen Juristen diesem prestigereichen Vorbild und verankern das Abstammungsrecht in der Neuregelung von Heimat- und Armenrecht der Berliner Monarchie: Das „typisch deutsche" Blutrecht war also ein französischer Import. Aufgrund seiner sinkenden Fruchtbarkeit und seines geringen Bevölkerungswachstums wird Frankreich in der zweiten Hälfte des 19. Jahrhunderts Zielland für viele Einwanderer. Eine immer großzügigere Einbürgerungspolitik trägt dem Rechnung und verwandelt die Dritte Republik zunehmend in ein Einwanderungsland. 1889 folgt die Gesetzgebung der Praxis und wechselt in ein anderes nationales „Idiom" – das ius soli wird nunmehr zur Basis der französischen Staatsangehörigkeit – mit Gültigkeit im gesamten 20. Jahrhundert. Unter ganz anderen demographischen Bedingungen, mit anderen wirtschaftlichen, nationalpolitischen und ethnozentrischen Prioritäten entscheidet sich das Deutsche Reich 1913 für das Abstammungsrecht, das bis zum Ende des Jahres 1999 gelten sollte.

Brachte im deutsch-französischen Fall die Betrachtung der konkreten Gesetzgebung und des Ideentransfers zwischen Juristen neue, überraschende Befunde, so sorgte darüber hinaus die Anwendung eines sozialgeschichtlichen Ansatzes, der die alltägliche Staatstätigkeit der Einbürgerung oder Nicht-Einbürgerung zum Gegenstand nahm, für eine weitere Revision. Ähnlich wie Gosewin-

kel für Preußen, korrigiert Andreas Fahrmeir im deutsch-britischen Vergleich für die Zeit von 1789 bis 1870 das Vorurteil, die deutschen Länder hätten besonders fremdenfeindlich agiert [FAHRMEIR]. Auch hier sind selbstverständlich zahlreiche kontextgebundene und zeitabhängige Faktoren zu berücksichtigen, aber in beiden bilateralen Paarbeziehungen vermochten neue Fragen, neue Methoden und die vorurteilslose Anwendung des Vergleichs bzw. der Transferanalyse frühere Gewissheiten über festgefahrene nationale Identitäten aufzulösen. Die große Aufmerksamkeit für diese Fragen entstammt selbstverständlich der gegenwärtigen Situation dieser Gesellschaften; die zunehmende Konvergenz zwischen den Einwanderungs- und Einbürgerungsregeln der Industrieländer am Ende des 20. Jahrhunderts tat ein Übriges, um die Differenzen früherer Jahrzehnte nicht mehr zu verabsolutieren.

Auch in einem verwandten Politikfeld, dem Frauenwahlrecht, hat es sich bewährt, durch vergleichende Analysen, Gründe und Bedingungen der international außerordentlich unterschiedlichen Regelungen zu erforschen. Außerdem versteht man die weltweite politische Mobilisierung zur Erringung gleicher Bürgerrechte für Frauen und Männer nicht ohne die intensiven Transfers von Ideen und Vorbildern oder ohne die Entstehung einer transnationalen Organisationskultur. Auffallend ist allerdings die enorme Spannbreite nationalstaatlicher Regelungen des Frauenwahlrechts: von den Pionieren Neuseeland 1893 sowie Finnland 1906 und Norwegen 1907 über eine große Zahl von Staaten, die sich nach dem Ende des Ersten Weltkriegs zu diesem Schritt entschließen (z.B. Deutschland 1918, Türkei 1934 und USA 1920) bis hin zu „latecomers", zu denen die „alten" Demokratien Europas gehören: Frankreich 1944, Griechenland 1952 und die Schweiz 1971 [Bock, 178f.]. Der neuseeländische Vorstoß, der interessanterweise in einer ehemaligen Kolonie stattfand, regte die einzelnen nationalen Frauenbewegungen an, die solche Nachrichten aus dem Ausland verbreiteten und für ihre Propaganda nutzten, die sich aber auch zunehmend international verbündeten. Dabei wurde eine paradoxe Wirkung solcher „transnationalen" Bewegungen sichtbar: In manchen Ländern war es erst die Dynamik der internationalen Debatte und Mobilisierung, die zur Gründung einzelstaatlicher Organisationen führte.

Transnationalität. Auch Historiker und Historikerinnen sind Kinder ihrer Zeit. Wer in den letzten Jahren die öffentlichen Debatten über das Ende des Nationalstaats oder die „Globalisierung" von Wirtschaft, Medien und Kultur verfolgt hat, wird sicher nicht erstaunt sein, Spuren dieses Zeitgeistes auch in den Debatten unseres Fachs zu finden. Man ist nicht mehr zufrieden mit dem chronisch auf Deutschland fixierten, im besten Falle eurozentrischen Geschichtsbild; lieber lässt man sich durch die neuen Ansätze in den „cultural" und „postcolonial studies" anregen. Historiker reagieren damit auf die neue Weltlage: Intensiv nehmen sie eine durch transnationale und transkontinentale Verflechtungen gekennzeichnete Welt wahr.

Kein Wunder, das mit dem Stichwort „transnationale" oder auch globale Geschichte eine dritte Runde in der Debatte eingeläutet wurde. In diesem Ansatz treffen sich viele der bereits genannten Methoden und Einflüsse; unter ihnen sind die „post-colonial studies" [Conrad/Randeria] und die erneuerte Geschichte internatio-

▷ S. 261 f.
Universalgeschichte/ Weltgeschichte

naler Beziehungen [Conze u.a.] besonders hervorzuheben. Die Erwartungen sind groß und richten sich – wie schon im Falle der Transferstudien – gegen frühere Ansätze. Wie schon gesagt setzt der internationale Vergleich die einzelnen Länder als „Fälle" voraus und reproduziert sie wieder in den Ergebnissen. Ähnlich geht man in den klassischen „internationalen Beziehungen" vor; sie sind ein Feld, das die Geschichte neben Politikwissenschaft, Völkerrecht und Ökonomie mitbestellt. Ihr Gegenstand sind per definitionem die Beziehungen, Abhängigkeiten, Systemzusammenhänge zwischen Staaten.

▷ S. 180 f.
Staaten, Nationen, Internationale Beziehungen

Dagegen wendet sich eine „neue" inter- und transnationale Beziehungsgeschichte, die sich öffnet, sich etwa an symbolischen, kulturellen und ökonomischen Dimensionen orientiert und nicht-staatliche Akteure ernstnimmt. Eine möglichst weite Definition soll dies ermöglichen: „Der Begriff ‚transnational' soll auf den allergrößten Teil grenzüberschreitender Beziehungen angewendet werden und geht davon aus, dass die Frontstellung zwischen Innen- und Außenpolitik, welche frühere Kontroversen strukturierte, nun obsolet ist." [Conrad/Osterhammel, 14]

Die Betonung der Transnationalität hat aber auch Züge eines Sprechaktes, dem man seine Herkunft aus der Abgrenzung vom Nationalen ansieht. Die Änderung der Vorsilbe von *inter-* zu *trans*national ist jedoch mehr als nur kosmetisch. Während „international" üblicherweise dort als Adjektiv verwandt wird, wo es um die Beziehungen etablierter, klar bestimmter Nationalstaaten geht, also im politikwissenschaftlichen Forschungsfeld der „internationalen Beziehungen" oder bei den in Brüssel, Genf oder New York angesiedelten „internationalen Organisationen", unterstreicht die Vorsilbe „trans" eine Überschreitung von Grenzen. Transdisziplinär, transnational geht es zu, wo sich solche vorgeblich unabhängigen, säuberlich getrennten Einheiten auflösen, wo sie verschmelzen und ihre Identität verändern sollen.

Es sind also zum Teil bereits etablierte Themen und Forschungsfelder, die sich unter diesen neuen Feldzeichen zu erneuern suchen. Ein Blick in einige der führenden internationalen Fachzeitschriften macht deutlich, wie sehr es dabei um die Redefinition nationaler Historiographien geht. Um die hohen Erwartungen jüngerer Historiker zu erfüllen, steht zur Zeit im Vordergrund, geeignete Objekte zu identifizieren, die solche transversalen Studien erlauben. Wie die politische Geschichte ist hier auch die Wirtschaftsgeschichte gefragt, für die das Thema „Globalisierung" – zumindest im engeren Sinne – nicht neu ist. Eine elegante Möglichkeit, um Netzwerke, Transfers und die Verschränkung von lokalen Interessen mit globalen Prozessen zu verdeutlichen ist die Verfolgung von Dingen – etwa von „Kolonialwaren" wie Zucker oder Baumwolle [BECKERT].

Auch die früheren, etwas verschütteten Erfahrungen von Transnationalität gewinnen neue Aufmerksamkeit, so die jüdische Geschichte oder die Multiethnizität der kontinentalen Imperien. Dies ist ein Punkt, an dem die Fragestellung sich mit der Substanz dieses Ansatzes verbindet. Kann es gelingen, den Blick soweit zu öffnen, dass der Nationalstaat zum Erklärungsbedürftigen wird, der seine Existenz ebenso wie sein langfristiges Schwergewicht einer Umwelt der Transnationalität verdankt?

Christoph Conrad

Detailskizze

Fachzeitschriften als Foren der Transnationalisierung

Die Zeitschrift *Geschichte und Gesellschaft* hat von 2001 bis 2003 ein eigenes Forum eröffnet, um den Austausch von Argumenten über eine wünschenswerte, aber noch zu entwickelnde transnationale Geschichte zu fördern. Dies geschah vor dem Hintergrund einer im anglo-amerikanischen Raum bereits seit längerem spürbaren Perspektiverweiterung der historischen Lehre und Forschung. Schon seit Ende der 1980er Jahre hat sich das Flaggschiff der US-amerikanischen Geschichtswissenschaft, die *American Historical Review* verstärkt der Internationalisierung der eigenen Geschichte angenommen. Bereits 1958 wurde die Zeitschrift *Comparative Studies in Society and History* gegründet. In ihr waren Vertreter/innen der Wirtschaftsgeschichte, Anthropologie, Soziologie und weiterer Sozialwissenschaften aktiv. Selbst wenn dort die in traditionellen Disziplinen kaum gestellten Fragen und marginalen Gebiete ihren Platz fanden, waren die im eigentlichen Sinne vergleichenden Aufsätze eher selten.

In Frankreich haben die lange tonangebenden *Annales* durch die Aufgabe ihres 1948 durch Febvre und Braudel gewählten Untertitels „Economies, Sociétés, Civilisations", der sowohl Pluralität versprach als auch Eurozentrismus vermied, 1994 zunächst eine gewisse Leerstelle erzeugt. In den letzten Jahren hat die Redaktion aber mit entschiedener Parteinahme für die Ansätze des Kulturtransfers und der „histoire croisée", der Globalgeschichte und „connected history" neue Akzente gesetzt. Nun wird deutlich, warum der alte Titel, der „Gesellschaften" und „Zivilisationen" als unabhängige Einheiten nebeneinander stellte, nicht mehr den neuen Fragestellungen entsprach.

Auch deutschsprachige Revuen wie die Leipziger Zeitschrift *Comparativ* haben schon seit längerem für eine interkulturell und transnational verflochtene Geschichte geworben. Eine neue zwar in Deutschland verlegte, aber international orientierte Zeitschrift hat sich dagegen das Defizit an Europäisierung vorgenommen (*Journal of Modern European History*). Die neueste Entwicklung ist die Verlagerung der Diskussion in das Internet mit Hilfe von Listen oder elektronischen Zeitschriften. Als Unterabteilung des wichtigsten deutschsprachigen Anbieters *Clio-Online* hat sich ein aktives Fachforum (*geschichte.transnational*) zu Wort gemeldet.

Literatur: American Historical Review 1896ff.; Annales: AESC (Economies, Sociétés, Civilisations) bzw. AHSS (Histoire, Sciences Sociales) 1929ff./1946ff./1994ff.; Comparativ 1992 ff.; Comparative Studies in History and Society 1958 ff.; Geschichte und Gesellschaft 1975 ff.; Journal of Modern European History 2003 ff.; *http://geschichte-transnational.clio-online.net.*

Literatur

J. ALBER, Vom Armenhaus zum Wohlfahrtsstaat. Analysen zur Entwicklung der Sozialversicherung in Westeuropa, Frankfurt/M./ New York 1982.

P. BALDWIN, Politics of Social Solidarity. Class Bases of the European Welfare State 1875–1975, Cambridge 1990.

S. BECKERT, Das Reich der Baumwolle. Eine globale Geschichte, in: S. CONRAD/J. OSTERHAMMEL (Hrsg.), Das Kaiserreich transnational, Göttingen 2002, 280–301.

M. BLOCH, Für eine vergleichende Geschichte der europäischen Gesellschaften [1928], in: DERS., Aus der Werkstatt des Historikers. Zur Theorie und Praxis der Geschichtswissenschaft, hrsg. v. P. SCHÖTTLER, Frankfurt/M. 2000, 129–159.

G. BOCK, Frauen in der europäischen Geschichte. Vom Mittelalter bis zur Gegenwart, München 2000.

R. BRUBAKER, Citizenship and Nationhood in France and Germany, Cambridge/London 1992 [dt. 1994].

G. BUDDE, Auf dem Weg ins Bürgerleben. Kindheit und Erziehung in deutschen und englischen Bürgerfamilien 1840–1914, Göttingen 1994.

D. COHEN, The War Come Home. Disabled Veterans in Britain and Germany, 1914–1939, Berkeley/Calif. 2001.

C. CONRAD/S. CONRAD (Hrsg.), Die Nation schreiben. Geschichtswissenschaft im internationalen Vergleich, Göttingen 2002.

S. CONRAD/J. OSTERHAMMEL (Hrsg.), Das Kaiserreich transnational. Deutschland in der Welt 1871–1914, Göttingen 2004.

S. CONRAD/S. RANDERIA (Hrsg.), Jenseits des Eurozentrismus. Postkoloniale Perspektiven in den Geschichts- und Kulturwissenschaften, Frankfurt/M./New York 2002.

E. CONZE U.A. (Hrsg.), Geschichte der internationalen Beziehungen. Erneuerung und Erweiterung einer historischen Disziplin, Köln/ Weimar/Wien 2004.

T. DIETRICH, Konfession im Dorf. Westeuropäische Erfahrungen im 19. Jahrhundert, Köln u.a. 2004.

M. ESPAGNE, Les transferts culturels franco-allemands, Paris 1999.

A. FAHRMEIR, Citizens and Aliens. Foreigners and the Law in Britain and the German States, 1789–1870, New York/Oxford 2000.

U. GERHARDT, Idealtypus, Frankfurt/M. 2001.

D. GOSEWINKEL, Staatsangehörigkeit in Deutschland und Frankreich im 19. und 20. Jahrhundert, in: C. CONRAD/J. KOCKA (Hrsg.), Staatsbürgerschaft in Europa, Hamburg 2001, 48–62.

H.-G. HAUPT/J. KOCKA (Hrsg.), Geschichte und Vergleich. Ansätze und Ergebnisse international vergleichender Geschichtsschreibung, Frankfurt/M./New York 1996.

H.G. HOCKERTS (Hrsg.), Drei Wege deutscher Sozialstaatlichkeit. NS-Diktatur, Bundesrepublik und DDR im Vergleich, München 1998.

A.M. HUMM, Auf dem Weg zum sozialistischen Dorf? Zum Wandel der dörflichen Lebenswelt in der DDR und der Bundesrepublik Deutschland 1952–1969, Göttingen 1999.

H. KAELBLE, Nachbarn am Rhein. Entfremdung und Annäherung der französischen und deutschen Gesellschaft seit 1880, München 1991.

DERS., Der historische Vergleich. Eine Einführung zum 19. und 20. Jahrhundert, Frankfurt/M./New York 1999.

J. KOCKA, Bürgertum und bürgerliche Gesellschaft im 19. Jahrhundert. Europäische Entwicklungen und deutsche Eigenarten, in: DERS. (Hrsg.), Bürgertum im 19. Jahrhundert, Bd. 1, München 1988, 1–76.

331

W. Kolbe, Elternschaft im Wohlfahrtsstaat. Schweden und die Bundesrepublik im Vergleich 1945–2000, Frankfurt/M./New York 2002.

J. Leonhard, Liberalismus. Zur historischen Semantik eines europäischen Deutungsmusters, München 2001.

C. Lorenz, Konstruktion der Vergangenheit. Eine Einführung in die Geschichtstheorie, Köln/Weimar 1997.

T. Nipperdey, Deutsche Geschichte 1866–1918, Bd. 1: Arbeitswelt und Bürgergeist, München 1990.

S. Pollard (Hrsg.), Region und Industrialisierung. Studien zur Rolle der Region in der Wirtschaftsgeschichte der letzten zwei Jahrhunderte, Göttingen 1980.

S. Reichardt, Faschistische Kampfbünde. Gewalt und Gemeinschaft im italienischen Squadrismus und in der deutschen SA, Köln u.a. 2002.

D.T. Rodgers, Atlantic Crossings. Social Politics in a Progressive Age, Cambridge 1998.

A. Schmidt, Reisen in die Moderne. Der Amerika-Diskurs des deutschen Bürgertums vor dem Ersten Weltkrieg im europäischen Vergleich, Berlin 1997.

M.G. Schmidt, Sozialpolitik in Deutschland. Historische Entwicklung und internationaler Vergleich, Opladen 2. Aufl. 1998.

D. Schmiechen-Ackermann, Diktaturen im Vergleich, Darmstadt 2002.

P. Schöttler, Henri Pirennes Kritik an der deutschen Geschichtswissenschaft und seine Neubegründung des Komparatismus im Ersten Weltkrieg, in: Sozial.Geschichte 19, 2004, 53–81.

C. Tacke, Denkmal im sozialen Raum. Nationale Symbole in Deutschland und Frankreich im 19. Jahrhundert, Göttingen 1995.

P. Weil, Qu'est-ce qu'un Français? Histoire de la nationalité française depuis la Révolution, Paris 2002.

M. Werner/B. Zimmermann, Vergleich, Transfer, Verflechtung. Der Ansatz der Histoire croisée und die Herausforderung des Transnationalen, in: GG 28, 2002, 607–636.

A. Wirsching, Vom Weltkrieg zum Bürgerkrieg? Politischer Extremismus in Deutschland und Frankreich 1918–1933/39. Berlin und Paris im Vergleich, München 1999.

Persönliche Zeugnisse und Erinnerungen als historische Quelle: Oral History

Tradition der Befragung von Zeitzeugen. In mindestens vier Hauptfeldern der Geschichtswissenschaft wurde und wird das persönliche Zeugnis und die subjektive Erinnerung an eine bestimmte Zeit oder an eine besondere Begebenheit in zumeist mündlicher Form genutzt: 1. in der Rekonstruktion von Ereignissen und Abläufen; 2. in der Bestimmung der Bedeutung des „subjektiven Elements" bzw. der Bedeutung „großer Persönlichkeiten" in der Geschichte; 3. in dem Versuch des Verstehens der Menschen und ihrer Entscheidungsmöglichkeiten in früheren historischen Perioden und umgekehrt in der Untersuchung der Nachwirkungen früherer Erfahrungen auf spätere Phasen der Geschichte; 4. in der Analyse der Bedingungen des persönlichen und zunehmend des kollektiven Gedächtnisses einer Gesellschaft oder gar einer Nation und dessen Bedeutung für die historische Entwicklung.

Zeit- und Augenzeugen für diese Zwecke zu befragen, ist nicht neu in der Geschichte der Historiographie, wenn auch die Schwerpunkte wechselten: Schon Herodot und Thukydides, die griechischen Väter der Geschichtswissenschaft, befragten Menschen als Zeugen ihrer Zeit und ihrer Gesellschaft oder konkret als Augenzeugen – z.B. als Soldaten der Schlachten des peleponnesischen Krieges. Einer der Ahnväter der modernen französischen Historiographie, Jules Michelet (1798–1874), nutzte im Rahmen seines Anspruchs auf universelle Geschichtsschreibung persönliche Berichte als Quellen: die „Erzählungen der Greise", wie er sie im Vorwort seiner *Geschichte der Französischen Revolution* von 1847 bezeichnet.

Die Geschichtsschreibung und die Rhetorik waren sich in ihrer Frühzeit bewusst, dass Erzählungen von vergangenen Ereignissen et-was mit Erinnerung und Gedächtnis zu haben, dass Erinnern ein schöpferischer Akt ist und dass die schriftliche oder mündliche Vergegenwärtigung des Vergangenen „Übung, Intuition und Erfahrung" verlangt. Das Gedächtnis wurde – nach dem Zitat aus dem *Ad Herennium* aus dem ersten vorchristlichen Jahrhundert – als „Schatzkammer der Erfindungen" [YATES, 5] bezeichnet, wobei ein Grundproblem der Nutzung von persönlichen Berichten deutlich wird: die Zuverlässigkeit des menschlichen Gedächtnisses [FRIED].

In dem Maße, in dem Eroberungen und Kolonialisierung, aber auch die Industrialisierung ganze Bevölkerungsgruppen bedrohten, wurde die professionelle mündliche Befragung seit dem 19. Jahrhundert u.a. in Skandinavien, Polen und den USA eine bedeutsame Methode der Forschung, um verschwindende Traditionen zu bewahren oder zumindest zu dokumentieren. Die Ethnologie, die Volkskunde und schließlich die Soziologie waren zunächst ihre Hauptträger; nahezu sämtliche Untersuchungen der kolonialisierten Völker und fast alle Märchen- und Liedersammlungen fußen auf mündlichen Befragungen.

Theorie zur Methode seit dem Historismus. Die Rolle der Persönlichkeit in der Geschichte, die Motive handelnder Personen in öffentlichen Positionen und ihre Biographien waren und sind offensichtliche historische Themen. Soweit Forschungen am „Subjektiven der Geschichte" interessiert sind, führen sie zu Befragungen von „Mitlebenden" einer bestimmten Zeit oder zu biographischen Texten. Seit dem Historismus ging es darüber hinaus um das Verhältnis von Verstehen und Rekonstruieren und um die (Re-)Konstruktion von Geschichte für die Gegenwart. Hermeneutische Methoden ver-

333

▷ S. 303
Entfaltung der
Geschichtswis-
senschaften

langten nach individuellen und kollektiven psychologischen Erklärungen sowohl der historischen Akteure als auch der Tradeure und Interpretierenden [DROYSEN 1972, 1974; SPET]. Entgegen der Kritik am Historismus und seiner angeblich vom Leben abgetrennten „Blutleere" waren es die Repräsentanten dieser Schule, die die Historiographie als empirische Wissenschaft [STEINBACH; RÜSEN] etablierten und dabei auch hermeneutische Methoden entwickelten, die Befragungen einbezogen: Hermeneutik wurde begriffen als Lehre vom Verstehen, sogar als die Lehre vom Hineinversetzen der Heutigen in die „Vergangenheiten", um dabei „forschend zu verstehen", wie es ein Hauptvertreter dieser Schule, Johann Gustav Droysen (1808–1884) fasste [DROYSEN 1974, 22]. Dies setze die Erkenntnis voraus, dass „der Inhalt unseres Ich[s]" historisch geworden sei. So weit entfernt ist diese Anschauung nicht vom heutigen Begriff der „Erfahrung" als psychische und kognitive Verarbeitung von Eindrücken und Erlebnissen.

Max Weber (1864–1920) entfaltete in dieser Vermittlung – von der jeweils gegenwärtigen Wirklichkeit und ihren Wissenschaftsrepräsentanten ausgehend – die Theorien vom Interesse der Forschenden und ihren Wertvorstellungen [WEBER]. Sie legten das Prozesshafte jedweder wissenschaftlichen Forschung offen und machten Selbstreflexion, Kritik und „Veraltung" von Wissenschaft bzw. ihrer Vertreter zum Gegenstand kulturwissenschaftlicher Erkenntnis. Damit geriet auch die Sozialisationsgeschichte der Historiker mit ihren eigenen, zeitlich eingebundenen Prägungen, Wertvorstellungen und Interessen ins Blickfeld der Wissenschaftskritik. Einmal mehr hatte Droysen das Terrain vorbereitet, wenn er die Auffassung vertrat, der Mensch sei

„hineingeboren in das ganze Gewordensein, in die historischen Gegebenheiten seines Volkes, seiner Sprache, seiner Religion, seines Staates, seiner schon fertigen Register und Zeichensysteme, in denen aufgefaßt, gedacht und gesprochen wird" [DROYSEN 1974, 15].

Die Hoffnung historistischer Schulen, die Vergangenheit verstehen zu können, bedinge – so viele Kritiker seit der Wende zum 20. Jahrhundert – zumindest ein gewisses Einverständnis mit früheren Anschauungen, vor allem im nationalen Denken, in der Auffassung von der immerwährenden Wirkung anthropologischer Konstanten u.a. So schrieb Hans-Ulrich Wehler in seiner Arbeit über *Geschichte und Psychoanalyse*, der Historismus habe die Historizität der Verhaltensweisen und Kategorien menschlichen Denkens unterschätzt: „Wenn Johann Gustav Droysen, der vielleicht mit dem schärfsten analytischen Verstand über die Probleme des historischen Kerngedankens: ‚forschend zu verstehen' reflektiert hat, zu der Behauptung vorstoßen konnte, daß ‚nichts, was den menschlichen Geist bewegt und sinnlichen Ausdruck gefunden hat, ... nicht verstanden werden könnte', dann darf man das heute unter anderem auch als Ausdruck der optimistischen, relativ statischen Anthropologie des Historismus bewerten." [WEHLER, 9f.]

Gegen die Dominanz der politischen Geschichtsschreibung und deren Bearbeitung der Machtapparate und ihrer archivalischen Überlieferung in den Verwaltungen forderten um die Wende zum 20. Jahrhundert verschiedene historische Schulen in Europa eine „integrative Kultur-, Sozial- und Men-talitätsgeschichte". In Deutschland tat dies vor allem Karl Lamprecht (1856–1915), der in Auseinandersetzung mit der Politik- und Ideengeschichte („Lamprecht-Streit") eine

▷ S. 195
Geschicht[e]
der Staate[n]
Geschicht[e]
Gesellsch[aft]

„Kulturgeschichte" forderte, die er letztlich als „Geschichte der Psyche im Wechsel der Generationen einer gegebenen Gesellschaft" verstand [LAMPRECHT 1900, Vorwort]. Wesentlich erfolgreicher als Lamprecht in Deutschland waren in Frankreich die Historiker und Sozialwissenschaftler, die sich um die 1900 von dem Philosophen Henri Berr (1863–1954) gegründete Zeitschrift *Revue de Synthèse historique* gruppierten. Ihr erklärtes Ziel lautete, die Geschichte aus dem „metaphysischen" in das wissenschaftliche Stadium zu überführen, die verschiedenen Spezialgebiete zu koordinieren und letztlich – ähnlich wie Lamprecht – eine historische Sozialpsychologie als Gipfel dieser Entwicklung auszuarbeiten. In Auseinandersetzung mit der politischen Geschichtsschreibung in Frankreich und mit der *Revue* gründeten Lucien Febvre (1878–1956) und Marc Bloch (1886–1944) 1929 die Zeitschrift *Annales d'histoire économique et sociale*, die sich eine integrierende Kultur-, Sozial- und Wirtschaftsgeschichte auf die Fahnen schrieb, an der Lucien Febvre seit 1910 und kurz danach auch Marc Bloch arbeiteten [BLOCH/ BRAUDEL/FEBVRE; IGGERS]. In einer Fülle von Aufsätzen dieser Zeitschriften wurden systematisch subjektive Erinnerungszeugnisse genutzt.

Der Verstehensbegriff verlangte psychologische Instrumentarien für die Historiographie. Wilhelm Dilthey (1833–1911) war es, der hier früh Akzente setzte und den Verstehensbegriff – wie auch den „Erlebnis"-Begriff – aus der historischen Wissenschaft weiterentwickelte und als allgemeine Methode in den Geisteswissenschaften, besonders in der Psychologie, behauptete – gegen Versuche, dort naturwissenschaftliche Methoden anzuwenden [DILTHEY 1979, 1900, 1991].

▷ S. 314 altung der eschichts- wissen- schaften

▷ S. 319 Vergleich und Trans- ationalität

Allerdings veränderten neue historische Entwicklungen auch die Grundlagen historischen Verstehens und erforderten neue Formen der Behandlung des Subjektiven in der Geschichte. Ganze Bevölkerungsgruppen bzw. Massenbewegungen und Parteien errangen zunehmend Möglichkeiten und Medien, sich zu artikulieren. „Massenphänomene", soziale und politische Bewegungen bekamen einen Stellenwert, der eine theoretische oder empirische Reduktion auf objektive Bewegungen und prägende Persönlichkeiten fragwürdig machte [LE BON; ORTEGA Y GASSET].

▷ S. 103 Industrielle Massengesellschaft

Eine weitere Veränderung ging einher mit den Jugendbewegungen seit Anfang des 20. Jahrhunderts. Tatsächlich schuf die Vorstellung „der" Jugend als Generation in den historisch-kulturwissenschaftlichen und soziologischen Wissenschaften ein Bewusstsein von der Bedeutung generationeller Fragestellungen, die sich sowohl in zahlreichen Einzelforschungen wie auch in theoretischen Überlegungen zur Entwicklung prägender Erfahrungen – von Familien, Gruppen und Generationen bzw. umgekehrt auch durch diese – niederschlugen. Karl Mannheims (1893–1947) Arbeit zur Entstehung von Generationszusammenhängen oder Generationen aus den 1920er Jahren übt bis heute einen tiefen Einfluss auf die Historiographie, Sozial- und Kulturwissenschaft aus [MANNHEIM 1964]. Das 20. Jahrhundert mit seiner Fülle an generationellen Konflikten und ihre Instrumentalisierung auch in der Politik [REULECKE] zeigte insgesamt, wie bedeutsam „Generationenlagerungen" (Karl Mannheim) in der Geschichte sind. Gegenwärtig kann man von einer Renaissance generationeller Fragestellungen, Theorien und empirischer Untersuchungen sprechen, die auf Oral-History-

335

Befragungen verschiedener Generationen aufbauen [SCHNEIDER 1997].

Nicht zuletzt führten die Bedrohungen durch den Faschismus bzw. den Nationalsozialismus zu Untersuchungen von Massenphänomenen sowohl durch Historiker und Psychologen wie durch Soziologen und Politikwissenschaftler. Wilhelm Reichs *Massenpsychologie des Faschismus* hat nicht nur die Hochschulen beschäftigt, sondern auch politische Parteien [REICH].

Die Faschismus-Analysen beförderten eine weitere Forschungsrichtung, die interdisziplinär zwischen Soziologie und Psychologie bzw. Sozialpsychologie und Geschichte changierte: Untersuchungen zum politischen Bewusstsein [FROMM 1980; BORRIES/RÜSEN] bzw. zu politischen Haltungen, zu Vorurteilen bzw. Rassismus/Antisemitismus und ihren charakterlichen Typologien [HORKHEIMER; CRAMER] oder gar gesellschaftlichen Charakteren [FROMM 1981]. Besonders einflussreich waren hier die Vertreter der „Frankfurter Schule", die zumeist selbst geschichtswissenschaftliches, soziologisches, psychologisches oder psychoanalytisches Rüstzeug mitbrachten. Die Untersuchung über die „autoritäre Persönlichkeit" von Theodor W. Adorno (1903–1969) und anderen [ADORNO U.A.] war hier richtungweisend. Diese Arbeit wurde in den USA kontrovers aufgenommen, zum Teil mit äußerster Schärfe kritisiert, vor allem deshalb, weil der autoritäre Charakter als Voraussetzung für extrem konservative bis faschistoide Bewegungen auch in den USA entdeckt bzw. untersucht wurde.

In den 1920er Jahren erlebte auch die Diskussion um eine Grundfrage von Historikern an alle jene, die mündliche Zeit- und Augenzeugenberichte in der Geschichtswissenschaft einsetzten, einen Höhepunkt, nämlich die Frage nach Gedächtnis und Erinnerung. Gemeint war sowohl das Gedächtnis von Einzelnen als auch von Gruppen oder Nationen; denn die Bedeutung kollektiver Erinnerungen und nationaler Mythen für die Politik bzw. politische Instrumentalisierungen war offenbar geworden. Eines der einflussreichsten Werke über individuelles und kollektives Gedächtnis entstand bereits in jenen Jahren, nämlich die Arbeit von Maurice Halbwachs (1877–1945) über die sozialen Bedingungen des Gedächtnisses [HALBWACHS].

Grundlagen der heutigen Anwendung.
Nach Nationalsozialismus und Krieg sowie nach den Problemen der Entnazifizierung wurden Subjekte in Deutschland verdächtig; allzu oft erschienen ihre Aussagen den nachfolgenden Generationen als Entschuldigung und Rechtfertigung ihres Verhaltens im „Dritten Reich". Es dauerte lange, ehe sich mündliche Überlieferungen seit Ende der 1970er und seit dem Beginn der 1980er wieder als Teil der Historiographie in Deutschland etablieren konnten – und dann in Übernahme aus der anglo-amerikanischen Forschung unter dem Namen „Oral History" [NIETHAMMER 1980, 1985, 1994; v. PLATO 1985, 1998, 2000; SPUHLER; kritisch: SCHNEIDER 1995; WELZER 2000]. Außerhalb der Universitäten waren es in Westdeutschland die in den 1970er und 1980er Jahren entstehenden Geschichtswerkstätten, die die Oral History nutzten, zumeist verbunden mit dem demokratischen Anspruch, denjenigen eine Stimme zu geben, die bisher in der offiziellen Aktenüberlieferung zu kurz gekommen waren, nämlich den eigentlichen Subjekten der Geschichte, also den Menschen einer bestimmten historischen Periode.

336

Seitdem ist die Oral History als Erfahrungswissenschaft ideologisch weniger gebunden und methodisch genauer geworden und hat eine enge Verbindung zur soziologischen und pädagogischen Biographieforschung gesucht. Man übernahm auch die im Historismus eingeführte Quellenkritik für die Nutzung der mündlichen Überlieferung als historische Quelle; vor allem sah man die Gefahren, die von Quellen ausgehen, die lange Jahre nach den berichteten Ereignissen durch die auswertenden Wissenschaftler zuallererst geschaffen werden. Sie beruhen auf Erinnerungen eines trügerischen Gedächtnisses und wurden früher, im Gegensatz zur heutigen digitalen Aufzeichnung, nur protokolliert. Die Tücken des Gedächtnisses werden nun stärker in Rechnung gestellt und die Gedächtnisleistungen verbessert oder korrigiert durch andere Fragemethoden wie z.B. lebensgeschichtliche Interviews, die die Erinnerungsfähigkeit gegenüber dem unkritischen Abfragen von früheren Erlebnissen und Haltungen erhöhen: durch Anstoßen von Episoden und Anekdoten, durch gezieltes Fragen nach routinisierten Abläufen, durch die Aufforderung, Personen aus der damaligen Zeit und deren Konflikte zu beschreiben, durch Gruppen- oder Paarinterviews oder auch durch die Konfrontation mit anderen Medien wie z.B. das Familienalbum, persönliche Briefe, Fotos aus der befragten Zeit, durch Zeugnisse und Beurteilungen oder überhaupt durch Ergebnisse aus Forschungen mit anderen Quellen.

Zugleich sollte erwähnt werden, dass die Kritik an der „Subjektivität" der mündlichen Quelle übersieht, dass diese Subjektivität und deren Analyse ja der Sinn der Nutzung von mündlichen Überlieferungen ist: Es geht um eben diese subjektiven Erfahrungen und de-

▷ S. 215 f.
Das
Individuum
und seine
Geschichte

ren Bedeutung für historische Prozesse. Eine entsprechende Kritik müsste überdies auch auf schriftliche Überlieferungen angewandt werden: Bei Akten, die zumeist die offizielle Überlieferung der Politik und ihrer Verwaltungen repräsentieren, scheint man in der historischen Zunft jedoch – trotz einer gewachsenen methodischen Vielfalt – „aktengläubiger" zu sein und zugleich weniger deutlich die Subjektivität dieser Quelle zu kritisieren. Und auch die klassische Historiographie und Politologie müssen beispielsweise in Rechnung stellen, dass heute Entscheidungen in Gremien der Politik oder der Wirtschaft in ihrer Entstehung immer weniger schriftlich dokumentiert, sondern mündlich getroffen werden.

▷ S. 367 f.
Die Gattungen
der Quellen

Den meisten Oral-History-Forschungen geht es jedoch nicht um die präzise Erinnerung an einzelne Ereignisse und Abläufe, sondern um die Verarbeitung von Geschichte, um die Wirkung früherer Erfahrungen auf folgende historische Phasen oder um die Entstehung und sozialen Bedingtheiten eines „kollektiven Gedächtnisses" (Maurice Halbwachs) und deren Bedeutung für Kultur und Politik.

Erträge der Forschung. Es waren gerade die Forschungen über den Nationalsozialismus, welche die politikgeschichtliche Dominanz seit den 1960er Jahren zumindest aufbrachen. Dies erfolgte auch durch erfahrungs- oder mentalitätsgeschichtliche Untersuchungen, die sich auf Befragungen der damaligen Zeitgenossen stützten [BOLL; LEHMANN; NIETHAMMER 1980, 1983; V. PLATO 1995, 1998; V. PLATO/LEH; ROSENTHAL 1995, 1997; SCHRÖDER; ZIMMERMANN 1989, 1991, 1993]. Beteiligte Eliten und ihre Repräsentan-

Detailskizze

Gedanken zu Zeitzeugen in Schulunterricht und Wissenschaft

Auf einem Berliner Weiterbildungsseminar für Lehrerinnen und Lehrer lernte ich Herrn X. kennen, der dort seine Erlebnisse in deutschen KZs vortrug, über die er auch vor Oberstufenschülern an verschiedenen Schulen berichten sollte. Nach seinem Vortrag und anschließenden Gesprächen erschien es mir zweifelhaft, ob er diese Erfahrungen wirklich selbst gemacht hatte oder von anderen Erzähltes und Angelesenes als Eigenes ausgegeben hatte. Ich wusste nicht, wie ich mich verhalten sollte, und als ich mich dazu durchrang, meine Zweifel wenigstens einem sehr engen Freund, einem Lehrer an dieser Schule, mitzuteilen, meinte er nur: „Wieso – er hat doch nichts Falsches gesagt, die Schüler jedenfalls haben viel gelernt."

Meine Zweifel und die positive Reaktion dieses Lehrerfreundes offenbaren ein Missverständnis, das Missverständnis nämlich, Wissenschaftler und Pädagogen hätten dieselben Interessen beim Einsatz von Zeitzeugen.

In der Wissenschaft sind Zeitzeugen weniger gefragt als Quelle für Abläufe und Ereignisse; also weniger für die Realgeschichte, sondern als Quelle für die *Verarbeitung* von Geschichte, als Quelle für Erfahrungen, für das individuelle und kollektive Gedächtnis, für die Nachwirkung früherer Erfahrungen für eine spätere Phase der Geschichte, für die Ungleichzeitigkeit von aktueller Politik und früherer subjektiver Prägung.

In der Pädagogik geht es demgegenüber zumeist um die Wirkung auf die Schülerinnen und Schüler, um die didaktische Nützlichkeit, um das Mitleid oder – etwas ironisch formuliert – um die Identifikation der Schülerinnen und Schüler mit einem subjektiven Schicksal in der großen Geschichte.

Eine andere Geschichte: Ein Lehrer bat mich darum, frühere sowjetische Zwangsarbeiter, die von uns eingeladen worden waren, Schülerinnen und Schülern vorstellen zu können. Die Zwangsarbeiter kamen, erzählten von ihrer Verschleppung, von der Industriearbeit im Nationalsozialismus, von ihrer Befreiung. Die ganze Befragung verlief zunächst so, wie es sich die Lehrer vorgestellt hatten. Aber dann fragte eine Schülerin, wie die Zwangsarbeiter denn heute ihre frühere Zeit im Nazi-Deutschland einschätzten; und nun geschah es, dass sich die Hälfte von ihnen positiv äußerte: Es sei eine schwierige, aber schöne Zeit in Deutschland gewesen, sie hätten nicht zum Kriegsdienst gemusst, hätten neben den bösen Deutschen auch gute erlebt, viele Butterbrote, Zigaretten, sogar Geld bekommen usw. Das passte den Lehrern nun überhaupt nicht ins Konzept: Sie traten plötzlich als Korrektiv der Zeitzeugen auf, erklärten den Schülern, dass die Butterbrote der Deutschen ein beliebter Mythos seien zu ihrer eigenen Selbstentschuldigung, dass es eine hohe Sterblichkeit unter den Zwangsarbeitern gegeben habe, dass es eine Sklavenarbeit gewesen sei, dass es Straflager gegeben habe usw. Alles richtige Beschreibungen. Aber das Besondere kam durch die Schüler und Zwangsarbeiter heraus: Dass die meisten der Zwangsarbeiter nach 1945 in der Sowjetunion noch einmal in so genannte Filtrierlager gekommen waren, einige über mehrere Jahre, dass sie in der Sowjetunion als Kollaborateure beschimpft oder gar als Landesverräter behandelt worden waren. Die Lehrer fanden die Veranstaltung einen Misserfolg, ich überhaupt nicht. Die Schülerinnen und Schüler wurden interessiert an der Thematik, hatten einen Einblick in die Komplexität eines solchen Themas erhalten, hatten bemerkt, dass Schwarz-Weiß-Malerei an Grenzen stößt ebenso wie ihre eigenen Identifikationen, und sie hatten verstehen gelernt, wie sehr spätere schreckliche Erfahrungen frühere furchtbare Erlebnisse relativieren und in einem milderen Licht erscheinen lassen. Die Ratlosigkeit oder die Eingriffe ihrer Lehrer hatten die Diskussionsbereitschaft bei den Schülerinnen und Schülern erhöht. Voraussetzung war und ist allerdings – in der Pädagogik wie in der Wissenschaft – dass man *diese späteren Lebensgeschichten einbezieht* oder in Grundzügen die Hauptbrüche kennt, die einem helfen, die Selbstinterpretationen der Gesprächspartner zu verstehen. Voraussetzung ist auch, dass Lehrern wie Schülern bewusst wird, dass Zeitzeugen zumeist als Opfer oder heroisierte Gestalten für den Unterricht ausgewählt wurden. Und mit Opfern und Helden ist es immer schwer, kritisch zu diskutieren. In den meisten Nationen erinnert man sich gern der eigenen Opfer oder Helden, in Deutschland aber inzwischen auch der NS-Opfer und Heroen anderer Nationen – und denen kritische Fragen zu stellen erscheint allen Beteiligten problematisch.

338

ten, Opfer und Widerstandskämpfer wurden untersucht und befragt. Anfang der 1980er Jahre kamen Forschungen über die *Erfahrung* des Nationalsozialismus, auch seiner Anziehungskraft bei verschiedenen Bevölkerungsgruppen, hinzu [HARTEWIG; NIETHAMMER 1983; NIETHAMMER/V. PLATO], schließlich Untersuchungen über Personen, die als Täter eingestuft wurden und über Kinder bzw. Kindeskinder von Opfern und Tätern [ROSENTHAL 1997].

Nach der Wiedervereinigung Deutschlands nahm die erfahrungsgeschichtliche und biographische Literatur geradezu explosionsartig zu. Sie forcierte alle Fragen nach individuellen und kollektiven Erinnerungen, nach Identitäten, nach verschiedenen Erinnerungskulturen, nach dem Einfluss von politischen Systemen auf das Leben und das Bewusstsein von Individuen und Gruppen, Fragen von Erinnerung und Legitimation des persönlichen Verhaltens in Diktatur und Demokratie usw. [DOMANSKY 1992, 1993; JUREIT; KOCKA/ MAYNTZ; NIETHAMMER U.A. 1991; HOFFMANN/RINK; V. PLATO 1991, 2002; VESTER; V. WENSIERSKI 1994; WELZER 2001].

Die Beispiele gerade aus der mentalitätsgeschichtlichen Forschung zeigen, dass es in Deutschland nicht so einfach ist, von einer kollektiven Erinnerung oder einem kollektiven Gedächtnis zu sprechen – zu offensichtlich sind die Widersprüche zwischen verschiedenen Gruppen und Milieus mit unterschiedlichen Erinnerungskulturen. Am deutlichsten sind sie zwischen den staatlich geförderten oder offiziösen Erinnerungsangeboten in den beiden Deutschland der Nachkriegszeit, aber auch zwischen verschiedenen Gruppierungen, Bewegungen oder Parteien im Verhältnis zu den Verbrechen des Nationalsozialismus oder in der Erinnerung an

Flucht und Vertreibung nach 1945, um nur zwei der bedeutsamsten und jahrzehntelang am heftigsten diskutierten Ereigniszusammenhänge zu nennen. Solange sich nicht eine Sicht, eine kollektive Erinnerung und Gedenkkultur epochal durchgesetzt hat, macht es fast mehr Sinn, in Deutschland von zerrissenen Erinnerungskulturen oder einem zerrissenen kollektiven Gedächtnis zu sprechen [V. PLATO 1998].

Aleida Assmann führte die Unterscheidung zwischen dem „kulturellen Gedächtnis" – ein „epochenübergreifendes Gedächtnis, das durch normative Texte gestützt ist" – und dem „kommunikativen Gedächtnis" ein; letzteres sei als „in der Regel [nur – AvP] drei Generationen verbindende[s] Gedächtnis der mündlich weitergegebenen Erinnerungen" zu beschreiben [A. ASSMANN, 13].

Verbunden mit dieser Frage nach der Unterscheidung von kulturellem und kommunikativem Gedächtnis ist die Frage des Übergangs von der Zeitgeschichte zur Geschichte, von der erfahrungsgesättigten, *gegenwärtigen* Vergangenheit, in der Erinnerungen, Legitimationen, Anerkennungskämpfe, moralische Betroffenheiten und Schuldvorwürfe usw. eine Rolle spielen, zur *reinen* Vergangenheit, in der nur noch Akten und Memoiren sprechen. Ein solcher Wechsel könnte durch die „Erfahrungswissenschaften" anders aussehen als von Koselleck beschrieben [KOSELLECK], dann nämlich wenn die Übergänge zu einer Vergangenheit ohne lebende Zeitzeugen selbst stärker als bisher zum Gegenstand historischer Untersuchungen gemacht und wenn dabei die Erfahrungsdimension einer Generation oder einer Epoche nicht mit dem Wegsterben der Zeugen dieser Zeit aus der Historiographie verschwinden würde. Und dass dies nicht ge-

339

schieht – dazu kann eine „Erfahrungsgeschichte" oder eine Mentalitätsgeschichte, die
die subjektive Dimension und ihre Quellen
einbezieht, Wesentliches beitragen [A. Assmann; Dies. / Friese; J. Assmann]. Inzwischen jedenfalls haben auch bereits gestorbene Zeugen einer vergangenen Zeit ein
langes mediales Nachleben, und ihre Erfahrungen und deren wissenschaftliche Analysen sind allgemein verfügbare Quellen auch
für folgende Wissenschaftsgenerationen.

Alexander v. Plato

Literatur

T.W. Adorno u.a., The Authoritarian Perso-
nality, New York 1950.

A. Assmann, Erinnerungsräume. Formen
und Wandel des kulturellen Gedächtnisses,
München 1999.

Dies./H. Friese (Hrsg.), Identitäten (Erinnerung, Identität, Geschichte, Bd. 3), Frank-
furt/M. 1998.

J. Assmann, Die Katastrophe des Vergessens.
Das Deuteronomium als Paradigma kultureller Mnemotechnik, in: A. Assmann/D.
Harth (Hrsg.), Mnemosyne, Frankfurt/M.
1991, 337–355.

M. Bloch/F. Braudel/L. Febvre, Schrift und
Materie der Geschichte. Vorschläge zur systematischen Aneignung historischer Prozesse,
hrsg. u. eingel. v. C. Honegger, Frankfurt/M.
1977.

F. Boll (Hrsg.), Verfolgung und Lebensgeschichte, Berlin 1997.

B. v. Borries / J. Rüsen u.a. (Hrsg.), Geschichtsbewußtsein im interkulturellen Vergleich. Zwei empirische Pilotstudien, Pfaffen-
weiler 1994.

E. Cramer, Hitlers Antisemitismus und die
Frankfurter Schule, Düsseldorf 1979.

W. Dilthey, Biographisch-literarischer Grundriss der allgemeinen Geschichte der Philosophie, Trebnitz 4., umgearb. u. verm. Aufl. 1900.

Ders., Der Aufbau der geschichtlichen Welt in
den Geisteswissenschaften, Bd. VII der Gesammelten Schriften, hrsg. v. B. Groethuy-
sen, Göttingen 7. Aufl. 1979 [erstmals 1883].

Ders., Das Erlebnis und die Dichtung. Les-
sing, Goethe, Novalis, Hölderlin, Leipzig 2.,
durchges. Aufl. 1991 [erstmals 1905].

E. Domansky, „Kristallnacht", the Holocaust
and German Unity. The Meaning of November 9 as an Anniversary in Germany, in: History and Memory 4, 1992, 60–94.

Dies., Die gespaltene Erinnerung, in: M. Köp-
pen (Hrsg.), Kunst und Literatur nach Auschwitz, Berlin 1993, 178–196.

J.G. Droysen, Texte zur Geschichtstheorie.
Mit ungedruckten Materialien zur „Historik",
Göttingen 1972.

Ders., Historik. Vorlesungen über Enzyklopädie und Methodologie der Geschichte
[1857–1883], Darmstadt 1974.

J. Fried, Der Schleier der Erinnerung. Grundzüge einer historischen Memorik, München
2004.

E. Fromm, Arbeiter und Angestellte am Vorabend des Dritten Reiches. Eine sozialpsychologische Untersuchung, Stuttgart 1980.

Ders., Empirische Untersuchungen zum Ge-
sellschaftscharakter, Stuttgart 1981.

M. Halbwachs, Das Gedächtnis und seine
sozialen Bedingungen, Berlin 1966 [erstmals
1925].

K. Hartewig (Hrsg.), Der lange Schatten.
Widerspruchsvolle Erinnerungen an den
Zweiten Weltkrieg und die Nachkriegszeit
aus der Mitte Europas, Opladen 1993.

M. Hoffmann/D. Rink, Mütter und Töchter
– Väter und Söhne. Mentalitätswandel in zwei
DDR-Generationen, in: BIOS 6, 1993, 199–223.

M. Horkheimer, Über das Vorurteil, Köln 1963.

G. Iggers, Die deutschen Historiker in der Emigration, in: B. Faulenbach (Hrsg.), Geschichtswissenschaft in Deutschland, München 1974, 97–111.

U. Jureit, Erinnerungsmuster. Zur Methodik lebensgeschichtlicher Interviews mit Überlebenden der Konzentrations- und Vernichtungslager, Hamburg 1999.

J. Kocka/R. Mayntz (Hrsg.), Wissenschaft und Wiedervereinigung. Disziplinen im Umbruch, Berlin 1998.

R. Koselleck, Nachwort, in: C. Beradt, Das Dritte Reich des Traums, Frankfurt/M. 1994, 117–132.

K. Lamprecht, Deutsche Geschichte, 16 Bde. u. 3 Ergänzungsbde., Berlin u.a. 1891–1901.

Ders., Die historische Methode in Deutschland, in: Revue de Synthèse historique 1, 1900, 21–27.

G. Le Bon, Psychologie der Massen, Stuttgart 15. Aufl. 1982 [erstmals 1889].

A. Lehmann, Erzählstruktur und Lebenslauf. Autobiographische Untersuchungen, Frankfurt/M. 1983.

K. Mannheim, Das Problem der Generationen, in: Ders., Wissenssoziologie. Auswahl aus dem Werk, eingel. u. hrsg. v. K.H. Wolff, Neuwied 2. Aufl. 1964, 509–565 [Orig. 1928].

J. Michelet, L'Histoire de la Révolution francaise, 7 Bde., Paris 1847–1853.

L. Niethammer, Lebenserfahrung und kollektives Gedächtnis. Die Praxis der Oral History, Frankfurt/M. 1980.

Ders. (Hrsg.), „Die Jahre weiß man nicht, wo man die heute hinsetzen soll." Faschismuserfahrungen im Ruhrgebiet (= Lebensgeschichte und Sozialkultur im Ruhrgebiet, Bd. 1), Berlin 1983.

Ders. (Hrsg.), „Hinterher weiß man, daß es richtig war, daß es schief gegangen ist." Nachkriegserfahrungen im Ruhrgebiet (= Lebensgeschichte und Sozialkultur im Ruhrgebiet, Bd. 2), Berlin 1983.

Ders., Fragen – Antworten – Fragen. Methodische Erfahrungen und Erwägungen zur Oral History, in: Ders./v. Plato, „Wir kriegen jetzt andere Zeiten", 392-445.

Ders./A. v. Plato (Hrsg.), „Wir kriegen jetzt andere Zeiten." Auf der Suche nach der Erfahrung des Volkes in nachfaschistischen Ländern (= Lebensgeschichte und Sozialkultur im Ruhrgebiet Bd. 3), Berlin 1985.

Ders., Oral History, in: I.-S. Kowalczuk (Hrsg.), Paradigmen deutscher Geschichtswissenschaft, Berlin 1994, 189–210.

Ders./A. v. Plato/D. Wierling, Die volkseigene Erfahrung. Eine Archäologie des Lebens in der Industrieprovinz der DDR, Berlin 1991.

J. Ortega y Gasset, Der Aufstand der Massen, Reinbek 1974 [erstmals 1929].

A. v. Plato, Wer schoß auf Robert R. – Oder was kann Oral History leisten?, in: H. Heer/V. Ulrich (Hrsg.), Geschichte entdecken. Erfahrungen und Projekte der neueren Geschichtsbewegung, Reinbek 1985, 266–280.

Ders., Eine zweite „Entnazifizierung"?, in: Ders./R. Eckert/J. Schütrumpf (Hrsg.), Wendezeiten – Zeitenwände. Zur „Entnazifizierung" und „Entstalinisierung", Hamburg 1991, 7–32.

Ders, Erfahrungsgeschichte – von der Etablierung der Oral History, in: G. Jüttemann/H. Thomae (Hrsg.), Biographische Methoden in den Humanwissenschaften, Weinheim 1998, 60–74.

Ders., Von deutscher Schuld und Unschuld. Persönliche Umorientierungen in Zeiten politischer Umbrüche, in: C. Lay/C. Potting (Hrsg.), Gemeinsam sind wir unterschiedlich.

Deutsch-deutsche Annäherungen, Bonn 1995, 13-18.

DERS., Zeitzeugen und die historische Zunft, in: BIOS 13, 2000, 5–29.

DERS., Die Vereinigung Deutschlands – ein weltpolitisches Machtspiel. Bush, Kohl, Gorbatschow und die geheimen Moskauer Protokolle, Berlin 2002.

DERS., Geschichte und Psychologie – Oral History und Psychoanalyse, in: FQS, 5 (1) 2003, *http://www.qualitative-research.net/fqs-texte/1-04/1-04plato-d.htm*.

DERS./A. LEH, „Ein unglaublicher Frühling". Erfahrene Geschichte im Nachkriegsdeutschland, Bonn 1997.

W. REICH, Die Massenpsychologie des Faschismus, Frankfurt/M. 1974.

J. REULECKE (Hrsg), Generationlität und Lebensgeschichte im 20. Jahrhundert, München 2003.

G. ROSENTHAL, Erlebte und erzählte Lebensgeschichte, Frankfurt/M. 1995.

DIES. (Hrsg.), Der Holocaust im Leben von drei Generationen. Familien von Überlebenden der Shoah und von Nazi-Tätern, Gießen 2. Aufl. 1997.

J. RÜSEN, Konfigurationen des Historismus. Studien zur deutschen Wissenschaftskultur, Frankfurt/M. 1993.

C. SCHNEIDER, Geschichtliches zu einem methodischen Modeartikel. Das Interview als sozialwissenschaftliches Forschungsmittel und der historische Ort des Interpreten, Mittelweg 36 6, 1995, 73–89.

DERS., Noch einmal Geschichte und Psychologie. Generationengeschichte als Modell psychohistorischer Forschung, Mittelweg 36 2/3, 1997, 83–92 bzw. 45–56.

H.J. SCHRÖDER, Die gestohlenen Jahre. Erzählgeschichten und Geschichtserzählung im Interview. Der Zweite Weltkrieg aus der Sicht

ehemaliger Mannschaftssoldaten, Tübingen 1992.

G.G. SPET, Die Hermeneutik und ihre Probleme, hrsg. v. A. HAARDT, Freiburg/Br. 1993 [russ. 1918].

G. SPUHLER (Hrsg.), Vielstimmiges Gedächtnis. Beiträge zur Oral History, Zürich 1994.

L. STEINBACH, Bewußtseinsgeschichte und Geschichtsbewußtsein, in: BIOS 8, 1995, 89–106.

M. VESTER (Hrsg.), Soziale Milieus in Ostdeutschland. Gesellschaftliche Strukturen zwischen Zerfall und Neubildung, Köln 1995.

M. WEBER, Wissenschaft als Beruf. Gesammelte Aufsätze zur Wissenschaftslehre, Tübingen 5. Aufl. 1982 [erstmals 1922].

H.-U. WEHLER (Hrsg.), Geschichte und Psychoanalyse, Frankfurt/M. 1974.

H. WELZER, Das Interview als Artefakt, in: BIOS 13, 2000, 51–63.

DERS., Kumulative Heroisierung. Nationalsozialismus und Krieg im Gespräch zwischen den Generationen, in: Mittelweg 36 10, 2001, 57–73.

H.-J. v. WENSIERSKI, Mit uns zieht die alte Zeit. Biographie und Lebenswelt junger DDR-Bürger im gesellschaftlichen Umbruch, Opladen 1994.

F. YATES, The Art of Memory, London 1966.

M. ZIMMERMANN, Verfolgt, vertrieben, vernichtet. Die nationalsozialistische Vernichtungspolitik gegen Sinti und Roma, Essen 1989.

DERS., Jetzt und „Damals" als imaginäre Einheit. Erfahrungen in einem lebensgeschichtlichen Projekt über die nationalsozialistische Verfolgung von Sinti und Roma, in: BIOS 4, 1991, 225–242.

DERS., Jüdisches Leben in Essen 1800–1933, Essen 1993.

Interdisziplinäre Perspektiven

Volkskunde

„Volksaufklärung". „Land und Leute", dieser weitverbreitete Terminus, der heute üblicherweise zur Kennzeichnung lokaler und regionaler Besonderheiten verwendet wird, ist eng mit den Anfängen der Volkskunde im 18. Jahrhundert verbunden. Der Göttinger Rechtsphilosoph, Statistiker und Historiker Gottfried von Achenwall (1719–1772) benutzte die Wendung im umfassenden Sinne für die Geschichte, die Landeskunde, das Gewerbe, die Religion und die Sitten bestimmter Landstriche. Sein Blickwinkel war allerdings eher verwaltungstechnischer als rein wissenschaftlicher Natur. Schon in den Jahrzehnten vor der Französischen Revolution war die alteuropäische Welt von weitreichenden Umbrüchen geprägt: Im Zeichen der so genannten Protoindustrialisierung wurde das Manufakturwesen ausgebaut und die Märkte geöffnet. In der Folge war so mancher Landesherr bestrebt, die Bildung, die Hygiene und die Gesundheit seiner zum größten Teil illiteraten bäuerlichen Untertanen zu verbessern.

Diesen Vorgang umschreibt man mit dem Stichwort „Volksaufklärung". Entsprechend zeugen seit Mitte des 18. Jahrhunderts Landeserhebungen, preisgekrönte Akademiestudien und Reiseberichte von den Lebensverhältnissen der einfachen Bevölkerung. Unter fiskalischen, ökonomischen und politischen Vorzeichen wurden Informationen über die Wohnverhältnisse, die Arbeitsabläufe in der Landwirtschaft, das Handwerk, die Kleidung und die Gebräuche der Landesbewohner erhoben. Durch das seit dem Spätmittelalter anhaltende System der Territorialherrschaften hatten sich die landschaftlichen Eigenheiten

in Deutschland verstärkt. Um eine Hebung des Wohlstandes zu erreichen, waren außerdem Eingriffe in traditionelle ökonomische Abläufe erforderlich.

Zum Ende des 18. Jahrhunderts hin und mit der beginnenden Industrialisierung veränderten sich die ländlichen Lebenswelten rapide. Der Zuzug vom Land in die Stadt stieg an, die durch die Arbeitsabläufe vorgegebenen Zeitstrukturen orientierten sich mehr und mehr an einer Rationalisierung der Produktion und am Kriterium der Effizienz. ▷ S. 43 f. Industrialisierung und verlorene Welten

Hingegen beförderte die zunehmende Debatte um Vaterland und Nation die Suche nach der Einheit in der Vielfalt regional-kultureller Prägungen. Die Beschäftigung mit fernen Ländern von Reiseschriftstellern wie Johann Georg Forster (1754–1794) und Gelehrten wie Alexander von Humboldt (1769–1859) tat ein Übriges. Am Horizont zog eine neue Disziplin mit einem patriotisch-nationalkulturellen Hintergrund auf, die sich administrativer Quellen bediente, und sich nicht zuletzt auch aus dem Interesse am „eigenen Fremden" speiste [HARTMANN].

In der Romantik änderte sich das Interesse der gelehrten Welt am Volksleben grundlegend. Einer bürgerlichen Elite in den wachsenden Städten stand eine ländlich geprägte Bevölkerung gegenüber, die allem Anschein nach über sehr lange Traditionsketten verfügte. Das führte zu einem Paradox. Zum einen suchte man nach Bewährtem und Bewahrtem, das die Stabilität der eigenen Kultur garantieren sollte, zum anderen war man sich der Geschwindigkeit der Veränderungen bewusst und sammelte, was an Überlieferungen noch greifbar war, aber eigentlich bereits einer vergangenen Welt angehörte. ▷ S. 22 f. Durchbruch der bürgerlichen Gesellschaft

343

Besondere Aufmerksamkeit wurde dem Erzähl- und Liedgut sowie der Volksliteratur und den Sprachaltertümern zuteil. Nicht mehr die Frage nach staatlicher Hebung des Gewerbefleißes und der Ökonomie stand im Vordergrund, sondern die Ursprünge der so genannten „geistigen Kultur". Ausgehend von Johann Gottfried von Herders (1744–1803) tiefer Wertschätzung für die Volkspoesie, die seiner Vorstellung nach am „reinsten" die „Seele des Volkes" widerspiegele, entwickelte sich bei deutschen Romantikern eine intensive Sammel- und Herausgebertätigkeit, wie etwa bei Achim von Arnim (1781–1831) und Clemens Brentano (1778–1842) mit ihrer Liedsammlung *Des Knaben Wunderhorn*, die zwischen 1805 und 1808 erstmals erschien [ARNIM/BRENTANO; SIEVERS].

Jacob (1785–1863) und Wilhelm Grimm (1786–1859), die 1812 ihre Sammlung von *Kinder- und Hausmärchen* herausgaben, widmeten sich ebenso sprachlichen und liedhaften Äußerungen, vor allem den Volksmärchen. Sie wurden allerdings dem Geschmack des lesenden bürgerlichen Publikums angepasst. Das Sammeln und Präsentieren von einst mündlichen Überlieferungen verleiteten zu der Annahme, es müsse sich um sehr alte Stoffe handeln, die dem „Volksgeist" entsprungen seien, und in denen sich auch ein nationalkultureller „Mutterboden" des Volkes bewahrt habe. *

Institutionalisierung um 1900. Die Volkskunde etablierte sich um die Wende vom 19. zum 20. Jahrhundert in einer Vielzahl von Institutionen und Vereinen. Im Zeitalter der Hochindustrialisierung, der verstärkten Landflucht und der Verstädterung machte sich der Verlust von Traditionen nun in aller Schärfe bemerkbar. Dies betraf nicht nur die so genannte „geistige Kultur", sondern auch

Bis zur Mitte des 19. Jahrhunderts hin war die Volkskunde auf dem Wege, sich von ihren Vorläufern zu lösen und sich zu einer Universitätsdisziplin mit einem eigenen Forschungsfeld zu entwickeln. Indem sie dies tat, grenzte sie sich einerseits gegen die Altertumswissenschaften und die Philologien ab, andererseits gegen die Nationalökonomie und Statistik. In der Person von **Wilhelm Heinrich Riehl** (1823–1897) fand die Idee einer eigenen Disziplin eine weithin vernehmbare Stimme. 1859 erschien sein Aufsatz *Die Volkskunde als Wissenschaft*, welcher den Grundstein für spätere Institutionen legte. Er nannte darin die Volkskunde eine „halbvollendete Schöpfung der letzten hundert Jahre", die sich nun der „lebensvollen Gesamtidee der Nation" zu widmen habe. In der berühmten und oft zitierten Textpassage, in der er sein wissenschaftliches Credo entfaltet, heißt es wörtlich:

„Diese Studien über oft höchst kindische und widersinnige Sitten und Bräuche, über Haus und Hof, Rock und Kamisol und Küche und Keller sind in der That für sich allein eitler Plunder, sie erhalten erst ihre wissenschaftliche wie ihre poetische Weihe durch ihre Beziehung auf den wunderbaren Organismus einer ganzen Volkspersönlichkeit, und von diesem Begriff der Nation gilt dann allerdings im vollsten Umfang der Satz, dass unter allen Dingen dieser Welt der Menschen des Menschen würdigstes Studium sey." [RIEHL, 215]

Diese Äußerungen gaben den entscheidenden Impuls für eine kanonisierte Universitätsdisziplin, die sich nicht länger als Sammelort für „Merkwürdigkeiten" aus einer schwindenden ländlichen Welt verstehen mochte, sondern das systematische Studium des „Volkes" anstrebte, dem „eine neue Welt [aufgeht] mit dem bewussten Erfassen seiner eigenen Nationalität." Die Volkskunde sollte ihren Mittelpunkt, so Riehl, in der Idee der Nation finden. In der verhängnisvollen Formulierung von der „Selbsterkenntnis des Volkstums" bündelte sich die Vorstellung von Gesetzmäßigkeiten im inneren Aufbau sowie in der Dynamik des Volkslebens [RIEHL, 216]. Der Boden für volkskundliche Institutionen war bereitet. Schon 1852 hatte sich auf Initiative von Hans Freiherr von und zu Aufseß das Germanische Nationalmuseum in Nürnberg gegründet, um Zeugnisse der deutschen Kultur, der Kunst und der Geschichte unter dem Gesichtspunkt einer umfassenden Nationalkultur zu präsentieren.

Abbildung: Wilhelm Heinrich Riehl, aus: A. SPAMER, Die Deutsche Volkskunde, Bd. 2, Leipzig 1935, Vorblatt.

Literatur: W.H. RIEHL, Die Volkskunde als Wissenschaft, in: DERS., Culturstudien aus drei Jahrhunderten, Stuttgart 1859, 205–229.

viele materielle Güter, die nach und nach aus dem Alltag verschwanden. In bürgerlich-städtischen Kreisen regte sich deshalb das Bedürfnis nach Sammlungen, die retten sollten, was noch zu retten war, und die der Öffentlichkeit im großen Stile das (nationale) Kulturerbe vor Augen halten sollten. Diese Bewegung war zwar stark beeinflusst von romantischem Gedankengut, erfüllte aber auch nationalkulturelle Interessen, wie sie Wilhelm Heinrich Riehl (1823–1897), der Begründer der institutionalisierten Volkskunde, 1859 formuliert hatte. Der Aufbau entsprechender Einrichtungen blieb keineswegs auf den deutschsprachigen Raum beschränkt, sondern war zeitgleich in ganz Europa zu beobachten. In London hatte sich die „Folklore Society" schon 1878 gegründet, in Paris gab es bereits während des 19. Jahrhunderts zahlreiche folkloristische Aktivitäten. In Städten wie Budapest und Prag, Warschau und Zürich, München und Berlin und vielen anderen etablierten sich zwischen 1880 und 1914 ethnographische Gesellschaften bzw. Vereine. Zu ihnen zählte sowohl der „Berliner Verein für Volkskunde" (1890) als auch der in München ansässige „Verein für Volkskunde und Volkskunst in Bayern" mit dem Gründungsjahr 1901. Auch in den USA regte sich das Interesse an geistigen und materiellen Überlieferungen. Die American Folklore Society war 1888/89 gegründet worden. Aus volkskundlichen Sammlungen, die zum Teil in solchen Vereinen zusammengetragen worden waren, entstanden große Museen. In Berlin wurde 1889 das „Museum für deutsche Volkstrachten und Erzeugnisse des Hausgewerbes" unter der Leitung Rudolf Virchows (1821–1902) gegründet, das im Jahre 1999 gemeinsam mit den europäischen Sammlungen des Museums für Völkerkunde in das „Museum europäischer Kulturen" überführt wurde. Dem Zweiten Weltkrieg sind allerdings rund 80 % der Berliner volkskundlichen Sammlung zum Opfer gefallen.

In Wien gründeten sich 1894 ein volkskundlicher Verein und bereits 1895 das Österreichische Museum für Volkskunde. Der Verein betrieb zugleich eine Zeitschrift, die *Österreichische Zeitschrift für Volkskunde*. In Deutschland gründete sich 1904 der „Verband der Deutschen Vereine für Volkskunde" mit einer eigenen Zeitschrift, der 1963 in die „Deutsche Gesellschaft für Volkskunde" überging. Auf diesen drei Säulen – Verein, Museum und Zeitschrift – stand die wissenschaftliche Beschäftigung mit volkskulturellen Zeugnissen und Lebensformen bis zur Gründung von Lehrstühlen und Universitätsinstituten. Außerdem wurde in Freilichtmuseen das bäuerliche Leben „in situ" ausgestellt. Freilich erkennt man in den Aufstellungen von Bauernhäusern und Dorfanlagen heute ein allzu verklärtes Bild des ländlichen Lebens früherer Jahrhunderte.

An den Hochschulen gründete sich das Lehrfach Volkskunde aus zwei Fachrichtungen heraus, zum einen aus der nordischen Philologie, zum anderen aus der statistisch-kameralistischen Nationalökonomie. Den ersten Lehrstuhl für deutsche Volkskunde hatte Adolf Spamer ab 1936 an der Berliner Friedrich-Wilhelms-Universität inne, obwohl er kein Nationalsozialist war. Nach 1945 war er am Aufbau der Volkskunde in der damaligen sowjetischen Zone in Ostberlin beteiligt [Lutz; Brednich; Gerndt; Kaschuba].

NS-Zeit. Nach der Machtübernahme durch die Nationalsozialisten wurden die volkskundlichen Institutionen in Deutschland gleichgeschaltet. Die so genannte „NS-Volks-

kunde" arbeitete vor allem der Rassenpolitik zu. Die Trennung des „arteigenen Volkstums", das sich angeblich in der „nordischen Rasse" erhalten habe, vom christlich geprägten Kulturerbe des Abendlandes, das als Überwucherung germanischer Lebensformen verunglimpft wurde, bildete die Grundlage für die Tätigkeiten parteikonformer Wissenschaftler und Führungsstäbe wissenschaftsnaher Institutionen. Unter Heinrich Himmler (1900–1945) entwickelte sich ab 1935 zunächst mit der „Studiengesellschaft für Geistesurgeschichte", und dann ab 1937 unter der Bezeichnung „Ahnenerbe der SS" eine Dachorganisation, die vielfältige volkstumsideologische Untersuchungen unterstützte, an denen auch Volkskundler mitwirkten [Kater]. Autoren wie Matthes Ziegler mit seiner *Volkskunde auf rassischer Grundlage* (1934), der ab 1937 Leiter der „Reichsarbeitsgemeinschaft für deutsche Volkskunde" war, oder Hans F. K. Günther mit seiner 1922 erschienenen *Rassenkunde des deutschen Volkes* galten den Nationalsozialisten schon in den 1920er Jahren als willkommene Wegbereiter völkisch-rassischer Ideologie. Zu diesen zählte auch Alfred Rosenberg, der Verfasser der Propagandaschrift *Mythus des Zwanzigsten Jahrhunderts* (1930). Neben dem SS-Ahnenerbe wirkte er als „Beauftragter des Führers für die Überwachung der gesamten geistigen und weltanschaulichen Schulung und Erziehung der NSDAP" (Amt Rosenberg) ab 1934 an einer umfassenden, gegen die Juden gerichteten Verschwörungstheorie mit. Der Nachweis einer „urverbundenen Primärkultur" aus germanischer Zeit, den Viktor von Geramb 1937 behauptete, gehörte zum Anliegen seiner Dienststellen [Geramb, 31]. Zu den so genannten Urquellen zählten neben Liedern, Tänzen, Bräuchen und vielen anderen Äußerungen etwa auch Sinnbilder an Hausgiebeln. Die Forschung hat nach 1945 vor allem diese Studien als pseudohistorisch und rassistisch entlarvt [JACOBEIT/LIXFELD/BOCKHORN].

Nicht alle Volkskundler waren willige Zuarbeiter des NS-Staates. Will-Erich Peuckert etwa, der 1931 eine *Volkskunde des Proletariats* verfasst hatte, konnte erst nach dem Kriege einen Lehrstuhl in Göttingen übernehmen.

Volkskunde im geteilten Deutschland.

Nach dem Ende des Zweiten Weltkriegs ging die Volkskunde im geteilten Deutschland getrennte Wege. In der Bundesrepublik Deutschland und der Deutschen Demokratischen Republik suchten auch die Fachvertreter nach einem institutionellen und akademischen Neubeginn. 1951 wurde der erste deutsche Volkskundetag nach dem Ende des „Dritten Reiches" abgehalten. In den 1950er Jahren bemühte man sich im Westen um eine Bestandsaufnahme jener Forschungsfelder, an die man anknüpfen konnte und wollte. Neue traten hinzu, wie die so genannte „Volkskunde der Ostvertriebenen", welche die Eingliederung der Flüchtlinge in ihre neue Heimat unter einem eher soziologisch-demographisch geprägten Blickwinkel beobachtete.

In der DDR wurde 1952 das Institut für Deutsche Volkskunde an der Deutschen Akademie der Wissenschaften in Berlin unter der Leitung des 1905 in Breslau geborenen Finno-Ugristen Wolfgang Steinitz gegründet. Steinitz, der als Jude und Mitglied der KPD die NS-Zeit ab 1934 im Exil in Leningrad und Stockholm verbracht hatte, war ab 1946 in Berlin entscheidend am Aufbau volks- und völkerkundlicher Institutionen in der DDR beteiligt. Beide Forschungsrichtungen betrachtete er als Einheit – das Fach Ethnogra-

phie zollte diesem Gedanken Rechnung. Sein eigener Forschungsschwerpunkt lag auf Volksliedern und Volksdichtungen, den er ab 1954 in dem zweibändigen Sammelwerk *Die Volkslieder demokratischen Charakters aus sechs Jahrhunderten* umsetzte. Steinitz übte einen starken Einfluss auf die Nachkriegsgeneration der Volkskundler in der DDR aus [KASCHUBA].

In der Zeit um 1968 übernahm die traditionell zumeist philologisch orientierte Volkskunde im Westen, wie andere Geisteswissenschaften auch, Begriffe und Methoden aus den Sozialwissenschaften. Diese Richtung ist mit der Tübinger Schule unter Hermann Bausinger verbunden, dessen philologisch-hermeneutische Grundprägung indes erhalten geblieben ist [BAUSINGER].

Die Aufarbeitung der nationalsozialistischen Vergangenheit erfolgte erst allmählich seit Mitte der 1960er Jahre und wurde in den 1980er Jahren durch Kongresse und sorgfältig recherchierte Themenbände fortgeführt. Heute ist bekannt, wie eng verflochten mit dem NS-Staat „völkische" Wissenschaftler und andere das System stützende Personen aus den volkskundlichen Institutionen waren. Bedingt durch die überschaubaren Verhältnisse innerhalb des Faches Volkskunde gelang es, seit den 1980er Jahren ein umfassendes Bild von der „völkischen Wissenschaft" zu zeichnen, welche die Disziplin nach dem Ende der NS-Herrschaft schwer belastet hatte [GERNDT].

Stände, Klassen, Schichten.

Mit der Diagnose von der „nivellierten Mittelstandsgesellschaft" (Helmut Schelsky) wurde bereits in den Fünfziger Jahren von soziologischer Seite aus auf die ungewöhnlich umfassenden sozialen Auf- und Abstiegs- bezie-

347

▷ S. 151 f.
Konsum-
gesellschaft,
Sozialstaat,
„Wertewandel"

hungsweise kulturellen Nivellierungsprozesse hingewiesen, die in der Nachkriegszeit der Gesellschaft der Bundesrepublik ein neues Gepräge verliehen. Die Reste ständischer Eliten auf der einen Seite und die Klasse des minderprivilegierten Industrieproletariats auf der anderen Seite bildeten zusammen mit den technischen Angestellten eine Statusgruppe, die durch Einkommenshöhe und Konsumverhalten eine Art kleinbürgerlich-mittelständischer Massenkultur entwickelte. Am Ende der Ära Adenauer formierte das Gros der bundesdeutschen Familien eine Einheitsschicht mit verhältnismäßig ähnlichen Lebensstilen.

▷ S. 94
Lebenswelten
in der Moderne

Dieser immense gesellschaftliche Wandel forderte von einer Disziplin wie der Volkskunde eine schärfere begriffliche Abgrenzung als sie die tradierten Kategorien von Stadt und Land, von Bauern, Handwerkern und Obrigkeiten leisten konnten. Wollte die Volkskunde nicht hinter ihrem Gegenstand zurückbleiben, musste sie sich stärker als bisher auf das Themenfeld des Kulturwandels in Industriegesellschaften einstellen. Nicht mehr das Hergebrachte, Bewahrte, sondern das Veränderbare geriet in das Blickfeld der Forschung. Die Massenkultur mit ihrer am alltäglichen Gebrauch orientierten Warenästhetik und ihren auf den Durchschnittskonsumenten zielende Musterbildungen ist einem ebenso raschen Wandel unterworfen wie viele andere Felder einer von Zeitstilen bestimmten Gesellschaft, etwa die Jugendkultur. Dem hat die Volkskunde in den vergangenen Jahrzehnten verstärkt Rechnung getragen. Mehr und mehr wandte sie sich der Alltagsgeschichte zu, die in einer globalisierten Welt nach kulturellen Reaktionen auf das Zeitgeschehen sucht. Einerseits verwaltet sie somit ein Kanonwissen, welches in über zwei Jahrhunder-

ten gewachsen ist, da dieser Zweig der Disziplin nach wie vor stark ausgebildet bleibt und vor allem mit Regionalstudien verbunden wird. Andererseits nimmt sie die Herausforderungen einer sich rasch wandelnden Umwelt an. Die Volkskunde war und ist ein Spiegel ihrer Zeit. Sie richtet ihre Interessen nunmehr auch auf die Großstadt, auf Randgruppen, auf Arbeitsmigranten oder auf Auswanderer.

Eine langwierige Debatte über die Umbenennung der Volkskunde als wissenschaftliche Disziplin hat seit den 1970er Jahren zu zahlreichen neuen Fachbezeichnungen geführt. Diese lösten sich ganz bewusst vom Assoziationsfeld „Volk" und wollten damit ein Zeichen setzen für den Aufbruch der Disziplin in eine zeitgemäße Sprache. Ehemalige Volkskunde-Institute sind heute an den Universitäten als Institute für Kulturanthropologie, empirische Kulturwissenschaften oder Europäische Ethnologie vertreten. Diesen Einrichtungen ist ausdrücklich an einer gegenwartsnahen Forschung gelegen [BRÜCKNER]. Quellen und Methoden schließen sich häufig nahe an die Sozialgeschichtsforschung an oder an die aus Frankreich übernommene „Nouvelle Histoire" mit ihren mikrohistorischen Methoden. Die teilnehmende Beobachtung, von dem Ethnologen Bronislaw Malinowski (1884–1942) in den 1920er Jahren entwickelt, gilt als eine ebenso anerkannte Methode in der Feldforschung. Dieses Spektrum teilt die Volkskunde mit ihren Nachbarwissenschaften. Die Zukunft des Faches an zahlreichen deutschen Universitäten wird von der voranschreitenden staatlichen und kulturellen Europäisierung geprägt werden. Seit Mitte des 18. Jahrhunderts spiegelte die Disziplin Volkskunde zu jedem Zeitpunkt die vorherrschenden Dis-

▷ S. 201 f
Geschich
der Staate
Geschich
Gesellsch

kurse um Nation, Staat, Gesellschaft und Kultur wider. Von der Entwicklung der Nationalstaaten in Europa wird der Status, den das Fach im Spektrum der Wissenschaften einnehmen wird, entscheidend abhängen.

Die Zukunft wird zudem bestimmt werden durch zwei weitere Herausforderungen, welche die westlichen Gesellschaften bewältigen müssen. Als Folge der Globalisierung werden sich zunehmend Migrationseffekte bemerkbar machen. Und als Folge der Digitalisierung wird der rasche Umschlag von Informationen und Kommunikation die Welt in einen jederzeit überwindbaren Vierundzwanzig-Stunden-Raum verwandeln. Beides provoziert starke kulturelle Veränderungen, die sich in neuen Lebensstilen, Wertegefügen und Leitbildern niederschlagen werden. Hinzu kommt der Wandlungsdruck innerhalb der westeuropäischen Gesellschaften selbst, mit der Umkehr der Alterspyramide, der drastischen Zunahme von Einpersonenhaushalten, religiöser Konflikte oder des Ersatzes von Religionen durch Spiritualität einerseits und Ethik andererseits. Die Zukunftsszenarien des 21. Jahrhunderts werden rasch zur Gegenwart und bedürfen der immer neuen Erklärung und Deutung. Die Volkskunde/Europäische Ethnologie bietet aufgrund ihrer langen Erfahrung im Umgang mit kulturellen Problemen über System- und Zeitgrenzen hinweg eine solide Basis für die Erkenntnis der Eigenheiten westlicher Gesellschaften und des interkulturellen Vergleichs im Zeitalter der Globalisierung.

▷ S. 317
Vergleich
und Trans-
nationalität

Sabine Doering-Manteuffel

Literatur

A. v. Arnim/C. Brentano, Des Knaben Wunderhorn. Alte deutsche Lieder, Bd. 1, Nachwort: Von Volksliedern, Heidelberg 1806.

H. Bausinger, Volkskultur in der technischen Welt, Stuttgart 1961.

R.W. Brednich (Hrsg.), Grundriss der Volkskunde. Einführung in die Forschungsfelder der Europäischen Ethnologie, Berlin 3. Aufl. 2001.

W. Brückner (Hrsg.), Falkensteiner Protokolle. Diskussionspapiere u. Protokolle d. in Falkenstein/Taunus vom 21. bis 26. Sept. 1970 [...] „Volkskunde in Deutschland" abgehaltenen wiss. Arbeitstagung, Frankfurt/M. 1971.

V. v. Geramb, Urverbundenheit, in: Hessische Blätter für Volkskunde 36, 1937, 1–31.

H. Gerndt (Hrsg.), Volkskunde und Nationalsozialismus. Referate und Diskussionen einer Tagung, München 1987.

W. Jacobeit/H. Lixfeld/O. Bockhorn (Hrsg.), Völkische Wissenschaft. Gestalten und Tendenzen der deutschen und österreichischen Volkskunde in der ersten Hälfte des 20. Jahrhunderts, Wien 1994.

A. Hartmann, Die Anfänge der Volkskunde, in: R.W. Brednich (Hrsg.), Grundriss der Volkskunde, 9–30.

W. Kaschuba, Einführung in die Europäische Ethnologie, München 1999.

M.H. Kater, Das Ahnenerbe der SS, München 2. Aufl. 1997.

G. Lutz (Hrsg.), Volkskunde. Ein Handbuch der Geschichte ihrer Probleme, Berlin 1958.

K.D. Sievers, Fragestellungen der Volkskunde im 19. Jahrhundert, in: R.W. Brednich (Hrsg.), Grundriss der Volkskunde, 31–50.

Literaturwissenschaft

Literaturtheorie und Geschichtswissenschaft. Insofern Vergangenheit zumeist über Sprache repräsentiert wird, ist Literaturtheorie dort, wo sie Sprache als primäres Medium zum Verständnis der Literatur sieht, auch für die Geschichtswissenschaft relevant. Indem Sprachphilosophie und Literaturtheorie allerdings den Konstruktionscharakter von Sprache hervorheben, untergraben sie gleichzeitig die Vorstellung einer festen, ein für alle mal fixierten Vergangenheit. Von hier aus wurde die vielleicht wichtigste und folgenreichste Debatte der jüngeren Zeit gespeist, die für beide Disziplinen das Überdenken bislang gültiger Modelle und Ansätze erforderlich machte.

▷ S. 237 Geschichte der Gesellschaft/ „Neue Kulturgeschichte"

Hayden White macht die Sprache der historischen Einbildungskraft zum Ausgangs- und Zielpunkt seiner Überlegungen. Die traditionelle Einordnung der Historiographie in die literarischen Gattungen wurde von ihm wiederbelebt und löste in der Folge viele Kontroversen und Debatten aus. Whites vier „Redeweisen" des Geschichtsschreibers übernehmen Begriffe der Literaturwissenschaft: Metapher, Metonymie, Synekdoche und Ironie –, um damit Grundtypen historischer Vermittlung zu bezeichnen. Die Romanze steht dabei für die Findung bzw. Desorientierung des historischen Subjekts, die Tragödie für den Ausdruck unaufhebbarer Gegensätze, die Komödie hingegen für die Versöhnung widerstrebender Tendenzen, und die Satire schließlich zeigt den Menschen als Gefangenen jeweiliger Umstände [WHITE 1986 u. 1991].

Whites narrativistischer Ansatz stellt durchaus keine Einzelerscheinung dar, auch Arthur C. Danto, Dominick LaCapra und Paul Ricœur traten mit erzähltheoretisch ausgerichteten Studien hervor, in denen Textualität einen Schlüsselbegriff bildete für die Ermittlung von Strukturen des historischen Denkens und Vermittelns. Allerdings wurde auch von ihnen im Einzelnen Kritik an Whites Ansatz vorgetragen: die Grenzen zwischen wissenschaftlicher und fiktionalisierter Darstellung seien zwar durchlässig, nicht aber aufhebbar [DANTO; LACAPRA; RICŒUR]. Hayden White hat im Verlauf der Debatte immer wieder Apologien und Richtigstellungen seines Ansatzes vorgelegt, damit sein Konzept immer stärker ausdifferenziert wie auch präzisiert – und in dieser Form könnten seine Arbeiten künftig vielleicht als produktiver Versuch rezipiert werden, Literaturtheorie und Theorie der Geschichtsschreibung im Gespräch zu halten. Literaturtheorie, so White, stelle Reflexionen darüber bereit, *wie* diskursive Strukturen konstruiert sind, also ihre poetischen und rhetorischen Elemente anteilig und für sich zusammengestellt sind. Dabei wird es für den Beobachter immer wieder und aufs neue schwierig sein, zwischen *wie* und *was* fein säuberlich zu trennen, mögen die Referenzen auch verschieden sein. White findet in der Debatte der Geschichtsschreibung um „traditionelle" oder „alternative" Methoden eine Neuauflage der Kontroverse um Realismus versus Moderne, die lange die Literaturwissenschaften bewegt und gespalten habe. Schließlich beharrt er auf der Wirklichkeits-Referenz auch literarischer Strukturen: „Gibt es tatsächlich jemanden, der ernsthaft glaubt, Mythos und literarische Fiktion bezögen sich *nicht* auf die wirkliche Welt, sagten nichts Wahres aus und vermittelten uns keine wirkliche Erkenntnis über sie?" [WHITE, 1986, 121] Whites Thesen haben auch auf die Literaturtheorie eingewirkt, nicht zuletzt im Bereich des „New Historicism" [Bassler; Glauser/ Heitmann]

Dieser besonders durch Stephen Greenblatt formulierte Ansatz führte durch seine Rekonstruktion des Artefaktes aus dem Umfeld kultureller und sozialer Formationen zu einer Neubelebung des interdisziplinären Diskurses. Mit seinen Begriffen der „Verhandlungen", des „Austauschs", der „Repräsentation" betrachtet Greenblatt Geschichte als Kraftfeld, in dem alles miteinander in Verbindung steht. Dabei folgt er der von Foucault, Lyotard und anderen betriebenen Verabschiedung einer gewissermaßen ontologischen Geschichtsschreibung und betont das Moment der Kontingenz [Greenblatt]. Greenblatt und seine Nachfolger bewegen sich im Umkreis einer Mentalitätsgeschichte, wie sie innerhalb der Geschichtswissenschaft seit längerem konzipiert wird. Sie richten ihr Augenmerk auf Phänomene der Lebenswelt wie Krieg, Alter, Tod, Sexualität usw., an denen ein Autor wie ein gewöhnlicher Zeitgenosse teilhat, was sich im Horizont des literarischen Kunstwerks ebenso niederschlägt wie beispielsweise in einem Flugblatt. Wolfgang Mommsen hat darauf hingewiesen, dass gerade unter diesem Blick Quellen wie „literarische oder poetische Zeitzeugnisse, Werke der bildenden Kunst und sogar des Theaters und der Musik [...] eine ganz neue Bedeutung" gewinnen [Mommsen, 36].

▷ S. 89 ff.
Lebensten in der Moderne

Vor allem in der Rezeption nicht-literaler Medien und in der wissenschaftlichen Reflexion sind Geschichts- wie Literaturwissenschaft auf neue heuristische Instrumente angewiesen, eine Öffnung zur allgemeineren Kulturwissenschaft scheint deshalb die logische Entwicklung in beiden Fächern.

Literaturgeschichte als Spezialgebiet. Den Versuch, Literatur in ihrer Entwicklung und ihrem Zusammenhang zu zeigen, unternimmt innerhalb der Literaturwissenschaft die Literaturgeschichte. Auch Schriftstellern, die gelegentlich solche Projekte verfolgten, war dabei die geschichtliche und politische Dimension nicht nur bewusst, sondern es war ihre ausdrückliche Absicht, sie zu erschließen. Ob in Joseph v. Eichendorffs (1788–1857) *Geschichte der poetischen Literatur Deutschlands* der Abfall von der katholischen Grundordnung als Voraussetzung des Verfalls deutscher Literatur gesehen wurde – oder ob Heinrich Heine (1779–1856) in seiner *Geschichte der Religion und Philosophie* deutsche Geistes- und Kulturgeschichte im Wechselverhältnis von deutscher und französischer politischer Geschichte las, immer wird Literaturgeschichte auch als Spiegel historischer Prozesse verstanden.

Allerdings darf nicht übersehen werden, dass innerhalb der Literaturgeschichte nicht nur politische und historische Fixpunkte die jeweilige Strukturierung bestimmen, sondern auch binnenliterarische Prozesse angemessen berücksichtigt werden müssen. Das können gattungsgeschichtliche Momente sein, Aspekte verschiedenartigster Rezeptionsweisen, Stoff- und Motivforschung, Mythologie, das Verhältnis zu anderen Künsten, philosophische oder theologische Referenzen u.a.m. Dieses Gewebe überlagert gewissermaßen die chronologische Ebene und macht aus der Literaturgeschichte Zeitigkeit und Ungleichzeitigkeit in einem.

Jeder Literarhistoriker, der sich nicht in simpler Annalistik erschöpfen will, muss diesen Bedingungen von Chronik und Asynchronik, Gegenwart und Vergangenheit des literarischen Kunstwerks Rechnung tragen, seine

351

Georg Gottfried Gervinus (1805–1871) darf mit seiner *Geschichte der poetischen National-Literatur der Deutschen* (1835–1842) als Begründer einer deutschen Literaturgeschichte gelten. Er wurde als Sohn eines Gerbers und Gastwirts in Darmstadt geboren und arbeitete vor seinem Studium mehrere Jahre als Buchhändler und Angestellter. Als Historiker und Literaturhistoriker zugleich wurde er 1836 nach Göttingen berufen – als Mitglied der Göttinger Sieben aber 1837 des Landes verwiesen.

Wissenschaft war für Gervinus ein Medium der Politisierung. Die Deutschen sollten ihre Kräfte nicht auf Dichtung und Philosophie konzentrieren sondern aufs Handeln. Lebenspraxis ging ihm über wirklichkeitsfremde Theorie. Der Höhepunkt deutscher Dichtung lag für Gervinus im späten 18. Jahrhundert, also vor allem in der Deutschen Klassik. Auch das Junge Deutschland war für ihn schon Abstieg. Der Wert von Dichtung wurde an ihrer „Zeitgemäßheit" gemessen – Gervinus scheute nicht davor zurück, sich dem Vorwurf einer „unwissenschaftlichen" Betrachtungsweise auszusetzen.

1846 rief er gemeinsam mit anderen zum ersten deutschen Germanistentag im Frankfurter Römer auf, 1848 war er Mitglied im Frankfurter Paulskirchen-Parlament. Nach dessen Scheitern zog er sich zurück, dennoch kam es 1853 zu einem Hochverrats-Prozess, worauf ihm die venia legendi entzogen wurde. Schon bald geriet der einst Ruhmreiche in Vergessenheit – die scharfe Gegnerschaft Rankes und Treitschkes mögen dazu beigetragen haben; Gervinus war ein Gegner der preußisch-kleindeutschen Lösung und hat daraus kein Hehl gemacht. Die spätere Germanistik hat sich kaum noch um sein Werk gekümmert und ist ihm nicht gefolgt: die längste Zeit blieb sie konservativ oder unpolitisch. Erst später hat sich vor allem die marxistische Literaturwissenschaft auf Gervinus bezogen.

Abbildung: Georg Gottfried Gervinus, Holzstich um 1845, Antiquariat Klaus Hille, Berlin.

Literatur: G. Erler, Einführung in, G.G. Gervinus, Schriften zur Literatur, Berlin/Weimar 1962, V–LXXIV.

ästhetischen Dimensionen nicht auf simple „Abbildungs"-Verhältnisse der jeweiligen Gegenwart zurückführen. Die Literatur des Barock ist selbstverständlich einerseits von den Schrecken des Dreißigjährigen Krieges geprägt, andererseits ist die Bedeutung theologischer und älterer philosophischer Bestände ebenso nachweisbar. Thomas Manns *Lotte in Weimar* ist auf der einen Seite ein Deutschland-Roman, indem er aus dem Exil und gegen Hitler deutsche „Größe" zu zeigen versucht – auf der anderen Seite ein Beitrag zur literarisierten Goethe-Rezeption, wie wir sie schon von den Zeitgenossen Goethes kennen.

Wie die Geschichtsschreibung verzeichnet die Literaturgeschichte den Wechsel von Strukturen und Funktionen der Erfahrung, wobei der konstruktivistische Aspekt eines jeden solchen Gesamtbildes nie ignoriert werden darf. Es sind vor allem die „Kontexte" von Literatur die in der Literaturgeschichte – übrigens auch in der Biographik – für den Historiker von Interesse und Bedeutung sind. Dazu kommen Fragen der ästhetischen Vermittlung möglicher Formen von Wirklichkeit, die historisch relevante Aspekte haben können.

Vor allem eine Literaturgeschichte, die stark am Rezeptionshorizont ausgerichtet ist, die auf die für Autor wie Leser gleichen ökonomischen, politischen, gesellschaftlichen Konditionen Bezug nimmt und Entstehung wie Aufnahme von Literatur daraus rekonstruieren will, ist für die allgemeine Geschichte von Bedeutung: politisches Ereignis und literarisches Werk nämlich haben eine gemeinsame historische Wurzel. Das Denken und Handeln der Menschen, ob als politisch oder literarisch aktives Subjekt, steht für eine an Mentalitäten interessierte Geschichtsschreibung im Zentrum der Forschung. Literaturgeschichte wird solchermaßen zum Versuch, Alltagsgeschichte über literarische Zeugnisse zu dokumentieren, d.h. sie liest Texte als sozialpsychologisch komplexe Strukturen in Verbindung mit ihren zeitlichen Rahmenbedingungen. Literarischer und historischer Diskurs verbinden sich zu einer Form der Meta-Historie. Neben objektiven historischen Fakten und literarischen Formen des Wissens – also z.B. Gattungen – wird dabei auch den historischen Sprachmustern besondere Aufmerksamkeit gewidmet.

▷ S. 161
Rückblick:
Epochen-
bildung Epochenbegriffe sind natürlich immer nur Hilfsmittel – es fällt aber auf, dass sich in den meisten Fällen analoge Bezeichnungen beider Geschichtsschreibungen herausgebildet haben, wobei die Literarhistorie zumeist dem Vorgang der Geschichte folgt: So bezeichnet Gerhard Schulz seine Geschichte der Literatur von 1806–1830 als *Deutsche Literatur zwischen Französischer Revolution und Restauration* [SCHULZ]. Das Jahr 1848 wird oftmals als Grenz- und Schwellenjahr für eine bürgerliche und realistische Literatur herangezogen. Späterhin gibt es eine Literatur der Weimarer Republik so gut wie Darstellungen zur Gegenwartsliteratur, die häufig mit den Stichdaten 1945 oder 1968 arbeiten.

So wenig erschöpfend solche Datierungs-Anlehnungen sein können, so sehr innerliterarische Prozesse und Besonderheiten zu ergänzen sind, so deutlich macht dieses Vorgehen doch auch, dass Literaturgeschichte und allgemeine Geschichtsschreibung aus dem gleichen Erinnerungs-Reservoir schöpfen. Heine hat in seiner Geschichte der *Romantischen Schule* diese Zusammengehörigkeit konsequent zum Maßstab einer neuen Literatur gegenüber jeder alten gemacht: es gelte, keinen Unterschied mehr zu machen zwischen Leben und Schreiben, Politik und Wissenschaft, Kunst und Religion [HEINE].

Literarische Texte als Quellen. Geschichtswissenschaft wie Literaturwissenschaft sind im engeren Sinne Textwissenschaften. Darauf hat der so genannte „linguistic turn" in den Geisteswissenschaften nur noch einmal verstärkt hingewiesen, Praxis war diese Einsicht längst gewesen. Vor allem die philologische Grundlagenarbeit, zum Beispiel alles, was mit Edition zu tun hat, zeigt hier Parallelen: von der Textsicherung über die Quellenkritik bis zur Textredaktion und -ausgabe reicht das gemeinsame Feld historischer und literaturwissenschaftlicher Arbeit. Historische Dokumente wie literarische Erzeugnisse durchlaufen ein Prüfungsverfahren, bevor sie in den Prozess der Deutung und Folgerung eingehen können. Dabei ist es heute zugunsten kontextueller und rezeptionsästhetischer Perspektiven genau so wichtig, die Rahmengeschichte des Textes zu sichern, die nicht-textuellen Bedingungsfaktoren im weitesten Sinne zu rekonstruieren und sich der jeweiligen Erwartungshorizonte zu versichern, wie den „eigentlichen" Text sicherzustellen. Dies hat in der Literaturwissenschaft wie in anderen Disziplinen auch zu teilweise heftigen Kontroversen darüber geführt, ob damit nicht ein ursprünglich rein textwissenschaftliches Fach sein spezifisches Profil verliere, ihm gewissermaßen sein Gegenstand abhanden zu kommen drohe. Die Debatte im *Schiller-Jahrbuch* der Jahrgänge 1997ff., ausgelöst von Wilfried Barner und weitergeführt unter anderem von Hartmut Böhme, ist dafür nur ein Beispiel [BARNER; BÖHME]. Kosellecks Forderung nach einer „Vetomacht der Quellen" stößt in dieselbe Richtung und erinnert zugleich daran, dass sich Verfahren empiri-

▷ S. 237 ff.
Geschichte der
Gesellschaft/
„Neue Kultur-
geschichte"

353

Detailskizze

Ein bedeutendes Beispiel dafür, dass Literatur als Geschichte wichtige und fortwirkende Beiträge zur Diskussion um Vergangenheit liefern kann, ist das **Thema Holocaust**. Adornos Diktum, dass nach dem Holocaust Poesie nicht mehr möglich sei, aufnehmend, aber zugleich überschreitend durch angemessene Formen haben bereits Überlebende wie Paul Celan oder Nelly Sachs diese der wissenschaftlichen Anstrengung nur eingeschränkt zugänglichen Erfahrungen Ausdruck zu verleihen versucht. Günter Grass brach 1959 mit seinem Roman *Die Blechtrommel* das Tabu der Nachkriegsgeschichte, setzte literarische Erinnerungssuche gegen Verdrängung und die weit verbreitete Unfähigkeit zu trauern. Sein Mittel bestand dabei nicht im realistischen Zeige-Stil, der angesichts des Schreckens unwirksam bleiben musste, sondern in autochthon literarischen Verfahrensweisen der Moderne wie Parodie, Satire, Intermedialität, Verfremdung, Groteske. Noch bevor die Zeitgeschichtsforschung sich über Einzelbeiträge hinaus der jüngsten Katastrophengeschichte annahm, versuchten Autoren wie Rolf Hochhuth (*Der Stellvertreter*), Heiner Kipphardt (*Joel Brand*) und Peter Weiss (*Die Ermittlung*) die Bühne als Tribunal und Forschungsstätte zugleich zu nutzen; alle drei arbeiteten dabei intensiv wie extensiv mit Dokumenten, so weit sie damals zugänglich und schon zu bewerten waren.

Ruth Klüger hat diese Literatur nicht zuletzt dadurch legitimiert gesehen, dass für sie jeder Umgang mit dem Holocaust zugleich Interpretation sein muss. Die Freiheiten dieser Interpretation haben in späteren Literarisierungen gegenüber dem dokumentarischen Theater zugenommen – bis hin zu Grenzen, etwa bei Rainer Werner Fassbinder oder Martin Walser, die vielen schon eher Grenzverletzungen schienen. Jurek Becker, Edgar Hilsenrath, aber auch Christoph Ransmayr haben im Anschluss an Grass versucht, auch das Tabu der „hohen Form" bei der Darstellung des Holocaust zu brechen, indem sie Komik bis zum Slapstick funktional ausprobierten, auf der Suche nach anderen, weiteren „Erklärungs"-Versuchen.

Literatur: E. SCHLANT, Die Sprache des Schweigens. Die deutsche Literatur und der Holocaust, München 2001.

scher und intersubjektiver Überprüfbarkeit als „wissenschaftlich" haben etablieren können, wozu auch Diskursivität als Zusammenhangsorientierung zu zählen hätte [KOSELLECK, 44f.]. ▷ S. 249 Geschichte der Gesellschaft/„Neue Kulturgeschichte

Die ästhetische Qualität eines Textes ist für den Historiker häufig eher zweitrangig, und oft wird der Trivialliteratur ein höherer Quellenwert zugebilligt, weil sie Einstellungen größerer Gruppen und Schichten spiegeln dürfte als die Hochliteratur. Doch ist eine solche Folgerung keinesfalls verallgemeinerbar: Mag sie im Falle des bürgerlichen Erfolgsbuches *Soll und Haben* von Gustav Freytag (1816–1895) für die zweite Hälfte des 19. Jahrhunderts durchaus gelten, so ist für die Problematik einer sich anbahnenden Wissens- und Leistungsgesellschaft am Ende des 18. Jahrhunderts Goethes *Faust* sicher relevanter als Christian August Vulpius' (1762–1827) Bestseller *Rinaldo Rinaldini*. Am besten wird es sein, beide Resonanzräume miteinander zu verbinden, wobei man auch auf Ergebnisse der Lesersoziologie – lesende Frauen, die das Gros damaliger Rezipienten bilden, sind eben nicht mit „dem" bürgerlichen Milieu gleichzusetzen – einzugehen hätte. ▷ S. 23 ff. Durchbruch der bürgerlichen Gesellschaft

Der triviale wie der artistische Text kann sich dabei in drei grundlegenden Weisen zu seiner Zeit verhalten: entweder er steht passiv in der Geschichte oder er hat teil an ihr oder er setzt sich dezidiert gegen jede Form von Geschichtlichkeit ab. Natürlich bleibt im letzteren Falle zu fragen, inwiefern eine solche Autonomie-Erklärung berechtigt ist. Literarische Texte spiegeln für den Historiker den Horizont von Zeitgenossen; sie können somit wichtige Teile zu dem Mosaik beitragen, in dem sich eine historische Epoche weniger als Organismus denn als Zusammengesetztes mit erkennbaren Bruchstellen und auch Leerstellen erweist. In einer Art „Mikrohistorie" können literarische Texte Schlüssel sein, um Gefühle, Hoffnungen wie Ängste historischer Individualitäten verständlicher zu machen. Unter solchen Auspizien kann das literarische Kunstwerk dem Historiker mehr sein als bloßes Dokument, er kann aus ihm in der thematischen wie formalen Struktur sowohl konkrete als auch abstrakte Elemente einer bestimmten Zeit ablesen.

Jürgen Eder

Literatur

W. BARNER, Kommt der Literaturwissenschaft ihr Gegenstand abhanden? Zur ersten Diskussionsrunde, in: Jahrbuch der deutschen Schillergesellschaft 41, 1997, 1–8.

M. BASSLER/F. DETHLEFS, Historismus und literarische Moderne, Tübingen 1996.

M. BASSLER (Hrsg.), New Historicism. Literaturgeschichte als Poetik der Kultur, Tübingen/Basel 2., aktual. Aufl. 2001.

H. BÖHME, Zur Gegenstandsfrage der Germanistik und Kulturwissenschaft, in: Jahrbuch der deutschen Schillergesellschaft 42, 1998, 476–485.

D. LA CAPRA, History, politics, and the novel, Ithaca u.a. 1987.

C. CONRAD/M. KESSEL (Hrsg.), Geschichte schreiben in der Postmoderne. Beiträge zur aktuellen Diskussion, Stuttgart 1994.

A.C. DANTO, After the End of Art. Contemporary Art and the Role of History, Princeton/N.J. 1997.

J. GLAUSER/A. HEITMANN (Hrsg.), Verhandlungen mit dem New Historicism. Das Text-Kontext-Problem in der Literaturwissenschaft, Würzburg 1999.

H.J. GOERTZ (Hrsg.), Geschichte. Ein Grundkurs, Reinbek 1998.

S. GREENBLATT, Was ist Literaturgeschichte? Frankfurt/M. 2000.

H. HEINE, Die Romantische Schule, in: DERS., Sämtliche Schriften, Bd.5: Schriften 1831–1837, hrsg. v. K. PÖRNBACHER, Frankfurt/M. u.a. 1981.

R. KOSELLECK, Standortbindung und Zeitlichkeit. Ein Beitrag zur historiographischen Erschließung der geschichtlichen Welt, in: DERS./W.J. MOMMSEN/J. RÜSEN (Hrsg.), Objektivität und Parteilichkeit in der Geschichtswissenschaft, München 1977, 17–48.

P.M. LÜTZELER, Klio oder Kalliope? Literatur und Geschichte: Sondierung, Analyse, Interpretation, Berlin 1997.

W.J. MOMMSEN, Die Geschichtswissenschaft am Ende des 20. Jahrhunderts, in: C. CORNELISSEN (Hrsg.), Geschichtswissenschaften. Eine Einführung, Frankfurt/M. 2. Aufl. 2000, 26–38.

P. RICŒUR, Zeit und Erzählung, München 1988–1991.

G. SCHULZ, Die deutsche Literatur zwischen Französischer Revolution und Restauration, München 1989.

H. WHITE, Auch Klio dichtet oder Die Fiktion des Faktischen, Stuttgart 1986 [engl. 1978].

DERS., Metahistory. Die historische Einbildungskraft im 19. Jahrhundert in Europa, Frankfurt/M. 1991 [engl. 1973].

Zeitschrift für deutsche Philologie. Sonderheft z. Bd. 123: Literatur und Geschichte. Neue Perspektiven, hrsg. v. M. HOFMANN/H. STEINECKE, 2004.

Politikwissenschaft

Entwicklung der Disziplin. Die Politikwissenschaft als wissenschaftliche Disziplin ist zum großen Teil ein Kind der in diesem Band beschriebenen Epoche. Die Lehre von den politischen Formen war bereits im Bildungskanon der mittelalterlichen Universität enthalten [MAIER]; in der Frühen Neuzeit wurde sie in Gestalt von Kameralistik und Statistik zum theoretischen Rüstzeug des staatlichen Dirigismus [RASSEM/STAGL].

▷ S. 343
Interdisziplinäre
Perspektiven:
Volkskunde

Gleichzeitig widmeten sich neben dieser speziellen Form der politischen Philosophie auch die politische Ökonomie, die Geschichtswissenschaft und die Rechtswissenschaft politischen Fragen. Zum Gegenstand einer eigenen Disziplin jedoch wurde die Politik erst gegen Ende des 19. Jahrhunderts [BLEEK], und dies am ehesten dort, wo eine gewisse Tradition der Selbstregierung von Bürgern existierte.

Wie die Geschichtswissenschaft so begreift auch die Politikwissenschaft, gestützt von begriffsgeschichtlichen wie soziologischen Positionen [KOSELLECK; LUHMANN], die Zeit um 1789 als Beginn einer neuen Epoche.

▷ S. 161 f.
Rückblick:
Epochenbildung

Das revolutionäre Zeitalter war Folge wie Motor eines gesellschaftlichen Strukturwandels, mit dem sich auch das politische Denken veränderte: Politische Leitbegriffe wie Konservatismus, Sozialismus und Liberalismus lösten frühere Themen wie Naturrecht oder Aufklärung ab. Damit gerieten

▷ S. 63 ff.
Politisches
Denken /
Politische
Strömungen

politisches Denken und politische Theoriebildung zunehmend in das Fahrwasser ideologischer Strömungen. So wird die Zeit seit 1789 mit Hilfe des Begriffs „Ideologie" betrachtet, auch wenn dieser bereits eine längere Tradition hat [LENK].

356

Detailskizze

Die Etablierung selbstständiger politikwissenschaftlicher **Forschungs- und Lehranstalten** in einzelnen Staaten vollzog sich zwischen 1870 und 1920.

Eine der Reaktionen auf die Niederlage Frankreichs gegen Preußen-Deutschland war die Gründung der politischen Hochschule „Ecole libre des sciences politiques" 1871 durch Émile Boutmy, der in der Forschung durch seine Kontroverse mit Georg Jellinek über die Ideengeschichte der Menschenrechtserklärung bekannt ist.

In London wurde unter Federführung von Sidney Webb 1895 die „London School of Economics and Political Science" gegründet. Ihre Vorbilder waren neben der Ecole libre das 1888 gegründete MIT (Massachusetts Institute of Technology) und die deutschen technischen Hochschulen. Insbesondere die gegen Ende des 19. Jahrhunderts beherrschende Problematik der „sozialen Frage" sollte mit wissenschaftlicher Anleitung ihre Lösung finden.

1920 nahm in Berlin die „Deutsche Hochschule für Politik" ihren Lehrbetrieb auf, ebenfalls ein Fall institutionellen Lernens aus einer Niederlage im Krieg. Erst nach 1945 konnte sich in Deutschland die Politikwissenschaft (teilweise gegen erheblichen Widerstand der etablierten Disziplinen), als „Demokratisierungs-Wissenschaft" eines für politisch unaufgeklärt geltenden Volkes festigen.

Die Tradition politischen Unterrichts kann in den USA auf eine bis in das 17. Jahrhundert zurückreichende, fast ununterbrochene Kontinuität verweisen. Man denke alleine an die 1636 gegründete Harvard University. In der staatszentrierten Tradition Deutschlands wurden politische in juristische Fragen transformiert und bis ins 20. Jahrhundert hinein von der Rechtswissenschaft behandelt.

Literatur: P. FAVRE, La naissance de la science politique (1870–1914), Paris 1989; A. HADDOW, Political Science in American Colleges and Universities 1636–1900, New York u.a. 1939; R. DAHRENDORF, LSE. A History of the London School of Economics and Political Science 1895–1995, Oxford 1995; W. BLEEK, Geschichte der Politikwissenschaft in Deutschland, München 2001.

Detailskizze

Zu den frühesten Gesamtdarstellungen der **politischen Ideengeschichte** zählt das dreibändige Werk von **Robert von Mohl** (1799–1875). Hier dominiert allerdings die liberale Theorie: Die Entwicklung des politischen Denkens liest sich als Dogmengeschichte, an deren Ende der moderne Staat in seiner Ausprägung als Rechts- und Verfassungsstaat steht [MOHL]. Unter dem Eindruck miteinander konkurrierender Ideologien und nationaler Zäsuren wie dem Ersten Weltkrieg wandelt sich die Ideengeschichtsschreibung zur Darlegung konkurrierender politischer Denkwege – der Ausgang ihrer Konfrontation ist offen. Hermann Heller (1891–1933) beispielsweise versucht die ideologische Unentschiedenheit zu Beginn der Weimarer Republik in der säulenartigen Entwicklung voneinander unabhängiger Stränge zu erklären [HELLER]. Die gegenwärtige Ideengeschichte behandelt die politische Ideengeschichte von 1789 bis zum Jahr 1945 insgesamt als Zeitalter der Ideologien. Aus der Summe der dabei diskutierten Autoren und dem Vergleich ihrer jeweiligen biographischen, wissenssoziologischen und praktischen Kontexte beschreibt Klaus von Beyme den „Ideengeschichtler" und den „politischen Denker" als eine gesonderte Klasse von Akteuren und ihr Schrifttum als eigenständige Reflexionsgattung [BEYME].

Literatur: K. v. BEYME, Politische Theorie im Zeitalter der Ideologien, 1789–1945, Wiesbaden 2002; H. HELLER, Die politischen Ideenkreise der Gegenwart [1926], in: DERS., Gesammelte Schriften, Tübingen 2. Aufl. 1992, Bd. I, 267–412; R. v. MOHL, Geschichte und Literatur der Staatswissenschaften. In Monographien dargestellt, 3 Bde., Erlangen 1855–1858.

Wo für die Geschichtswissenschaft historische Individualität im Vordergrund steht, da sieht die Politikwissenschaft Akteure und Strukturen. Im Zentrum steht für sie das durchschnittliche und typische Verhalten von Menschen. Das Interesse hierfür teilt sie mit der Soziologie, deren berühmter Vertreter Max Weber (1864–1920) mit seiner Herrschaftslehre zum besonderen Ideengeber wurde. Unter dem Einfluss seiner Unterscheidung zwischen den verschiedenen legitimen Herrschaftsformen lernte die Politikwissenschaft zu Beginn des 20. Jahrhunderts, in großen Staatsmännern nicht so sehr herausragende Persönlichkeiten als vielmehr die Verkörperung typischer Merkmale zu sehen, die gruppenspezifische Wirkungen zeitigen: Betrachtet wird nicht ein einzelner Mensch, sondern eine generalisierte Ressource politisch erfolgreichen Handelns [WEBER].

▷ S. 303
Entfaltung
der Geschichts-
wissenschaften

▷ S. 197
Geschichte
der Staaten/
Geschichte der
Gesellschaft

Am weitesten geht diese Form des Typisierens in der Rational-Choice-Theorie. Hier wird das Entscheiden und Handeln von Akteuren im Modell eines Spiels, das heißt unter Vorgabe von Zielen und Regeln bei gleichzeitiger Begrenzung der verfügbaren Ressourcen nicht bloß rekonstruiert, sondern auch vorgeschrieben [SCHARPF]. Die spieltheoretische Vereinfachung von Handlungsabläufen basiert auf einer Vorstellung vom Menschen als bloßem Nutzenmaximierer, wie sie vielfach von den Wirtschaftswissenschaften entworfen wird.

Inzwischen wird die Rational-Choice-Theorie dadurch relativiert, dass auf die gesellschaftliche Beeinflussung, wenn nicht kulturelle Prägung der Rationalitätsmuster sowie der auf ihnen gründenden Entscheidungen hingewiesen wird [SIMON]. Politische und soziale Ressourcen – Humankapital, Sozial-

▷ S. 248
Geschichte der
Gesellschaft/
„Neue Kultur-
geschichte"
kapital – können nicht wie ökonomische Ressourcen behandelt werden, sie unterscheiden sich von ihnen hinsichtlich Entstehungs- und Einsatzbedingungen [HIRSCHMAN].

Gegen den Einfluss des ökonomischen Denkens wendet sich schließlich auch eine normative Richtung der Politikwissenschaft, die unter der Bezeichnung Neo-Aristotelismus in der jüngeren politischen Philosophie eine bedeutende Rolle spielt [ARENDT, STRAUSS, VOEGELIN, GUTSCHKER]. Hier wird politisches Handeln als Praxis von der technischen Herstellung von Gütern scharf unterschieden und die Begründung politischer Ordnung ausschließlich dem Bereich politischer Praxis zugerechnet.

Demokratie im Fokus der Regierungslehre.
Zu den klassischen Themen der Politikwissenschaft zählt der Vergleich, der auf Aristoteles zurückgeht und die Frage nach dem besten Staat zu beantworten sucht. Die Tradition des Vergleichs und der Typologisierung von Staatsformen durch Abstraktion von historischen Verfassungen findet sich vor der Etablierung der Politikwissenschaft bereits in der Geschichtswissenschaft, bei-

▷ S. 320
Vergleich
und Trans-
nationalität
spielsweise bei Otto Hintze (1861–1940) [HINTZE]. Die aus der Rechtswissenschaft von Georg Jellinek stammende Unterscheidung zwischen Realtypus und Idealtypus ging als Idealtypenlehre in die Herrschaftslehre von Max Weber ein [JELLINEK]. Alle diese Ansätze befruchteten die moderne politikwissenschaftliche Regierungslehre.

Eine spezielle Ausrichtung erhielt diese durch Alexis de Tocqueville (1805–1859): Mit seinem Werk *Die Demokratie in Amerika* (1835–1840) wollte der französische Aristokrat am Beispiel der Neuen Welt der Alten ihre Ent-

wicklung vorzeichnen [TOCQUEVILLE]. Als erster stellte er die Demokratie als paradigmatischen Typ der modernen politischen Ordnung dar und gab sie als Leitbild aller künftigen Ordnungen aus. Ihren britischen Vertreter fand diese Auffassung in John Stuart Mill (1806–1873), dessen nationalökonomisches Oeuvre von einer klaren demokratischen Grundhaltung durchzogen ist [MILL]. Weiter noch gingen seine Nachfolger bis hin zu James Bryce (1838–1922), der die Demo-kratie selbst in ihren vielfältigen Erscheinungsformen zum Gegenstand vergleichender politikwissenschaftlicher Studien machte [BRYCE]. Der Erste Weltkrieg und die zeitgenössischen Debatten zur Demokratietheorie bewirkten einen erheblichen Schub bei der Durchsetzung dieser Regierungsform in Europa [LLANQUE].

Mit der formalen Demokratisierung des größten Teils von Europa nach dem Ersten Weltkrieg, abermals nach dem Zeiten Weltkrieg und dem neuerlichen Demokratisierungsschub der 1970er bis 1990er Jahre wurde im Laufe des 20. Jahrhunderts die Demokratie zum Hauptthema der Politikwissenschaft und diese gleichsam zur Demokratiewissenschaft. In Reaktion auf die Ereignisse der Zwischenkriegszeit und des Zweiten Welt-

▷ S. 108 ff
Industriel
Massen-
gesellscha
kriegs sowie vor dem Hintergrund des Kalten Krieges analysierte die Politikwissenschaft verschiedene Formen der Demokratie und unterschied hierbei zwi-
▷ S. 135 ff
Atom-
zeitalter/
Bipolaritä
der Welt
schen der direkten/partizipativen und der indirekten/repräsentativen Demokratie [SCHMIDT 2000].

Seit dem Abklingen des Kalten Krieges und mit dem vermeintlichen Siegeszug der Demokratie als unangefochtenem Standardmodell der Entwicklung politischer Systeme in aller Welt wird darüber diskutiert, wie der Demokratisierungsgrad eines Landes bestimmt

oder gar gemessen werden könne [SCHMIDT 2000, 2003]. Mit Blick zurück bis ins 19. Jahrhundert wird untersucht, welche Faktoren für Demokratisierung verantwortlich sind. Anhand dieser werden demokratiespezifische Indikatoren namhaft gemacht, die den Demokratisierungsgrad einer bestimmten Gesellschaft zu einem bestimmten Zeitpunkt zu bestimmen erlauben.

Die Entwicklung der Politik- zur Demokratiewissenschaft fordert auch zur Analyse nicht-demokratischer politischer Systeme auf. So stellt Hannah Arendts Arbeit über die *Elemente und Ursprünge totaler Herrschaft* (1951) nicht nur einen Klassiker der Totalitarismusforschung dar, sondern ganz allgemein auch einen Markstein der politischen Philosophie des 20. Jahrhunderts [ARENDT]. Andere Autoren sahen die „totalitäre Diktatur" als Widerpart der Demokratie und benannten als deren Merkmale Ideologie, Massenpartei, Terrorsystem sowie die Beherrschung der Kommunikationsmedien und Bürokratie [FRIEDRICH/ BRZEZINSKI]. Obwohl diese Typenbildung stark umstritten war, bleibt sie bis heute ein wichtiger Ausgangspunkt der Diskussion. Hinzu tritt ihre Verfeinerung durch den Begriff des „autoritären Regimes" [LINZ]. Immer aber bleibt die demokratische Regierungsform normativer Orientierungspunkt aller Diskussion.

Lehre von den Internationalen Beziehungen.
In der Regierungslehre steht der moderne Staat im Mittelpunkt des Interesses [EVANS/RÜSCHENMEYER/SKOCPOL]. Neuere Positionen jedoch kommen von dieser Fokussierung auf den Staat ab und verstehen unter Regierung jede Form politischer Koordination und Kooperation, die einen gewissen Grad an Organisation aufweist. Eine Weiter-

Hannah Arendt (1906–1975) studierte bei Martin Heidegger und Edmund Husserl Philosophie. Mit ihrem Doktorvater Karl Jaspers verband die deutsch-jüdische Philosophin eine lebenslange Freundschaft. 1933 floh sie nach Paris, wo sie sich der zionistischen Bewegung anschloss. 1941 gelang ihr die Ausreise nach New York. Nach längerer Tätigkeit als freie Schriftstellerin übernahm sie 1963 eine Professur für Philosophie an der University of Chicago, 1967 dann an der New School for Social Research in New York.

Hannah Arendts Konzeption des Politischen kreist um eine „Lücke" zwischen Vergangenheit und Zukunft, die den Ort des Denkens und damit die Möglichkeit politischen Handelns darstellt. Dabei lehnte sie deterministische Konzeptionen ab, die auf ein Ende der Geschichte hinausliefen. Nach ihrer Ansicht wollten diese das eigentlich Politische, das Handeln, überflüssig machen – darin liege letztlich die Zerstörungskraft der Tyranneien des 20. Jahrhunderts.

In *The origins of totalitarianism* (1951) untersuchte sie die Bedingungen der totalitären Systeme des 20. Jahrhunderts, den Begriff der totalen Herrschaft aus einer Analyse von Antisemitismus und Imperialismus herleitend. Arendt evozierte dabei auch Defizite der Moderne und erkannte besonders die Massengesellschaft als eine mögliche Bedrohung des autonomen politischen Handelns. In der totalen Herrschaft schließlich trete im Akt der „Überflüssigmachung von Menschen als Menschen" das Böse brutal zu tage (Arendt an Jaspers, 4.3.1951). In diesem Sinn berichtete Arendt auch vom Jerusalemer Eichmann-Prozess, wobei ihr *Bericht über die Banalität des Bösen* (1963) ähnlich das Verständnis fördernd wie polemisch war. In jedem Fall wurde *Eichmann in Jerusalem* zu einer Chiffre des Auschwitz-Diskurses.

Abbildung: Hannah Arendt, Fotographie 1963, SV Bilderdienst.

Literatur: H. ARENDT, Elemente und Ursprünge totaler Herrschaft, München 1955; DIES., Eichmann in Jerusalem. Ein Bericht von der Banalität des Bösen, München 1964; E. YOUNG-BRUEHL, Hannah Arendt. Leben, Werk und Zeit, Frankfurt/M. 2004.

359

entwicklung dessen stellen die Governance-Theorien dar, in denen Regel- und Steuerungssysteme an die Stelle des Staates getreten sind [SCHUPPERT]. In diesen Zusammenhang ist auch die Lehre von den Internationalen Beziehungen einzuordnen.

Im 19. Jahrhundert und bis weit ins 20. Jahrhundert hinein galt die Außenpolitik als Inbegriff staatlichen Handelns. Das prägte auch die wissenschaftliche Forschung. Seit den 1980er Jahren jedoch verschob sich deren Interesse von der Außenpolitik und den mit ihr befassten staatlichen Akteuren hin zur internationalen Politik als einem selbstständigen System von Beziehungen unter Beteiligung staatlicher wie nichtstaatlicher Akteure.

▷ S. 181 Staaten, Nationen, Internationale Beziehungen

Schon die sozialistische Ideologie hatte die internationale Politik von Klassen- statt von Staatsgrenzen bestimmt gesehen. Doch zu einem breiteren Umdenken führte erst die Errichtung des Völkerbundes 1920. Mit ihm war einerseits zum Zwecke internationaler Verständigung ein ganz neuer politischer Rahmen geschaffen; andererseits bot sich so eine weitere Bühne für die Vorstellung einzelstaatlichen Machtgebahrens – eine herausfordernde Ambivalenz.

Die immer größere Verflechtung der Staatenwelt mit neuen Regelsystemen unterschiedlicher Dichte (GATT, WTO, Umweltabkommen) brachte die Regimetheorie hervor: Sie untersucht den internationalen Bezug des Handelns verschiedener Akteure auf verschiedenen Politikfeldern und bezieht auch Nicht-Regierungsorganisationen in ihre Analyse mit ein [WOLF 2003].

Grundsätzlich jedoch stehen sich in der Theorie über die Internationalen Beziehungen zwei Schulen gegenüber, die vereinfachend als realistische und als liberale Schule bezeich-

net werden können. Die realistische Schule geht davon aus, dass die Staaten weiterhin die Hauptakteure der internationalen Politik sind und ihr Handeln nach dem Prinzip rationaler Nutzenmaximierung nicht nur beschrieben, sondern auch vorgeschrieben werden kann: Sicherheit und Stabilität der internationalen Beziehungen verdanken sich mithin dem nutzenrationalen Agieren von Staaten [MEARSHEIMER].

Demgegenüber betont die liberale Schule die Abhängigkeit der Staaten von inneren und äußeren Handlungsbeschränkungen. Die liberale Theorieschule geht davon aus, dass wirtschaftliche Verbindungen zwischen den Staaten die Konfliktgefahr vermindern: Sie plädiert für einen fortschreitenden Ausbau der Handelsbeziehungen, um eine demokratische Weltgesellschaft zu errichten [WOLF 2000]. In jüngster Zeit sind auch Imperien als weltpolitische Akteure wiederentdeckt worden, wobei vor allem die Sonderrolle der USA ins Auge gefasst worden ist [MÜNKLER 2005].

In der Politikwissenschaft hat sich in den letzten beiden Jahrzehnten die Friedens- und Konfliktforschung hervorgetan, die die Voraussetzungen der Friedenssicherung sowie die Herausforderungen der Konfliktprävention wie -regulierung untersucht. Standen lange Zeit der Ost-West-Konflikt und die Formen nuklearer Bedrohung im Mittelpunkt der Forschung, so richtet sie ihr Augenmerk in jüngster Zeit vermehrt auf jene neuen Kriege, die in den letzten beiden Jahrzehnten an die Stelle der klassischen zwischenstaatlichen Kriege getreten sind [MÜNKLER 2002]. Transnationale Kriege haben Staaten- und Bürgerkriege abgelöst, Grenzen sind nicht mehr allein durch die geographischen Umrisse des Staates vorgegeben.

▷ S. 135 ff Atomzeitalter / Bipolarität der Welt

Gleichzeitig haben sich aber auch neue Räume politischen Handelns aufgetan.

Marcus Llanque/Herfried Münkler

Literatur

H. ARENDT, Elemente und Ursprünge totaler Herrschaft, München 1986 [erstmals 1951].

W. BLEEK, Geschichte der Politikwissenschaft in Deutschland, München 2001.

J. BRYCE, Moderne Demokratien, 3 Bde., München 1923–1926 [engl. 1921].

P.B. EVANS/D. RÜSCHENMEYER/T. SKOCPOL (Hrsg.), Bringing the state back in, Cambridge 1985.

C.J. FRIEDRICH/Z. BRZEZINSKI, Die allgemeinen Merkmale der totalitären Diktatur, in: E. JESSE (Hrsg.), Totalitarismus im 20. Jahrhundert. Eine Bilanz der internationalen Forschung, Bonn 1996, 225–236.

T. GUTSCHKER, Aristotelische Diskurse. Aristoteles in der politischen Philosophie des 20. Jahrhunderts, Stuttgart 2002.

O. HINTZE, Typologie der ständischen Verfassungen des Abendlandes [1931], in: DERS., Staat und Verfassung. Gesammelte Abhandlungen, Bd. 1, hrsg. v. G. OESTREICH, Göttingen 2. Aufl. 1962, 120–139.

A.O. HIRSCHMAN, Leidenschaften und Interessen. Politische Begründungen des Kapitalismus vor seinem Sieg, Frankfurt/M. 1980 [engl. 1977].

G. JELLINEK, Allgemeine Staatslehre [3. Aufl. 1913], ND hrsg. v. W. JELLINEK, Berlin 1929.

R. KOSELLECK, Einleitung, in: O. BRUNNER/W. CONZE/R. KOSELLECK (Hrsg.), Geschichtliche Grundbegriffe. Historisches Lexikon zur politisch-sozialen Sprache in Deutschland, Bd. 1, Stuttgart 1972, XIII–XXVII.

M. LLANQUE, Demokratisierung im Krieg, Berlin 2000.

K. LENK (Hrsg.), Ideologie. Ideologiekritik und Wissenssoziologie, Darmstadt/Neuwied 1961.

J. LINZ, Totalitäre und autoritäre Regime, Berlin 2000.

N. LUHMANN, Die Gesellschaft der Gesellschaft, 2 Bde., Frankfurt/M. 1997.

H. MAIER, Die ältere deutsche Staats- und Verwaltungslehre (Polizeiwissenschaft), München 1980.

J. MEARSHEIMER, The Tragedy of Great Power Politics, New York/London 2001.

J.S. MILL, Utilitarianism – Liberty – Representative Government, hrsg. v. H.B. ACTON, London 1972.

H. MÜNKLER, Die neuen Kriege, Reinbek 2002.

DERS., Imperien. Die Logik der Weltherrschaft. Vom alten Rom bis zu den Vereinigten Staaten, Berlin 2005.

M. RASSEM/J. STAGL (Hrsg.), Geschichte der Staatsbeschreibung. Ausgewählte Quellentexte 1456–1816, Berlin 1994.

F.W. SCHARPF, Interaktionsformen. Akteurzentrierter Institutionalismus in der Politikforschung, Opladen 2000.

M.G. SCHMIDT, Demokratietheorien, Opladen 3. Aufl. 2000.

DERS., Vergleichende Analyse politischer Systeme, in: H. MÜNKLER (Hrsg.), Politikwissenschaft. Ein Grundkurs, Reinbek 2003, 172–206.

G.F. SCHUPPERT, Governance-Forschung, Baden-Baden 2005.

H. SIMON, Homo rationalis, Frankfurt/M./New York 1993.

L. STRAUSS, Naturrecht und Geschichte, Frankfurt/M. 1956.

A. DE TOCQUEVILLE, De la démocratie en Amérique, 1835/1840. Über die Demokratie in Amerika, Zürich 1987.

E. Voegelin, Die neue Wissenschaft von der Politik – eine Einführung, München 4. Aufl. 1991.

M. Weber, Wirtschaft und Gesellschaft, hrsg. von J. Winckelmann, Tübingen 5. Aufl. 1980.

K.D. Wolf, Die Neue Staatsräson. Zwischenstaatliche Kooperation als Demokratieproblem in der Weltgesellschaft, Baden-Baden 2000.

Ders., Internationale Organisationen und grenzüberschreitendes Regieren, in: H. Münkler (Hrsg.), Politikwissenschaft, Reinbek 2003, 412–446.

Die Gattungen
der Quellen

Systematik historischer Quellen. Für den kritischen Umgang mit historischen Quellen ist es von grundlegender Bedeutung, sie nach Art und Gattung zu bestimmen. Jede Quellengattung weist ihre Eigentümlichkeiten auf und stellt daher an den Benützer eigene Anforderungen. Die Nutzungsproblematik tritt zudem beim Blick auf die Gattung oft klarer zu Tage als bei der Analyse eines einzelnen Dokuments. An der Notwendigkeit, die vorhandenen Quellen zu definieren und zu klassifizieren, ändert deshalb auch die Tatsache nichts, dass die Entwicklung einer strengen Systematik alles andere als leicht fällt. Dies hat nicht nur mit der Breite und der Vielfalt der Überlieferungsformen zu tun. Der Charakter einer Quelle wird vielmehr auch dadurch beeinflusst, in welchem Zusammenhang sie auftaucht und welche Fragestellung an sie gerichtet wird [ARNOLD; BECK/HENNING; HILBERG; MEISNER; OPGENOORTH/ SCHULZ].

Einer der geläufigsten Systematisierungsversuche ist die Unterscheidung von Traditionsquellen und Überresten. Sie stellt auf die Intentionen ab, die zur Entstehung der jeweiligen Quelle geführt haben. Als Traditionen bezeichnet man demnach diejenigen Zeitzeugnisse, die bewusst zur historischen Unterrichtung der Nachwelt geschaffen wurden. Zu denken ist hier beispielsweise an historiographische Texte, an Memoiren, Chroniken, Denkmäler oder Monumente. Unterlagen, die dagegen unabsichtlich, das heißt aus einem aktuellen Sachzweck entstanden, tragen Überrestcharakter. Klassisches Beispiel ist das Verwaltungsschriftgut, das als Ausfluss des reinen Tagesgeschäfts anzusehen ist. Aber auch private Korrespondenzen, Statistiken oder Alltagsgegenstände sind hierher zu zählen.

Manche Quellen lassen sich allerdings nicht ohne weiteres einer der beiden Kategorien zuordnen. Man nehme nur die Tagespresse. Sie ist dem aktuellen Geschehen verpflichtet und wäre demzufolge als Überrest einzustufen. Die nachträgliche Veröffentlichung von Beiträgen und Artikelserien in Buchform könnte freilich als Indiz dafür gewertet werden, dass von ihren Verfassern eine Wirkung über den Tag hinaus beabsichtigt war. Noch schwieriger dürfte es bei den visuellen Medien sein, zwischen Traditionsquellen und Überresten zu unterscheiden. Fotos, Tondokumente und Filme begegnen nicht nur in der Publizistik, sondern fanden auch in das private Umfeld, in die Kunst, ja selbst in die Verwaltungsakten Eingang. Darüber hinaus können Traditionsquellen für bestimmte Forschungsvorhaben die Qualität von Überresten besitzen, so etwa, wenn Autobiographien von Staatsmännern unter dem Gesichtspunkt der Selbstdarstellung politischer Eliten ausgewertet werden.

Neben der Unterscheidung von Traditionsquellen und Überresten existiert eine ganze Reihe weiterer Systematisierungsansätze, die jeweils auf unterschiedlichen Merkmalen von historischen Quellen aufbauen. Ein Beispiel hierfür ist die relativ einfache Differenzierung zwischen Textquellen und nichtschriftlichen Überlieferungsformen. Eine genauere Analyse erfordert dagegen die Unterscheidung von Primär- und Sekundärquellen. Diese gibt vor allem Hinweise auf Nähe beziehungsweise Distanz zwischen Berichterstatter und Geschehen. In wieder anderen Fällen wird feiner differenziert. So wird bei den schriftlichen Quellen zwischen Verwaltungsschriftgut und publizistischen Quellen unterschieden. Das Verwaltungsschriftgut selbst lässt sich in Akten, Urkunden und Amtsbücher einteilen. Zur Publizistik werden hingegen Zeitungen und

363

Verwaltungs-schriftgut
- Akten
  - Sammelsachakten (Betreffsakten)
  - Einzelfallakten / Parallelakten
  - Korrespondenzakten
- Amtsbücher
  - Grundbuch
  - Handelsregister
  - Kirchenmatrikel / Standesamtsregister
  - Einwohnermelderegister
  - Protokolle
  - Geschäftsbücher
- Urkunden
  - Privilegien
  - Staatsverträge
  - Notariatsurkunden

Publizistische Quellen
- Presse
  - Zeitungen
  - Zeitschriften
- Buch / Broschüre
  - Sachbücher
  - Belletristische Literatur
- Statistiken
- Plakate
- Flugblätter
- Karten
- Audioquellen
  - Nachrichten
  - Reden
  - Reportagen
  - Interviews
  - Musikaufnahmen
- Foto
- Film
  - Wochenschauen / Nachrichten
  - Dokumentarfilm
  - Spielfilm

Zeitzeugenbefragung / Oral history

Gegenstände
- Bauwerke
- Gebrauchsgegenstände
- Modelle
- Kunstwerke

Abstrakte Überreste
- Sprachen / Fachsprachen
- Normen / Gebräuche / Rituale
- Institutionen
- Denkformen / Ideologien
- Sichtweisen / Vorurteile

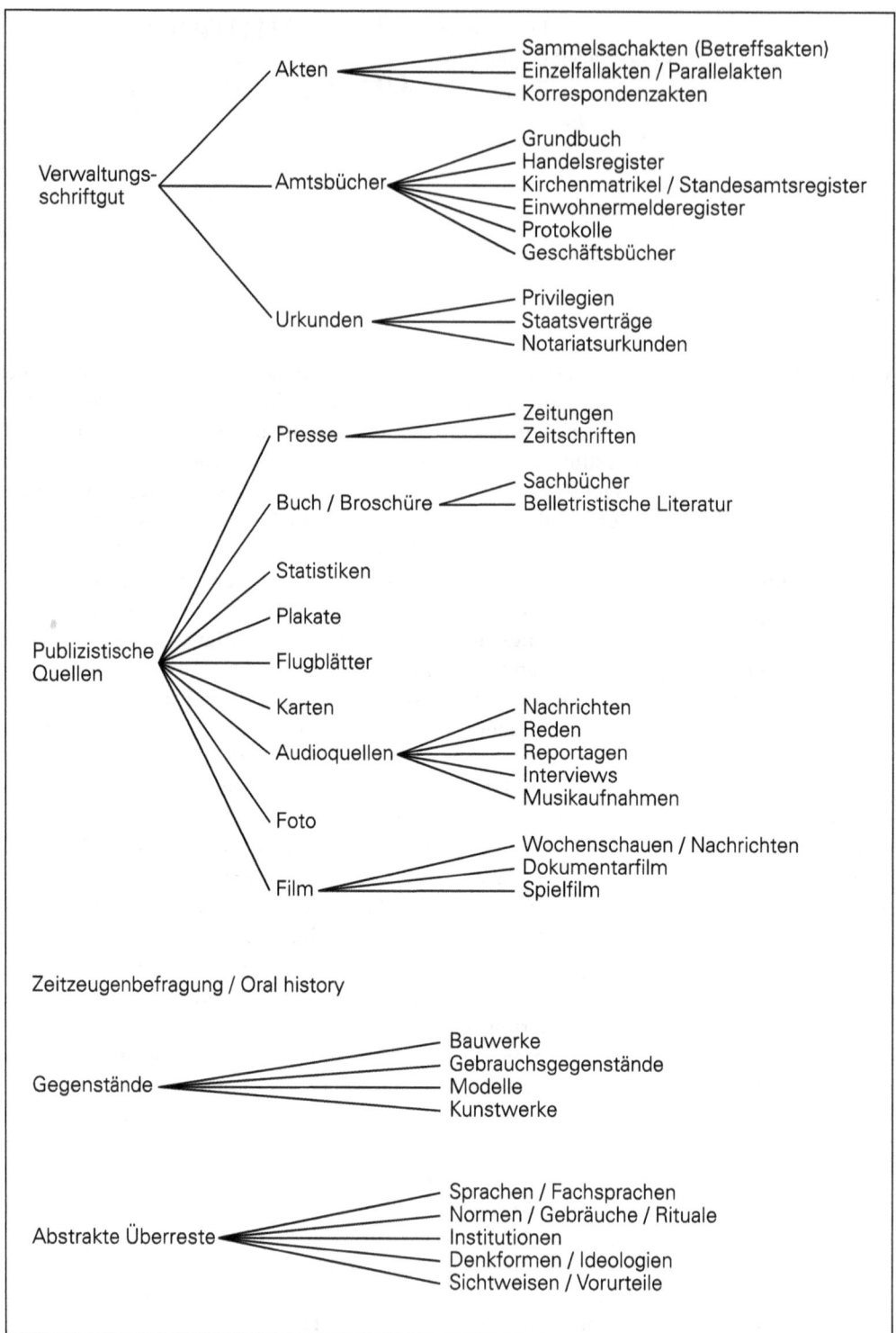

Die wichtigsten Quellengattungen des 19. und 20. Jahrhunderts

Für die neuere und neueste Geschichte spielen das Verwaltungsschriftgut, das sich vor allem aus Urkunden, Amtsbüchern und Akten zusammensetzt, sowie die publizistischen Quellen eine herausragende Rolle. Zu letzteren sind nicht nur Druckwerke im engeren Sinne (Buch/Broschüre, Periodikum, Flugblatt, Plakat, gedruckte Karten), sondern auch die audiovisuellen Medien vom Foto über den Film bis hin zu den verschiedenen Arten von Tonaufzeichnungen zu rechnen. Die zentrale Bedeutung dieser Quellengattungen darf allerdings nicht so verstanden werden, dass Gegenstände und abstrakte Überreste bei der Erforschung der jüngeren Geschichte gänzlich vernachlässigt werden könnten. Einen besonderen Quellentypus stellt die Zeitzeugenbefragung dar. Sie erlaubt eine gezielte Beschaffung historischer Informationen, birgt aber dabei ihre ganz eigene Problematik und steht ausschließlich dem Zeithistoriker zur Verfügung.

Zeitschriften, Bild-, Film- und Tondokumente gerechnet. Ein weiterer Ansatz ist die Kategorisierung der Quellen nach den Institutionen, die sie verwahren oder gar erst erzeugen. In diesen Fällen ist vor allem zwischen Archiv-, Bibliotheks-, Museums- und dem so genannten Dokumentationsgut zu trennen. In jüngster Zeit sind nun auch Gattungsbegriffe in die Diskussion eingeführt worden, denen ein bestimmter Auswertungsgesichtspunkt zugrunde liegt, die daher quer zu den gängigen Systematisierungsversuchen liegen und mit diesen nur noch schwer kombinierbar sind. Genannt seien insbesondere die „Ego-Dokumente" und die „seriellen" Quellen. Unter ersteren versteht man Selbstaussagen jeder Art, also Briefe, Tagebücher, autobiographische Aufzeichnungen, ja selbst Zeugenaussagen. Serielle Quellen sind hingegen dadurch gekennzeichnet, dass sie bestimmte Entwicklungen über lange Zeiträume hinweg widerspiegeln und dabei eine Auswertung unter quantifizierenden Gesichtspunkten erlauben. Klassisches Beispiel hierfür wären die oft weit zurückreichenden Tauf-, Heirats- und Sterberegister.

▷ S. 415 ff.
ichtungen:
Archive
▷ S. 429
ichtungen:
bliotheken

Allgemeine Trends. Haben die Historiker, die die Geschichte des Altertums, des Mittelalters oder der Frühen Neuzeit erforschen, vielfach über Quellenmangel zu klagen, so hat es die Erforschung der Neueren und Neuesten Geschichte nicht selten mit einer erdrückenden Quellenfülle zu tun. Diese hat ihre Ursachen in technischen und gesellschaftlichen Veränderungen des 19. und 20. Jahrhunderts, die zu einer beispiellosen Ausweitung der Schriftlichkeit geführt haben. Als Faktoren dieses Prozesses wirkten unter anderem die Industrialisierung, die für eine Verbilligung und

▷ S. 41
ustrialisie-
rung und
verlorene
Welten

massenhafte Bereitstellung des Hauptbeschreibstoffes Papier sorgte und gleichzeitig die Drucktechniken revolutionierte, weiterhin die zunehmende Verrechtlichung aller Lebensbereiche und die kontinuierliche Ausdehnung der Kontroll- und Fürsorgetätigkeit des Staates, die starke Zunahme des Alphabetisierungsgrades und – dadurch befördert – das dramatische Anschwellen der publizistischen Schriften. Technische Erfindungen sorgten dafür, dass neben die traditionellen Quellen völlig neue Quellengattungen traten, so vor allem die Fotografie, der Film und die Tonaufzeichnungen. Die gegenwärtig zu beobachtende rasche Verbreitung digitaler Medien macht deutlich, dass diese Entwicklung noch keineswegs abgeschlossen ist.

▷ S. 154
Konsum-
gesellschaft,
Sozialstaat,
„Wertewandel"
▷ S. 111
Industrielle
Massen-
gesellschaft

Die beachtliche Zunahme der Quellenüberlieferung hat unter anderem zur Folge, dass gegenständliche Zeugnisse und Traditionsquellen für die Geschichtsschreibung des 19. und 20. Jahrhunderts nicht annähernd die Bedeutung besitzen, die sie für den Altertums- und Mittelalterforscher haben. Auch bei der Auswertung und Quellenkritik sieht sich der Historiker der Neueren und Neuesten Geschichte vor veränderte Herausforderungen gestellt. Der zum Teil enorme Umfang der relevanten Überlieferung zwingt zu methodisch sauberer Auswahl, bei massenhaft gleichförmigem Schriftgut etwa zur Bearbeitung repräsentativer Stichproben. Die Auswertung neuartiger Überlieferungsträger wie Foto- und Filmaufnahmen erfordert spezielle Methoden, die den Einfluss der technischen Verfahren auf das jeweilige Produkt berücksichtigen. Auch sind aussagekräftige Quellen nicht mehr nur bei den traditionellen Anlaufstätten der historischen Forschung, also bei den staatlichen Archiven, Bibliotheken und Museen zu finden. Indem Privatpersonen Nachlässe bilden, Wirtschaftsunternehmen Firmenarchive anlegen, Medien- und Parteiarchive entstehen sowie auf spezielle Bedürfnisse zugeschnittene Dokumentationsstellen geschaffen werden, nimmt nicht nur die Überlieferungsbreite, sondern auch die der möglichen Anlaufstellen ständig zu.

▷ S. 427 f.
Einrichtungen: Archive

Geschäftsschriftgut. Beim Geschäftsschriftgut handelt es sich um Unterlagen, die bei Behörden, sonstigen Einrichtungen und Organisationen im Rahmen ihrer Aufgabenerfüllung anfallen. In einem weiteren Sinne werden auch die bei der Kommunikation von Einzelpersonen entstehenden Dokumente (Briefe, Urkunden, Manuskripte etc.) als Geschäftsschriftgut verstanden. Trotz eines wachsenden Stellenwerts der Printmedien bleibt die zentrale Bedeutung dieser Unterlagen für die historische Forschung auch für die Zeit des 19. und 20. Jahrhunderts erhalten. Der Umfang des Geschäftsschriftguts nimmt – bedingt durch die zuvor geschilderten gesellschaftlichen Veränderungen – sogar noch erheblich zu. Jüngere Entwicklungen wie die derzeit zu beobachtende Einführung der digitalen Vorgangsbearbeitung lassen vermuten, dass sich der Umfang der Schriftlichkeit weiter ausweiten wird. Da deren Zunahme bis in die jüngste Zeit mit einer erheblichen Ausdehnung der Verwaltungsgegenstände gekoppelt war, gewinnt das Geschäftsschriftgut auch für neue Fragestellungen an Relevanz.

Um die Massen an Unterlagen zu bewältigen, entstanden bei staatlichen Behörden und Einrichtungen, aber auch bei Kirchen und Wirtschaftsunternehmen spezielle für die Schriftgutverwaltung zuständige Organisationseinheiten, die Registraturen. Diese haben die schriftlichen Eingänge zu erfassen,

▷ S. 380 f.
Archive und ihre Bestände

366

den Geschäftsverlauf zu überwachen, abgeschlossene Vorgänge in Form von Akten abzulegen und diese bei Bedarf wieder herauszusuchen. Moderne Kommunikationstechniken wie Telefon oder E-Mail-Verkehr sorgen allerdings dafür, dass nicht mehr jede Information Eingang in die Akten findet.

Akten sind keine homogenen Unterlagen wie Urkunden oder Amtsbücher, sondern heterogen zusammengesetzte Sammelbecken für Dokumente aller Art [BECK/HENNING; FRANZ; MEISNER; OPGENOORTH/SCHULZ]. Darin findet man nicht nur Ein- und Auslaufschreiben, sondern auch interne Vermerke, Protokolle, ja selbst Urkunden, die in der hilfswissenschaftlichen Literatur gerne gleichberechtigt mit den Akten behandelt werden. Mit zunehmender Ausbreitung der Vervielfältigungstechniken gelangten darüber hinaus gedruckte Unterlagen, vor allem amtliche Drucksachen, Presseausschnitte und Broschüren, in die Akten. Auch wenn der Großteil der Akteninhalte aus einfachen Texten besteht, findet man in den Verwaltungsakten immer mehr bildliche Quellen wie Karten und Pläne, Plakate und Flugblätter, Postkarten oder Fotos. Im Einzelfall werden sogar dreidimensionale Gegenstände, audiovisuelle Medien oder digitale Datenträger in den Akten aufbewahrt.

Seit dem späten 19. und frühen 20. Jahrhundert wuchsen die bürokratischen Apparate und die bürokratischen Verfahren wurden komplizierter. Daher erwies es sich als notwendig, die Geschäftsabläufe eindeutig zu regeln. In Form von Geschäftsgangsvermerken, Mitzeichnungslisten und vergleichbaren Annotaten schlagen sich die verwaltungsinternen Abläufe seither in den Akten nieder. Im Idealfall lassen sie eine detaillierte Rekonstruktion der internen Entscheidungsfindung zu. Eingangsvermerke oder -stempel lassen erkennen, wann und von welcher Stelle ein Schreiben in Empfang genommen wurde. Geschäftszeichen machen deutlich, welche Organisationseinheit mit einer Sache befasst war und an welcher Stelle in der Registratur ein Akt oder ein Dokument einst abgelegt wurde. Geschäftsleitende Verfügungen und Verteiler geben Auskunft darüber, welche weiteren Stellen an einem Verfahren beteiligt waren. Kenntnisse über die internen Verwaltungsabläufe und die Form, in der sie sich aktenmäßig niederschlugen, erlauben es daher, zu äußerst differenzierten Aussagen über den Entscheidungsprozess zu gelangen.

Massenakten (Parallelakten). Die rasche Ausweitung staatlicher Zuständigkeiten und Tätigkeitsgebiete erzwang eine zunehmende Standardisierung der bürokratischen Verfahren selbst. Dies war insbesondere dort der Fall, wo in großer Zahl gleichförmige Einzelfälle zu bearbeiten waren. Klassische Beispiele hierfür bieten die Steuererhebung, die Gewährung von Zuschüssen und sozialen Hilfen oder die Genehmigung von Bauvorhaben. In diesen Bereichen entstanden massenhaft gleichförmige Einzelfallakten, die jeweils nach ein und demselben Grundprinzip aufgebaut waren: Steuerakten, Zuschussakten, Sozialhilfeakten und Baugenehmigungsakten [BUCHHOLZ; BICK U.A.].

Akten dieser Art gab es in Teilbereichen zwar schon zu früheren Zeiten – man denke nur an die zum Teil weit zurückreichenden Prozessakten der Justizbehörden –, doch werden sie erst im 20. Jahrhundert zum Signum der Epoche, da nun auch zeitspezifische Erscheinungen ihren schriftlichen Niederschlag in einzelfallbezogenen Massenakten finden. Beispiele hierfür sind die Ausplünderung der

Juden im „Dritten Reich", die bei den Finanzbehörden zur Entstehung von „Einziehungsakten" führte [STEPHAN], der Versuch der „Wiedergutmachung" nationalsozialistischen Unrechts, der in den Entschädigungs- und Rückerstattungsakten dokumentiert ist [GRAU; EICHLER], die Umerziehung der ins NS-System verstrickten Bevölkerungsteile, die sich in den Spruchkammerakten niederschlägt, oder auch die staatlich angeordnete Überwachung oppositioneller Strömungen, die etwa in den Stasi-Akten eine eindrucksvolle Hinterlassenschaft produziert hat [FRICKE; HENKE/ENGELMANN; KRONE U.A.; UNVERHAU].

▷ S. 127 ff.
Totaler Krieg
und Massenvernichtung

Die begrenzte Zweckbestimmung, die sich hinter den massenhaft gleichförmigen Verwaltungsverfahren in aller Regel verbarg, beeinflusst auch Inhalt und Aussagekraft dieser Überlieferungen. Die Akten sind oft streng schematisch aufgebaut und die benötigten Informationen werden nicht selten in Form von Formularen oder Fragebögen festgehalten. Sieht man von den Stasi-Akten ab, werden Einzelschicksale darin meist nur ausschnittweise erfasst oder auf bestimmte Faktenreihen reduziert. Schon deshalb eignen sich Akten dieser Art keineswegs nur für personenbezogene Forschungen, sondern ebenso für eine systematische Auswertung unter struktur-, sozial- oder gesellschaftsgeschichtlichen Gesichtspunkten. Dabei sind Fragestellungen vorstellbar, die gar nicht dem ursprünglichen Erhebungsinteresse entsprechen müssen. So wurden Nachlassakten, die ausschließlich der Feststellung des vorhandenen Vermögens und der Ermittlung der rechtmäßigen Erben dienten, bereits zu Untersuchungen über den Buchbesitz von Privatpersonen oder das mobile Eigentum von Unterschichtenangehörigen herangezo-

▷ S. 205 ff.
Geschichte
der Staaten/
Geschichte der
Gesellschaft

Die Forschungen zur Verfolgung der Juden in der Zeit des „Dritten Reichs" haben in jüngster Zeit eine neuerliche Intensivierung erfahren. Dabei kristallisierten sich **Arisierung und Vermögensentzug** als innovative Themenschwerpunkte heraus. Gleichzeitig richtete sich das Interesse der Forschung aber auch auf die unmittelbar nach Kriegsende einsetzenden Bemühungen um eine „Wiedergutmachung" des der jüdischen Bevölkerung zugefügten Unrechts. Erstmals kam es dabei zu einer gezielten Auswertung konkreter Einzelfälle. Rasch wurde deutlich, dass die Ausplünderung der Juden systematisch betrieben worden war und staatliche Behörden dabei eine nicht unwichtige Rolle gespielt hatten.

Soweit Arisierungsmaßnahmen von staatlichen Institutionen ausgingen, fanden diese ihren Niederschlag meist in Form von so genannten Einziehungsakten. Zuständig waren in aller Regel die Behörden der Finanzverwaltung, bei denen auf diese Weise massenhaft gleichförmige Einzelfallakten entstanden (Einziehungsakten der Oberfinanzdirektionen, Fallakten der Devisenstellen, Steuerakten der rassisch, religiös und politisch Verfolgten bei den Finanzämtern). Diese Unterlagen haben den Krieg zum Teil überdauert und konnten nach Kriegsende für die Entschädigung bzw. Rückerstattung der zugefügten Schäden und Verluste herangezogen werden. Große Teile der Überlieferung gingen allerdings durch Kriegseinwirkung oder durch bewusste Vernichtung verloren.

Vermögensentziehungen lassen sich aber vielfach auch mit Hilfe von Parallelüberlieferungen nachweisen, da an der Enteignung oft zahlreiche andere Behörden und Institutionen beteiligt waren. So lagen über Grundstücksgeschäfte in aller Regel Grundbuchinformationen vor, meist sind auch die notariellen Unterlagen erhalten geblieben. Geht es um die Arisierung von Unternehmen, Handwerks- und Gewerbebetrieben, können – sofern Firmenunterlagen fehlen – die Handwerks- und Gewerberegister, die Akten der Aufsichtsbehörden (insbesondere: Wirtschaftsministerien, Bezirksregierungen) oder die Unterlagen der Industrie- und Handelskammern weiterhelfen. Teilweise überdauerten auch die Registraturen von Bankinstituten und Speditionsunternehmen den Krieg.

Eine wichtige Ersatzüberlieferung für nicht mehr aus Primärquellen rekonstruierbare Enteignungsmaßnahmen stellen die Entschädigungs-, vor allem aber die Rücker-stattungsakten dar. Gegenstand der ersteren war in erster Linie die „Wiedergutmachung" immaterieller Schäden (Schäden an Leib und Leben, Haft, Tod, Schäden im beruflichen Fortkommen, etc.). Die Rückerstattung zielte hingegen auf die Herausgabe feststellbarer Vermögenswerte bzw. deren Abgeltung in finanzieller Form. In diesen Verfahren konnten die Opfer oder ihre Rechtsnachfolger die ihnen zugefügten Schäden geltend machen, mussten dafür aber Belege beibringen. Soweit dies nicht möglich war, fand eine Plausibilitätsprüfung statt. So dokumentieren diese massenhaft erhalten gebliebenen Einzelfallakten nicht nur den Versuch, Schäden, die den Verfolgten entstanden waren, durch einen materiellen Ausgleich abzugelten, sondern enthalten gleichzeitig Hinweise auf das Verfolgungsschicksal der Betroffenen sowie ihre soziale Lage zum Zeitpunkt der Antragstellung.

Abbildung: Erste Seite eines Entschädigungsantrags (anonymisiert), Bayerisches Hauptstaatsarchiv, Bayerisches Landesentschädigungsamt, Einzelfallakten zur Entschädigung.

Literatur: B. GRAU, Entschädigungs- und Rückerstattungsakten als neue Quelle der Zeitgeschichtsforschung am Beispiel Bayerns, in: zeitenblicke 3, 2004, *http://www.zeitenblicke.historicum.net/2004/02/grau/index.html*; M. STEPHAN, Steuer-, Devisen- und Einziehungsakten als neue Quellen der Zeitgeschichtsforschung, in: zeitenblicke 3, 2004, *http://www.zeitenblicke.historicum.net/2004/02/stephan/index.html*.

Vorlauf-Operativ   X/514/68

Art des Vorganges   Reg.-Nr.

Deckname   **Lyrik**

Tatbestand   **Staatsgef. Hetze § 1o6 StGB, § 22o**

Angelegt am   **16.9.68**   von Verwaltung   **G e r a**
   XX

Abt./KD   Name d. Mitarb.   **Linke**

Vorgang beendet am   *Teil I , I-IV*   *1434/77*

Abgelegte Bände   *I III IV V VI VII VIII*   Archiv-Nr.

„nicht gespertt"   Veränderungen   *Nicht vorhandene*

Datum   Art der Veränderung

26.4.71   **vom Vorl.-Operativ zum Operativvorgang umgr.**

23.9.76   *an MA Stiller*

Angelegte Bände   *I, II, III, IV, V, VI, VII, VIII IX X Elwende*

K 219 467 100.0   **Form 22**

Die **Akten des Staatssicherheitsdienstes der DDR** gehören zu den umstrittensten Zeugnissen der Zeitgeschichte. Die Frage der Zuverlässigkeit und Glaubwürdigkeit der von der Staatssicherheit gesammelten Daten stellt sich offensichtlich nicht nur dem Historiker, sondern auch der politischen Öffentlichkeit. Neben den vielfach erwähnten Abhörprotokollen stützte sich die Staatssicherheit vor allem auf die Angaben von informellen Mitarbeitern, den „IMs", die ihre Berichte ebenfalls nicht ausschließlich auf eigene Beobachtungen stützten, sondern wiederum Aussagen von Dritten heranzogen. Obwohl die informellen Mitarbeiter regelmäßig auf ihre Zuverlässigkeit und Glaubwürdigkeit hin überprüft wurden, war schon der Staatssicherheit selbst klar, dass ein solch breitgefächertes Überwachungssystem Denunziationen und Manipulationen Tür und Tor öffnete. Auch wird in Rechnung gestellt werden müssen, dass die informellen Mitarbeiter mit einer gewissen Erwartungshaltung auf ihre Opfer angesetzt wurden, was eine selektive Wahrnehmung provozieren musste.

Gleichwohl stellen die Unterlagen der Staatssicherheit ein einzigartiges Quellenreservoir dar, das sich keineswegs nur für biographische Forschungen sowie für die Untersuchung des Widerstands in der ehemaligen DDR eignet. Kritisch hinterfragt, geben die Akten vielmehr Auskunft über nahezu alle Bereiche des gesellschaftlichen Lebens, von der Wirtschaft, deren Funktionieren von der Staatssicherheit mit gewährleistet werden sollte, bis hin zum Kulturbereich, der wegen seiner Wirkungen auf die breite Öffentlichkeit als sensibel eingestuft wurde. Den Kern der Überlieferung bilden dabei die personenbezogenen Einzelfallakten, die „operativen Vorgänge", die „operativen Personenkontrollen" sowie die Akten, die über die informellen Mitarbeiter angelegt wurden. Zum Sprechen gebracht werden können sie jedoch nur unter Zuhilfenahme von Karteien und Dateien, die eine Auflösung der verwendeten Decknamen ermöglichen.

Zu den Opfern der staatlichen Ausspähmaßnahmen gehörte auch der Dichter Reiner Kunze, dessen Akt unter dem Decknamen „Lyrik" geführt wurde. Angelegt worden war er im September 1968 noch als vorläufiger Vorgang. Im April 1971 wurde er zum Operativvorgang umgewidmet. Der gegen Kunze erhobene Vorwurf lautete auf „staatsgefährdende Hetze". Der Akt enthält neben den IM-Berichten Einzelfotos und Fotoserien, abgelichtete Dokumente aus dem Umfeld des Schriftstellers, ja sogar vom Staatssicherheitsdienst abgefangene Originalbriefe. Der Fall Kunze wurde abgeschlossen, als der Autor im Jahr 1977 in die Bundesrepublik Deutschland übersiedelte. Wie der Registerkarte entnommen werden kann, wurde der Akt, der in den zurückliegenden neun Jahren auf stattliche zwölf Bände angeschwollen war, zu diesem Zeitpunkt unter der laufenden Nummer 1434/77 in der Altregistratur („Archiv") abgelegt. Bis dahin hatte die Staatssicherheit insgesamt 3491 Blatt an Dokumenten über den Dichter zusammengetragen.

Abbildung: Stasi-Karteikarte über den Schriftsteller Reiner Kunze: Operativ-Vorgang „Lyrik", Die Bundesbeauftragte für die Unterlagen des Staatssicherheitsdienstes der ehemaligen DDR, Aktenzeichen 1434/77.

Literatur: R. KUNZE, Deckname „Lyrik", Frankfurt/M. 1990; K.D. HENKE/R. ENGELMANN (Hrsg.), Aktenlage. Die Bedeutung der Unterlagen des Staatssicherheitsdienstes für die Zeitgeschichtsforschung, Berlin 1995.

gen. Dort, wo Massenakten über lange Zeiträume geführt worden sind, können sie auch als serielle Quellen Verwendung finden. Dies gilt z.B. für Musterungsunterlagen der Militärverwaltung, die ausgewertet wurden, um Hinweise auf die Entwicklung des Alphabetisierungsgrades in der breiten Bevölkerung zu erlangen.

Statistiken. Das Aufblühen der Statistik in Theorie und Praxis war eng an die Entstehung des modernen Verwaltungsstaats geknüpft [FISCHER/KUNZ; GÜNTHER-ARNDT u.a.]. Mit der Rationalisierung des Verwaltungshandelns und der Ausweitung der Verwaltungstätigkeit auf immer neue Bereiche des gesellschaftlichen Lebens wuchs das Bedürfnis der Staaten nach wissenschaftlich abgesicherten empirischen Zustandsbeschreibungen. In Deutschland kam es, ausgehend von Preußen (1805: Gründung des Königlichen Statistischen Bureaus), im Laufe des 19. Jahrhunderts in allen deutschen Einzelstaaten zur Einrichtung statistischer Ämter, die bald in regelmäßigen Abständen groß angelegte Zahlenwerke veröffentlichten. Statistiken begegnen aber nicht nur in gedruckter Form, sondern auch in den Akten der Verwaltungsbehörden selbst. Dabei handelt es sich vielfach um Sondererhebungen oder Spezialauswertungen, die allein für interne Zwecke vorgenommen wurden, mitunter aber auch aus Geheimhaltungsgründen unpubliziert blieben. Heute sind Statistiken nahezu allgegenwärtig. Besonders in den Medien dienen Zahlenreihen, Säulen- oder Tortendiagramme dazu, quantifizierbare Sachverhalte und Entwicklungen anschaulich zu machen.

Mit der inflationären Ausbreitung von Statistiken wuchs freilich auch das Bewusstsein für die Problematik dieser Zahlenwerke. All-

zu oft geben sie Resultate wieder, die fast exakt den Wunschvorstellungen der Auftraggeber entsprechen. Die in jüngster Zeit wiederholt zu beobachtenden Bemühungen um eine Bereinigung der Arbeitslosenstatistik machten zudem deutlich, dass sich die Arbeit der Statistiker keineswegs im politikfreien Raum abspielt. Dies ändert freilich nichts daran, dass Statistiken für den Historiker einen unschätzbaren Fundus an Informationen bereithalten. Mit ihrer Hilfe lassen sich nicht zuletzt langfristige gesellschaftliche Veränderungen dokumentieren. Vielfach können Statistiken daher die mühsame Auswertung serieller Quellen ersetzen. Zugleich erlauben sie es aber auch, Einzelphänomene ohne übermäßig großen Rechercheaufwand in einen größeren Zusammenhang zu stellen. Wie die Wahlforschung zeigt, können Statistiken zudem komplexe Wirkungszusammenhänge transparent machen.

Für den Historiker stellt sich daher die Frage, wie statistische Ergebnisse kritisch hinterfragt werden können. Es liegt auf der Hand, zunächst – wie bei anderen Quellen auch – zu prüfen, wer eine Statistik in Auftrag gegeben hat und welchen Zweck er damit verfolgte. Darüber hinaus ist es freilich unabdingbar, sich mit den jeweiligen Erhebungs- und Auswertungsmethoden auseinanderzusetzen. So kann schon die Entscheidung, ob absolute oder relative Zahlen genannt werden, die Aussage einer Statistik fundamental verändern. Auch wird zu fragen sein, ob einem Zahlenwerk ein homogenes Erhebungsmaterial zugrunde liegt oder ob die Basisdaten aus Quellen unterschiedlicher Herkunft und Qualität stammen. Weiterhin ist von Bedeutung, ob eine Vollerhebung, eine repräsentative Befragung oder nur eine Fortschreibung vorgenommen wurde, bei der vorhandene Zahlenwerke durch aktuelle Fallzahlen laufend ergänzt werden, was in der Regel eine zunehmende Ungenauigkeit zur Folge hat. Forscher, die mit langen Zahlenreihen operieren, haben mit dem Problem zu tun, dass sich im Laufe der Zeit die Rahmenbedingungen und mit ihnen die Erhebungskriterien ändern können. So sind Maßeinheiten ebenso dem Wandel unterworfen wie territoriale Bezugsgrößen. Auch die Erhebungsinteressen selbst können sich ändern.

Die für die quellenkritische Analyse von Statistiken erforderlichen Informationen lassen sich am ehesten für amtliche Erhebungen gewinnen, da die Statistischen Ämter vielfach Berichte veröffentlichen, die auch die Erhebungsgrundlagen reflektieren. Aktenmaterial, das detaillierte Auskunft über die Durchführung einzelner Erhebungen geben könnte, ist dagegen in vielen Fällen bereits vernichtet worden. Die originären Erhebungsunterlagen, die eine erneute Auszählung ermöglichen würden, können angesichts ihres Umfanges gar nur in absoluten Ausnahmefällen dauerhaft aufbewahrt werden. Ein Beispiel hierfür sind die Haushaltsbögen der Volkszählung von 1950, die auf Beschluss der Archivreferentenkonferenz, dem Spitzengremium der staatlichen Archive des Bundes und der Länder, in allen westlichen Bundesländern aufbewahrt worden sind. Angesichts des Aufwandes, den die Auswertung von Statistiken mit sich bringen kann, stellt es deshalb eine erhebliche Arbeitserleichterung dar, dass durch die statistischen Ämter selbst seit Anfang der 1980er Jahre im Rahmen eines Schwerpunktprogramms der Deutschen Forschungsgemeinschaft sorgfältig erarbeitete historische Zahlenwerke (*Quellen und Forschungen zur Historischen Statistik von Deutschland*) bereitgestellt werden [FISCHER/KUNZ].

Zeitungen. Dank laufend verbesserter Fertigungstechniken und – damit einhergehend – sinkender Produktionskosten entwickelte sich die Presse – allen voran die Tageszeitungen – im Laufe des 19. und 20. Jahrhunderts endgültig zum Leitmedium des öffentlichen Diskurses [KRAUS]. Ihre Berichterstattung umfasste sämtliche Bereiche des gesellschaftlichen Lebens: Politik, Wirtschaft und Kultur. In der Blütezeit der Tagespublizistik, in Kaiserreich und Weimarer Republik, hatten selbst entlegene Orte ihre eigene Zeitung, was dafür sorgte, dass auch Ereignisse von allenfalls lokaler Bedeutung registriert wurden. Gemessen an der Themenvielfalt und Informationsdichte treten Zeitungen und Zeitschriften als Quelle des Historikers damit nahezu gleichberechtigt an die Seite des Verwaltungsschriftguts. Es dürfte wenige Fragestellungen geben, für die nicht auch die Presse als Quelle herangezogen werden kann. Für Lebensbereiche, die keiner staatlichen Reglementierung unterliegen, ist sie oft sogar die einzige breit überlieferte Informationsgrundlage.

Zeitungen stellen zudem eine vergleichsweise leicht zugängliche Quelle dar. Dies ändert freilich nichts daran, dass gerade die Auswertung von Presseerzeugnissen einen großen Aufwand mit sich bringt und Sorgfalt und kritisches Verständnis voraussetzt. Zwar stellen Tageszeitungen einen unmittelbaren Bezug zu ihrer Zeit her, doch sorgten das Fehlen einer geregelten journalistischen Berufsausbildung, die Abhängigkeit vom Verkaufserfolg sowie der Zeitdruck, den die tägliche Berichterstattung mit sich brachte, nicht selten für mangelnde Sorgfalt und Zuverlässigkeit. Die Kritik am Sensationsjournalismus, der einer attraktiven Schlagzeile jede Wahrhaftigkeit opferte, begleitete die Presse nahezu von Anfang an.

Darüber hinaus darf nicht vergessen werden, dass die Presse vielfältigen externen Einflüssen ausgesetzt ist, die Inhalt und Erscheinungsbild beeinflussen. An erster Stelle ist hier auf das Phänomen der Zensur zu verweisen, die als staatlich auferlegte Inhaltskontrolle beschrieben werden kann und als Vor- beziehungsweise Nachzensur in Erscheinung tritt. Bei der Auswertung bereiten dabei oft weniger die direkten Eingriffe der Zensur wie Schwärzungen, Beschlagnahmungen und Erscheinungsverbote Probleme. Schwerer nachzuvollziehen sind die indirekten Folgen, also die so genannte Selbstzensur, die obrigkeitliche Eingriffe zu vermeiden suchte, indem sie kritische Themen und Kommentare aussparte.

Hinzu kommt, dass hinter den einzelnen Presseorganen wirtschaftliche Interessen und ökonomische Zwänge standen und stehen, die einer freien Berichterstattung seit jeher Grenzen auferlegten. Man braucht nur an Bismarcks Pressepolitik zu erinnern, um deutlich zu machen, dass die Beeinflussung durch Staat, Wirtschaft, Interessenverbände und Parteien als Kardinalproblem publizistischer Quellen anzusehen ist. Stärker noch als heute waren die Zeitungsorgane dabei im Kaiserreich und in der Weimarer Republik bestimmten politisch-weltanschaulichen Richtungen verpflichtet, wenn sie sich nicht gar fest in der Hand von Parteien oder mächtigen Interessengruppen befanden. Die Verbundenheit mit einer weltanschaulichen Richtung prägt die Tagespresse aber bis heute. Die Arbeit mit Presseerzeugnissen setzt daher voraus, diese Aspekte in die Bewertung mit einzubeziehen, gegebenenfalls die Berichterstattung mehrerer Organe nebeneinander zu halten oder die Glaubwürdigkeit der Darstellung durch anders geartete Quellen abzusichern.

Ein weiteres Problem, welches sich bei der Auswertung von Presseerzeugnissen, insbesondere von Tageszeitungen auftut, ist die Anonymität der Berichterstattung. Sieht man von den Beiträgen des Feuilletons ab, war es bis in jüngere Zeit unüblich, die Beiträge namentlich zu kennzeichnen. Dies galt selbst für Leitartikel und Kommentare. Für die richtige Einschätzung von Intention und Aussagekraft eines Beitrags ist es aber häufig unabdingbar, herauszufinden, von welchem Mitarbeiter oder externen Beiträger ein Artikel verfasst wurde. Nur in Einzelfällen können dabei ergänzende Quellen, insbesondere aus Verlagsarchiven oder Verlegernachlässen weiterhelfen. Schließlich sei noch darauf hingewiesen, dass die bei seriösen Tageszeitungen heute übliche Trennung von Berichterstattung und Kommentierung lange Zeit unbekannt war. Dies macht es erforderlich, bei der Analyse klar zwischen Fakten und Meinungen zu unterscheiden – ein nicht immer ganz einfaches Unterfangen.

Fotos. Foto und Film sind die eigentlich neuen Medien des 19. und 20. Jahrhunderts. Ihnen ist eine bis dahin nicht gekannte Suggestionskraft zu eigen, gegen die verbale Erläuterungen oft nur schwer ankommen. Dass sie eine naturwissenschaftlich präzise Reproduktion von Personen, Orten und Gegenständen erlauben, verschafft ihnen eine Anschaulichkeit und Überzeugungskraft, die das Dargestellte als „wahr" erscheinen lassen. Die dokumentarische Qualität war es wohl auch, die dazu führte, dass die Entwicklung dieser Technik in kurzen Innovationszyklen immer weiter vorangetrieben wurde. Der rasche technische Fortschritt führte früh zu einer Demokratisierung der Bilderzeugung und zu einer regelrechten Bilderflut. Da-

▷ S. 287 f Vermittlu Historisc Bildforsc

Wenige Bilder haben sich im kollektiven Gedächtnis der Menschheit in einem Maße festgesetzt wie die oben gezeigte Darstellung von der **Räumung des Warschauer Ghettos**. Die Fotoaufnahme macht die grenzenlose Aggressivität der NS-Schergen evident, indem sie zeigt, wie sich deren Gewalt – hier personifiziert durch einen Soldaten mit Gewehr im Anschlag – gegen Kinder, Frauen und alte Männer richtet. Kaum ein Schulbuch, kaum eine bebilderte Darstellung des Holocaust, die ohne diese Aufnahme auskäme. Dabei überwog lange Zeit ein unkritischer Umgang mit dieser Quelle. Bildunterschriften wie „Waffen-SS bei einer ‚Razzia‘ im Warschauer Ghetto", „Abtransport überlebender Juden des Warschauer Ghettos in die Vernichtungslager" oder „Die Überlebenden der Aufstände im Warschauer Ghetto im April 1943 ergeben sich der SS" machen schon für sich betrachtet deutlich, dass die Aufnahme dazu verwendet wurde, offensichtlich voneinander abweichende Sachverhalte zu illustrieren.

Erst nach und nach hat eine intensivere Auseinandersetzung mit diesem Bilddokument eingesetzt. In Verbindung damit wurden Stück für Stück immer neue Hintergrundinformationen zusammengetragen. Dabei gelang es vor allem, deutlich zu machen, dass das Foto die Ereignisse keineswegs aus der Warte der Opfer schildert, sondern dass es die Sicht der Täter widerspiegelt. So musste den meisten Betrachtern erst zum Bewusstsein gebracht werden, dass die Originalvorlage dem so genannten Stroop-Report entnommen worden war. Unter dem Titel „Es gibt keinen jüdischen Wohnbezirk in Warschau mehr!" hatte der SS-Brigadeführer Jürgen Stroop darin eine detaillierte Schilderung der von ihm geleiteten Auflösung des Warschauer Ghettos gegeben und seinen Bericht durch einen umfangreichen Bildteil illustriert, der durch suggestive Bildlegenden erläutert wurde. Die dem obigen Bild ursprünglich beigefügte Unterschrift lautete: „Mit Gewalt aus Bunkern hervorgeholt". Aus dem Zusammenhang wird dabei deutlich, dass Stroop diese Form des Gewalteinsatzes positiv gewürdigt wissen wollte. Die heute übliche Verwendung der Aufnahme stellt damit eine klare Vertauschung der Täter- und der Opferperspektive dar.

Parallel zu dieser Einsicht gelang es, die Authentizität des durch die Bildquelle dokumentierten Ereignisses zu untermauern. So konnte die Figur des in die Kamera blickenden deutschen SS-Mannes mit der Person des NS-Kriegsverbrechers Josef Oskar Blösche in Verbindung gebracht werden. Dieser war Angehöriger der Warschauer Sicherheitspolizei gewesen und hatte bereits vor der Liquidierung des Warschauer Ghettos an Massentötungen und Misshandlungen teilgenommen. In den 1960er Jahren war er in der DDR aufgegriffen, angeklagt, zum Tode verurteilt und 1969 hingerichtet worden. Später wurden auch einige der Opfer namentlich identifiziert. Soweit diese den Holocaust überlebt hatten, standen auch sie dafür ein, dass die abgebildete Szene nicht etwa gestellt worden war. Damit bildet die Aufnahme nicht mehr nur einen Beleg für einen abstrakten Vorgang, sondern lässt sich zugleich als Dokument individueller Verfolgungsschicksale lesen.

Abbildung: Fotoaufnahme (Abzug): „Mit Gewalt aus Bunkern hervorgeholt", aus: Tätigkeitsbericht des SS-Brigadeführers und Generalmajors der Polizei, Jürgen Stroop, Warschau, 16.5.1943, Faksimile: J. STROOP, Es gibt keinen jüdischen Wohnbezirk in Warschau mehr! Mit einem Vorwort von A. WIRTH, Neuwied u.a. 1960.

Literatur: J. HANNIG, Bilder, die Geschichte machen. Anmerkungen zum Umgang mit „Dokumentarfotos" in Geschichtslehrbüchern, in: GWU 40, 1989, 510–532.

mit war das visuelle Zeitalter angebrochen, das im 20. Jahrhundert zunehmend zum audiovisuellen wurde. Der Umgang mit Bildern geschah und geschieht dabei bis heute überwiegend unkritisch [GÜNTHER-ARNDT U.A.; HANNIG; HARTEWIG; JÄGER; TALKENBERGER]. Dies gilt selbst für die Geschichtswissenschaft, die Bilder wie selbstverständlich als Illustrationen einsetzt, aber doch nur in seltenen Fällen auf ihre eigentliche Aussagekraft hin befragt. Bilder – so wird man behaupten dürfen – werden in erster Linie so ausgewählt, dass sie die mit Hilfe traditioneller Quellen erarbeitete Aussage unterstreichen, nicht, um diese zu überprüfen oder gar in Frage zu stellen. Fotos und Filmsequenzen bestimmen daher unser historisches Verständnis in einer grundlegenden, weithin jedoch wenig reflektierten Weise.

▷ S. 284 ff.
Vermittlung:
Historische
Bildforschung Der Quellenwert von Fotoaufnahmen wurde zunächst vor allem von Vertretern benachbarter Disziplinen in Frage gestellt, die sich der neuen Technik mit einem erkenntnistheoretischen und medienkritischen Ansatz näherten – etwa Walter Benjamin und Susan Sontag [BENJAMIN; SONTAG]. Denjenigen, die fotografischen Reproduktionen ein Höchstmaß an Realitätstreue attestierten, standen fortan diejenigen gegenüber, die Fotoaufnahmen jeden Wahrheitsanspruch abstritten. Der Historiker wird sich allerdings keiner dieser beiden Extrempositionen anschließen können. Für ihn stellen Fotoaufnahmen Zeitzeugnisse dar, die wie andere Quellen auch daraufhin untersucht werden müssen, was sie repräsentieren und welche Schlussfolgerungen sie zulassen. Uneinheitlich wird allerdings die Frage beantwortet, ob zur Aufschlüsselung von Fotoaufnahmen ein besonderes methodisches Rüstzeug erforderlich ist oder nicht. So wird einerseits zu Recht

374

darauf hingewiesen, dass die Subjektivität des Fotografen, die sich vor allem darin manifestiert, dass er Ausschnitt und Zeitpunkt der Aufnahme festlegt, mit den Auswahlentscheidungen und Bewertungen eines jeden anderen Berichterstatters zu vergleichen ist. Der Unterschied zu Textquellen ist dann allenfalls darin zu sehen, dass Fotografien immer nur Momentaufnahmen sind und sich daher nur bedingt zur Dokumentation von Abläufen eignen. Andererseits ist nicht zu verkennen, dass im Falle von Foto und Film auch das technische Verfahren selbst in die Analyse einbezogen werden müsste. Schon die Wahl des Objektivs und des Filmmaterials ist entscheidend dafür, wie die realen Verhältnisse wiedergegeben werden. Die Entwicklung der Aufnahmen erlaubt zudem Eingriffe, die eine Bildaussage nicht nur unterstreichen, sondern im schlimmsten Fall völlig verfälschen können. Die digitale Bildbearbeitung ermöglicht inzwischen sogar eine nahezu grenzenlose Manipulation von Bilddokumenten. Eine allseits befriedigende Antwort auf die Frage, wie sich die Authentizität digitaler „images" sicherstellen beziehungsweise nachweisen lässt, gibt es noch nicht.

Die Problematik im Umgang mit fotografischen Bildquellen liegt nicht zuletzt darin begründet, dass sie vielfach in isolierter Form überliefert wurden. Wo zeitgenössische Bildunterschriften fehlen, der Fotograf unbekannt ist, Ort und Zeitpunkt der Aufnahme erst erschlossen werden müssen, dürfte es schwer fallen, einen abwägenden Standpunkt zu finden. Dennoch gibt es Methoden, die auch allein durch bildimmanente Analyse zu überzeugenden Ergebnissen führen können. Zu nennen ist hier vor allem die ikonographisch-ikonologische Methode, die von dem Kunsthistoriker Erwin Panofsky entwickelt wurde

[PANOFSKY]. Sie baut auf einer möglichst exakten formalen Beschreibung des Bildinhalts auf, setzt sich mit den ikonographischen Mustern, das heißt mit zeitspezifischen Sichtweisen und standardisierten Kompositionsmerkmalen auseinander und versucht hierauf aufbauend die eigentliche, die ikonologische Bedeutung der Aufnahme zu entschlüsseln. Ob diese Zugangsweise zum Ziel führt, wird nicht zuletzt von der Fragestellung abhängen. Generell bleibt aber die Forderung bestehen, dass quellenkritische Überlegungen bei der Verwendung von Fotoaufnahmen explizit gemacht werden müssen und nicht dem Betrachter überlassen bleiben können.

„Oral history".

Zu den Privilegien der Zeitgeschichte gehört es, dass Zeitzeugen über ihre Erfahrungen und Erlebnisse befragt werden können [OPGENOORTH/SCHULZ; VORLÄNDER]. Ziel ist es dabei, Informationen zu Fragestellungen zu erhalten, die mit herkömmlichen Quellen nicht zu beantworten wären. In Form der Befragung prominenter Zeitgenossen war die Zeitzeugenbefragung deshalb schon seit jeher gängige Praxis. In dieser Form fand sie auch Eingang in Rundfunk, Film und Fernsehen, so dass Dokumentarsendungen zur Zeitgeschichte heute kaum noch ohne Aussagen von Augenzeugen denkbar sind. Als eigenständige Methode, als „oral history", wurde die Zeitzeugenbefragung allerdings nicht verstanden. Dies änderte sich erst mit der zunehmenden Etablierung der Sozial- und Alltagsgeschichte. Nun gewannen auch subjektive Erlebnisse und Erfahrungen an Gewicht und geriet auch der „kleine Mann" verstärkt ins Blickfeld der Forschung, wodurch sich die Zahl möglicher Zeitzeugen sprunghaft erweiterte. Der systematische Einsatz von Zeitzeugeninter-

▷ S. 210 f.
Geschichte
r Staaten/
hichte der
esellschaft

views setzte zugleich eine Methodendiskussion in Gang, in deren Rahmen die Qualität persönlicher Erinnerungen problematisiert und eine wissenschaftlich saubere Vorgehensweise diskutiert wurden.

▷ S. 337
Oral history

Trotz der damit einhergehenden Fortschritte in Methodik und Auswertung stehen große Teile der Fachwissenschaft dieser Form der Quellengenerierung nach wie vor skeptisch oder sogar offen ablehnend gegenüber. Dies hat keineswegs nur mit dem historischen Abstand zu tun, der in aller Regel zwischen den untersuchten Ereignissen und dem Zeitpunkt des Interviews liegt. Der Vorwurf der Befangenheit der Zeitzeugen kann ebenfalls nur bedingt als Argument ins Feld geführt werden, ließe sich dieser doch auch gegen eine Reihe klassischer Quellengattungen (Autobiographie etc.) erheben. Gewichtiger ist der Einwand, dass Interviewsituation und Fragetechnik die Resultate in schwer zu bestimmender Weise beeinflussen. Von anderer Seite wurde dagegen die Verallgemeinerbarkeit individueller Erfahrungen in Zweifel gezogen. Die egalitär-antikapitalistische Stoßrichtung mancher frühen Projekte trug ebenfalls dazu bei, „oral history" tendenziell unter Ideologieverdacht zu stellen. Als Kardinalproblem vieler Zeitzeugenbefragungen stellte sich freilich heraus, dass diese nur selten ausreichend dokumentiert werden und daher in ihrer Rohform oft nicht für andere Forscher zugänglich sind. Damit ist die Nachprüfbarkeit der Ergebnisse nur unzureichend gewährleistet.

Demgegenüber ist nicht zu bestreiten, dass viele Forschungsthemen aus den Bereichen der Sozial-, Mentalitäts- und Alltagsgeschichte ohne Zeitzeugenbefragungen nur schwer oder gar nicht bearbeitet werden könnten. Dass insbesondere die Unterschichtenforschung auf dieses Instrument zurückgreift, 375 lässt sich mit der gering ausgeprägten Schrift-lichkeit der unterprivilegierten Schichten er-klären. Anstatt daher auf Zeitzeugeninter-views zu verzichten, sollten die methodische Vorgehensweise sowie der Ablauf und der In-halt der Befragung sorgfältig festgehalten und nach Möglichkeit allgemein zugänglich ge-macht werden. Letzteres dürfte allerdings so-lange auf Schwierigkeiten stoßen, wie eine entsprechende Infrastruktur an Institutionen und Einrichtungen fehlt, die sich die Samm-lung entsprechender Quellen zur Aufgabe ge-macht haben. In dieser Hinsicht könnten die Verhältnisse in den Vereinigten Staaten von Amerika als Vorbild dienen [GRATHWOL U.A.; MOSS/MAZIKANA].

Digitale Überlieferungsformen. Mit Quellen, die nicht etwa nachträglich digitali-siert wurden, sondern von Anfang an in elektronischer Form vorliegen, hat der Histo-riker bislang nur in Ausnahmefällen zu tun. Mit einer nennenswerten Überlieferung digi-taler Daten ist erst ab den 1970er Jahren zu rechnen. Dennoch deuten erste Beispielfälle darauf hin, dass sich der Forscher künftig nicht mehr nur mit analogen Unterlagen aus-einandersetzen muss. Dabei ist es erforder-lich, sich zunächst darüber klar zu werden, dass digitale Medien keine eigene Quellengat-tung darstellen. Auch wenn die Begrifflichkeit eine andere ist, so hat man es doch im Regel-fall mit traditionellen Quellentypen zu tun, die lediglich in elektronischer Form vorliegen, also mit Texten, Fotos, Filmen oder Tondoku-menten. Als Sonderformen könnte man am ehesten noch Datenbanken, interaktive Pro-gramme und mehrdimensionale Informa-tionsplattformen wie die Geoinformations-systeme ansehen, die geographische Karten
376 mit unterschiedlichsten Sachinformationen

verknüpfen. Doch auch Anwendungen wie diese lassen sich meist auf analoge Vorbilder zurückführen (Tabellen/Karteien, Formblät-ter, Kartenmaterialien).

Ungeachtet dessen hat die elektronische Er-stellung und Speicherung von Daten erhebli-che Rückwirkungen auf deren Benützung als historische Quellen. Es ist zu fragen, ob die klassischen, an analogem Schriftgut entwi-ckelten Methoden der Quellenbearbeitung und Quellenkritik angesichts der besonderen Eigenschaften digitaler Überlieferungen noch zum Ziel führen werden. Lassen sich Her-kunft und Entstehungszeitpunkt eines Doku-ments künftig noch ohne weiteres bestim-men? Wie können Original und Abdruck voneinander unterschieden werden? Ist die Nachvollziehbarkeit von Bearbeitungsschrit-ten auch bei elektronischen Unterlagen ge-währleistet? Gibt es Möglichkeiten, um die Echtheit einer Quelle nachzuweisen?

Betrachtet man die Eigenschaften digitaler Daten, ergibt sich ein Befund, der skeptisch macht. So droht die nahezu beliebige Repro-duzierbarkeit elektronischer Informationen den Unterschied zwischen Original und Duplikat zu verwischen. Hinzu kommt die vergleichsweise einfache Manipulierbarkeit digitaler Unterlagen. Sie erschwert den Echt-heitsnachweis erheblich. Mindestens ebenso problematisch ist, dass digitale Daten oft keine klaren Herkunftsnachweise beinhalten. Alle bisherigen Erfahrungen lehren jedoch, dass nur diejenigen Informationen von Wert sind, deren Herkunft (Provenienz) ermittelt und in die Bewertung mit einbezogen werden kann. Schließlich ist die Flüchtigkeit elektronischer Unterlagen anzusprechen. Nicht nur, dass diese mit einem Knopf-druck – möglicherweise versehentlich – ge-löscht werden können, schon der rasche tech-

▷ S. 385 f.
Archive u
ihre Bestä

nologische Wandel auf dem IT-Sektor hat zur Folge, dass laufend Daten verloren gehen. Selbst dort, wo Unterlagen rechtzeitig in eine neu eingeführte Systemumgebung eingepasst, das heißt migriert werden, können Informationsverluste auftreten. Was die damit verbundene Umwandlung („Datenkonversion") für die Authentizität dieser Dokumente bedeutet, ist ebenfalls noch nicht hinreichend geklärt. Dass daher die dauerhafte Speicherung digitaler Unterlagen noch eine ganze Reihe ungelöster Fragen aufwirft, liegt auf der Hand.

Dennoch erscheinen Horrorszenarien von einer „Gesellschaft ohne Gedächtnis" nicht gerechtfertigt. So zeichnen sich erste Antworten auf die genannten Probleme bereits ab. Die – zugegeben – aufwändigen Versuche zur Wiederherstellung gelöschter Daten haben etwa gezeigt, dass elektronische Informationen robuster sind als lange angenommen. Auch hat es sich inzwischen herumgesprochen, dass Textverarbeitungssysteme, die Dokumente mit Metadaten verknüpfen, eine Rekonstruktion von Bearbeitungsschritten erlauben. Weiterhin ist absehbar, dass sich die an komplexe mathematische Verschlüsselungsverfahren gekoppelte digitale Signatur als Echtheitsmerkmal zumindest bei rechtlich bedeutsamen Datentransfers durchsetzen wird. Im Bereich der staatlichen Verwaltung ist darüber hinaus die Einführung von digitalen Vorgangsbearbeitungssystemen im Gange. Diese Produkte stellen ein in sich geschlossenes System dar, das – wenn richtig ausgelegt – die Authentizität des künftig anfallenden Geschäftsschriftguts gewährleistet, behördeninterne Arbeitsabläufe transparent macht und eine Akten- und Vorgangsbildung erlaubt. Diese und eine Reihe weiterer Entwicklungen lassen hoffen, dass sich eine „Da-

tenarchäologie" entwickeln wird, die geeignete Mittel und Methoden erarbeitet, um auch digitale Quellen kritisch analysieren zu können.

Bernhard Grau

Literatur

K. ARNOLD, Der wissenschaftliche Umgang mit den Quellen, in: H.-J. GOERTZ (Hrsg.), Geschichte. Ein Grundkurs, Reinbek 2. Aufl. 2001, 42–58.

F. BECK/E. HENNING (Hrsg.), Die archivalischen Quellen. Mit einer Einführung in die Historischen Hilfswissenschaften, Köln 3. Aufl. 2003.

W. BENJAMIN, Das Kunstwerk im Zeitalter seiner technischen Reproduzierbarkeit, in: DERS., Gesammelte Schriften, Bd. I/2, hrsg. v. R. TIEDEMANN/H. SCHWEPPENHÄUSER, Frankfurt/M. 1980, 471–508.

W. BICK/R. MANN/P.J. MÜLLER (Hrsg.), Sozialforschung und Verwaltungsdaten, Stuttgart 1984.

M. BUCHHOLZ, Überlieferungsbildung bei massenhaft gleichförmigen Einzelfallakten im Spannungsverhältnis von Bewertungsdiskussion, Repräsentativität und Nutzungsperspektive, Köln 2001.

V. EICHLER, Entschädigungsakten: Zeitgeschichtliche Bedeutung und Möglichkeiten der archivischen Erschließung, in: Der Archivar, Beiband 3: Vom Findbuch zum Internet. Erschließung von Archivgut vor neuen Herausforderungen, Siegburg 1998, 221–229.

W. FISCHER/A. KUNZ (Hrsg.), Grundlagen der Historischen Statistik von Deutschland. Quellen, Methoden, Forschungsziele, Opladen 1991.

E.G. FRANZ, Einführung in die Archivkunde, Darmstadt 5. Aufl. 1999.

K.W. FRICKE, Akten-Einsicht. Rekonstruktion

einer politischen Verfolgung, Berlin 1996.

R.P. GRATHWOL/D.M. MOORHUS/D.J. WILSON, Oral History and Postwar German-American Relations. Resources in the United States, Washington 1997.

B. GRAU, Entschädigungs- und Rückerstattungsakten als neue Quelle der Zeitgeschichtsforschung am Beispiel Bayerns, in: zeitenblicke 3, 2004, *http://www.zeitenblicke.historicum. net/2004/02/grau/index.html.*

H. GÜNTHER-ARNDT/D. HOFFMANN/N. ZWÖLFER (Hrsg.), Geschichtsbuch Oberstufe, Bd. 2: Das 20. Jahrhundert, Berlin 1996.

J. HANNIG, Bilder, die Geschichte machen. Anmerkungen zum Umgang mit „Dokumentarfotos" in Geschichtslehrbüchern, in: GWU 40, 1989, 510–532.

K. HARTEWIG, Fotografien, in: M. MAURER (Hrsg.), Aufriss der Historischen Wissenschaften, Bd. 4: Quellen, Stuttgart 2002, 427–448.

K.D. HENKE/R. ENGELMANN (Hrsg.), Aktenlage. Die Bedeutung der Unterlagen des Staatssicherheitsdienstes für die Zeitgeschichtsforschung, Berlin 1995.

R. HILBERG, Die Quellen des Holocaust. Entschlüsseln und Interpretieren, Frankfurt/M. 2002.

J. JÄGER, Photographie: Bilder der Neuzeit. Einführung in die Historische Bildforschung, Tübingen 2000.

H. KNOCH, Die Tat als Bild. Fotografien des Holocaust in der deutschen Erinnerungskultur, Hamburg 2001.

H.-C. KRAUS, Zeitungen, Zeitschriften, Flugblätter, Pamphlete, in: M. MAURER (Hrsg.), Aufriss der Historischen Wissenschaften, Bd. 4: Quellen, Stuttgart 2002, 373–401.

T. KRONE/I. KUKUTZ/H. LEIDE, Wenn wir unsere Akten lesen. Handbuch zum Umgang mit den Stasi-Unterlagen, Berlin 1992.

H.O. MEISNER, Archivalienkunde vom 16. Jahrhundert bis 1918, Leipzig 1969.

W.W. MOSS/P.C. MAZIKANA, Archives, oral history and oral tradition: a RAMP study, hrsg. von United Nations Educational Scientific and Cultural Organization, Paris 1986.

E. OPGENOORTH/G. SCHULZ, Einführung in das Studium der neueren Geschichte, Paderborn u.a. 6. Aufl. 2001.

E. PANOFSKY, Zum Problem der Beschreibung und Inhaltsdeutung von Werken der bildenden Kunst [1932/1964], in: E. KAEMMERLING (Hrsg.), Bildende Kunst als Zeichensystem. Ikonographie und Ikonologie, Bd. 1, Köln 5. Aufl., 1991, 185–206.

Schriftstücke. Informationsträger aus fünf Jahrtausenden. Eine Ausstellung der Bayerischen Staatsbibliothek und des Bayerischen Hauptstaatsarchivs, München 2000.

W. SCHULZE, Einführung in die Neuere Geschichte, Stuttgart 1987.

S. SONTAG, Über Fotografie, Frankfurt/M. 16. Aufl. 2004 [engl. 1977].

M. STEPHAN, Steuer-, Devisen- und Einziehungsakten als neue Quellen der Zeitgeschichtsforschung, in: zeitenblicke 3, 2004, *http://www.zeitenblicke.historicum.net/2004/02/ stephan/index.html.*

H. TALKENBERGER, Historische Erkenntnis durch Bilder. Zur Methode und Praxis der historischen Bildkunde, in: H.-J. GOERTZ (Hrsg.), Geschichte. Ein Grundkurs, Reinbek 2. Aufl. 2001, 83–98.

D. UNVERHAU (Hrsg.), Hatte „Janus" eine Chance? Das Ende der DDR und die Sicherung einer Zukunft der Vergangenheit, Münster 2003.

H. VORLÄNDER (Hrsg.), Oral History. Mündlich erfragte Geschichte, Göttingen 1990.

Die Archive und ihre Bestände

Vom Verwaltungsschriftgut zur Quelle der Geschichtswissenschaft. Als Einrichtungen, deren antike Namenswurzel bereits auf Ordnung und Obrigkeit hindeutet, sind Archive ohne Regelwerke des Informationsflusses nicht denkbar. Von ihren in den Schreibkulturen Mesopotamiens und Ägyptens liegenden Anfängen als Gedächtnisspeicher der Verwaltung und als Einrichtungen der öffentlichen Rechtswahrung haben sie sich zu Anstalten der Geschichtspflege entwickelt. Die Französische Revolution und deren länderübergreifende Ausstrahlung haben bei dieser Gewichtsverlagerung eine geringere Rolle gespielt, als der in der Zeit von Aufklärung und Romantik gestiegene Stellenwert der Geschichtswissenschaften. Historiker, satt der Kompilationen, suchten schon vor 1790 nach neuen Quellen. Allerdings haben die Folgen der Napoleonischen Epoche, die zahllose Herrschaftsträger erlöschen ließ, Archive und Archivare noch Jahrzehnte geballt mit rechtlichen Nachfragen beschäftigt.

▷ S. 415
chtungen:
Archive

Die seit 1987 in der Bundesrepublik Deutschland verkündeten Archivgesetze beschreiben den Spannungsbogen zwischen Verwaltung und Wissenschaft bevorzugt über Definitionen der zu archivierenden Unterlagen, wobei es zwischen dem Bund und den einzelnen Ländern durchaus unterschiedliche Akzentuierungen gibt. Laut Bundesarchivgesetz von 1988 hat Archivgut „bleibenden Wert für die Erforschung oder das Verständnis der deutschen Geschichte, die Sicherung berechtigter Belange der Bürger oder die Bereitstellung von Information für Gesetzgebung, Verwaltung oder Rechtsprechung". Dass Archivare sich seit der Lösung vom Berufsbild des Registrators im späten 18. Jahrhundert um Unterlagen kümmerten, die aus der laufenden Verwaltung ausgeschieden waren, brachte für die Archive zwar Eigengesetzlichkeit, aber keine grundlegende Trennung von den Angelegenheiten des Verwaltungsbetriebs. So werden noch heute soeben abgeschlossene Staatsverträge den zuständigen zentralen Archiven zur Aufbewahrung übergeben.

Das verbindende Element zwischen abgebenden Registraturen und aufnehmenden Archiven bei Anlage, Aufbau und Abgrenzung von Beständen ist das Herkunfts- oder Provenienzprinzip, das die Archivalien an ihren Ursprung rückkoppelt. Daher gehört die Zeit zwischen 1840 und 1900, als in zahlreichen Staaten um die Anerkennung dieses Prinzips gerungen wurde, zu den spannendsten Phasen der Archivgeschichte. Die fünf Jahrzehnte zuvor hatten nach damaligen Begriffen gewaltige Mengen an Schriftgut zur Disposition gestellt, denen in den Archiven durch qualitative Auslese begegnet wurde. An der Wende vom 18. zum 19. Jahrhundert bedeutete Besitz von Archivalien aus ursprünglich fremdem Eigentum nicht mehr allein Verfügung über Titel zum Eintritt in die Rechtsnachfolge von Herrschaftsvorgängern. Darüber hinaus diente das Sammeln von Dokumenten überwundener Gegner als Siegeszeichen und Markierungspunkt eigener Hoheit. Wenn überdies durch Alter und Schönheit ausgezeichnete Stücke erworben wurden, erhielt das Sammeln eine ästhetische Komponente. Das Projekt des seit 1810 im Pariser Hôtel de Soubise aufgebauten Napoleonischen Universalarchivs verdeutlichte dies mit Archivschätzen aus annektierten oder kontrollierten Territorien.

Der Idee des Zentralarchivs des revolutionären, einen und unteilbaren Staates, die bei den Archives Nationales in Paris Pate stand, 379 folgten die mehr oder weniger geglückten Archivbildungen in den Satellitenstaaten der französischen Macht und ein Stück weit auch das Archivwesen der Rheinbundfürsten. Deren Hauptarchive bildeten die Gesamtheit der historischen Gerechtsame der neuen Staaten ab, sie erhielten ihre Identität erst mit den Archivalien der durch Säkularisation und Mediatisierung aufgelösten oder eingegliederten Altterritorien. Dort gab es in den folgenden Jahrzehnten gelegentlich handgreifliche Widerstände gegen weitere Zentralisierungen oder den Abtransport von Archivbeständen. Dies waren Symptome eines gegenüber der Zeit vor 1815 erneuerten lokalen und regionalen Eigenbewusstseins, das aus dem passiven Hinnehmen jedwelcher Weisungen der Zentralen heraustrat. In der zweiten Hälfte des 19. Jahrhunderts zeigte sich allenthalben mehr Sinn für den Wert schriftlicher Zeugnisse der Vergangenheit. So bemühte man sich etwa um bisher verwahrloste Altaktenlager. Gleichzeitig gab es aber noch flächenhafte Vernichtungen, etwa bei Aktenaussonderungen von Behörden mit willkürlichen oder hochselektiven Maßstäben. Manchmal wurden Bestände eingestampft, die sich bereits in Archiven befanden. So wurde 1870 ein Großteil des nach damaligen Begriffen gut untergebrachten, geordneten und betreuten Archivs von Gubernium und Freistaat Krakau, das so genannte alte Senatsarchiv mit Akten von 1796 bis 1853, vernichtet [BURKHARDT, 53].

Die Stellung der Archive zur Geschichtswissenschaft, die ihrerseits nur mit vereinzelten universitären Vertretern zur Theorie innerarchivischer Fragen beitrug und beiträgt, führt übrigens noch im neuen Jahrtausend zu Kontroversen. Bei der 1989/90 in Deutschland wiederauflebenden Diskussion um die Mittel zur Bewältigung der in den ver-

gangenen 40 Jahren angestauten Aktenflut sollte der Importbegriff des „records managers" ein Vorausschreiten, manchmal auch bewusstes Absetzen gegenüber dem nach Inhalten wertenden Historiker-Archivar markieren. Der eingeleitete Umbruch der herkömmlichen Registratur zum elektronischen Büro hat den Bedarf an strukturellen, die Informationsfülle bereits bei ihrer Entstehung einteilenden Lösungen wachsen lassen [MENNE-HARITZ, 99–104]. Diese Lösungen können nicht auf jeden flüchtigen Forschungsschwerpunkt der Wissenschaft eingehen.

▷ S. 376 f. Gattunger der Quelle

Informationsschaffende und informationsverwaltende Stellen.

Ein Blick in die Registraturen großer und kleiner Herrschaften und Besitzverwaltungen, weltlicher und geistlicher Flächenstaaten, der Städte oder Adelsherrschaften zeigte um 1800 eine Vielzahl von Entwicklungsstufen und Ordnungen. Diese Vielfalt gab Hinweise auf den Zustand der jeweiligen öffentlichen Verwaltung, und zwar auch dort, wo ältere Ordnungssysteme die damals aktuelle Aktenproduktion nicht mehr bewältigen konnten. Neben hochdifferenzierten Registraturgebilden für Sachakten, die verwaltungs- und rechtskundige Registratoren-Archivare erdacht hatten, standen Einfachformen, die mit einem oder wenigen Amtsbüchern auskamen. Ein einziges Buch mit Eintragungen der verschiedensten Art sollte noch im 19. Jahrhundert das Kernstück der Registraturen vieler Landgemeinden bleiben. Benennung und Inhalt der Registraturabschnitte wären übrigens für die Begriffsgeschichte des 19. Jahrhunderts ein interessantes Untersuchungsfeld. Gleiches gilt für die Sachregister zu Amtsbüchern gemischten Inhalts. So könnten sich Beständigkeit und innerer Wandel bei Positionen, wie „Allgemeine Landespolizei" oder „Ecclesiastica", erschließen.

Der aus dem Mittelalter stammende Schriftgut-Typus des Amtsbuches verschwand erst mit der allgemeinen Einführung der Schreibmaschine im 20. Jahrhundert aus Behörden und Betrieben. Aus ihm entwickelte sich der so genannte Serienakt mit der Reihung von Einzelfällen und Korrespondenzpartnern in chronologischer oder alphabetischer Anordnung, der die Schriftgutkultur zahlreicher Länder – etwa im angelsächsischen und skandinavischen Bereich – bis in die Gegenwart prägt. Der dem gegenüber weitergehende Gedanke, alle Aufgaben einer Behörde in einem Aktenplan zu erfassen und aus dem anfallenden Schriftverkehr innerhalb dieses Schemas sachthematische Einheiten zu bilden, hatte im 18. Jahrhundert in der deutschen Staatenwelt vielfach zur Bildung von Sachaktenregistraturen geführt. In preußischen Zentralbehörden war ein anspruchsvoller Typus von Registraturführung entstanden, in dem die Aktenführung unmittelbar in die Verwaltungstätigkeit eingebunden war [MILLER, 47–51]: Die Zentralregistratur mit einem Geschäftstagebuch (Journal) als Nachweis für den Verbleib des Schriftstücks, eine Registraturordnung, die nicht nur den aktuellen Aufgabenstand widerspiegelte, sondern perspektivisch Rahmen und Raum für zu erwartende Aufgaben geben wollte, und schließlich eine Aktenbildung, die den Sachakt selbst zur Steuerung der Geschäftsbehandlung nutzte und nicht nur als Ablage für gelegentliche Nachweiszwecke ansah. Eine Beschreibung dieses Idealtyps lautet: „Wie Behörden, Dienststellen oder Betriebe selber einen organischen Charakter haben..., müssen auch ihre Registraturen die Merkmale eines Organismus aufwei-

sen und als vollkommene Registraturkörper erscheinen, ...in denen noch das einzelne Schriftstück nicht nur optisch als Zelle dieses Körpers erkennbar wird" [MEISNER, 1952, 114].

Seit Ende des 19. Jahrhunderts gerieten jedoch gerade die ausgefeilten Registratursysteme unter einen Veränderungsdruck, den die Verbreiterung und Auffächerung der Aufgaben der öffentlichen Verwaltung ausgelöst hatten. Der sozial- und wirtschaftspolitisch aktive Staat von 1920 trug eben andere Züge als jener von 1850. Die Menge an gleichförmigen Massenakten überforderte die bisherigen Aktenverwaltungen. Vorreiter einer so genannten Büroreform mit Neuerungen von der Geschäftsordnung bis zur Bürotechnik gab es in Deutschland um 1900 vor allem in den Verwaltungen der Länder-Eisenbahnen und in der magistratischen Geschäftsführung einiger Großstädte. Die Arbeitsabläufe in den während des Ersten Weltkrieges neu entstandenen Behörden bahnten diesen Reformen einen breiteren Weg. Zwischen 1920 und 1932 wurden für zentrale Reichsbehörden Vorschriften erarbeitet und schrittweise eingeführt. Eckpunkte waren eine weitgehende Zusammenführung von Sachbearbeitung und Registratur sowie die Einführung von Einheitsaktenplänen [VISMANN, 290–294]. Eher zögerlich folgten die Länderverwaltungen. In bayerischen Ministerialregistraturen wurde 1922/24 unter Sparzwang vereinfacht, 1928 gab es einen Vorstoß aus dem Münchener Innenministerium für einen „Generalaktenplan" aller Verwaltungszweige. Der Widerstand von Beamten, die an Geschäftstagebuch und Zentralregistratur festhalten wollten, war in Ausläufern freilich auch nach 1945 im Westen wie im Osten Deutschlands noch spürbar. In der DDR konnte dies unter den Vorgaben des zen-

Registraturen als Grundlagen und Gestaltungsfelder der Tätigkeit von Archivaren

Die Ordnung des in landesfürstlichen und städtischen Registraturen verwahrten Schriftgutes war gegen Ende des 18. Jahrhunderts im Allgemeinen immer feingliedriger geworden. Ausgehend von den Urkunden- und Amtsbuchbeständen hatten sich bei den seit der Frühen Neuzeit formierten Aktenregistraturen Gliederungssysteme nach Schriftstücktypen, Korrespondenzpartnern und sachlichen wie geographischen Betreffen entwickelt. Den Grad der Differenzierung der jeweiligen Ordnung gaben die Aktenzeichen wieder, die bevorzugt aus Buchstaben- und Zahlenkombinationen bestanden. Voraussetzung dafür, dass abgelegte Akten und mit ihnen die Dokumentation von Verwaltungshandeln wieder aufgefunden werden konnten, war natürlich, dass die Lagerung am Fach dem Registraturschema folgte. Ein beliebtes Mittel gegen längeres Suchen am Regal war bei liegender Aufbewahrung der Akten der so genannte Aktenschwanz. Es handelte sich um einen aus dem Akt hängenden Streifen – im 18. und 19. Jahrhundert in der Regel aus Pappe –, auf dem Aktenzeichen und Stichworte zum Akteninhalt, zum Beispiel ein Gliederungsbegriff aus der Registraturordnung, vermerkt waren. Derartige Hinweisschildchen oder „Schürzen" hatten schon in antiken und mittelalterlichen Urkundenablagen Verwendung gefunden und waren bis in das 20. Jahrhundert hinein ein Kennzeichen preußischer Verwaltungsakten, von den Ministerien bis zu den nachgeordneten Behörden. Seit dem 18. Jahrhundert hatte sich gegenüber der älteren Aufbewahrung in loser Aufschichtung von Schriftstücken, die dann zu Faszikeln verschnürt wurden, in Deutschland die solide Heftung der Akten durchgesetzt, bei der es aber eine Reihe territorialer Verschiedenheiten gab. Der geheftete und genähte Akt wurde erst im 20. Jahrhundert durch die Stehordner und Schnellhefter der Büroreform abgelöst.

Abbildung: Staatsarchiv Wiesbaden 1950: Archivar in einem Magazin vor Akten und Rechnungen in Holzregalen des 18. Jahrhunderts aus dem ehemaligen Herzoglich-Nassauischen Zentralarchiv im Schloss Idstein.

Literatur: G. ENDERS, Archivverwaltungslehre, Berlin (Ost) 2. Aufl. 1967, 40–53.

tralen Parteiauftrages als Zeichen grundsätzlich rückständiger Gesinnung gegenüber historisch notwendigen Veränderungen gewertet werden. Nach sowjetischem Vorbild war dort ein facharchivarischer Einfluss auf das behördliche Registraturwesen und die als Zwischenstufe dienenden so genannten Verwaltungsarchive vorgeschrieben. Dennoch beklagten altgediente Archivare, die am Aufbau des Archivwesens der DDR mitwirkten, ebenso wie ihre älteren Kollegen in der Bundesrepublik den bereits um 1900 spürbaren und vor allem seit 1945 offensichtlichen Verfall qualitätvollen Registraturwesens. Gründe lagen für sie im Ausscheiden erfahrenen Fachpersonals und in dem allgemein schwindenden Verständnis für Aktenbildung und Aktenführung. Die Archivare, die ihr Archiv weiter nach dem Modell eines Organismus betrachteten, erkannten die Veränderungen am Fehlen von durchdachten und strukturierten Aktenplänen [SCHATZ, 104–129].

Manche im 18. und 19. Jahrhundert begründete Eigenart der deutschen Verwaltungsgeschichte hat bislang auch internationalen Normierungsversuchen standgehalten. Ein aus dem angelsächsischen Bereich (Australien) stammender Vorstoß zur Reglementierung der Schriftgutverwaltung (Norm-Entwurf ISO /DIS 15489, „Records Management") prallte nach 1996 außer auf Widerstände anderwärts auch auf die deutsche Tradition von Aufgabenstellung und Führung der Akten. Dass sich die auf der gewachsenen Individualität des Sachakts beruhende Erschließung der deutschen Archivbestände gegenüber der von amerikanischen Archivaren entwickelten „Encoded Archival Description" (EAD) zur länderübergreifenden elektronischen Darstellung von Findbüchern als sperrig erweist, ist nur folgerichtig. Hier stoßen Konzepte, die von der starken Überlagerung des Eigenlebens amerikanischer Archive durch Bibliotheken und Museen zeugen, auf die archivischen Autonomien, die im 19. und 20. Jahrhundert ausgebaut wurden.

Die Geschichte der archivischen Bewertung, also jenes Entscheidungsvorgangs, der Registraturgut zu Archivgut werden lässt, bedarf noch in weiten Teilen der Erforschung, zumal, was ihre Praxis vor Ort betrifft. Sie dürfte ebenso aufschlussreich für das Verhältnis der Archive zur Geschichtswissenschaft sein, wie der Rückschluss von Registratur- auf Herrschaftsordnungen. Die seit 1900 in Deutschland geführten Diskussionen um ein Optimum an Überlieferungsbildung und erfolgreiche Bewertungsinstrumente sind allerdings in der Fachliteratur oft rekapituliert worden [KRETZSCHMAR, 216–222].

Die Auswahlbefugnis der Archive gegenüber den Abgabebehörden, bereits Ende der 1840er Jahre von einzelnen Vordenkern gefordert, setzte sich in den verschiedenen Stufen der Verwaltung bis 1890 durch. Damals wie auch heute wurden die meisten Aussonderungen durch den Mangel an Stellfläche für abgelegtes Schriftgut in Gang gebracht. Die wissenschaftliche Nachfrage spielte bei den Bestandszuwächsen aber durchaus eine Rolle. Das Sammeln „zerstreuter Archivalien", also erlesener Dinge, war bis in die 1870er Jahre hinein das Hauptmotiv, wenn Archive ihrerseits an Abgabebehörden herantraten. Serielle Quellen, Rechnungen oder so genannte Massenakten (abgeschlossene Gerichtsfälle, Ansässigmachungs-, Konzessions-, Auswanderungsakten etc.), bis dahin und oft auch später summarisch vernichtet, wurden allmählich interessanter. Als Ende der 1860er Jahre die ersten Editionsprojekte zu mittelalterlichen und frühneuzeitlichen Rech-

▷ S. 367
Gattungen der
Quellen

nungsserien begonnen hatten, etwa in Hamburg und Nürnberg, nahm die Praxis ein Ende, aus Serien rastermäßig nur jeden zehnten oder zwanzigsten Band aufzubewahren.

Forderungen nach einer Quellenbasis, die nicht nur Ereignisse, sondern auch Verläufe dokumentieren und für statistische Untersuchungen dienen könne, erhoben seit Mitte der 1890er Jahre Vertreter der vergleichenden Landesgeschichte und der Wirtschafts- und Sozialgeschichte, so insbesondere der Kreis um Karl Lamprecht (1856–1915) in Leipzig. Am Deutschen Archivtag von 1900 in Dresden, der die Aktenbewertung thematisierte, nahm Lamprecht als einer von wenigen Universitätshistorikern teil. Vielleicht suchte er dort Rückhalt für den damals in der Geschichtswissenschaft erbittert ausgetragenen so genannten Methodenstreit. Seine Gegner argwöhnten wohl die Flucht in die Empirie, wo die Wertmaßstäbe fehlten – ein nicht zum letzten Mal geäußerter Vorwurf in der Geschichte der Bewertung. Ein Jahr zuvor hatte in Straßburg der erste Deutsche Archivtag stattgefunden. An der dortigen Universität, deren eigene archivische Überlieferung übrigens die Spuren des staatsrechtlich-politischen Einschnitts von 1918/19 zeigt, hatten die von Hermann Baumgarten (1825–1893), Harry Bresslau (1848–1926) und anderen gelehrten historischen Fächer gute und von etlichen Studenten weiterverfolgte Ansätze einer ständigen Verbindung zu den Archiven begründet.

Die Aktenmassen der aufgelösten militärischen Dienststellen und kriegswirtschaftlichen Verbände, die auf das 1919 in Potsdam errichtete Reichsarchiv hereinbrachen, lösten in den späten 1920er Jahren eine Diskussion aus, die mehr oder weniger intensiv auch in den deutschen Ländern und überhaupt in allen am Ersten Weltkrieg beteiligten Staaten geführt wurde. Im Reichsarchiv und in der preußischen Archivverwaltung wurden in den 1930er Jahren wesentliche Kriterien einer an Aufgaben und Arbeitsweise der Abgabebehörden ausgerichteten Bewertung entwickelt. Diese Teilstücke baute die Archivverwaltung der DDR vor allem seit 1965 mit dem Ziel einer Gesamtsystematik der Schriftgutbewertung und Bestandsergänzung aus. Der fortdauernden Ratlosigkeit im Westen wurde ein Dokumentationsprofil gegenübergestellt, das auf der Grundlage der sozialistischen Gesellschaftsordnung einer positiven Wertauslese folgte. Es gab Maßgaben, wonach besonders auf Dokumente zu achten sei, die „die Tatsachen langfristiger Wirkungsmächtigkeit mitteilen und die Triebkäfte der Geschichte, vor allem den Klassenkampf, das Wirken der Volksmassen und die Ereignisse in revolutionären Perioden beleuchten" [BRACHMANN U.A., 230], und das Bewertungsgeschäft in bewusster Parteilichkeit zugunsten vorgeblich objektiver historischer Prozesse zu führen. Diese Richtlinien bestimmten zwar nur einen Teil der Aussonderungsrealität in der DDR. Allerdings sah sich in der Bundesrepublik 1971 der seinerzeitige Präsident des Bundesarchivs veranlasst, mit einem Bewertungskonzept auf weltanschaulich pluralistischer Grundlage zu antworten [BOOMS, 27–36]. Er rückte vom Staatsverständnis und von den Modellen der Wertmittler der 1920er bis 1950er Jahre ab; damit erhielten seine Thesen Züge eines für die Jahre nach 1968 bezeichnenden Traditionsbruches in einer berufsspezifischen Kernfrage. Wohl wurde dieser inhaltlich bestimmte Ansatz nicht in die Praxis umgesetzt, doch schwang er in der Bewertungsdiskussion auch nach der deutschen Wiedervereinigung mit. Kritik dagegen setzte

▷ S. 314
Entfaltung der Geschichtswissenschaften

zum Beispiel dort an, wo dieses Bewertungsmodell vorsah, dass eine sich in Gremien artikulierende zeitgenössische Meinungsführerschaft über Erhaltung oder Vernichtung von Überlieferung („Dokumentationsplan") entscheiden sollte: Bewertung und Auswertung seien eben nicht direkt miteinander zu verzahnen, und Überlieferungsgeschichte sei immer auch eine Geschichte des Verlusts. Bei den erhaltenen Akten handle es sich eben nur um Spuren und „Überreste" vergangener Absichten und Geschehnisse.

Im Gegensatz zum Dokumentationsplan haben sich die an formalen Kriterien, nämlich an der sachlichen Zuständigkeit und an den Aufgaben der Abgabebehörden ausgerichteten und klassifizierenden Modelle behauptet. Die nach einer Funktionsanalyse der Behörde erarbeiteten Archivierungsvereinbarungen sollen ein Höchstmaß an Überlieferungsdichte bei geringstmöglichem Platzbedarf verwirklichen. Mehrfach- und Peripherüberlieferungen (Redundanzen) sollen bereits im Vorfeld der Aussonderung erkannt und zur Vernichtung freigegeben werden. Andererseits gibt es weiterhin die Forderung nach einer „Archivierung im Verbund" staatlicher und nicht-staatlicher Aktenproduzenten im gesellschaftlichen Querschnitt und als dynamisches Dokumentationsprojekt der Überlieferungsbildung. Zugleich ist die Einsicht in die Zeitgebundenheit aller Bewertungsmaßstäbe und damit der „Mut zur Lücke" gewachsen, der aus eigenem Zeitverständnis heraus vernichtet oder aufbewahrt und einer künftigen Beurteilung dieser Entscheidungen gelassener entgegensieht. Hierbei werden Überlieferungslücken und -fragmente sogar als Chancen für die Geschichtswissenschaft gesehen. Sie lassen nämlich jenen Raum für die Hypothese, den die Totaldokumentation

mit ihrer Materialfülle einschränkt. Wenn von den Königswegen, die eine wie immer geartete Objektivität anstreben, abgegangen wird, kann auch das lange als nicht erhaltungswürdig abgewertete Zeugnis des Ergebnis- oder Erfolglosen und des bloß Voluntären in der Geschichte zu seinem Recht kommen.

Dass dies keine Debatten in Elfenbeintürmen sind, zeigte sich gerade nach 1990. In einigen Fällen fand die manchmal auch von Archivaren geforderte Rückbindung von Bewertungsentscheidungen an die Ergebnisse öffentlicher Debatten tatsächlich statt. Über Aktenbestände, die in Zusammenhang mit Krieg und Kriegsfolgen sowie bei diversen Verfolgungsmaßnahmen vor und nach 1945 erwachsen sind oder auch umfassende weltanschauliche Kontrollapparate abbilden, wurde politisch und damit inhaltlich entschieden. Gelegentlich gab es auch Fälle, in denen gesellschaftliche Interessentengruppen direkt auf konkrete Aussonderungsmaßnahmen einwirkten. Ein Beispiel hierfür waren die 1996 mit Unterstützung aus Medien und Parlament unternommenen Bemühungen von Homosexuellengruppen, die Bewertungsmaßstäbe des Staatsarchivs Hamburg bei Strafakten zu verändern, um eine Totaldokumentation der nach dem ehemaligen § 175 StGB geführten Verfahren zu erreichen.

Der Übergang zur elektronischen Datenverarbeitung in den Büros hat die archivische Kernaufgabe der Bewertung wieder deutlicher werden lassen. Seit den späten 1960er Jahren wurde erkennbar, dass die von den Informationswissenschaften zu den maschinenlesbaren Daten aufgeworfenen Fragen das Archivwesen etwas angingen. 1972 wurden bei der internationalen Dachorganisation der Archive und bei der deutschen Archivreferentenkonferenz EDV-Arbeitsgrup-

▷ S. 376 f.
Gattungen
der Quellen

pen tätig. Die EDV kommt zum Einsatz bei der Erschließung, Verzeichnung und Präsentation von Beständen oder bei der Selbstdarstellung als Institution. Daneben sind die Archive in die Beratung der Behörden bei der Umstellung auf digitales Schriftgut eingebunden. Das Bestreben, die Anforderungen an herkömmliches Schriftgut – Vollständigkeit, Aktenmäßigkeit und Authentizität – auch für die papierlosen Systeme sicherzustellen, hat erste Erfolge erzielt, die freilich durch fortdauerndes Engagement ausgebaut werden müssen. Die an die Entstehung der Information selbst herangerückte Bewertungsentscheidung betrifft direkt das Erinnerungsvermögen künftiger Generationen und die Arbeitsmöglichkeiten von Historikern. Das noch ungelöste Problem eines Archivierungszugriffs auf das Internet beschwört die Gefahr einer „kollektiven Amnesie" herauf [REININGHAUS, 209]. Andere sehen die Chancen der „digitalen Anarchi[v]e" [ERNST, 129] im Wandel der Aufgaben der Archive vom wartenden Speicher statischer Information zum handelnden Vermittler laufend sich verändernden Wissens. Dies hätte Ähnlichkeit mit dem Übergang zum dynamischen Sachaktenmodell des späten 18. Jahrhunderts, wäre aber auch der Abschied von der geschichtlich gewordenen Eigenart des Archivwesens.

Innerarchivische Ordnungsprinzipien.
Archivbestände können nach zwei Ordnungsprinzipien aufgebaut werden: Am Anfang kann ein nach Sachbereichen und Materien gegliedertes System stehen, das dem augenblicklichen Standpunkt dessen, der es entworfen hat, entspricht und die Überlieferung einem Gestaltungswillen unterwirft. Diesem so genannten Pertinenzprinzip (pertinere = sich erstrecken, betreffen) steht das Ur-

sprungs- oder Provenienzprinzip (provenire = hervorkommen, entstehen) gegenüber. Es entspringt der Einsicht, dass ein Dokument nur dann seine volle Aussagekraft behält, wenn der Zusammenhang, in dem es entstanden ist, auch im Archiv gewahrt ist. Bedeutet Ordnung nach Pertinenz Deduktion, so achtet das induktive Vorgehen des Provenienzprinzips das Zeugnis zeitlich entrückten Handelns und Wollens [UHL 1998, 97f.].

Bis zur allgemeinen Anerkennung des Provenienzprinzips für archivische Ordnungs- und Verzeichnungsarbeiten auf einem internationalen Archivarskongress in Brüssel 1910 war es ein weiter Weg. Als Faustregel lässt sich festhalten, dass in der ersten Hälfte des 19. Jahrhunderts überall dort Pertinenz-Bildungen erfolgten, wo Historiker und geschichtswissenschaftlich ambitionierte Archivare tätig waren. Sie haben gesamte Archivlandschaften mit oft langer Wirkungsdauer geprägt, was hundert Jahre später wiederum jahrzehntelange Arbeiten zur Auflösung ihrer Mischbestände und zur Rekonstruktion verwaltungsgeschichtlicher Zusammenhänge veranlasste. Wenn die Kraft dieser oft noch in den ästhetischen Traditionen des 18. Jahrhunderts tätigen Gestalter für ihre Gesamtordnungspläne nicht ausreichte, dann blieben die Zuwächse in den Archiven in dem Zustand, in dem sie von den Behörden abgegeben worden waren und in dem sich oft der ursprüngliche Zusammenhang der Akten erhalten hatte. Auch nach 1860 gab es noch Neuordnungsprojekte nach Sachgesichtspunkten mit oft riesigen Ausmaßen. Freilich wurden diese Konstruktionen bald immer umstrittener.

Die Behandlung der Urkunden als selbstständige Archivaliengruppe und die Formierung eigens strukturierter Urkundenbestände war ein Credo der Archivlehre und wesentlicher Gesichtspunkt bei der Beurteilung des Ordnungszustandes eines Archivs. Eine inhaltlich-thematische Einteilung von Urkunden sowie ausgewählter Amtsbücher und Akten war immer dann naheliegend, wenn das Archivale, aus seinem Entstehungszusammenhang herausgehoben, sich auf ein einzelnes Geschehnis bezog.

Befürworter des Provenienzprinzips gab es bereits wenige Jahre nach den Umwälzungen der Napoleonischen Epoche. Die historisch-kritische Methode Johann Gustav Droysens (1808–1884) und Theodor Sickels (1826–1908) fragte eben nach dem interpretierfähigen Entstehungszusammenhang und betrieb damit nicht die Herauslösung, sondern die Einbettung des Einzelstücks. Droysen beeinflusste etliche Historiker, die als Archivare an der Durchsetzung des Provenienzprinzips mitwirkten. Vermutlich hat aber die Überforderung der Archive mit Bestandszuwächsen im 19. und frühen 20. Jahrhundert in der Praxis mehr für das Provenienzprinzip getan, als die historische Quellenkritik. Diese organisatorischen Probleme führten auch 1841 im sonst so deduktionsfreudigen Frankreich zu einer Ministerialvorschrift zur Unvermischbarkeit der vorrevolutionären Bestände der Departement- und Kommunalarchive, die als „respect des fonds" in die Archivgeschichte eingegangen ist. Als 1881/96 für das staatliche preußische Archivwesen das Provenienzprinzip festgeschrieben wurde, war dies bereits in der Entwicklung der Geschichtswissenschaft begründet, in der sich der Organgedanke durchgesetzt hatte. Hieraus leiteten sich auch Vorgaben für die innere Gliederung eines provenienzgemäß gebildeten Bestandes ab: Sie sollte der Gliederung der Registratur folgen, der die Akten entstammten, da sich nur so das

▷ S. 303
Entfaltung der
Geschichts-
wissen-
schaften

Wesen des Aktenproduzenten unverstellt und selbst in seinen Unzulänglichkeiten darstellen lasse. In der praktischen Umsetzung des Provenienzprinzips mussten freilich in diesem Punkt längerfristig auch Kompromisse eingegangen werden.

Der Aufbau sachthematischer Sonderbestände („Selekte") aus Unterlagen verschiedener Herkunft war überwiegend eine Angelegenheit des 19. Jahrhunderts. Bestände mit Bezeichnungen wie „Jesuitica" oder „Hexenakten" wurden oft in Reaktion auf zeitgenössische Konflikte in Öffentlichkeit und Geschichtswissenschaft um einen ursprünglichen Registraturkern herum gebildet. Zu Dokumentationszwecken memorialen oder politischen Charakters entstanden derartige Mischbestände aber auch später, etwa nach dem Ersten Weltkrieg („Kriegsakten"), beim Aufbau der Kampfzeit-Bestände des Hauptarchivs der NSDAP oder bei verschiedenen nach 1945 angelegten Sammlungen über das „Dritte Reich". Daneben gab und gibt es eine rege Sammlungstätigkeit in allen Archivbereichen, die heute jedoch in der Regel auf Schenkungen und dem gezielten Erwerb von Einzelstücken beruht und nicht mehr zu Eingriffen in Registraturzusammenhänge führt. Große Sammlungsbestände finden sich bevorzugt bei Archiven von Städten und der Wirtschaft. Sie gehören auch zum Bild der entwickelteren Form von Behördenarchiven.

Benützung von Archivgut. Die bisher privilegierte und dabei vom Gutdünken weltlicher und geistlicher Archiveigentümer abhängige Archivbenützung wurde mit dem Dekret des französischen Nationalkonvents vom Juni 1794, das „tout citoyen" Einsicht in archivierte Dokumente gewähren wollte, gleichsam egalisiert. Der Konvent kam dem

Geschichte eines Archivs in Kürze – Das Verkehrsarchiv beim Verkehrsmuseum Nürnberg

Dieses Archiv entstand im Zuge einer Umorganisation der Zentral- und Mittelbehörden der bayerischen Staatsbahnen, die von Neuerungen in Bürodienst und Aktenverwaltung begleitet war. Als einziger deutscher Bundesstaat hatte das Königreich Bayern 1904 Bahn, Post, Telegrafenwesen und Schifffahrt einem eigenen Ministerium für Verkehrsangelegenheiten unterstellt. Im Januar 1908 bestimmte ein Zusatz zu einer eben erst eingeführten Registraturordnung, dass „historisch wichtige Akten ... nach und nach" an ein Archiv zu überweisen seien, das bei dem seit 1899 bestehenden Eisenbahnmuseum in Nürnberg zu bilden war. Damit waren die Sichtung und Bewertung abgeschlossener Akten verbunden. Hierfür gab es einen ersten, noch schmalen Positivkatalog von archivwürdigem Schriftgut. Im März 1910 wurde eine Benützungsordnung für archivierte Unterlagen erlassen, die bereits Bestimmungen für den Persönlichkeitsschutz enthielt.

Für die neue Einrichtung gab es ein nahegelegenes Vorbild: Seit 1897 wurde in Wien beim k.k. Eisenbahnministerium ein Archiv betrieben, das dann nach dem Ersten Weltkrieg zu einem breitgefächerten Archiv für Verkehrswesen ausgebaut wurde. Bestrebungen, sich zu einer Sammelstätte verkehrsgeschichtlicher Unterlagen aus verschiedensten Quellen zu verbreitern, gab es nach der Überführung in die Reichsbahn-Verwaltung 1920 auch im Archiv in Nürnberg. Dorthin wurden Akten des beim Übergang der Länderbahnen auf das Reich aufgehobenen bayerischen Verkehrsministeriums abgegeben. Parallel hierzu entstand bei der 1920 eingerichteten Abteilung München des Reichspostministeriums ein Archiv für Akten der ehemaligen bayerischen Staatspost und der nunmehr in Bayern tätig werdenden Reichspostbehörden. Einmal gegründet, konnten sich die Spartenarchive halten, obwohl die Archiv-Fachverwaltungen in Reich und Ländern immer wieder um deren Auflösung bemüht waren. Die zeitweilig intensiven Arbeiten an einem archivischen Bewertungskatalog für das Schriftgut von Reichsbahn und Bundesbahn erzielten in der Abgabepraxis vor und nach 1945 nur bescheidene Erfolge. Daran änderte auch nichts, dass der Reichs- und preußische Innenminister im August 1936 die Archive der Länder mit der Verwahrung der Akten nachgeordneter Reichsstellen beauftragen ließ und damit eine Regelung begründete, die nach 1949 auch für Dienststellen der Bundesrepublik greifen sollte.

Die Verkehrsverwaltung war und blieb größter öffentlicher Arbeitgeber, ihre Beschäftigten sahen sich als Spitzen des Fortschritts in der Landesentwicklung. Behördenarchive mit einer an Spezialfragen orientierten Benützerklientel wurden durch dieses Bewusstsein gestärkt und über viele Jahrzehnte erhalten. Ein Beispiel dafür sind die bei den Direktionen der DDR-Reichsbahn eingerichteten Betriebsarchive mit weit in das 19. Jahrhundert zurückreichenden Beständen, deren Abgabe an die allgemeinen staatlichen Archive sich über die beiden Jahrzehnte vor und nach der Wiedervereinigung von 1990 hinzog, ähnlich übrigens wie bei Archiven und Sammlungen verschiedener Bundesbahn- und Oberpostdirektionen der Bundesrepublik.

Behördenarchivische Tradition wirkte dabei mit dem Personalmangel zusammen, um bei Aufstellung und Verzeichnung der Aktenbestände im Verkehrsarchiv Nürnberg den Herkunftszusammenhang im Wesentlichen zu wahren. Wie in anderen Spartenarchiven auch wurde auf die Bildung sachthematischer Dokumentationen und Sammlungen (Pläne, Fotos, Dienstvorschriften, Kursbücher, Fahrkarten, Erinnerungen ehemaliger Bediensteter) besonderer Wert gelegt. 1923 wurden von der in Liquidation befindlichen Ludwigs-Eisenbahn-Gesellschaft in Nürnberg Unterlagen des ältesten deutschen Eisenbahnunternehmens übernommen.

Soweit sich die Bestände des Verkehrsarchivs bis in die 1980er Jahre hinein aus manchmal

riesigen Aktenabgaben amtierender Bahn-
dienststellen speisten, behielt es über die Umbrüche der Behördengeschichte hinweg (Auflösung der Gruppenverwaltung Bayern der
Deutschen Reichsbahngesellschaft 1933, Gründung der Deutschen Bundesbahn 1949) einen
bayerischen Zuschnitt. 1948 wies die Leitung
der westdeutschen Eisenbahnen in Offenbach
die in Bayern gelegenen Bahn-Direktionen an,
ihre abgelegten Akten weiterhin nach Nürnberg
abzugeben. Auch eine grundsätzliche Aus-
sonderungs-Verfügung der Bundesbahn-Haupt-
verwaltung von 1960 enthielt eine gleiche Bestimmung. 1957 fanden sich die staatlichen
Archive Bayerns in einem Verwaltungsabkom-
men bereit, ihre aus der Weisung von 1936 her-
rührende Zuständigkeit für das bahnamtliche
Schriftgut auf das Verkehrsarchiv zu übertragen. Neben Sachzwängen spielten hier noch Erinnerungen an die bayerischen Staatsbahnen
eine Rolle, denen eine eigene Verwahrungs-
stätte erhalten bleiben sollte.

Erst das Bundesarchivgesetz von 1988 leitete
die schrittweise Überführung der Bestände des
Verkehrsarchivs in das Bundesarchiv und in die
staatlichen Archive Bayerns ein. Nach den Bestimmungen der Bahnstrukturreform sind die
Archive von Bund und Ländern für das bis Jahresende 1993 entstandene Schriftgut des früheren Staatsbetriebes Deutsche Bundesbahn
zuständig. Das Verkehrsmuseum Nürnberg
steht seit 1996 in der Betreuung durch die
Deutsche Bahn AG. Für die verschiedenen Abteilungen der Dauerausstellung wurden und
werden neue Konzepte entwickelt. Das Verkehrsarchiv selbst wandelte sich mit der Abgabe seiner Akten zu einer Dokumentationsstelle für die Geschichte des Eisenbahnwesens
mit gesamtdeutschem Zuschnitt, freilich jetzt
mit privatwirtschaftlichem Charakter.

Das Verkehrsarchiv Nürnberg war ein interessantes Gebilde, das bis in die 1990er Jahre hinein föderale Strukturen der staatlichen Bahnver-
waltung widerspiegelte, die es seit 1933 so
nicht mehr gab. Es war ein fachbehördliches
Fossil, das hatte weiterwachsen können. Zugleich zeugte es von der herausragenden Stellung der hoheitlichen Verkehrsbetriebe als
Schlüsselsektoren von Wirtschaft und Kommunikation im 19. und frühen 20. Jahrhundert und
vom Selbstbewusstsein des damaligen Perso-
nals.

Abbildung: Lesesaal von Bibliothek und Archiv
des Verkehrsmuseums Nürnberg, 1924, Deutsche Bahn AG, DB-Museum Nürnberg, Foto-
sammlung.

Literatur: R. Mertens, Das Verkehrsmuseum
Nürnberg – Vorgeschichte, Gründung und An-
fangsjahre, in: G. Hetzer/O.-K. Tröger, Weichenstellungen, Eisenbahnen in Bayern
1835–1920, München 2001, 456–463.

Die Quellen der Neuesten Geschichte
Die Archive und ihre
Bestände

Wissensdurst eines vom Informationsspeicher
des Königtums und der weltlichen und geistlichen Vasallen des Königs ausgesperrten Publikums entgegen. Bei Streitfällen war bisher
häufig den Abhängigen der Grund- und Ge-
richtsherrschaft der schriftliche Nachweis ihrer Rechte verwehrt worden. Das traditionelle
Verständnis von den Archiven als den unan-
tastbaren Verwahrstätten der Beweismittel
wehrte sich freilich auch künftig gegen eine
allgemeine Öffnung. Die Rechtstradition mancher Länder, wie Großbritannien, maß der un-
unterbrochenen Aufbewahrung in Archiven
nachgerade eine Schlüsselrolle bei.

Hinzu kamen Gegenargumente aus der politischen und finanziellen Interessenlage des
Archiveigentümers, gleichviel, ob er nun öffentlichen oder privaten Charakter hatte. Archive regierender Häuser und die Bestände
mit Zeugnissen der zwischenstaatlichen Beziehungen (Hausarchive, Staatsarchive) wurden daher mit besonderen Zulassungsschran-
ken versehen.

Das Benützungsrecht, über Jahrzehnte hinweg an strikte, aber wenig detaillierte Richtlinien gebunden, kam in den späten 1860er
Jahren in den deutschen Bundesstaaten zu
Regeln, die, wie zuvor bereits in Belgien und
Frankreich, auf eine wachsende Zahl von
Privatbenutzern eingestellt waren. In den
bayerischen Außenarchiven erreichten wissenschaftliche und heimatkundliche Benützungen um 1850 bereits etwa die Hälfte der
Anträge. Die ursprünglich streng an ministe-
rielle Einzelentscheidungen gebundene Zulassung von Benützern ging Schritt für Schritt
auf die Leitung der Archivbehörden selbst
über. Auch die Benützungsbedingungen
änderten sich. 1876 schaffte Heinrich von
Sybel (1817–1895) im Preußischen Geheimen Staatsarchiv die Überprüfung der Ex-

▷ S. 307 f.
Entfaltung der
Geschichts-
wissenschaften

zerpte der Besucher ab. Bei kommunalen Archiven war um diese Zeit in aller Regel bei den Bürgermeistern und Magistraten Benützung zu beantragen. In einigen bedeutenden Archiven auf reichsstädtischer Grundlage stand diese Genehmigung bereits dem Archivar selbst zu. Vereinzelt wurden großzügigere Regelungen, als sie selbst heute in Gebrauch sind, zumindest kundgetan. Gegen Ende des 19. Jahrhunderts hatte sich ein Kanon von Benützerregeln herausgebildet. Staatliche Archive hatten dabei die Vorreiterrolle übernommen. Zum Beispiel war in Archiven in den thüringischen Fürstentümern allenthalben vorherige Anfrage auf Genehmigung unter Angabe des Benützungszwecks üblich. Die Benützung erfolgte dann in der Regel vor Ort zu den Dienststunden. Versendung von Archivalien an auswärtige amtliche Stellen oder wissenschaftliche Einrichtungen wurde aber häufig erlaubt und praktiziert. Eine schriftliche Auskunftstätigkeit der Archivare war, wenn überhaupt, nur in beschränktem Umfang vorgesehen. Die Anfertigung von Abschriften und Auszügen aus Archivalien wurde jeweiliger Vereinbarung über die Kosten oder privater Beauftragung überlassen.

Mit der Archivbenützung gekoppelt waren Ausbau und Systematisierung von Disziplinen der geschichtlichen Hilfswissenschaften, von Urkundenlehre und Paläographie – der in Paris 1750 bis 1765 erschienene sechsbändige *Nouveau traité diplomatique* von Charles-François Toustain (1700–1754) und René-Prosper Tassin (1697–1777) war rasch ins Deutsche übersetzt worden –, Sphragistik – um 1830 wurde eine große Siegelsammlung in den Archives Nationales angelegt – oder Genealogie und Heraldik. In der Diplomatik ergab sich die engste Verbindung, etwa über Ausbildungsstätten wie der École des Chartes in Pa-

Leopold von Ranke (1795–1886), seit 1824 außerordentlicher Professor der Geschichte an der Universität Berlin, nützte 1831 in München die Heimkehr von einer vier Jahre zuvor angetretenen Studien- und Archivreise nach Wien, Venedig und Rom für Besuche der Hof- und Staatsbibliothek sowie des Allgemeinen Reichsarchivs. Seit 1858 Vorsitzender der Historischen Kommission bei der Akademie der Wissenschaften in München, trat er dort 1867 ein weiteres Mal als Archivbenützer auf. Das hier abgebildete Schreiben war an den bayerischen Innenminister Eduard von Schenk als Vorgesetzten des Generalkonservatoriums der wissenschaftlichen Sammlungen des Staates und des Allgemeinen Reichsarchivs gerichtet. Diese Genehmigungspflicht des Ministeriums für wissenschaftliche und die meisten rechtlichen Gesuche entfiel in Bayern im September 1870 und ging auf den Leiter des Reichsarchivs über.

Abbildung: Archivbenützungsgesuch von Rankes aus dem Jahre 1831, Bayerisches Hauptstaatsarchiv München, MInn 42431.

Literatur: K. MALISCH, Ranke und Bayern. Zum 200. Geburtstag des ersten Präsidenten der Historischen Kommission bei der Bayerischen Akademie der Wissenschaften, München 1996.

Mdl. 11 Febr[uar] 1831.

N[umer]o 2444.

E[uere] Excellenz

Komme ich eine Bitte schriftlich vorzutragen, welche ich gestern mündlich zu äußern die Ehre hatte. Um die Erlaubniß, einige Handschriften der Königlichen Bibliothek, namentlich Fuggers Ehrenspiegel des Hauses Östreich in meiner Wohnung bey H[er]rn Prof[essor] Schubert zu benutzen und zugleich in den Königlichen Archiven etliche Nachforschungen, vornehmlich über die Catastrophe Wallensteins anzustellen, suche ich unterthänigst nach. Sollten E[uere] Excellenz meine Bitte zu gewähren geneigt seyn, so würde ich es, bey der kurzen Dauer meines hiesigen Aufenthaltes, als eine Verdoppelung einer solchen Auszeichnung anzusehen haben, wofern Dieselben sich bewogen fühlen sollten, den Herrn Vorstehern jener Königlichen Institute zugleich Nachricht von Ihrer günstigen Entschließung zu ertheilen.

In tiefer Ehrfurcht

E[uerer] Excellenz

Unterthänigster Diener

Leopold Ranke, Prof[essor] a[us] Berlin

München, 10 ten Februar 1831.

ris (gegründet 1821) oder auch verschiedene Editionskommissionen. Die Gesellschaft für Deutschlands ältere Geschichtskunde, 1819 von Freiherrn vom Stein (1757–1831) auf den Weg gebracht, legte sieben Jahre später den ersten Band der *Monumenta Germania Historica* vor, der länderübergreifend Maßstäbe setzte. In den folgenden Jahrzehnten begannen in etlichen europäischen Staaten Reihenpublikationen von Archivalien. 1854 recherchierte eine in Paris zur Herausgabe der Briefe Napoleons I. gebildete Kommission auch in deutschen Archiven. Louis-Prosper Gachard (1800–1885), erster Generaldirektor des belgischen Archivwesens, besuchte für seine Quellensammlungen zur Geschichte des burgundisch-niederländischen Raumes Archive und Bibliotheken von Madrid und Rom bis München und Wien. Die von ihm initiierte Veröffentlichung von Beständeinventaren zielte auf wissenschaftliche Benützerkreise und wurde auch in Deutschland beachtet, vorläufig jedoch nicht in eigene Projekte umgesetzt. Mit dem Archivwesen anderer Länder vertraut war auch Franz von Löher (1818–1892), Leiter des Allgemeinen Reichsarchivs in München. Er gab mit der *Archivalischen Zeitschrift* seit 1876 ein für den internationalen Gedankenaustausch konzipiertes deutschsprachiges Fachorgan heraus, das im Gegensatz zu Vorläufern der 1830er und 1840er Jahre in Hamburg und Gotha auch lebenskräftig war.

Unter den Benützern für „literarische" Zwecke im umfassenden Begriff finden sich berühmte Namen. Alexander Puschkin (1799–1837) kannte das Moskauer Archiv des alten russischen Kollegiums der Auswärtigen Angelegenheiten und nahm für seine 1834 veröffentlichte Arbeit über den Pugatschow-Aufstand von 1773/74 Akteneinsicht in dem im Kreml verwahrten Archiv der Inspektionsab-

teilung des zaristischen Kriegsministeriums. Wenn sich auch für die Mitarbeiter wissenschaftlicher Kommissionen und bekannte Geschichtsschreiber manche bisher klemmende Archivtür öffnete, so gab es durchaus Gegenbeispiele. Zu den Tabuthemen des 19. und frühen 20. Jahrhunderts gehörten die Vorgänge um die spanische Thronkandidatur eines Sigmaringer Hohenzollern im Jahre 1870, woraus sich eine Sperrung wichtiger Unterlagen durch die Archive der auswärtigen Angelegenheiten in Berlin wie in Paris ergab, oder der Rastätter Gesandtenmord von 1799. Andere Beispiele waren die Verbindungen des Kurfürsten Maximilian I. von Bayern zum französischen Hof während des Dreißigjährigen Krieges und das Ländertauschprojekt Kaiser Josephs II. von 1785, von deren Erforschung vor und nach 1870 die Munitionierung von Angriffen auf die Rolle des bayerischen Herrscherhauses in der Reichspolitik befürchtet wurde. Sybel stieß 1862 bei der Materialsammlung zur Herausgabe der wittelsbachischen Fürsten-Korrespondenzen bereits im Vorfeld einer Anfrage in Kassel auf Blockaden, da er am dortigen Hofe seit seiner politischen Betätigung von 1848/50 als „persona ingratissima" galt. Heinrich von Treitschke (1834–1896) wurde 1880 wegen einer konstatierten Österreich feindlichen Gesinnung im Wiener Haus-, Hof- und Staatsarchiv die Einsichtnahme in Gesandtschaftsberichte verweigert, die er für den dritten Band seiner *Deutschen Geschichte im 19. Jahrhundert* auswerten wollte.

Vor einem offenen Zugang zu archivischen Findmitteln standen verständlicherweise noch höhere Hürden als vor der Akteneinsicht selbst. Es bezeichnet den Aufgabenwandel der Archive und zugleich das gestiegene Ansehen der Geschichtswissenschaften, dass sich bei Archivbenützungen zu erklärt wissenschaftlichen Zwecken in der zweiten Hälfte des 19. Jahrhunderts weit überwiegend Gebührenfreiheit durchgesetzt hatte. Auch die Regelungen zum so genannten Normaljahr (Grenzjahr) für die Entstehungszeit von Archivalien, bis zu dem eine Vorlage ohne Ausnahmegenehmigung erfolgen konnte, gehören bereits in die Zeit vor 1900. Bis zu der heute vielfach praktizierten gleitenden 30-Jahresfrist hat sich dieser zeitliche Sicherheitsabstand tendenziell immer weiter verkürzt, wobei Grenzjahre gerne mit den Daten politischer Umbrüche verknüpft wurden. Frankreich ging bereits 1887 zur gleitenden 50-Jahresfrist außer bei diplomatischen Aktenstücken über und führte auch eine Personenschutzregelung ein. 1914 lag die Benutzungsgrenze in Preußen bei 1806, im Königreich Sachsen beim Verfassungs- und Verwaltungsreformjahr 1831 und in Bayern für das Allgemeine Reichsarchiv bei 1800, während für das Geheime Hausarchiv und das Geheime Staatsarchiv jeweils individuelle Regelungen griffen. Einige Staaten kennen die Tradition der grundsätzlich unbeschränkten Einsichtsmöglichkeit für Akten der öffentlichen Verwaltung, so Schweden oder die Vereinigten Staaten von Amerika, wo dieses Recht 1966 durch die „Freedom of Information Act" besonders artikuliert wurde. Auch der deutsche Bundestag hat im September 2005, wie zuvor schon einige Landtage, die gesetzlichen Grandlagen dafür geschaffen, „jede[m]... gegenüber den Behörden... einen Anspruch auf Zugang zu amtlichen Informationen" zu sichern. Auf die Archivbenützungspraxis in der Bundesrepublik wirkten sich derartige Bestimmungen bisher wenig aus. Erfahrungen in anderen Ländern zeigen jedoch, dass besonders großzügige Regelungen häufig mit einer gedrosselten Abgabepraxis der Behörden aus für sensibel gehaltenen Bereichen an die Archive oder mit einer schwerfälligen und engherzigen Aufhebung besonderer Sperren („Desekretierung", „Deklassifizierung") für laufende Aktenvorgänge oder Aktengruppen verbunden sind.

Im Jahr 2003 hatten die Abteilungen des Bundesarchivs 8 200 Benützer. Entsprechende Zahlen lauteten für das Geheime Staatsarchiv Berlin-Dahlem 2 200, für das Hauptstaatsarchiv Dresden 1 800. Das Bayerische Hauptstaatsarchiv zählte rund 2 080 persönliche Benützungen – 1903 hatte man einschließlich der heute integrierten, damals selbstständigen Abteilungen etwa 180 registriert. Ein 1995 erschienener Leitfaden für die Besucher des Archivs des Ministeriums für auswärtige Angelegenheiten in Paris beginnt mit dem Wort aus Matthäus, VII, 7: „Suchet, so werdet Ihr finden."

Gerhard Hetzer

Literatur

M. Bär, Leitfaden für Archivbenutzer, Leipzig 1896.

H. Booms, Gesellschaftsordnung und Überlieferungsbildung. Zur Problematik archivarischer Quellenbewertung, in: Archivalische Zeitschrift 68, 1972, 3–40.

B. Brachmann u.a., Archivwesen der Deutschen Demokratischen Republik. Theorie und Praxis, Berlin (Ost) 1984.

A. Brennecke, Archivkunde. Ein Beitrag zur Theorie und Geschichte des europäischen Archivwesens, bearb. v. W. Leesch, Leipzig 1953.

C.A.H. Burkhardt, Hand- und Adreßbuch der deutschen Archive, Leipzig 1875.

W. ERNST, Das Rumoren der Archive. Ordnung aus Unordnung, Berlin 2002.

H.J. HECKER, Archive, in: Handwörterbuch
zur deutschen Rechtsgeschichte, Berlin 2.,
überarb. u. erw. Aufl. 2004, 285–293.

H. HEIMPEL, Über Organisationsformen historischer Forschung in Deutschland, in: HZ
189, 1959, 139–222.

R. HERING, Bewertung und Auswertung. Auswirkungen archivischer Arbeit auf die historische Überlieferungsbildung, in: Scrinium 57,
2003, 76–87.

G. HOLTZINGER, Katechismus der Registratur-
und Archivkunde. Handbuch für das Regis-
tratur- und Archivwesen bei den Reichs-,
Staats-, Hof-, Kirchen-, Schul- und Gemeinde-
behörden, den Rechtsanwälten etc. sowie bei
den Staatsarchiven, Leipzig 1883.

R. KRETZSCHMAR, Spuren zukünftiger Vergangenheit. Archivische Überlieferungsbildung im Jahr 2000 und die Möglichkeiten einer Beteiligung der Forschung, in: Der
Archivar 53, 2000, 215–222.

H.O. MEISNER, Bemerkungen zur Archiv- und
Aktenkunde, in: Archivarbeit und Geschichtsforschung, Berlin (Ost) 1952, 107–119.

DERS., Archivalienkunde vom 16. Jahrhundert
bis 1918, Göttingen 1969.

A. MENNE-HARITZ, Akten, Vorgänge und
elektronische Bürosysteme, Marburg 1996.

T. MILLER, The German Registry: The Evolution of a Recordkeeping Model, in: Archival
Science, 2003, H. 1, 43–63.

J. PAPRITZ, Archivwissenschaft, Bd. 1–4, Marburg 2., durchges. Aufl. 1983.

W. REININGHAUS, Archive und Archivwesen,
in: S. JENKS/S. MARRA (Hrsg.), Internet-Handbuch Geschichte, Köln u.a. 2001, 195–211.

R. SCHATZ, Behördenschriftgut. Aktenbildung, Aktenverwaltung, Archivierung, Bop-
pard/Rh. 1961.

B. UHL, Bewertung von Archivgut, in: Der Archivar 43, 1990, 530–538.

DERS., Die Bedeutung des Provenienzprinzips für Archivwissenschaft und Geschichtsforschung, in: ZBLG 61, 1998, 97–121.

C. VISMANN, Akten. Medientechnik und
Recht, Frankfurt/M. 2000.

Geschichtswissen-schaft im Internet

Vorgeschichte. Das Internet stellt das zurzeit jüngste (Informations-)Medium für die Geschichtswissenschaften dar. Obwohl sich Erscheinungsbild, Nutzung und Verbreitung des Netzes seit seiner Einführung grundlegend verändert haben, sind bis heute wesentliche Elemente seiner Besonderheiten auf den ursprünglichen Entstehungszusammenhang zurückzuführen.

Am Anfang der Entwicklung des Internets standen unterschiedliche Faktoren. Bereits ab Anfang der 1960er Jahre stellte das US-Militär Überlegungen darüber an, wie man die elektronische Kommunikation zwischen den einzelnen Kommandozentralen bei einem Angriff wirksam schützen könnte. Die vor diesem Hintergrund naheliegende Lösung bestand in einer weitgehenden Dezentralisierung der Datenströme. Diese sollte durch die Schaffung eines – zunächst nationalen – Netzwerkes aus kleineren Rechnern erreicht werden. Jede einzelne Einheit sollte dabei mit jeder anderen in Verbindung stehen. Die verschickten Informationen sollten ihre Empfänger, für den Nutzer unsichtbar, in einzelnen Datenpaketen erreichen. Die Verbindung würde auch dann funktionieren, so der Kerngedanke, wenn einzelne Teile des Gesamtnetzes ausfallen sollten. Die heute bisweilen beklagte Unübersichtlichkeit und Heterogenität des Internets hat genau an dieser Stelle eine ihrer Ursachen.

Diese militärischen Planungen trafen sich im Verlauf der 1970er Jahre mit verschiedenen – vorwiegend technisch orientierten – Überlegungen unter Informatikern. Ab 1979 entwickelte sich hier das so genannte USEnet zu einer Plattform, auf der sich erste Formen von heute überall gängigen Kommunikationsarten wie Chatforen und E-Mail-Listen herausbildeten. Hier etablierten sich auch manche

der „Gründungsmythen" des Internets als demokratische, grenzenlose, kostenfreie Einrichtung ohne Hierarchien [HOHLS]. Parallel zu dieser Entwicklung wurde das Internet sehr langsam in weitere Wissenschaftsbereiche übernommen, was durch eine spezifische Forschungsförderung unterstützt wurde. Mitte der 1970er Jahre konnte der Netzverbund jedoch erst wenig mehr als 100 Knoten aufweisen. Diese Zahl stieg dann bereits im Laufe der 1980er Jahre deutlich an, wobei die Entwicklung und Verbreitung des Personal Computers (PC) eine entscheidende Rolle spielte. Die Ankündigung einer „National Information Infrastructure" durch den damaligen US-Vizepräsidenten Al Gore Ende 1993 und die Entwicklung der Programmiersprache HTML (Hypertext Markup Language) 1994 können schließlich als der Start des neuen Massenmediums Internet gewertet werden [HOHLS; NAGEL]. Die (deutschen) Geschichtswissenschaften erreichte das Internet Mitte bis Ende der 1990er Jahre.

Haupteinsatzgebiete. Heute wird das Internet in der Geschichtswissenschaft in erster Linie für drei Anwendungsbereiche genutzt: Kommunikation, Informationsrecherche und Abruf wissenschaftlicher Inhalte und Quellen.

Neben der direkten Kommunikation per E-Mail wurden in den letzten Jahren, in besonderer Weise angeregt durch die Aktivitäten des amerikanischen H-Net-Verbundes (*http://www.h-net.org/lists/*), eine Vielzahl von Newsforen und E-Mail-Listen gegründet. Hierbei wird grundsätzlich zwischen einer moderierten (alle Beiträge müssen von einer Redaktion freigegeben werden) und einer unmoderierten (alle eingeschriebenen Mitglieder können direkt Nachrichten an alle anderen Subskribenten versenden) Variante unterschieden. Während die unmoderierten Listen auf diese Weise zu mehr spontanen und kürzeren Reaktionen ermutigen sollen, fördert die Tätigkeit einer Redaktion in der Regel das Niveau der publizierten Beiträge. Im Idealfall kann ein solches moderiertes Forum schon die Vorstufe zu einem elektronischen Journal darstellen. Inhaltlich beschäftigen sich die verschiedenen Listen meistens mit einer bestimmten Teildisziplin oder Epoche (z.B. *http://www.listserv. dfn.de/archives/hexenforschung.html*). Eine Ausnahme stellen die mit über 11 000 Abonnenten größte E-Mail-Liste im deutschsprachigen Raum, *H-Soz-u-Kult* (*http://hsozkult.geschichte. hu-berlin.de/*), und der Nachrichtendienst für Historiker (*http://www.nfhdata.de/premium/ index.shtml*) dar, die jeweils einen umfassenden Anspruch reklamieren.

Ein zweiter Schwerpunkt der Nutzung liegt auf der Recherche nach Informationen, die den Einstieg in die eigene Forschungstätigkeit zu einem Thema erleichtern oder vorbereiten können. Hier offenbart sich, neben den schnellen Kommunikationsformen, eine der zentralen Stärken des Mediums: die Möglichkeit einer weitgehend zeit- und ortsunabhängigen Arbeit. Diese reicht in diesem Kontext von der Suche nach Adressen, Telefonnummern oder Öffnungszeiten einzelner Institutionen bis zur Nutzung des OPACs (Online Public Access Catalogue) von Bibliotheken bzw. der Recherche von Online-Findbüchern von Archiven. Diese Angebote haben sich in den letzten Jahren bedeutend verbessert, so dass praktisch alle einschlägigen Institutionen jetzt nicht nur unter einer eigenen website zu finden sind, sondern auch ihre Bestände für den Nutzer erläutern bzw. in Teilen zugänglich halten. Für eine Bibliotheksrecherche kann etwa auf den OPAC

▷ S. 428
Einrichtungen:
Archive
▷ S. 429 ff.
Einrichtungen:
Bibliotheken

der nächstgelegenen Universitäts- oder Staatsbibliothek, eines Bibliotheksverbundes bzw. einer Spezialbibliothek (z.B. *http://www. ifz-muenchen.de/bibliothek/opac.html*) zugegriffen werden. Für eine regionenübergreifende Suche empfehlen sich die Seiten des Karlsruher Virtuellen Katalogs (KVK; *http://www. ubka.uni-karlsruhe.de/kvk.html*). Darüber hinaus können beispielsweise auch die Inhaltsverzeichnisse einer Vielzahl historischer Fachzeitschriften eingesehen werden (*http:// www.erlangerhistorikerseite.de/zfhm/zfhm.html; http://mdz1.bib-bvb.de/~zs/*).

Für den Rechercheeinstieg sind in diesem Zusammenhang vor allem jene Internetplattformen geeignet, auf deren Seiten relevante Informationen in Form von Linklisten oder auch eigenen Materialsammlungen und Beiträgen themenspezifisch zusammengetragen wurden. Als Beispiele seien hier die Angebote der Virtual Library Geschichte (*http:// www.erlangerhistorikerseite.de/vl-dtld.html*), von historicum.net (*http://www.historicum. net*) und – mit bibliothekarischem Schwerpunkt – Chronicon (*http://www.chronicon.de/*) genannt.

▷ S. 433
Einrichtu...
Bibliothe...

In besonderer Weise ist im vergangenen Jahrzehnt die Zahl der über das Internet direkt bereitgestellten wissenschaftlichen Inhalte und Quellen angewachsen. Nicht zuletzt nutzen Bibliotheken diese Möglichkeit, um ihre Bestände längerfristig kostengünstiger und schonender den Nutzern zugänglich zu machen (z.B. *http://mdz2.bib-bvb.de/~mdz/*). Für den Bereich der Neuesten Geschichte/Zeitgeschichte lohnt sich vor allem auch eine Recherche auf den Seiten der mit einzelnen Sachgebieten befassten (Regierungs-) Institutionen. Neben diesen Veröffentlichungen vorwiegend staatlicher Einrichtungen werden auch zahlreiche Quellen

▷ S. 443 f.
Forschun...
einrichtu...

Die Quellen der Neuesten Geschichte
Geschichtswissen-
schaft im Internet

von privater Seite ins Netz gestellt. Hier ist in vielen Fällen leider erhöhte Vorsicht geboten, da oft die Validität der publizierten Quellen nicht überprüft werden kann oder z.B. Angaben zum Fundort fehlen. Auch kann hier die, später noch zu thematisierende, fehlende Zitierfähigkeit ein Problem darstellen.

Seit einer im Vergleich zu den Naturwissenschaften kurzen Zeit und in noch deutlich begrenztem Umfang werden im Internet auch Forschungsergebnisse aus den Geschichtswissenschaften präsentiert und diskutiert. Den Anfang machten hier bereits Ende der 1990er Jahre online publizierte Rezensionen [HELMBERGER]. Diese scheinen aufgrund ihrer Länge und Form auch besonders für eine Netzveröffentlichung geeignet, wie der „Boom" in diesem Bereich in der Vergangenheit nahelegt. Neben zahlreichen Anbietern für Teil- oder Spezialdisziplinen können für den deutschsprachigen Raum drei Anbieter mit umfassendem Zugriff genannt werden: das monatlich erscheinende Rezensionsjournal *sehepunkte* (*http://www.sehepunkte.de*), der Rezensionsdienst der Mailing-Liste *H-Soz-u-Kult* und die online bereitgestellten Rezensionen aus dem Archiv für Sozialgeschichte (*http://www.fes.de/afs-online/*). Für einen umfassenden Gesamtüberblick eignet sich in besonderer Weise der von Stefan Blaschke betreute *Online Reviews Index* (*http://www.history-journals.de/reviews/hjg-revbook.html*). Historische Online-Journale außerhalb des Rezensionsbereichs sind im deutschsprachigen Raum – im Gegensatz zur weltweiten Entwicklung – noch wesentlich seltener anzutreffen. Häufig ist hier dagegen eine Kombination aus gedruckter und online-Fassung festzustellen [KELLER]. Ein Beispiel hierfür sind etwa die in Potsdam herausgegebenen *Zeithistorischen Forschungen* (*http://www.zeithistorische-*

Detailskizze

Die Mailingliste **H-Soz-u-Kult** (Humanities. Sozial- und Kulturgeschichte; *http://hsozkult.geschichte.hu-berlin.de/*) wurde 1996 als Bestandteil des amerikanischen H-Nets (Humanities Network) gegründet. Als überwiegend deutschsprachige und von einer Redaktion an der Humboldt-Universität zu Berlin koordinierte Einrichtung stellt sie innerhalb des H-Nets einen Sonderfall dar. H-Soz-u-Kult war eines der ersten internetbasierten Projekte in der deutschen Geschichtswissenschaft und gilt heute – mit inzwischen über 11 000 Abonnenten – als eine der erfolgreichsten und wichtigsten Institutionen seiner Art. Alle über die E-Mail-Liste verbreiteten Beiträge werden zunächst von einer Redaktion überprüft - ein Verfahren, das zweifellos zu einer Qualitätssteigerung beiträgt. Unmittelbare, spontane Diskussionen – wie in einem offenen Internetforum oder chatroom – werden damit jedoch eher erschwert. H-Soz-u-Kult wird daher auch vor allem als Informationsmedium für Tagungsankündigungen und -berichte sowie, in besonderem Maße, für Rezensionen (rund 1 000 Buchbesprechungen pro Jahr) genutzt. Zwischenzeitlich hatte die Liste in diesen Bereichen eine fast monopolartige Position inne. Als vorwiegend ehrenamtlich betriebene Initiative gestartet, wird H-Soz-u-Kult zurzeit innerhalb des Verbundes Clio-Online von der Deutschen Forschungsgemeinschaft (DFG) finanziert.

Das Online-Rezensionsjournal *sehepunkte* (*www.sehepunkte.de*) erscheint seit November 2001. Das Kooperationsprojekt des Historischen Seminars der Universität München und der Bayerischen Staatsbibliothek wurde von der DFG gefördert – inzwischen erfolgt die Finanzierung zu erheblichen Teilen durch den Freistaat Bayern. In bewusster Abkehr vom Modell einer Mailingliste haben die *sehepunkte* die Struktur eines elektronischen Journals entwickelt (mit verschiedenen Elementen, wie z.B. einem festen Erscheinungstermin jeweils zur Monatsmitte). Den Nutzern soll durch diese – aus dem Printbereich vertrauten – Verfahren der „Umstieg" auf das neue Medium erleichtert werden. Gleichzeitig erhofft man sich so – angesichts der Datenfülle des Internets – einen besseren Überblick. Die *sehepunkte* sind als interdisziplinäres Journal angelegt und publizieren Rezensionen zu den Geschichts- und Kunstwissenschaften. Um die inhaltliche Qualität der Beiträge gewährleisten zu können, arbeitet die Zentralredaktion in München mit etwa 50 Fachredakteuren aus ganz Deutschland sowie mit Fachinstitutionen zusammen (Institut für Kunstgeschichte München, Herder-Institut Marburg, Institut für Zeitgeschichte München-Berlin). Mit monatlich knapp 100 veröffentlichten Beiträgen und über 150 000 Seitenaufrufen zählen die *sehepunkte* zu den wichtigsten Anbietern elektronischer Rezensionen für die Geschichtswissenschaften.

397

forschungen.de/), die bewusst eine „hybride Publikationsform" gewählt haben. Reine elektronische Journale sind dagegen das *eForum zeitgeschichte* aus Österreich (*http://www. eforum-zeitgeschichte.at/*), das rechtsgeschichtliche *forum historiae iuris* (*http://www.rewi. hu-berlin.de/online/fhi/*) und die in Köln herausgegebenen *zeitenblicke* (*http://www.zeitenblicke.historicum.net*).

Noch in relativ geringem Ausmaß wird das Internet dagegen in den deutschen Geschichtswissenschaften bislang für die konkrete Durchführung von Lehrveranstaltungen verwendet. Zwar nutzt eine beträchtliche Anzahl von Dozenten die Möglichkeit einer seminarbegleitenden Kommunikationsstruktur durch E-Mail-Verteiler oder der Bereitstellung von Vorlesungsmaterialien (z.B. *http:// www.altes-reich.de/*), die Auslagerung einzelner Lehrinhalte bzw. deren Vertiefung durch die Studierenden selbst mit Hilfe von Online-Tutorials (*http://www.geschichte-online.at*; *http://www.lehre.historicum.net/tutorial/folie_01. shtml*; *http://www.uni-konstanz.de/FuF/Philo/ Geschichte/Tutorium/*; *http://www.adfontes.unizh. ch/1000.php*) findet hingegen eher in Ausnahmefällen Anwendung. Dies könnte sich nach einer flächendeckenden Einführung von Bachelor-Studiengängen allerdings bereits in naher Zukunft ändern.

Probleme. Nach einer geradezu euphorischen Aufbruchsphase Ende der 1990er Jahre, die sich u.a. in der Gründung einer Vielzahl von E-Mail-Listen [HELMBERGER/HOHLS, 30–34], kleineren Initiativen mit eigenen Web-Angeboten und der steigenden Zahl einschlägiger Fachpublikationen [DITFURTH; GERSMANN; GROSCH; HORVATH; JENKS/TIEDEMANN; JENKS/MARRA] dokumentieren lässt,

398

ist inzwischen im Verhältnis Geschichtswissenschaft/Internet wieder deutlich mehr Nüchternheit eingekehrt. Dies ist wesentlich mit drei Gründen zu erklären:

Erstens: Konnte man sich noch vor wenigen Jahren glücklich schätzen, wenn man zu einem bestimmten Schlagwort Suchergebnisse im Netz fand, so gilt heute genau das Gegenteil. In nahezu allen Fällen wird der Nutzer mit einer Masse von Einträgen konfrontiert. Welche der angebotenen Informationen tatsächlich wissenschaftlich seriös erstellt und somit für die weitere Arbeit nutzbar ist, bleibt zunächst im Verborgenen. Auch spezifische Suchmaschinen für historische Webressourcen (*http://www.clio-online.de*; *http://mdz2. bib-bvb.de/hist/ueberinformationsweiser.php*). können hier nur begrenzte Hilfestellung leisten. So ist es bislang, manchenorts auch aufgrund einer starken Technikorientierung der Verantwortlichen, noch nicht überzeugend gelungen, das Konzept eines „virtuellen Arbeitsraumes" zu verwirklichen.

Unabhängig davon, dass die Nutzer in einem Meer von Informationen unterzugehen drohen, verführt die Fülle der aufgefundenen Nachweise bisweilen auch zu dem Umkehrschluss, dass hier „alles" zur gewünschten Thematik aufgelistet würde. Das – Historikerinnen und Historikern normalerweise eigene – Grundmisstrauen gegenüber jeglichem (gedruckten) Verzeichnis scheint sich hier bisweilen in den Weiten des WorldWideWeb aufzulösen. So muss denn immer wieder auf die banale Tatsache verwiesen werden, dass – trotz der wesentlich erleichterten Suchmöglichkeiten vom eigenen Schreibtisch aus – das Internet lediglich eine Recherchestrategie unter vielen darstellt. Auch können die gefundenen Verweise letztlich natürlich nur so umfassend und verwertbar sein, wie das die bereitgestellten Inhalte zulassen [EN-DERLE].

Zweitens: Die Masse der aufgefundenen Seiten beinhaltet – was angesichts der Ausgangspunkte des Internets nicht verwunderlich sein kann – auch eine erhebliche Menge für die wissenschaftliche Verwendung völlig unbrauchbarer Materialien. Diese werden häufig von privater Seite mit höchst unterschiedlichen Motivationen online gestellt. Angesichts der deutlich gesunkenen Preise für Hard- und Software sowie für die entsprechenden Serverkapazitäten dürfte sich dieser Trend sogar noch verstärken. Da andere Ausschlussmöglichkeiten de facto nicht existieren, ist hier jeder Nutzer auf sich selbst gestellt. Im Grunde wird von ihm oder ihr aber auch wiederum nur das eingefordert, was die Geschichtswissenschaft bei anderen Medien seit Jahrhunderten ganz selbstverständlich praktiziert: eine umfassende und gründliche Quellenkritik. Es ist erstaunlich, dass immer wieder betont werden muss, dass der wissenschaftliche Wert einer Seite im WWW nicht nach der Art des Layouts oder Designs beurteilt werden kann. Mit diesem Kriterium würden leider auch zahlreiche inhaltlich seriöse Präsentationen staatlicher Institutionen ins Abseits manövriert. Dagegen kann eine chice Aufmachung auch fragwürdige Materialien zunächst in einem besseren Licht erscheinen lassen. Häufig hilft hier wenigstens ein Blick ins (gesetzlich vorgeschriebene) Impressum, um etwas klarer zu sehen.

Längerfristig mag sich die Situation auch dadurch „entspannen", dass noch stärker als heute Materialien auf den Seiten wissenschaftlicher Institutionen bereitgestellt werden. Der Druck auf diese Einrichtungen, ihre (häufig mit öffentlichen Mitteln erstellte) Arbeit zu dokumentieren und weitgehend kos-tenfrei abrufbar zu halten, wird sicherlich noch deutlich wachsen.

Drittens: Der eben beschriebene Trend könnte jedoch aus einem anderen Grund anhalten, der in unmittelbarem Zusammenhang mit einem letzten Hauptproblem steht: der unzureichenden Finanzierung zahlreicher Netzprojekte. Diese Situation ist prinzipiell für die Forschung ebenfalls nichts Neues, hat allerdings hier – im Vergleich zu „traditionellen" Projekten – deutlich massivere Auswirkungen. Vielen kleinen oder privaten Initiativen mit durchaus sehr sinnvollen und sorgfältig aufbereiteten Inhalten wird längerfristig die finanzielle Basis für ihr gegenwärtiges Engagement fehlen. Hier zeigt sich auch, dass eine Grundannahme vieler Unternehmungen im Internet, nämlich die deutliche Reduzierung entstehender Kosten, nur bedingt einzulösen ist. Sollen die Inhalte tatsächlich wissenschaftlich sauber präsentiert werden, so ist eine intensive redaktionelle und damit personal- und kostenintensive Arbeit nicht zu vermeiden.

Zahlreiche – durchaus auch mit Mitteln der öffentlichen Hand geförderte – Projekte wurden und werden vor diesem Hintergrund wieder eingestellt oder führen ein Leben als „Pflegefall", allerdings ohne jede Versicherung. Als Folge hiervon können die entsprechenden Seiten nicht mehr aktualisiert werden und „verschwinden" irgendwann völlig aus dem WWW. Eine Zitierfähigkeit ist somit nicht mehr gewährleistet. Das Medium wird an dieser Stelle aber auch Opfer einer seiner hervorragendsten Eigenschaften – der gleichermaßen versprochenen wie unterstellten permanenten Aktualität. Während die Ergebnisse „traditioneller" Projekte für gewöhnlich in Buchform erscheinen, nach einiger Zeit veralten, aber einen Wert per se behalten, büßen

399

Online-Projekte – bereits wenn sie nur kurze Zeit nicht auf dem aktuellen Stand gehalten wurden – ihren (inzwischen immerhin bedingt zugestandenen) Status als „wissenschaftlich verlässlich" ein. Eine Ausnahme stellen hierbei nur – sorgfältig umgesetzte – Editionsprojekte dar, sofern sie stets in einer technischen Form bereitgehalten werden, die von einem Großteil der Besucher genutzt wird und genutzt werden kann. Vieles spricht also dafür, dass besonders den großen überregionalen Bibliotheken und Archiven in diesem Zusammenhang ein neues, deutlich erweitertes Aufgabenfeld zuwachsen wird.

Das Internet, das kann als Fazit festgehalten werden, bietet den Historikern der Neuesten Zeit umfassende Ergänzungen und Erleichterungen in vielfältiger Weise. Vor allem in der Kommunikation, der Einstiegsrecherche und in der Wahrnehmung und Diskussion von neuen Forschungsergebnissen eröffnen sich neue, bis vor kurzem kaum vorstellbare, Möglichkeiten. Dies entlastet den Einzelnen jedoch nicht davon, den Wert der recherchierten Informationen mit dem traditionellen Instrumentarium der Quellenkritik weiterzubearbeiten. Das Internet kann ein sehr nützliches und faszinierendes Arbeitsmittel sein – es liefert aber allein keine fertigen Ergebnisse.

Peter Helmberger

Literatur

C. v. DITFURTH, Internet für Historiker, Frankfurt/M. 3., akt. Aufl. 1999.

W. ENDERLE, Der Historiker, die Spreu und der Weizen. Zur Qualität und Evaluierung geschichtswissenschaftlicher Internetressourcen, in: Geschichte und Informatik – Histoire et Informatique 12, 2001, 49–63.

G. GERSMANN, Neue Medien und Geschichtsunterricht. Ein Zwischenbericht, in: GWU 50, 1999, 239–249.

W. GROSCH, Geschichte im Internet. Tipps, Tricks und Adressen, Schwalbach/Ts. 2002.

P. HELMBERGER, Historische Rezensionen im Internet. Entwicklung – Probleme – Chancen, in: zeitenblicke 2, 2003, *http://www.zeitenblicke.historicum.net/2003/02/helmberger.htm.*

DERS./R. HOHLS, H-Soz-u-Kult. Eine Bilanz nach 3 Jahren, in: DIES. (Hrsg.), Humanities-Net, Sozial- und Kulturgeschichte (H-Soz-u-Kult) Bilanz nach 3 Jahren, Sonderheft HSR 24, 1999, 7–35.

R. HOHLS, Eine (Kurz-)Geschichte des Computers und seiner Nutzbarmachung in den Geschichtswissenschaften, in: DERS./B. BISTE (Hrsg.), Fachinformation und EDV-Arbeitstechniken für Historiker. Einführung und Arbeitsbuch, HSR-Supplement-Heft 12, 2000, 23–50.

P. HORVATH, Geschichte Online. Neue Möglichkeiten der historischen Fachinformation, Köln 1997.

S. JENKS/P. TIEDEMANN, Internet für Historiker. Eine praxisorientierte Einführung, Darmstadt 2., überarb. Aufl. 2000.

S. JENKS./S. MARRA (Hrsg), Internet-Handbuch Geschichte, Köln 2001.

A. KELLER, Elektronische Zeitschriften. Eine Einführung, Wiesbaden 2001.

A. NAGEL, Internet, in: H. MÖLLER/U. WENGST (Hrsg.), Einführung in die Zeitgeschichte, München 2003, 255–260.

Räumliche Konzentration: Russland als Thema der Osteuropäischen Geschichte

Osteuropäische Geschichte ist ein weites Feld. Im üblichen Verständnis bezieht sie sich auf den slawischen Siedlungsraum einschließlich jener Gebiete, die ethnisch-sprachlich „Exklaven" sind, aber historisch und teilweise auch kulturell in die jeweilige Großregion eingebunden waren (wie Ungarn oder Rumänien). Räumlich-sprachlich definiert untergliedert sie sich in die Subdisziplinen der ostmitteleuropäischen (polnisch-tschechischen), russisch-sowjetischen und südosteuropäischen Geschichte, deren jede eigene sprachliche Anforderungen stellt. Besondere Methoden und Zugänge haben sich nicht herausgebildet. Vielmehr versteht sich die Osteuropäische Geschichte (und sollte das noch deutlicher machen) als regional spezialisierte „Anwendung" allgemeiner geschichtswissenschaftlicher Verfahren. Besondere Fragestellungen, Präferenzen für Begriffe und Interpretationsfiguren ergeben sich lediglich aus dem Gegenstand, der sie hervorbringt. Gegen Argumente zur Abschaffung von „area studies" ist daran festzuhalten, dass räumlich-historische Zusammenhänge nicht nur eigene Probleme und Themen hervorbringen, sondern auch eigene Konzepte zu ihrer Aufschlüsselung und Behandlung, die gleichwohl keine eigene wissenschaftliche Disziplin begründen. Andererseits kommt die Angemessenheit der räumlich-sprachlichen „Arbeitsteilung" nicht zuletzt darin zum Ausdruck, dass es wenig übergreifende Entwicklungen und Strukturen gibt. Ostmitteleuropa ist auch historisch-kulturell wörtlich zu nehmen. Tschechien lag stets im Zentrum und Polen hatte seit der Christianisierung engsten Anteil an allen mitteleuropäischen geistigen und politischen Prozessen (Renaissance, Reformation, Aufklärung, Ständeordnung etc.). Südosteuropa ist stark von der osmanischen Eroberung oder der bleibenden Zugehörigkeit zum Habsburger Reich geprägt worden. Russland brachte schon aufgrund seiner riesigen Ausdehnung in erheblichem Maße eigene historische „Gestalten" und Erscheinungen hervor (Orthodoxie, Autokratie, Leibeigenschaft, Slawophilie, Intelligenzija, Bolschewismus), die aber doch ganz überwiegend nur besondere Ausformungen mittel- und westeuropäischer Entwicklungen waren. Schon dieser inhärente Bezug zu „Westeuropa" – und im Falle Russlands auch zu Asien – prädestiniert die Osteuropäische Geschichte dazu, dem historischen Vergleich eine besondere Stellung einzuräumen. Unter seinen vielen Möglichkeiten verspricht dabei der „klassische" kontrastive immer noch die meisten Einsichten. Auch deshalb – und nicht nur aufgrund des knappen Raums – behandelt der folgende Abriss beispielhaft nur die Geschichte Russlands (und der Sowjetunion).

▷ S. 320 f. Vergleich und Transnationalität

Auch an ihrem Anfang stand im 19. Jahrhundert Napoleon. Zwar führte seine Invasion 1812 weder zum Herrschersturz noch zu einem Regimewechsel. Aber seine Niederlage hinterließ nicht weniger tiefe Spuren. Zar Alexander I. (1801–1825) durfte sich als einziger Sieger auf dem europäischen Kontinent fühlen. Die „Heilige Allianz" der drei „schwarzen Adler" (Preußen, Österreich, Russland) ging auf seine Initiative zurück. Sein Reich wurde zum Bollwerk gegen das geistig-politische Erbe der Französischen Revolution: gegen Liberalismus, Demokratie und nationale Selbstbestimmung. Sein Nachfolger Nikolaus I. (1825–1855) erwarb sich den Ruf eines Gendarmen Europas, der 1830 nicht nur die polnischen Freiheitskämpfer niederwarf, sondern 1848, als beinahe ganz Europa von aufständischen Parolen widerhallte, sogar in Ungarn einmar-

▷ S. 192 Staaten, Nationen, Internationale Beziehungen

▷ S. 162 f. Rückblick: Epochenbildung

401

schierte, um ein Übergreifen des demokratischen Bazillus nach Russland zu verhindern.

Dem Bemühen um Restauration im Äußeren entsprach die innere Politik. Mit dem Einmarsch Napoleons endete die „liberale" Phase der Regierungszeit Alexanders und begann die „reaktionäre". Maßstab war dabei die Offenheit für Reformen sowohl der Sozialverfassung, besonders der bäuerlichen Leibeigenschaft, wie auch der Autokratie („Selbstherrschaft") als russischer Zuspitzung der absolutistischen Monarchie. Seit 1812 war jeder Gedanke an eine Konstitution oder an Maßnahmen, die in die Besitz- und Verfügungsrechte des Adels eingegriffen hätten, tabu. Erst recht widersetzte sich Nikolaus I. nach dem dilettantischen Putschversuch, den einige Offiziere im Geist französischer Ideen am Vorabend seiner Thronbesteigung im Dezember 1825 unternahmen (Dekabristenaufstand), allen Beschränkungen der eigenen Macht. Desgleichen wies er nach außen hin jegliche Forderungen erster oppositionell-revolutionärer Kritiker zurück, die Bauern freizulassen und mit ihnen die gesamte Gesellschaft aus den Fesseln der vormodernen, korporativen Ordnung zu entlassen.

Unter Ausschluss der Öffentlichkeit aber trug auch Nikolaus dem Zwang zu Effizienz und der wachsenden Kritik an der Leibeigenschaft Rechnung. Ein geheimes so genanntes Dezemberkomitee beriet schon seit Ende 1826 über eine Reform der gesamten Staatsverwaltung, und verschiedene Maßnahmen des Reichsdomänenministers Pavel Kiselev trugen 1837–1841 dazu bei, den Boden für die Aufhebung der Leibeigenschaft vorzubereiten. Vor allem aber begann mit dem Wiederaufbau des Reiches nach 1813 ein langer Aufschwung des ländlichen Textilgewerbes, der aufgrund der Verarbeitung von Baumwolle und des vermehrten Einsatzes von Dampfmaschinen als Frühphase der Industrialisierung bezeichnet werden kann.

▷ S. 39
Industriali
rung und
lorene Wel

Die „kurze" erste Hälfte des 19. Jahrhunderts ging in jeder Hinsicht mit dem Krimkrieg (1854–1856) und dem Tod Nikolaus' zu Ende. Es begann die Regierungszeit Alexanders II. (1855–1881), deren erste Jahrzehnte durch die tiefgreifendsten Reformen seit dem ausgehenden 18. Jahrhundert geprägt waren. Diese legten den Grundstein für eine Dynamik der sozioökonomischen, kulturellen und zum Schluss auch der politischen Entwicklung, die das Zarenreich bis zum Ausbruch des Ersten Weltkriegs so nahe an westeuropäische Verhältnisse heranführte wie nie zuvor und danach nicht mehr vor 1991. Folgende Maßnahmen haben primär zu diesem Abschied vom alten Russland beigetragen:

Am Anfang stand – schon wegen ihrer Signalwirkung, aber auch aufgrund ihrer im Wortsinn fundamentalen Bedeutung für alle Bereiche der staatlich-fiskalischen, wirtschaftlichen, sozialen und kulturellen Ordnung – die Bauernbefreiung vom 19. Februar / 3. März 1861. Dabei ist die persönliche Entlassung der Bauern aus der Hörigkeit, die sofort in Kraft trat, von der weit schwierigeren Entflechtung der bäuerlichen und der gutsherrlichen Wirtschaft zu trennen. Letztere wurde erst 1863 auf den Weg gebracht und zog sich mehr als zwei Jahrzehnte hin. Als unterste Instanz der staatlichen Obrigkeit fungierte – anstelle des Gutsherrn – nun die Dorfgemeinde (*mir*, *obschtschina*). Ob die Entscheidung, den Passzwang beizubehalten und die Bauern an die *obschtschina* zu binden, die industrielle Entwicklung nennenswert behindert hat, ist umstritten; die großen Städte des Landes hatten auch so einen größeren Zustrom an arbeitsuchenden Dorfbewohnern zu bewältigen, als sie verkraften konnten. Verbürgt aber sind ihre demographischen und landwirtschaftlichen Folgen: Da Familiengröße durch ungefähr proportionale Landzuteilung aus dem Gesamtbesitz prämiert wurde, hielt der starke demographische Zuwachs bei gleichbleibender Bodenfläche und kaum verbesserter Produktivität an. Auch wenn es marktwirtschaftlich erfolgreiche „Oasen" gab, im Vergleich zu Mitteleuropa hinkte die russische Landwirtschaft weit hinterher.

Dem säkularen Befreiungsmanifest folgten 1864 eine Justiz- und eine Verwaltungsreform. Erstere verankerte erstmals Grundsätze und Institutionen eines modernen Rechtswesens (darunter die Unabhängigkeit der Justiz). Letztere schuf Selbstverwaltungsgremien auf Gouvernements- und Kreisebene, denen der Staat vor allem die medizinische und schulische Versorgung übertrug. Auf beiden Gebieten haben die *zemstva* Außerordentliches geleistet. Darüber hinaus eröffneten sie vor allem dem Adel erstmals breite Möglichkeiten zum politisch-administrativen Engagement, die dieser weidlich nutzte. Zusammen mit den 1870 neu begründeten Stadtparlamenten wurden die *zemstva* zu Kristallisationspunkten der liberal-konstitutionalistischen Bewegung im ausgehenden Zarenreich.

Der gesamte Umbau der Gesellschaft, den diese und andere Reformen – vor allem die Abschaffung der Kopfsteuer und die Einführung der allgemeinen Wehrpflicht 1874 – bewirkten, legte schließlich auch den Grundstein für eine neue Phase der Industrialisierung. Mit massiver Hilfe ausländischer Investitionen und Technologie entstand eine eigene Schwerindustrie. Sie war in der Lage, die Ausrüstung für ein Eisenbahnnetz zu liefern, das bald alle großen Städte im europäischen Reichsteil miteinander verband und in den

1890er Jahren durch den säkularen Bau der transsibirischen Linie ergänzt wurde. Spätestens seit den achtziger Jahren riefen Streiks einer zunehmend sensibilisierten Öffentlichkeit auch in Erinnerung, welche sozialen Umwälzungen sich mit diesem Prozess verbanden. Eine Arbeiterschaft entstand, die der radikalen Intelligenz Anlass gab, auch in ihrem Namen einen gewaltsamen Sturz der Autokratie zu fordern. Sozialdemokraten traten an die Seite der „Sozialrevolutionäre", die sich primär, aber nicht nur auf die Bauernschaft stützen wollten. In beiden, seit Beginn des neuen Jahrhunderts als Parteien organisiert, entstand dem Ancien Régime ein unversöhnlicher Gegner.

Von diesem umfassenden sozioökonomischen Wandel, mit dem in der kaufmännisch-industriellen und der zunehmend akademisch geprägten städtischen Elite eine Hinwendung zu kulturellen Werten und Lebensformen des Westens einherging, war die so genannte „Erste Russische Revolution" der Jahre 1905/1906 nicht zu trennen. Als nervöse Wachsoldaten vor dem Zarenpalast am 9. Januar 1905 auf einen Demonstrationszug friedlicher Arbeiter schossen, lösten sie nicht nur monatelange Streiks aus. Vielmehr schlossen sich liberale Vertreter des Adels aus der *zemsto*-Bewegung, des Wirtschaftsbürgertums und der neuen akademischen Elite der „freien Berufe" (Ärzte, Anwälte u.a.) den Protesten an. Alle einte die Forderung nach einer konstitutionellen Begrenzung der autokratischen Macht. Durch einen Generalstreik Mitte Oktober gezwungen, musste der Zar ein Parlament (*Duma*) gewähren, das am 27. April 1906 auf der Grundlage der wenige Tage zuvor in Kraft gesetzten ersten Verfassung der russischen Geschichte zusammentrat. Zu dieser Zeit war der Krieg gegen Japan, der die Auto-

403

kratie zu Konzessionen an die Aufständischen gezwungen hatte, beendet. Der Staatsmacht standen wieder genügend Soldaten zur Verfügung, um nach ihren Bedingungen Ruhe herzustellen. Nach der Auflösung der ersten beiden Dumen erließ der Zar am 3. Juni 1907 ein neues Wahlgesetz, das ihm eine gefügige dritte Duma sicherte. Die Revolution ging damit definitiv zu Ende. Aber ihre wichtigsten Errungenschaften blieben: ein Parlament, Parteien und eine publizistische Öffentlichkeit.

Wie man das „konstitutionalistische Experiment" bewertet, hängt von der Perspektive ab. Eine effektive, geschweige denn förmliche Beschneidung der autokratischen Macht gelang nicht. Noch im Krieg, als ein breites Parteienbündnis von moderaten Monarchisten bis zum Linksliberalismus eine „Regierung des gesellschaftlichen Vertrauens" forderte, hielt Nikolaus II. starr an seiner juristisch unbeschränkten Macht fest. Der kurze „Burgfriede" nach dem August 1914 machte einer wachsenden Kluft zwischen Parlament und Autokratie Platz, die maßgeblich zu deren Ende beitrug. Eben darin bestand aber auch das positive Ergebnis des neuen politischen Prozesses: Selbst wenn der Duma entscheidende Kompetenzen fehlten, war keine wichtige Entscheidung ohne sie oder ohne ihre Reaktion denkbar. Das Parlament wurde zum Gegenspieler des autokratischen Staates und im Maße von dessen Diskreditierung zum eigentlichen Zentrum der Macht. Als das Ancien Régime stürzte, fiel die Macht wie von selbst dem Parlament zu.

Dies geschah im Laufe einer schicksalhaften Woche, die am 23. Februar 1917 (= 8. März n. St.) mit einer Demonstration von Arbeiterfrauen gegen die katastrophalen Mängel bei der Versorgung mit Lebensmitteln und Brennstoff in Petrograd begann. Als sich nicht nur

Arbeiter anschlossen, sondern auch Garnisonssoldaten, hatte das alte Regime keine Verteidiger mehr. Denn auch die Frontgeneräle – und das war letztlich entscheidend – ließen den Zaren im (irrigen) Glauben fallen, dadurch die Verteidigungsfähigkeit des Reiches sichern zu können. Am 2. März dankte Nikolaus II. auch im Namen seines Sohnes ab. Damit ging nicht nur die Dynastie der Romanovs, sondern auch die Monarchie in Russland zu Ende.

Das halbjährige Februarregime, das nun begann, ist zu Recht als „Doppelherrschaft" bezeichnet worden. Dies galt von Anfang an, obwohl ein bekannter *Zemstvo*-Politiker, Fürst Georgij L'vov, zum Ministerpräsidenten bestimmt und die Regierung zunächst im Wesentlichen nur von den liberalen Dumaparteien (Kadetten und Oktobristen) gestellt wurde. Denn neben dem Parlament, das gesetzmäßig gewählt worden war und insofern ein gewisses Maß an staatsrechtlicher Kontinuität verkörperte, bildete sich ein Repräsentativorgan der Aufständischen: der Petrograder Sowjet. Von seinem Vorläufer des Jahres 1905 unterschied ihn die frühe Aufnahme von Deputierten der zweiten, revolutionär gesinnten sozialen Schicht dieser russischen Schicksalsmonate, der Soldaten. Dagegen blieben die Bauernsowjets bezeichnenderweise separat. Im Juni trat ein Allrussischer Kongress von Deputierten der lokalen Arbeiter- und Soldatenräte ergänzend hinzu, dessen ständiges Exekutivgremium eng mit der Führung des Petrograder Sowjets verbunden war. Sowjet und Duma bzw. die in ihnen jeweils dominanten Parteien, die „zentristischen" und „rechten" Sozialrevolutionäre und die „rechten" Menschewiki, entschieden letztlich darüber, wer der „Provisorischen Regierung" angehörte und was sie tun durfte.

Auch wenn das bittere Ende im Oktober nicht das einzige Kriterium sein darf, spricht nichts für eine erfolgreiche Bilanz des Februarregimes. Schon an ihrer selbstgestellten Hauptaufgabe, für einen ordnungsgemäßen Übergang der Macht an die Konstituierende Versammlung als einzig legitimem Souverän zu sorgen, scheiterte sie. Zwar brachte sie die Wahlen auf den Weg, aber sie wurde gestürzt, bevor diese durchgeführt werden konnten; erst recht war sie nicht mehr in der Lage, für den ordnungsgemäßen Ablauf der Konstituante zu sorgen.

Weiterhin offen bleibt allerdings die Frage, wo die Schuld für diese Niederlage zu suchen ist, an der Russland gut sieben Jahrzehnte zu tragen hatte. Vollständiger Konsens wird sich kaum erzielen lassen, weil die Antwort politisch-weltanschaulich aufgeladen ist und sich unauflöslich mit der Gesamtinterpretation des Sowjetregimes verbindet. Unabhängig von der Gewichtung des bolschewistischen Anteils ist aber unbestritten, dass gravierende eigene Versäumnisse maßgeblich zum Untergang der einzigen demokratischen Herrschaftsordnung auf russischem Boden beigetragen haben. Sie lassen sich paradoxerweise im Kern auf *ein* Bemühen der Provisorischen Regierung zurückführen: den Auftrag zu erfüllen, mit dem sie angetreten war. Denn es zeigte sich, dass auch die Vertagung von Grundentscheidungen über die Struktur des künftigen Gemeinwesens, um sie der Konstituante zu überlassen, eine Entscheidung war. Die Ereignisse ignorierten den Wunsch nach Aufschub. Das Februarregime zahlte für seine Prinzipientreue einen hohen Preis – den eines Vertrauensverlusts in den politisch-strategisch entscheidenden Unterschichten Petrograds und der Abwendung des Dorfes vom Geschehen in der Stadt. Die Versprechen Lenins (1870–1924) und seiner Bolschewiki (der „Mehrheits"-Fraktion der russischen Sozialdemokratie), dem Volk „Brot, Land und Frieden" zu geben, benannten die Kernaufgaben des Tages treffend und legten die Finger auf die Wunden des Regimes.

Die Provisorische Regierung versäumte es – unter maßgeblichem Einfluss des ersten Außenministers und Wortführers der Kadetten Pavel Miljukov –, ihren Friedenswillen glaubhaft zu dokumentieren, um der allgemeinen Kriegsmüdigkeit Rechnung zu tragen. Stattdessen befahl sie im Juli auf Drängen Frankreichs eine neue Offensive, die kläglich scheiterte und den Beginn der Selbstauflösung der Armee markierte. Ihr gelang es nicht, die Versorgung der städtischen Bevölkerung sicherzustellen sowie Inflation und Arbeitslosigkeit einzudämmen. Vor allem aber enttäuschte sie die Erwartung der Bauern, dass dem Sturz der Adelsherrschaft endlich die jahrhundertelang ersehnte Aufteilung des Großgrundbesitzes folgen würde. Gerade die Lösung dieses Fundamentalproblems einer jeden traditionalen Gesellschaft im Übergang zur modernen Welt sollte demokratischer Legitimation überlassen bleiben. Das Dorf zog daraus die Konsequenz, sich mit Gewalt zu nehmen, worauf es einen Anspruch zu haben glaubte, und dem ferner Petrograd fortan den Rücken zu kehren. Als es Ende August auch noch zum Konflikt zwischen Armeeführung und Regierung kam („Kornilov-Putsch") und diese sich von den Roten Garden verteidigen lassen musste, war der Aufstieg der Bolschewiki nicht mehr aufzuhalten.

Angetrieben von Lenin, der das zögernde ZK seit Anfang September zum Handeln drängte, und gestützt auf die temporäre Sympathie der hauptstädtischen Arbeiter und Soldaten, griffen die Bolschewiki in der Nacht 405 vom 25. auf den 26. Oktober 1917 nach der Macht. Sie taten dies im Schutz des Militärischen Revolutionskomitees des Petrograder Sowjets bei Gelegenheit des zweiten Allrussischen Kongresses der Arbeiter- und Soldatendeputierten und im Bund mit den linken Sozialrevolutionären, mit deren Hilfe sie auch ein neues Zentrales Exekutivkomitee sowie den „Rat der Volkskommissare" als neue Regierung wählten und die ersten Dekrete der Sowjetmacht (über Land und Frieden) beschlossen. Als vor allem Lenin und sein Mitstreiter Leo Trotzki (1879–1940) dem Druck zur Bildung einer „sozialistischen Allparteienregierung" (auch aus den eigenen Reihen) in den nächsten Tagen Widerstand leisteten, entpuppte sich der Coup im Namen des Sowjets als das, was er im Kern in Wahrheit war: als Alleingang und Militärputsch der Bolschewiki, die nur die Minderheitsfraktion der Sozialrevolutionäre für sich gewinnen konnten.

Der Machtergreifung folgte die Machtbehauptung, verbunden mit der Grundlegung neuer Strukturen in Staat, Gesellschaft und Wirtschaft. Erst sie, über die der Ausgang des Bürgerkriegs (1918–1921) entschied, machte aus dem Umsturz eine weitere Revolution. Hatte der Februaraufstand eher eine staats- und verfassungsrechtliche Zäsur markiert und den Adel seiner Privilegien beraubt, so folgte nun eine radikale soziale Umwälzung. Die Unterschichten wurden zu Trägern des Regimes erklärt und genossen fraglos erhebliche Privilegien. Die alte Elite „von Besitz und Bildung" fiel ins Bodenlose, wenn sie nicht ins Ausland floh und überhaupt überlebte. Russland erlitt einen nie da gewesenen Aderlass: Ca. zwei Millionen Menschen emigrierten, neun bis zehn Millionen kamen in Kämpfen von außerordentlicher Grausamkeit und der anschließenden Hungersnot in den Jahren

1921 und 1922 um. Aus der „Notstandsdemokratie" wurde die russische sozialistische Räterepublik, dann (förmlich seit 1924) die Sowjetunion als Zusammenschluss solcher Räterepubliken auf dem Territorium des ehemaligen Zarenreiches.

Inhaber der Souveränität in diesem Staat war formell die Pyramide der Räte, vom Dorf- und Stadtsowjet bis hinauf zum Allunions-, dem späteren Obersten Sowjet. Den jeweils höchsten Sowjets waren die Volkskommissare in der Unions- und den Republiksregierungen de jure verantwortlich. Eine unabhängige Justiz gab es nicht, weil sich der Staat bewusst als Instrument von „Arbeitern und Bauern" begriff. Darüber wachte die bolschewistische (seit 1918: kommunistische) Partei, die dies allein zu tun beanspruchte und der schon deshalb die entscheidende Rolle zufiel. Ihre Gremien, an der Spitze das Politbüro als Ausschuss des Zentralkomitees und sein mächtiges Sekretariat, kontrollierten alles: die Wahl der Sowjets, die Wirtschaftsverwaltung und die Leitung der größeren Unternehmen, die Gewerkschaften, Kooperativen und alle sonstigen Massenorganisationen sowie bald auch die Verbände von Schriftstellern und sonstigen „Kulturschaffenden". Man hat Herrschaftssysteme dieses Typs, der nach dem Zweiten Weltkrieg nach Ostmitteleuropa exportiert wurde, als „Einparteienstaat" oder „monoorganizational society" bezeichnet.

Hinzu kamen als die beiden anderen Säulen, auf denen das Sowjetregime bis zu seinem Untergang ruhte, die Geheimpolizei und die Armee. Die Tscheka wuchs seit dem Dekret über den „roten Terror" Anfang September 1918 zu einer weitverzweigten Organisation mit einer eigenen Truppe heran, die nach Gutdünken blutige Pauschaljustiz übte und Schrecken im Land verbreitete. Nach Kriegsende wurde sie umbenannt (in GPU bzw. OGPU) und in den „friedlichen" Herrschaftsapparat integriert. Aber sie bestand fort, verfolgte „Regimefeinde" und betrieb die ersten Sträflings- und Arbeitslager weiter, die im Bürgerkrieg entstanden waren. Sie war eine Terrororganisation im Wartestand, die Stalin (1879–1953) nur zu aktivieren und auszubauen brauchte.

Dagegen bewahrte die Rote Armee größere Eigenständigkeit. Sie war kein Teil des Staatsapparates, sondern eine eigene, mächtige Organisation, der es auch nicht an Selbstbewusstsein mangelte. Von Trotzki aufgebaut und von Generälen geführt, die auf eigene Leistungen im Bürgerkrieg verweisen konnten, stand sie gewiss loyal zum Sowjetregime, war aber bis zum Massenmord an ihrer Führung 1937/1938 kein willenloses Instrument Stalins.

Über das Verhältnis zwischen sowjetischer Frühgeschichte und Vorkriegsstalinismus wird gestritten. Konsens aber besteht darüber, dass der Übergang zur zentralen Kommandowirtschaft und der Entschluss zur Zwangskollektivierung, mithin die Jahre 1929/1930, als Zäsur zu betrachten sind. Wer den „Aufbau des Sozialismus", hinter dem sich nichts anderes als ein weiterer Anlauf zur Industrialisierung verbarg, nach einem festgelegten Programm (dem ersten Fünfjahresplan) vorantreiben wollte, benötigte Zugriff und Kontrolle über alle Bereiche der Wirtschaft, den Agrarsektor eingeschlossen. Die so genannte Neue Ökonomische Politik (NEP) mit ihrer begrenzten Zulassung des Marktes durch den freien Verkauf agrarischer und kleingewerblicher Produkte taugte dafür nicht. Auch darüber herrscht weitgehendes Einverständnis, dass sie gezielt und aufgrund ideologischer Motive abgebrochen wurde. Dieses absichtli-

che Ende in einem Aufbruch voller echtem Pathos summierte sich zu einer zweiten Revolution („von oben"), an deren Ende der Kolchos und die vollständige Verstaatlichung aller Betriebe bis hinunter zu alltäglichen Dienstleistungen standen. Erst damit nahm das Sowjetsystem jene Gestalt an, die bis zur Perestrojka Gorbatschows bestand. Fortan entzog sich kein Bereich mehr dem Einfluss der Partei.

Die unangefochtene Herrschaft Stalins begann 1934, nach der Unterwerfung der Bauernschaft und letzter Oppositioneller, mit dem „Parteitag der Sieger". In den restlichen Friedensjahren verbindet sie sich mit fortgesetzter Industrialisierung – vor allem in Gestalt des Ausbaus der Schwerindustrie (Ural, Westsibirien) sowie der Infrastruktur (Bahnlinien, Staudämme) –, der rücksichtslosen Ausbeutung der städtischen Bevölkerung durch fallende Reallöhne, hohen Ablieferungsquoten für die Bauern bis an den Rand des Hungers, generell erbärmlichen Lebensverhältnissen hier wie dort und massiver Gewaltanwendung. Diese diente nicht zuletzt zur Sicherung der persönlichen Diktatur Stalins durch die Liquidierung aller tatsächlichen und vermeintlichen Gegner in- und außerhalb der Partei. Dabei waren die Schauprozesse gegen ehemalige Parteigrößen (Grigorij Sinowjew, Nikolaj Bucharin u.a.) nur die Spitze des Eisbergs. Im „Großen Terror" der Jahre 1937/1938 unter den Leitern des Innenkommissariats (NKWD) Genrich Jagoda und Nikolaj Eschow verschwanden Millionen unschuldiger Menschen hinter dem Stacheldraht von Arbeitslagern, deren Zahl seit der Kulakenverfolgung im Zuge der Zwangskollektivierung sprunghaft gestiegen war. Obwohl auf regionaler Ebene eigene Rechnungen beglichen wurden, hatte Stalin diesen Exzess an Gewalt (dem 1937 auch fast die gesamte Armeeführung zum Opfer fiel) letztlich fest in der Hand. Auf sein Geheiß hin wurde die Gewalt im Herbst 1938 auch weitgehend beendet – weil sie dysfunktional geworden war und den „Aufbau des Sozialismus" selbst bedrohte. Dieser Ausgang bestätigt eine Deutung des (Vorkriegs)Stalinismus, die dessen ideologiegeleiteten, diktatorischen und gewalttätigen Mobilisierungscharakter zum Zwecke schnellstmöglicher, Menschenleben missachtender und auch materielle Ressourcen vergeudender Industrialisierung und Modernisierung als Voraussetzung zur Erreichung des Kommunismus betont.

Der deutsche Überfall vom 22. Juni 1941 hat diese Aufholjagd abrupt abgebrochen. Erst nach der Behebung der schlimmsten Kriegsschäden zu Beginn der 1950er Jahre konnte die Sowjetunion wieder an das Programm der dreißiger Jahre anknüpfen. Das politische System blieb dabei weitestgehend unverändert. Zwar verzichtete Stalin auf Massenterror, aber er setzte nicht nur die innerparteilichen „Säuberungen" fort (Leningrader Affäre). Auch die Arbeitslager blieben bis an den Rand gefüllt, da seine wachsende Paranoia nicht vor der Idee Halt machte, heimkehrende

▷ S. 338
Oral history

Kriegsgefangene nach Sibirien deportieren zu lassen.

Die Zäsur kam erst mit seinem Tod am 5. März 1953. Wie tief sie war, ist umstritten. Nach 1991 ist die Frage offener denn je, ob dieses Ereignis über das Ende einer persönlichen Diktatur hinaus einen qualitativen Wandel einleitete. Mit Blick auf die Regimestruktur wird man eher zu einem negativen Ergebnis kommen: Weder das Monopol der Partei noch ihre vollständige Kontrolle über Wirtschaft, Gesellschaft und Kultur wurden angetastet. Einverständnis aber besteht darüber, was sich im Wesentlichen änderte: Das Eis der Erstar-

rung schmolz („Tauwetter"), Denkverbote wurden gelockert, eine eigene Meinung brachte nicht länger das Risiko der Deportation mit sich, die Lager wurden aufgelöst. Auf dem 20. Parteitag (1956) wagte es der neue Erste Sekretär Nikita Chruschtschow (1894–1971) in seiner berühmten „Geheimrede" sogar, das Tabu des Terrors zu brechen und Stalin anzuklagen. Diese Absage an die unmittelbare Vergangenheit erreichte ihren Höhepunkt, als der 22. Parteitag 1961 beschloss, Stalins Mumie aus dem Lenin-Mausoleum im Kreml zu entfernen, und der Parteichef selber ein Jahr später der Veröffentlichung von Alexander Solschenitsyns Lagernovelle *Ein Tag im Leben von Iwan Denissowitsch* zustimmte.

Im Übrigen aber änderte sich wenig. Chruschtschow reaktivierte die Partei und setzte auf die Renaissance jenes Enthusiasmus, der ihn selber in den Aufbruchsjahren des ersten Fünfjahresplans (1929–1932) ergriffen hatte. Im geistigen Klima knüpfte er an die zwanziger Jahre an und erweiterte den Spielraum eigener Meinungen, solange sie den Boden des Sozialismus nach parteilicher Definition nicht verließen. Aber schon die vollständige Nationalisierung blieb unberührt. Chruschtschow erlaubte sich höchstens das Experiment der Regionalisierung, um die geringe Leistungsfähigkeit der Industrie zu erhöhen. Auch die Kollektivierung blieb unangetastet. Eine Rückkehr zur NEP gab es nicht. Stattdessen bemühte er sich, das chronische Ertragsdefizit der Landwirtschaft durch die Ausweitung der Ackerflächen auf die endlose Steppe Kasachstans zu beheben. Dies bescherte ihm einige Jahre Erfolg und sicherte seine politische Stellung. Als die dünnen Böden aber zu Beginn der neuen Dekade erschöpft waren, wendete sich das Blatt. Missernten trugen zusammen mit innenpolitischen Fehlern („sprunghafte" Parteireform) und außenpolitischen Blamagen (Kubakrise 1962) zu seinem Sturz bei. Dabei wurden die Ämter, die Chruschtschow nach Stalins Vorbild vereinigt hatte, wieder getrennt. Am 17. Oktober 1964 wählte das ZK Chruschtschows Zögling Leonid Breschnew (1906–1982) zum Ersten (bald wieder: General-)Sekretär und den Wirtschaftsfachmann Aleksej Kosygin zum Ministerpräsidenten.

Die Ära, die nun begann, darf als Höhepunkt der sowjetischen Nachkriegsentwicklung gelten. Mächtige Rüstungsanstrengungen nach dem Kuba-Debakel zeitigten Erfolge. Die Sowjetunion erreichte endlich ihr Traumziel – als gleichrangige Supermacht anerkannt zu werden. Ökonomisch konnte die mangelnde Leistungsfähigkeit sowohl der Industrie als auch der Landwirtschaft zwar nicht behoben werden. Aber die Wachstumsraten waren noch einige Zeit vorzeigbar und Reformen (mit dem Experiment von Prämienanreizen und begrenzter Konkurrenz) begründeten die Hoffnung auf bessere Ergebnisse in naher Zukunft. Im kulturell-geistigen Leben schließlich stellte man die Uhr um einige Jahre zurück, mit dem Ergebnis zwar der ersten Dissidentenprozesse (gegen Daniel und Sinjawski 1965), aber auch einer Ruhe, deren mittelfristige, subversive Gefährlichkeit noch nicht zu erkennen war. Man steuerte einen Mittelkurs: keine Rehabilitierung Stalins, aber auch keinerlei Kritik – Stillschweigen. Zu alledem traten die außenpolitischen Erfolge des ersten atomaren Abrüstungsvertrages mit den USA samt Besuch von Präsident Nixon in Moskau (1973), der Entspannung mit der Bundesrepublik und schließlich, als vermeintliche Krönung, der faktischen Anerkennung der Nachkriegsgrenzen im Abkommen von

S. 139/141
Atomzeitalter/
Bipolarität
der Welt

▷ S. 141
Atomzeitalter/
Bipolarität
der Welt

Helsinki 1975. Zur weiteren Erhöhung des sowjetischen Prestiges (und Selbstbewusstseins) kam noch die schwere Wirtschaftskrise hinzu, die der Preisschock der OPEC-Gründung 1973 im Westen auslöste – und von der die ölexportierende Sowjetunion profitierte. Was störte, waren einzig die Rückwirkungen des Prager Frühlings von 1968 und des häretisch-demokratischen Eurokommunismus auf das „Mutterland" des Sozialismus.

Allerdings entpuppte sich der größte „Triumph" schon wenige Jahre später als Anfang einer Dauerkrise. Im Rückblick aus der postsowjetischen Ära erscheint er sogar als Beginn des Untergangs des gesamten Staates und des sozialistischen „Ostblocks". Denn die „Zeit des Stillstands" machte jenen „Umbau" (perestrojka) nötig, der das System letztlich zum Einsturz brachte. Die wesentliche Ursache des Abstiegs war dabei zweifellos ökonomischer Natur. Die zentrale Planwirtschaft war weder in der Lage, das (mindestens bis zur Kollektivierung zurückreichende) chronische Leistungsdefizit der Landwirtschaft zu beheben, noch vermochte sie dem Rückgang der industriellen Wachstumsraten entgegenzuwirken. Im Gegenteil, 1973 musste die Sowjetunion erstmals beim amerikanischen Klassenfeind Getreide kaufen und die industrielle Produktion sank im 10. Fünfjahresplan 1976–1980 beinahe auf die Hälfte des Niveaus der vorherigen Dekade – mit weiter rückläufiger Tendenz. Die Folge waren zunehmende Versorgungsmängel, die von der Bevölkerung umso aufmerksamer registriert wurden, als im Zuge der Entspannungspolitik, engerer internationaler Verflechtung sowie neuer, Grenzen ignorierender Kommunikationsmittel die Vergleichsmöglichkeiten mit den westlich-kapitalistischen Staaten wuchsen. Beides ging Hand in Hand – wirtschaftliche Stagnation

409

und die tagtägliche Widerlegung ideologischer Behauptungen von der Überlegenheit des Sowjetsystems.

Hinzu kamen weitere destabilisierende Faktoren. Die internationale Entspannung wich einer neuen Eiszeit, die dem Rüstungswettlauf einen weiteren Schub gab (1978 NATO-Doppelbeschluss). Ende 1979 ließ sich die Sowjetunion mit dem Einmarsch in Afghanistan auf einen Krieg ein, der sie innerlich tief erschütterte und finanziell überforderte. Endgültig trat zutage, was sich seit langem abgezeichnet hatte: dass die zentrale Planwirtschaft nicht leistungsfähig genug war, um den Anspruch der Sowjetunion auf Weltgeltung und militärische Gleichrangigkeit auf Dauer stützen zu können. Im Vergleich dazu spielte der Preis, den die Sowjetunion als Gegenleistung für die Anerkennung ihrer Einflusszone hatte zahlen müssen, als Ursache ihres Untergangs eine geringere Rolle. Dennoch trugen auch die Menschenrechts- und sonstigen „Dissidenten"-Gruppen, die sich auf die Unterschrift unter „Korb 3" der Schlussakte von Helsinki beriefen, zur Delegitimierung des Systems bei. Zwar vermochten sie – anders als die polnische Solidarność – über die engen Zirkel der Intelligenz kaum hinauszudringen, aber sie verliehen diffuser Unzufriedenheit eine Stimme.

Schließlich brachte der Tod dreier Generalsekretäre binnen dreier Jahre – Breschnews Anfang 1982 und seiner beiden Nachfolger Jurij Andropow und Konstantin Tschernenko nach jeweils äußerst kurzer Amtszeit Anfang 1984 und 1985 – einen Defekt des Systems ans Licht, der die anderen gleichsam überwölbte: seine Überalterung. Mit den drei betagten Herren trat jene Generation endgültig ab, die ihre politische Prägung noch vor 1953 erhalten hatte. Und es war kein Zufall, dass deren

Erlöschen auch das Ende jener „realsozialistischen" Gesamtordnung nach sich zog, die unter Stalin ihre definitive Gestalt angenommen hatte.

Denn der nächste Generalsekretär, Michail Gorbatschow, repräsentierte eine andere Generation. 1931 geboren, war er unter Chruschtschow politisch erwachsen geworden und gehörte zur Nachwuchsriege sowjetischer Provinzfürsten, die in Kategorien administrativ-ökonomischer Effizienz dachten. Sie waren Manager, keine Ideologen. Gorbatschows „Perestrojka" begann denn auch als Wirtschaftsreform. Erst als dieser Anlauf ebenfalls ins Leere ging, kam er zu der systemverändernden Einsicht, dass Engagement am Arbeitsplatz geistige Freiheit voraussetze. Dem Aufruf zur „Beschleunigung" folgten die Pressefreiheit („glasnost'" = Öffentlichkeit) 1987 und im Frühjahr 1989 die freiesten Wahlen (zum Volksdeputiertenkongress) seit Beginn des Bürgerkriegs. Allerdings rechneten die Väter dieses Gedankens nicht damit, dass die neue Freiheit in den nichtrussischen Gebieten nationale Sezessionsbewegungen von einer Heftigkeit ins Leben rufen würde, die den Gesamtstaat zerriss. Öl ins Feuer goss außerdem die schwerste Wirtschafts- und Versorgungskrise seit dem Weltkrieg, die der „Los von Moskau"-Parole weitere Nahrung gab. Der Unterzeichnung einer neuen, tatsächlich föderalistischen Verfassung, mit der Gorbatschow die Union zu retten suchte, wollten die Putschisten am 18. August 1991 zuvorkommen. Sie bewirkten das Gegenteil: den endgültigen Untergang des alten Staates und den Triumph des Präsidenten der russischen Teilrepublik, der sein Land als demokratisch-marktwirtschaftliche Republik erneuern wollte.

Manfred Hildermeier

▷ S. 136
Atomzeitalter/
Bipolarität
der Welt

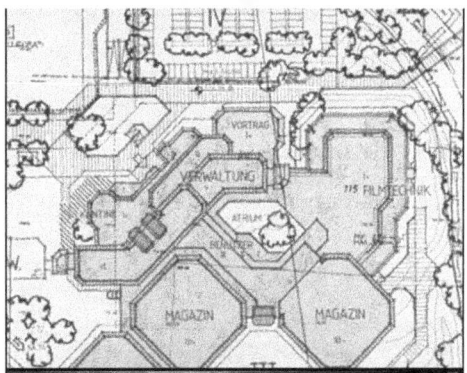

Einrichtungen

Einführung. Historiker bedürfen wie alle Wissenschaftler der spezialisierten Forschungseinrichtungen. Was für die Naturwissenschaften Experiment und Labor sind, leistet für die Geschichtswissenschaft die intensive Lektüre in Archiv und Bibliothek. Als Speicher des Wissens sind diese Einrichtungen für die historische Forschung schlicht unentbehrlich, und in dem Maße, in dem viele Dokumente nur an einem oder an sehr wenigen Orten aufbewahrt werden, muss sich der Historiker auf Reisen begeben. Trotz der unbestreitbar wichtigen geschichtswissenschaftlichen Dienstleistungen aus dem Internet wird dies noch auf unabsehbare Zeit so bleiben. Die wichtigsten Archive und Bibliotheken werden im folgenden Kapitel in ihrer Geschichte und Funktion vorgestellt. Dabei stehen die deutschen Institutionen zwar im Mittelpunkt, zugleich rücken aber auch die großen internationalen Einrichtungen ins Blickfeld.

▷ S. 395 ff.
Geschichts-
wissenschaft
im Internet
▷ S. 415 ff.
richtungen:
Archive
▷ S. 429 ff.
richtungen:
bliotheken

Beim Vergleich der Bundesrepublik mit anderen Ländern sticht sofort ein entscheidender Unterschied ins Auge, nämlich die historisch gewachsene föderale Struktur der deutschen Forschungslandschaft. Während in den großen westlichen Nationalstaaten wie Frankreich, Großbritannien, aber auch den USA die Metropolen über weltweit berühmte Nationalarchive und -bibliotheken verfügen, gehen die älteren deutschen Einrichtungen meist auf Gründungen der Einzelstaaten zurück. Dagegen entstammten die zentralen Institutionen und Strukturen wie das frühere Reichs- und heutige Bundesarchiv in Berlin erst der Epoche des 1871 begründeten deutschen Nationalstaats. Noch mehr, als dies für andere Länder zutrifft, gilt daher für die deutschen Archive und Bibliotheken: Man muss ihre Geschichte und ihre spezifischen Funktionen kennen, um zu wissen, wohin man sich am besten wendet.

Hierzu gehört ferner, dass sich nicht nur die Geschichtswissenschaft, sondern auch die Archiv- und Bibliothekswissenschaft im 19. Jahrhundert, das heißt im Zeitalter der Nationalstaaten professionalisierte. Mithin ist es folgerichtig, dass die für die Geschichte der Neuesten Zeit relevanten Forschungseinrichtungen großenteils entlang nationalstaatlicher Grenzen organisiert sind. Forschungseinrichtungen, die wie das Internationale Institut für Sozialgeschichte (IISG) in Amsterdam in ihrer Themenstellung und Akquisitionspolitik einer dezidiert übernationalen Ausrichtung folgen, sind eher selten. Insofern liegt es in der Logik der Sache, wenn die wichtigsten der fachspezifischen Forschungseinrichtungen zur Geschichte der Neuesten Zeit in knappen Länderabschnitten präsentiert werden.

▷ S. 443 ff.
Forschungs-
einrichtungen

413

Die vormodernen Archive. Jeder Historiker betrachtet es heute als eine Selbstverständlichkeit, im Zuge seiner Forschungen Archive aufzusuchen und dort die für sein Forschungsvorhaben relevanten Dokumente vorgelegt zu bekommen. Es bedurfte freilich eines grundlegenden Wandels in der Auffassung, was ein Archiv ist und welche Aufgaben es zu erfüllen hat, bis den Historikern die Archive offen standen. Von den ersten Anfängen archivischer Einrichtungen im Mittelalter bis zur Wende vom 18. zum 19. Jahrhundert dienten die Archive im Wesentlichen einzig und allein der sicheren Verwahrung der schriftlichen Rechtstitel des jeweiligen Herrschaftsträgers. Sie waren also in erster Linie ein Instrument zur Sicherung der Herrschaft und Hilfsmittel für die Verwaltung. Als Teilbereich der Geheimnissphäre hatten die Archive zur Legitimation und Verteidigung der Machtansprüche des jeweiligen Landesherrn – Papst, Kaiser und Könige, aber auch Städte, Klöster und Angehörige des niederen Adels – beizutragen [BATTENBERG, 106].

⊳ S. 379
chive und
Bestände

Die Betonung der Funktion des Archivs als streng abgeschirmtes und nicht öffentlich zugängliches „Rechtsarmarium" brachte es mit sich, dass zunächst vor allem Urkunden den Weg dorthin fanden, in denen Rechte und Besitzungen verbrieft waren. So stand das Archiv in seiner Bedeutung der Schatzkammer kaum nach. Im Zuge des Ausbaus der landesherrlichen Verwaltungen seit dem 16. Jahrhundert kam in vielen Behörden die Praxis auf, eigene kleine Archive aufzubauen, an die nur von der jeweiligen Behörde Dokumente abgegeben wurden. Diese Form, die im modernen Archivwesen relativ selten begegnet, wird als Behördenarchiv bezeichnet, das sich von einem Zentralarchiv, das die Überlieferung mehrerer oder sogar aller Zen-

⊳ S. 379
chive und
Bestände

tralbehörden eines Landes verwahrt, durch seine eng begrenzte Zuständigkeit deutlich abgrenzt. So ist die Vielzahl der Archive eines der typischen Merkmale des Archivwesens vor der Französischen Revolution. Angeblich gab es allein in Paris im Jahre 1782 405 Archive [POSNER, Some aspects, 161]. Wegen der einseitigen Ausrichtung der Archive auf die rechtlichen Interessen des Herrschaftsträgers wirkten in dieser Zeit auch vor allem Juristen und Verwaltungsbeamte als Archivare. Mit dem allmählich zunehmenden Interesse der Geschichtsschreibung an den Archiven, die nun auch nicht amtlich beauftragten Historikern mehr und mehr geöffnet wurden, zeichnete sich bereits im ausgehenden 18. Jahrhundert ein allmählicher Funktionswandel der Archive ab [FRANZ, 185f.]. Beschleunigt wurde dieser Wandel durch die revolutionären Umwälzungen seit 1789.

Die Revolution im Archivwesen. Wie die Französische Revolution das politische System Europas veränderte, so führte sie auch zu großen Veränderungen bei und in den Archiven. In ihrer unmittelbaren Folge entwickelten sich alle Elemente des Archivwesens, die wir heute als modern und zeitgemäß ansehen. Dazu gehören die Einrichtung von Zentralarchiven, die Archivverwaltung als eigenständiger Verwaltungszweig, der öffentliche Zugang zu den Archiven, die Verbindung der Archive mit den Registraturen der Behörden mit dem Ziel einer laufenden Übernahme von Unterlagen sowie die Aufbereitung und Bereitstellung der Archivalien für die Forschung [BRENNEKE/LEESCH, 177].

Mit den alten Herrschafts- und Verwaltungsstrukturen, die zunächst in Frankreich, am Beginn des 19. Jahrhunderts auch in vielen europäischen Staaten von den politischen

Entwicklungen hinweggespült wurden, verschwanden auch die Archive herkömmlicher Art. Die Urkunden und sonstigen Rechtstitel, die einst die Basis der Herrschaft der Klöster und Stifte, Fürstentümer, Grafschaften usw. gewesen waren, hatten ihre Bedeutung nach dem Untergang der alten Staatenwelt und dem Durchbruch des modernen Staatsgedankens verloren. Sie fanden, nachdem sie für die Herrschaftsausübung und Besitzverwaltung nicht mehr benötigt wurden, zusammen mit anderem, in den Registraturen abgelegtem Schriftgut den Weg in die vielerorts neu entstehenden Zentralarchive, die nunmehr eine universale Zuständigkeit für sich beanspruchten. Dort standen diese Schriftstücke nun der historischen Forschung in breitem Umfang als Quellen zur Verfügung.

Das Gesetz vom 25. Juni 1794 stellte in Frankreich erstmals in der europäischen Geschichte das Recht der Bürger auf freien Zugang zu den Archiven fest. Wilhelm Wiegand charakterisierte es mit einer treffenden Bemerkung als „Erklärung der archivalischen Menschenrechte". Aus den allein dem Landesherrn und seiner Verwaltung zugänglichen Aufbewahrungsstätten für rechtsrelevante Dokumente entwickelten sich im 19. und 20. Jahrhundert die Archive allmählich zu den Stätten wissenschaftlicher Forschung, wie wir sie heute kennen. In gewisser Weise vorbereitet worden war diese Öffnung der Archive bereits im 18. Jahrhundert in den Forderungen einer aufgeklärten bürgerlichen Öffentlichkeit nach einer Partizipation an der politischen Macht, die auch eine „Demokratisierung" der Archive implizierte [BATTENBERG, 112f.].

▷ S. 62
Politisches Denken/ Politische Strömungen

Wesentlich profitiert haben die Archive in Europa zweifellos vom großen Aufschwung der Geschichtsforschung im 19. Jahrhundert, dem Zeitalter der Romantik, wenngleich in der Forschung noch über Ursache und Wirkung gestritten wird. Nun wirkten auch zunehmend in den Historischen Hilfswissenschaften ausgebildete Historiker als Archivare. Weitere Impulse für die Entwicklung des Archivwesens im 19. und 20. Jahrhundert brachte die immer weiter zunehmende Aktenproduktion in den Behörden und Gerichten, die nach einer Lösung für das Problem der Archivierung und Aufbereitung für die Forschung verlangte.

▷ S. 367
Gattunge der Quell

Trotz vieler Gemeinsamkeiten sind im staatlichen Archivwesen in den europäischen Ländern und Nordamerika viele unterschiedliche Elemente und divergierende Momente zu beobachten, die in der Regel nur vor dem Hintergrund der jeweiligen historischen Tradition richtig eingeordnet und verstanden werden können. So richtete man sich etwa in den Niederlanden und in Belgien bei der Gründung der jeweiligen Zentralarchive nach dem Vorbild Frankreichs. Hier finden wir Neugründungen ohne historische Vorläufer. In anderen Ländern, deren politische Strukturen nicht derart grundlegend umgestürzt worden waren, konnten sich die Archive in einer eher organischen Entwicklung entfalten, konnte sich etwa ein bestehendes Behördenarchiv zu einem Zentralarchiv weiterentwickeln. Wo sich die Ausbildung eines Zentralarchivs lange verzögert hatte, waren es nicht selten umstürzende Ereignisse, wie im Falle Deutschlands der verlorene Erste Weltkrieg und die folgende Revolution, die nun die nötigen Impulse gaben.

Die zentralen Archive in Europa. In **Frankreich,** wo das Behördenarchivwesen nahezu uneingeschränkt vorgeherrscht hatte, stand am Beginn die Errichtung der Archives

Nationales als Neuschöpfung ohne Anknüpfung an bestehende Einrichtungen: 1789 zunächst als Archiv der Nationalversammlung geschaffen, wandelte man es per Gesetz 1790 in ein Nationalarchiv um, das für die gesamte aktuelle Staatsverwaltung zuständig sein sollte [DUCHEIN]. Erst 1793 kam auch das historische Archivgut, das durch die Revolution „herrenlos" geworden war, in den Blick. Die Archives Nationales erhielten nun neben einer Abteilung für das moderne eine für das alte Archivgut. Aber schon bald musste man einsehen, dass die schieren Mengen an Schriftgut, die zur Übernahme anstanden, von einem einzigen Archiv unmöglich bewältigt werden konnten. So beendete man spätestens 1796 die Bestrebungen, das gesamte archivwürdige Schriftgut des Landes in den Archives Nationales zu zentralisieren und läutete mit der Errichtung der Archives Départementales in den Hauptstädten der Départements, in denen alles staatliche Archivgut des jeweiligen Verwaltungsbezirks zu konzentrieren war, den Beginn des modernen Provinzialarchivwesens ein. Erstmals war damit in einem europäischen Land eine flächendeckende Organisation für die Verwahrung des historischen Archivguts und die Übernahme von Unterlagen aus der laufenden Verwaltung eingerichtet worden. Ebenfalls zukunftsweisend war die Verselbstständigung des Archivwesens. Unter der Leitung einer zentralen Archivverwaltung bildeten die Archive nunmehr einen eigenständigen Zweig der Staatsverwaltung. Im Verantwortungsbereich der Direktion der Archive Frankreichs stehen heute fünf so genannte Zentren mit jeweils eigener Leitung. Darunter befindet sich mit dem Centre historique des Archives nationales das eigentliche Nationalarchiv, das die Überlieferung bis zum Jahre 1958 verwahrt

und aufgrund seiner Bestände zweifellos zu den bedeutendsten Archiven der Welt zählt, auch wenn es keine neuen Aktenabgaben mehr übernimmt. Diese Aufgabe hat das Centre des archives contemporaines in Fontainebleau. Daneben findet sich das Centre des archives d'outre-mer in Aix-en-Provence, das die nach Frankreich geholten Archivalien der ehemaligen Kolonien und Überseeterritorien in Afrika und Asien sowie die Überlieferung des ehemaligen Übersee-Ministeriums verwahrt, das Zentrale Mikrofilm-Depot in Saint-Gilles-du-Gard und seit 1993 das Centre des archives du monde du travail in Roubaix, das als zentrales staatliches Wirtschaftsarchiv fungiert. Nach wie vor eine starke Stellung haben die Behördenarchive. So unterstehen die Archive des Außenministeriums in Paris und Nantes, das Archiv der Pariser Polizeipräfektur sowie die auf mehrere Standorte verteilten Militärarchive nicht der Direktion der Archive Frankreichs.

Auch wenn die Schaffung des Public Record Office als allumfassend gedachtes Zentralarchiv durch einen Verwaltungsakt im Jahre 1838 an die Neuschöpfung des Pariser Nationalarchivs erinnert und sicherlich auch davon inspiriert war, so ist das Archivwesen **Großbritanniens** doch vor allem von den spezifischen Verfassungs- und Verwaltungstraditionen des eigenen Landes geprägt [LENZ]. Dazu gehört auch die Auffassung, dass nur die Unterlagen aus den Zentralbehörden zum staatlichen Archivgut zählen. So stehen den Public Records, den Akten der Zentralbehörden, die Local Records, die Unterlagen der vielen öffentlichen, halböffentlichen, privaten und kirchlichen Körperschaften und Institutionen, die auch öffentliche Funktionen ausüben, gegenüber, die freilich rund vier Fünftel der in Großbritannien aufbewahrten historischen Überlieferung ausmachen. Seit 1958 darf staatliches Archivgut auch außerhalb des als Nationalarchiv fungierenden Public Record Office und anderer staatlicher Archive aufbewahrt werden, ohne seine rechtliche Qualität zu verlieren. So fungieren nun im ganzen Land zahlreiche Archive und sonstige Einrichtungen als Deponierungsstellen auch für staatliches Archivgut. Mit seinen reichen Beständen gehört das Public Record Office zu den bedeutendsten Archiven der Welt. Zunächst in einem zwischen 1851 und 1902 in Etappen errichteten Gebäude an der Chancery Lane in London untergebracht, verlagerte es seinen Sitz 1996 endgültig nach Kew bei Richmond in Surrey. Außerhalb des Public Record Office existieren heute nur noch wenige Behördenarchive, so z.B. das House of Lords Records Office. Als Zentralarchiv ist das Public Record Office für Großbritannien zuständig; historisch war es das Zentralarchiv für England. Daneben gibt es das für Nordirland zuständige Public Record Office in Belfast und das Scottish Record Office in Edinburgh. Der späte Aufbau eines flächendeckenden Archivwesens ist wohl auch dafür verantwortlich zu machen, dass beträchtliche Mengen bedeutsamen Archivguts in Bibliotheken und Museen gelangten. So nimmt etwa bis heute die National Library of Wales die Aufgaben eines Zentralarchivs für Wales wahr.

Im April 2003 schlossen sich das Public Record Office und die Historical Manuscripts Commission, die 1869 mit der Zielstellung gegründet worden war, das nichtstaatliche Schriftgut zu sichern und zu erschließen, zu einer neuen Organisation, den National Archives zusammen, die ihren Sitz in Kew hat.

Die auch in den **Niederlanden** nach französischem Vorbild geschaffenen Departmentar-chive gingen später in den 12 Reichsarchiven auf. Diese verwahren die historische Überlieferung aus ihrem Sprengel und übernehmen die archivreifen Unterlagen der staatlichen Behörden in dieser Provinz. An der Spitze des niederländischen Archivwesens steht das Nationaal Archief in Den Haag, das für die Überlieferung der nationalen Behörden wie etwa des Kabinetts der Königin, der Ministerien, der beiden Kammern des Parlaments und der zentralen staatlichen Dienststellen zuständig ist. Ebenfalls dem Bereich der staatlichen Archive zuzuordnen sind in den Niederlanden die Kommunalarchive sowie die Wasserverbandsarchive.

Angesichts der späten Staatsgründung basiert das staatliche Archivwesen in **Italien** noch immer sehr stark auf den Archiven der historischen Landschaften, die heute die Funktion moderner Provinzialarchive erfüllen [LODOLINI]. In den alten Territorien auf dem Gebiet des heutigen Italien waren bereits im 16. Jahrhundert, also ähnlich wie in Spanien, aber viel früher als im Alten Reich, echte Zentralarchive entstanden, in denen verschiedene Schriftgutüberlieferungen konzentriert wurden.

Die Anfänge des modernen Archivwesens liegen auch in Italien in der napoleonischen Zeit. So entstand etwa in Venedig 1815 das Staatsarchiv aus der Vereinigung der unter Vizekönig Eugen Beauharnais geschaffenen Politischen, Justiz- und Domanialarchive. Das 1808 in Neapel von König Murat gegründete Archivio generale, später Archivio grande genannt, verwahrte die Überlieferung der neapolitanischen Zentralbehörden seit 1545.

Im Gegensatz zu der schematischen Neugliederung, wie sie in Frankreich vorgenommen worden war, hielt man im neu geschaffenen Königreich Italien an einer Abstufung der

Archive gemäß ihrer historischen Stellung fest. So wurden die Zentralarchive der früheren Einzelstaaten nunmehr als Archivi di Stato weitergeführt. Ebenfalls unter dieser Bezeichnung firmieren die Archive einiger ehemaliger Stadtrepubliken, aber auch das 1871 neu gegründete Archivio di Stato in Rom. Das ebenfalls neu installierte Archivio del Regno (seit 1946 Archivio de la Repubblica) als die für die Überlieferung der Zentralbehörden des Königreichs und der Republik zuständige Einrichtung setzte sich allmählich an die Spitze des staatlichen Archivwesens in Italien, wenngleich ihm wie dem deutschen Reichsarchiv aufgrund der späten Staatsgründung die historische Tiefe in seinen Beständen fehlt. Nach und nach entstanden auch in jenen der 95 Provinzen Italiens eigene Provinzialarchive, in deren Sprengel sich keines der großen und traditionsreichen Archivi di Stato befand. Zwar waren diese neuen Provinzialarchive vorwiegend zur Aufnahme des neueren Verwaltungsschriftguts vorgesehen, doch sollten sie nach und nach auch historische Bestände aus ihrem Sprengel, z.B. die Überlieferungen aufgelöster Klöster erhalten. Erst 1923 wurden die 23 alten Provinzialarchive Neapels und Siziliens der staatlichen Archivverwaltung eingegliedert.

Sehr starke historische Traditionen weist das Archivwesen in **Spanien** auf [LEESCH 1994]. Wie in nur wenigen anderen Ländern haben sich hier die aus dem Mittelalter stammenden Archive der Territorien als Kronarchive bis heute erhalten, so etwa das im 16. Jahrhundert entstandene Archivo General de la Corona de Castillia in Simancas, das sich nach der Vereinigung von Kastilien und Aragon zum Zentralarchiv der spanischen Monarchie entwickelte. Eine eher junge Schöpfung ist demgegenüber das 1866 errichtete Archivo Histórica Nacional in Madrid als Generalarchiv des Königreichs. Da aber daneben die Ministerien in großem Umfang über eigene Behördenarchive verfügen, blieb die Zentralisierung auf der höchsten Ebene unvollkommen. Heute sind die staatlichen Archive in drei Gruppen gegliedert: Zu den Archivos Generales del Estado gehören neben dem Nationalarchiv vor allem das 1785 gegründete Archivo General de Indias in Sevilla, das als Kolonialarchiv fungiert, das Archivo General de Simancas, das 1999 aus einer Abteilung des Nationalarchivs hervorgegangene Archivo General de La Guerra Civil Española, das ehemalige Kronarchiv von Aragon in Barcelona sowie das Archiv de la Real Chancillería de Valladolid mit einer bis in das 14. Jahrhundert zurückreichenden Justizüberlieferung. Die zweite Gruppe bilden fünf Regionalarchive, die dritte 44 Provinzialarchive.

In **Österreich** konnte sich aufgrund der starken Stellung der Länder der Donaumonarchie ein zentrales Archivwesen erst sehr spät entwickeln. Als künstliche Schöpfung ohne Vorläuferinstitution war 1749 das k.k. Geheime Hausarchiv als erstes zentrales Archiv der Donaumonarchie vor allem zur Aufnahme von Urkunden der Kanzlei errichtet worden. Erst später wurden ihm auch wichtige Akten aus der Haus- und Staatspolitik übergeben.

Seine Zuständigkeit blieb weitgehend auf die obersten Ratskollegien und die Behörden der Außenpolitik beschränkt, da andere Zentralbehörden ihre Dokumente in eigenen Behördenarchiven aufbewahrten. Die Weiterentwicklung zu einem wirklichen Zentralarchiv erfolgte erst 1940, also nach dem „Anschluss" an das Deutsche Reich, im Zuge der nationalsozialistischen Vereinheitlichungsbestrebungen mit der Errichtung des Reichsar-

419

chivs, das in sich das nunmehr so genannte Haus-, Hof- und Staatsarchiv, das Hofkammerarchiv, das Staatsarchiv des Innern und der Justiz und die Archive des Finanzministeriums sowie des Unterrichtsministeriums als eigenständige Abteilungen vereinigte. Im Zuge des Neubeginns 1945 kam das Kriegsarchiv hinzu. Heute sind die Abteilungen Haus-, Hof- und Staatsarchiv, Allgemeines Verwaltungsarchiv, Finanz- und Hofkammerarchiv, Kriegsarchiv und Verkehrsarchiv im Österreichischen Staatsarchiv zusammengefasst, das als Organisationseinheit direkt dem Bundeskanzleramt untersteht [MIKOLETZKY]. Für die Aktenbestände nach 1918 richtete man 1984 das Archiv der Republik als weitere Abteilung des Österreichischen Staatsarchivs ein. Nicht unter der Aufsicht des Österreichischen Staatsarchivs stehen die Landesarchive der neun Bundesländer.

Im Archivwesen der **Schweiz** sind die Einflüsse der Französischen Revolution unübersehbar. Dies trifft insbesondere auf die Einrichtung des Eidgenössischen Bundesarchivs in Bern 1798 nach dem Muster des Pariser Nationalarchivs zu. Im Gegensatz zu diesem sollte es jedoch keine historischen Unterlagen erhalten; diese blieben in den Archiven der Kantone. Die Überlieferung im Bundesarchiv, dessen Zuständigkeit also auf die Akten der Zentralregierung in Bern begrenzt war, setzt vielmehr erst mit der Gründung 1798 ein. Wie in Deutschland gibt es keine bundeseinheitliche Archivverwaltung, diese ist vielmehr Sache der Kantone. Je nachdem, ob es sich um alte Kantone oder Neuschöpfungen ab 1803 handelt, sind die 21 Staatsarchive hinsichtlich ihrer Bestände von sehr unterschiedlicher historischer Bedeutung.

In den **Vereinigten Staaten von Amerika**, die aufgrund ihrer relativ jungen Geschichte naturgemäß über keine Archivtraditionen verfügen, wurde der Ruf nach einem modernen Archivwesen erst im ausgehenden 19. Jahrhundert laut [POSNER, Archivwesen]. Wichtige Initiativen gingen dabei von der aufstrebenden amerikanischen Geschichtswissenschaft aus. 1899 richtete die 15 Jahre zuvor gegründete American Historical Association eine Public Archives Commission ein, die zwischen 1900 und 1912 das zerstreut überlieferte Archivgut der Bundesstaaten sowie das im Bundesdistrikt befindliche Schriftgut der Bundesbehörden ermitteln und verzeichnen ließ. Die diese ersten Schritte ergänzende Erfassung der in den Archiven und Bibliotheken Europas verwahrten Quellen zur Geschichte der USA brachte die Initiatoren in Kontakt mit dem europäischen Archivwesen und vermittelte ihnen wichtige Anregungen für ihre eigenen Bemühungen um den Aufbau eines modernen Archivwesens in den USA, die schließlich mit der Resolution von 1910 den entscheidenden Durchbruch erzielen sollten. 1935 konnte das mit allen technischen Errungenschaften der damaligen Zeit ausgestattete Gebäude der National Archives in Washington D.C. eröffnet werden. Zusätzlich zu diesem Gebäude („Archives I") eröffnete 1994 in der Nähe der University of Maryland das Nationalarchiv einen zweiten Gebäudekomplex („Archives II"), in dem schwerpunktmäßig Karten und Pläne, Filme, Bilder und Audio-Medien sowie elektronische Unterlagen, aber etwa auch die Mikrofilme der Akten aus dem ehemaligen Berlin Document Center verwahrt und zugänglich gemacht werden. Daneben verfügen die National Archives über zahlreiche Außenstellen, die über das ganze Land verstreut sind. Bis heute verstehen sich die National Archives als alleiniges und ausschließliches Archiv für die

▷ S. 311 Entfaltung der Geschichtswissenschaften

Regierung der USA. Ähnlich wie in der Schweiz ist das Archivwesen der Bundesstaaten völlig unabhängig vom Nationalarchiv und der Regierung der USA. Entsprechend finden sich auch ganz unterschiedliche organisatorische Lösungen: Einige Bundesstaaten verfügen über Staatsarchive, die oft als Departments of Archives and History firmieren, in anderen ist das Archiv eine Abteilung der staatlichen Bibliothek. Eine dritte mögliche Lösung ist – ganz in der Tradition des amerikanischen Archivwesens – die Aufbewahrung und Betreuung des Archivguts durch historische Kommissionen und Gesellschaften.

Archive supranationaler Organisationen.

Auch wenn die zentralen Unterlagen des von 1920 bis 1946 bestehenden Völkerbundes mittlerweile erschlossen und in der Bibliothek der UN-Außenstelle in Genf benutzbar gemacht worden sind, sind vor allem bei den in Genf ansässigen Organisationen der Vereinten Nationen erst vor kurzem Bemühungen in Gang gekommen, die in Richtung einer Vereinheitlichung und Professionalisierung der Archivierung zielen [Wagner]. Vor allem die Unterlagen des Sekretariats der UN sowie der Missionen und einiger mit ihr verbundener Organe verwaltet am Sitz der Vereinten Nationen in New York die Archives and Records Management Section.

Nach dem grundsätzlichen Beschluss der Europäischen Gemeinschaften, ihre Akten für die Forschung zugänglich zu machen, konnte 1986 ein Historisches Archiv der Europäischen Gemeinschaften am Sitz des seit 1976 bestehenden Europäischen Hochschulinstituts in Florenz errichtet werden [Jaitner]. Während nach Florenz die Originalakten, die älter als 30 Jahre alt sind, abgegeben, dort erschlossen und den Benützern vorgelegt werden, können die einzelnen Organe der Europäischen Union in Brüssel und Luxemburg weiterhin eigene Archive unterhalten, in denen sie Kopien ihrer in Florenz liegenden Akten in Mikroform vorlegen können.

Zentrale Archive in Deutschland bis 1945.

Das zentrale und durchgängige Kennzeichen der deutschen Archivgeschichte ist die föderale Struktur des staatlichen Archivwesens als Folge der deutschen Verfassungstradition. Am Beginn der Geschichte der staatlichen Archive in Deutschland im 19. und 20. Jahrhundert steht daher auch nicht die Errichtung eines Zentral- bzw. Nationalarchivs. Als die vielgestaltige Territorienwelt des Alten Reichs durch die Säkularisationen der Bistümer und Klöster sowie die Mediatisierungen der Territorien ehemals reichsunmittelbarer Fürsten, Grafen und Herren in der napoleonischen Zeit weitgehend beseitigt wurde, fielen die Archive der ehemaligen Landesherren zusammen mit den Territorien an die durch die Gebietsgewinne vergrößerten Nachfolgestaaten, die sie wiederum ihren – meist selbst schon traditionsreichen – Archiven einverleibten. Nach der Gründung des Deutschen Bundes 1815 sowie des Deutschen Reiches 1871 verblieb der größte Teil der erhaltenen zentralen Überlieferung des Alten Reichs im Haus-, Hof- und Staatsarchiv in Wien. Bis zum Untergang des Kaiserreichs in der Revolution 1918/19 gab es kein deutsches Nationalarchiv. Erfolgreiche Zentralisierungsbemühungen gab es allein in den Ländern. Während in den größeren Staaten wie Preußen und Bayern nach dem Vorbild Frankreichs Landesarchivverwaltungen mit einem Zentralarchiv in der Hauptstadt und mehreren Regional- bzw. Provinzialarchiven entstanden, genügte in vielen mittleren und

Detailskizze

Die Anfänge des modernen Archivwesens in Bayern um 1800. Als der bayerische Kurfürst Max IV. Joseph (1756–1825) nach seinem Amtsantritt 1799 mit tiefgreifenden Verwaltungsreformen die Grundlagen für das moderne Bayern schuf, stand auch eine Neuorganisation der landesherrlichen Archive auf dem Programm. Dem Trend der Zeit und dem französischen Vorbild folgend zielte sie auf eine Zentralisierung unter gleichzeitiger Spezialisierung nach Materien. Aus dem Urkundenarchiv, großen Teilen des Aktenarchivs des Hofrates, einer Auswahl aus den Registraturen aufgelöster Zentralbehörden sowie dem Archiv des Obersten Lehenhofs bildete der mit der Neuorganisation beauftragte Franz Joseph Samet das Geheime Landesarchiv, das alle auf die inneren Verhältnisse des Landes bezüglichen Archivalien aufnehmen sollte. Dem Geheimen Staatsarchiv waren die Unterlagen zur Außen- und Reichspolitik zugedacht. Für die wittelsbachischen Haus- und Familiensachen errichtete man ein Geheimes Hausarchiv.

Eine enorme Herausforderung für Samet und das Landesarchiv bedeuteten die Ende 1802 einsetzende Säkularisation sowie die Mediatisierung. Gemäß seiner Leitidee einer Zentralisierung in München unter gleichzeitiger strengster Auslese wählte Samet aus den Archiven und Registraturen der aufgehobenen geistlichen und weltlichen Territorien nur jene Stücke für das Landesarchiv (seit 1812: Allgemeines Reichsarchiv) aus, die er gemäß den traditionellen Vorstellungen für archivwürdig hielt, also vor allem Urkunden und Amtsbücher. Die vielfach nicht als rechtswichtig erachteten Akten blieben dagegen vor Ort oder wurden in eigens eingerichteten Archivaliendepots verwahrt. Dies führte zu einer aus heutiger Sicht verhängnisvollen Zerreißung historischer Überlieferungen, die – ebenso wie die von Samet vorgenommene Vermischung von Akten verschiedener Herkunft – seit einiger Zeit in mühevoller Kleinarbeit wieder rückgängig gemacht wird, um die originalen Überlieferungszusammenhänge wiederherzustellen. Aus Archivaliendepots in den Provinzen entwickelten sich die heutigen sieben Staatsarchive, die drei Zentralarchive gingen 1921 als Abteilungen im neu errichteten Bayerischen Hauptstaatsarchiv auf.

Literatur: W. JAROSCHKA, Reichsarchivar Franz Joseph von Samet (1758–1828), in: Archive. Geschichte – Bestände – Technik. Festgabe für Bernhard Zittel, München 1972, 1–27.

kleineren Staaten freilich ein einziges Archiv völlig. Lediglich während des „Dritten Reiches" gab es Ansätze zur Ausbildung einer zentral gelenkten Reichs-Archivverwaltung. So aber gehört bis heute das Archivwesen zur Kulturhoheit der Länder und weder das Reichsarchiv der Weimarer Republik noch das heutige Bundesarchiv konnten bzw. können wegen ihrer fehlenden historischen Tiefe im Gegensatz zu den Nationalarchiven anderer europäischer Staaten als wirkliches „Gedächtnis der Nation" fungieren. Hier sind ihnen die Archive der Bundesländer mit ihrer reichen, weit in das Mittelalter zurückgehenden Überlieferung überlegen.

Obwohl es seit dem 19. Jahrhundert mehr oder weniger konkrete Vorstöße zur Schaffung eines Reichsarchivs gegeben hatte, erfolgte die Gründung des Reichsarchivs im Jahre 1919 nicht nach einem ausgearbeiteten Plan, sondern aus einer akuten Notlage heraus. Für die enormen Mengen an Schriftgut, die bei den vor der Auflösung stehenden Verwaltungs- und Kommandostellen des Heeres und der nichtmilitärischen Kriegsgesellschaften angefallen waren, musste eine adäquate archivische Lösung gefunden werden. Von Anfang an war zudem daran gedacht, das für den laufenden Dienstbetrieb nicht mehr benötigte Schriftgut aller Reichsressorts seit der Gründung des Norddeutschen Bundes 1867 in dieser Einrichtung zu archivieren. Seine Unterkunft fand das Reichsarchiv in Potsdam im Gebäude der ehemaligen Kriegsschule.

Neben dem Reichsarchiv etablierte sich 1920 als einziges Behördenarchiv das Politische Archiv des Auswärtigen Amtes, das seit 1924 unter dieser Bezeichnung firmierte. Ein Novum für Deutschland stellte die 1936 gegründete Heeresarchivverwaltung dar, die mehrere mi-

▷ S. 384
Archive u
ihre Bestä

422

litärische Facharchive wie etwa das im gleichen Jahr vom Reichsarchiv abgespaltene Heeresarchiv und die Heeres- bzw. Kriegsarchive Bayerns, Sachsens und Württembergs über die Grenzen der den Ländern unterstehenden Archivverwaltungen hinweg umfasste. 1938 wurde auch das österreichische Kriegsarchiv in Wien in diesen Verbund integriert.

Nachdem bereits während des Krieges rund die Hälfte der Bestände des Reichsarchivs in mitteldeutschen Bergwerken ausgelagert worden war, zerstörten alliierte Luftangriffe auf Potsdam im April 1945 mit einem Teil der Stadt auch das Reichs- und das Heeresarchiv.

Die deutschen Archive 1945 bis 1990. Mit Ausnahme Bayerns waren die größeren Bundesländer der Bundesrepublik alle mehr oder weniger künstliche Neugründungen. Entsprechend hatten die neu entstehenden Archivverwaltungen der Länder Archive zu integrieren, die sich hinsichtlich ihrer historischen Tradition und Struktur zum Teil grundlegend unterschieden. In jedem Fall zu klären waren die historischen und aktuellen Zuständigkeiten, die gegebenenfalls auch Verlagerungen von Archivalien nach sich ziehen konnten [LEESCH 1984].

Während die Archive auf Länderebene dennoch relativ rasch ihre Arbeit wieder aufnehmen konnten, gestaltete sich der Neuanfang auf der zentralen Ebene sehr schwierig. Neben zahlreichen Kriegsverlusten und gezielten Aktenvernichtungen am Ende des Krieges hatten die alliierten Siegermächte einen beträchtlichen Teil der noch vorhandenen Überlieferung der höchsten Reichsstellen sowie der NSDAP und der in ihrem Umfeld angesiedelten Einrichtungen beschlagnahmt und in so genannten Document Centers untergebracht, um die Kriegsverbrecherprozesse vorzubereiten. Nach der Auflösung der Document Centers wurden wesentliche Aktenbestände in die USA und nach Großbritannien verbracht. Die Rückführung dieser Akten in den 1950er Jahren sollte dann neben der Archivierung der Unterlagen der Zonenverwaltungen und der neuen Bundesbehörden zu einer der ersten Aufgaben des Bundesarchivs werden. Diese in Koblenz zunächst im Gebäude der ehemaligen preußischen Regierung untergebrachte neue zentralarchivische Einrichtung in der Bundesrepublik nahm erst 1952 ihren Betrieb auf. Durch die Übernahme der ehemaligen Außenstelle des Reichsarchivs in Frankfurt mit den dort untergebrachten Unterlagen der Nationalversammlung sowie der provisorischen Zentralbehörden von 1848/49 in seine Zuständigkeit erfuhr das Bundesarchiv 1953 bereits einen ersten bedeutenden Zuwachs. Mit der Errichtung einer Abteilung Militärarchiv im Jahre 1955 verbanden sich die Pläne, das aus den USA und England zurückkehrende militärische Schriftgut dort aufzunehmen. Dieses Vorhaben scheiterte jedoch, als diese Archivalien dem Berlin Document Center überantwortet wurden. So war es durchaus sinnvoll, 1968 diese Abteilung nach Freiburg im Breisgau zu verlegen, wo seit 1954 bereits die Militärgeschichtliche Forschungsstelle saß. Außerhalb der Zuständigkeit des Bundesarchivs stehen das Politische Archiv des Auswärtigen Amtes sowie das Archiv des Deutschen Bundestages, das 1949 mit dem Arbeitsschwerpunkt Gesetzesdokumentation errichtet worden war und erst seit 1972 das archivwürdige Schriftgut des Parlaments übernimmt. 1986 konnte das Bundesarchiv einen modernen und allen archivtechnischen Standards entsprechenden Neubau in Koblenz beziehen.

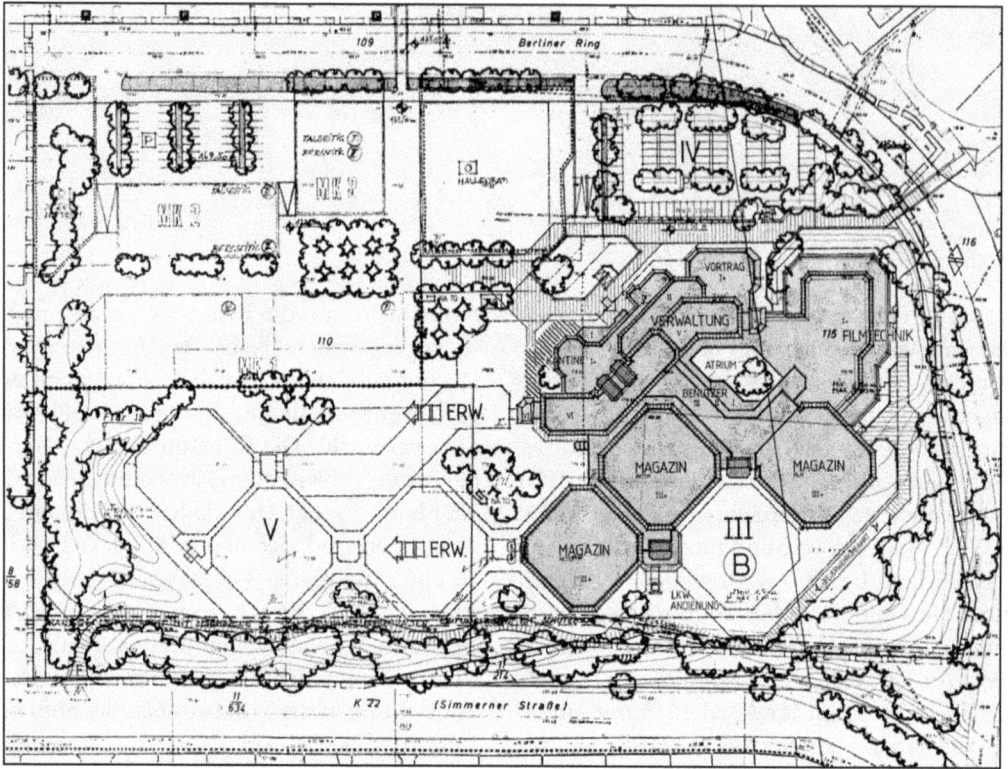

Wie die Aufgaben und Funktionen der Archive, so veränderten sich im Laufe der Zeit auch die Anforderungen an die **Archivgebäude**. In diesen spiegelt sich neben dem technischen Fortschritt auch die jeweilige zeitgenössische Auffassung davon, was ein Archiv zu leisten habe. Heute steht die optimale Sicherung der Archivalien an erster Stelle, erst danach kommt eine möglichst funktionale Gliederung des Baus. Großer Wert wird heute aber auch auf niedrige Erstellungs- und Unterhaltskosten gelegt. Seit der „Entdeckung" der Öffentlichkeitsarbeit als Aufgabe der Archive gehören ferner möglichst multifunktional gestaltete Ausstellungs- und Vortragsräume zu den unverzichtbaren Bestandteilen jedes Archivneubaus.

In Koblenz entstand 1986 der erste Zweckbau für ein nationales Zentralarchiv in Deutschland. Entgegen den ursprünglichen Planungen, den Neubau in unmittelbarer Nähe zu den Schriftgutproduzenten, also den Ministerien und Bundesbehörden, in Bonn zu errichten, fiel letztlich die Entscheidung, das Archiv in Koblenz zu belassen, wo es in adaptierten Gebäuden bereits seit 1952 ansässig gewesen war, die den Anforderungen aber nun nicht mehr gewachsen waren.

Wie für einen modernen Archivbau gefordert, galt es, einerseits die Funktionsbereiche Magazin, Verwaltung und Publikumsbereich aus arbeitstechnischen Gründen räumlich möglichst eng zu verbinden, andererseits für eine ausreichende bauliche Trennung und Abschottung in Hinblick auf die Katastrophenvorsorge und den Schutz vor unbefugtem Zutritt zu sorgen. Mit dem Ziel der Begrenzung der Unterhaltskosten wurden die Magazine nach dem so genannten Kölner Modell errichtet, das durch eine besondere Konstruktion der Außenwände die Herstellung des erforderlichen Raumklimas unter weitgehendem Verzicht auf eine aufwändige und damit teure künstliche Klimatisierung ermöglichen soll. Es entstanden drei große Magazinbereiche, von denen einer speziell für die Archivierung von Filmen ausgestattet ist. Dem raschen und einfachen Transport der Archivalien, vor allem aus dem Magazin in den Benützerbereich, dient ein Aktenfördersystem. Während der Verwaltungsbereich vor allem die Büros und Arbeitsräume des Archivpersonals, aber auch die Amtsbibliothek sowie die Werkstätten für Foto- und Restaurierungsarbeiten umfasst, sind dem öffentlich zugänglichen Bereich neben dem Foyer, das zugleich als Ausstellungsraum dient, der Benutzersaal, ein Seminarraum, sowie ein Vortrags- und Kinosaal zugeordnet.

Bild: Neubau des Bundesarchivs in Koblenz, Lageplan, aus: B. BOOMS, Der Neubau für das Bundesarchiv. Ein Archivzweckbau im Entstehen, in: Der Archivar 37, 1984, Sp. 195–202, hier Sp. 199 f.

Literatur: B. BOOMS, Der Neubau für das Bundesarchiv. Ein Bericht über Anlage und Fertigstellung, in: Der Archivar 40, 1987, Sp. 199–223; W. LEESCH, Archivbau in Vergangenheit und Gegenwart, in: AZ 62, 1966, 11–65.

Das 1945 noch in Potsdam und Berlin liegende Schriftgut sowie die in Mitteldeutschland ausgelagerten Archivalien des Reichsarchivs befanden sich nach Kriegsende im Verfügungsbereich der sowjetischen Besatzungstruppen und fanden entsprechend den Weg in die Archive der Sowjetischen Besatzungszone (SBZ) bzw. der DDR. So konnte das Archivwesen der DDR nach dem Zweiten Weltkrieg an die Tradition des ehemaligen Reichsarchivs in Potsdam anknüpfen. Sehr rasch wurde eine straff organisierte Archivverwaltung unter der Leitung des Innenministeriums aufgebaut, die dem Archivwesen in der DDR zumindest anfänglich einen Entwicklungsvorsprung gegenüber dem westdeutschen Pendant verschaffte, wo die Kulturhoheit der Länder einer bundesweiten Vereinheitlichung entgegenstand. Mit der Einbindung in den zentralistischen Staatsaufbau und die Unterstellung unter das Ministerium des Innern etablierte sich das Archivwesen der DDR als striktes Gegenmodell zu der bundesrepublikanischen Lösung. Das 1946 eingerichtete Zentralarchiv (seit 1949 Deutsches Zentralarchiv, seit 1973 Zentrales Staatsarchiv) zog in den folgenden Jahren die auf dem Gebiet der SBZ vorhandene Überlieferung des ehemaligen Reichsarchivs und der preußischen Archive sowie die Akten der ehemaligen zentralen Reichs- und preußischen Behörden an sich. Daneben war das Zentralarchiv anfänglich auch für die Archivierung des Schriftguts der zentralen Verwaltungsstellen der SBZ und der Parteien, Gewerkschaften, demokratischen Massenorganisationen und Wirtschaftsbetriebe zuständig. Bereits 1952 waren die fünf Länder in der DDR aufgelöst worden; an ihre Stelle traten 14 neu gebildete Verwaltungsbezirke. Hatte es bis dahin in jedem der Länder ein Landeshauptarchiv gege-

ben, dem weitere Landesarchive unterstellt waren, so wurden nun einige der bisherigen Landesarchive im Zuge dieser Verwaltungsreform auf die Rolle historischer Archive reduziert, die zukünftig kein Schriftgut der Verwaltungsbehörden mehr zu übernehmen hatten. Die zuvor übersichtliche und logische Archivstruktur wurde zugunsten einer relativ willkürlichen Neuordnung aufgegeben. Eine dritte Reorganisation des Archivwesens 1976 degradierte die Historischen Staatsarchive sogar zu bloßen Außenstellen ihres vorgesetzten Staatsarchivs.

Der Aufbau einer eigenen internen Archivverwaltung der SED im Jahre 1963 sowie die Gründung des Deutschen Militärarchivs im Jahre 1964, die beide außerhalb der staatlichen Archivverwaltung standen, beeinträchtigte die Bedeutung und Kompetenz des Zentralarchivs wesentlich. Schließlich begannen auch die anderen Parteien, die Gewerkschaften und die Massenorganisationen mit dem Aufbau eigener Archiveinrichtungen.

Das staatliche Archivwesen seit 1990. Die Wiedervereinigung bedeutete für das staatliche Archivwesen in Deutschland zum dritten Mal nach 1918/19 und 1945 einen Neuanfang und eine große Herausforderung. Wenn auch die Voraussetzungen nun ganz andere waren, so standen die Archive doch wieder unter dem Druck, möglichst schnell die nach dem abrupten Untergang eines großen Verwaltungs- und Herrschaftsapparats angefallenen Aktenberge zu erschließen, um eine rasche historische und vor allem auch politische und juristische Aufarbeitung der Geschichte der DDR zu ermöglichen. Die große und nicht eben leichte Aufgabe, zwei sehr unterschiedliche Archivsysteme verschmelzen zu müssen, war freilich verbunden mit

425

der Chance, Archivbestände von nationaler Bedeutung, die in der Folge von Krieg und Teilung zerrissen worden waren, nun wieder zusammenführen zu können.

Zu den am deutlichsten sichtbaren Folgen der Wiedervereinigung für die zentralen Archive Deutschlands gehört die Schwerpunktverlagerung vom Rhein an die Spree. Bereits mit der Wiedervereinigung war das Bundesarchiv in der zukünftigen Hauptstadt Berlin mit den dortigen, als Außenstellen übernommenen ehemaligen Zentralarchiven der DDR (Zentrales Staatsarchiv, Militärarchiv, Staatliches Filmarchiv) präsent. In Form einer unselbstständigen Stiftung des öffentlichen Rechts wurden 1993 auch das zentrale Parteiarchiv der SED sowie die Archive des Freien Deutschen Gewerkschaftsbundes und der sonstigen Massenorganisationen der DDR in das Bundesarchiv integriert. Einen weiteren bedeutenden Beständezuwachs erfuhr dieses 1994 mit der Übernahme des Berlin Document Center.

Die Abteilung Militärarchiv des Bundesarchivs in Freiburg ist nach der Vereinigung mit dem ehemaligen Militärarchiv der DDR in Potsdam für die gesamte militärische Überlieferung zuständig, die von der Preußischen Armee seit 1867 und der Kaiserlichen Marine über die Reichswehr, die Wehrmacht, die Waffen-SS, die Nationale Volksarmee bis hin zur Bundeswehr sowie den jeweils zuständigen Ministerien und Behörden reicht. Außerhalb der staatlichen Archivverwaltung steht der Bundesbeauftragte für die Unterlagen der Staatssicherheit. In der Zentralstelle in Berlin und 14 Außenstellen werden die Unterlagen des Ministeriums für Staatssicherheit bzw. ▷ S. 369 Gattungen der Quellen dessen Bezirksverwaltungen und Kreisdienststellen verwahrt und nach den gesetzlichen Vorgaben zugänglich gemacht.

Einen beträchtlichen Aufschwung erlebte der Standort Berlin des Bundesarchivs 1996 mit dem Bezug adaptierter ehemaliger Militärgebäude im Stadtteil Lichterfelde, während der Standort Koblenz im Jahre 2000 durch die Integration der bisherigen Außenstelle Frankfurt/Main aufgewertet wurde.

Auch die Wiederbegründung der Länder auf dem Gebiet der ehemaligen DDR hatte ihre Auswirkungen. Dort entstanden, in gewissem Umfang aufbauend auf der bestehenden Archivorganisation, neue Archivverwaltungen nach dem bundesrepublikanischen Modell. Die Zuständigkeiten der Archive mussten wie in der Bundesrepublik nach 1945 an die neuen Verwaltungsstrukturen angepasst werden. Neben der historischen Überlieferung in dem jeweiligen Archivsprengel sind die Staatsarchive auch zuständig für die in den ehemaligen Bezirken erwachsene Überlieferung der Parteien und Massenorganisationen der DDR. Seit 1994 steht die Überlieferung der preußischen Zentralbehörden bis 1945 wieder an einem einzigen Ort, nämlich dem Preußischen Geheimen Staatsarchiv in Berlin-Dahlem für die Benützung zur Verfügung.

Hinsichtlich der Zahl der staatlichen Archive steht heute Bayern mit dem Bayerischen Hauptstaatsarchiv München, jeweils einem Staatsarchiv in jedem Regierungsbezirk (Amberg, Augsburg, Bamberg, Landshut, München, Nürnberg, Würzburg) sowie dem Staatsarchiv Coburg an der Spitze. An zweiter Stelle steht Niedersachsen mit dem Hauptstaatsarchiv Hannover und den sechs Staatsarchiven Aurich, Bückeburg, Oldenburg, Osnabrück, Stade und Wolfenbüttel. Dicht auf folgt Baden-Württemberg mit sechs Archiven (Hauptstaatsarchiv Stuttgart, Generallandesarchiv Karlsruhe, Staatsarchive Freiburg,

Ludwigsburg, Sigmaringen und Wertheim). Aus historischen Gründen, insbesondere der Vielzahl der im Gebiet des heutigen Bundeslandes ehemals bestehenden Territorien, findet sich die größte Archivverwaltung in den neuen Bundesländern mit ebenfalls sechs Archiven in Thüringen. Neben dem Hauptstaatsarchiv in Weimar wurden nach der Wende die bestehenden Archive in Altenburg, Gotha, Greiz, Meiningen und Rudolstadt zu Staatsarchiven erklärt. In Sachsen existieren neben dem Hauptstaatsarchiv in Dresden zwei Staatsarchive in Chemnitz und Leipzig sowie als sächsische Besonderheit das Bergarchiv in Freiberg. Über jeweils drei Staatsarchive verfügen Hessen (Hauptstaatsarchiv Wiesbaden, Staatsarchive Darmstadt und Marburg) und Nordrhein-Westfalen (Hauptstaatsarchiv Düsseldorf, Staatsarchive Detmold und Münster). In Mecklenburg-Vorpommern ist das Landeshauptarchiv Schwerin für den mecklenburgischen Teil, das Landeshauptarchiv Greifswald für den pommerschen Teil zuständig. Ebenfalls zwei Archive gibt es in Rheinland-Pfalz (Landeshauptarchiv Koblenz, Landesarchiv Speyer). In den meisten Bundesländern beschränkt sich das staatliche Archivwesen auf ein einziges Archiv: Landesarchiv Berlin, Brandenburgisches Landeshauptarchiv Potsdam, Staatsarchiv Bremen, Staatsarchiv Hamburg, Landesarchiv Saarbrücken (Saarland), Landeshauptarchiv Sachsen-Anhalt mit Sitz in Magdeburg und weiteren Abteilungen in Wernigerode, Merseburg und Dessau, und Landeshauptarchiv Schleswig-Holstein in Schleswig.

Nichtstaatliche Archive. Da nicht nur die Staatsbehörden Verwaltungsschriftgut produzieren, an dessen dauernder Aufbewahrung Interesse besteht, können neben dem Staat viele andere juristische und natürliche Personen als Archivträger auftreten. Zu den bekanntesten zählen sicherlich die zahlreichen Archive der Städte und Gemeinden, die in einigen besonderen Fällen hinsichtlich des Werts ihrer Überlieferung so manches Staatsarchiv übertreffen können. Zu den ältesten archivischen Einrichtungen in Europa gehören die Archive der Bistümer, Klöster und anderer geistlicher Institutionen. Gleiches gilt in einigen Fällen auch für die Adels- und Familienarchive. Aus der Gruppe der wissenschaftlichen Einrichtungen können insbesondere die Archive der alten Universitäten auf eine eindrucksvolle Tradition zurückblicken. Im Wesentlichen erst seit dem 20. Jahrhundert haben Firmen sowie Parteien und Verbände eigene Archive eingerichtet. Eine noch jüngere Erscheinung sind die Medienarchive, die gerade im Bereich der audiovisuellen Medien angesichts ihrer betont technischen Ausrichtung auf den ersten Blick kaum noch Ähnlichkeiten mit den Archiven klassischer Prägung aufweisen.

Die genannten Gruppen unterscheiden nicht nur die verschiedenen Träger, deren Schriftgut sie zu archivieren haben, und damit auch Inhalt und Umfang der Bestände, die sie verwalten, sondern vielfach auch ihre spezifischen Aufgabenbereiche. Während die staatlichen Archive in erster Linie mit der Übernahme und Erschließung großer Aktenmengen von den Behörden kämpfen, sind viele Kommunalarchive stark in der örtlichen Kulturpolitik engagiert und darüber hinaus um eine möglichst breite Dokumentation des Geschehens in der Stadt bzw. Gemeinde bemüht. Die Archive von Firmen sind nicht selten in die Öffentlichkeitsarbeit eingebunden, Medienarchive unterstützen durch die Bereitstellung von angeforderten Medien nicht zuletzt den Dienstbetrieb ihres Trägers. Nicht wenige Universitätsarchive leisten neben ihrer unmittelbaren archivischen Tätigkeit einen Beitrag zum Forschungs- und Lehrbetrieb der Universität.

In den pluralistischen Systemen westlicher Prägung reichen die in den staatlichen Archiven verwahrten Unterlagen der Behörden heute immer weniger aus, um ein realistisches Bild von historischen und aktuellen Ereignissen und Entwicklungen zu gewinnen. Zur Dokumentation der Rolle und des Einflusses der verschiedenartigen gesellschaftlichen Kräfte sind die nichtstaatlichen Archive mittlerweile für die Forschung unverzichtbar.

Werner Lengger

Literatur

J. F. Battenberg, Der Funktionswandel der Archive vom 18. Jahrhundert bis zum Beginn des 20. Jahrhunderts, in: 50 Jahre Verein deutscher Archivare. Bilanz und Perspektiven des Archivwesens in Deutschland, Siegburg 1997, 101–114.

A. Brenneke/W. Leesch, Archivkunde. Ein Beitrag zur Theorie und Geschichte des europäischen Archivwesens, Leipzig 1953.

Bundesarchiv (Hrsg.), Das Bundesarchiv. Dienstleister für Forschung, Öffentlichkeit und Verwaltung, Koblenz 2003.

M. Duchein, Die französischen Archive. Eine Gesamtschau, in: Der Archivar 41, 1988, Sp. 341–352.

G. Enders, Probleme der Archivgeschichte und der Archivgeschichtsschreibung, in: Archivmitteilungen 37, 1987, 63–67.

E.G. Franz, Archive, in: M. Maurer (Hrsg.), Aufriss der Historischen Wissenschaften, Bd. 6: Institutionen, Stuttgart 2002, 166–213.

K. Jaitner, Das Historische Archiv der Europäischen Gemeinschaften in Florenz, in: Der Archivar 41, 1988, Sp. 545–550.

F. P. Kahlenberg, Deutsche Archive in West und Ost. Zur Entwicklung des staatlichen Archivwesens seit 1945, Düsseldorf 1972.

W. Leesch, Das deutsche Archivwesen seit 1945, in: Archives et Bibliothèques de Belgique 55, 1984, 112–153.

Ders., Wandel im spanischen Archivwesen, in: Der Archivar 47, 1994, Sp. 158–166.

W. Lenz, Einige Bemerkungen zum britischen Archivwesen, in: Der Archivar 33, 1980, Sp. 307–312.

E. Lodolini, Die italienische Archivorganisation und ihre jüngsten Veränderungen, in: AZ 72, 1976, 121–133.

L. Mikoletzky, Überblick über das österreichische Archivwesen seit dem Zweiten Weltkriege, in: Archives et Bibliothèques de Belgique 55, 1984, 73–83.

E. Posner, Some aspects of archival development since the French revolution, in: The American Archivist 3, 1940, 159–172.

Ders., Das Archivwesen der Vereinigten Staaten von Amerika, seine Entwicklung und seine Probleme, in: Ders., Drei Vorträge zum Archivwesen der Gegenwart, Stockholm 1940, 7–29.

A. Wagner, Das Archiv des Völkerbundes in Genf, in: Der Archivar 25, 1972, Sp. 171–176.

Internet-Archivportale mit weiterführenden Links

http://www.unesco.org/webworld/portal_archives/

http://www.archivschule.de/content/59.html

Speicher von Wissen. Das Wort Bibliothek, zusammengesetzt aus griechisch „biblos" (Buch) und „theke" (Behältnis, Kiste), bezeichnet eine Büchersammlung und im weiteren Sinn auch das Gebäude, in dem Bücher und andere publizierte Informationen gesammelt werden. Um einen logischen und raschen Zugriff des Benutzers auf das gesammelte Material zu ermöglichen, setzt eine funktionierende Bibliothek eine dem Nutzer bekannte Ordnung voraus. Unter diesem Aspekt ist eine Bibliothek als eine geordnete und dadurch erst benutzbare Sammlung von Büchern und anderen Medien definiert.

Unter „Büchern" verstehen wir dabei nicht nur alle Druckwerke, also etwa auch Zeitschriften und Zeitungen, Musikalien, Druckgrafik, Landkarten und Pläne, sondern auch Handschriften und Autographen sowie vermischtes Material in Form von Nachlässen. Zum Sammelauftrag der Bibliotheken gehören weiterhin Substitute in Form von Mikrofilmen und anderen Mikroformen und darüber hinaus auch weiteres non-book-Material wie die verschiedenen audiovisuellen Medien. Einen immer größeren Stellenwert nehmen schließlich in den letzten 20 Jahren elektronische Publikationen, d.h. digital gespeicherte und der Öffentlichkeit zugänglich gemachte Text-, Ton- und Bildinformationen, ein. Zu unterscheiden sind elektronische off-line-Publikationen auf transportablen Datenträgern (CD-Rom, DVD, Diskette) von on-line-Publikationen, die auf Festplatten von Netzwerk-Servern gespeichert sind und entweder über lokale Netze oder im Fernzugriff über regionale und globale Datennetze online abgerufen werden können.

▷ S. 395 ff.
Geschichts-
wissenschaft
im Internet

Der Auftrag wissenschaftlicher Bibliotheken besteht im Sammeln, Erschließen, Vermitteln und Bewahren dieser unterschiedlichen Publikationsformen sowie in der Bereitstellung von Metadaten, d.h. in der Vermittlung von Informationen über Literatur, also von bibliographischen Informationen und Literaturdaten. Dabei ist die Form des Speichermediums – gedruckte oder elektronische Publikation – unter dem Aspekt der Langzeitarchivierung sekundär. Auch wenn Schriftlichkeit zunehmend auf elektronischem Wege stattfindet, handelt es sich dabei letztlich doch nur um eine Fortsetzung von Schriftlichkeit mit anderen Mitteln, ein Vorgang, der in dieser Hinsicht eine Parallele in der ersten Medienrevolution beim Übergang von der Handschrift zum Buchdruck hat.

Publikations-, Informations- und Bibliothekswesen sind heute von einem Nebeneinander gedruckter und elektronischer Medien gekennzeichnet. Beide Medienarten haben ihre jeweils spezifischen Vorteile: Das gedruckte Buch ermöglicht intensives, möglicherweise wiederholtes Studium umfangreicher Texte im Zusammenhang, eine lineare Rezeption also, ohne Bindung an technisches Gerät und einen bestimmten Ort; demgegenüber zeigen sich die Vorzüge elektronischer Medien immer dann, wenn aus großen Text- oder Datenmengen punktuelle Informationen oder kurze Texte durch komplexe Suchmethoden gezielt abgefragt werden sollen. Beide Medienarten werden deshalb wohl auch in Zukunft nebeneinander bestehen – jedenfalls wird es zu keiner völligen „Entmaterialisierung" der Bibliotheken kommen.

Jede Art des Publizierens in den Wissenschaften ist angewiesen auf Archivierung, Erschließung und öffentlichen Zugang: Ohne den Zugriff auf dauerhaft zitierfähige Quellen kann ein wissenschaftlicher Dialog nicht geführt werden, ein Problem, das angesichts der Flüchtigkeit wie Instabilität der elektronischen Medien unter dem Aspekt der Datenpflege eine neue Dimension bekommen hat. Ohne formale und sachliche Erschließung droht publizierte Information verloren zu gehen, und ohne öffentlichen Zugang zu den Ergebnissen verliert Wissenschaft ihre Legitimation.

Der Auftrag zur Archivierung und damit dauerhaften Speicherung von Wissen bedeutet auch, dass Bibliotheken neben der aktuellen Literaturversorgung eine zweite, nicht weniger wichtige Funktion wahrnehmen: Als ein Speicher von Wissen sind sie unentbehrlich für diejenigen, die, auf vorhandenem Wissen aufbauend, neues Wissen produzieren wollen; als ein Speicher all dessen, was frühere Generationen von der Welt und ihrer eigenen Geschichte wussten und schriftlich hinterließen, halten sie gleichzeitig wichtiges Quellenmaterial bereit für diejenigen, die die Vergangenheit erforschen wollen.

Bibliothekswesen der Bundesrepublik Deutschland.

Das deutsche Bibliothekswesen hat sich vor dem Hintergrund der jahrhundertelangen territorialen Zersplitterung Deutschlands und der damit verbundenen inneren politischen Gegensätze auf regionaler Ebene entwickelt und ist bis in die Gegenwart durch eine dezentrale Grundstruktur geprägt. Es unterscheidet sich damit vom System der zentralen Nationalbibliothek, wie es sich in den meisten zentralistisch organisierten europäischen Staaten seit der Französischen Revolution durchgesetzt hatte [FABIAN 1983].

Eine Nationalbibliothek sammelt als herausragende Bibliothek eines Landes die gesamte in diesem Land sowie die im Ausland über dieses Land erscheinende Literatur, archiviert sie und verzeichnet sie in einer periodisch erscheinenden Nationalbibliographie. Gemäß Definition der UNESCO erfüllt eine Nationalbibliothek darüber hinaus die Aufgabe, auch weitere ausländische Publikationen in einer gewissen Breite zu erwerben und damit als zentraler Wissensspeicher einer Nation zu dienen. Zusätzlich nimmt eine Nationalbibliothek im Bibliothekswesen eines Landes meist auch eine führende und koordinierende Rolle ein, z.B. bei gemeinsamen Erschließungsprojekten oder in Normierungsfragen.

In Deutschland kam es erst spät – nämlich 1912 – auf Initiative des Börsenvereins der Deutschen Buchhändler zur Gründung der Deutschen Bücherei in Leipzig, die wenigstens einige Teile der genannten Aufgaben einer Nationalbibliothek erfüllen sollte: Sammlung der nationalen Literatur ab dem Erscheinungsjahr 1913 und Erstellung einer Deutschen Nationalbibliographie, Sammlung fremdsprachiger Übersetzungen deutscher Literatur (seit 1941) sowie der Schriften internationaler Organisationen [OLSON]. Bis 1969 (!) war sie Pflichtexemplarbibliothek für beide deutsche Staaten. Die vielfältigen Aufgaben einer nicht vorhandenen Deutschen Nationalbibliothek sind heute verteilt auf eine Gruppe von überregional agierenden Bibliotheken mit nationaler Bedeutung und kooperativen Aktivitäten: Die Deutsche Bibliothek mit ihren Standorten in Frankfurt/Main, Leipzig und Berlin, die Bayerische Staatsbibliothek in München und die Staatsbibliothek zu Berlin – Preußischer Kulturbesitz. Vier zentrale Fachbibliotheken ergänzen diese Bibliotheken im Bereich der angewandten Wissenschaften: die Zentralbibliothek für Wirtschaftswissenschaften in Kiel, die Technische Informationsbibliothek in Hannover, die Zentralbibliothek für Medizin in Köln und die

Zentralbibliothek für Landbauwissenschaften in Bonn.

Im Gegensatz zu diesen Bibliotheken mit nationaler Bedeutung dienen die 40 Landes- und Regionalbibliotheken der Literaturversorgung einer Region, ohne direkt an eine Bildungseinrichtung oder sonstige Institutionen gebunden zu sein. Die Bibliotheken der 79 Universitäten und gleichgestellten Hochschulen stellen in erster Linie die Literaturversorgung der Hochschulangehörigen für Studium, Forschung und Lehre sicher. Die größte und gleichzeitig heterogenste Gruppe im Kreis der wissenschaftlichen Bibliotheken bilden schließlich 2 700 Spezialbibliotheken öffentlicher, kirchlicher und privater Einrichtungen. Ihr Auftrag beschränkt sich auf die Literaturversorgung in einem eng begrenzten Fachgebiet, das durch die Bindung an die jeweilige Institution vorgegeben ist [PLASSMANN/SEEFELDT].

Bibliotheken mit nationaler Bedeutung.
Im dezentralen deutschen Bibliothekswesen ergänzen sich die Deutsche Bibliothek, die Bayerische Staatsbibliothek und die Staatsbibliothek zu Berlin.

Die 1912 gegründete Deutsche Bücherei in Leipzig konnte nach der deutschen Teilung 1945 die ihr zugedachten nationalbibliothekarischen und nationalbibliographischen Aufgaben nicht mehr erfüllen. Verlegerische und bibliothekarische Initiativen im Westteil Deutschlands führten deshalb bereits ein Jahr später zur Gründung der Deutschen Bibliothek in Frankfurt/Main. Als parallele Archivbibliothek im westlichen Teil Deutschlands sammelte sie das Schriftgut von und über Deutschland ab 1945. Nach der Vereinigung Deutschlands wurden beide Institutionen 1990 unter dem Namen Die Deutsche Bibliothek (DDB) zusammengeführt. Die neue Einrichtung mit den Standorten Leipzig, Berlin (Deutsches Musikarchiv, gegründet 1970) und Frankfurt/Main nimmt seither einen Teil der vielfältigen Aufgaben einer Nationalbibliothek wahr.

Zugang zu den bibliographischen Daten – beide Standorte teilen sich die Katalogisierung des Materials – ermöglichen die Leipziger und Frankfurter online-Benutzerkataloge sowie ILTIS, das Integrierte Literatur-, Tonträger- und Musikalien-Informations-System der DDB. Sondersammlungen der DDB sind die 1992 gegründete Anne-Frank-Shoah-Bibliothek in Leipzig, eine internationale Forschungsbibliothek zur Dokumentation des Holocaust sowie das Deutsche Exilarchiv in Frankfurt und die Sammlung Exil-Literatur in Leipzig. Diese beiden Einrichtungen sammeln die von deutschen Emigranten im Ausland veröffentlichten Druckwerke, Emigranten-Nachlässe und Archive von Exilorganisationen; beide Sammlungen werden durch gedruckte Bibliographien erschlossen. Auf europäischer Ebene ist die DDB am Ausbau eines gemeinsamen Portals der europäischen Nationalbibliotheken beteiligt, über das Informationen zu den europäischen Nationalbibliotheken abgerufen werden können (The European Library webservice: *http://www.theeuropeanlibrary.org*). Die online-Dienste aller beteiligten europäischen Nationalbibliotheken sind von hier aus direkt zugänglich und machen das Portal damit zu einer virtuellen europäischen Bibliothek.

Nationale Aufgaben als Universalbibliotheken nehmen die Bayerische Staatsbibliothek und die Staatsbibliothek zu Berlin – Preußischer Kulturbesitz wahr. Beide Bibliotheken sind aus fürstlichen Hofbibliotheken hervorgegangen und besitzen bedeutende, histo-

431

Mit rund 18 Millionen Medieneinheiten ist **Die Deutsche Bibliothek** (DDB) die größte Bibliothek in Deutschland (*http://www.ddb.de*). Ihr gesetzlich verankerter Auftrag umfasst die Sammlung, bibliographische Erfassung und Archivierung der seit 1913 in Deutschland veröffentlichten Publikationen in allen Erscheinungsformen einschließlich der Publikationen im Internet; die Sammlung der im Ausland verlegten deutschsprachigen Veröffentlichungen sowie der im Ausland verlegten Übersetzungen deutschsprachiger Veröffentlichungen; die Sammlung im Ausland verlegter fremdsprachiger Veröffentlichungen über Deutschland (Germanica); schließlich die Sammlung der zwischen 1933 und 1945 von deutschsprachigen Emigranten verfassten oder veröffentlichten Druckwerke.

Zur Erfüllung ihres Auftrages steht der Bibliothek das Pflichtexemplarrecht für die Bundesrepublik zu, dem die Verleger mit der Ablieferung je eines Exemplars ihrer Veröffentlichungen nach Leipzig und Frankfurt am Main nachkommen. Der alle Wissensgebiete umfassende Sammelauftrag macht die Deutsche Nationalbibliothek zur wissenschaftlichen Universalbibliothek für den deutschsprachigen Raum, allerdings nur für den genannten Zeitraum und den inhaltlich eingeschränkten Sammlungsauftrag. Ihre Funktion als Archiv bringt es mit sich, dass die Bestände nicht ausleihbar sind, sie stehen jedoch jedermann für eine Präsenznutzung an den beiden Standorten zur Verfügung.

Der inhaltlich begrenzte Sammelauftrag umfasst ausdrücklich nicht die Sammlung der vor 1913 im deutschsprachigen Raum erschienenen Literatur. Ebenso wenig ist sie – auch dies unterscheidet sie von den Nationalbibliotheken zahlreicher anderer Staaten – zuständig für die Sammlung der wichtigsten ausländischen bzw. fremdsprachigen Publikationen. Hier ergänzt sie sich mit den beiden anderen großen Bibliotheken in München und Berlin.

Abbildung: Deutsche Bücherei Leipzig, Fotografie: Jürgen Kunstmann.

Literatur: K. ANSORGE/S. SOLBERG, Haus der Bücher – Elektronisches Archiv, Frankfurt/M. 1997.

risch gewachsene deutsche und internationale Altbestände.

Zur Erfüllung ihrer Aufgaben nehmen sie an zwei zentralen Unternehmungen des Systems der überregionalen Literaturversorgung in Deutschland teil. Sie kooperieren zum einen mit fünf weiteren Bibliotheken in der Arbeitsgemeinschaft Sammlung deutscher Drucke (AGSD), deren Ziel eine umfassende Sammlung der gedruckten Werke des deutschen Sprach- und Kulturraums von den Anfängen des Buchdrucks bis in die Gegenwart ist [VOGT]. In der auf diese Weise entstehenden virtuellen, in der Realität fehlenden Nationalbibliothek sind die beteiligten Bibliotheken für folgende Zeitsegmente verantwortlich: 1450–1600 Bayerische Staatsbibliothek München; 1601–1700 Herzog August Bibliothek Wolfenbüttel; 1701–1800 Niedersächsische Staats- und Universitätsbibliothek Göttingen; 1801–1870 Stadt- und Universitätsbibliothek Frankfurt am Main/Senckenbergische Bibliothek; 1871–1912 Staatsbibliothek zu Berlin – Preußischer Kulturbesitz; 1913 ff. Die Deutsche Bibliothek. Ebenfalls der überregionalen Literaturversorgung dient das Sondersammelgebietsprogramm der Deutschen Forschungsgemeinschaft (DFG), an dem die Berliner und Münchner Staatsbibliotheken teilnehmen. Ziel dieses Programms ist der verteilte systematische Aufbau von Spezialbeständen, der die Verfügbarkeit der wichtigs-ten ausländischen Publikationen in Deutschland sicherstellen soll.

Die 1558 von Herzog Albrecht V. gegründete Bayerische Staatsbibliothek stieg, begünstigt durch die Übernahme der kurpfälzischen Mannheimer Hofbibliothek und die Zuwächse im Gefolge von Säkularisation und Mediatisierung, zur umfangreichsten Hofbibliothek Europas auf und ist bis heute eine der bedeutenden Quellensammlungen der Welt mit derzeit mehr als 8 Millionen Bänden [JAHN U.A.]. Der aktuelle Zuwachs deckt ein breites Spektrum ab, in dessen Zentrum Geistes-, Wirtschafts- und Sozialwissenschaften stehen. Besondere Schwerpunkte sind Altertumswissenschaften, Geschichtswissenschaften, der ost- und südosteuropäische Raum sowie der Orient und Ostasien.

Eine der größten Sonderabteilungen ist die Osteuropa-Abteilung, die auch Ostmittel- und Südosteuropa einschließt und sich bis auf Russland, Ukraine, Weißrussland, Moldawien, Polen, Tschechien, Slowakei, Bulgarien, die ehemals jugoslawischen Länder, Albanien und Rumänien erstreckt. Ein zweites, intensiv gepflegtes Sondersammelgebiet ist die Geschichtswissenschaft mit folgenden Unterabteilungen: Vor- und Frühgeschichte, Klassische Altertumswissenschaft und Alte Geschichte, Geschichte Deutschlands, Österreichs, der Schweiz, Frankreichs und Italiens.

Der Aufbau von Fachportalen zu den genannten Sammelschwerpunkten unterstützt den schnellen, präzisen Zugriff auf einschlägiges Material im Internet. Angeboten werden fachorientierte Internetführer, Zugang zu Katalogen, Literatur-, Volltext- und Faktendatenbanken und zu Bibliographien (*http://www.chronicon.de/*). Alle laufenden Neuerwerbungen der Bibliothek zu den Sondersammelgebieten sind in einer Datenbank zeitlich, sachlich und geographisch selektierbar; dazu wird ein monatliches Email-Abonnement mit individuell zugeschnittenem Profil angeboten. Das Angebot der „Zeitschriftenschau Geschichte" umfasst eine laufend aktualisierte Datenbank mit Inhaltsverzeichnissen von ca. 60 fachrelevanten Zeitschriften seit 1999.

▷ S. 396
Geschichtswissenschaft
im Internet

Hingewiesen sei schließlich auf drei spezielle Angebote, an denen die Bayerische Staatsbibliothek beteiligt ist: Der „Informations-Weiser Geschichte" weist geschichtswissenschaftlich relevante Internetquellen nach und ist das deutschsprachige Portal des Netzwerks „Subject Gateways Geschichte" (*http://mdz2.bib-bvb.de/hist/*). Das „Historicum. net" stellt ein epochenübergreifendes Angebot zur Geschichtswissenschaft dar, an dem die Staatsbibliothek im „Frankreich-Portal" (*http://www.historicum.net/index.php*) beteiligt ist. Die „Virtuelle Fachbibliothek Osteuropa" (ViFaOst), das Wissenschaftsportal für die Länder Ost-, Ostmittel- und Südosteuropas,

▷ S. 463
Forschungs-
einrichtungen:
Russland

bietet umfassende wissenschaftliche Fachinformationen zu Geschichte, Kultur, Politik und Gesellschaft der Länder und Regionen Osteuropas.

Zu den Bibliotheken von nationaler Bedeutung zählt ebenso die Staatsbibliothek zu Berlin – Preußischer Kulturbesitz (SBB). Die Entfaltung der vormals Königlichen Bibliothek zu Berlin, vor dem Zweiten Weltkrieg eine der bedeutendsten wissenschaftlichen Universalbibliotheken Europas, fand durch Weltkrieg und deutsche Teilung ein abruptes Ende. Die getrennte Entwicklung der Deutschen Staatsbibliothek in Ost-Berlin, die sich mit der Deutschen Bücherei Leipzig die Aufgaben einer Nationalbibliothek der DDR geteilt hatte, und der Staatsbibliothek Preußischer Kulturbesitz, die aus den im Westen verbliebenen Beständen der früheren Preußischen Staatsbibliothek entstanden war, konnte mit der Vereinigung Deutschlands beendet werden.

Die weiterhin auf zwei Häuser verteilte Bibliothek beherbergt zehn Millionen Bücher aus fast allen Wissensgebieten, Ländern, Zeiten und Sprachen. Im Haus Unter den Linden entsteht mit dem vereinigten Bestand historischer Druckschriften, Handschriften, Musikalien und Karten sowie den Kinder- und Jugendbüchern ein Zentrum für die wissenschaftshistorische Forschung. Das Haus Potsdamer Straße wird als moderne Forschungs- und Informationsbibliothek ausgebaut. Außerdem sind dort die Osteuropa-, Orient- und Ostasienabteilung beheimatet. Schwerpunkte bilden die auf Osteuropa, Ostasien und den Orient bezogene Literatur, deutsche und ausländische Amtsdruckschriften und Parlamentaria, Veröffentlichungen internationaler Organisationen sowie Zeitschriften und Zeitungen.

Von den Sonderbeständen seien erwähnt die Handschriften mit u.a. 320 000 Autographen, das Bildarchiv mit fast 14 Millionen Fotos, Grafiken, Dias und anderen bildlichen Darstellungen sowie die folgenden Sondersammelgebiete: Orientalistik, Ost- und Südostasien, Rechtswissenschaft, Parlamentsschriften, ausländische Zeitungen und Deutsche Drucke. Zu den überregionalen Aufgaben zählt die Führung der Autographen-Verbunddatenbank Kalliope, dem zentralen Sucheinstieg für Nachlässe und Autographen in Deutschland (*http://kalliope. staatsbibliothek-berlin.de*). Auf internationaler Ebene kooperiert die Bibliothek auf diesem Feld mit MALVINE, dem europäischen Portal für Autographen und neuzeitliche Handschriften, das eine simultane verteilte Suche in ausgewählten europäischen Katalogen ermöglicht und Daten zu neuzeitlichen Handschriften und Autographen anbietet (*http:// www.malvine.org*).

Zeitgeschichte-online ist ein gemeinsames Projekt der SBB und des Zentrums für Zeithistorische Forschung (ZZF) in Potsdam, mit dem seit Januar 2003 ein Themenportal für die Zeitgeschichte im Internet entwickelt wird (*http://www.zeitgeschichte-online.de*). Das Portal ist ein Modul von Clio-online (*www. clio-online.de*) und wird in enger Kooperation mit der Kommunikationsplattform H-Soz-u-Kult (*http://hsozkult.geschichte. hu-berlin.de/*) erarbeitet.

▷ S. 397
eschichts-
ssenschaft
n Internet

Überregionale Literaturversorgung.

Am kooperativen System fachlich und regional gegliederter Sammelschwerpunkte der überregionalen Literaturversorgung, einem Kernelement der Bibliotheksförderung der DFG, beteiligen sich mehr als 40 Staats-, Universitäts- und Spezialbibliotheken mit 121 Sammelschwerpunkten. Die Sondersammelgebietsbibliotheken bauen systematisch Spezialsammlungen zum betreuten Fach auf, erschließen ihre Be-stände formal und sachlich, weisen diese dezentralen Bestände in regionalen und überregionalen Verbunddatenbanken nach und stellen sie auf dem konventionellen Weg des Leihverkehrs wie auch mithilfe elektronischer Lieferdienste überregional zur Verfügung. Zum Standardservice gehören u.a. Neuerwerbungslisten und Zeitschrifteninhaltsdienste. Seit 1998 werden die Sondersammelgebietsbibliotheken zu „Virtuellen Fachbibliotheken" weiterentwickelt und zu einer „Verteilten Digitalen Forschungsbibliothek" zusammengefasst.

Exemplarisch angeführt sei hier das an der Niedersächsischen Staats- und Universitätsbibliothek Göttingen betreute Sondersammelgebiet Anglo-Amerikanischer Kulturraum (Großbritannien, Irland, Nordamerika, Australien, Neuseeland) mit den Bereichen Sprache, Literatur und Volkskunde, Geschichte, Politik, Verfassung, Verwaltung, Parteien, Gewerkschaften und ähnliche Verbände, Anthropogeographie und Länderkunde. Zu den Bereichen Sprache/Literatur und Geschichte wurde im Rahmen des Projektes „Virtuelle Fachbibliothek Anglo-Amerikanischer Kulturraum" (VLib-AAC) eine virtuelle Fachbibliothek für die zwei genannten Bereiche aufgebaut, die traditionelle Bibliotheksmedien und elektronische Materialien durch ein einheitliches Interface zu einem nahtlosen Fachinformationssystem verbindet [ENDERLE]. Es vereint alle relevanten bibliothekarischen Dienstleistungen in einem Fachportal für Anglisten und für Historiker und Politikwissenschaftler, die sich mit der Geschichte des angloamerikanischen Raums befassen. Eine Suchmaschine erlaubt direkten und integrierten Zugriff auf die wichtigsten Datenbanken und elektronischen Volltexte. Aktuell werden fast 1 000 Zeitschriften retrospektiv (in der Regel bis zum Erscheinungsjahr 1993) ausgewertet. Die wöchentlich aktualisierte Datenbank enthält derzeit eine halbe Million Aufsätze und Rezensionen zur Geschichte und zu angrenzenden Disziplinen wie etwa zur Kirchen- und Rechtsgeschichte.

Der schnellste und komfortabelste Sucheinstieg in das System der Sondersammelgebiete ist WEBIS, das WEB-basierte BibliotheksInformationsSystem zur überregionalen Literaturversorgung in Deutschland mit komplexen Sucheinstiegen zu Fächern, Regionen und Bibliotheken sowie dem sehr detaillierten DFG-Index zu Sammelschwerpunkten (*http:// webis.sub.uni-hamburg.de/*).

Spezialbibliotheken, vier Beispiele.

Der Sammelauftrag von Spezialbibliotheken beschränkt sich auf die Literaturversorgung in einem begrenzten Fachgebiet, das durch die Bindung an die jeweilige Institution vorgegeben ist [BARTZ; HAUKE]. Neben konventioneller Literatur spielen die außerhalb des Buchhandels erscheinenden Schriften, die

435

„graue Literatur", eine wichtige Rolle; wichtiger als Monographien sind häufig gedruckte und elektronische Zeitschriften. Die Erschließung des Materials geht meist über das gewohnte Maß an Formal- und Sacherschließung hinaus und belegt eine intensive Dokumentationstätigkeit. Die meisten Spezialbibliotheken sind Präsenzbibliotheken, die allerdings oft auch externen Nutzern offen stehen. Gerade in den literaturintensiven Geisteswissenschaften spielen Spezialbibliotheken eine wichtige Rolle. Informationen über die im Folgenden vorgestellten Beispiele hinaus findet man auf den Seiten der „Virtual Library Geschichte / Abteilung Zeitgeschichte" (*http://www.vl-zeitgeschichte.de*).

Die Bibliothek des „Instituts zur Erforschung der Geschichte der nationalsozialistischen Politik", gegründet 1949, seit 1952 „Institut für Zeitgeschichte" (*http://www.ifz-muenchen.de*), ist die zentrale Sammelstelle für Literatur über das „Dritte Reich".

▷ S. 445
Forschungs-
einrichtungen:
Deutschland

Die öffentlich zugängliche Präsenzbibliothek sammelt sowohl die in Deutschland während der nationalsozialistischen Zeit veröffentlichten Schriften als auch die in Deutschland anfangs kaum bekannte ausländische Literatur über das „Dritte Reich". Sammelgebiet ist heute die (gesamt-)deutsche Geschichte des 20. Jahrhunderts mit den Schwerpunkten Nationalsozialismus und „Drittes Reich" sowie die europäische Geschichte unter Einschluss der europäischen Integration und die Geschichte der internationalen Beziehungen. Wichtige Themenfelder sind Politische Geschichte, Rechts- und Verfassungsgeschichte, Wirtschafts- und Sozialgeschichte, Religions- und Kirchengeschichte sowie Kulturgeschichte. Mit über 165 000 Medieneinheiten und einem jährlichen Zugang von 3 000 Einheiten sowie mit 330 abonnierten Zeitschriften ist sie eine Spezialbibliothek von internationaler Bedeutung [WEISZ].

Die Bibliothek für Zeitgeschichte in der Württembergischen Landesbibliothek Stuttgart, 1915 als „Weltkriegsbücherei" speziell für Geschichte und Politik gegründet, ist gleichzeitig Sondersammelgebietsbibliothek für nicht-konventionelle Materialien (z.B. Flugblätter, Plakate) zur Zeitgeschichte aus dem deutschsprachigen Bereich (*http://webis.sub.uni-hamburg.de/ssg/bib.213/ssg.8_3*) [HIRSCHFELD]. Als solche sammelt und erschließt sie unkonventionelle („graue") Literatur zu den Themen Studenten-, Friedens- und Anti-Atomkraft-Bewegung, „Dritte Welt" und Entwicklungspolitik, Menschen- und Bürgerrechte, Rechts- und Linksradikalismus, Ausländer- und Flüchtlingsproblematik, Globalisierungsfrage und Terrorismus. Sammelschwerpunkte der Bibliothek (*http://www.wlb-stuttgart.de/bfz*) sind die Geschichte der (Welt-)Kriege, der Bürgerkriege, der Genozide und des staatlichen Terrors, weiterhin Internationale Politik, Außenpolitik und Sicherheitspolitik, Friedens- und Konfliktforschung. Der Bestand umfasst etwa 350 000 Bände, die Zahl der abonnierten Zeitungen und Zeitschriften liegt bei 435.

Die Bibliothek der Friedrich-Ebert-Stiftung dient nicht nur als Spezialbibliothek zur deutschen und internationalen Arbeiterbewegung, sondern auch als Gebrauchsbibliothek zur Unterstützung der Arbeitsbereiche der Friedrich-Ebert-Stiftung (*http://library.fes.de*). Kernsammelgebiet ist die Geschichte und Gegenwart der deutschen und internationalen Arbeiterbewegung. Die hier gesammelten Primärquellen von Organisationen der Arbeiterbewegung sind nur zu einem Bruchteil in den Beständen anderer Bibliotheken nachweisbar. Gleichzeitig sammelt die Bibliothek

436

die dazugehörige wissenschaftliche Sekundärliteratur weitgehend vollständig. Weitere Schwerpunkte bilden die Publikationen zur deutschen und internationalen Sozial- und Zeitgeschichte und die systematische Sammlung der Veröffentlichungen von Parteien und Gewerkschaften einschließlich der „grauen" Literatur. Zur Aufgabe gehören auch hier die Erarbeitung von Bibliographien, die Erschließung von Zeitschrifteninhalten und die Bereitstellung von Neuerwerbungslisten, um einen raschen Zugriff auf das Material zu ermöglichen.

Die Bibliothek des Militärgeschichtlichen Forschungsamts in Potsdam (*http://www.mgfa-potsdam.de*), die seit 1992 mit den Beständen des Militärgeschichtlichen Instituts der DDR vereinigt ist, beherbergt umfangreiche Sammlungen zur nationalen und internationalen Militärgeschichte und ihrer angrenzenden Wissenschaftsgebiete, der Sozial-, Rechts- und Wirtschaftsgeschichte sowie der Politik- und Militärwissenschaften. Weitere Schwerpunkte sind die Geschichte der preußischen Armee des 18. Jahrhunderts sowie eine Sammlung von 8 000 Memoiren und Darstellungen über militärhistorisch bedeutsame Persönlichkeiten des 18. bis 20. Jahrhunderts. Die Archivalien zur deutschen Militärgeschichte aus der Zeit seit der Mitte des 19. Jahrhunderts werden hingegen überwiegend im Militärarchiv in Freiburg, einer Abteilung des Bundesarchivs, verwahrt. Die Bibliothek mit 240 000 Bänden bei jährlich 4 000 Neuzugängen und 224 laufenden Fachzeitschriften steht Angehörigen sowohl des Forschungsamtes als auch der gesamten Bundeswehr, den Studierenden am neu eingerichteten Lehrstuhl für Militärgeschichte der Universität Potsdam, aber auch allen anderen militärgeschichtlich Forschenden offen.

Kooperation. Seine dezentrale Struktur, die Vielzahl unterschiedlicher Unterhaltsträger und Bibliothekstypen und die politischen Rahmenbedingungen des Föderalismus haben die Kooperation zum wesentlichen Merkmal des deutschen Bibliothekswesens werden lassen. Im Lichte der neueren technischen Entwicklungen zeigt sich, dass dies kein Nachteil sein muss, sondern dass Aufgabenteilung und Zusammenarbeit durchaus zu Vorteilen bei der Literaturversorgung führen können.

Auf dem Gebiet der Erwerbung, vor allem beim Kauf von Nutzungsrechten kostspieliger elektronischer Medien, lässt sich durch den Zusammenschluss zu Konsortien das gemeinsame Titelangebot erweitern, ohne die einzelnen Erwerbungsetats zu stark zu belasten. Der Verbesserung der überregionalen Literaturversorgung im dezentralen System dient die von der DFG unterstützte Zusammenarbeit und Absprache von Universalbibliotheken mit Sondersammelgebieten mit den wissenschaftlichen Spezialbibliotheken und den Zentralen Fachbibliotheken.

Überregional ist auch die Katalogisierung von Zeitschriften organisiert. An der Zeitschriftendatenbank (seit 1973) mit mehr als einer Million Zeitschriftentiteln und dazugehörigen sechs Millionen Bestandsnachweisen sind inzwischen 4 300 Institutionen beteiligt.

Als Ersatz für die fehlende zentrale Archivbibliothek des gedruckten deutschen Kulturguts haben sich – wie erwähnt – arbeitsteilig mit Zuständigkeit für definierte Zeitsegmente sechs Bibliotheken in der Arbeitsgemeinschaft Sammlung Deutscher Drucke zusammengeschlossen. Auch dieses System profitiert von den neuen Möglichkeiten des überregionalen Literaturnachweises in Verbunddatenbanken und virtuellen, raumübergreifenden Katalogen wie dem Karlsruher Virtuellen Katalog (Informationen zum KVK: *http://www.ubka. uni-karlsruhe.de/hylib/virtueller_katalog*; Recherche: *http://www.ubka.uni-karlsruhe.de/kvk. html*). Ein ähnlicher Meta-Katalog ist die „Virtuelle Deutsche Landesbibliographie", ein Projekt der AG Regionalbibliographie in Kooperation mit der UB Karlsruhe zum Nachweis landeskundlicher Literatur in Deutschland. Sie vereint die Landesbibliographien fast aller deutschen Bundesländer mit unterschiedlichen Berichtszeiträumen.

Kooperation setzt die Schaffung gemeinsamer Regelwerke und Normdateien für die Formal- und Sacherschließung voraus. Auch die Zusammenarbeit im Leihverkehr sowie bei elektronischen Dokumentlieferdiensten auf der Grundlage der Kooperation der regionalen Verbundsysteme basiert auf dem Prinzip der gegenseitigen Aushilfe. Solche Dienste finden unter Ausnutzung der Möglichkeiten der modernen Informations- und Kommunikationstechnologie seit einigen Jahren eine Erweiterung durch eine Reihe von kostenpflichtigen Document-Delivery-Diensten wie dem Sondersammelgebiets-Schnelllieferdienst oder dem überregionalen Dokumentlieferdienst SUBITO, deren Ziel die Beschleunigung der Literatur- und Informationsversorgung ist [PLASSMANN/SEEFELDT].

Wichtige internationale Bibliotheken.
Die Nationalbibliotheken der USA, Großbritanniens und Frankreichs werden von Neuzeit- und Zeithistorikern für speziellere Forschungsthemen genutzt und sind hier nur exemplarisch anhand der ganz großen Bibliotheken angeführt.

Die Library of Congress in Washington (*http://www.loc.gov*), heute auf drei große Gebäudekomplexe verteilt, wurde im Jahre 1800 als wissenschaftliche Bibliothek für das amerikanische Parlament gegründet [CONAWAY; GOODROM U.A.]. Die Grundlage universeller Orientierung wurde 1815 mit dem Kauf von 6 000 Bänden aus dem Besitz des ehemaligen Präsidenten Thomas Jefferson gelegt. Bereits zu diesem Zeitpunkt zeichnete sich die bis heute bestehende Doppelaufgabe der Bibliothek ab: Zum einen ist sie die Bibliothek des Kongresses mit breit gefächerten Dienstleistungen der Law Library und des Congressional Research Service für den Kongress, zum anderen übernimmt sie Teile der Funktionen einer Nationalbibliothek. Die Library of Congress unterscheidet sich in zentralen Punkten von anderen Nationalbibliotheken wie etwa der British Library oder der Bibliothèque Nationale: Sie ist keine Archivbibliothek, die grundsätzlich alle amerikanischen Veröffentlichungen aufbewahrt, und sie gibt auch keine Nationalbibliographie heraus.

Einen Sammelschwerpunkt der weltweit größten Bibliothek mit 5 000 Mitarbeitern und mehr als 110 Millionen Einheiten (darunter 15 Millionen Bücher, 40 Millionen Handschriften, 13 Millionen Photographien und 4 Millionen Karten) bilden Geschichte, Lokalgeschichte, Politik, Recht und Geographie der USA sowie Handschriften und Nachlässe bedeutender amerikanischer Persönlichkeiten. Die Bibliothek sammelt in 460 Sprachen und besitzt z.B. die größten Sammlungen von russischen, polnischen, chinesischen, koreanischen und japanischen Publikationen außerhalb dieser Länder [MELVILLE].

Die Europa-Abteilung mit mehr als drei Millionen Bänden bei einem jährlichen Zuwachs von 30 000 Bänden ist in 21 Sammlungen untergliedert (*http://www.loc.gov/rr/ european/coll/collect.html*), die den einzelnen

▷ S. 454 f.
Forschung einrichtur Nordamer

438

europäischen Ländern bzw. Sprachräumen (z.B. South Slavic Collections) entsprechen.

Die Recherche erfolgt über den Library of Congress Online Catalogue (LCOC), den Prints and Photographs Online Catalogue (PPOC) und das Sound Online Inventory & Catalogue (SONIC). Eine Vielzahl von Datenbanken erschließt Spezialgebiete, so z.B. HLAS Online, das online verfügbare Handbook of Latin American Studies mit wöchentlichem update oder der Collection Finder der American Memory Historical Collections, der die im Laufe von mehr als zwei Jahrhunderten erworbenen Sammlungen zur Geschichte der USA und ihren Inhalt verzeichnet. Archivalische Sammlungen sind mithilfe der ebenfalls online verfügbaren EAD Finding Aids (Encoded Archival Description Finding Aids) erschlossen und werden über kostenpflichtige Lieferdienste des Document Delivery Service zur Verfügung gestellt.

Die Library of Congress war einer der Vorreiter bei der digitalen Präsentation der Medien mit freier Zugänglichkeit für Kongress, Forscher und Öffentlichkeit. Während z.B. im „Congressional Record" die Kongressmaterialien des Vortages digital aufbereitet und verfügbar gemacht werden, stehen im Mittelpunkt des Projekts „American Memory" herausragende Dokumente der amerikanischen Geschichte. Bei diesem digitalen Angebot stehen Lehre und Studium im Vordergrund, aber auch die breite Öffentlichkeit soll erreicht werden. In der Datenbank findet man Bücher, Flugblätter, Rechtsakten, Archivalien und Handschriften ebenso wie Noten, Filme, Fotos und Tonaufnahmen.

In der British Library in London, mit 150 Millionen Titeln die umfangreichste Bibliothek der Welt, sind mehrere ehemals eigenständige Bibliotheken zusammengeschlossen:

die Bibliotheksabteilungen des 1773 gegründeten British Museum, das seit 1842 das Pflichtexemplarrecht wahrnahm, die Bibliothek des Staatlichen Patentamts, die National Central Library, die Britische Nationalbibliographie, die Nationale Fernleihbibliothek für Wissenschaft und Technologie in Boston Spa, Yorkshire, die Bibliothek des ehemaligen India Office, die India Office Library and Records, die 1801 als Bibliothek und Archiv mit dem Pflichtexemplarrecht für indische Publikationen (seit 1867) gegründete Bibliothek der Ostindischen Kompanie, das National Sound Archive, schließlich die 1885 gegründete Newspaper Library des British Museum [DAY]. Seit dem zwischen 1997 und 1999 erfolgten Umzug der Bibliothek vom British Museum in den Neubau in St. Pancras – das größte öffentliche Gebäude in der Londoner Geschichte des 20. Jahrhunderts – sind alle Abteilungen in London unter einem Dach vereinigt. Eine Ausnahme bilden nur mehr die Newspaper Library mit über 50 000 laufend bezogenen Zeitungen und Zeitschriften in London-Colindale sowie die Fernleihbibliothek in Boston Spa, wo jährlich über vier Millionen Fernleihanfragen bearbeitet werden.

▷ S. 451
Forschungseinrichtungen:
Großbritannien

Die per Gesetz geregelten Aufgaben der Bibliothek schließen folgende Bereiche ein: Lesesäle von internationaler Bedeutung mit umfangreichen Auskunftsdiensten, die meistgenutzte Fernleihstelle der Welt, Spezialinformationen in allen Fachgebieten, Dienstleistungen für das Bibliotheks- und Informationswesen einschließlich der Produktion von Katalogdatensätzen durch den National Bibliographic Service (http://www.bl.uk). Wie bei den meisten großen Nationalbibliotheken besteht die überregionale Bedeutung der British Library nicht nur im Vorhalten der aktuellen

Forschungsliteratur, sondern vor allem auch in ihrer Funktion des Sammelns, Erschließens und Nachweisens von Quellenmaterial.

Die Bedeutung etwa der West European Collections mit den Abteilungen Dutch, French, German, Hispanic, Italian und Scandinavian Section sei an drei Sammlungen der British Library German Section näher erläutert. Eine umfangreiche Sammlung von Primärquellen – Proklamationen, Flugblätter, Pamphlete, Zeitungen – liegt zur Revolution von 1848 in Österreich und Deutschland, hier speziell zur Revolution in Berlin, vor. Sie enthält auch die in London erschienenen Monographien und die oft nur kurzlebigen Periodika deutscher Flüchtlinge. Die Sammlung zur deutschen Geschichte zwischen 1933 und 1945 umfasst neben wissenschaftlicher Literatur in großer Breite auch seltenes Schrifttum aus dem Alltagsbereich, das nach 1945 häufig aus deutschen Bibliotheken ausgesondert und vernichtet wurde. Dieses Material war von den Alliierten nach 1945 in den zuvor von Deutschland besetzten Gebieten konfisziert worden: Populäre nationalsozialistische Schriften zu Geschichte, Geographie und internationalen Beziehungen, so etwa zum britischen Imperialismus, zum Verlust der deutschen Kolonien, zur Rassentheorie oder zum Judentum. Die Sammeltätigkeit nach 1945 widmete sich in besonderem Maße der in der DDR erschienenen Literatur. Einen weiteren Schwerpunkt bilden Periodika deutscher und österreichischer Exilanten. Es ist dies neben den vergleichbaren Sammlungen in Frankfurt und Leipzig einer der umfangreichsten Bestände zu diesem Komplex überhaupt.

Der Nachweis der Bestände erfolgt über gedruckte Kataloge sowie für die nach 1975 erschienenen Bestände online im British Library

Integrated Catalogue (Zeitschriften und Periodika sind hier bereits ab 1700 nachgewiesen).

Die Bibliothèque Nationale de France in Paris geht zurück auf die 1367 von Karl V. gegründete Bibliothèque du Roi, die Bibliothek des Hauses Orléans und die Bibliothèque de France. Die ersten beiden Bibliotheken wurden von Franz I. in Fontainebleau vereinigt und später von Karl IX. nach Paris verlegt. Ein bis heute gültiger Erlass von 1537 sichert der Nationalbibliothek von jedem in Frankreich gedruckten Werk ein Exemplar zu (dépôt légal). Seit 1692 ist sie öffentlich zugänglich. Im Gefolge der Französischen Revolution wurde die Bibliothek beträchtlich erweitert, als 300 000 Drucke, 14 000 Handschriften und 85 000 Stiche aus konfiszierten Sammlungen eingegliedert wurden. Die zusammengeschlossenen Bibliotheken wurden 1795 in Bibliothèque Nationale umbenannt. Diese wiederum verschmolz 1994 mit der Bibliothèque de France zur Bibliothèque Nationale de France.

▷ S. 451 f. Forschun einrichtu Frankreic

Die französische Nationalbibliothek besitzt den Status einer öffentlichen nationalen Einrichtung mit Verwaltungscharakter. Ihre Hauptaufgabe besteht per Dekret in der Sammlung, bibliographischen Verzeichnung, Erschließung und Aufbewahrung der im Rahmen des dépôt légal abgelieferten Materialien. Eigene Forschungen, insbesondere auf dem Gebiet der Geisteswissenschaften, sollen der wissenschaftlichen Erschließung des kulturellen Erbes (patrimoine) dienen. Eine wichtige nationalbibliothekarische Dienstleistung ist die Erstellung der auf den Zugängen aus dem dépôt légal basierenden Bibliographie nationale française.

Weitere Nachweisinstrumente sind der gedruckte Catalogue général des inprimés des origines à 1970 (erschienen 1897–1981) sowie

Mehr als dreizehn Millionen Monographien, 225 000 Handschriften und 350 000 Periodika, darunter 32 000 aktuell erscheinende, verteilen sich seit dem Bezug des unter Staatspräsident Mitterrand begonnenen Neubaues der **Bibliothèque Nationale de France** von 1996–1998 auf vier Standorte, den Neubau Site François Mitterrand/Tolbiac, Site Richelieu, Site de L'Arsenal und Bibliothèque musée de l'Opéra. Das neue Gebäude steht auf einem 60 000 m² großen Areal, in dessen Mitte ein 12 000 m² großer Garten liegt. Die Ecken des Gebäudes weisen vier 79 Meter hohe Türme mit durchgehenden Glasfronten auf. Die L-förmigen Türme symbolisieren aufgeschlagene Bücher. Die Bibliothek ist insgesamt auf 3 000 bis 5 000 Leser pro Tag und mehr als eine Million Leser pro Jahr ausgelegt.

Trotz aller genannten Superlative ist das Prinzip der Verteilung der Bibliothek auf vier räumlich getrennte Standorte nicht ohne Kritik geblieben, ebenso die Einrichtung der vielen nicht miteinander verbundenen Lesesäle: Der Transport eines Buches vom einen in den anderen Lesesaal ist untersagt, eine gleichzeitige Benutzung von Titeln aus unterschiedlichen Sachgebieten also nicht möglich. „Statt die Bibliothek räumlich zu konzentrieren, reißt der Neubau sie auseinander", kritisierte schon früh Emmanuel Le Roy Ladurie, bedeutender Historiker und sechs Jahre lang Gründungsdirektor der neuen Nationalbibliothek, der wegen seiner Kritik von Mitterrand entlassen wurde.

Abbildung: Bibliothèque Nationale de France, Fotografie aus: D. Perrault, Bibliothèque Nationale de France, Basel 1995, 153, VG Bild-Kunst, Bonn 2005.

Literatur: D. Renoult, La Bibliothèque Nationale de France. Collections, services, publics, Paris 2001.

die online-Kataloge BN-OPALE PLUS für die allgemeinen Bestände und BN-OPALINE für die Sondersammlungen (*http://www.bnf.fr*). Ein Schwerpunkt der Bibliotheksarbeit der letzten Jahre und der kommenden Jahre ist die Digitalisierung der Bibliotheksbestände, die auf dem Internet-Server GALLICA bereitgestellt werden. Die Suche erfolgt nach Autoren, chronologisch, sachlich sowie über den Dokumententyp (*http://gallica.bnf.fr*).

Günter Hägele

Literatur

K. Ansorge/S. Solberg, Haus der Bücher – Elektronisches Archiv, Frankfurt/M. 1997.

B. Bartz (Hrsg.), World guide to special libraries, München 3. Aufl. 1995.

J. Conaway, America's Library. The story of the Library of Congress 1800–2000, New Haven/London/Washington 2000.

A. Day, The British Library. A guide to it's structure, publications, collections and services, London 1988.

W. Enderle, The Integration of Internet Resources into a Library's Special Subject Services – the Example of the History Guide of the State and University Library of Goettingen, in: The LIBER Quarterly 10, 2000, 342–366.

B. Fabian, Buch, Bibliothek und geisteswissenschaftliche Forschung. Zu Problemen der Literaturversorgung und der Literaturproduktion in der Bundesrepublik Deutschland, Göttingen 1983.

Ders. (Hrsg.), Handbuch der historischen Buchbestände in Deutschland, CD-ROM-Ausgabe Hildesheim 2003.

C.A. Goodrom/H.W. Darymple, Guide to the Library of Congress, Washington 1982.

P. Hauke (Bearb.), Spezialbibliotheken in Deutschland, Teil 4: Geschichte, Historische Hilfswissenschaften. Verzeichnis der Biblio-

theken in Stätten der Forschung und Lehre, in Archiven, Museen und Gedenkstätten sowie in historischen Vereinen und Gesellschaften, Bad Honnef 1999.

G. Hirschfeld, Über Graues und Unkonventionelles. Die Dokumentationsstelle für unkonventionelle Literatur der Bibliothek für Zeitgeschichte, in: B. Schneider (Hrsg.), Bücher, Menschen und Kulturen, München 1999, 130–135.

C. Jahn/H. Leskien/U. Montag (Hrsg.), Bayerische Staatsbibliothek. Ein Selbstporträt, München 1997.

A. Jammers/D. Pforte/W. Sühlo (Hrsg.), Die besondere Bibliothek oder: Die Faszination von Büchersammlungen, München 2002.

M. Krewson, The German resources and projects at the Library of Congress, in: Harvard Library Bulletin 9, 1998, 15–20.

A. Melville, Special Collections in the Library of Congress. A selective guide, Washington 1980.

M. Olson, The odyssey of a German National Library. A short history of the Bayerische Staatsbibliothek, the Staatsbibliothek zu Berlin, the Deutsche Bücherei and the Deutsche Bibliothek, Wiesbaden 1996.

G. Palmer, A guide to Americana. The American collections in the British Library London, München 1989.

E. Plassmann/J. Seefeldt, Das Bibliothekswesen der Bundesrepublik Deutschland, Wiesbaden 3. Aufl. 1999.

W. Vogt, Kulturen im Kontext. Zehn Jahre Sammlung Deutscher Drucke, Berlin 1999.

C. Weisz, Die Bibliothek des Instituts für Zeitgeschichte, in: H. Möller (Hrsg.), 50 Jahre Institut für Zeitgeschichte, München 1999, 87–103.

Forschungs-einrichtungen

In den Ländern mit langen Wissenschaftstraditionen findet historische Forschung sowohl an den Universitäten als auch in außeruniversitären Einrichtungen statt. Viele historische Universitätsseminare und -institute publizieren in einer oder mehreren wissenschaftlichen Reihen eigene wie fremde Forschungsergebnisse oder Editionen. Durch wissenschaftliche Veröffentlichungen, Tagungen und andere Veranstaltungen wirken sie und ihre einzelnen Mitglieder nach außen. Die folgende, nach Ländern geordnete Übersicht, kann keinen Anspruch auf Vollständigkeit erheben. Sie konzentriert sich auf jene Einrichtungen, die entweder außerhalb der Universitäten organisiert sind oder in einer lockeren organisatorischen Verbindung mit ihnen stehen. Die großen Nationalbibliotheken und -archive sind nicht mehr eigens aufgeführt.

> S. 415 ff.
chtungen:
Archive
> S. 429 ff.
chtungen:
liotheken

Deutschland

Im Hinblick auf die universitäre Forschung ist neben den hier entstehenden individuellen Arbeiten auf die Sonderforschungsbereiche (SFB) der Deutschen Forschungsgemeinschaft (DFG) sowie auf weitere größere Forschungsschwerpunkte hinzuweisen, die durch sonstige Drittmittel finanziert werden. Als große, zumeist interdisziplinär angelegte Sonderforschungsbereiche mit epochenübergreifenden Themenstellungen – mit mehr oder weniger deutlich ausgeprägter zeitlicher Schwerpunktsetzung auf das 19. und 20. Jahrhundert – sind vor allem die folgenden zu nennen: Erinnerungskulturen (Universität Gießen), Wissenschaft und gesellschaftlicher Wandel (Universität Frankfurt am Main), Institutionalität und Geschichtlichkeit (Technische Uni-

versität Dresden), das Politische als Kommunikationsraum in der Geschichte (Universität Bielefeld), Fremdheit und Armut. Wandel von Inklusions- und Exklusionsformen von der Antike bis zur Gegenwart (Universität Trier), Kriegserfahrungen. Krieg und Gesellschaft in der Neuzeit (Universität Tübingen), Judentum – Christentum. Konstituierungs- und Differenzierungsprozesse in Geschichte und Gegenwart (Universität Bonn) und Identitäten und Alteritäten. Die Funktion von Alterität für die Konstitution und Konstruktion von Identität (Universität Freiburg).

Ein ebenfalls von der DFG finanzierter Forschungsschwerpunkt behandelt die Geschichte der Deutschen Forschungsgemeinschaft 1920 bis 1970 (Humboldt-Universität Berlin, Universitäten Freiburg, Heidelberg und Siegen). Die VW-Stiftung unterstützt das Forschungsprojekt Interkultureller Austausch und kollektive Identitäten in den gesellschaftlichen Umbrüchen der 1960er und 1970er Jahre am Beispiel der USA und der Bundesrepublik Deutschland (Universität Heidelberg).

Außeruniversitäre Forschung besitzt in der Geisteswissenschaft traditionell nicht die Bedeutung wie in den Natur- oder Wirtschaftswissenschaften. In der Vergangenheit haben sich jedoch Teilbereiche der historischen Forschung in immer stärkerem Maße in den außeruniversitären Bereich verlagert. Dies gilt insbesondere für die Geschichte des 19. und 20. Jahrhunderts. Auf diesem Forschungsfeld arbeiten auch das *Max-Planck Institut für Geschichte in Göttingen* (*http://www.geschichte. mpg.de*) und das *Institut für Europäische Geschichte in Mainz* (*http://www.ieg-mainz.de*); über ihre Arbeit wurde bereits im *Oldenbourg Geschichte Lehrbuch: Frühe Neuzeit* berichtet, so dass sich weitere Ausführungen an dieser Stelle erübrigen.

443

Eine Reihe von Forschungseinrichtungen sind thematisch ausgerichtet: Die 1951 gegründete, früher in Bonn, jetzt in Berlin beheimatete *Kommission für Geschichte des Parlamentarismus und der politischen Parteien* (*http:// www.kgparl.de*) fördert, erarbeitet und veröffentlicht wissenschaftliche Untersuchungen zur Parlaments- und Parteiengeschichte, vorwiegend in Deutschland. Sie betreibt ein kleines Forschungsinstitut und ist darüber hinaus ein Publikationszentrum für Quelleneditionen, Monographien, Handbücher und Bibliographien.

Wichtige Beiträge zur Parteiengeschichte liefern auch die Abteilung *Wissenschaftliche Dienste* der Konrad-Adenauer-Stiftung in St. Augustin (*http://www.kas.de*) und das *Historische Zentrum* der Friedrich-Ebert-Stiftung in Bonn (*http://www.fes.de*). Beide publizieren neben Editionen und Monographien jährlich erscheinende Zeitschriften. Erstere die *Historisch-Politischen Mitteilungen,* letzteres das *Archiv für Sozialgeschichte.*

Unter jenen Forschungseinrichtungen, die sich mit spezifischen historischen Gegenständen beschäftigen, nimmt das 1957 gegründete *Militärgeschichtliche Forschungsamt* einen wichtigen Platz ein (*http://www.mgfa.de*). Bis 1994 residierte es in Freiburg im Breisgau, seitdem in Potsdam. Der Schwerpunkt der Forschungsarbeiten liegt im 20. Jahrhundert. Das Institut gibt die *Militärgeschichtliche Zeitschrift* (bis 1999 *Militärgeschichtliche Mitteilungen*) heraus.

Mit der Geschichte der Naturwissenschaften im 19. und 20. Jahrhundert befasst sich das 1963 gegründete *Forschungsinstitut für Technik- und Wirtschaftsgeschichte des Deutschen Museums* in München (*http://www.deutsches-museum.de/forsch/institut/institut*). Neben der Durchführung von Forschungsprojekten hat das Institut die Aufgabe, die Forschungsergebnisse der Öffentlichkeit zu vermitteln und auswärtigen Wissenschaftlern Forschungsmöglichkeiten zu erschließen. Einen breiteren Blick auf die Wissenschaftsgeschichte wirft das *Max-Planck-Institut für Wissenschaftsgeschichte* in Berlin (*http:/www.mpiwg-berlin.de*), bei dem auch die Präsidentenkommission der Max-Planck-Gesellschaft (MPG) zur Erforschung der Geschichte der MPG und ihres Vorläufers, der Kaiser-Wilhelm-Gesellschaft, im Nationalsozialismus angesiedelt ist.

Die Geschichte der Juden ist das Thema gleich zweier Institute: zum einen des 1966 gegründeten *Instituts für die Geschichte der deutschen Juden* in Hamburg (*http://webapp.rrz. uni-hamburg.de/~igdj*), zum anderen des *Simon-Dubnow-Instituts für jüdische Geschichte und Kultur* in Leipzig (*http://www.dubnow.de*). Während das zuerst genannte Institut die Geschichte der Juden in Hamburg, der sephardischen Juden in Deutschland und allgemein der Juden im deutschen Sprachbereich behandelt, erforscht das Simon-Dubnow-Institut die Vielfalt der jüdischen Lebenswelten im Kontext der nichtjüdischen Umwelt vom Mittelalter bis in die Gegenwart. Mit einem Teilaspekt der jüdischen Geschichte befasst sich das 1995 gegründete *Fritz-Bauer-Institut* in Frankfurt am Main (*http://www.fritz-bauer-institut.de*), das Geschichte und Wirkung des Holocaust in Deutschland untersucht. Ähnliche Fragestellungen, die freilich auch gegenwärtige Phänomene des Rechtsextremismus und Antisemitismus mit einschließen, verfolgt das *Zentrum für Antisemitismusforschung* an der Technischen Universität Berlin (*http:// www.tu-berlin.de/zfa*).

Wie das Fritz-Bauer-Institut gibt es eine ganze Reihe von Instituten, die sich allein mit zeitgeschichtlichen Fragen, d.h. mit der Geschichte des 20. Jahrhunderts auseinandersetzen. An erster Stelle ist hier das 1949 gegründete *Institut für Zeitgeschichte* in München zu nennen (*http://www.ifz-muenchen.de*). Es ist das einzige Institut in Deutschland, das mit seinen Forschungen den gesamten Bereich der Zeitgeschichte abdeckt. Zwei Abteilungen sind in Berlin angesiedelt. Die eine ediert die *Akten zur Auswärtigen Politik der Bundesrepublik Deutschland*, die andere betreibt vorwiegend Forschungen zur SBZ/DDR-Geschichte. Das Institut veröffentlicht mehrere wissenschaftliche Reihen und gibt mit den *Vierteljahrsheften für Zeitgeschichte* die auflagenstärkste historische Fachzeitschrift in Deutschland heraus.

In Hamburg existieren zwei Institute, die sich mit zeitgeschichtlichen Fragen befassen: zum einen die 1960 gegründete, 1996 in ihrer Struktur veränderte *Forschungsstelle für Zeitgeschichte* (*http://www.zeitgeschichte-hamburg. de*), zum anderen das 1984 ins Leben gerufene *Institut für Sozialforschung* (*http://www. his-online.de*). Die Forschungsstelle beschäftigt sich neben Hamburger Spezifika auch mit allgemeinen Fragestellungen, z.B. zur NS-Diktatur oder zur Bundesrepublik Deutschland. Das in privater Trägerschaft befindliche Institut für Sozialforschung besitzt u.a. einen historischen Schwerpunkt, in dem sowohl Untersuchungen zur NS-Geschichte wie auch der Geschichte der Bundesrepublik vorgenommen werden. Außerdem gibt das Institut seit 1992 die sechsmal jährlich erscheinende Zeitschrift *Mittelweg 36* heraus.

1992 entstand in Potsdam das *Zentrum für Zeithistorische Studien*, das 1996 in *Zentrum für Zeithistorische Forschung* umbenannt wurde (*http://www.zzf-pdm.de*). Unter Zugrundelegung eines kultur- und sozialgeschichtlichen Schwerpunktes beschäftigt es sich vornehmlich mit der Geschichte der SBZ und DDR.

Das ZZF gibt mit den *Zeithistorischen Forschungen* seit 2004 eine neue Fachzeitschrift heraus, die sowohl in elektronischer wie gedruckter Form erscheint (*http://www.zeithistorische-forschungen.de*).

▷ S. 397
Geschichtswissenschaft
im Internet

1993 gründete der Freistaat Sachsen in Dresden das *Hannah-Arendt-Institut für Totalitarismusforschung* an der Technischen Universität Dresden (*http://www.tu-dresden.de/hait*). Seine Aufgaben erstrecken sich insbesondere auf die vergleichende Erforschung von NS-Regime und SED-Diktatur, wobei ein Schwerpunkt auf der Geschichte Sachsens liegt. Die Arbeit des Hannah-Arendt-Instituts bezieht jedoch auch die Entstehung des Freistaates in der friedlichen Revolution von 1989/90 ein und befasst sich darüber hinaus mit den Folgewirkungen der beiden Diktaturen auf die Gestaltung der deutschen Einheit. Die von ihm seit 2004 herausgegebene Zeitschrift firmiert unter dem Namen *Totalitarismus und Demokratie*.

Kurz nach dem Ende der DDR, 1992, wurde in der Behörde des Bundesbeauftragten für die Unterlagen des Staatssicherheitsdienstes der ehemaligen Deutschen Demokratischen Republik eine *Abteilung für Bildung und Forschung* eingerichtet (*http://www.bstu.de*), welche die Tätigkeit der Staatssicherheit in der DDR erforscht. Hierüber liegt mittlerweile eine Fülle von Studien vor; die meisten davon sind in der Reihe *Analysen und Dokumente* erschienen.

▷ S. 369
Gattungen
der Quellen

Mehrere Länder in der Bundesrepublik finanzieren historische Kommissionen oder Institute, die sich mit der jeweiligen Landes- und Regionalgeschichte, aber auch mit überregionalen Entwicklungen befassen. Die bedeutendste dieser Einrichtungen ist die bereits 1858 gegründete *Historische Kommission bei der Bayerischen Akademie der Wissenschaften* (*http://www.historischekommission-muen-*

chen.de). Ihre Editions- und Forschungsvorhaben erstrecken sich vom Mittelalter bis zur Zeitgeschichte. Seit 1954 existiert in Stuttgart die *Kommission für geschichtliche Landeskunde in Baden-Württemberg* (*http://www.kgl-bw.de*). Gegenstand ihrer Forschungen ist die Geschichte Südwestdeutschlands. Sie publiziert u.a. zwei wissenschaftliche Zeitschriften, die *Zeitschrift für die Geschichte des Oberrheins* und die *Zeitschrift für Württembergische Landesgeschichte*.

Die *Hessische Historische Kommission* in Darmstadt wurde bereits 1908 gegründet. Ihre Aufgabe besteht in der Förderung und Veröffentlichung von Quellen und Darstellungen zur Geschichte Hessens. Die 1949 ins Leben gerufene *Historische Kommission der Akademie der Wissenschaften und der Literatur* in Mainz befasst sich mit der Herausgabe von Quellensammlungen, u.a. zur Geschichte der deutschen Sozialpolitik von 1867 bis 1914.

Das 1929 gegründete *Westfälische Institut für Regionalgeschichte* in Münster (*http://www.lwl. org/LWL/Kultur/WIR*) konzentriert sich auf die Verknüpfung von vergleichender Regionalgeschichte und theoriegeleiteter historischer Sozialwissenschaft. Das seit 1992 bestehende *Institut für Schleswig-Holsteinische Zeit- und Regionalgeschichte* an der Universität Flensburg (*http://www.izrg.de*) erforscht die Geschichte des Nationalsozialismus, darüber hinaus aber auch die gesamte Geschichte im Raum Schleswig-Holstein im 20. Jahrhundert.

Nicht weniger als fünf Institute sind zu nennen, die der Geschichte Ostmitteleuropas gewidmet sind. Das älteste dieser Institute ist das *Herder-Institut* in Marburg, das seit 1950 besteht (*http://www.herder-institut.de*). Hierbei handelt es sich um eine wissenschaftliche Serviceeinrichtung, die mit ihren Sammlungen und Veranstaltungen die Erforschung der Länder und Völker des östlichen Mitteleuropas unter besonderer Berücksichtigung der Geschichte der historischen deutschen Ostgebiete unterstützt. Das 1956 auf den Weg gebrachte *Collegium Carolinum*, eine Forschungsstelle für die böhmischen Länder in München (*http://www.collegium-carolinum.de*), betreibt historische, zeitgeschichtliche und kulturwissenschaftliche Forschung über die böhmischen Länder, die Tschechoslowakei, die Tschechische und die Slowakische Republik im europäischen Rahmen. Seit 1987 gibt es in Tübingen das *Institut für donauschwäbische Geschichte und Landeskunde* (*http://www.idglbw. de*). Schwerpunkt seiner Tätigkeit sind die Geschichte, Landeskunde und Dialekte der deutschen Siedlungsgebiete in Südosteuropa und die Fragen von Flucht, Vertreibung und Eingliederung der deutschen Heimatvertriebenen. Die Arbeit des seit 1989 existierenden *Bundesinstituts für Kultur und Geschichte der Deutschen im östlichen Europa* in Oldenburg (*http://www.bkge.de*) erstreckt sich auf einen Raum, der geographisch von der Ostsee bis zur Adria reicht, im Westen von der Oder begrenzt wird und im Osten bis nach Sibirien ausgreift, wobei ein Schwerpunkt der Tätigkeit die historischen preußischen Ostprovinzen betrifft. Schließlich ist noch das 1992 gegründete *Geisteswissenschaftliche Zentrum Geschichte und Kultur Ostmitteleuropas* in Leipzig zu nennen (*http://www.uni-leipzig.de/gwzo*). Sein Arbeitsfeld erstreckt sich auf die Geschichte und Kultur Ostmitteleuropas, die vom Frühmittelalter bis zum 20. Jahrhundert in vergleichender Perspektive interdisziplinär behandelt wird.

Auch die christlichen Kirchen unterhalten Institute, deren Arbeitsschwerpunkt die jeweilige eigene Geschichte ist. Die *Evangelische Arbeitsgemeinschaft für Kirchliche Zeitgeschichte*, 1955 an der Universität Hamburg gegründet und 1970 als selbstständige Einrichtung nach München transferiert (*http://www.ekd. de/ zeitgeschichte*), und ihr katholisches Pendant, die 1962 ins Leben gerufene *Kommission für Zeitgeschichte* in Bonn (*http://www.kfzg.de*) legen dabei den Schwerpunkt auf das 20. Jahrhundert und hier auf die NS-Zeit. Vor allem die Kommission für Zeitgeschichte hat eine beeindruckende Zahl an Editionen und Monographien vorgelegt, in denen der Kirchenkampf im „Dritten Reich" dokumentiert wird. Im Zusammenhang mit der katholischen Kirche ist auch die seit 1876 bestehende *Görres-Gesellschaft zur Pflege der Wissenschaft* zu nennen, deren Historische Sektion in München residiert. Neben bedeutsamen Lexika und Editionen zeichnet die Görres-Gesellschaft insbesondere für das *Historische Jahrbuch* verantwortlich.

Seit den 1960er Jahren leistet der Bund durch die Einrichtung verschiedener Stiftungen einen Beitrag zur Geschichtsforschung. Dabei handelt es sich um die *Stiftung Bundeskanzler-Adenauer-Haus* in Rhöndorf (1967) (*http://www.adenauerhaus.de*), um die *Stiftung Reichspräsident-Friedrich-Ebert-Gedenkstätte* in Heidelberg (1986) (*http://www. ebert-gedenkstaette.de*), um die *Stiftung Bundespräsident-Theodor-Heuss-Haus* in Stuttgart (1994) (*http://www.stiftung-heuss-haus.de*), um die *Bundeskanzler-Willy-Brandt-Stiftung* in Berlin (1994) (*http://www.willy-brandt.org*) und um die *Otto-von-Bismarck-Stiftung* in Friedrichsruh (1997) (*http://www.bismarck-stiftung. de*). Bisher sind insbesondere die Stiftung Bundeskanzler-Adenauer-Haus und die Willy-Brandt-Stiftung mit viel beachteten Quelleneditionen hervorgetreten, die unter der Bezeichnung *Rhöndorfer Ausgabe* bzw. *Berliner Ausgabe* firmieren.

Udo Wengst

Großbritannien

Zentrale Forschungseinrichtungen befinden sich in der Hauptstadt London. Unter ihnen bildet das *Institute of Historical Research* (IHR) (*http://www.ihr.sas.ac.uk*), gegründet 1921 und zur Universität London gehörig, nicht zuletzt wegen seiner großen Bibliothek für britische wie für Historiker aus der ganzen Welt einen wichtigen Treffpunkt. Während der Vorlesungszeit kommen wöchentlich zahlreiche Arbeitsgruppen vornehmlich für Postgraduierte zusammen, um in Referaten Themen und Forschungsprobleme von der mittelalterlichen bis zur Zeitgeschichte zu diskutieren. So finden regelmäßig Kolloquien zur Geschichte des britischen Imperialismus, zur Geschichte politischer Ideen und Fragen der Militärgeschichte, zur Arbeiter- und Wirtschaftsgeschichte und allgemein zur modernen deutschen und britischen Geschichte und zur Geschichte anderer europäischer Länder statt. Die Zeitschrift des IHR, *Historical Research*, erscheint vierteljährlich. Das IHR verzeichnet sowohl in gedruckter Form wie über seine Homepage Historiker, die an britischen Universitäten forschen und lehren („Teachers of History"). Doch sollte man diese nicht nur in den Geschichtsfakultäten suchen, sondern auch zum Beispiel in den literatur- und kulturwissenschaftlichen Abteilungen.

Das mit dem IHR assoziierte *Institute of Contemporary British History* (*http://www.icbh. ac.uk*) wurde 1986 gegründet und zählt zu den führenden Forschungszentren der britischen Zeitgeschichte. Ein Schwerpunkt seiner Arbeit liegt in der Zusammenführung von Historikern, Politikern und Journalisten, die in öffentlichen Seminaren aktuelle Fragen der Politik debattieren. In diesen „witness seminars" kommen Zeitzeugen zu Wort, die über Schlüsselereignisse der jüngeren und jüngs-

Nach bescheidenen Anfängen in der Rue du Havre im 8. Arrondissement von Paris bezog das DHI Paris 1971 sein langjähriges Dienstgebäude in der Rue Maspéro im 16. Arrondissement. Seit 1994 residiert es im zentral gelegenen, Anfang des 17. Jahrhunderts erbauten Hôtel Duret de Chevry, 8, Rue Parc Royal, 3. Arrondissement. In ihm ging einst die berühmte Gesellschafterin und Schriftstellerin Marquise de Sévigné (1626–1696) ein und aus.

Literatur: W. PARAVICINI (Hrsg.), Das Deutsche Historische Institut Paris. Festgabe aus Anlaß der Eröffnung seines neuen Gebäudes, des Hôtel Duret de Chevry, Sigmaringen 1994.

Seit 1990 residiert das Deutsche Historische Institut Washington in dem eleganten, 1911 erbauten Gebäude 1607, New Hampshire Avenue im Zentrum der Stadt.

Literatur: M. SLOCUM BURNS, Blair House 1607 New Hampshire Avenue. An Illustrated History, http://www.ghi-dc.org/BLAIR_webready.pdf.

Besondere Aufmerksamkeit verdienen die **Deutschen Historischen Institute** (DHI), die eine Gelenk- und Mittlerfunktion zwischen den Geschichtswissenschaften Deutschlands und des jeweiligen Gastlandes übernehmen. Bis vor kurzem noch dem Bundesministerium für Bildung und Forschung unterstehend, sind sie zusammen mit dem Orient-Institut in Beirut/Istanbul und dem Deutschen Institut für Japanstudien in Tokio zum 1. Juli 2002 unter dem Dach einer bundesunmittelbaren Stiftung „Deutsche Geisteswissenschaftliche Institute im Ausland" (DGIA) mit Sitz in Bonn zusammengeführt worden (*http://www.stiftung-dgia.de*).

Die meist repräsentativ untergebrachten Institute sind in ihrer wissenschaftlichen Arbeit unabhängig und wirken durch eigene Forschungen zur Geschichte des Gastlandes bzw. zu den Beziehungen des Landes zu Deutschland, insbesondere auch durch die Publikation von Periodika, von (meist mehreren) wissenschaftlichen Reihen und durch Editionsprojekte. Zudem unterstützen sie deutsche Forscher im jeweiligen Land bzw. umgekehrt die Forscher des Gastlandes, die sich mit deutscher Geschichte befassen wollen. Ein besonderes Augenmerk liegt dabei auf der Förderung des wissenschaftlichen Nachwuchses beider Nationalität. Hierzu vergeben die Institute Forschungsstipendien an Doktoranden und Habilitanden, veranstalten Doktorandenkolloquien, Studientage und Sommerkurse oder stellen Praktikumsplätze zur Verfügung. Vorträge, Tagungen und Kolloquien dienen der Kontaktpflege und dem wissenschaftlichen Austausch.

Alle Institute verfügen über umfangreiche Spezialbibliotheken vor allem zur deutschen Geschichte, die allen Interessierten offenstehen. Zugleich unterstützen die Institute deutsche Gastwissenschaftler beim Zugang zu den Bibliotheken und Archiven des jeweiligen Gastlandes.

Das 1976 gegründete *Deutsche Historische Institut London* (*German Historical Institute London*) ist ein Zentrum nicht nur für die Erforschung der deutsch-britischen Beziehungen sowie der Geschichte Englands und Großbritanniens vom Mittelalter bis in die Gegenwart, sondern erfasst auch die Geschichte des Empire/Commonwealth (*http://www.ghil.ac.uk*). Das zweimal jährlich erscheinende *Bulletin* informiert – neben Aufsätzen und Rezensionen – über das Institut und dessen Veranstaltungen; die neueren Jahrgänge sind auf der Homepage des Instituts verfügbar. Das DHI London vergibt jährlich einen Dissertationspreis für eine herausragende wissenschaftliche Arbeit zur deutschen oder britischen Geschichte. Eine zuerst 1983 erschienene Bibliographie *Research on British History in the Federal Republic of Germany* informiert über die deutsche Englandforschung.

Das *Deutsche Historische Institut Paris* (*Institut Historique Allemand de Paris*, IHAP) besteht seit 1964 (*http://www.dhi-paris.fr*). Es ist aus dem 1958 gegründeten „Centre Allemand de Recherches Historiques" hervorgegangen und widmet sich nicht nur der Geschichte Frankreichs, sondern erhebt zugleich den Anspruch einer Anlaufstelle für die Geschichte Westeuropas von der Spätantike bis zur Gegenwart. Das Institut gibt mit der *Francia. Forschungen zur Westeuropäischen Geschichte* die einzige auf diese Region fokussierte, mehrsprachige Fachzeitschrift heraus. Die Arbeits- und Forschungsschwerpunkte im Bereich der neuesten Geschichte liegen derzeit vor allem auf der Geschichte Frankreichs unter deutscher Besatzung im Zweiten Weltkrieg sowie der Wiederannäherung zwischen beiden Ländern auf politischer, wirtschaftlicher und kultureller Ebene von den ausgehenden vierziger bis in die siebziger Jahre des 20. Jahrhunderts.

Das *Deutsche Historische Institut Rom* (*Istituto Storico Germanico*) widmet sich der Erforschung der italienischen und der deutschen Geschichte im europäischen Zusammenhang vom Mittelalter bis heute (*http://www.dhi-roma.it*). Als „Königlich Preussische Historische Station" 1888 gegründet, firmierte es ab 1890 als „Institut" und wurde im Jahr 1937, zwei Jahre nach seiner Übernahme durch das Deutsche Reich, in „Deutsches Historisches Institut in Rom" umbenannt. Anfangs auf die Geschichte des Mittelalters und der Frühen Neuzeit konzentriert, erweiterte das Institut in den 1960er Jahren sein Forschungsfeld hin zur Geschichte erst des 19. und dann des 20. Jahrhunderts. Über die jährlich etwa 3 000 neu erscheinenden Monographien im Bereich der italienischen Zeitgeschichte informieren die vom DHI Rom in Verbindung mit der „Arbeitsgemeinschaft für die neueste Geschichte Italiens" (*http://www.ifs.tu-darmstadt.de/ag-italien*) vertriebenen *Bibliographischen Informationen zur italienischen Geschichte im 19. und 20. Jahrhundert*. Seit 1898 gibt das DHI Rom mit den *Quellen und Forschungen aus italienischen Archiven und Bibliotheken* eine renommierte Zeitschrift heraus.

Wichtige außeruniversitäre Anlaufstelle für deutsche wie für europäische Historiker und Politikwissenschaftler in den Vereinigten Staaten ist das *Deutsche Historische Institut Washington* (*http://www.ghi-dc.org*), dessen Mitglieder sowohl zur europäischen als auch zur amerikanischen Geschichte und zu den transatlantischen Beziehungen forschen. Das Institut vergibt neben dem Fritz-Stern-Dissertationspreis seit neuestem den Helmut-Schmidt-Preis für deutsch-amerikanische Wirtschaftsgeschichte. Ein halbjährlich erscheinendes *Bulletin* informiert über die Arbeit des Instituts.

Das 1993 gegründete *Deutsche Historische Institut Warschau* (*Niemiecki Instytut Historyczny w Warszawie*) pflegt nach dem Ende des Kalten Krieges die geschichtswissenschaftlichen Kontakte zwischen den beiden Nachbarn (*http://www.dhi.waw.pl*). Seine Projekte haben ihren Schwerpunkt in der Frühen Neuzeit und im 19. und 20. Jahrhundert. Wie die anderen Institute publiziert das DHI ein (hier zweisprachig verfügbares) *Bulletin*, das auf der Homepage abgerufen werden kann.

Im Frühjahr 2005 begann das neu gegründete *Deutsche Historische Institut in Moskau* seine Arbeit (*http://www.dhi-moskau.org*). Es ist derzeit in Räumen des Instituts für gesellschaftliche Information (INION) untergebracht. Seine Anschubfinanzierung wird durch Drittmittel der Alfried Krupp von Bohlen und Halbach-Stiftung und der ZEIT-Stiftung Ebelin und Gerd Bucerius bestritten.

ten britischen Vergangenheit berichten. Seit 2002 besteht eine Zusammenarbeit mit der Geschichtsfakultät der Universität Cambridge (*http://www.historyandpolicy.org*).

In der Londoner Wissenschaftslandschaft einzigartig ist das *Institute of Contemporary History and Wiener Library* (*http://www.wienerlibrary.co.uk*), das auf das von Alfred Wiener 1933 in Amsterdam gegründete „Jewish Central Information Office" zurückgeht und seit 1939 in London ansässig ist. Es beherbergt eines der ältesten Archive und Dokumentationszentren in der Welt zur Geschichte des „Dritten Reichs", seinen Ursprüngen und Folgen und zum Holocaust. Die Bibliothek, ein Pressearchiv, Sammlungen von Dokumenten aus den 1950er Jahren und von Fotografien konzentrieren sich aber nicht nur auf die moderne jüdische Geschichte und die Verfolgung der Juden in Deutschland, Österreich und Zentraleuropa. Sie widmen sich auch dem Fortwirken faschistischer Bewegungen nach dem Zweiten Weltkrieg bis hin zu Rassismus und Genoziden in der Gegenwart. Die Wiener Library konnte für den Nürnberger Kriegsverbrecherprozess und den Eichmannprozess Dokumente von Zeitzeugen zur Verfügung stellen und unterstützt überdies die Erforschung der Geschichte der nicht-jüdischen Verfolgten des Nazi-Regimes. Der nach dem Politikwissenschaftler Ernst Fraenkel (1898–1975) benannte „Fraenkel-Preis" wird einmal jährlich für herausragende geschichtswissenschaftliche Arbeiten verliehen.

In demselben Gebäude ist das 1955 von deutsch-jüdischen Intellektuellen gegründete *Leo Baeck Institute* zu finden (*http://www.leobaeck.co.uk*), das sich der Erforschung der Geschichte und Kultur des deutschsprachigen Judentums widmet. Zusammen mit den zwei Schwesterinstituten in Jerusalem und New York untersucht es den Einfluss des Judentums auf die Politikgeschichte, seine sozialen und wirtschaftlichen Erfahrungen sowie intellektuellen und kulturellen Errungenschaften aus einer europäischen Perspektive. Davon zeugen nicht zuletzt das *Year Book* des Leo Baeck Institute, seine Schriftenreihe, die Forschungsstipendien und die Konferenzen.

Für das Studium der europäischen Kultur- und Geistesgeschichte zentral ist das von dem Hamburger Gelehrten Aby Warburg (1866–1929) ins Leben gerufene *Warburg Institute* (*http://www.sas.ac.uk/warburg*). 1921 als Forschungsbibliothek initiiert, siedelte es 1933 nach London über, um der Naziherrschaft zu entgehen, und wurde 1944 Teil der Londoner Universität. Heute ist es der universitätseigenen „School of Advanced Study" zugehörig und insbesondere dafür berühmt, die Überlieferung der Antike im modernen Europa interdisziplinär zu erforschen. Dafür spielen zum Beispiel die Künste, Religion, Ideengeschichte und die Literatur gleichermaßen eine Rolle. Mit dem Warburg Institute assoziierte Forscher waren u.a. Ernst Cassirer, Raymond Klibansky, P.O. Kristeller, Arnaldo Momigliano, E.H. Gombrich und Frances A. Yates. Ein wichtiges Aushängeschild neben den vielen anderen wissenschaftlichen Tätigkeiten und der umfangreichen Bibliothek ist das *Journal of the Warburg and Courtauld Institutes*.

Das *Institute of Commonwealth Studies* (ICS, *http://www.sas.ac.uk/commonwealthstudies*) nimmt mit seinen interdisziplinären Forschungen und Konferenzen gleichermaßen historische, ökonomische und kulturelle Aspekte des britischen Commonwealth und seiner Mitgliedsstaaten in den Blick. Überdies gibt es Schwerpunkte in der Umweltgeschichte, den Menschenrechten, der Migrations- und

Rassismusforschung sowie der Geschlechtergeschichte. Das ICS verfügt über ein Archiv mit Spezialsammlungen zur Geschichte der Karibik, Sri Lankas, des pazifischen Raums und Südafrikas und hat in jüngerer Zeit große Bestände von Institutionen des Commonwealth wie zum Beispiel der „Telecommunications Organisation" und der „Commonwealth Press Union" gesammelt. Dazu kommen zahlreiche Nachlässe von bedeutenden Persönlichkeiten des Empire. Das ICS gibt die *British Documents on the End of Empire* heraus und zählt damit neben der *School of Oriental and African Studies* zu den wichtigsten Londoner Einrichtungen für die historische Erforschung des britischen Empire und Commonwealth.

Für den Historiker unersetzlich ist das jährlich auf den neusten Stand gebrachte Adresshandbuch *A Guide to History Libraries and Collections in London* (9. Auflage 2004), das sämtliche Londoner Forschungsbibliotheken mit aktuellen Beständen, Zugangsbedingungen und Öffnungszeiten verzeichnet und auch im Internet verfügbar ist (*http://www. ull. ac.uk/his/introhis.html*).

Zu den Einrichtungen, die die historische und politikwissenschaftliche Beschäftigung mit den deutsch-britischen Beziehungen in den Mittelpunkt ihrer Arbeit stellen, gehören u.a.:
1. Die seit 1950 jährlich stattfindende *Königswinter Konferenz*, die deutsche und britische Parlamentarier, Kabinettsmitglieder, Diplomaten und Fachleute aus Wirtschaft, Wissenschaft und den Medien zusammenführt, um über Themen beider Länder und die europäische Einigung berührende Fragen zu diskutieren (*www.debrige.de/koenigswinter.html*).
2. Die *Prinz-Albert-Gesellschaft*, die sich den Zweck gesetzt hat, die Erforschung der deutsch-englischen Beziehungen unter besonderer Berücksichtigung Coburgs im 19. Jahrhundert ideell und materiell zu fördern (*http://www.uni-bayreuth.de/departments/ Prinz-Albert-Gesellschaft/prinz.htm*).
3. Der 1981 gegründete *Arbeitskreis Deutsche England-Forschung*, der sich auf Jahrestagungen wechselnd Themen der deutsch-britischen Beziehungen bzw. der Geschichte und Politik Großbritanniens und des Commonwealth widmet und ein wichtiges Forum für den wissenschaftlichen Nachwuchs in Deutschland bildet, was sich nicht zuletzt seit 2004 durch den Dissertationspreis dokumentiert (*http://www.adef-britishstudies.de*).
4. Die 1973 gegründete *Deutsch-Britische Stiftung für das Studium der Industriegesellschaft*, die sich insbesondere auf die wechselseitige Vermittlung von wirtschaftlichem, politischem und sozialem Wissen für die Tätigkeit in Industrie, Handel, Politik und Verwaltung und in angewandter Forschung konzentriert (*http://www.agf.org.uk*).

Benedikt Stuchtey

Frankreich

Neben den Universitäten besteht in Frankreich eine Reihe von Forschungseinrichtungen. Sie werden meist vom *Centre National de la Recherche Scientifique* (CNRS) (*http://www. cnrs.fr*) finanziert. Es wurde 1939 gegründet und beschäftigt in rund 1 200 Forschungseinheiten und Labors über 11 000 Forscher.

Das bekannteste „Laboratoire" im Bereich der Neuesten Geschichte ist das *Institut d'Histoire du Temps Présent* (IHTP), das französische Pendant zum IfZ in München. Es trat 1978 an die Stelle des *Comité d'histoire de la Deuxième Guerre mondiale* (CH2GM), das dem Ge-

451

schäftsbereich des französischen Premierministers zugeordnet war und unter der Leitung von Henri Michel die französische Zeitgeschichtsforschung bestimmt hatte. Das CH2GM, das 1951 aus der Fusion der *Commission d'Histoire de l'Occupation et de la Libération de la France* und des *Comité d'Histoire de la Guerre* hervorgegangen war, hatte sich vor allem mit den militärischen Ereignissen des Zweiten Weltkrieges und der *Résistance* beschäftigt. Weitere Schwerpunkte seiner Arbeit bildeten die Suche nach Akten und das Sammeln von Archivmaterial bis hin zu Zeitzeugenbefragungen.

Die Gründung des IHTP (*http://www.ihtp. cnrs.fr*), das 1980 unter der Leitung von François Bédarida seine Arbeit aufnahm, kann als Anfangspunkt der modernen französischen Zeitgeschichtsforschung bewertet werden. Obwohl das Institut von seinem Vorgänger neben der Bibliothek und Teilen des Archivs auch einige der Mitarbeiter übernahm, war der Wechsel auch inhaltlich eine einschneidende Zäsur. Neben der Geschichte des Zweiten Weltkrieges, der fortan sowohl unter politischen als auch wirtschaftlichen, sozialen und juristischen Fragestellungen untersucht wurde, rückte erstmals auch die Nachkriegszeit als zweites großes Forschungsfeld in den Blick. Unter der Leitung von Robert Frank und seit 1994 Henry Rousso, wurde das Themenspektrum immer mehr erweitert und deckt heute den gesamten Bereich vom Ersten Weltkrieg bis zum Ende des Jahrhunderts ab. In Seminaren, die das in Paris (59/61 rue Puchet, 75849 Paris cedex 17) untergebrachte Institut anbietet, werden regelmäßig neue in- und ausländische Forschungsarbeiten vorgestellt und diskutiert. Das IHTP verfügt nach dem *Bulletin de l'IHPT* und den *Cahiers de l'IHPT* seit 1998 mit *Histoire du Temps Présent*

auch über eine eigene Buchreihe und arbeitet über das Herausgebergremium eng mit der Redaktion der führenden französischen Fachzeitschrift *Vingtième Siècle – Revue d'Histoire* zusammen.

Das militärgeschichtliche Erbe des CH2GM übernahm 1978 das parallel zum IHTP gegründete *Institut d'Histoire des Conflits Contemporains*, verlor nach der Emeritierung von Guy Pedroncini jedoch rasch an Bedeutung. Mit dem 1994 neu gegründeten *Centre d'Études d'Histoire de la Défense* (CEHD) (*http://www. cehd.sga.defense.gouv.fr*) machte die französische Militärgeschichtsforschung einen neuen Anfang. Unter der Leitung von Maurice Vaïsse und dessen Nachfolger Jean-Christophe Romer gehört neben der Förderung von wissenschaftlichen (Nachwuchs-)Arbeiten die Planung und Durchführung von Tagungen zu den wesentlichen Aufgaben des CEHD. Darüber hinaus tagen in regelmäßigen Abständen Fachkommissionen, um neue Forschungsergebnisse aus den Universitäten ebenso wie den historischen Abteilungen der drei Waffengattungen (*Service historique de l'Armée de Terre, de l'Air, de la Marine*) sowie der *Gendarmerie nationale* zu diskutieren (Links finden sich auf der Homepage des CEHD). Komplettiert werden diese Einrichtungen, die dem *Ministère de la Défense* unterstehen und 2005 mit dem *Centre des Archives de l'Armenent* zum *Service historique de la Défense* zusammengefasst wurden, durch die *Direction de la Mémoire, du Patrimoine et des Archives*, beim *Secrétariat d'État des Anciens Combattants*, die über den engeren Rahmen der Kriegsgefangenen und der Zwangsarbeiter (STO) hinaus die Arbeit der über das ganze Land verstreuten zahlreichen Gedenkstätten und Dokumentationszentren koordiniert.

1992 betrat die französische Militärgeschichte mit der Gründung des *Historial de la Grand Guerre* in Péronne wissenschaftliches Neuland (*http:// www.historial.org*). Parallel zu einem Museum wurde am Ort der Somme-Schlacht ein internationales Zentrum eingerichtet, das sich unter dem Leitmotiv „L'Histoire autrement" der interdisziplinär angelegten wissenschaftlichen Erforschung der Geschichte des Ersten Weltkrieges widmet. Neben der Förderung von Forschungsvorhaben durch die Vergabe von Stipendien gehört die regelmäßige Veranstaltung von Ausstellungen und Tagungen zu den Hauptaufgaben, wobei sich der Blick nicht nur auf den Krieg im engeren Sinne, sondern auch auf dessen Auswirkungen in politischer, wirtschaftlicher, sozialer und gesellschaftlicher Hinsicht sowie dessen Bild in der Geschichtsschreibung erstreckt.

Zum vierzigsten Jahrestag der Alliierten Landung in der Normandie wurde im Juni 1984 das *Mémorial de Caen – Un Musée pour la Paix* eingeweiht (*http://www.memorial-caen.fr*), das neben seinen Ausstellungsräumen auch über ein Archiv und Dokumentationszentrum verfügt und regelmäßig Tagungen veranstaltet.

In jüngster Zeit beschreitet Frankreich in der Forschungsförderung mit Hilfe des CNRS und parallel zum Unterhalt eigener Laboratorien neue Wege. In Zusammenarbeit mit den Universitäten wurde eine Reihe so genannter *Unités Mixtes de Recherche* (UMR) geschaffen. So arbeitet beispielsweise das *Mémorial* bei der Erforschung der Deportation und der Geschichte der französischen Zwangsarbeiter im Zweiten Weltkrieg eng mit dem *Centre de Recherche d'Histoire Quantitative* der Universität Caen zusammen (*http://www.unicaen.fr/mrsh/crhq/*). Die *Groupe de Recherche sur les Transferts Culturels*, die bereits seit 1985 an der *École Nor-*

male Supérieure besteht, wurde inzwischen ebenfalls in die Organisationsform eines UMR überführt (*http://www.UMR8547.ens.fr*). Unter der Leitung von Michel Espagne hat sich der Arbeitsschwerpunkt in den letzten Jahren von der Beschäftigung mit der kulturellen Entwicklung in Deutschland und deren Rückwirkungen auf Frankreich zunehmend auf eine Gesamtsicht der europäischen Kultur- und Geistesgeschichte im 18. und 19. Jahrhundert erweitert.

Neben der geistes- und kulturgeschichtlichen Entwicklung nimmt die von Robert Frank, Georges-Henri Soutou und Gérard Schneilin geleitete UMR *Identité, Relations Internationales et Civilisations de l'Europe* (IRICE) auch die politische Geschichte der europäischen Einigung nach 1945 in den Blick, wobei in diesem Fall die Universitäten Paris I, III und IV fächerübergreifend zusammenarbeiten.

Neben der überwiegend staatlich geförderten Forschung gibt es jedoch noch eine Reihe von anderen Einrichtungen. Die Bandbreite reicht von Stiftungen, die aus dem Nachlass wichtiger Politiker hervorgegangen sind, wie beispielsweise die *Fondation Adolphe Thiers*, das *Institut Charles de Gaulle*, das *Institut Pierre Mendès France* oder jüngst das *Institut François Mitterrand*, bis hin zu Dokumentationszentren, die das Erbe führender Vertreter des zivilen und militärischen Widerstandes – Jean Moulin und Philippe Leclerc de Hautecloque –, der Wissenschaft – Marie Curie und Frédéric Joliot-Curie – oder der Wirtschaft – Louis Renault – verwalten. So unterschiedlich wie die Zielsetzungen – sie reichen von der Pflege des öffentlichen Ansehens der jeweiligen Person bis zur Erschließung und Publikation des schriftlichen Erbes – sind die Ausstattung und Arbeitsmöglichkeiten für den auswärtigen Forscher vor Ort. Bei einem entsprechenden

Arbeitsvorhaben lohnt die Kontaktaufnahme jedoch in jedem Fall.

Eine Sonderstellung in dieser Gruppe von Forschungseinrichtungen, die nicht überwiegend staatlich finanziert werden, bildet das *Centre de Documentation Juive Contemporaine (CDJC) (http://www.memorial-cdjc.org)*. Es wurde 1943 in der Absicht gegründet, alle verfügbaren Unterlagen zur Geschichte der Verfolgung und Vernichtung der (europäischen) Juden zu sammeln. Im Nürnberger Prozess erstmals einer breiteren Öffentlichkeit bekannt geworden, entwickelte sich das CDJC in den folgenden Jahrzehnten aufgrund seiner umfangreichen Archiv- und Bibliotheksbestände zu einer weltweit anerkannten Spezialeinrichtung. Mit Unterstützung der Stadt Paris und der *Fondation pour la Mémoire de la Shoah* (FMS), der größten französischen Stiftung, wurde es zu einem internationalen Dokumentations-, Veranstaltungs- und Forschungszentrum ausgebaut und im Januar 2005 an gleicher Stelle als *Mémorial de la Shoah* neu eröffnet.

Im *Centre Interdisciplinaire d'Études et de Recherches sur l'Allemagne* (CIERA) schließlich arbeiten neun französische Forschungseinrichtungen zusammen, die sich schwerpunktmäßig mit Deutschland beschäftigen (*http://www.ciera.fr*). Gefördert vom Deutschen Akademischen Auslandsdienst (DAAD), zielt das Lehr- und Veranstaltungsangebot neben einer verbesserten Kenntnis von Gesellschaft, Kultur und Geschichte sowie der Einrichtungen der beiden Nachbarländer mit der Vergabe von Stipendien auch auf die Ausbildung des wissenschaftlichen Nachwuchses.

Stefan Martens

Nordamerika

Wie in Deutschland erfolgt historische Forschung in den USA und Kanada überwiegend in den Historischen Instituten („Departments of History") von Universitäten. Wissenschaftlicher Nachwuchs wird in so genannten „Graduate Schools" ausgebildet, die im 19. Jahrhundert im Zuge der Professionalisierung der amerikanischen Geschichtswissenschaft (und der übrigen geistes- und naturwissenschaftlichen Disziplinen) gegründet wurden. Reformuniversitäten wie die *Johns Hopkins University* in Baltimore (gegründet 1873) lehnten sich dabei explizit an die Humboldtsche Universitätsidee an und suchten die Gemeinschaft der Forschenden und Lehrenden auf amerikanischem Boden zu verwirklichen. Dazu dient (bis heute) die strikte institutionelle Trennung der „Graduate School", an der die höheren forschungsorientierten Abschlüsse wie der „Master of Arts" (M.A.) und der Doktorgrad (Ph.D.) erworben werden, von den so genannten „Colleges". Diese bieten ein intensives und fachlich breit angelegtes Grundstudium, in dessen Rahmen nahezu alle Studierenden Kurse zur Geschichte besuchen und das mit dem „Bachelor of Arts" (B.A.) abgeschlossen wird.

In den USA forschen und lehren vermutlich mehr Historiker und Historikerinnen als im Rest der Welt zusammengenommen, insgesamt etwa 25 000, von denen nach einer jüngeren Untersuchung der *American Historical Association* (AHA) etwa 15 000 eine Vollzeitstelle an einer Universität innehaben. Ein Blick in die Mitglieder- und Vorlesungsverzeichnisse der über 600 „History Departments" an amerikanischen Universitäten unterstreicht die beeindruckende Vielfalt der Geschichtswissenschaft in den USA. Eine Spitzengruppe von etwa 100 Departments bietet im internationalen Vergleich gute bis exzellente Studien- und Forschungsmöglichkeiten.

In der Regel decken nordamerikanische „History Departments" ein thematisch und geographisch sehr viel breiteres Spektrum ab als ihre deutschen und europäischen Pendants. Zugleich sind nordamerikanische Historiker in Forschung und Lehre meist stärker spezialisiert als ihre europäischen Kollegen. Neben der Nationalgeschichte der USA und Kanadas, die Untersuchungen der AHA zufolge ein starkes Drittel des Lehrkörpers ausmacht (38 % einschließlich der Geschichte einzelner Regionen, Staaten oder einer partikularen Gruppe oder Ethnie, z.B. der Afroamerikaner), sind 27 % der amerikanischen Universitätshistoriker Spezialisten für europäische Geschichte, 7,3 % für die Geschichte Asiens, knapp 5,7 % für die Geschichte Lateinamerikas. Hinzu kommen beträchtliche Zahlen von Historikern Afrikas und des Nahen und Mittleren Ostens. Müssen kleinere Universitäten meist ohne Asien-, Afrika- oder Lateinamerikahistoriker auskommen, so fehlen doch selten Experten für die Geschichte der wichtigsten Länder Europas; dagegen beeindrucken die bedeutendsten Forschungsuniversitäten mit einem beispiellos breit gefächerten Lehrangebot (Berkeley mit einem der größten Departments beschäftigt 56 Professorinnen und Professoren). Deutsche Geschichte (einschließlich der „Holocaust Studies") wird an den meisten Universitäten von wenigstens einem, meist sogar von zwei oder mehr teilspezialisierten Historikern und Historikerinnen unterrichtet.

Die wichtigste Informationsquelle zu den nordamerikanischen „History Departments" ist die Homepage der AHA (*http://www.the-aha.org*) sowie das jährlich veröffentlichte *Directory of History Departments and Organiza-* *tions in the United States and Canada*, das außer dem Lehrkörper auch jüngst abgeschlossene sowie laufende Doktorarbeiten verzeichnet. Das *Directory of Affiliated Societies* listet über 100 historische Gesellschaften, Vereinigungen und Institutionen in ganz Nordamerika auf. Ein unentbehrliches Hilfsmittel für Forschung und Studium in den USA ist die in unregelmäßigen Abständen erscheinende Publikation *Grants, Fellowships, and Prizes of Interest to Historians*, die über Stipendien (auch für Ausländer) informiert. Stipendienmöglichkeiten speziell für deutsche Historiker und Historikerinnen sind verzeichnet in einer Publikation des Deutschen Historischen Instituts in Washington D.C. [MAUCH/WALA] die auch online zugänglich ist (*http://www.ghi-dc.org*).

Nach dem letzten Ranking des *National Research Council* bieten die Universitäten von Yale, Berkeley, Princeton, Harvard, Columbia, University of California at Los Angeles (UCLA), Stanford, Chicago, Johns Hopkins, Wisconsin, Michigan, Pennsylvania, Cornell, Brown, Duke, Northwestern, Chapel Hill, City University of New York, Virginia und Rutgers die besten Möglichkeiten. Die deutsche Geschichte (mit Promotionsrecht) wird jedoch nicht nur an den großen, privaten wie auch staatlichen Traditionsuniversitäten erforscht (neben den genannten noch Georgetown, Indiana und Illinois), sondern auch an in Europa weniger bekannten Orten wie Delaware, Emory, Florida, Iowa, Maryland, Michigan State, Missouri, Nebraska, Ohio State, Penn State, Texas, Vanderbilt und Washington. Auch die besseren der kleineren privaten „Liberal Arts Colleges" wie Vassar oder Carleton besitzen ausgezeichnete Deutschlandhistoriker. Eine Besonderheit bilden die vom Deutschen Akademischen Austauschdienst unterstützten *Centers for German and European* 455

Studies, die einen wesentlichen Beitrag zur Erforschung der europäischen und deutschen Geschichte im Rahmen der universitären Ausbildung leisten. Das spezifische Forschungsprofil der einzelnen Centers kann unter *http:// www.daad.de/deutschlandzentren/zentren.html* abgerufen werden.

Alle großen Forschungsuniversitäten der USA besitzen spezialisierte Centers, die vor allem der Kommunikation und der interdisziplinären und internationalen Vernetzung von Professoren, Studierenden, Promovierenden und Gastdozenten dienen. Im Kalten Krieg als so genannte „Regional Centers" geschaffen, die Kulturen oder Weltregionen erforschen, wie das 1948 gegründete *Harvard Russian Research Center*, wurden den Regionalinstituten in jüngerer Zeit thematisch orientierte Centers an die Seite gestellt, wie z.B. das *W.E.B. Du Bois Center* für afroamerikanische Geschichte in Harvard oder das *Institute of American Cultures* der UCLA, das als Dachorganisation verschiedener Institute für ethnische Studien (z.B. American Indian Studies Center, Center for African American Studies, Chicano Studies Research Center) dient.

Diese angesichts einer ungeheuren Fülle hier nur pars pro toto aufgeführten Centers besitzen sowohl eine aktuelle als auch eine historische Dimension. Das gilt auch für die meisten Zentren, die sich mit internationalen Fragen beschäftigen, von denen jede größere Universität eines oder mehrere besitzt wie z.B. das *Center for Contemporary German Studies* der Johns Hopkins University, das in Washington, D.C. seinen Sitz hat. Rein historisch ausgerichtete Forschungsinstitute sind, im Unterschied zur Frühneuzeitforschung, für die Geschichte des 19. und 20. Jahrhunderts eher selten. Ein bedeutendes ist das *Shelby Cullom Davis Center for Historical Studies* an der

Princeton University. Darüber hinaus wären wichtige Bibliotheken zu nennen, die über eigene Stipendien- und Vortragsprogramme verfügen und daher auch den Charakter einer Forschungsinstitution besitzen, wie z.B. die *Hoover Institution on War, Revolution and Peace* der Stanford University, die *Schlesinger Library* der Harvard University, die sich auf Frauen- und Geschlechtergeschichte spezialisiert hat, oder das *Schomburg Center* an der New York Public Library, das wichtigste Forschungszentrum für afroamerikanische Geschichte.

Außeruniversitäre historische Forschung dient in den USA meist sehr speziellen Zwecken und ist weniger stark in die allgemeine Forschungslandschaft integriert als in Deutschland. So sind fast alle nationalen Behörden der USA (sowie deren nachgeordnete Institutionen) gesetzlich verpflichtet, eigene „historians" einzustellen, welche die Geschichte der jeweiligen Institution laufend verfassen. Das Spektrum reicht vom *National Park Service* bis zum Militär, das ein eigenes *Institute of Military History* unterhält. Nach Ablauf der offiziellen Sperrfristen können diese „histories" in den Archiven konsultiert werden. Von großer Bedeutung für die Forschung sind die vom *Office of the Historian* des *Department of State* herausgegebenen Bände der diplomatischen Korrespondenz der amerikanischen Regierung, die *Foreign Relations of the United States* (FRUS). Schließlich besitzt das *United States Holocaust Memorial Museum* in Washington, D.C. eine große und bedeutende Forschungsabteilung, wie überhaupt viele historische Museen der USA institutionalisierte Gastaufenthaltsprogramme anbieten. Auch die *Smithsonian Institution* besitzt mit dem *Woodrow Wilson Center* ein Forschungsinstitut, das sich unter historischem Aspekt vor allem auf die *Cold War Studies* konzentriert.

Philipp Gassert

Italien

Während die Geschichte des 19. Jahrhunderts bis 1945 in nationalstaatlicher Teleologie im Wesentlichen als „Storia del Risorgimento" gelehrt wurde, konzentriert sich seit einigen Jahren die „Storia contemporanea" auf das „Novecento", womit in der Regel das „kurze 20. Jahrhundert" gemeint ist.

Die italienische Zeitgeschichtsschreibung ist, so die Analyse von Jens Petersen, aus der Erforschung der „Resistenza" 1943–1945 und ihren Vorläufern im Antifaschismus hervorgegangen [PETERSEN]. Mehr als 50 Institute, die zum guten Teil über eigene Publikationsorgane verfügen, widmen sich diesem für die Legitimation der italienischen Nachkriegsrepublik zentralen Zeitausschnitt. Seit einem Jahrzehnt haben sich diese Institute zum großen Teil in Forschungs- und Bildungsstätten zur Geschichte des 20. Jahrhunderts fortentwickelt. Der gesellschaftspolitische Impetus zur Heranbildung einer antifaschistischen Zivilgesellschaft wurde weitgehend beibehalten. Das 1949 gegründete und 1967 öffentlich-rechtlich verankerte *Istituto nazionale per la storia del movimento di liberazione in Italia* (Insmli) mit Sitz in Mailand ist das nationale Dach für die regionalen und kommunalen Resistenza-Institute, die sich nach der Privatisierung seit 1999 zu einem Forschungsverbund zusammengeschlossen haben (*http://www. insmli.it*). Dass mit Oscar Luigi Scalfaro ein ehemaliger Staatspräsident dem Insmli vorsteht, weist auf die politische Bedeutung hin, die der *Resistenza* als dem „Gründungsmythos" der italienischen Republik seit den sech-

ziger Jahren zukam. Das Insmli gibt die Zeitschrift *Italia Contemporanea* heraus.

Das im Nationaldenkmal in Rom beheimatete *Istituto per la storia del Risorgimento italiano e Museo Centrale del Risorgimento* (*http://www. risorgimento.it*) entstand 1935 aus zwei Einrichtungen, die 1906 gegründet wurden: der privaten *Società nazionale per la storia del Risorgimento* und dem staatlichen *Comitato nazionale per la storia del Risorgimento*. Das Institut verfügt über ein Netzwerk von 70 Provinzkomitees, 9 Auslandsgruppen und etwa 3 500 Mitgliedern. Es gibt die Zeitschrift *Rassegna storica del Risorgimento* heraus und fördert durch Tagungen und Stipendien die Erforschung des italienischen Risorgimento im europäischen Kontext.

Hauptaufgabe des *Istituto storico italiano per l'età moderna e contemporanea*, das per Gesetzesdekret 1934 gegründet wurde, ist die Publikation von Quellen zur italienischen Geschichte vom 16. Jahrhundert bis heute. Die gleichnamige und im gleichen Gebäude befindliche Bibliothek wurde vom Institut abgetrennt.

Dieses Institut befindet sich ebenso wie das Risorgimento-Institut unter der Dachorganisation der *Giunta Centrale per gli Studi storici* (*http://www.giunta-storica-nazionale.it*). Deren Mitglieder werden vom italienischen Ministerpräsidenten nominiert und beraten die Regierung bei der Gestaltung der Lehrpläne für den Geschichtsunterricht. Die *Giunta* gibt die *Bibliografia storica nazionale* heraus, repräsentiert Italien im *Comité international des sciences historiques* und bereitet die italienische Beteiligung an den internationalen Historikerkongressen vor. Seit dem Privatisierungsdekret des Ministers Berlinguer 1999 haben neben den *Istituti storici nazionali* auch die in Italien wichtigen vaterländischen Geschichtsvereine (*Deputazioni e società di storia patria*) einen Platz unter dem Dach der *Giunta Centrale* gefunden.

In Rom ist eine hohe Präsenz wissenschaftlicher Forschungseinrichtungen zu verzeichnen, die in der 1946 gegründeten *Unione internazionale degli Istituti di archeologia, storia e storia dell'arte in Roma* zusammengeschlossen sind (*http://www.unioneinternazionale.it*). Einige der angeschlossenen ausländischen wie italienischen Institutionen betreiben auch Forschungen zur Zeitgeschichte.

Unter den zahlreichen parteipolitisch gebundenen Instituten ragen vor allem die 1950 gegründete und 1982 zur Stiftung gewordene *Fondazione Istituto Gramsci* (*http://www.fondazionegramsci.org*) heraus, die das historische Archiv der italienischen kommunistischen Partei aufbewahrt (1921-1991) sowie die *Fondazione Luigi Sturzo* (*http://www.sturzo.it*), die über das Archiv der christdemokratischen Partei verfügt. Eine intensive Publikationstätigkeit entfaltet die in Florenz beheimatete und mit der *Fondazione Pertini* verbundene *Fondazione Turati* (*http://www.pertini.it/turati.html*).

Das DHI Rom verfügt durch den Ankauf mehrerer zeitgeschichtlicher Sammlungen über eine der besten Spezialbibliotheken zur Geschichte des italienischen Faschismus.

Lutz Klinkhammer

Polen

Die seit 2002 bestehende *Polnische Historische Mission* beim Max-Planck-Institut für Geschichte in Göttingen (*http://www.geschichte.mpg.de/deutsch/phm/phm.html*) hat als Aufgaben den Wissenschaftstransfer zwischen beiden Ländern, die Erstellung von Forschungsprogrammen sowie die Organisation von wissenschaftlichen Tagungen, wobei alle Bereiche der Geschichtswissenschaft berücksichtigt werden sollen.

Die 1953 gegründete *Akademie der Wissenschaften (Polska Akademia Nauk)* (*http://www.pan.pl*) unterhält Historische Institute in verschiedenen Städten im Inland und Stationen im Ausland (Berlin, Moskau, Paris, Rom, Wien). In Polen ist das *Institut Historii PAN* in Warschau ihre wichtigste Forschungsstätte (*http://www.ihpan.edu.pl*), hier haben die bedeutenden Fachorgane *Acta Poloniae Historica, Dzieje Najnowsze* und *Kwartalnik Historyczny* ihre Redaktionen. Es werden soziale Transformationen, politische und soziale Ideen und die „inteligencja" im 19. und 20. Jahrhundert erforscht. Darüber hinaus widmet man sich der Geschichte von Massenmigrationen, der totalitären Systeme und der Historiographie. Die regionalen historischen Institute bearbeiten die Geschichte Pommerns und des Baltikums (Thorn), die Geschichte Danzigs und des Meeres (Danzig) und die Geschichte der deutsch-polnischen Beziehungen (Posen). Für Politologen von Interesse ist das *Instytut Studiów Politycznych PAN* (*http://www.isppan.waw. pl*) mit den Zeitschriften *Kultura i społeczeństwo* und *Roczniki polsko-niemieckie*.

Alle Universitäten des Landes forschen über die Geschichte des 19. und 20. Jahrhunderts. Am *Historischen Institut der Universität Warschau* (*http://www.uw.edu.pl*), das die Zeitschrift *Przegląd Historyczny* redigiert, wird schwerpunktmäßig zur Geschichte des 19. und 20. Jahrhunderts und zur jüdischen Geschichte gearbeitet. Mit Geschlechterforschung beschäftigt sich das *Instytut Stosowanych Nauk Społecznych*, das die Zeitschrift *Gender Studies* herausgibt. Am *Historischen Institut der Jagiellonenuniversität* (*http://www.uj.edu.pl*) untersucht man vor allem die Geschichte der polnischen Emigration und der Formierung der polnischen Intelligenz im 19. und 20. Jahrhundert mit Schwerpunkt auf Galizien. Darüber hinaus gibt es Projekte zur Ideen- und Wissenschaftsgeschichte, Gesellschafts- und Religionsgeschichte und Judaistik. Das *Historische Institut der Universität in Breslau* (*http://www.uni.wroc.pl*) hat einen Schwerpunkt in der Erforschung der schlesischen Geschichte und der polnischen Emigration in Deutschland nach 1945. Neben der *Katolicki Uniwersytet Lubelski* (KUL) in Lublin (*http://www.kul.lublin.pl*) beschäftigt sich das *Historische Institut der Uniwersytet Marii Curie-Skłodowskiej* (*http://www.umcs.lublin.pl*) hauptsächlich mit der Geschichte der Teilungszeit, ein zweiter Schwerpunkt besteht in der Zeit der deutschen Besatzung 1939-1945 und den gesellschaftlich-politischen Veränderungen in Polen 1944-1956. Für das *Historische Institut der Adam-Mickiewicz-Universität* in Posen stehen (*http://www.amu.edu.pl*) die deutsch-polnischen Beziehungen (Zeitschrift *Studia Historica Slavo-Germanica*) und die Geschichte der postsowjetischen Staaten im Zentrum seiner Forschungen. Die juristische Abteilung gibt die Zeitschrift *Czasopismo Prawno-Historyczne* heraus. Das Historische Institut der *Nikolaus-Kopernikus-Universität* in Thorn (*http://www.umk.pl*) erforscht die Geschichte Pommerns, des Baltikums und Südosteuropas sowie die internationalen Beziehungen in der Zwischenkriegszeit. Das *Historische Institut der Universität Stettin* (*http://www.univ.szczecin.pl*) befasst sich mit Wirtschaft, Gesellschaft und Politik vor allem in Pommern und im Baltikum, den internationalen Beziehungen in der Zwischenkriegszeit und der Geschichte nach 1945. Das *Historische Institut der Universität Danzig* (*http://www.univ.gda.pl*) forscht ebenfalls zur neuesten Geschichte.

Verschiedene regionale Forschungsstätten arbeiten zur Geschichte des 19. und 20. Jahrhunderts. Seit 1991 beschäftigt sich das *Instytut Europy Śkrodkowo-Wschodniej* in Lublin (*http://www.iesw.lublin.pl*) interdisziplinär mit der Erforschung Polens und Ostmitteleuropas in Bezug auf Europa und die Welt. Das 1945 gegründete *Instytut Zachodni* in Posen (*http://www.iz.poznan.pl*) legt den Schwerpunkt seiner Beschäftigung auf den deutsch-polnischen Raum und gibt die Zeitschrift *Przegląd Zachodni* heraus. Der *Ośrodek Badań im. Wojciecha Kętrzyńskiego* in Allenstein (*http://www.obn.olsztyn.pl*) erforscht seit 1961 die Geschichte Masurens und Ostpreußens.

Thematische Forschungsschwerpunkte haben folgende Institutionen: Das *Żydowski Instytut Historyczny* in Warschau (*http://www.jewishinstitute.org.pl*) erforscht die jüdische Geschichte und zeichnet für die Zeitschrift *Kwartalnik Historii Żydów* verantwortlich. Das *Wojskowy Instytut Historyczny* in Warschau beschäftigt sich mit Militärgeschichte und gibt den *Wojskowy Przegląd Historyczny* heraus. Das *Instytut Pamięci Narodowej* (*http://www.ipn.gov.pl*) dokumentiert die politischen Verfolgungen während und nach dem Zweiten Weltkrieg in Polen. Eine Forschungsstelle am Sejm, dem polnischen Parlament, beschäftigt sich mit der Geschichte des Parlamentarismus (*http://www.sejm.gov.pl*).

Mehrere nichtstaatliche Organisationen befassen sich ebenfalls mit historischer Forschung, so zum Beispiel mit Themen der „Gender Studies" das *Centrum Praw Kobiet* in Warschau (*http://www.cpk.home.pl*) sowie die *Fundacja Kobieca eFKa* in Krakau (*http://www.efka.org.pl*). Einen Schwerpunkt in der Erforschung der jüdischen Kultur hat die *Stiftung Judaica* in Krakau (*http://www.judaica.pl*). Die *Stiftung KARTA* in Warschau (*http://www.karta.org.pl*) beschäftigt sich mit der Dokumentation und Vermittlung der neuesten Geschichte Polens und der Ostgebiete („Kresy") der Zweiten Republik.

Zur Erforschung der polnischen Geschichte des 19. und 20. Jahrhunderts sind zahlreiche Auslandsinstitute der Polonia (*http://www. poloniaweb.com*) wichtig, z.B. das *Polski Instytut Naukowy w Kanadzie* in Montréal (*http:// www.biblioteka.info*), das *Instytut Józefa Piłsudskiego* in New York (*http://www.pilsudski.org*), das *Instytut Polski i Muzeum im. Gen. Sikorskiego* in London, das *Towarzystwo Historyczno-Literackie* in Paris und das *Papieski Instytut Studiów Kościelnych/Pontificio Istituto di Studi Ecclesiastici* (PISE) in Rom.

Wichtige Anlaufstellen für den Historiker sind natürlich auch die Archive, Bibliotheken und Museen. Die Staatsarchive Polens stellen umfangreiche Forschungsmaterialien zur neueren Geschichte bereit (*http://www. archiwa.gov.pl*); in Warschau ist für das 19. und 20. Jahrhundert das *Archiwum Akt Nowych* (*http://www.aan.gov.pl*) zu nennen. Nähere Informationen zu diesen und weiteren Archiven finden sich in einem aktuellen Archivführer (*Archiwa w Polsce*) und in der Zeitschrift *Archeion*. Die wichtigsten Bibliotheken in Polen mit eigenen Sammlungen sind die *Biblioteka Narodowa* (*http://www.bn.org.pl*) und die *Biblioteka Uniwersytecka* in Warschau (*http://www. buw.uw.edu.pl*) sowie die *Biblioteka Jagiellońska* in Krakau (*http://www.bj.uj.edu.pl*). Auch die staatlichen Museen und Gedenkstätten beinhalten oft Forschungsstätten, so zum Beispiel in den ehemaligen deutschen Konzentrationslagern auf polnischem Grund das *Państwowy Muzeum Auschwitz-Birkenau* (*http://www. auschwitz.org.pl*) oder das *Państwowe Muzeum Majdanek* (*http://www.majdanek.pl*).

460   Almut Bues

Russland

Russland war im 19. und zumal im 20. Jahrhundert ein prägender Faktor der europäischen Geschichte. Insbesondere gilt das für die Wechselwirkung mit dem Deutschland des 20. Jahrhunderts. Die Oktoberrevolution und der Frieden von Brest-Litowsk, der Angriff des nationalsozialistischen Deutschland auf die Sowjetunion am 22. Juni 1941, der die blutigste und opferreichste kriegerische Auseinandersetzung der Weltgeschichte einleitete, die deutsche Teilung und Wiedervereinigung – viele der einschneidendsten Zäsuren und folgenschwersten Entwicklungen der Zeitgeschichte sind in der einen oder anderen Weise an das deutsch-russische Verhältnis gekoppelt. Grund genug also, sich mit dem großen Nachbarn im Osten des europäischen Hauses zu beschäftigen.

Mit „Perestrojka" und „Glasnost'" Ende der 80er und der „Archivrevolution" nach dem gescheiterten August-Putsch gegen Gorbatschow von 1991 sind ganz neue und perspektivreiche Voraussetzungen für die wissenschaftliche Auseinandersetzung mit Russland bzw. der Sowjetunion entstanden. In den Nachfolgestaaten der UdSSR hat sich eine von politischen Vorgaben frei(er)e Geschichtswissenschaft entwickelt, die am internationalen Forschungsdiskurs teilnimmt. Archivquellen sprudeln, trotz immer noch und zum Teil wieder stärker auftretender Zugangsbeschränkungen, in einem früher nicht vorstellbaren Maße und bringen nicht selten alte Standpunkte, ja ganze Forschungsparadigmata ins Schwimmen. Die Entdeckung lange Zeit verschlossener oder vergessener Geschichtslandschaften und Kulturen vermählt sich mit dem „cultural turn", und das Internet trägt zur Grenzüberwindung und zur Intensivie-

▷ S. 127 f
Massenv
nichtung
totaler Kı

▷ S. 410
Räumlich
Konzentr
Russland

▷ S. 233
Geschich
Gesellsch
„Neue Kı
geschicht

rung der Informations- und Kommunikationsströme von, mit, über und nach Russland das seine bei. Es ist viel in Bewegung gekommen, auch die Einrichtungen der Forschung zu Russland, wenngleich Stabilität und Tradition der Basisstrukturen, in erster Linie der Universitätseinrichtungen, dominieren.

Russische Geschichte existiert im akademischen System der Bundesrepublik als eigenständige Spezialisierung nicht. An den Universitäten wird sie im Rahmen der Lehrstühle für osteuropäische Geschichte betrieben, von denen allerdings viele mehr oder weniger stillschweigend auf Russland bzw. die Sowjetunion ausgerichtet sind.

▷ S. 401
Räumliche
zentration:
Russland

Im deutschsprachigen Raum existieren circa drei Dutzend auf osteuropäische Geschichte spezialisierte Lehrstühle und Universitätsinstitute, die überwiegend auf die neuere und neueste Geschichte orientiert sind. Zunehmend bestimmen kulturhistorisch bestimmte Forschungsschwerpunkte das Profil dieser Lehrstühle, von denen nicht wenige in den letzten Jahren mit frisch habilitierten Wissenschaftlern neu besetzt wurden (vgl. die Verweise unter *http://www.uni-giessen.de/ %7Eg814/osem10.html* und auf dem Schweizer Osteuropa-Portal: *http://www.osteuropa.ch*).

Die größte außeruniversitäre Forschungseinrichtung ist das 1952 gegründete *Osteuropa-Institut München*, das in eine wirtschaftswissenschaftliche und eine historische Abteilung gegliedert ist (*http://www.lrz-muenchen. de /~oeim*). Es verfügt über eine Spezialbibliothek mit nahezu 170 000 Bänden und 668 laufenden Periodika. Die historische Abteilung betreut neben eigenen Forschungen u.a. mit den *Jahrbüchern für Geschichte Osteuropas* die zentrale Fachzeitschrift. Die Jahrbücher die, 1941 eingestellt, seit 1953 in neuer Folge erscheinen, beziehen sich auf alle Epochen und

zeichnen sich durch einen ausführlichen Rezensionsteil aus.

Als An-Institut der Bremer Universität wurde 1982 die *Forschungsstelle Osteuropa* gegründet (*http://www.forschungsstelle.uni-bremen. de*). Die Forschungsstelle bietet zeitnahe Analysen an, verfügt über ein in Europa einzigartiges Archiv von Samizdat-Schrifttum und ist auch politikberatend tätig. Insbesondere spielt sie eine wichtige Rolle bei den deutsch-russischen Verhandlungen über die Rückgabe geraubter Kulturgüter. Das 1993 an der Universität Bochum gegründete *Lotman-Institut für russische und sowjetische Kultur* (*http:// www.ruhr-uni-bochum.de/lirsk/index.htm*) ist im strengen Sinne kein historisches Institut, doch die am Institut arbeitenden Slawisten, allen voran der Initiator des Instituts Karl Eimermacher, haben im Sinne des Namenspatrons Jurij Lotman (1922–1993) die engen Grenzen traditioneller Philologie gesprengt und ihren Aktionsraum in die Kulturwissenschaft hinein erweitert.

Kulturologische Forschungen haben auch am Mitte der 90er Jahre ins Leben gerufenen *Zentrum für Mittel- und Osteuropäische Zeitgeschichte* der Katholischen Universität Eichstätt (ZIMOS) ihren Platz, allerdings neben einem politik- und ideengeschichtlichen Schwerpunkt. Das Zentrum, dem eine von Leonid Luks wahrgenommene Robert-Bosch-Stiftungsprofessur zugeordnet ist, gibt auch eine eigene Zeitschrift heraus, das relativ junge *Forum für osteuropäische Ideen- und Zeitgeschichte*. Die Zeitschrift bringt überwiegend Beiträge osteuropäischer Autoren und hat sich zum Ziel gesetzt, über sprachliche und kulturelle Barrieren hinweg die deutschsprachige Leserschaft über historiographische Entdeckungen und Entwicklungen in Osteuropa ins Bild zu setzen. Russland bildet einen klaren Schwer-

461

punkt, häufig werden neue Quellen publiziert.

Das *Österreichische Ost- und Südosteuropa-Institut* in Wien ist natürlich stark am Ausdehnungs- und Einflussraum der ehemaligen Donaumonarchie orientiert. Aber auch Russland ist in die Arbeit des Instituts einbezogen. Nicht nur, dass russische Themen in den seit 1959 erscheinenden *Österreichischen Ostheften* ihren selbstverständlichen Platz haben, das Wiener Institut organisiert auch regelmäßige Intensivkurse zum Erwerb russischer Sprachkenntnisse. In der zeitgeschichtlichen Russlandforschung ist in Österreich ferner das *Ludwig-Boltzmann-Institut für Kriegsfolgenforschung* in Graz aktiv. In der Schweiz bedeutete das Ende des Kalten Krieges auch das Ende des *Schweizer Osteuropa-Instituts*. Das Institut, in dem Emigranten aus Osteuropa eine hervorragende Rolle gespielt hatten, hatte sich weniger als akademische Forschungs-, denn als eine Einrichtung antikommunistischer und antitotalitärer Aufklärung verstanden und war nach dem Zusammenbruch des sowjetischen Imperiums seines Daseinszwecks verlustig gegangen.

Der Einsicht, dass gerade mit dem Wegfall des Eisernen Vorhangs die Bedeutung der Wissenschaftsbeziehungen gestiegen ist, ist neben dem neu gegründeten *DHI* in Moskau eine weitere Initiative zur Intensivierung der Zusammenarbeit von deutschen und russischen Historikern entsprungen. 1993 regten der deutsche Bundeskanzler Helmut Kohl und der russische Präsident Boris Jelzin die Schaffung einer *Gemeinsamen Kommission für die Erforschung der jüngeren Geschichte der Deutsch-Russischen Beziehungen* an. Das 1997 gegründete und in der Regel kurz *Deutsch-russische* oder auch *Russisch-deutsche Historikerkommission* genannte Gemeinschaftsunter-

nehmen hat im Januar 1998 seine Arbeit aufgenommen. Neben je neun angesehenen Historikern beider Länder gehören der Kommission auch je drei leitende Vertreter der Archivverwaltungen an. Sie führt jährliche Fachtagungen durch und fördert eigene Forschungsvorhaben, etwa zur Erschließung der Akten der Sowjetischen Militäradministration in Deutschland, der Kriegsgefangenengeschichte und anderen Themen.

Die russische Forschungslandschaft im Einzelnen zu erläutern, würde hier zu weit führen, doch muss auf Einrichtungen außerhalb des akademischen Systems von Universitäten und Instituten der *Russischen Akademie der Wissenschaften* (*http://www.pran.ru/rus*) hingewiesen werden, die für die Aufarbeitung der sowjetischen Diktaturgeschichte von besonders großer Bedeutung sind, nämlich vor allem die Ende der 80er Jahre gegründete *Gesellschaft Memorial* (*http://www.memo.ru*), die in Moskau ein Forschungszentrum mit Bibliothek und Archiv unterhält und örtliche Organisationen in allen größeren Städten des Landes hat, sowie die nach dem Gründer und Vorsitzenden, dem einstigen Gorbatschow-Berater und Perestrojka-Aktivisten benannte *Aleksandr N. Jakovlev-Stifung* (*http://www.idf.ru*).

Neben den bereits genannten Forschungsbibliotheken in München und Bremen kommt der *Bayerischen Staatsbibliothek* für die Sowjetunion- und Russlandforschung besondere Bedeutung zu. Sie pflegt das Sondersammelgebiet Osteuropa, wobei sie sich nicht auf den Erwerb von Büchern und Zeitschriften beschränkt. In den vergangenen Jahren hat sie in großem Umfang Mikrofilme von Quellen aus russischen Archiven angekauft (Verzeichnis unter: *www.bsb-muenchen.de/mikro/litten.htm*). Erwähnenswert ist auch

▷ S. 433
Einrichtur
Bibliothek

462

die *Schweizerische Osteuropa-Bibliothek* mit 150 000 Bänden. Sie wurde 1997 als Filialbetrieb der Stadt- und Universitätsbibliothek Bern eingegliedert.

Über umfangreiche Bestände von Materialien der russischen revolutionären Bewegung verfügt das *Internationale Institut für Sozialgeschichte* (IISG) in Amsterdam (Übersicht unter: *www.iisg.nl/collections/colleeuro.html*). Auf dem Server des IISG liegt auch der exzellente und gut gepflegte Führer zum russischen Archivwesen von Patricia Kennedy Grimsted, *ArcheoBiblioBase* (*http://www.iisg.nl/~abb/index.html*), zweifelsohne das beste und wichtigste Hilfsmittel für jeden, der sich über die Bestände und die Arbeitsmöglichkeiten in den Archiven in Russland orientieren will. Nützlich ist auch die von Sebastian Panwitz angelegte Seite über das Moskauer *Sonderarchiv*, in dem sich vor allem deutsche Beutebestände finden (*www.sonderarchiv.de*). Über die Geschichte des russischen und sowjetischen Archivwesens informiert Hermann Schreyers 2003 erschienene Monographie [SCHREYER], über die aktuelle Archivpraxis der von Stefan Creuzberger und Reiner Lindner herausgegebenen Sammelband [CREUZBERGER/LINDNER].

Vor der Öffnung der russischen Archive musste, wer Quellenstudien zur sowjetischen Geschichte betreiben wollte, nicht selten in die USA reisen, wo vor allem die reichen Sammlungen der *Hoover Institution* in Stanford die Forscher anzogen (*http://www-hoover.stanford.edu*), unter ihnen das umfangreiche Archiv des sozialdemokratischen Emigranten Boris Nikolaevskij, das jetzt in nahezu vollständiger Verfilmung auch in der Bayerischen Staatsbibliothek zugänglich ist.

Neben den bereits erwähnten Zeitschriften ist, stärker auf Aktualität abgestellt und an politischen, kulturellen, ökonomischen ebenso wie an (zeit-)historischen Themen interessiert, die Zeitschrift *Osteuropa* mit dem Untertitel *Zeitschrift für Gegenwartsfragen des Ostens* zu nennen (*http://osteuropa.dgo-online.org/*). Von den russischen und nichtdeutschen Periodika seien nur die wichtigsten erwähnt: Das leitende französische Organ sind die *Cahiers du monde russe*, die sich mit allen Epochen russischer Geschichte befassen. Sehr viel breiter ist das Spektrum einschlägiger angelsächsischer Periodika von *Russian Review* über *Revolutionary Russia*, *Russian History* etc. Im Unterschied zur deutschsprachigen Wissenschaftradition, die sich durchweg auf den gesamten osteuropäischen Raum bezieht, wird der Focus hier allein auf das russische Imperium gerichtet. Die wichtigsten russischen historischen Fachzeitschriften sind *Voprosy istorii*, *Novaja i novejšaja istorija* und *Otečestvennaja istorija*, sowie, als ein russisches Spezifikum die auf Quellenpublikationen spezialisierten Organe *Istoričeskij archiv* und *Istočnik;* letzteres wurde mit dem Jahrgang 2004 bedauerlicherweise eingestellt. Eine hervorragende Übersicht über Zeitschriften zur russischen Geschichte, mit Inhaltsverzeichnissen der jüngsten Jahrgän-ge, bietet die *Virtuelle Fachbibliothek Osteuropa* (ViFaOst) der Bayerischen Staatsbibliothek (*http://www.vifaost.de/*). Von hier aus gelangt man auf vielen Wegen auch in den russischsprachigen Teil des WWW, wo als einer der wichtigsten Knotenpunkte die Zusammenstellung online publizierter Quellen der *Historischen Fakultät der Moskauer Lomonossow-Universität* zu nennen ist (*http://www.hist.msu.ru/ ER/Etext/list.htm*).

Der traditionsreichste wissenschaftliche Verband ist die Deutsche Gesellschaft für Osteuropakunde (DGO), die bereits seit 1913 besteht und rund 850 Mitglieder hat. In der DGO treffen sich Vertreter verschiedenster Wissenschaftsdisziplinen, aber auch Praktiker aus Wirtschaft und Politik. Über ein Netz von 27 Zweigstellen in Universitätsstädten ist die DGO auch „in der Fläche" gut vertreten. Die DGO veranstaltet neben ihren großen Jahrestagungen auch Fachtagungen, die von Vertretern einzelner Disziplinen, darunter auch Historiker, organisiert werden.

Der *Verband der Osteuropahistorikerinnen und -historiker* (VOH) als Zusammenschluss einschlägiger spezialisierter Historiker, steht jedem Geschichtswissenschaftler aus Deutschland, Österreich und der Schweiz mit abgeschlossenem Hochschulstudium und einem Arbeitsschwerpunkt in der Geschichte Osteuropas offen (*http://www.geschichte.uni-freiburg.de/voh*).

Wichtige Beratungsfunktionen für Forschungskooperation, -finanzierung und -organisation hat seit 1992 das *Ost-West-Wissenschaftszentrum* an der Universität Kassel übernommen (*http://www.uni-kassel.de/owwz*). Für Interessenten an einem Studium in Russland oder einem anderen osteuropäischen Land ist *Go East*, eine Initiative des Deutschen Akademischen Austauschdienstes und anderer Institutionen, die richtige Adresse (*http://go-east.daad.de*).

Jürgen Zarusky

Literatur

Archiwa w Polsce. Informator adresowy/The Archives in Poland. The Archival Dictionary, Warszawa 2002.

S. CREUZBERGER/R. LINDNER (Hrsg.), Russische Archive und Geschichtswissenschaft. Rechtsgrundlagen, Arbeitsbedingungen, Forschungsperspektiven. Frankfurt/M. 2003.

A Guide to History Libraries and Collections in London, London 9. Aufl. 2004.

C. MAUCH/ M. WALA, Research and Funding in the United States. A Guide to Funding for Historians and Social Scientists, Washington, D.C. 2002.

J. PETERSEN, Die zeitgeschichtlich wichtigen Archive in Italien. Ein Überblick, in: Quellen und Forschungen aus italienischen Archiven und Bibliotheken 69, 1989, 312 – 378.

H. SCHREYER, Die zentralen Archive Russlands und der Sowjetunion von 1917 bis zur Gegenwart, Düsseldorf 2003.

A. WILKENS, Archivführer Paris 19. und 20. Jahrhundert. Zentrale Bestände zu Politik, Wirtschaft und Gesellschaft in Archiven und Bibliotheken, Sigmaringen 1997.

Abkürzungs-verzeichnis

Die Autorinnen und Autoren

PD Dr. Almut Bues
Jahrgang 1953
Wissenschaftliche Mitarbeiterin am Deutschen Historischen Institut Rom
Forschungseinrichtungen: Polen

Prof. Dr. Christoph Conrad
Jahrgang 1956
Professor für Neueste Geschichte an der Universität Genf
Vergleich und Transnationalität in der Geschichte

Prof. Dr. Eckart Conze
Jahrgang 1963
Professor für Neuere Geschichte an der Philipps-Universität Marburg
Das Atomzeitalter und die Bipolarität der Welt

Prof. Dr. Sabine Doering-Manteuffel
Jahrgang 1957
Professorin für Europäische Ethnologie/Volkskunde an der Universität Augsburg
Interdisziplinäre Perspektiven: Volkskunde ·

Prof. Dr. Jürgen Eder
Jahrgang 1955
Leiter des Germanistischen Instituts der Südböhmischen Universität Budweis
Interdisziplinäre Perspektiven: Literaturwissenschaft

PD Dr. Philipp Gassert
Jahrgang 1965
Hochschuldozent für Neuere Geschichte an der Universität Heidelberg und Geschäftsführer des Heidelberg Center for American Studies
Forschungseinrichtungen: Nordamerika

PD Dr. Constantin Goschler
Jahrgang 1960
Privatdozent für Neuere und
Neueste Geschichte an der
Humboldt-Universität zu
Berlin
Die Revolution der Wissen-
schaften

Dr. Bernhard Grau
Jahrgang 1963
Archivoberrat am Baye-
rischen Hauptstaatsarchiv
München
Die Gattungen der Quellen

Dr. Stefan Grüner
Jahrgang 1964
Wissenschaftlicher Assistent
am Lehrstuhl für Neuere und
Neueste Geschichte der
Universität Augsburg
Die Entfaltung der modernen
Geschichtswissenschaften im
19. Jahrhundert und die
Probleme historischer
Erkenntnis

Dr. Günter Hägele
Jahrgang 1954
Leiter der Benutzungs-
abteilung der Universitäts-
bibliothek Augsburg
Einrichtungen: Bibliotheken

Dr. Peter Helmberger
Jahrgang 1965
Wissenschaftlicher Mit-
arbeiter am Historischen
Seminar der Universität
München
Geschichtswissenschaft im
Internet

Dr. Thomas Hertfelder
Jahrgang 1959
Geschäftsführer der Stiftung
Bundespräsident-Theodor-
Heuss-Haus in Stuttgart
Vermittlung: Die Macht der
Bilder. Historische
Bildforschung

Dr. Gerhard Hetzer
Jahrgang 1952
Leitender Archivdirektor bei
der Generaldirektion der
Staatlichen Archive Bayerns
Die Archive und ihre
Bestände

Prof. Dr. Manfred
Hildermeier
Jahrgang 1948
Professor für Osteuropäische
Geschichte an der Univer-
sität Göttingen
Räumliche Konzentration:
Russland als Thema der
Osteuropäischen Geschichte

Dr. Johannes Hürter
Jahrgang 1963
Wissenschaftlicher Mit-
arbeiter am Institut für
Zeitgeschichte München –
Berlin
Totaler Krieg und Massen-
vernichtung

Dr. Lutz Klinkhammer
Jahrgang 1960
Referent für die Geschichte
des 19. und 20. Jahrhunderts
am Deutschen Historischen
Institut Rom
Forschungseinrichtungen:
Italien

PD Dr. Hans-Christof Kraus
Jahrgang 1958
Privatdozent für Neuere und
Neueste Geschichte an der
Universität München
Politisches Denken und
politische Strömungen

PD Dr. Günther Kronenbitter
Jahrgang 1960
Privatdozent für Neuere und
Neueste Geschichte an der
Universität Augsburg,
Lehrbeauftragter am
Historischen Institut der
Universität Bern

Staaten, Nationen und
Internationale Beziehungen
als Bezugspunkte histo-
rischer Forschung

PD Dr. Marcus Llanque
Jahrgang 1964
Heisenberg-Stipendiat der
Deutschen Forschungs-
gemeinschaft und Visiting
Scholar an der Columbia
University, New York
Interdisziplinäre Perspek-
tiven: Politikwissenschaft

Dr. Werner Lengger
Jahrgang 1964
Leiter des Universitäts-
archivs Augsburg
Einrichtungen: Archive

Dr. Stefan Martens
Jahrgang 1954
Stellvertreter des Direktors
des Deutschen Historischen
Instituts Paris
Forschungseinrichtungen:
Frankreich

Prof. Dr. Herfried Münkler
Jahrgang 1951
Professor für Theorie der
Politik an der Humboldt-
Universität zu Berlin
Interdisziplinäre Perspek-
tiven: Politikwissenschaft

Prof. Dr. Merith Niehuss
Jahrgang 1954
Professorin für deutsche und
europäische Geschichte des
19. und 20. Jahrhunderts an
der Universität der Bundeswehr, München, Präsidentin
der Universität der Bundeswehr, München
Lebenswelten in der
Moderne

Prof. Dr. Alexander von Plato
Jahrgang 1942
Direktor des Instituts für
Geschichte und Biographie
der Fernuniversität Hagen
Persönliche Zeugnisse und
Erinnerungen als historische
Quelle: Oral History

PD Dr. Thomas Raithel
Jahrgang 1958
Wissenschaftlicher Ange-
stellter am Institut für
Zeitgeschichte München –
Berlin, Privatdozent an der
Ludwig-Maximilians-
Universität München
Konzepte der „Moderne"
und Ansätze der
„Postmoderne"

Prof. Dr. Cornelia Rauh-
Kühne
Jahrgang 1957
Professorin für deutsche und
europäische Geschichte des
20. Jahrhunderts an der
Universität Hannover
Das Individuum und seine
Geschichte. Konjunkturen
der Biographik

Prof. Dr. Andreas Rödder
Jahrgang 1967
Professor für Neueste Ge-
schichte an der Universität
Mainz
Konsumgesellschaft, moder-
ner Sozialstaat und „Werte-
wandel"

PD Dr. Ralf Roth
Jahrgang 1957
Privatdozent für Neuere
Geschichte am Historischen
Seminar der Johann Wolf-
gang Goethe-Universität in
Frankfurt am Main
Der Durchbruch der
bürgerlichen Gesellschaft

Prof. Dr. Peer Schmidt
Jahrgang 1958
Professor für Latein-
amerikanische Geschichte an
der Universität Erfurt
Von der Universalgeschichte
zur Weltgeschichte

Prof. Dr. Günther Schulz
Jahrgang 1950
Professor für Verfassungs-,
Sozial- und Wirtschafts-
geschichte an der Universität
Bonn
Industrialisierung und
verlorene Welten

PD Dr. Dirk Schumann
Jahrgang 1958
Stellvertretender Direktor
des Deutschen Historischen
Instituts Washington
Industrielle Massengesell-
schaft zwischen Demokratie
und Diktatur

Prof. Dr. Willibald Steinmetz
Jahrgang 1957
Professor für Allgemeine
Geschichte unter besonderer
Berücksichtigung der
Historischen Politikfor-
schung an der Universität
Bielefeld
Von der Geschichte der
Gesellschaft zur „Neuen
Kulturgeschichte"

Dr. Benedikt Stuchtey
Jahrgang 1965
Stellvertretender Direktor
des Deutschen Historischen
Instituts London
Forschungseinrichtungen:
Großbritannien

Prof. Dr. Silvia Serena
Tschopp
Jahrgang 1960
Professorin für Europäische
Kulturgeschichte an der
Universität Augsburg
Die Entstehung der Nation
als Deutungskategorie

Prof. Dr. Thomas Welskopp
Jahrgang 1961
Professor für Allgemeine
Geschichte unter besonderer
Berücksichtigung der Ge-
schichte moderner Gesell-
schaften an der Universität
Bielefeld
Von der Geschichte der
Staaten zur Geschichte der
Gesellschaft

Prof. Dr. Udo Wengst
Jahrgang 1947
Stellvertretender Direktor
des Instituts für Zeitge-
schichte München – Berlin
und Honorarprofessor für
Zeitgeschichte an der Uni-
versität Regensburg
Forschungseinrichtungen:
Deutschland

Prof. Dr. Andreas Wirsching
Jahrgang 1959
Professor für Neuere und
Neueste Geschichte an der
Universität Augsburg
Rückblick: Epochenbildung
als Lesart der Geschichte

Dr. Jürgen Zarusky
Jahrgang 1958
Wissenschaftlicher
Mitarbeiter am Institut für
Zeitgeschichte, München –
Berlin
Forschungseinrichtungen:
Russland

469

Personenregister

471

Ortsregister

Sachregister

475

477

www.ingramcontent.com/pod-product-compliance
Lightning Source LLC
Chambersburg PA
CBHW080921100426
42812CB00007B/2341